Justa

Mônica Raisa Schpun

Justa.
Aracy de Carvalho e o resgate dos judeus: trocando a Alemanha nazista pelo Brasil

Rio de Janeiro
2011

Copyright © Mônica Raisa Schpun, 2011

Copyright © do poema às páginas 273-274, detentores de direitos de Mário de Andrade. Cedido por Editora Nova Fronteira Publicações S. A. www.ediouro.com.br

PROJETO GRÁFICO DE MIOLO
Evelyn Grumach e João de Souza Leite

CIP-BRASIL. CATALOGAÇÃO-NA-FONTE
SINDICATO NACIONAL DOS EDITORES DE LIVROS, RJ

S399j Schpun, Mônica Raisa
       Justa. Aracy de Carvalho e o resgate dos judeus: trocando a Alemanha nazista pelo Brasil/Mônica Raisa Schpun. – Rio de Janeiro: Civilização Brasileira, 2011.
       il.

Inclui bibliografia
ISBN 978-85-200-0991-8

1. Carvalho, Aracy de, c.1908- . 2. Judeus alemães – Brasil – História. 3. Refugiados judeus – Brasil – História. 4. Guerra Mundial, 1939-1945 – Alemanha. 5. Holocausto judeu (1939-1945). 6. Antissemitismo – Brasil – História. 7. Brasil – Política e governo – 1930-1945. I. Título. II. Título: Aracy de Carvalho e o resgate dos judeus.

10-5106

CDD: 305.8924081
CDU: 316.347(=411.16)(81)

EDITORA AFILIADA

Todos os direitos reservados. É proibido reproduzir, armazenar ou transmitir partes deste livro, através de quaisquer meios, sem prévia autorização por escrito.

Texto revisado segundo o novo Acordo Ortográfico da Língua Portuguesa.

Direitos desta edição adquiridos pela
EDITORA CIVILIZAÇÃO BRASILEIRA
Um selo da
EDITORA JOSÉ OLYMPIO LTDA.
Rua Argentina 171 – Rio de Janeiro, RJ – 20921-380 – Tel.: 2585-2000

Seja um leitor preferencial Record.
Cadastre-se e receba informações sobre nossos lançamentos e nossas promoções.

Para Dominique,
Laura e
Bruno,
bouquet franco-brasileiro

Para meu pai,
Jacob Schpun (1928-2011)

O sol é de todo mundo, porém mais que de todos,
Ele é meu.
Das raízes das trevas,
Eu não preciso.
Eu sou filho do sol,
Eu sou a própria vida.

Avrom Sutzkever, poeta iídiche
(Smorgon, Lituânia, 1913-Tel Aviv, 2010)

Sumário

INTRODUÇÃO *11*

AGRADECIMENTOS *15*

CAPÍTULO I
Do Brasil para a Alemanha: Aracy de Carvalho *23*

CAPÍTULO II
Da Alemanha para o Brasil: Margarethe Levy *133*

CAPÍTULO III
Lançando âncora no Brasil: Margarethe Levy *249*

CAPÍTULO IV
Retorno à terra natal: Aracy de Carvalho *357*

SOBRE AS FONTES *495*

REFERÊNCIAS BIBLIOGRÁFICAS *499*

SOBRE A AUTORA

ÍNDICE ONOMÁSTICO

Introdução

Este é um livro de história das migrações. Por definição, ao tratarmos de migrações, ao menos dois lugares entram em cena. Aqui, o foco recai sobre dois espaços nacionais e urbanos: o Brasil e a cidade de São Paulo, de um lado, a Alemanha e a cidade de Hamburgo, de outro.

Entre esses espaços, os deslocamentos que compõem a trama descrita a seguir são cruzados. Num primeiro momento, Aracy de Carvalho Moebius Tess atravessou o Atlântico entre o Brasil e a Alemanha, em 1934, trocando São Paulo por Hamburgo, onde retomou contato com as origens de sua mãe, imigrante alemã no Brasil, cuja irmã acolheu a sobrinha recém-chegada. Poucos anos depois, Maria Margarethe Bertel Levy fez o percurso inverso: deixando a Alemanha para trás rumo ao Brasil, despediu-se de Hamburgo, sua cidade natal, antes de adotar São Paulo como nova morada.

Aracy e Margarethe são as duas protagonistas deste livro, que também tem uma história. Esta começou quando tomei contato pela primeira vez com a narrativa do encontro e da amizade improvável entre essas duas mulheres.[1] Originárias de universos socioculturais totalmente diferentes e distantes, circulando em ambientes também diversos, carregando consigo histórias de vida divergentes e tendo-se construído como mulheres de maneira contrastante, elas provavelmente nunca teriam se encontrado e ainda menos se tornado amigas. Entretanto, um contexto histórico muito particular levou Margarethe, certo dia, a apresentar-se no consulado brasileiro de Hamburgo, solicitando vistos de entrada para o Brasil. Ali conheceu Aracy, chefe do setor de passaportes, encarregada de encaminhar ao cônsul os pedidos de visto.

Esse contexto histórico particular é duplo: na Alemanha, concerne aos primeiros anos do Terceiro Reich (1933-1939), marcados pelo início e pela intensificação da perseguição aos judeus, cada vez mais violentamente constrangidos a deixar o país. Enquanto isso, os brasileiros viviam a Era Vargas (1930-1945), com a introdução de uma política migratória restritiva que se apoiou, inclusive, numa perspectiva étnica e foi aplicada em grande parte pelas representações diplomáticas do país no exterior.

Se o governo brasileiro já criara, e ainda estava criando, mecanismos restritivos em relação à entrada de imigrantes, as portas do país não estavam completamente fechadas. Naqueles anos, o Brasil ainda era um país de imigração, contrariamente à Alemanha, onde a onda de perseguições políticas, religiosas e raciais que se seguiram à tomada do poder pelos nazistas provocou a emigração tanto dos que se opunham ao novo regime quanto daqueles que eram por ele discriminados, em particular os judeus, protagonistas desta história.

Os refugiados judeus fugindo da Europa hitlerista não contavam com uma acolhida calorosa em nenhum lugar do planeta. Contudo, um número significativo instalou-se no Brasil, sobretudo no Rio de Janeiro e em São Paulo. Na capital paulista, a chegada desse novo fluxo migratório alterou de forma profunda e durável o perfil da comunidade judaica local — e acrescentou um ingrediente a mais à já variada composição do grupo.

Em meio a esse contexto, e com poucos anos de intervalo, Aracy e Margarethe atravessaram o Atlântico em sentidos opostos. Elas se reencontrariam depois, dando continuidade a uma amizade que poderia não ter fincado raízes, já que nascera num momento extremamente conturbado, de ruptura migratória e de violência, que precedeu de pouco o início da guerra na Europa. Após um curto período de simpatia mútua, cada uma poderia ter seguido seu rumo sem mais qualquer contato. Exemplos deste tipo não faltaram na época e muitas narrativas memorialísticas foram dedicadas *a posteriori* a essas relações truncadas, na maioria das vezes entre judeus e seus familiares,[2] mas não só. Pois muitos judeus buscaram, nem sempre com sucesso, descobrir o paradeiro daqueles que os protegeram, garantindo sua sobrevivência, e escreveram sobre o assunto.³ Enfim, alguns não judeus manifestaram-se também por escrito, pensando naqueles que viram desaparecer de um dia para o outro — emigrando, entrando na clandestinidade ou sendo deportados.⁴

Não foi o que aconteceu aqui. Num momento em que os judeus, inclusive Margarethe, estavam se separando de seus entes queridos, na busca de refúgio, estabeleceu-se uma amizade duradoura entre ela e Aracy — graças à qual, aliás, cheguei até Margarethe, pelas mãos do filho de Aracy. Este é o fio condutor da história contada aqui, na qual outros personagens foram posteriormente se introduzindo.

Pois junto a Margarethe e a Hugo Levy, seu marido, naqueles mesmos anos, outros tantos judeus, sozinhos ou acompanhados de seus familiares, estavam tomando a mesma decisão e seguindo o mesmo itinerário migratório. E alguns deles também buscaram o consulado do Brasil em Hamburgo, onde obtiveram seus vistos. Destes, localizei um pequeno grupo de 18 pessoas que com certeza puderam emigrar graças a isso e se instalaram em São Paulo. Segui os itinerários de 16 deles, cujas pistas pude recuperar em fontes escritas — tanto alemãs quanto brasileiras — e orais, quando isto foi possível.

A estrutura do livro segue os deslocamentos migratórios desses atores, tendo como balizas o cruzamento entre Aracy e Margarethe e a ligação entre elas. No primeiro capítulo, acompanho a ida de Aracy para Hamburgo em 1934, entre aquilo que deixou para trás e aquilo que encontrou ao chegar, na Alemanha já nazista.

Todo estudo sobre migrações é obrigatoriamente comparativo, ainda que este aspecto possa ficar implícito. Ao menos o mundo de antes e o de depois são sempre comparados, tanto por aqueles que migram quanto por aqueles que escrevem sobre o assunto. Assim, tornei explícito o contraste entre vários aspectos das duas realidades — simultâneas, mas tão diversas —, fato que não deve ter passado despercebido para Aracy.

O segundo capítulo dirige os olhares no sentido inverso. Trata-se da emigração de Margarethe e Hugo Levy para o Brasil, em 1938. Busquei dar aqui um retrato sensível daquilo que, como os demais judeus alemães — e mais particularmente os de Hamburgo —, Margarethe viveu nos anos que precederam sua partida. Como fiz em relação a Aracy no primeiro capítulo, tracei seu perfil social, suas identificações e seu modo de ser mulher, comparando as duas amigas quando me pareceu apropriado. A comparação deve servir sempre para realçar melhor especificidades e singularidades, respeitando contextos e pertenças sócio-históricas. Serve também, em alguns casos menos frequentes, para aproximar, criando pontes por vezes inusitadas. Estas são úteis se conseguem iluminar melhor cada uma das margens. Comparei ainda, e novamente, as duas realidades, alemã e brasileira, mas desta vez sob um outro prisma, tentando ver o Brasil como talvez Margarethe, seu marido e outros o fizeram, tendo em vista o contraste entre aquilo que abandonavam e o novo que se apresentava diante dos seus olhos. Nesse capítulo, entram em cena os demais judeus alemães do grupo que compõe esta história, e que também alçaram velas às pressas, dando as costas à Alemanha nazista.

No terceiro capítulo, minha atenção focaliza-se em São Paulo. Pois foi aí que, cada um ao seu modo, os imigrantes que estou seguindo vieram se instalar. Na grande metrópole brasileira, em pleno crescimento naquele final dos anos 1930, esses protegidos de Aracy integraram-se ao mesmo tempo no tecido urbano, no mercado de trabalho, abriram espaço em meio à comunidade judaica, deixando coletivamente suas marcas, e lidaram com as regras de controle dos fluxos migratórios estabelecidas pelo governo Vargas. Trazendo uma bagagem variada — segundo suas origens sociais, idade, composição familiar, eventuais relações prévias com o Brasil e prejuízos morais, afetivos e financeiros sofridos durante os anos vividos na Alemanha nazista —, cada um deles, sozinho ou com seus cônjuges e familiares, encontrou saídas próprias para esse conjunto de desafios, ainda que despontem algumas tendências coletivas, cujos contornos procurei precisar.

No momento em que esta integração de múltiplas facetas estava em curso, o Brasil rompeu relações diplomáticas com os países do Eixo, antes de entrar na guerra, naquele mesmo ano de 1942. Os diplomatas brasileiros servindo em países inimigos não tardaram a regressar ao Brasil, e com eles Aracy. Neste ponto começa o último capítulo, revendo o período em que ela viveu na Alemanha depois da partida do grupo que ajudou a tirar do país, até a travessia do Atlântico e sua volta ao país de origem. Aracy voltava a São Paulo depois de oito anos na Alemanha, durante os quais sua vida pessoal passou por grandes transformações.

No Brasil, entre outras coisas, retomou contato com Margarethe, e a amizade confirmou sua capacidade de resistir ao tempo, tendo continuado ao longo das décadas, perpassando os caminhos trilhados pelas duas. Aracy retornara à sua terra, mas passou a levar uma vida muito diferente de antes, numa outra configuração familiar, além de não ter permanecido por muito tempo em São Paulo. Margarethe, mais sedentária do que nos tempos hamburgueses, enraizava-se no país de imigração. Com dez anos de intervalo, uma assistiu à viuvez da outra, e continuaram seus caminhos.

Antes disso, Margarethe — como os demais atores desta história — acertou como pôde suas contas com a Alemanha natal, revendo suas perdas, materiais e outras. Entre os anos 1950 e 1960, todos aqueles retratados aqui já estavam mais ambientados na nova sociedade, e voltaram a dirigir seus pensamentos para a Alemanha, formulando, às vezes em longas, desgastantes e laboriosas empreitadas, suas respectivas reclamações materiais pelos prejuízos sofridos nos anos 1930.

Nos anos 1980, enfim, Margarethe associou-se a outras pessoas para render uma homenagem determinante à amiga de quase meio século. Em 1982, Aracy recebeu o título de "Justa entre as Nações", concedido pelo Museu do Holocausto de Jerusalém, pela ajuda que prestou aos judeus alemães vítimas do nazismo. Foi graças a este fato que descobri sua existência, vários anos mais tarde. O livro se encerra, então, com este momento-chave de uma amizade inaugurada em plena barbárie nazista, e que ainda está viva, apesar de não termos mais acesso a nenhuma das duas protagonistas, desinteressadas deste mundo.

Nas páginas a seguir, acompanho por pouco mais de cinquenta anos a vida e os deslocamentos dos personagens deste livro. Isso com um objetivo central, que atravessa o modo como li as fontes disponíveis e pelo qual busquei dar-lhes inteligibilidade: retratar as práticas sociais que perpassaram a vida de cada um durante esse período, enquanto enfrentavam os diferentes obstáculos, conflitos e desafios impostos pela história. Por isso cada ator adquire importância, pelos caminhos que traçou, as estratégias que escolheu, as iniciativas que tomou, o modo como reagiu a cada momento e situação vivida, na medida em que rastros disso tudo chegaram até nós, apesar e através dos filtros e lacunas deixados pelo tempo.

As fontes existentes, exploradas aqui, prestam-se particularmente a essa abordagem, já que tanto na Alemanha quanto no Brasil tive acesso a dossiês nominativos referentes a períodos fortes da vida de cada um. Estes me permitiram seguir, durante tais períodos, as respectivas escolhas e projetos de vida, bem como as sobredeterminações às quais cada um estava sujeito e a maneira como procuraram agir em relação a elas, jogando o melhor que podiam com as cartas de que dispunham. E quanto à silenciosa Aracy, as fontes mais eloquentes são também pessoais, provenientes de seu arquivo.

O retrato coletivo que toma forma ao longo do livro faz emergir uma densa realidade histórica. Ela se desprende das diversas situações, individuais e coletivas, com que cada um foi confrontado no contexto em que vivia. Nessa confrontação, vemos cada ator e cada atriz em ação, agindo e reagindo sobre a trama da história segundo suas possibilidades em cada momento, com maior ou menor liberdade e autonomia, mas sem jamais permanecer passivo, ainda que vítima de forças maiores, ainda que, em face da violência da história, sua margem de manobra seja irrisória. Nenhum deles, nenhuma delas permaneceu imóvel diante do destino, em nenhum momento. E foi isso que procurei retratar e trazer à tona, dentro de uma história maior, de encontros, desencontros, sucessos, fracassos e deslocamentos.

Notas

1. Mônica Raisa Schpun, "Aracy de Carvalho e Margarethe Levy, ou a história de um happy end transatlântico sob domínio nazista", *in* Eugenia Scarzanella e Mônica Raisa Schpun (orgs.), *Sin fronteras: dialogos de mujeres y hombres entre America Latina y Europa (Siglos XIX y XX)*, Madri/Frankfurt am Main, Iberoamericana/Vervuert, 2008, p. 223-241 [publicado no Brasil em: Cristina Scheibe Wolff, Mar-

lene de Fáveri e Tânia Regina Oliveira Ramos (orgs.), *Leituras em rede: gênero e preconceito*, Santa Catarina, Editora Mulheres, 2007, p. 351-370]; Mônica Raisa Schpun, "Aracy de Carvalho et Margarethe Levy: une amitié née dans l'urgence (Hambourg, 1938)", *Nuevo Mundo Mundos Nuevos*, 6, 2006, disponível em: http://nuevomundo.revues.org/document2021.html, acessado em 29 de novembro de 2009.
2. Philippe Grimbert, *Un secret*, Paris, Grasset, 2004; Isaac Lewendel, *Un hiver en Provence*, La Tour d'Aigues, Éditions de l'Aube, 1996; Daniel Mendelsohn, *Les disparus*, Paris, Flammarion, 2007.
3. Foi o caso, por exemplo, de Ida Grinspan. Ida Grinspan e Bertrand Poirot-Delpech, *J'ai pas pleuré*, Paris, Robert Laffont, 2002.
4. Cf. Françoise Verny, *Serons-nous vivantes le 2 janvier 1950?*, Paris, Grasset, 2005.

Agradecimentos

A preparação deste livro foi marcada por inúmeros encontros, muitos deles inesperados. A maioria levou a boas respostas, ou a outras perguntas e outros encontros, numa longa rede. Sem isso, as páginas seguintes nunca teriam visto a luz do dia.

Três pessoas estão na origem do projeto. Sandra Guardini Teixeira Vasconcelos, amiga querida, curadora do Arquivo João Guimarães Rosa (IEB-USP), que primeiro me falou do arquivo de Aracy de Carvalho e levou-me até seu filho, Eduardo Carvalho Tess — sem contar mil outras coisas. Eliane Brum, jornalista de incontáveis talentos, que fez sem dúvida alguma a melhor reportagem na ocasião do centenário de Aracy de Carvalho, para a revista *Época*; a ela também devo mil outras coisas. Mariza Leão, produtora de cinema que leu a matéria de Eliane e quis me conhecer, vendo ali o germe de um trabalho seu. Graças a ela, pude transformar uma pesquisa que caminhava a passos de tartaruga num livro.

O Dr. Eduardo Carvalho Tess franqueou-me com confiança o acesso à correspondência hamburguesa de sua mãe e manifestou sempre, com delicadeza, uma grande disponibilidade às minhas não poucas dúvidas e solicitações. Sem sua colaboração, enormes lacunas teriam comprometido profundamente o andamento do trabalho. Elaine Silva, sua secretária, foi sempre uma eficientíssima e gentilíssima intermediária. Wellington Vieira de Camargo também me atendeu com grande cortesia.

Na Alemanha, o auxílio prestado por Jürgen Sielemann foi capital. Profundo conhecedor da documentação relativa à comunidade judaica no Arquivo de Hamburgo, onde trabalhou por quarenta anos, propôs-se, como presidente da Sociedade Genealógica Judaica local, a fornecer-me dados sobre minha pesquisa. Pude, graças às suas indicações, organizar melhor e com antecedência minha viagem a Hamburgo e a visita ao arquivo. Annika Münke, minha assistente alemã, resolveu com grande eficiência e precisão alguns enigmas deste trabalho e leu comigo a documentação consultada em Hamburgo.

Na França, três pessoas colaboraram na tradução da documentação alemã, despendendo generosamente, comigo, um tempo precioso. Liesel Berthier traduziu a correspondência em alemão de Aracy de Carvalho e os dossiês hamburgueses de Margarethe e Hugo Levy, e de Rosa Bertel. Passamos juntas várias tardes mergulhadas nessa história. O mesmo aconteceu com Dominique Choquet, que traduziu os dossiês de reparação de guerra de Grete e Max Callmann, e Agnès Forst, que traduziu o dossiê de reparação de guerra de Horst Brauer. Se eu soubesse alemão, teria sido privada desses três encontros.

Nos diversos arquivos, bibliotecas e outras instituições em que estive ou com os quais mantive correspondência, minhas questões foram sempre tratadas com atenção, precisão e paciência. Agradeço a todos aqueles que me receberam ou responderam a meus pedidos e, em particular, a: José Luiz Barros de Miranda (Arquivo Histórico do Itamaraty), Profa. Dra. Ana Lucia Duarte Lanna (diretora do IEB-USP), Frederico Antonio Camargo (IEB-USP), Sátiro Ferreira Nunes (Arquivo Nacional), Midori Kimura Figuti e Hilton Itri de Azevedo (Memorial do Imigrante, SP), Lucia Chermont, Roney Cytrynowicz, Anat Falbel e Myriam Chansky (Arquivo Histórico Judaico Brasileiro — AHJB), Henrique Cohen e Marli Pripas (Congregação Israelita Paulista — CIP, SP), Maria Bonafé (Arquivo Histórico Municipal, SP), Amilkar Moura e Lígia Jorge (Centro de Estudos Judaicos, USP), Jussara Yanaê (Departamento Jurídico, Associação Paulista de Cirurgiões Dentistas). Em Hamburgo, Barbara Koschlig (Arquivo de Hamburgo) e Beate Meyer (Instituto de História dos Judeus Alemães). Em Jerusalém, Irena Steinfeldt (Diretora do Departamento dos Justos entre as Nações, Yad Vashem).

Na busca dos dossiês dos casais não hamburgueses, Callmann e Heilborn, mobilizei uma série de pessoas e instituições, tendo encontrado parte dos documentos dos Callmann, mas nada dos Heilborn. Agradeço àqueles que responderam a essa busca nas seguintes instituições: Instituto Histórico Judaico da Polônia (Varsóvia), Arquivo Federal (*Bundesarchiv*,

AGRADECIMENTOS

Koblenz), Arquivo de Wroclaw (*Urzad Stanu Cywilnego we Wroclawiu*), Arquivo de Katowice (*Archiwum Panstwowe w Katowicach*), Arquivo da Herança Cultural Prussiana (*Geheimes Staatsarchiv Preussischer Kulturbesitz*, Berlim), Arquivo de Essen, Arquivo de Düsseldorf. E a Maciej Janakowski, que traduziu gentilmente a troca de correspondência do e para o polonês. Quanto à situação dos arquivos de Breslau e ao paradeiro dos dossiês Heilborn, interroguei os membros de dois grupos de discussão criados pelo projeto Jewish Genealogy (www.jewishgen.org). As diversas respostas que recebi, e particularmente de Peter Landé e Roger Lustig, me deram a certeza de que, infelizmente, podia cessar minhas buscas.

Agradeço ainda às seguintes instituições: Arquivo Federal (*Bundesarchiv*, Berlim), Arquivo de Oberhausen, WASt (Serviço alemão de informação aos parentes próximos dos soldados mortos da antiga Wehrmacht), Registro Civil de Hamburgo, Centro Simon Wiesenthal (Nova York), além das informações gentilmente fornecidas por Björn Eggert (projeto Stolpersteine, Hamburgo), Nikolaus Schrader e Ingeborg Ali (Gelehrtenschule des Johanneums, Hamburgo) e a cortesia de Ingeborg Pommerenck e de Miriam e Thomas Katz.

A todos aqueles que me cederam seu tempo e concentração, revisitando, em preciosas entrevistas, um passado nem sempre fácil de lembrar ou de evocar, registro aqui minha profunda gratidão: Margarethe Levy, Grete Callmann e Susanne Caspary, Gertraud e Arnaldo Franken, Maria Julia e Lilian Hochfeld Baker, Franklin Brauer, Egon Katz, Hannelore e Sonia Meyer, Claudia Hess von Gabriel, Peggy Marlow, Marion Aracy Heilborn, Selma Carneiro Felippe, Paulo Heilborn, Henrique Cohen, Hans Hamburger, Anneliese Nachsin, Ellen Roth, Trude Hahn, Ulla Pawel e Paulo Abrahamson, Eduardo e Beatriz Carvalho Tess.

Procurando, fora de São Paulo, outras testemunhas diretas da ação de Aracy, contei com os conselhos, os contatos, as ideias e a boa vontade de Bila Sorj, Helena Lewin, Mauro Wainstock (jornal *ALEF*), do rabino Nilton Bonder (RJ), do pessoal da Associação Religiosa Israelita do Rio de Janeiro (ARI-RJ) e do Instituto Cultural Judaico Marc Chagall (Porto Alegre).

Várias pessoas abriram para mim suas agendas, com contatos que contribuíram em pontos-chave da pesquisa. Na conexão São Paulo —

Hamburgo, Arnaldo Franken, Geraldo Löwenberg e Carola Meinhardt (Senado de Hamburgo). No Brasil, Verônica Sales Pereira, Anat Falbel e Denise Paraná; na França, Laurette Wittner e Daphne Minot de Brito; em Israel, Ethel Barylka. Outras dialogaram comigo, trouxeram ideias ou material novo ao trabalho: Raimunda de Brito Batista, Neuma Cavalcante, Adriana Jacobsen, Soraia Vilela, Fabio Koifman. Outras, ainda, ouviram-me longamente, em conversas informais ou em algumas apresentações formais que pude fazer de parte da pesquisa, em congressos e seminários, e trouxeram-me conselhos e opiniões críticas: Miriam Cottias, Eugenia Scarzanella, Joana Pedro, Marion Kaplan, Nancy Green, Guita Grin Debert, Miriam Lifchitz Moreira Leite, Maria Lúcia de Barros Mott e Laurette Wittner. As quatro últimas, além das longas conversas sobre o trabalho, leram integral ou parcialmente meus manuscritos, como o fez Maria Stella Martins Bresciani. Os comentários e conselhos de todas elas, e seus olhos de lince, foram primordiais à construção final do texto.

Minha mãe, Nina, além de ter reivindicado a leitura dos manuscritos, assumiu, mais uma vez, várias tarefas para as quais a distância ainda teria causado dificuldades.

Dominique, meu marido, acompanhou-me na viagem a Hamburgo, visitando comigo as antigas moradas de minhas duas heroínas, além de outros endereços. Seguiu de perto cada etapa da pesquisa e da redação do livro, lendo e comentando o texto final. Minha filha Laura passou longas horas diante de seu computador digitando listas de imigrantes hamburgueses para mim. Tanto Dominique quanto Laura e Bruno enfrentaram com intrépida coragem meus incontáveis "agora não posso".

Agradeço, por fim, a Luciana Villas-Boas e Andréia Amaral, editoras finas e sensíveis deste livro.

Quando este livro já estava no prelo, Margarethe Levy faleceu, aos 102 anos, no dia 21 de fevereiro de 2011. No mesmo dia, Aracy de Carvalho sentiu-se mal e foi hospitalizada, falecendo no dia 3 de março, também aos 102 anos de idade. As duas amigas reuniram-se uma última vez, na morte. A elas e a essa amizade, que a tudo resistiu, dedico as páginas que seguem.

CAPÍTULO I Do Brasil para a Alemanha:
Aracy de Carvalho

Em março de 1934, Aracy de Carvalho Moebius Tess tinha quase 26 anos e era mãe de Eduardo, um menino de 5. Seu casamento com Johann Eduard Ludwig Tess (Johannes Tess), quatro anos mais velho que ela, durara pouco mais de seis anos. Já tendo deixado o domicílio conjugal, ela resolveu afastar-se de modo mais radical do marido. Assim, marcando com mais força essa mudança de vida, Aracy viajou.

Até então, ela vivera em São Paulo, apesar de ter nascido na cidade paranaense de Rio Negro, durante uma viagem dos pais. Trata-se de uma cidade de imigrantes, que recebeu uma primeira leva de alemães ainda durante o Império, nas primeiras décadas do século XIX. Essa herança faz-se presente na cidade até os dias de hoje, junto com aquela deixada pelas outras levas sucessivas, de romenos da Bucovina, de poloneses e de italianos. A forte presença na cidade de alemães, conterrâneos de Sida Moebius de Carvalho, mãe de Aracy, não parece explicar por que o casal encontrava-se ali, em abril de 1908, quando nasceu sua única filha. Ao filho de Aracy, Eduardo Carvalho Tess, as razões dessa viagem evocaram, antes de tudo, questões ligadas aos negócios do avô materno, o português Amadeu Anselmo de Carvalho. O tempo apagou as razões desse deslocamento, como inúmeras passagens da vida e do itinerário de Aracy, muitas delas mais determinantes, como veremos.

Filha de imigrantes, como tantos outros paulistanos, Aracy levava, em São Paulo, uma vida de classe média aparentemente abastada. Cursou o primário numa escola de freiras em Santana, e o ginásio no Colégio Batista Brasileiro, em Perdizes, onde morava. Tratava-se de uma zona de ocupação então recente, que não trazia nem as marcas das habitações populares dos bairros operários da cidade, de forte coloração imigrante, nem o caráter luxuoso e arejado das ruas onde as elites construíram seus casarões.

O pai de Aracy era comerciante e, numa certa altura da vida, foi proprietário do cassino do Grande Hotel de Guarujá. Segundo o neto, era o tipo de homem que dizia que sua mulher "não usava duas vezes o mesmo vestido".[1] A citação emprega uma imagem bastante eficaz para resumir uma posição social e uma moral. Para Amadeu de Carvalho, a responsabilidade pelo bem-estar e pelo conforto material da família recaía sobre o trabalho masculino. E este dava a medida do sucesso econômico de um homem. Comerciante satisfeito com suas posses, orgulhava-se de proporcionar à família uma situação vantajosa, e fazia questão de que isto fosse notado, equiparando, assim, ganhos reais e imagem social. Mas essa visibilidade não era aleatória, implicando uma visão dos papéis de cada cônjuge: a apresentação física da esposa exibia e realçava a posição socioeconômica do casal.

Agindo de acordo com essa lógica, sua esposa não só estava liberada de qualquer embaraço que a obrigasse a trabalhar, mas manifestava uma adequação perfeita entre sua situação social e o fato de ser mulher. A segurança econômica acompanhava-se, nesse registro, de um acordo tácito quanto à divisão dos espaços masculinos e femininos nas esferas familiar e social.

Nesse ambiente ao mesmo tempo confortável e sem rugosidades aparentes, nasceu e foi criada a jovem Aracy. Entretanto, as coisas se complicaram, já que dos 26 anos em diante, ela passou a levar uma vida bem diferente desse modelo. E bem diferente daquela — sobre a qual pouco sabemos — que pode ter levado com seu primeiro marido, ele também de origem alemã, filho de Ida Charlotte Thusnelda e do comerciante Hugo Johannes Eduard Tess.

Foi assim que, vivendo um momento de profundas mudanças pessoais, no dia 5 de março de 1934, Aracy embarcou, em Santos, junto com o filho Eduardo, no vapor *Monte Pascoal*, da empresa alemã Hamburg-Süd, rumo a Hamburgo.

Não era a primeira vez que Aracy ia à Europa. Em 1926, ano de sua maioridade, fizera uma viagem ao Velho Mundo com os pais.

Mas nada de semelhante estava acontecendo oito anos mais tarde. Desta vez, fazia a travessia do oceano num contexto de vida totalmente diverso. E num contexto histórico também radicalmente outro, como veremos.

ALTO-MAR

A firma Hamburg Südamerikanische Dampfschiffahrts-Gesellschaft, conhecida como Hamburg-Süd, responsável por linhas marítimas regulares ligando Hamburgo ao Brasil e à Argentina, foi fundada em 1871, no Império alemão recém-unificado sob a égide de Bismarck. Tratava-se de um conglomerado de 11 casas comerciais hamburguesas cuja frota inicial, composta de três vapores, fazia mensalmente a travessia do Atlântico. Em 1906, respondendo à concorrência cada vez maior e ao desenvolvimento do comércio marítimo, a companhia adquiriu vapores mais rápidos. Foi a vez dos "Cap": *Cap Vilano* e *Cap Arcona I*. A Hamburg-Süd cresceu rapidamente naqueles anos, sobretudo graças à febre da emigração. E Hamburgo ultrapassou Bremen, antes de tornar-se, em 1891, o principal porto alemão, inclusive para a emigração.

Naquele ano, 144.239 pessoas deixaram o país por Hamburgo, principalmente para os Estados Unidos, e sobretudo com os navios da Hamburg-Amerikanische Packetfahrt-Actien-Gesellschaft (Hamburg-American Line), a HAPAG. Fundada em 1847, a companhia era, na virada do século, a maior empresa de navegação alemã. E o mercado aberto pela grande emigração tornara-se uma prioridade para seus diretores. Em 1914, às vésperas da Primeira Guerra, a empresa já possuía uma frota de 442 navios, cada vez maiores, mais modernos e velozes. Uma travessia até Nova York levava cerca de dez dias, às vezes até um pouco menos.

A viagem para o Brasil era mais longa, podendo durar de duas a três semanas. De proporções menores que a HAPAG, em 1914 a Hamburg-Süd possuía cinquenta navios, dos quais três eram grandes e ultravelozes: *Cap*

Finisterre, *Cap Trafalgar* e *Cap Polonio*. Isso antes de perder toda a sua frota durante o conflito mundial. Em 1927, o famoso transatlântico de luxo *Cap Arcona II* foi colocado em serviço, tornando-se a vedete dos navios de passageiros da empresa.

As atividades portuárias eram vitais para a economia de Hamburgo e o porto, eixo central para a história das migrações cruzadas que constitui o cerne deste livro. Janela aberta para mundo, o porto de Hamburgo garantia a muitos comerciantes judeus contatos regulares e longamente estabelecidos com sócios, clientes e fornecedores estrangeiros. Tais redes de contatos e de conhecimentos internacionais puderam ser operacionalizadas por alguns mais tarde, no momento em que, com o aumento das perseguições, a emigração se impôs.

Atravessando o Atlântico em direção à Europa, Aracy e Eduardo estavam indo contra a corrente. Em 1934, ainda que a imigração para as Américas já tivesse diminuído muito, a maioria das pessoas ainda estava migrando nesse sentido, independentemente de pensarem que a travessia viesse a ser definitiva ou temporária, já que as intenções de retorno ou de permanência nem sempre se realizavam. A Alemanha ainda era um país de emigração, e o Brasil, ao contrário, de imigração, apesar de as coisas estarem mudando desta parte do equador.

Chegando a Hamburgo na primavera europeia, Aracy foi viver com uma tia, irmã de sua mãe, e o marido. Lucy e Dietrich Luttmer não tinham filhos e moravam em Harburg, nos arredores da cidade.[2] Aracy havia solicitado hospedagem à tia, por carta, enquanto punha em prática seu projeto. No dia 5 de fevereiro daquele ano, sua mãe escrevera à irmã, descrevendo brevemente a situação da filha e tranquilizando-a sobre o impacto financeiro que a presença de dois hóspedes na casa poderia lhe causar. Afirmou, então, que Aracy contribuiria financeiramente com regularidade.[3] Isso ocorreu de fato. Na época, os alemães ainda enfrentavam os efeitos nefastos da crise de 1929 e a vida dos Luttmer não devia ser fácil.

Durante a estada na casa dos tios, Aracy provavelmente aproveitou a distância para amadurecer a ideia do divórcio, que já aparece nas cartas trocadas com a mãe poucos meses após chegar à Alemanha. Isso durou mais de um ano, até que, no verão europeu do ano seguinte, ela viajou ao Brasil para assinar os papéis.

PONTO FINAL

Aracy encontrou-se com o marido no Rio de Janeiro, para uma decisão amigável, nos termos da qual Johannes abriu mão da guarda do filho, em benefício dela, e deu para o menino um dos imóveis que possuía em São Paulo, no bairro de Perdizes. Escrevendo à mãe, que estava na Alemanha com o neto, a irmã Lucy e o cunhado, Aracy esclareceu a situação: fizera bem de ir pessoalmente ao Rio, pois, caso contrário, não teria tido acesso à solução amigável para o divórcio e, "por lei", o filho teria ficado sob a guarda do pai.[4] A questão era extremamente sensível para ela, que deve ter amadurecido longamente a decisão.

Com os papéis assinados, Aracy retornou a Hamburgo no vapor *General Osório*, deixando o litoral brasileiro em 26 de setembro. Mas antes de obter a certidão de divórcio, precisou esperar mais nove meses, até 23 de junho de 1936.

O divórcio, tal como o conhecemos hoje, estava longe de ser legalizado no Brasil da época, quando um novo casamento não era permitido após a separação. E a vida não era fácil para uma mulher divorciada. Mesmo que na prática houvesse casais separados, inclusive nas camadas mais altas da sociedade, isso não era algo que uma mulher carregasse publicamente sem dificuldades, muito pelo contrário.

Tarsila do Amaral, por exemplo, que nascera bem antes de Aracy de Carvalho, numa família da elite cafeeira, separou-se de seu primeiro marido, um primo de sua mãe, para viver seu amor "moderno" com o escritor Oswald de Andrade. A ligação entre os dois começara em 1922, mas foi mantida em segredo. Em 1924-1925, Tarsila tentou obter a anulação do primeiro casamento, para evitar o divórcio e a publicidade negativa de uma segunda relação, obrigatoriamente extraconjugal. A anulação era obviamente algo difícil, após mais de dez anos de vida comum e a existência de uma filha. Mas seus esforços não foram vãos e o casamento com Oswald realizou-se oficialmente, com toda a pompa, inclusive na igreja, em 1926, um ano antes das bodas de Aracy e Johannes Tess. Apesar de ter construído para si mesma a imagem de uma mulher moderna e integrado o grupo de artistas modernistas, Tarsila fez o possível para evitar o estatuto de desquitada, garantindo o caráter oficial de seu novo casamento. E, quanto a isso, Oswald não tocou nenhuma nota dissonante. Colaborou com o projeto de respeito não só da lei, mas, principalmente, dos códigos morais vigentes, preservando as aparências quanto ao romance com Tarsila e esperando a anulação do primeiro casamento dela, antes de tornar pública a ligação entre os dois.

No mesmo ano em que Tarsila casou-se pela segunda vez, um projeto de lei autorizando o divórcio chegou a circular no legislativo, sem sucesso, e uma pequena polêmica foi criada, na qual alguns defensores dessa reforma se manifestaram publicamente. Participando do debate, o escritor Menotti del Picchia publicou, em 1933, um livro intitulado *Pelo divórcio*, em que tentava relançar a discussão, respondendo às posições da Igreja com um argumento falacioso. Segundo o escritor, tratar-se-ia de uma adaptação necessária da legislação frente às transformações sociais da modernidade, visando em última instância a uma melhor preservação da família. Assim, antes um casal divorciado do que desastres maiores, como crimes e adultérios.

Porém, tais clamores e outros não foram ouvidos: o casamento único seguiu sendo a norma, e o desquite, a peneira diante do sol do divórcio. Além disso, no âmbito das mentalidades e dos costumes, onde as mudanças não seguem o mesmo ritmo das leis, uma mulher separada continuava carregando o estigma social que impregnava o termo.

Nunca saberemos se Aracy seguiu esses debates, torceu para alguma das posições em jogo ou esperou que a legislação e o olhar social sobre a questão se transformassem. Tampouco se sua formação e suas convicções profundamente católicas criaram-lhe conflitos internos em relação à separação, mas isso é bem possível. Ela sempre foi, efetivamente, católica fervorosa, e, antes de deixar o Brasil, fora sócia da conservadora Liga das Senhoras Católicas. Esta reunia as damas beneméritas da sociedade paulistana em torno de projetos de assistência ligados à Igreja, criando também ocasiões de sociabilidade feminina. Contudo, para além das conjeturas, o que sabemos, graças à sua correspondência, é que ela pôde contar com o apoio irrestrito da mãe, já viúva na época, e de outros parentes quanto à decisão que tomou.

Trata-se de um dado nada desprezível. As pressões familiares e a ameaça de solidão e ostracismo para uma mulher divorciada eram, naquele período, argumentos de peso para que esta não virasse as costas ao marido e ao casamento. Inversamente, o apoio familiar oferecia, sem dúvida alguma, um amparo considerável ante a decisão do divórcio. Não foi à toa que sua mãe tomou a iniciativa de escrever para a irmã Lucy, em fevereiro de 1934, contando-lhe a situação vivida por Aracy, a fim de garantir à filha e ao neto uma recepção calorosa e hospitaleira. O que mais lhe interessava, na época, é que Aracy pudesse afastar-se do marido em boas condições.

Isso dito, mesmo com apoio familiar, optar pela separação exigia certamente uma boa dose de coragem. E a direção que Aracy decidiu dar à sua vida mostra que o estatuto de mulher separada não era nada invejável: ela escolheu continuar vivendo fora do país. Pode ser que tivesse outras razões para isso. Contudo, tendo em vista os padrões de moralidade em vigor no Brasil da época, e particularmente entre as camadas médias urbanas às quais pertencia, o evento que marcou uma ruptura e uma guinada em sua vida foi sem dúvida o divórcio. Se, em 1934, ela escolheu a estratégia de afastar-se do marido num momento de crise, após a assinatura do divórcio, no ano seguinte, continuar vivendo num espaço social distante e diverso pode ter sido realmente mais fácil. Inclusive porque, assim, permanecia realmente longe do alcance do já então ex-marido.

FUNDAÇÕES

Pouco tempo depois de sua chegada em Hamburgo, Aracy já tinha o projeto formalizado de tentar conseguir um emprego na Alemanha, e particularmente no consulado brasileiro da cidade. De fato, seguindo pistas nesse sentido, ela aproveitou a estada no Rio de Janeiro, em

1935, para mobilizar contatos. A situação não era nada simples, muito pelo contrário, e tirava-lhe o "sossego", conforme escreveu à mãe, do Brasil: "Eu graças a Deus vou indo bem, com pouco socego pois não ha dia que não corro de Poncios a Pilatos para obter o meu emprego, e é bem difficil e si eu arranjar, pode se dizer que é um milagre."[5]

No começo de setembro, aborrecida por ainda não ter resolvido a questão, ela adiou a viagem de volta à Alemanha para o final do mês, para ter mais tempo, falar com outras pessoas, negociar melhor a colocação a que aspirava. Esta traria bases mais estáveis à sua vida, permitindo-lhe, inclusive, alugar uma casa e deixar de ser hóspede da tia.

A primeira referência a esse assunto apareceu numa carta escrita pela mãe, de São Paulo, em setembro de 1934. Naquele momento, poucos meses após a chegada de Aracy à Alemanha, as duas já estavam mobilizadas para tentar conseguir a vaga no consulado. E nesta carta, Sida contou à filha que recebera uma visita do "Dr. Caiuby", com quem falara sobre o assunto. A resposta, promissora, foi: "quem sabe eu posso arranjar, sou muito amigo do Dr. José Carlos de Macedo Soares" (ministro das Relações Exteriores).* Para tal, conforme as instruções transmitidas pela mãe, Aracy precisava descobrir, "discretamente", "quantos funcionários efetivos trabalha[va]m no consulado", "quantos brasileiros e quantos alemães". Aracy ficava encarregada de enviar a resposta a essas perguntas, com urgência (correio aéreo), "em papel separado", para que a mãe pudesse mostrar ao Dr. Caiuby, incluindo também "umas palavras para ele".

O momento era favorável, segundo informou o Dr. Caiuby durante a visita: o ministro encontrava-se justamente em São Paulo, visitando o amigo Caiuby, que sofrera um acidente de carro alguns meses antes e "quase perde[ra] a perna". Daí a pressa na resposta, que deveria alcançar o ministro ainda em terras bandeirantes.

Armando Franco Soares Caiuby era paulista, advogado e escritor, tendo trabalhado como promotor público e delegado.[6] Ele nascera em

---

*A carta, escrita em alemão, incluía essa frase em português, na qual Sida citou a resposta do amigo ao seu pedido.

1886, 22 anos antes de Aracy, tendo idade e posição suficientes, em meados dos anos 1930, para poder ajudá-la usando de sua influência.

A relação de Sida com Caiuby parece ter sido próxima, embora ela não se referisse a ele pelo primeiro nome quando escrevia à filha. Segundo sua carta, ele a cercava de atenções, chegando a dizer que "gostando da mãe", a filha é "filha dele também", e que faria o que pudesse por ambas. Segundo Sida, insistira para que esta não ficasse muito tempo na Europa na próxima estada, já programada. Ele aparece mencionado nas agendas de Aracy do período em que trabalhou no consulado, e consta de uma caderneta telefônica que ela usou naqueles anos.

Ao que tudo indica, o emprego no consulado foi de fato conseguido graças a conhecidos de Aracy e da mãe que tinham acesso ao ministro Macedo Soares. E o primeiro a envolver-se com a questão foi, sem dúvida, Armando Caiuby. Aracy não somente solicitou sua ajuda, como confiou na sua dedicação, conforme mencionou em carta à mãe, escrita do Brasil, em 5 de setembro de 1935, enquanto se articulava em torno deste assunto primordial. O tom da carta é desgostoso. Aracy afirmava que ainda não conseguira o emprego ("somente promessas e mais promessas"), mas que o Dr. Caiuby, "incansável", estava tentando ajudar ("A senhora deve escrever uma carta [a ele] agradecendo tudo que faz por mim").

O restante da correspondência revelou, entretanto, que Caiuby não pôde satisfazê-la. Quem teria realmente conseguido a colocação foi outro amigo, o "Reverendo Padre Estevão Maria"[7] (Estevão Maria Heigenhauser). Este fizera o pedido diretamente ao bispo, que o transmitira, por sua vez, também diretamente, a Vargas.

Apesar da pressa inicial — de Sida, de Caiuby e, principalmente, de Aracy —, as coisas se desenrolaram num ritmo muito mais lento e a colocação desejada fez-se esperar. Aracy só começou a trabalhar no consulado quase dois anos após a primeira referência que encontrei sobre o assunto, na carta de Sida datada de 29 de setembro de 1934. E só recebeu seu primeiro salário, em agosto de 1936, um ano após a assinatura do divórcio no Rio de Janeiro.

A relação com o divórcio não é casual. Ao que tudo indica, boatos desagradáveis teriam corrido entre pessoas conhecidas, após a assinatura do divórcio, fazendo com que, em meio à sua luta para conseguir a vaga no consulado, Aracy escrevesse à mãe: "Tomara eu arranjar um emprego e ficar por ahi na Europa por uns annos, apezar que, eu gosto mais de estar aqui na minha terra, só esta gente que me enôja."[8]

A autorização para que o então cônsul-geral de Hamburgo, Domingos de Oliveira Alves, recém-empossado no cargo, contratasse uma nova funcionária foi dada por telegrama do Ministério das Relações Exteriores em 26 de julho de 1936. O texto precisava que ela entraria "em exercicio de seu cargo" no dia 1º do mês seguinte.[9] Aracy tinha ido visitar o cônsul pouco antes, e anotou, num bilhete sem destinatário designado, que este a "recebeu bem e está de acordo em admiti-[la] como auxiliar [...] depois de sua posse",* em julho. Efetivamente, ela começou a trabalhar em agosto, e seu salário foi fixado em 20 libras esterlinas.

A partir de então, Aracy deixou a casa dos Luttmer em Harburg para instalar-se com o filho em Hamburgo. Foi morar no bairro de Mundsburg, no quarto andar de um prédio situado na Immenhof, 18. Estava perto do lago Alster, que banha a cidade, e quase na beira de um dos seus canais, o Mundsbugkanal. A proximidade do Alster é um ponto a favor para uma zona residencial em Hamburgo, dando um caráter calmo e aprazível ao lugar. No caso de Aracy, tratava-se de uma área habitada pelas classes médias, que poderíamos definir como agradável, mas sem luxos. O endereço existe até hoje, mas o prédio onde ela viveu deve ter sofrido com os bombardeios que destruíram boa parte da cidade durante a guerra, principalmente a partir de 1943. O imóvel que se encontra ali hoje foi claramente construído no pós-guerra.

Aracy logo se integrou ao local, aproximando-se da vizinha que morava no andar de cima, Elfriede Stankowiak, de quem recebeu várias cartas, muito afetuosas, em 1942. Pela força e duração da amizade, que se tornou familiar, Eduardo Tess lembrou-se dela com nitidez e simpatia. Elfriede já era viúva em 1936, quando se conheceram, e vivia com a mãe. Assim como Aracy, ela trabalhava, dirigindo a loja de autopeças do marido, no centro de Hamburgo. Após a morte do marido, perdeu a

---

*Junto ao telegrama do cônsul Oliveira Alves, onde este lhe comunicava estar autorizado a admiti-la no consulado, ela acrescentou um bilhete, datilografado (27 de julho de 1936).

mãe e, logo após o final da guerra, seu filho único, Wolfgang, chamado a combater pela Alemanha. Nas cartas de 1942, ela manifestou sua preocupação pela sorte do filho. Depois da guerra, o contato continuou, principalmente entre Elfriede e a mãe de Aracy, muito amigas. Durante os duros anos da reconstrução, Sida mandava a Elfriede pacotes de mantimentos do Brasil. Eduardo Tess guardou desta amizade um objeto pessoal: uma espátula que pertencera ao marido de Elfriede, onde aparece a inscrição "Franz J. Stankowiak — Hbg. Ruf 24 99 51". Mas esta não era a única amizade de Aracy em Hamburgo. Muitos outros nomes alemães são mencionados em sua correspondência, indicando uma vida plenamente integrada à sociedade local.

Aracy não morava suficientemente perto do consulado para ir a pé ao trabalho. O consulado brasileiro ficava no coração da cidade, em frente à estação central de trens, Hauptbahnhof, no número 2 da Glockengiesserwall. Neste caso, o edifício da época sobreviveu, com seus baixos-relevos na fachada e os azulejos amarelados ornando o hall interno e as escadas. Ainda hoje funciona como um edifício de escritórios. Aracy tinha sua sala e sua máquina de escrever, a qual aproveitou para treinar datilografia: escreveu à máquina, com este fim, várias das cartas que enviou à mãe.

PASSAGEM DE NÍVEL

Aracy esteve concentrada, naqueles anos, em dar novos rumos ao seu projeto de vida, junto com o filho. Optou, para tal, por viver no país de origem da mãe, onde possuía alguns referenciais importantes, a começar pela hospedagem inicial dada pela tia, e pela familiaridade com a língua, que aprendera em casa. Ela não parece ter estranhado os usos e costumes locais. De fato, mostrando-se à vontade, em nenhum momento mencionou, em sua correspondência, qualquer situação em que mal-entendidos marcassem uma distância cultural. Assim, num momento em que o que contava mais era afastar-se do Brasil, pôde usufruir de uma configuração na qual nem tudo era novo ou estrangeiro.

Movida por circunstâncias exclusivamente ligadas a sua vida pessoal, ao desembarcar na Alemanha no final de março de 1934, Aracy foi, contudo, testemunha de um contexto histórico nada banal. Seu deslocamento levou-a a testemunhar fatos extremamente graves, de uma violência extraordinária, em meio à estruturação de um regime totalitário. Isso tudo ultrapassava de longe o impacto de qualquer distância cultural que pudesse incomodá-la. É importante insistir sobre esse desencontro entre as duas sociedades contemporâneas às quais pertencia, em meio ao qual se deslocava, imaginando com que olhos assistiu ao que estava acontecendo e, sobretudo, à erosão brutal dos princípios mais ordinários da vida social. Pois a imigração não obriga somente a enfrentar mudanças culturais, linguísticas, paisagísticas e climáticas. A simultaneidade não implica reais contemporaneidades históricas e a passagem de um país a outro obriga não somente a deslocamentos geográficos, mas também sociais e políticos. No momento da chegada de Aracy a Hamburgo, Hitler estava no poder fazia pouco mais de um ano, e as primeiras leis visando à exclusão dos judeus da comunidade nacional já tinham sido promulgadas.

A primeira delas foi uma lei, promulgada no dia 7 de abril daquele ano, expulsando os judeus do funcionalismo público. No mesmo mês, outra lei limitava o número de judeus autorizados a frequentar as escolas e universidades alemãs. Agindo no sentido de excluí-los cada vez mais da esfera pública de atividades, os nazistas limitaram ainda, drasticamente, o exercício das profissões médicas e jurídicas. Tratava-se de ramos nos quais muitos judeus trabalhavam como liberais, pois tanto o ensino — inclusive universitário — quanto o judiciário eram-lhes tradicionalmente vetados já antes da subida dos nazistas ao poder.

Em maio do mesmo ano, os nazistas queimaram em praça pública livros "não arianos"; em setembro, os judeus foram privados do direito de possuírem terras e, em outubro, de editarem jornais, outro ramo de atividades em que eram numerosos. A imposição progressiva de todas estas restrições legais acompanhou-se, no dia 1º de abril, de um boicote, decretado pelos nazistas, aos estabelecimentos judaicos. Essa medida atingiu os diversos estratos de comerciantes judeus: dos detentores de lojas de departamentos, butiques refinadas e atacadistas até os mais numerosos, que possuíam estabelecimentos mais simples.

A iniciativa não foi repetida nos anos seguintes. A população não compactuou com a ideia ou, ao menos, não reagiu de modo entusiasmado. Além disso, as reações internacionais foram desfavoráveis ao regime, e os nazistas estavam conscientes da importância das atividades e negócios judaicos num momento de crise profunda, em que a economia nacional precisava de incentivos, e não de ações danosas. Quanto a isso, a diminuição do desemprego era uma prioridade absoluta, fazendo com que o governo continuasse, por exemplo, a oferecer concessões públicas às empresas judaicas.[10]

As iniciativas antissemitas do Estado sofreram nova aceleração em 1935, quando as coisas mudaram radicalmente. Mesmo assim, medidas oficiais continuavam a isolar, progressivamente, a população judaica: em maio de 1934, os judeus foram excluídos da Previdência Social e, um ano mais tarde, foram banidos do exército.

O grande pacote legal antijudaico foi apresentado por Hitler em Nuremberg, durante o congresso anual do Partido Nazista, em setembro de 1935. Nesse momento, Aracy encontrava-se no Brasil, tratando do seu divórcio: ela chegara ao Rio de Janeiro no início de agosto, e embarcara de volta no final de setembro.

Durante sua ausência, a vida dos judeus alemães piorou bruscamente. Vale a pena abrir um parêntese sobre a situação que ela encontrou ao retornar do Brasil. Tratava-se, com as novas decisões de Hitler, de colocar em execução as ideias raciais nazistas. Com a Lei de Cidadania do Reich, os judeus perderam seus direitos civis e políticos. Com a Lei pela Proteção do Sangue e da Honra Alemães, foram excluídos de todo contato com os "arianos": os casamentos mistos foram proibidos, tanto quanto as relações extraconjugais entre judeus/judias, de um lado, e pessoas de "sangue alemão ou assimilado", de outro.

Aos casamentos mistos já realizados, foi dada a possibilidade ao cônjuge "ariano" de anular o matrimônio na Justiça, o que poucos fizeram, apesar das pressões incessantes vindas de todos os lados: familiares, vizinhos, amigos e conhecidos, colegas, patrões, membros do Partido e do governo.

Os cônjuges "arianos" destes casais viveram anos extremamente difíceis sob o jugo nazista. Por outro lado, os cônjuges judeus foram, de modo geral, apesar das pressões e humilhações sofridas, protegidos das perseguições dos anos seguintes e sobreviveram mais facilmente que os outros à extermínação. De fato, no final da guerra, a esmagadora maioria dos cerca de 15 mil judeus ainda presentes em solo alemão era casada com não judeus.[11]

Ainda que a Lei de Proteção do Sangue e da Honra previsse penas para ambas as partes dos casais mistos, por desafio à "pureza racial", os nazistas perseguiram prioritariamente os homens. Essa opção revela, antes de tudo, como racismo e sexismo andaram de mãos dadas no pensamento e no projeto nazista: os homens judeus não foram tratados da mesma maneira que as mulheres judias, nem os homens não judeus como as mulheres não judias.

Antes da subida de Hitler ao poder, e dos esforços nazistas em isolar socialmente os judeus da sociedade alemã, os casamentos mistos estavam em franca expansão, dando a medida de um processo de integração que já vinha das últimas décadas do século anterior. Assim, o censo de 1933, que contou 525 mil judeus na população alemã (menos de 1% do total), estimou também que 35 mil casais eram "racialmente mistos".[12] As taxas de judeus que se casavam com não judeus variavam de região para região, de cidade para cidade. Entre 1930 e 1933, essas taxas atingiam 24% dos judeus da Prússia, 27% dos berlinenses e 39% dos hamburgueses.

Estes números brutos escondem outros dados. Os judeus casavam-se mais com não judias do que as judias com não judeus, o que tornava mais difícil às judias encontrarem um marido judeu que o contrário. Em 1927, 26% dos judeus casavam-se fora do grupo, contra 16% das judias. Trata-se de uma diferença considerável, que pode ser entendida pela força da ordem do gênero, que limitou mais a autonomia das escolhas femininas. Essa ideia é reforçada se pensarmos que, do ponto de vista da religião judaica, a descendência é assegurada pela mulher: os filhos de uma mulher judia são considerados judeus, inclusive se o pai não o é. Assim, do estrito prisma do dogma religioso, um casal misto no qual a mulher é judia assegura a transmissão aos filhos, que nascem judeus. No caso contrário, a transmissão se perde. Ou seja, apesar de os homens terem tido maior autonomia de escolhas, no sentido de uma maior integração à sociedade alemã, seu afastamento do judaísmo ameaçava mais a preservação da integridade do grupo do que no caso das mulheres. Mesmo assim, foi essa a tendência que prevaleceu, pois as hierarquias entre homens e mulheres pesaram mais.

Contudo, para além do fato de que as mulheres eram mais controladas que os homens, e tinham menos autonomia diante do casamento, sabe-se que os filhos de casamentos mistos eram, em geral, educados fora dos princípios do judaísmo, já que a própria existência de tais casamentos era um sinal de laicização crescente — e não só entre judeus. Nesse contexto, garantir a preservação das tradições era mais fácil pelo lado feminino, ainda mais submisso.

Resta dizer que os casamentos mistos tornaram-se legais na Alemanha em 1871, ao mesmo tempo que os judeus conquistaram os plenos direitos de cidadania. Assim, em 1935, quando da publicação das Leis de Nuremberg, já existiam no país muitos filhos, netos e mesmo bisnetos de uniões entre judeus e não judeus.

As penas, extremamente severas, aplicadas contra aqueles que desrespeitavam essa legislação, casando-se ou mantendo relações sexuais com judeus ou judias, eram mais pesadas para os homens do que para as mulheres. Os nazistas partiam do princípio de que os homens eram a parte ativa e sedutora do casal, deixando um papel passivo às mulheres. Eles foram vistos, na prática, como uma ameaça maior de contaminação do "sangue ariano". As "arianas" casadas com judeus foram humilhadas publicamente, mas não foram presas como os "arianos" casados com judias. No caso das "arianas" casadas com judeus, os nazistas viam, antes de tudo, uma ameaça à honra masculina dos "arianos". A mesma visão sexista punia mais os cônjuges judeus do que as judias envolvidos nesses casamentos mistos. Mesmo assim, o antissemitismo tinha papel predominante nessa configuração, ao misturar-se com o sexismo. Assim, os casais de "arianos" e judias foram mais bem tratados do que aqueles em que os homens eram judeus.

Enfim, partindo de representações fantasiosas em relação à sexualidade dos homens judeus, que se aproveitariam das mulheres "arianas", as Leis de Nuremberg proibiram as famílias judias de empregarem domésticas alemãs (ou "de sangue aparentado") de menos de 45 anos.

As Leis de Nuremberg não responderam positivamente à demanda de militantes nazistas por uma economia alemã sem judeus. Hitler recusou-se a legislar sobre o assunto e preservou os negócios judaicos enquanto estes ainda eram úteis à retomada da economia do país e ao combate ao desemprego. Em vez disso, ele procurou contentar as bases com medidas que atingiram a população judaica num domínio onde vigoravam inúmeros fantasmas antissemitas, o dos contatos sexuais. Tais medidas contentaram, ao mesmo tempo e por outras razões, outra parcela dos alemães, importante do ponto de vista quantitativo. Para estes últimos, a cobertura legal dada pelo pacote de Nuremberg ao ostracismo dos judeus servia não somente para isolá-los, mas também para neutralizar a violência antissemita cotidiana e as cenas de desordem urbana, que lhes desagradavam. Por essa lógica, até o final de 1937, muitos judeus puderam manter o controle sobre seus negócios,[13] antes de ver sua situação econômica degradar-se fortemente.

Aracy acompanhou *in loco* o desenrolar dos acontecimentos. A propaganda antissemita do regime era onipresente e o processo de exclusão dos judeus visível em todos os recantos da vida social. O racismo e a opressão totalitária não podiam passar despercebidos e ela certamente observava tudo e todos com atenção. Ainda que passasse boa parte do seu tempo dentro do consulado brasileiro, estava integrada à sociedade local, com não poucos amigos, um filho escolarizado e uma tia e um tio na cidade. Compartilhava, assim, a vida cotidiana dos alemães, presenciando a transformação do pensamento nazista em norma social inquestionável e, no espaço público, os desatinos da violência reinante.

DISTÂNCIA

Aracy nunca se pronunciou por escrito sobre essas questões, nem deixou qualquer pista sobre seus eventuais pensamentos a respeito. O que deixa uma lacuna e uma frustração consideráveis para este trabalho, pois nunca saberemos como reagiu a tudo isso no calor do momento.

Várias razões podem explicar seu silêncio. Ela pode, simplesmente, não ter se sentido tocada pelo assunto, ao menos nos primeiros anos, estando por demais concentrada na reviravolta pela qual passava sua vida, com o divórcio, a mudança de país e as novas responsabilidades de trabalhar e criar o filho sozinha. Como tantos outros, inclusive parte dos judeus, ela pode também ter demorado a perceber a gravidade e a extensão do que estava acontecendo, vindo de mais longe, de outro horizonte.

Durante seus primeiros anos de vida na Alemanha, Aracy fez diversas viagens pelo país, mas também para o exterior. As cartas e cartões-postais que enviou, então, fazem pensar que a tensão vivida pela população judaica alemã e a violência do regime não interferiam na sua vida cotidiana. Assim, a título de exemplo, no dia 25 de julho de 1936, ela estava em Berlim; os Jogos Olímpicos começariam dentro de uma semana, em 1º de agosto. De lá, escreveu um cartão-postal para a mãe: "Berlim está uma maravilha."

O evento serviu a vários fins de propaganda, dentre os quais provar a superioridade da "raça ariana" pelo desempenho esportivo dos atletas alemães. A cineasta oficial do regime, Leni Riefenstahl, realizou o documentário *Os deuses do estádio* (que entrou em cartaz em 1938) nessa mesma linha. O investimento foi grande, e Aracy estava longe de ser a única pessoa entusiasmada.

Os nazistas também aproveitaram a ocasião para construir, aos olhos do público e dos jornalistas estrangeiros ali presentes, uma imagem de serenidade quanto ao ambiente reinante no país, inclusive para acalmar os temores internacionais em torno do belicismo alemão. Nesse sentido, tentaram camuflar a violência de sua política racista. Os cartazes que assinalavam a exclusão dos judeus do espaço público foram temporariamente retirados da capital e os jornais adoçaram seu discurso antissemita. Em muitos casos, a iniciativa obteve resultados positivos, impressionando os presentes diante da organização dos eventos.

Os atletas judeus alemães já haviam sido expulsos dos clubes que frequentavam anteriormente, e não puderam participar das competições. E dois dias depois do final dos Jogos, o capitão Wolfgang Fürstner, diretor da vila olímpica, suicidou-se ao saber que fora excluído do exército por causa de suas origens judaicas. Fürstner não foi o único judeu a colaborar com o bom andamento dos Jogos. A pira olímpica foi construída nos ateliês da empresa berlinense de Walter Callmann, que produzia grades de ferro. Confiante em sua boa situação social na Alemanha, este empresário judeu, veterano da Primeira Guerra Mundial, só deixou o país com a esposa e as duas filhas em dezembro de 1939, a bordo do *Oceania*, que a família tomou em Gênova, em direção ao Brasil.[14]

Ao mostrar-se maravilhada com a cidade, Aracy comprovou o trabalho eficiente do regime na preparação de Berlim para os Jogos, fazendo da capital do Reich seu cartão de visitas, a ser admirado tanto pelos estrangeiros quanto pelos próprios cidadãos. "Limpando" e embelezando a cidade para o evento, rico em promessas de propaganda, a polícia nazista não se esqueceu de prender cerca de oitocentos ciganos, para que não fossem vistos no espaço urbano, este também "arianizado".

O deslumbramento coletivo diante das Olimpíadas, expresso com sinceridade por Aracy, mostra também a fissura entre a experiência cotidiana das categorias perseguidas pelos nazistas — sobretudo os judeus, inimigos principais do regime — e a dos demais cidadãos e visitantes do país. Durante esses anos, vários amigos e familiares de Aracy e de sua mãe passaram pela Europa, em viagens de passeio, detendo-se mais ou menos longamente na Alemanha. Aracy e a mãe, quando esta visitava Hamburgo, recebiam seus cartões, expedidos em outras cidades do país e do continente, ou do Brasil, após o retorno; nada parecia ameaçar esses projetos de férias na Alemanha, que atraiu, durante o período dos Jogos Olímpicos, uma multidão considerável de turistas.[15]

Entretanto, o silêncio epistolar de Aracy pode ter razões bem distintas. Pode muito bem ser, e tendo a privilegiar essa pista, que o assunto não fizesse parte do universo que partilhava com a mãe, sua principal correspondente, não sendo simplesmente abordado ali. De fato, a correspondência entre as duas respeitava uma certa regularidade de temas tratados, dentre os quais predominavam claramente as questões financeiras e profissionais, os projetos realizados ou não de viagens, os afetos mais próximos, além de comentários sobre familiares e conhecidos, com intrigas, fofocas e desabafos da parte de Aracy. O universo temático refere-se, assim, à intimidade familiar, a assuntos que, de modo geral, não são tratados com pessoas de outros círculos, a começar pelo dinheiro, pelos afetos e desafetos.

Assim, é bastante plausível que questões que faziam parte do cotidiano de Aracy, sobre as quais refletia e conversava com seus colegas e amigos, não lhe viessem ao espírito nos momentos em que se sentava para ler e responder às cartas recebidas da mãe. Uma coisa é certa: essas cartas nunca teceram a crônica dos acontecimentos vividos e observados na esfera pública alemã, nem tinham tal pretensão. O tom era radicalmente outro, desenhando uma esfera epistolar precisa. O que não significa que o tema das perseguições e da política antissemita implantada pelos nazistas — ou, de modo mais geral, as tensões que atravessavam a sociedade alemã — não tivessem sido objeto de conversas entre Aracy e a mãe, que esteve várias vezes em Hamburgo visitando-a. Mas o registro epistolar é um código que obedece regras próprias e responde a anseios precisos, nem sempre ligados aos assuntos tratados. De fato, colocados em cartas, os assuntos abordados servem muitas vezes para afirmar e garantir a manutenção e a renovação constante de ligações afetivas fortes entre pessoas separadas geograficamente, como era o caso de Aracy e sua mãe.

ESCALA

Entre agosto de 1936 e o início de 1938, Aracy trabalhou no consulado brasileiro com um estatuto pouco confortável, sem contrato, e com um salário limitado, de 20 libras esterlinas, o que não era muito. A quantia era paga mensalmente pelo governo brasileiro numa conta bancária aberta em Londres. Por isso, ela recebia em moeda inglesa. Segundo uma taxa de câmbio entre o marco alemão e a libra inglesa, para 1937, o salário de Aracy equivalia a 250 marcos. A título de comparação, em 1938, isso correspondia aos salários mais altos do mundo operário, recebidos por homens qualificados do setor gráfico ou da indústria de bens elétricos, que ganhavam em média 240 marcos mensais.[16]

Aracy dispunha de propriedades no Brasil. Em novembro de 1934, seu advogado estava tratando da hipoteca de um terreno no valor de 50:000$000 que cobriria uma outra, anterior, de 20:000$000. Tratava-se de uma operação feita em conjunto com o marido, ainda antes do divórcio.[17] Talvez esse dinheiro tenha sido uma fonte de renda para ela durante o período em que esteve na casa da tia, sem trabalho. Se depois passou a contar unicamente com seu salário, não tenho meios de saber. Contudo, ela vivia apertada, prestando atenção nas despesas, inclusive cotidianas, que muitas vezes anotou em suas agendas. Escrevendo para a mãe, em março de 1937, confessou: "Nós aqui não temos nada, a roupa de cama está rasgando, vai ser difícil arranjar-mo-nos até a senhora chegar e trazer roupas."[18]

Em 1937, a economia alemã já estava voltada para o rearmamento, seguindo um plano quadrienal lançado em 1936. Já antes disso, o projeto de relançar a indústria nacional para tornar o país autossuficiente impôs limites drásticos às importações, comprometendo, principalmente, a produção de bens dependentes de matérias-primas importadas. Estas precisaram ser substituídas por materiais locais equivalentes, em geral de menor qualidade. No caso de Aracy, sua correspondência com a mãe mostra que ambas faziam cálculos constantemente, comparando as vantagens de comprar peças de vestuário e objetos para a casa no Brasil ou na Europa. Assim, além do orçamento apertado, ela já enfrentava, no cotidiano, as consequências da direção belicista dada à economia alemã. Essa combinação fazia-a sentir que "não [tinha] nada", enquanto aguardava a próxima visita da mãe. E a solução encontrada respondia favoravelmente ao contexto: o que Sida traria do Brasil, em maio, era, além de menos custoso, de melhor qualidade.

Contudo, as dificuldades financeiras de Aracy eram relativas. Ela não chegou a privar-se do essencial, vivendo, ao que tudo indica, confortavelmente, inclusive antes de conseguir assinar seu contrato, em fevereiro de 1938. Assim, na mesma carta em que se queixou do estado dos lençóis, mencionou outras despesas ou projetos que desvelam seu horizonte financeiro: "estava com vontade de ir para Baden-Baden se até lá cavasse dinheiro".

Baden-Baden era uma estação termal alemã bastante conhecida. Nada indica que tenha feito essa viagem na época. Mas podemos reter aqui que isso não lhe parecia impossível, estando em seu horizonte. E no verão seguinte, em agosto, ela viajou de férias. No dia 8, estava em Munique, visitou exposições e, de lá, seguiu para Paris, onde ficou três ou quatro dias, antes de retornar a Hamburgo. No final do mês, viajou novamente, desta vez com o filho, para Londres. Em outubro, tirou novas férias, deixando a mãe e o filho na Alemanha. Mandou-lhes um cartão de uma estação termal toscana, Montecatini, no qual anunciava que de lá seguiria para Paris. Ou seja, o turismo não estava além de suas posses.

Quanto às suas possibilidades de consumo, na mesma carta onde mencionou os lençóis, contou também, referindo-se às suas despesas:

> Hontem comprei um relógio para Edu e quatro marcos de ovos de Paschoa vou escondê-los pela casa inclusive o relógio que tambem pus dentro de um ovo de papelão, ele vai ficar muito contente pois que não espera o relógio tão cedo eu disse que só mais tarde que podia comprá-lo por enquanto não tinha dinheiro.[19]

Com essa reflexão, sua situação torna-se mais precisa: se, por um lado, comprou um bonito presente de Páscoa para o filho de 8 anos, tratava-se de algo que merecia ser notado, uma despesa importante, digna de uma data festiva. Além disso, dentro do padrão de vida dos dois, dizer ao filho que no momento não tinha dinheiro para isso era verossímil, ainda que o tivesse. O conforto material não cobria grandes excessos, mas não implicava privações substanciais, permitindo mesmo certas folgas. Podemos dizer ainda que se ela reparava no fato de que a roupa de cama estava usada, "rasgando" — mas não "rasgada", vale notar —, significa que estava acostumada a um padrão de conforto que não tocava somente àquilo que se vê publicamente, mas também aos objetos da intimidade. Pois uma coisa é ter uma situação financeira apertada; outra, bem diferente, é viver num aperto financeiro que chega a ser notado pelos outros, nas roupas, na aparência, em diversas situações de sociabilidade em que isto acaba vindo à tona, e causando embaraço.

Os lençóis, quando gastos, não chegam a causar má impressão pública. Se isto incomodava Aracy, que selecionou este elemento preciso para falar do que estava faltando ("aqui não temos nada"), é porque não só seu padrão de conforto previa cuidados deste tipo, mas também porque a situação estava longe de criar verdadeiros embaraços. Sem contar que o fato de não ter substituído recentemente a roupa de cama estava longe de privar seu filho de uma vida agradável, o que poderia ter sido fonte de angústia. Enfim, um último elemento é eloquente sobre a sua situação financeira nesses anos, anteriores à assinatura do contrato. Na mesma carta já citada, Aracy exprimiu um desejo de consumo que concretizou pouco tempo depois: "Eu agora vou ver se posso fazer bastante economia para poder comprar um automovel quando a senhora voltar."

Esta carta é rica em informações abrangentes sobre seu modo de vida e sua visão do mundo na época. Assim, por um lado, ela exprime preocupações que revelam suas origens sociais e sua formação como mulher. Afinal, que homem, com a mesma posição social que a dela, usaria, para explicar seus embaraços financeiros cotidianos, uma referência ao mau estado dos lençóis? E, ao mesmo tempo, isso não esgota sua experiência, e nem mesmo sua experiência feminina, pois ela era financeiramente independente, trabalhando para seu sustento e o do filho, tendo deixado o marido por escolha própria.

Vale dizer, quanto a isso, que trabalhar não era algo frequente e muito menos natural para uma mulher de sua geração e posição social. Tanto no Brasil quanto na Alemanha da época, muitas não o faziam. No Brasil, fruto da urbanização acelerada, as moças das camadas médias contavam com a expansão dos serviços e do comércio nas grandes cidades, além do bastião aberto pela educação primária. Já as moças mais ricas continuavam, em sua grande maioria, afastadas do mercado de trabalho. E, uma vez casadas, a maioria cessava de exercer atividades remuneradas. Sem contar que os salários femininos eram consideravelmente menores que os masculinos, e a possibilidade de autonomia financeira das mulheres muito mais limitada que a dos homens.

Enfim, quanto às aspirações de Aracy, logo após queixar-se da roupa de cama, ela referiu-se a outro objeto que desejava adquirir, e que fugia totalmente dos atributos tradicionais da feminilidade, ainda mais na época: o automóvel. Trata-se de um bem que facilita e potencializa a capacidade de deslocamentos, que, mais rápidos e menos cansativos, se multiplicam e estendem a espaços mais vastos. Traz maior autonomia no ir e vir e possibilita uma maior familiaridade com os espaços públicos, mais frequentados. Isso não somente do ponto de vista familiar, mas, principalmente, individual, já que Aracy pretendia sentar-se na poltrona do motorista, decidir sozinha seus destinos e itinerários, bem como as datas e os horários dos deslocamentos de lazer. Assim, o carro estava diretamente ligado à abertura que a nova vida lhe trouxe após o divórcio, e a Hamburgo, onde, com exceção das judias, cada vez mais privadas de espaços públicos, as mulheres tinham um acesso menos ritualizado e sujeito a normas e horários do que na São Paulo dos anos 1930, onde o espaço público ainda era marcadamente masculino — nem neutro, nem misto.[20] Sua correspondência mostra, aqui, enfim, como gênero é uma construção sutil e flexível.

DESCOMPASSO

Na Alemanha, o desemprego foi o desafio maior enfrentado pelos nazistas ao tomarem o poder. Em 1933, o país contava com 6 milhões de desempregados. Um dos pontos do programa para combatê-lo consistia em encorajar as mulheres a cederem aos homens seus lugares no mercado de trabalho, voltando a ser donas de casa. Segundo um observador americano da época, vários projetos visando ao mesmo tempo a relançar a economia e a resolver o problema do desemprego exploraram esta mesma estratégia de evitar que as mulheres fizessem concorrência aos homens. Assim, para os novos casais, um programa especial oferecia empréstimo para a compra de móveis e outros equipamentos domésticos. O reembolso seria feito em alguns anos, durante os quais o nascimento de filhos implicava reduções na dívida. Mas esse empréstimo estava condicionado à aceitação, pela jovem esposa, de não trabalhar fora de casa.[21] De modo geral, os esforços em reduzir o desemprego, que foram coroados de sucesso, ignoraram o trabalho feminino. A vida de Aracy, em seus anos alemães, seguia um caminho exatamente oposto a esse.

O combate ao desemprego foi de fato a prioridade absoluta da política econômica nazista durante os primeiros anos, empurrando para segundo plano todas as outras questões, inclusive a dos salários. Além disso, tal política aplicava-se num contexto em que as organizações sindicais e os partidos tinham sido abolidos e a oposição, silenciada. Os salários permaneceram estáveis ou aumentaram levemente, mas as jornadas tornaram-se mais longas e o trabalho compulsório cada vez mais presente, com a instalação da economia de guerra. Quanto aos preços, parecem ter ficado estáveis, mas a qualidade dos produtos deteriorou-se de maneira significativa entre 1933 e 1936, sobretudo pela falta de matérias-primas. Ou seja, em valores reais, tendo em vista essas transformações, pode-se dizer que os salários mantiveram-se estáveis ou sofreram um pequeno declínio.[22] Nenhum desses aspectos atingiu diretamente Aracy, que não pertencia ao mercado de trabalho alemão, não estava sujeita aos incentivos à economia lançados pelos nazistas e podia contar com o mercado brasileiro para suprir as carências que sentia na Alemanha: preços altos, falta de produtos ou diminuição da qualidade dos mesmos.

Mas como viviam as judias e os judeus alemães nessa época?

PARÊNTESES

Tendo permanecido durante séculos nas margens da economia alemã, os judeus passaram, no intervalo de três gerações — entre meados do século XIX e a Primeira Guerra Mundial —, a ocupar posições centrais à nova vida econômica do mundo industrializado e urbanizado. Privados durante muito tempo do direito à terra, adquiriram, historicamente, competências financeiras, bancárias e comerciais que se tornaram, a partir do final do século XIX, motores centrais para a economia.[23] Quando Hitler chegou ao poder, a população judaica era ao mesmo tempo extremamente minoritária e extremamente visível, pois não só se concentrava nas cidades, mas ocupava profissões diretamente ligadas à esfera pública, dominadas pelo comércio varejista.

As pequenas comunidades tinham diminuído progressivamente, devido à atração exercida pelas grandes cidades: 20% dos judeus viviam nestas últimas em 1870, contra 60% em 1910. Neste ano, 4% dos habitantes de Berlim eram judeus, enquanto o grupo não atingia 1% da população total do país. Em 1933, enfim, 70% dos judeus viviam em cidades de mais de 100 mil habitantes, e um terço deles (144 mil) concentrava-se em Berlim.[24] Por outras razões, essa concentração acentuou-se durante o período nazista: nas grandes cidades, os judeus tinham acesso às organizações de auxílio judaico para sobreviver e contavam com um maior anonimato, que os protegia da animosidade e da violência.

O perfil socioprofissional do grupo contrastava com o da sociedade alemã como um todo. Assim, mais concentrados nos centros urbanos que os demais alemães, menos de 2% dos judeus dedicavam-se às atividades agrícolas em 1933, contra 29% dos outros alemães. Paralelamente, no final da Primeira Guerra Mundial, somente 10% da população ativa alemã trabalhava no ramo do comércio e dos negócios, enquanto, já no final do século anterior, quase 62% dos judeus dedicavam-se às atividades comerciais.[25] Estas eram extremamente variadas, indo desde a propriedade de uma pequena loja de alimentos, de armarinhos, de uma padaria ou açougue, até as lojas de departamento das grandes cidades, nas quais se podia trabalhar como vendedor(a), ser o gerente, ou o proprietário. Isso passando pelas lojas e butiques mais sofisticadas e especializadas e pelo comércio mantido por artesãos como sapateiros, alfaiates, chapeleiros ou relojoeiros.

Fruto de um longo período de assimilação e de integração social, quando os nazistas tornaram-se mestres do país, os judeus alemães diferenciavam-se voluntariamente pouco de seus concidadãos — ao menos era o que pensavam e desejavam. Nessa época, estima-se que somente 10% deles fossem ortodoxos. De fato, em menos de um século, os judeus tornaram-se alemães na fala, pelo apego à língua nacional em detrimento do iídiche; no aspecto, pelo abandono de trajes tradicionais e da barba, no caso dos homens; na cultura, que incorporaram completamente, consumindo-a com orgulho, em todas as suas formas, e praticando-a; e, enfim, nos sentimentos patrióticos.[26] Assim, "durante os anos conhecidos como da simbiose judaico-alemã, os judeus acreditaram que alguém poderia permanecer judeu e, ao mesmo tempo, ser um bom alemão".[27]

Quando Aracy chegou à Alemanha, em 1934, e, mais ainda, quando voltou de sua primeira estada no Brasil, em 1935, a vida dos judeus tinha mudado muito, num curtíssimo intervalo de tempo.

A progressiva exclusão do grupo da economia nacional atingiu, prioritária e diretamente, os homens, que perderam seus empregos ou viram seus negócios boicotados. As mulheres judias, majoritariamente de classe média urbana, seguiam até então os padrões mais gerais da sociedade: eram, como as demais, em grande parte donas de casa. A partir de 1933, passaram a ter uma experiência cada vez mais distanciada das outras, a começar pelo fato de se verem obrigadas a contribuir com o orçamento doméstico. Menos visadas do que os homens, tinham maior facilidade para empregar-se, ainda que com salários inferiores aos deles e em ofícios fora das preferências e aspirações que poderiam ter em tempos normais.

De modo geral, as mulheres mostraram-se menos inibidas e mais maleáveis para enfrentar as dificuldades. Sem nunca terem exercido atividades remuneradas, não experimentavam, como os homens, o rebaixamento profissional nem o abandono de carreiras longamente preparadas e cultivadas, e centrais para a construção identitária individual. Tudo isso era vivido pelos homens judeus, progressivamente impedidos de exercerem suas profissões e seu papel de provedores da família.

A primeira alternativa oferecida às mulheres, quase natural, foi de trabalharem para os maridos comerciantes, artesãos e liberais, em suas lojas, negócios, escritórios e consultórios, uma vez que os cortes de despesas obrigaram-nos a demitir empregados. Elas também procuraram meios de seguir formações profissionalizantes para poder trabalhar, inclusive aprendendo outros ofícios, quando aqueles que conheciam não lhes permitiam encontrar colocação. Em muitos casos, substituíram os maridos como provedores da família, ainda que somente uma minoria de ambos os sexos ainda conseguisse encontrar empregos em meados dos anos 1930.[28]

Dentro de casa, as mudanças enfrentavam maiores resistências. As mulheres ainda eram responsáveis pelo bom andamento do lar, devendo esforçar-se para limitar os efeitos da diminuição dos orçamentos domésticos e da raridade crescente de alimentos. De modo geral, as mulheres judias estavam habituadas a contar com a ajuda de domésticas. A falta destas, imposta pelas Leis de Nuremberg, deveria ser compensada, segundo a imprensa judaica, cheia de conselhos práticos para enfrentar a crise, pela ajuda das filhas, eventualmente dos filhos, mas só excepcionalmente dos maridos. Segundo tais conselhos, a ajuda paga, ainda que irregular, seria a melhor solução à acumulação de tarefas às quais a maioria não estava acostumada, e ao estresse causado pelas dificuldades crescentes. Aos maridos cabia baixar suas expectativas, poupando as esposas de reclamações diante da qualidade das refeições preparadas.

Essa resistência em transformar a ordem do gênero, preservando ao máximo os papéis tradicionais de homens e mulheres no seio da família, não era prerrogativa das famílias judias, apesar de estas terem sido postas à prova, ao contrário das outras. Além disso, tal esforço de preservação indica uma recusa em considerar que a crise era durável, e não somente um mau momento passageiro. De fato, muitos — e sobretudo os homens — estavam convencidos de que Hitler não ficaria muito tempo no poder: a situação parecia-lhes tão absurda que não poderia durar, notadamente num país cuja cultura tinham aprendido a admirar como sua, orgulhando-se. Também por isso, os conselhos dados pela imprensa, por exemplo, propunham uma lógica de remendos: era preciso contornar as dificuldades com pequenas estratégias, sem recorrer a mudanças profundas ou duráveis.

O estresse de homens e mulheres era bem diverso, ainda que tivesse causas comuns. Do lado feminino, ao que tudo indica, o estresse cotidiano era tal, e aumentava tão rapidamente, que o horizonte de um dia tornara-se enorme. As responsabilidades das mulheres incluíam não somente as tarefas já existentes, mas até então executadas por outras, como as novas, fruto da exclusão social progressiva. Fazer compras tornava-se cada vez mais uma aventura ingrata. As judias tinham que driblar os comércios "arianos" onde sua presença era proibida, mesmo que, em alguns casos, a vizinhança e o conhecimento de anos fizesse com que pudessem ser atendidas pelos fundos, em determinados horários, ao menos nos primeiros anos. Favorecer os comércios judaicos era uma estratégia de apoio entre judeus, mas que não garantia forçosamente as provisões necessárias e desejadas. Obter carne *kosher* era ainda mais difícil: sua preparação ritual e comercialização foram proibidas, já antes de 1933, em algumas partes do país, e, no país todo, em abril daquele ano. Isso sem contar os preços mais altos, num mercado clandestino, funcionando com produtos vindos de mais longe. Estima-se que, após a Primeira Guerra Mundial, entre 15% e 20% dos judeus alemães obedecessem aos rituais dietéticos judaicos da *kashrut*.[29] Não sabemos quantos dentre eles continuaram esforçando-se para manter tais regras, mas os rabinos e demais responsáveis comunitários insistiam para que a ligação com o judaísmo fosse reforçada nos hábitos do dia a dia e na educação dos filhos. Uma coisa é certa: as perseguições reforçaram as identidades judaicas no interior das famílias, último refúgio num ambiente social e urbano cada vez mais agressivo.

Além disso, com a degradação progressiva da situação, os homens começaram a evitar circular nas ruas, num ambiente cada vez mais hostil, onde a violência física banalizara-se — mas, no início, unicamente contra eles. Os homens judeus foram, nos anos que precederam o início das deportações, muito mais vulneráveis que as mulheres.

De fato, toda a propaganda nazista contra "o judeu" criou caricaturas masculinas de um ser asqueroso e deformado, capitalista ou comunista sabotador, sempre pronto a deixar sua mancha no puro sangue "ariano". Ele representava uma ameaça à sociedade alemã, tanto mais perigosa quanto escusa, ardilosa e sorrateira. As mulheres, de modo geral, (quase) não foram representadas nessa propaganda insistente, agressiva e insidiosa, que teve efeitos extremamente fortes, gerando uma aversão real ao contato com judeus. Se as judias foram certamente atingidas — e mesmo diretamente — por tudo isso, não foram expostas como os homens, até 1941, à violência e aos ataques que visavam a seus maridos, pais, irmãos e filhos. A elas coube, ao contrário, encobrindo os maridos, tomar as rédeas das famílias, encontrando brechas profissionais até então desconhecidas e impensáveis para a maioria. Circulando com maior facilidade que os homens no espaço público, precisaram enfrentar os inúmeros problemas cotidianos que foram sendo impostos às suas famílias. As perseguições antissemitas misturaram, assim, racismo e sexismo, provocando não somente a exclusão social dos judeus, mas também um desequilíbrio nas relações de gênero até então em vigor dentro das famílias judaicas.

Numa visão de mundo profundamente marcada pela virilidade e pelo espírito guerreiro, só fazia sentido para os nazistas humilhar e perseguir os homens judeus. Nos primeiros anos, as mulheres foram ignoradas. Daí a brecha que elas se apressaram em ocupar, não por desejo de vida pública e de autonomia, mas por falta de alternativa melhor, quando o horizonte estreitava-se mais a cada dia. Nesse caso, buscar uma remuneração própria era um dos sinais de uma desestruturação cada vez maior dos padrões de vida apreciados e valorizados, de uma situação crítica que só podia ser excepcional, pela carga de tensões cotidianas que implicava. A inversão dos papéis femininos e masculinos não tinha consequências emancipadoras, pois ocorreu num contexto em que tudo se encontrava subvertido, a começar pelos princípios básicos de dignidade e de humanidade.

CONTRAPONTO

O horizonte de Aracy estava se abrindo. Ela lutara para isso, criando condições de vida que permitissem essa lufada de ar que a experiência na Alemanha lhe trouxe, apesar das dificuldades financeiras e da instabilidade de sua situação profissional.

Desde o momento em que começou a trabalhar no consulado, mobilizou-se, a si mesma e à sua rede de conhecidos influentes, mais uma vez, para conseguir regularizar sua situação empregatícia, obtendo um contrato. Este só foi assinado em fevereiro de 1938, um ano e meio mais tarde, pelo então cônsul adjunto Mauro Pontes, que assumira provisoriamente a chefia do consulado. O cônsul-geral, Domingos de Oliveira Alves, aposentara-se no início do ano e nenhum substituto tinha assumido o cargo até aquela data. O novo contrato de Aracy incluía não somente a vantagem da estabilidade, como a de um aumento significativo de salário — de 20 libras esterlinas para 36 libras, 13 xelins e 4 pence, quase o dobro do que ganhava no período anterior.

Em sua agenda daquele ano, Aracy registrou, sob a data de 28 de janeiro, a chegada do telegrama do Ministério das Relações Exteriores autorizando seu contrato. Mais adiante, no dia 23 de fevereiro, escreveu: "Hoje assinei contrato Consulado!" Quanto ao cálculo do salário, este teve valor retroativo, a contar de 1º de janeiro. Para conseguir essa melhoria profissional considerável, Aracy recorrera, mais uma vez, à sua rede de amizades e, nesse caso, especificamente, ao amigo Américo Pimentel.

Alto oficial da Marinha, Pimentel ocupava, ao menos desde a instalação do Estado Novo, o cargo de subchefe da Casa Militar, trabalhando próximo a Vargas. Suas cartas para Aracy foram escritas no papel timbrado da Presidência da República. Ele e a esposa Lili eram bons amigos de Aracy ao menos desde 1937, quando começou a série de cartas trocadas por eles. Dentro da coleção de Aracy, este é o maior conjunto epistolar do período vindo de um mesmo correspondente, com exceção das cartas trocadas com a mãe.

O casal Pimentel passou por Hamburgo, visitando Aracy, durante uma viagem pela Europa, em junho de 1937. No dia 15 de junho, escreveram-lhe de Copenhague, saudando-a,[30] no dia 24, fizeram o mesmo de Antuérpia.[31] Depois, visitaram-na e, no final de julho, estavam de volta ao Brasil e escreveram-lhe do Rio de Janeiro. Nessa carta, Pimentel dirigiu-se calorosamente à amiga:

> Temos constantemente fallado a seu respeito, com muito carinho, muita amizade e toda a gratidão pela inestimavel assistencia que a senhora prestou-nos ahi em Hamburgo. Nossos filhos ja a conhecem bem.
>
> [...] realmente, depois de uma excursão feliz pela Europa, nós conseguimos fechal-a ou terminal-a com chave de ouro, e essa chave foi a amizade que fizemos com a nossa querida amiguinha Aracy, sempre recordada em todos os assumptos de nossas conversas.[32]

Ao que tudo indica, conheceram-se realmente em Hamburgo, talvez graças a algum amigo comum. E, a partir de então, tornaram-se realmente próximos. Aracy recebia encomendas de compras de Lili, as duas trocavam presentes e amabilidades, enquanto Américo cuidava pessoalmente da situação profissional precária da amiga e ouvia suas confidências em relação ao ambiente do consulado, que lhe trazia aborrecimentos. Já nessa primeira carta, escrita logo após a volta ao Brasil, ele abordou sem perda de tempo o assunto de interesse de Aracy, na sequência do prólogo citado:

> Eu ante-hontem fallei com o Ministro [das Relações Exteriores] Pimentel Brandão a seu respeito, encontrando nelle a melhor bôa vontade. Elle disse-me que para effetival-a agora não poderá por uma questão de regulamento. Mas nós vamos estudar aqui um meio de assegural-a ahi, tirando-a de sua situação precaria. Fique certa e descançada porque alguma cousa ha de se fazer dentro de um mez, e mais tarde, no apagar das luzes, talvez se consiga arranjar o que nos queremos. Estarei sempre attento para não deixar passar o ensejo de servil-a, não como paga pelo que nos fez, pois isso vale um thesouro, mas para mostrar-lhe quanto a estimamos e a queremos, nos alegrando com sua amizade.[33]

Ele parece realmente ter agido em seu favor. Mas não foi o único, nem talvez o responsável pela obtenção do contrato tão esperado, que também não chegou rapidamente, mas só em 1938. Já antes do encontro com Pimentel em Hamburgo, Aracy jogara todas as suas cartas, inclusive a do ministro Macedo Soares, que Pimentel conhecia bem e também procurou a esse respeito.

Assim, em abril de 1937, alguns meses antes da visita do casal Pimentel, Aracy escreveu uma carta conjunta para a mãe e a tia, Martha Moebius da Silva, agradecendo a esta última por ter ido até Lindoia "falar com o Macedo" sobre o assunto, esperando que tenha tido sucesso na iniciativa. E desabafou: "ele é outro conversador fiado, como o Caiuby".[34] Apesar de desconfiada, Aracy agradeceu o esforço da tia, esperançosa. Duas semanas depois, escreveu novamente sobre o assunto às duas irmãs. Mostrando que compartilhava tais confabulações com o cônsul, conta que este aprovara com entusiasmo a iniciativa da tia, que foi ao Rio de Janeiro procurar a esposa do ministro Macedo Soares, "que ele respeita porque trouxe-lhe a fortuna",³⁵ segundo informou o cônsul. E, para completar a estratégia, o cônsul considerou útil que o reverendo Estevão Maria escrevesse à Sra. Macedo Soares, "relembrando o pedido de Lindoia".³⁶ Sobre o reverendo, Aracy já escrevera à mãe, em março de 1937. Desabafando, começou dizendo que "tenho sempre medo de perder o meu emprego que é hoje tudo para mim", antes de voltar à carga:

> E como já cheguei outra vez neste assumpto, repito novamente o que já escrevi na carta anterior, o melhor de tudo para se arranjar algo sobre a minha collocação é fallar com o nosso querido amigo o Reverendo Padre Estevão Maria, somente elle é que conseguiu de eu estar trabalhando aqui, e estou certa que si elle pedir ao Bispo mais uma vez se interessar por mim junto ao Getulio elle será novamente atendido, esse negocio de estar a pedir aos partidos é sempre uma cousa muito sem alicerces.*

Estando a par das maquinações e da mobilização familiar em torno da reivindicação do contrato regular, o cônsul parece ter sido de bom conselho e, por isso mesmo, consultado sobre o assunto. Mas a situação não se modificou, e Aracy mostrava-se impaciente e exasperada. Escrevendo no dia 5 de maio, ela repetiu à mãe que queria ter um contrato, "ou melhor ainda ficar auxiliar de carreira"; o cargo que ocupava já era de "auxiliar do consulado", mas, sem contrato, não era "de carreira".³⁷ Mencionou então, novamente, o reverendo Estevão Maria, de quem esperava que escrevesse à esposa do ministro lembrando-a da "promessa".

Aracy moveu-se durante vários anos dentro dessa lógica do favor, mobilizando sua rede de relações, principalmente, através de sua torcida privada, formada pela mãe e pela tia Martha, primeiro para conseguir

---

*A "carta anterior" mencionada, datada de 18 de março e também endereçada à mãe e à tia Martha, continha a frase: "Já falaram com o nosso querido amigo Reverendo Padre Estevam?" Carta à mãe e à tia Martha, Hamburgo, 24 de março de 1937.

o emprego e, em seguida, para ter sua situação regularizada. Mas esta não é a informação central aqui, pois trata-se de uma lógica banal no caso de um emprego público nos anos 1930, tanto quanto a série de agenciamentos necessários, mas nem sempre suficientes, que a compõem, conhecidos por todos. O que salta aos olhos, na verdade, é que, apesar dos problemas profissionais e financeiros que enfrentou, Aracy não desistiu, em momento algum, de viver na Alemanha. Era para manter-se ali que estava brigando.

Emigrar exige *a priori* mais coragem do que voltar para o país natal, a cidade natal e, no seu caso, para perto daquelas que lhe davam enorme apoio. No Brasil, tinha casa própria e uma certa renda de aluguéis. Mas preferiu ficar, ainda que lutando pelo seu contrato, fazendo contas talvez mais apertadas do que teria feito no Brasil, vivendo conflitos no ambiente de trabalho e, a partir de um dado momento, ouvindo rumores de guerra e sentindo a tensão crescer no país. Apesar dos pesares, viver na Alemanha, para ela, ainda era melhor do que regressar.

Muitos historiadores defendem a equação liberatória das migrações femininas. Em diversos períodos e situações, atravessando fronteiras nacionais, culturais, socioeconômicas e religiosas, encontramos migrantes fugindo da vigilância dos homens da família, pais, irmãos, noivos prometidos, e mesmo maridos, mas também da vizinhança, do vilarejo, das normas e tradições religiosas, da domesticidade, de inúmeras formas de dependência, trocadas pela independência da vida anônima em terras estrangeiras e, sobretudo, em centros urbanos maiores para migrantes vindas do campo, de vilarejos rurais ou de pequenas cidades. Estudos e depoimentos mostram mulheres que não desejavam retornar ao país de origem, vivendo de fato experiências libertadoras, inclusive quanto a transformações no âmbito das relações conjugais e amorosas.[38]

Aracy também tinha suas razões para não querer voltar. Pouco depois da carta que enviou à mãe e à tia, em 5 de maio, ela recebeu a visita de Lili e Américo Pimentel, e eles tomaram suas dores. E logo que voltou ao Brasil, Américo apressou-se em escrever-lhe avisando que cuidaria do problema. No começo de agosto, foi a vez de Lili, que escreveu uma carta mais pessoal, na qual recordou os momentos em que estiveram juntas em Hamburgo, pelo visto passeando e fazendo compras. Referiu-se também, com esperança, à conversa do marido com o ministro.[39]

No final de setembro, Américo escreveu novamente à amiga, para tranquilizá-la, após ter recebido carta sua, aparentemente preocupada.[40] Aracy parece ter tido informações, pelo cônsul-geral, de que corria o risco de perder o emprego, num momento em que se cogitava de fechar alguns consulados europeus. Pimentel confirmou a informação dos fechamentos, mas afirmou que, por um lado, ninguém seria despedido, mas simplesmente enviado a outros postos e, principalmente, que sua vaga estava garantida em Hamburgo: ele vira seu nome na lista do orçamento recentemente votado para o ano seguinte. Disse, ainda, que falara sobre ela com o ministro e com o amigo e diplomata Joaquim Antônio de Souza Ribeiro. Apesar de terem afirmado que não poderiam efetivá-la, pois isso só se faria por concurso, e não por nomeação (e os concursos não estavam previstos), ambos garantiram que seu cargo não seria suprimido. Concluiu a carta confirmando a informação mencionada por Aracy, de que um novo consulado seria aberto em Berlim. Aparentemente, Aracy preferiria trabalhar ali e Pimentel propôs-se, chegado o momento, a tentar conseguir sua transferência. O que não ocorreu, inclusive por conta de outras mudanças de rumo na vida pessoal de Aracy, como veremos.

Souza Ribeiro, além de amigo de Pimentel e diplomata de carreira, também trabalhava no alto escalão do governo. De meados de 1934 até o início de 1937, esteve no gabinete do ministro Macedo Soares. Em 1936, representou o governo brasileiro nas Olimpíadas de Berlim. No ano seguinte, foi chefe de gabinete do ministro interino das Relações Exteriores, Pimentel Brandão, antes de participar da Comissão Revisora das Leis e Regulamentos do Ministério. Isso além de conhecer bem a Alemanha, pois antes da curta representação diplomática nas Olimpíadas, fora adido comercial em Berlim durante quase toda a década de 1920. Em maio de 1938, foi enviado para Hamburgo, como cônsul-geral, tornando-se chefe de Aracy, de quem já ouvira falar pelo amigo comum, Américo Pimentel.

Pimentel mobilizou-se durante todo o segundo semestre de 1937 para conseguir a contratação regular de Aracy. Logo que ela assinou seu contrato, Lili escreveu-lhe, satisfeita. Nessa época, sua situação melhorara duplamente, com a partida do cônsul Alves, que Aracy parecia não apreciar, e com a revogação de seu estatuto precário.

O assunto dos conflitos com o cônsul Alves também preocupava Pimentel, que os conhecia. Em março de 1938, ele respondeu a uma carta de Aracy na qual ela deve ter desabafado, descrevendo o problema, que aparece nas entrelinhas de Pimentel como algo mais geral, entre os homens do consulado e a amiga, como mulher. Inclusive porque, nessa época, o cônsul Alves não estava mais ali. Diz o amigo, que fala também pela esposa: "Muito nos surpreendeu os assuntos a que se refere em sua carta, não só pela injustiça da sorte para consigo, como também porque os homens ahi no Consulado não tem sabido compreendê-la, nem respeitá-la como cavalheiros que deveriam ser."[41]

Segundo ele, tratava-se, ainda, de "deselegantes companheiros de trabalho, e invejosos desprezíveis".[42] Na carta seguinte, escrita em abril, ele voltou ao assunto, de modo muito mais otimista, já que anunciava a ida para Hamburgo do amigo Souza Ribeiro, recém-nomeado cônsul-geral:

> O contentamento de que Lili e eu estamos, possuidos é porque a nossa boa e sempre lembrada Aracy vae ser finalmente comprehendida e tratada com a consideração e o carinho que merece. Conversamos hontem muito a seu respeito, fazendo-lhe toda a justiça e dizendo tanto ao Souza Ribeiro, como à Senhora, que nos será uma grande alegria, saber que as relações de amizade que vão fazer ahi, são aquellas que nós esperamos. [...] Desculpe-me D. Aracy, mas eu disse ao Souza Ribeiro as injustiças que lhe fizeram ahi e porque lhe faziam certa guerra; disse mesmo que o Consul Alves, no fim, não se portou com o cavalheirismo que era de esperar, e assim o novo Consul geral ja vae bastante prevenido para que ninguem lhe encha os ouvidos com falsidades.[43]

No final da carta, Pimentel dizia que, a seu pedido, Souza Ribeiro tinha se interessado "muito" pela situação de Aracy, insistindo junto ao ministro para que este cumprisse a promessa feita, regularizando sua situação no consulado. Desvelava então, ao mesmo tempo, que sua intervenção fora real e produtiva, mas indireta, passando pelo amigo Souza Ribeiro, e que Aracy teria como novo chefe alguém que já chegaria em Hamburgo com uma imagem positiva a seu respeito. Assim, terminou dizendo que ela deveria ser grata ao novo cônsul, e aconselhou-a a fazer uma visita a este, e à sua esposa, mencionando o casal Pimentel, "tambem presentes em pensamento para consolidar a bôa amizade".[44]

Sempre amigo, Pimentel não se esqueceu de escrever-lhe novamente, alguns meses mais tarde, a fim de informar-se sobre as relações com o novo chefe e o ambiente geral que, a seu ver, Souza Ribeiro teria condições de administrar, evitando toda e qualquer "injustiça".[45]

Nunca saberemos, infelizmente, em que consistiam exatamente os aborrecimentos causados a Aracy pelos colegas homens, e as injustiças cometidas.

Sabemos, porém, que com a partida do cônsul Alves, a situação melhorou para Aracy em mais de um aspecto. Em primeiro lugar, o cônsul adjunto que assumiu provisoriamente a chefia do consulado, Mauro Pontes, se tornaria um amigo, junto com a esposa Julita; com ele, entendeu-se sempre bem.[46]

Em segundo lugar, ela finalmente conseguiu seu contrato e um aumento substancial de salário. Além disso, o novo cônsul-geral era amigo dos Pimentel e trazia dela as melhores referências. Com ele trabalhou durante o resto de sua estada em Hamburgo. Contudo, o melhor, e mais inesperado, ainda estava para vir.

CHAMA

As agendas de Aracy são uma fonte central para seguir sua vida naqueles anos. Embora as notas sejam breves e certamente incompletas, muitas vezes abreviadas, ou mesmo feitas em código, elas mostram bem a hierarquia de assuntos em sua vida, pois alguns deles são claramente mais presentes, sistematicamente anotados ali, ao lado de notas mais estritamente ligadas à sua vida cotidiana, como despesas, por exemplo. O lado prático e pragmático de uma agenda é subvertido, já que ela priorizou com frequência notas mais pessoais, em detrimento de um uso impessoal e utilitário. Foi o caso de seu enlace amoroso com o novo cônsul adjunto, que chegou a Hamburgo em maio de 1938. Tratava-se do então jovem João Guimarães Rosa, que iniciava, com esse cargo, sua carreira diplomática.

Nascido no mesmo ano de Aracy, Guimarães Rosa desembarcou sozinho na Alemanha. Logo que chegou, sua presença foi registrada na agenda de Aracy, que o ajudou a procurar moradia: "fui ver casas com Consul-Adjunto!" foi a primeira anotação, feita no dia 13 de maio; a busca continuou por alguns dias. Em menos de um mês, as anotações mudaram de natureza e o romance apareceu, sutilmente, nas pequenas referências telegráficas: "estivemos juntos" (7 e 8 de junho) e "juntos" ou "juntos!" em vários dos dias seguintes. Em 15 de julho, ela escreveu, definitiva: "Estive linda. Elle me ama muito, muito".

Os dois nunca viveram juntos em Hamburgo. Aracy manteve sua casa com o filho. Guimarães Rosa instalou-se mais a oeste, do outro lado do Alster, na Heimhuder Strasse 37, numa região onde ficavam vários consulados (mas não o brasileiro), próxima ao bairro de maior concentração judaica da cidade, o Grindel. Duas páginas arrancadas da lista telefônica de Hamburgo do período em que viveu lá fazem parte de seu arquivo pessoal, atualmente no Instituto de Estudos Brasileiros (IEB) da USP: em uma aparece o nome e o endereço de Aracy; na outra estão impressos os seus. Conservou as duas em seu arquivo pessoal, que mais tarde cresceria muito.[47] Aracy deixou notas sempre extremamente discretas sobre sua vida íntima. Cada uma das manifestações precisas de sua voz ganha, assim, mais força.

Roland Barthes inicia sua obra sobre o "discurso amoroso" justificando sua necessidade: "o discurso amoroso é hoje em dia *de uma extrema solidão*".[48] O espaço exíguo de uma agenda é por excelência solitário; ali, a escrita é sem retoques, cotidiana, seca e direta. Nesse espaço, que marca momentos-chave do calendário anual, Aracy afirmou, em poucas palavras, solitárias, mas com todas as letras, seu estado amoroso e o romance que estava vivendo. Trata-se, na verdade, de uma dupla afirmação, pois o estado amoroso alia-se, tão entusiasmada quanto solitariamente, à expressão de sua feminilidade ("estive linda"), que se coloca com um certo pudor ingênuo na relação amorosa nascente.

Para nós, este início do romance que ligou Aracy a João Guimarães Rosa por três décadas — até a morte do escritor — tem um sentido muito preciso. Descartando o registro biográfico, que não é o deste livro, podemos nos perguntar se, sem esse laço amoroso forte, Aracy teria ficado na Alemanha por mais quatro anos, inclusive durante a guerra. Podemos ao menos supor que a ligação amorosa foi, de fato, uma boa âncora, transformando a relação, inclusive cotidiana, que ela mantinha com a Alemanha e com Hamburgo, com seu emprego no consulado, com seus amigos e conhecidos, com seu círculo de frequentação. Sua economia de vida, tanto pessoal quanto profissional, alterou-se, no sentido de enraizá-la mais onde estava. Seu pedido de transferência para Berlim, do qual não falou mais, virou letra morta, e não somente por eventuais obstáculos alheios à sua vontade.

HOSPITALIDADE

Sem ser diplomata, Aracy ocupava, no consulado de Hamburgo, um cargo administrativo que se mostraria rapidamente da maior importância estratégica. Desde o início, em 1936, ela era responsável pelo setor de passaportes, ou seja, tratava diretamente da concessão de vistos, ainda que não tivesse autoridade para assiná-los, devendo submeter os pedidos ao cônsul-geral ou, em sua ausência, ao cônsul adjunto.

Este emprego no consulado de Hamburgo marcou, como vimos, junto a toda sua estada na Alemanha, uma mudança radical em sua vida pessoal. Ela tornou-se, na Alemanha, uma mulher que trabalhava fora, associando, à responsabilidade pelo próprio sustento, e pelo do filho, sua autonomia financeira. E graças à sua responsabilidade profissional específica, em princípio banal e puramente burocrática, ela pôde também pesar no destino de outras tantas pessoas. Foi justamente por isso que sua história chegou até nós.

Enquanto Aracy concentrava-se cada vez mais em sua vida hamburguesa, aplicando, em sua rotina de trabalho, a política migratória brasileira, esta vinha sofrendo transformações fundamentais, sobretudo em relação ao período conhecido como da "grande imigração", quando chegaram ao Brasil pessoas das mais diversas origens, como seus próprios ascendentes portugueses e alemães. Vale a pena passar em revista, a seguir, a guinada sofrida por tal política, os novos rumos seguidos durante a Era Vargas e as implicações disso tudo para a imigração dos refugiados judeus.

O Brasil não era mais um país em busca de mão de obra estrangeira como fora entre as últimas décadas do século XIX e as primeiras do XX. Mesmo se desde a década de 1920 iniciativas legais já existissem no sentido de restringir os fluxos migratórios, isso ainda não tomara a forma de um verdadeiro arcabouço jurídico, inovação da Era Vargas.

A partir de 1930, a imigração sofreu um freio importante, com exceção do fluxo nipônico, cujos maiores contingentes chegaram ao país entre 1926 e 1934, quando as subvenções dadas aos imigrantes passaram a vir do Japão, e não mais do Brasil, como fora o caso até 1924. A brusca desaceleração deste fluxo, entre 1934 e 1935, explica-se facilmente. Durante a Constituinte de 1933-1934, uma verdadeira campanha foi feita contra o "perigo amarelo".[49] Visando impedir que imigrantes japoneses continuassem a entrar no país, sob argumentos como o dos "quistos sociais" ou, para usar a expressão de Oliveira Vianna, muito apreciado entre as elites políticas da época, que nele se inspiravam: "O japonês é como o enxofre: insolúvel".[50] Os latifundiários, por seu lado, tomavam consciência de que, num curto intervalo de tempo, grande parte dos agricultores japoneses tinha deixado o sistema do "colonato". Arrendatários ou pequenos proprietários, dedicavam-se à policultura hortifrutigranjeira, mas também ao algodão. Verdadeiros atores sociais, souberam se inserir em brechas deixadas pela expansão do café, mas também criaram nichos próprios, graças ao apoio e aos incentivos dados tanto pelo governo japonês quanto por empresas privadas, também nipônicas, interessadas no desenvolvimento de certas culturas. Ampliando as opções de exploração agrícola, como também a parte ocupada pela pequena e média propriedade no tabuleiro da região cafeeira, eles modificaram a estrutura agrária da zona e passaram a incomodar, sobretudo num momento de crise, após 1929. A reação xenófoba e racista tomou fôlego facilmente.

O texto que os constituintes em campanha queriam incluir na nova Constituição deveria fazer menção explícita aos japoneses. A representação diplomática nipônica agiu para evitar não somente que tal menção fosse feita, mas, principalmente, que o fluxo migratório fosse bloqueado. Se conseguiram atingir o primeiro objetivo, fracassaram na batalha maior, do segundo: uma lei de quotas foi, de fato, inscrita na nova Constituição, porém sem nomear explicitamente nenhuma origem étnica particular. Mesmo assim, o embaixador no Brasil e o ministro das Relações Exteriores do Japão demitiram-se de suas respectivas funções, e não sem razão: dos grupos presentes em solo brasileiro na época, o que representavam e defendiam foi o mais diretamente prejudicado pela formulação dada ao cálculo das cotas.

Os mentores da proposta inicial desejavam que as cotas anuais fossem fixadas em 5% do total de imigrantes de cada grupo presente no país durante os últimos cinquenta anos. Porém, esta porcentagem acabou sendo reduzida a 2% no texto final, fruto de uma decisão ainda mais radical dos constituintes.[51] A imigração japonesa, recente, estava na época em seu período mais intenso, mas o total de japoneses no país era menor do que o de grupos majoritários como os italianos, portugueses e espanhóis. Logo que a Constituição entrou em vigor, a entrada de japoneses no país caiu bruscamente, de 21.230 em 1934 para somente 9.611 no ano seguinte.[52] Os demais grupos não estavam mais imigrando para o Brasil em quantidade significativa, não tendo sido diretamente atingidos.

A situação dos judeus era mais complexa, pois não sendo uma nacionalidade, não compunham, legalmente, uma categoria à parte, entrando, ao contrário, nas cotas destinadas aos seus países de origem. Se uma leva importante tinha chegado antes da mudança da política migratória, vinda principalmente dos países do Leste Europeu, outra ainda estava por vir quando da publicação da nova lei. Extremamente minoritários naquele início dos anos 1930, os judeus não fizeram parte do debate dos constituintes sobre a lei de cotas e nem incidiram nas preocupações dos legisladores e da cúpula do governo em criar obstáculos seletivos à imigração.

A Constituição de 1934 foi de curta duração, tendo sido substituída, já em 1937, por outra, outorgada por Vargas depois do golpe que instaurou o Estado Novo. Na nova Carta, o texto referente às cotas foi mantido.[53] No intervalo que separou as duas Constituições, a entrada de judeus aumentou no país, inaugurando a nova onda migratória de judeus alemães, candidatos cada vez mais numerosos aos vistos. Ampliando-se, esse fluxo atraiu as atenções dos responsáveis pela construção e pela aplicação das novas políticas restritivas relativas ao assunto, que responderam então ao problema de modo diverso ao que tinha ocorrido no caso dos japoneses.

FOICES

A lei de cotas não foi nenhuma invenção original, nem o Brasil estava isolado quanto a esta decisão. Os Estados Unidos precederam o Brasil em mais de uma década.[54] Em 1921, votaram uma lei de cotas (a "Emergency Quota Act", também conhecida como "Johnson Quota Act"), que limitou a entrada anual de imigrantes a 3% do número de indivíduos de cada grupo vivendo no país em 1910, segundo dados do censo daquele ano. Em 1924, outra lei (a "Immigration Act of 1924" ou "Johnson-Reed Act") veio restringir ainda mais os fluxos, baixando a cota de 3% para 2% e escolhendo como parâmetro para os cálculos não mais o censo de 1910, mas o de 1890. Isso penalizou os grupos que chegaram mais tarde, notadamente da Europa do sul e do leste, justamente os mais visados pela política restritiva; destas levas faziam parte os judeus do Império Russo, extremamente numerosos. Proibiu-se ainda a entrada de asiáticos no país ("Asian Exclusion Act of 1924").

Foi então que o governo japonês começou a subvencionar a imigração para o Brasil, e que esta aumentou de modo significativo. Na época, o Brasil precisava dos imigrantes e não reagiu negativamente à medida. Ainda quanto aos Estados Unidos, o modo utilizado para calcular as cotas foi alterado no final da década de 1920, mas continuou a se basear no número de residentes no país originário de cada grupo étnico, dado contabilizado pelos censos, e não no número de entradas. O Brasil inspirou-se na lei de cotas americana, extremamente restritiva, estabelecendo, contudo, uma forma de cálculo diversa, baseada nos dados estatísticos disponíveis: o total de entradas.

O Brasil também não estava isolado ao instituir uma política migratória restritiva em relação aos judeus. Para os judeus alemães, a emigração era uma solução cada vez mais difícil, mas não por causa do regime nazista, cuja política, até outubro de 1941, foi justamente de incitar sua saída. Com exceção do capital, que não podiam tirar do país, eles podiam levar seus bens, desde que pagassem as taxas estabelecidas para tal — que se tornaram, é verdade, cada vez mais elevadas. A emigração custava caro, mas não era proibida.

A porcentagem da imigração judaica para os Estados Unidos, em relação ao total de entradas no país, a partir de 1933 aumentou, de 10,3%, naquele ano, para 17,2%, em 1936, 29%, em 1938, até atingir 52,3% e 52,2%, em 1939 e 1940, quando começou a diminuir, passando, já em 1941, a 45,8%.[55] Esse foi o ano em que os nazistas mudaram sua política em relação à emigração judaica. Mas somente no final do ano, em outubro. Porém, desde setembro de 1939, com a Europa em guerra, a imigração transatlântica diminuiu muito. Se os judeus passaram a ocupar uma porcentagem cada vez maior do total, este, em números absolutos, estava diminuindo: além dos judeus e de antinazistas perseguidos (comunistas, social-democratas etc.), os candidatos eram cada vez menos numerosos.

Os Estados Unidos continuavam a receber o maior contingente: 43.450 judeus entraram no país em 1939. No ano seguinte, este número caiu para 36.945, antes de chegar a 23.737 em 1941.[56] Entre judeus, porém, essa diminuição não reflete, obviamente, uma baixa do número de candidatos à imigração. As filas nas portas dos consulados não cessavam de aumentar, seguindo o ritmo do desespero crescente dos judeus europeus. E as recusas de vistos, baseadas em regras não assumidas publicamente, não eram uma prerrogativa brasileira. Em 26 de junho de 1940, o assistente do Secretário de Estado Americano Breckinridge Long escreveu para funcionários do Departamento de Estado, expondo-lhes as soluções que imaginou para obstruir a concessão de vistos aos judeus europeus. As medidas propostas eram basicamente a exigência de uma prévia aprovação de cada pedido de visto pelo próprio Departamento de Estado, tirando tal prerrogativa dos cônsules, além de multiplicar as dificuldades administrativas impostas aos dossiês de pedido de visto de modo a atrasar indefinidamente sua concessão. A primeira medida deveria ser "universal", evitando represálias, notadamente da Alemanha, que poderia decretar o fechamento dos escritórios americanos em grande parte da Europa, ocupada. Ao mesmo tempo, a generalização de tal medida pouparia os Estados Unidos de violar acordos internacionais assinados. A segunda medida, porém, dizia ainda este alto funcionário, poderia ser dirigida a certos países em particular, como "Cuba, México e outros lugares de origem de alemães candidatos à imigração". É verdade que muitos refugiados judeus aguardavam em outros países, em trânsito, antes de terem sua entrada nos Estados Unidos franqueada. Enfim, a obstrução das entradas de refugiados através das fronteiras canadenses também poderia ser facilmente alcançada graças a uma medida de exceção junto aos consulados locais. Long preconizava essas iniciativas parciais e discretas considerando que medidas mais radicais ("de emergência"), visando à suspensão oficial dos vistos, seriam inadequadas no contexto da época.[57]

As consequências desta política discretamente restritiva em relação aos judeus não tardaram. A voluntária Margaret E. Jones, que atuava, em Viena, junto aos judeus europeus desejosos de imigrar para os Estados Unidos, escreveu para o secretário executivo da organização Humanitarian Quaker junto à qual trabalhava, lamentando-se do impacto das novas restrições à imigração judaica. Em sua carta, descreveu a redução drástica dos vistos concedidos, as novas exigências administrativas e os obstáculos criados pelos consulados, os prazos mais longos e as tarifas mais altas. Disse ainda que, em conversas telefônicas com funcionários e cônsules, estes confirmaram sua ideia de que nada daquilo era casual, levando-a a escrever o relatório em questão.[58] Durante aqueles anos, seguindo essa política informal, os Estados Unidos não preencheram as cotas abertas, tendo recusado candidatos à imigração que não as ultrapassavam.

A PARTE E O TODO

No Brasil, a gestão dos fluxos judaicos fez-se de forma específica, por uma série de circulares secretas. Esse mecanismo fez com que os primeiros autores a se debruçarem sobre a questão tenham defendido a ideia de que o antissemitismo de Estado não só se manifestava por uma política diferenciada, como também explicava, se não totalmente, ao menos em parte, a escolha de um tratamento discreto ("secreto") à questão, tendo em vista suas ressonâncias internacionais.[59]

Sobre esse tema, o trabalho mais recente de Endrica Geraldo traz respostas a meu ver mais adequadas.[60] A partir de um exame da transformação do conjunto da política imigratória durante os 15 anos do governo Vargas, Geraldo inclui a gestão da imigração judaica num movimento maior, comparando-a também com a de outros grupos, e principalmente com a discussão em torno dos japoneses, que precedeu as medidas especificamente voltadas aos judeus. Pois esse processo mais amplo estende-se desde a chegada de Vargas ao poder, em 1930, não tendo começado a partir do Estado Novo.

Quanto a esse processo, dois pontos merecem ser retomados aqui. Em primeiro lugar, a centralização e o autoritarismo crescentes do governo, que começaram a vigorar já antes da instalação do Estado Novo, fizeram com que muitas das decisões tomadas quanto à imigração, e não somente aquelas dirigidas aos judeus, fossem envolvidas pelo segredo. A publicidade e o debate em torno da imigração japonesa, que se concretizaram com a lei de cotas, bem como as polêmicas que a questão suscitou na imprensa e na opinião pública, inclusive com repercussões internacionais, foram afastadas da ordem do dia. A circulação da informação, das decisões e das discussões internas ao governo passaram a ser administradas com muito mais sigilo e discrição. Geraldo vai ainda mais longe, afirmando, a meu ver com razão, que a publicidade dada ao assunto durante a Constituinte de 1933-1934 serviu de lição ao governo, visto ter tido como resultado a publicação de uma lei de cotas que não satisfez nem mesmo os opositores mais radicais da imigração japonesa, constituindo-se num "obstáculo constitucional para um regime que governava de forma cada vez mais centralizada".[61] O autoritarismo crescente, que reinou em princípio absoluto para a tomada de decisões a partir do início do Estado Novo, eliminou todas as possibilidades de extensão dos debates políticos, seja ao legislativo, fechado, seja à imprensa, sob censura. A discrição que envolveu a gestão da imigração judaica respondia, assim, a problemáticas mais gerais da política migratória e caracterizava o modo de funcionamento do Estado varguista, sem ser obrigatoriamente uma resposta exclusiva à questão judaica. O que não quer dizer que o contexto internacional não tenha influenciado o pensamento dos dirigentes brasileiros. A transformação do antissemitismo em política oficial do regime na Alemanha, fazendo com que o racismo passasse de mera opinião a "verdade científica", além das crescentes restrições em relação à imigração judaica, inclusive da parte de países democráticos, como os Estados Unidos, o Canadá e o Reino Unido, certamente ecoaram nas decisões tomadas no Brasil em relação à entrada de refugiados judeus no país.

Em segundo lugar, as bases de uma política migratória restritiva, e mesmo etnicamente restritiva, foram criadas, no Brasil, antes da chegada dos refugiados judeus, e antes que a imigração judaica adquirisse importância e visibilidade. Os judeus estiveram ausentes das reflexões prévias ao estabelecimento das primeiras medidas limitadoras, tomadas em referência aos japoneses nos primeiros anos da Era Vargas. O contexto internacional, com o aumento das perseguições na Alemanha e do número de candidatos à imigração entre judeus alemães, trouxe uma nova questão à pauta brasileira nos anos seguintes à promulgação da Constituição de 1934, quando os primeiros decretos e leis do novo arcabouço legal em relação à questão migratória já estavam publicados.

Desenhou-se, mesmo assim, para os judeus, um caso particular no interior da questão migratória. Isso porque, como argumenta Geraldo, cada grupo recebeu um tratamento específico. Não houve uma política homogênea e uniforme para todos — japoneses, judeus, ciganos, negros — movida por um mesmo fundo racista, ainda que o racismo não tenha estado ausente da construção e da aplicação da política migratória naqueles anos,[62] e ainda que os casos específicos não fossem isolados, já que medidas criadas em função de um grupo migratório repercutiam naquilo que era feito no tocante a outros.[63]

Assim, vale a pena passar em revista as iniciativas tomadas em relação aos judeus, com seus textos, decisões e modo de funcionamento específico, a fim de examinar, justamente, que especificidade era essa e de que maneira estava ligada ao contexto geral das políticas adotadas. Pois, afinal, como encarregada direta da aplicação da política migratória em vigor, administrando os pedidos de visto, Aracy esteve cotidianamente implicada nessa questão enquanto o número de judeus desejando deixar a Alemanha naqueles anos não cessava de aumentar. Passando seus dias no consulado, ela provavelmente estava a par daquilo que seus colegas e superiores pensavam, diziam e escreviam sobre a questão, testemunhando o ambiente da diplomacia brasileira na Europa e, em particular, na Alemanha. Envolveu-se com a questão e tomou posições, como veremos.

TRELIÇA

Desde meados dos anos 1930, os judeus começaram a ter seus pedidos de visto de entrada negados nos consulados brasileiros da Europa. Mas o sistema especificamente criado para regular a imigração judaica entrou em vigor em junho de 1937, poucos meses antes da instauração do Estado Novo. O primeiro texto do dispositivo foi a "circular secreta nº 1.127", enviada "às missões diplomáticas e consulados de carreira" sob o selo "reservado". O texto começava da seguinte maneira:

> Por informações repetidamente recebidas das Missões diplomaticas e dos Consulados brasileiros em diversos paizes, tem o Governo Federal conhecimento de que, para o Brasil, se vêm dirigindo numerosas levas de semitas, que os governos de outras nações estão empenhados em afastar dos respectivos territorios, seja por conveniências de ordem demographica ou economica, seja em consequencia de lutas politicas internas.
> 2. Tal facto se confirma com o desembarque, de cada vapor que aqui aporta, de uma quantidade surprehendente de elementos dessa especie [...].[64]

Este preâmbulo explicava que a motivação da medida teria vindo de informações recebidas de inúmeras representações diplomáticas sobre este fenômeno, descrito como uma verdadeira invasão de "levas de semitas". De fato, a correspondência diplomática dos anos 1930 deixou um testemunho em certos casos bastante grotesco do zelo profissional de alguns cônsules e embaixadores que passaram a observar com particular interesse e desconfiança a demanda de judeus por vistos de entrada. Assim, um ano antes da publicação dessa circular, em 8 de junho de 1936, o cônsul Mario Brisson, que precedeu Domingos de Oliveira Alves no consulado de Hamburgo, escreveu uma longa carta ao então ministro das Relações Exteriores, José Carlos de Macedo Soares. Funcionário dedicado e patriota, o cônsul Brisson procurava aplicar aos judeus candidatos à imigração o antigo adágio "aos inimigos, a lei". Disse ele, para quem, aliás, a lei nem sempre era suficiente nesses casos:

> É sabido que a lei não pode prever todos os casos e que por isso mesmo depende do critério do que a interpreta dar-lhe a elasticidade que ela pode comportar.
> Assim, venho procurando proceder, sem prejuizo dos interessados, mas tendo sempre em vista a necessidade de evitar a entrada de elementos indesejaveis em nosso territorio.
> Isso não impede que eu tenha observado ultimamente, na emigração daqui, a predominância dos israelitas que procuram por todos os meios o nosso paiz, uma vez que neste são perseguidos.
> Não ignoro que no Brasil não existe o menor preconceito de raça, tal é a liberalidade de nossas leis e a hospitalidade e acolhimento que sabemos dar a todos os estrangeiros, mas confesso a Vossa Excellencia o meu receio de que no futuro essa tendencia venha aggravar-se e dê motivos mais tarde a serias complicações que por agora não se podem prever.[65]

O governo sabia, ao redigir a circular secreta nº 1.127, que os judeus estavam sendo perseguidos e tinham razões fortes para querer sair da Alemanha, apesar de não referir-se diretamente a isso, limitando-se à fórmula anódina, segundo a qual "os governos de outras nações estão empenhados em afastar [os judeus] dos respectivos territórios". Na época, os judeus alemães ainda não eram maioria dentre os que escolhiam o Brasil como país de imigração, e sim os poloneses — que, aliás, também poderiam estar saindo da Alemanha, pois muitos viviam ali.

O autor do texto mencionou "numerosas levas de semitas" e "uma quantidade surprehendente de elementos dessa espécie". Contudo, não forneceu nenhum dado estatístico quanto a esse excesso de judeus chegando (indevidamente) no país. Resta saber de que excesso se falava, segundo qual parâmetro. Em 1933 e 1934, um total de 3.317 e 3.794 judeus entraram respectivamente no país. No ano seguinte, o número de entradas caiu em mais de 50%, para 1.758. A imigração de judeus poloneses estava em declínio no período: de 1.920 chegando, em 1933, e 1.746, em 1934, passamos a 1.130, em 1935. No caso dos judeus alemães, a situação era diferente, pois entre 1933 e 1934, esses números progrediram, de 363 para mais do que o dobro: 835, caindo para 357 no ano seguinte, antes de subir, em 1936, para 1.172 (total que ultrapassava, então, o de judeus poloneses, de 1.147) e 1.315, em 1937 (contra somente 405 judeus poloneses).[66] Em todo caso, para todos esses anos e totais de novos imigrantes, estamos muito longe de qualquer tipo de invasão ou excesso. Em relação ao total nacional de entradas entre 1931 e 1942, os judeus participaram de modo modesto: de 1931 a 1935, eles representaram 7,2% e, de 1936 a 1942, 12,1%.[67]

Mas o perigo denunciado não era somente o da quantidade, da avalanche de "semitas" que desmoronava sobre o país. O pior eram os defeitos de todo tipo, que se acumulavam, como afirmou o redator da circular em seu preâmbulo, em "elementos dessa especie, reunidos, segundo estamos informados, dentre o que ha de peior, como antecedentes e como capacidade productiva, nos lugares de onde provêm". Eram sorrateiros, enganadores e mentirosos — além de particularmente ávidos pelo dinheiro fácil, evidentemente:

> Desses individuos, uma parte chega ao Brasil pelo processo de "carta de chamada", quasi sempre com a declaração falsa da profissão de agricultor; os demais conseguem entrar falseando a condição de "turista", prevista na legislação existente. O que visam todos, porém, e têm feito, é burlar a vigilancia das nossas autoridades e radicarem-se clandestina e definitivamente nos centros urbanos e populosos do paiz, para, numa inadmissivel concurrencia ao commercio local e ao trabalhador nacional, absorverem, parasitariamente, como intermediarios apenas, uma parte apreciavel da nossa riqueza [...].[68]

E, como se não bastasse serem capitalistas desonestos e usurpadores, eram igualmente comunistas, "se entregam, tambem, á propaganda de idéas dissolventes e subversivas".[69]

Quando leu estas linhas, Aracy ainda não tinha seu contrato. Naquele mesmo mês, recebeu a visita do casal Pimentel e conversou com eles sobre sua condição. Essa era sua preocupação maior no período, como fica claro na correspondência com a mãe. Porém, em seu horário de trabalho, estava obrigatoriamente em contato direto com as decisões do governo brasileiro em relação ao contexto internacional, marcado pela perseguição dos judeus na Alemanha, pelo aumento das candidaturas à imigração e pelas políticas restritivas adotadas pelos demais países de imigração. Além disso, no consulado, ela certamente discutia o assunto com seus colegas. E, saindo dali, assistia, na rua, às humilhações e à perseguição antissemita que, de longe, inspiravam nos dirigentes brasileiros, mas não só, uma grande indiferença.

A política migratória brasileira, como um todo, estava realmente mudando. Sucederam-se não só circulares secretas como a presente — primeira de uma série —, mas também, e principalmente, decretos e portarias visando a regular a entrada e a permanência de estrangeiros no país. Assim, pelo decreto nº 24.258, de 16 de maio de 1934, foi instituído o sistema de "cartas de chamada" mencionado na circular. Esta exigência restritiva visava a aumentar o controle do Estado não somente em relação à imigração, mas também ao acesso de estrangeiros ao mercado de trabalho. Os interessados em "chamar" trabalhadores agrícolas, trazendo-os do exterior, tinham que submeter os pedidos às autoridades policiais (tratando-se de empresas) ou ao Ministério do Trabalho (no caso de particulares). Para os não agricultores, somente descendentes ou ascendentes diretos, irmãos, tios ou sobrinhos de pessoas já residentes no país poderiam ser trazidos. Estavam isentos desta obrigação os cônjuges, filhos menores, mães viúvas e filhas solteiras maiores (se fosse provado que estas viviam sob proteção paterna) daquele ou daquela que emitia a "carta de chamada".[70] Assim, a imigração restringiu-se, doravante, à reunião de famílias vivendo em dois países, excluindo desta possibilidade famílias ou indivíduos que queriam imigrar, sem ter parentes próximos já residindo no país.

Além disso, a circular mencionava a categoria de agricultores, preferidos em relação aos demais em todo o dispositivo legal criado. Contrariamente aos japoneses, exímios agricultores, os judeus, tradicionalmente urbanos, não somente não integravam facilmente esta categoria, como, ao fazê-lo, enfrentavam a desconfiança expressa na passagem citada da circular secreta nº 1.127 e em outros registros.

A categoria de "turista" seria, de fato, um dos raros recursos deixados aos judeus, notadamente alemães, austríacos e italianos, que buscaram refúgio no Brasil, sobretudo no final da década. A verdade é que o decreto nº 24.258, dividindo os candidatos à imigração entre agricultores e não agricultores, e privilegiando os primeiros, previa poucas subcategorias para os demais, deixando poucas alternativas aos refugiados judeus. Nesse sentido, a circular secreta não alterou essencialmente o que estava previsto, já bastante restritivo, a não ser em dois pontos, centrais. Em primeiro lugar, separou os judeus dos demais imigrantes e autorizou as autoridades competentes a discriminarem os candidatos a vistos segundo um critério étnico. E, em segundo lugar, fechou-lhes as portas do país, proibindo a concessão de vistos àqueles cuja "origem ethnica semítica" fosse provada, inclusive quando se inserissem nas categorias de imigrantes previstas pela lei e baseadas nas ocupações dos candidatos.

NA RAÇA

Porém, como saber exatamente quem deveria ser recusado? A resposta dada era imprecisa, os critérios permaneceram vagos. Os autores do texto sabiam disso e aconselharam, em caso de dúvida ("suspeitas"), que a concessão do visto fosse "retardada" e que "investigações efficientes" fossem levadas a cabo. Contudo, nenhuma pista foi dada sobre o método ou o teor de tais investigações. Assim, essa tarefa ingrata poderia ser evitada, na prática, pela concessão do visto (sem levantar "suspeitas") ou, ao contrário, pela sua recusa apressada. Esta última encontrava-se, assim, respaldada, quando suas motivações fossem baseadas no zelo patriótico — como no caso citado de Mario Brisson, que antecipou a decisão oficial do governo — ou na simples preguiça, ligada à rotina do trabalho administrativo. Tudo dependia, na prática, da boa vontade do funcionário — com o solicitante, ou com as regras estabelecidas — e de seus preconceitos pessoais.

Um critério foi mesmo assim mencionado, podendo servir de tira-teima: tratava-se do critério religioso. Se o solicitante sobre o qual pairava a dúvida declarasse ser cristão, bastava solicitar a certidão de batismo.[71] Sabia-se que não se tratava de garantia cabal, tendo em vista falsificações e conversões. Mesmo assim, nenhuma reflexão mais aprofundada foi dedicada ao assunto.

A dificuldade de definição não foi exclusiva aos legisladores brasileiros. Os antissemitas alemães que precederam os nazistas no final do século XIX já tinham se debatido com esse mesmo problema.[72] Apesar de recitarem que "O que ele crê não importa; É na raça que está o mal", não conseguiam definir a "raça" objetivamente. Os redatores do programa do Partido Nazista, em 1920, tampouco encontraram uma solução para a questão, limitando-se a estabelecer que a comunidade alemã incluía, exclusivamente, as pessoas "de sangue alemão, sem consideração de confissão". Quando o Ministério do Interior alemão decidiu editar seu primeiro decreto antissemita, a fim de excluir os judeus do funcionalismo público, em abril de 1933, teve de se debruçar sobre a questão, dando-lhe uma resposta que não se fundou de modo algum na "raça", mas, em última instância, na religião. Assim, foram demitidos os funcionários cuja ascendência era "não ariana" e, quatro dias após a promulgação deste decreto, um regulamento definiu o que seria esta ascendência. Ela concernia a "toda pessoa que contasse com um judeu ou mais entre seus pais ou avós". Estes, por sua vez, pai, mãe, avôs ou avós, eram considerados judeus em função de sua pertença à religião judaica. Assim, em concordância com o programa do partido, a confissão dos interessados não entrava no cálculo, pois o critério dependia dos ascendentes das duas gerações precedentes, cuja definição "racial" era dada, ali sim, pela religião. Ou seja, eram "arianos" aqueles, de confissão cristã ou judaica, que não tivessem nenhum judeu entre os ascendentes diretos das duas gerações precedentes. E eram "judeus" aqueles que, do mesmo modo, tivessem ao menos um judeu entre eles.

Esses textos serviram somente para justificar a exclusão do funcionalismo público. Depois disso, a questão ficou suspensa até a publicação das Leis de Nuremberg, mais de dois anos depois. Segundo a definição que entrou então em vigor, com a Lei de Proteção do Sangue e da Honra, eram "judeus" aqueles que tivessem ao menos três avós judeus, independentemente de suas convicções pessoais, de suas ligações com a comunidade judaica e suas organizações. Muitos alemães que estavam já há anos afastados do judaísmo, não praticando a religião, nem frequentando sinagogas ou outras instituições judaicas, descobriram, por causa das novas leis, serem judeus — ou, sendo mais exata, tornaram-se, de repente, "judeus". As conversões ao cristianismo, às vezes antigas de mais de uma geração, perderam qualquer significado. Alguns tinham se convertido por convicções reais, o que parece ter sido extremamente minoritário; outros, mais numerosos, para facilitar o processo de assimilação desejado à sociedade alemã. Estes encontravam na conversão um meio eficaz para fugir do antissemitismo endêmico e ter acesso a espaços e atividades interditados aos judeus.

A nova lei acrescentou à definição de "judeu" a categoria de *Mischlinge* (híbridos) para aqueles que tinham ascendência mista. E estes foram divididos em duas subcategorias: de primeiro e de segundo grau. Os "não arianos" ficaram, assim, divididos em três categorias: os *Mischlinge* de segundo grau, com somente um dos avós "judeu"; os *Mischlinge* de primeiro grau, com dois avós "judeus", mas que não eram de confissão judaica e não tinham cônjuge "judeu" na data de 15 de setembro de 1935; os "judeus", com dois avós "judeus", que eram de confissão judaica ou tinham um cônjuge "judeu" na data acima, além dos que tinham três ou quatro avós "judeus".[73]

Como se vê, o critério religioso, definidor, incidia somente sobre os ascendentes. E com essa definição, nenhum critério biológico ou fenotípico apareceu (tipo sanguíneo, corpulência, cor do cabelo, forma do rosto, do nariz etc.), apesar de terem povoado textos, panfletos e desenhos de propaganda antissemita. Os alemães, com fins de propaganda, chamaram suas leis de "raciais" e em muitos outros países este vocabulário foi utilizado. Como lembra, ainda, Raul Hilberg, "[n]o final das contas, os nazistas importavam-se bem pouco com o 'nariz judeu'; o que os preocupava, era a 'influência judaica'".[74] Sendo a religião o critério finalmente determinante, coube às Igrejas alemãs, únicas responsáveis pelos registros de nascimentos até 1875-1876, um papel não menos determinante no processo administrativo de exclusão dos judeus. A aplicação do decreto definidor da "arianidade" exigia que cada um pudesse prová-la, apresentando um dossiê genealógico composto de sete documentos: certidão de nascimento ou certificado de batismo da pessoa interessada, de seus pais e de seus quatro avós.[75] O trabalho que os dossiês de "pureza racial" implicava era enorme, e foi levado a cabo de modo incompleto, apesar da insistência do partido para que todos dispusessem desta prova. Se os funcionários do Estado tiveram pouca boa vontade em cumprir as tarefas que lhes cabiam quanto a isso, as Igrejas o fizeram sem hesitar.[76]

Após a publicação das Leis de Nuremberg, o jornal da Associação Central dos judeus alemães, *C.V. Zeitung*, fez uma enquete e encontrou 450 mil judeus "integrais" (com quatro avós judeus e praticantes). Encontrou ainda cerca de 250 mil "não arianos não judeus". Destes, 50 mil eram judeus "integrais" convertidos e, 2 mil, "três quartos judeus" (com três avós judeus) convertidos, duas categorias cujos membros eram considerados "judeus" em termos "raciais". Assim, a enquete em questão contabilizou um total de 502 mil judeus "integrais", segundo os critérios estabelecidos pelas novas leis. O jornal encontrou também entre 70 mil e 75 mil "meio judeus" (com dois avós judeus) convertidos e entre 125 mil e 130 mil "um quarto judeus" (com um avô judeu), sempre convertidos. Os membros destas duas categorias, que somavam entre 195 mil e 205 mil indivíduos, eram considerados "não judeus" pelos nazistas, apesar de não serem "arianos", mas *Mischlinge*.[77] Graças a esta distinção, os *Mischlinge*, apesar de classificados como "não arianos", foram poupados da destruição, já que as medidas que se seguiram se focalizaram somente nos "judeus".[78]

Somando-se a esses cerca de 700 mil judeus em diversos graus os cônjuges dos casais mistos, o que aumenta significativamente o total, fica claro que o número de não judeus mantendo contato próximo ou distante com os judeus não era nada desprezível. Estas vastas redes de relações foram rompidas com o advento do nazismo e a obsessão nazista em separar judeus de não judeus, progressivamente isolando e excluindo os primeiros.

Os textos brasileiros eram fundamentalmente diferentes dos alemães e a quase simultaneidade das medidas tomadas nos dois países não deve nos enganar quanto às diferenças que as separaram, determinantes. Os legisladores brasileiros não se referiam aos cidadãos ou aos estrangeiros já residentes no país, mas unicamente aos novos candidatos à imigração.

Além disso, o objetivo de toda e qualquer medida restritiva elaborada e aplicada na época opunha-se diametralmente ao projeto nazista de isolar os judeus, evitando todo e qualquer contato, "contaminador", entre "judeus" e "arianos". O governo brasileiro temia, ao contrário, e não só quanto aos judeus, a formação de "quistos", as concentrações de imigrantes não integrados à população, que evitavam mesclar-se à nacionalidade. A política "nacionalizadora" de Vargas pregava justamente a fusão dos imigrantes à sociedade nacional. Contudo, quanto à definição de quem seria "judeu", por falta de critério melhor, visto que o problema contava muito menos, as autoridades brasileiras não hesitaram em recorrer também, em caso de dúvida, ao parâmetro religioso. Exigiam, porém, "provas" muito mais leves — de modo coerente com o peso real da questão.

Uma particularidade fundamental da situação brasileira transparece em tudo isso: a imprecisão foi a marca registrada da política adotada, o princípio de funcionamento geral do dispositivo. Ao contrário da minuciosa definição à qual chegaram os alemães, e da preocupação também minuciosa que tiveram em discutir e legiferar sobre cada caso de figura, as decisões brasileiras incluíram uma grande margem de indefinição. Isso foi explicitado por João Carlos Muniz, presidente do Conselho de Imigração e Colonização, organismo central na definição das políticas migratórias do Estado Novo, numa carta enviada ao secretário-geral interino do Ministério das Relações Exteriores, José Roberto de Macedo Soares.[79] Muniz respondia a uma consulta feita por seu correspondente, ao organismo sob sua direção. Tratava-se de saber "se devem ser concedidos vistos em passaportes de pessoas de origem étnica meio ariana, cuja ascendência é semita apenas por parte de pai ou mãe". A resposta dada foi simples, e falava por si:

> O Conselho de Imigração e Colonização não adota *critério absoluto e rígido* em relação à entrada de estrangeiros no Brasil.
> No caso em apreço, o Conselho não tem objeção a opôr a que se authorize a concessão do visto, cabendo, entretanto, ao Ministério das Relações Exteriores determinar se as pessoas de que se trata reunem as condições necessárias para ingressar no território nacional.[80]

Em vez de responder à consulta feita, Muniz limitou-se a jogar a bola para o campo de seu correspondente. Tudo dependeria, assim, da avaliação do Ministério das Relações Exteriores, encarregado de examinar cada caso a partir de critérios não enunciados, pois inexistentes. Não houve, no Brasil, reflexão alguma sobre o caso dos *Mischlinge*, nem qualquer definição foi-lhes aplicada, o nó do problema sendo totalmente diverso, tanto quanto as respostas elaboradas.

Seguindo a mesma lógica expressa anteriormente, o ministro Oswaldo Aranha escreveu ao embaixador em Berlim, Cyro de Freitas Valle, que não cessava de ver quantidades incontroláveis de judeus entrando no país, e denunciou este fato aos quatro ventos ("Desde que chegaste a

Berlim e assumiste as tuas funções que te preocupas com a vinda de indivíduos de origem semita para o Brasil"). Após apresentar sua visão do problema e defender as decisões tomadas pelo governo no estabelecimento de uma política específica, o ministro concluiu ponderado, resumindo com perfeição a lógica brasileira na matéria: "Em assunto dessa natureza, só havia um critério para sua solução: o empírico, baseado na observação, e na experiência. Aliás, não se discute nem se resolve nenhum problema em termos absolutos, mas em termos relativos à condição da vida."[81]

Em março de 1938, o mesmo Oswaldo Aranha, recém-empossado ministro das Relações Exteriores, já defendera essas ideias ao escrever uma carta "secreta" ao seu colega Waldemar Falcão, então ministro do Trabalho, Indústria e Comércio.[82] Dois "israelitas", respectivamente polonês e húngaro, tinham sido impedidos de desembarque por funcionários do Departamento Nacional de Povoamento, vinculado ao ministério de Falcão. Como dispunham de todos os documentos necessários para entrar no país como "estrangeiros não imigrantes em viagem de negócios", agentes do Ministério das Relações Exteriores interferiram no caso e garantiram a entrada dos interessados. Waldemar Falcão reclamou. Em sua resposta, além de justificar a interferência de seus serviços, pela legalidade da situação dos estrangeiros em questão, Aranha explicou ainda que

> [a] entrada de israelitas em território nacional não foi prohibida em caracter legal absoluto, senão em virtude de Circular secreta, de que as proprias repartições de Policia do paiz não têm conhecimento, circular expedida [...] ás Missões diplomaticas e Consulados brasileiros.

E a situação abria-se às exceções que se julgasse oportunas: "excepcionalmente e em casos raros, os vistos pódem ser concedidos a juizo deste Ministerio". Recusava-se, assim, por princípio, e não por negligência, vale salientar, quaisquer definições absolutas e fechadas, quaisquer critérios explícitos e gerais.

CONTA-GOTAS

A política migratória seguia seu rumo. Em maio de 1938, o decreto-lei nº 406, regulamentado em seguida pelo decreto nº 3.010, alterou alguns dos princípios em vigor, intensificando os procedimentos de controle e tornando o arsenal burocrático e administrativo criado e mobilizado para tal fim mais complexo.[83] Em primeiro lugar, os dois novos textos aprofundaram o princípio, já em vigor na legislação anterior, da preferência dada aos agricultores. Contudo — e ao mesmo tempo —, os legisladores endureceram com os novos textos as regras ligadas à permanência dos trabalhadores rurais, baseando-se em preocupações assimilacionistas e nacionalizantes. Assim, as colônias rurais não poderiam mais ser compostas de indivíduos de uma só nacionalidade, cujos membros, doravante, limitar-se-iam a, no máximo, 30% do total de moradores. E 25% destes ficavam reservados a brasileiros. Além disso, a vida interna dessas implantações rurais sofreu restrições da mesma ordem, com a proibição do ensino de línguas estrangeiras para menores de 14 anos nas escolas ali instaladas, com a exigência de que estas fossem dirigidas por brasileiros.

Enfim, 80% das cotas disponíveis para cada país de emigração deveriam ser preenchidas com agricultores; para as demais profissões, urbanas, foram reservados somente 20% dos efetivos autorizados. Isto gerou, obviamente, novas estratégias de controle a fim de evitar as tentativas fraudulentas de incluir, na cota majoritária, reservada ao setor agrícola, não agricultores ávidos de imigrar. Mas gerou também, ao mesmo tempo, abusos reais em relação à divisão estabelecida. Pois a quantidade de candidatos urbanos, ultrapassando facilmente os 20% previstos, suscitava naqueles não só o desejo de serem incluídos em qualquer lista, a fim de obterem seus vistos, como também práticas de corrupção da parte de representantes de firmas de colonização rural operando no país. A tradição urbana dos judeus, aliada à perseguição nazista — e ao aumento tão rápido quanto trágico do número de candidatos à imigração —, induziu o olhar dos encarregados pelo cumprimento das regras instituídas no sentido de desconfiar e denunciar a presença de judeus nas listas de candidatos agricultores à imigração.

Os novos textos introduziram, ainda, mais uma inovação importante em relação ao decreto anterior. Enquanto o decreto nº 24.258 limitou-se a dividir os imigrantes entre "agricultores" e "não agricultores", os novos textos dividiram-nos não segundo ramos de atividade, mas em duas categorias administrativas: "permanentes" e "temporários". Estas passaram a dar forma ao novo aparato estatal de controle da circulação de estrangeiros no país. Os "permanentes" eram os imigrantes propriamente ditos, que pretendiam ficar no país mais do que seis meses. Os demais, "temporários", incluíam as categorias de "turistas e visitantes em geral e estrangeiros em trânsito; representantes de firmas comerciais estrangeiras e os que vierem em viagem de negócios; artistas, conferencistas, desportistas e congêneres".

Ambas as categorias estavam sujeitas a vistos de entrada, com duração de três meses, renovável uma vez. Os "permanentes" tinham que regularizar sua situação chegando no país; os demais não tinham direito de permanecer em solo brasileiro após a expiração do visto, mas poderiam solicitar a "permanência". Somente as pessoas em trânsito no país por menos de uma semana estavam isentas dos procedimentos de visto junto às representações diplomáticas no exterior.

Enfim, as cotas, decididas pela Constituição de 1934, entraram em vigor, tendo sido calculadas e publicadas em anexo ao decreto nº 3.010. Elas não se referiam aos "temporários", mas unicamente aos "permanentes", detalhe nada anódino no caso que nos interessa aqui. Para a Alemanha, a cota anual foi fixada em 4.772,04 imigrantes. Destes, 3.817,63 (80%) ficavam reservados aos agricultores e 954,40 (20%), aos demais. Trata-se de um total invariável, pois calculado a partir do total de alemães que entraram no país entre 1884 e 1933 (cinquenta anos antes da votação da lei de cotas).

Sem dispor do número real de imigrantes de cada grupo vivendo no país, tomou-se o total de entradas por ser o único índice disponível. Os retornos ao país foram ignorados no cálculo, bem como a descendência.[84] No caso dos alemães, o total de entradas para o período estabelecido foi fixado em 238.602.

Nesse processo de endurecimento geral da política adotada, o governo viu-se autorizado, pelo decreto nº 406, a "limitar ou suspender, por motivos econômicos ou sociais, a entrada de indivíduos de determinadas raças ou origens, ouvido o Conselho de Imigração e Colonização". Criava-se, assim, uma prerrogativa legal à seleção discriminatória dos fluxos migratórios. E as circulares secretas referentes aos judeus encontraram-se amparadas por lei.

JANELA

O anúncio da publicação do decreto nº 3.010 no Diário Oficial foi feito às autoridades diplomáticas pela circular nº 1.243, de 24 de agosto de 1938. Esse texto indicava-lhes também como agir em relação aos vistos antes de 22 de dezembro, data em que o decreto em questão entraria em vigor. Até então, antecipando o que apareceria ali, somente deveriam ser visados os passaportes daqueles que apresentassem autorização de retorno ao país, ou que solicitassem vistos "temporários" (validade máxima de seis meses).

Pouco depois da publicação desses dois textos, surgiu outra circular secreta, central para compreendermos a política migratória referente aos judeus. Trata-se da circular de nº 1.249, de 27 de setembro de 1938. Revogando aquela que a precedera naquilo em que se opunham, a nova abria uma série de exceções para a entrada de judeus no país, que foram muito utilizadas no período seguinte, de aumento do fluxo. O novo texto definiu, assim, seis casos específicos para os quais os vistos ficavam franqueados:

- "portadores de licença de retorno" aos respectivos países de origem;
- "turistas e representantes de comércio";
- "cônjuges ou parentes consanguíneos, em linha direta, até o segundo grau" de estrangeiro residente no país (categoria válida até 31 de dezembro do mesmo ano);
- "cientistas e artistas", sendo que o visto destes deveria ser justificado pela autoridade consular junto ao Ministério das Relações Exteriores;

- técnicos, cuja vinda fora solicitada pelos governos estaduais, segundo uma lista de profissões estabelecida pelo Conselho de Imigração e Colonização e validada por serviços competentes do mesmo ministério. Ficavam excluídos, assim, os "técnicos" chamados por empresas privadas, o que poderia constituir-se num modo facilitado de trazer amigos, conhecidos, parentes ou mesmo redes mais amplas;
- "capitalistas ou industriais" prontos a investir no país, abrindo suas empresas, e capazes de provar às autoridades consulares a transferência de 500 contos de réis para o país. Isso antes que as mesmas autoridades consultassem o Ministério das Relações Exteriores sobre a legitimidade do visto em questão.

Nos vistos dados aos "turistas" deveria constar uma nota proibindo que os serviços de polícia, no Brasil, alterassem o visto de "temporário" para "permanente", não previsto nestes casos. No caso dos "capitalistas", estes deveriam provar, após um ano de vida no Brasil, que a soma transferida do exterior fora realmente usada para a criação de uma empresa no país. Os "turistas e representantes de comércio", bem como aqueles que tinham autorização de retorno ao país de origem, entravam na categoria de "temporários". Todos os demais deveriam ser incluídos na cota de 20% dedicada aos não agricultores, tal como estipulou o decreto nº 3.010. A circular estabelecia, ainda, que os consulados deveriam enviar ao Ministério das Relações Exteriores, mensalmente, a lista dos estrangeiros "de origem semita" aos quais fora concedido visto. As listas mensais de vistos já existiam, mas sem esta distinção: os judeus beneficiados apareciam misturados aos demais. A circular foi assinada no dia 27 de setembro de 1938, mas de outubro a dezembro as listas produzidas em Hamburgo ainda foram únicas, misturando "semitas" e "arianos". A separação ocorreu a partir de janeiro do ano seguinte.

Para o historiador, a separação das listas, sobretudo no caso dos judeus alemães, facilita o trabalho. Diferentemente dos sobrenomes poloneses, por exemplo, os sobrenomes alemães confundem-se facilmente, entre judeus e não judeus. Assim, somente a partir do momento em que as listas foram separadas, pude constatar o quanto os judeus eram minoritários nas listas de imigrantes vindos da Alemanha. A grande maioria dos alemães que solicitavam e obtinham vistos de entrada para o Brasil era, na época, não judia.

Separadas, as listas passaram a incluir outros dados. Até então, elas resumiam-se a duas colunas: nome/sobrenome e número do visto. Graças à circular secreta nº 1.249, as novas listas informavam não somente quantos judeus por mês obtiveram vistos, mas também quem eram eles, sua idade, profissão, o porto brasileiro ao qual se dirigiram e qual o tipo de visto obtido ("temporário" ou "permanente").

O texto da circular terminava com uma recomendação à "autoridade consular", responsável, em última instância, pela aplicação destas regras:

> ao examinar um pedido de visto em passaporte, de origem semita, não se alheiará ao dever de selecionar e fiscalizar, nem dispensará a satisfação das demais exigências legais previstas na lei de imigração [decreto-lei nº 406] e seu regulamento [decreto 3.010].[85]

No período 1937-1941, a legislação migratória proliferou. Textos de todos os tipos sucederam-se, sobrepuseram-se, alguns cancelando os precedentes, outros simplesmente acrescentando novos dados, tornando os dispositivos existentes mais complexos e os controles, mais rigorosos. Para os funcionários responsáveis pela gestão dos pedidos de vistos na Europa, a tarefa tornou-se árdua, tendo em vista que tudo isso ocorria num contexto de aumento dos candidatos à imigração.

ROTINA

Aracy muniu-se de uma caderneta, onde anotava os elementos desta política dos quais deveria lembrar na sua rotina de trabalho e para os quais deveria estar particularmente atenta. Nenhuma anotação foi datada, mas algumas referências são datáveis, como as primeiras, tiradas do decreto nº 24.258, em vigor quando ela começou a trabalhar no consulado. Além disso, redigiu modelos de frases que deveria apor aos vistos de certos passaportes, obedecendo a procedimentos específicos autorizados diretamente pelo Ministério das Relações Exteriores. Assim, "A portadora do presente passaporte acaba de contrair matrimônio com o Snr. ..., domiciliado no Brasil, e em cuja companhia segue viagem. O seu passaporte é visado em conformidade com as instrucções do Ministério do Exterior."

Trata-se, aqui, de consequência de um telegrama do Ministério das Relações Exteriores para o consulado de Hamburgo, autorizando a visar, justamente, passaportes de mulheres alemãs que se casassem com residentes no Brasil, desde que estes possuíssem vistos de retorno.[86] Nestes casos, o consulado deveria informar o Ministério, que tomaria as devidas providências junto às autoridades competentes no Brasil. Na documentação que concerne o consulado de Hamburgo no Arquivo Histórico do Itamaraty, existe, assim, uma série de 24 avisos deste tipo, enviados ao ministério num intervalo de vinte meses, entre 28 de dezembro de 1936 e 31 de agosto de 1938. Em todos eles, o mesmo caso é descrito: um imigrante alemão (ou descendente), residente no Brasil, viajara para a Alemanha para se casar e, voltando ao Brasil, levou consigo a noiva, recém-casada, que, assim, recebera visto de entrada. O aviso enviado ao ministério incluía, ainda, para facilitar o desembarque do casal, o nome do navio, o porto de destino e a data de chegada.

Estes casamentos poderiam ter sido casamentos brancos, realizados para salvar judias alemãs. Alguns casos realmente existiram, como o de Renée-Marie Croose Parry (Hausenstein, de solteira).[87] Em 1942, após passar por Lisboa, ela embarcou para o Brasil com um grupo de brasileiros de origem alemã, que estavam voltando ao país. Dentre eles, encontrava-se o engenheiro aeronáutico Helmut, que ela conhecera, junto com os demais, na universidade de Munique, e com quem contraíra um casamento de conveniência para poder emigrar. Foi ele mesmo quem lhe propôs juntar-se ao grupo, fingindo ser sua noiva. No final, esta solução foi descartada, por já ser muito arriscada naquele momento — final de 1941 —, e Helmut propôs o casamento, sabendo que o fazia para salvar uma amiga.

Contudo, a série de casamentos consumados no consulado de Hamburgo, após uma autorização muito específica dada pelo Ministério das Relações Exteriores, não parece ter tido o mesmo objetivo. Localizei, no Brasil, descendentes de alguns desses casais e pude constatar que a questão judaica era-lhes totalmente estrangeira. Para aqueles que não pertenciam a qualquer categoria perseguida pelos nazistas, ir para a Alemanha em 1936-1938 não tinha nada de absurdo, nem implicava qualquer risco particular. A mãe de Aracy, por exemplo, ia e vinha sem problemas, para visitar a filha e o neto.

As razões evocadas para tal iniciativa, por parte das famílias dos imigrantes alemães que contatei, foram de três tipos. Alguns já haviam contraído noivado na Alemanha antes de imigrar, e voltaram para buscar suas prometidas depois de terem se instalado convenientemente no Brasil. Outros voltaram para procurar uma esposa alemã, por não terem conseguido encontrá-la localmente, apesar da grande comunidade germânica no país. Outros, ainda, eram católicos e, num meio majoritariamente protestante, não encontravam as parceiras adequadas segundo este critério, para eles central. Neste último caso, ao que tudo indica, redes de conhecimento foram mobilizadas nos dois países, reunindo, em torno das crenças comuns, teuto-brasileiros e alemãs. Trata-se, assim, de preocupações que nada tinham a ver com o contexto específico do nazismo, das transformações do regime e da sociedade alemã. A não ser, talvez, pelo fato de indicarem, no último dos três casos de figura mencionados, a importância da religião para os alemães, apesar do combate nazista para eliminar a influência das Igrejas do país.

Os homens envolvidos nos casamentos em questão mobilizaram laços com o país natal para realizar seu projeto matrimonial, sem afastar-se das origens nacionais, culturais e religiosas, independentemente do contexto político alemão.

A conhecida indiferença dos alemães em relação a seus vizinhos e conhecidos judeus, e à violência a que assistiram cotidianamente, opera aqui de outro modo. No caso dos imigrantes instalados no Brasil, o distanciamento das experiências cotidianas, dos universos de inserção, que tinham sido transferidos de um continente a outro muitas vezes há mais de uma geração, entra em linha de conta. Assim, a vida cotidiana seguia seus rumos, com os projetos pessoais e familiares de cada um. Isso reforça, aos nossos olhos, o caráter despreocupado e descompromissado de tais itinerários que, neste contexto particular, atravessaram uma realidade devastadora para outros. O deslocamento migratório explica, neste caso, o contraste construído entre a manutenção do cotidiano ordinário para uns e as dramáticas rupturas vividas por outros.

Voltemos à caderneta de Aracy, onde foram inscritas as fórmulas a serem usadas para justificar vistos em uma série de situações e categorias para as quais estes eram autorizados. Suas notas seguiam as regras ditadas pelos decretos e decretos-lei em vigor, como também por regulamentos mais pontuais e específicos, divulgados por ofícios e circulares, não obrigatoriamente secretos. Além disso, sob a forma de lembretes, ela anotou os números e assuntos de uma série de circulares de todos os tipos, visando a facilitar o trabalho em meio a tantas regras, ingerências e textos que se acumularam até o final de 1941. Ela mencionou, enfim, fatos menos cotidianos, como a circular nº 1.381, de 13 de novembro de 1939, que se refere ao extravio de cinquenta "passaportes comuns (modelo S.E. 107)", numerados de CC 19672 a CC 19721. O acontecimento era grave, sobretudo no contexto conturbado da época, com a guerra já declarada, há pouco mais de dois meses, e o cerco que se fechava sobre os refugiados, cujas possibilidades de emigrar mostravam-se cada vez mais comprometidas.

Inúmeras histórias circularam sobre a corrupção de funcionários trabalhando na diplomacia brasileira, mas também nas fronteiras e nos portos, num contexto em que muitos estavam dispostos a pagar para escapar. De que um comércio de vistos, de autorizações de desembarque ou outros documentos tenha existido — e não só no Brasil — parece não haver dúvidas, ainda que não se possa medir sua dimensão. Tais histórias assinalam, sobretudo, a angústia dos refugiados, sobre a qual se apoiaram fraudes de menor ou maior monta. Quanto a isso, o que me parece particularmente revelador são as denúncias. Estas indicam uma sensibilidade particular, presente nos meios da oficialidade, seja dentre os que dirigiam a política migratória, seja dentre os que mantinham contato direto com os imigrantes e seus dossiês, em consulados, portos ou outras repartições.

Em alguns casos, as denúncias são invertidas: em vez de se dirigirem àqueles que abusavam dos candidatos à imigração em busca de refúgio, focalizavam-se nestes últimos e nas estratégias que desenvolviam para burlar as restrições em vigor. Deixando transparecer uma série de expedientes mais ou menos eficientes, eloquentes quanto às brechas deixadas pelo dispositivo instituído, tais denúncias falam tanto de seus autores quanto daqueles que estavam acusando. Elas trazem à luz fragmentos de um contexto invisível nas outras fontes escritas.

A questão dos agricultores me parece central aqui, já que 80% dos vistos "permanentes" foram reservados para esta categoria. Existiam várias companhias de colonização agrícola operando no país, algumas das quais dirigidas por imigrantes alemães e localizadas nos estados do Sul. A Companhia de Terras do Norte do Paraná, por exemplo, trazia agricultores para trabalhar em suas colônias e, para tal, manteve um representante na Alemanha, encarregado de recrutar os trabalhadores. No final dos anos 1930, o cargo era ocupado por Joannes Schauff, que atraiu a desconfiança de mais de uma autoridade consular brasileira. Assim, em abril de 1937, o cônsul-geral de Hamburgo, Domingos de Oliveira Alves, achou-se na obrigação de defender os interesses de seu país, escrevendo ao então ministro interino das Relações Exteriores, Mario de Pimentel Brandão. O consulado de Hamburgo havia recebido um telegrama do ministério, autorizando-o a visar os passaportes de trinta famílias apresentadas por Schauff. Zeloso, o cônsul preferiu, em vez de seguir as instruções recebidas, prevenir diretamente o ministro do fato que este representante

> tem solicitado ultimamente o visto para varios individuos evidentemente não exercendo aquelle mister, conforme se deprehende das declarações dos passaportes de que são portadores [...]. Entre elles, devo mencionar os seguintes:
> Dr. Ernest Traumann, medico, com a esposa e dois filhos;
> Dr. Fritz Koenisberger, architecto, com a esposa;
> Martin Erich Wolff, comerciante, com a esposa; e
> Dr. Wilhelm Speyer, professor, com a esposa.[88]

Nada indica claramente que os interessados fossem judeus, e o cônsul não mencionou tal hipótese. O que não quer dizer que a desconfiança que o levou a escrever não seja desta ordem. Alves era, de fato, particularmente sensível às entradas não previstas de judeus no país. Desta vez, porém, ele limitou-se a denunciar a atuação do representante da companhia paranaense, que estaria abusando da prioridade legal dada aos agricultores.

Na lista em questão, havia efetivamente judeus, e o cônsul deveria sabê-lo. Wilhelm e Anita Speyer, por exemplo, foram de fato para uma colônia agrícola no Paraná, mudando-se para São Paulo mais tarde, em 1941. Contudo, o que o cônsul não imaginava é que muitos judeus aceitavam os vistos distribuídos nas cotas reservadas aos agricultores não necessariamente sem planejar, de fato, a experiência de vida no campo. Sem contar que, nas colônias agrícolas, trabalharam também médicos, professores e outros profissionais responsáveis por diversos aspectos da vida dos colonos.

Schauff incluiu, em suas listas, pessoas que por diversas razões queriam deixar a Alemanha. Na época, não só os judeus tinham motivos para querer partir. O regime perseguiu sem pena, nos primeiros anos, seus oponentes políticos, comunistas, socialistas e social-democratas. Militantes, mas também simpatizantes, tinham razões de sobra para querer emigrar. Porém, no olhar de funcionários brasileiros como o cônsul Alves, a prioridade absoluta dada aos agricultores funcionava como uma barreira suplementar, ainda que indireta, contra a entrada de judeus, historicamente pouco ligados ao trabalho agrícola. A desconfiança de que judeus se infiltrassem nas listas de agricultores pairava.

A resposta que obtev̂e à sua carta confirma a legitimidade de sua atenção, bem como sua preocupação não dita. Em nome do ministro, respondeu-lhe o secretário-geral do ministério, Hildebrando Accioly, com certo atraso, em julho de 1937. Accioly não se limitou a confirmar que os vistos deveriam ser negados a "imigrantes que, apresentados como taes", não fossem realmente agricultores. Como o acordo entre os dois correspondentes ia mais longe, ele aproveitou a ocasião para acrescentar: "a proposito dos nomes acima referidos [dos 'falsos agricultores'], peço a Vossa Senhoria perfeita observancia das circulares confidenciais relativas á imigração, expedidas, é certo, após o recebimento de seu officio".[89]

LAVOURA JUDAICA

As organizações judaicas internacionais também estavam agindo em defesa dos judeus, buscando-lhes portos de entrada. No caso dos agricultores, o papel da Jewish Colonization Association (JCA, ou ICA, como ficou conhecida) era central. Contudo, ela esbarrava em funcionários colocados em posições decisórias e que mantinham uma desconfiança particular em relação à entrada de judeus pela via da agricultura, como era o caso de Alves e de Accioly.

A ICA foi fundada, em 1891, pelo judeu alemão Maurice de Hirsch, o Barão de Hirsch (1831-1896), idealizador e financiador de um projeto de colonização agrícola judaica. As terras compradas e loteadas com essa finalidade encontravam-se quase todas na Argentina, mas uma extensão do projeto tomou a forma de duas colônias implantadas no sul do Brasil, Philippson (1904), próxima à cidade rio-grandense de Santa Maria, e Quatro Irmãos (1911-12), nas proximidades de Erechim. A ICA tinha como objetivo possibilitar a emigração de judeus do Império Russo, salvando-os da onda de pogroms organizados em série após a morte de Alexandre II, em 1881.

Os candidatos eram selecionados por representantes do organismo na Rússia, segundo dois critérios principais: experiência agrícola prévia e posse de uma soma de dinheiro suficiente para a manutenção inicial da família, até que as culturas começassem a frutificar. A ICA fornecia, por seu lado, e a título de empréstimo a ser reembolsado, um lote de terras, uma moradia, instrumentos agrícolas e alguns animais, além de proporcionar a presença, na colônia, de um administrador vindo de sua sede, em Paris. A iniciativa durou pouco tempo, e a grande maioria dos colonos acabou deixando as terras, instalando-se nas cidades.

O fracasso do projeto é explicado, pela maioria dos autores que trataram da questão, por razões conjunturais: qualidade da terra, acidentes climáticos, dificuldades que ultrapassavam a esfera de controle dos colonos, independendo de sua vontade, força de vontade ou habilidade agrícola. Bila Sorj[90] tem razão em notar esse atalho explicativo corrente, ao qual opõe uma explicação de cunho histórico: privados da posse da terra durante grande parte de sua história, o que os afastou da agricultura, os judeus carregavam há vários séculos uma cultura urbana e um *savoir-faire* profissional também urbano. Assim, a insistência em fazer frutificar experiências agrícolas entre judeus — das quais o Barão de Hirsch não foi o único promotor — deveu-se à impregnação de ideias de fundo antissemita, utilizadas muitas vezes pelos chamados filo-semitas (não judeus defensores da integração dos judeus às sociedades às quais pertenciam). Defendia-se, nesses casos, a ideia segundo a qual, quando autorizados a exercerem atividades das quais haviam sido tradicionalmente afastados, como a agricultura, os judeus podiam mostrar-se pessoas dignas e capazes — tanto quanto os demais. Tais ocasiões lhes trariam, segundo a mesma lógica, a possibilidade de se liberarem dos "vícios" que habitualmente carregavam, ao identificar-se prioritariamente com o mundo urbano e as ocupações comerciais.

Nesse sentido, algumas instituições judaicas, bem como judeus detentores de prestígio e de posições socioeconômicas de destaque, como o Barão de Hirsch, procuraram transformar o perfil socioprofissional judaico dominante. Isso foi feito a fim de melhorar a imagem dos judeus, regenerando-os, ao afastá-los das tendências vistas como anômalas, nas quais viviam.

A implantação no Brasil de colônias da ICA não frutificou — e na Argentina, alvo principal da obra, os resultados não foram mais brilhantes. Isso não significa que uma bagagem histórica, que responde pela maior familiaridade dos judeus com as ocupações urbanas, seja irreversível, irrevogável, como uma segunda natureza colada à pele de cada um dos membros do grupo. Condições históricas diferentes poderiam transformar tais perfis. E não obrigatoriamente no sentido de uma valorização da agricultura que não é, em si, diga-se de passagem, uma atividade econômica nem mais nem menos digna e produtiva que as demais. Mas isso não ocorreu, e os colonos foram sendo progressivamente atraídos pelas cidades, onde de fato a vida brasileira da época garantia oportunidades mais adaptadas à bagagem que carregavam.

Podemos comparar esse insucesso com o sucesso obtido pelas colônias de imigrantes japoneses, e mesmo fora das colônias, minoritárias, pelo sucesso geral da implantação agrícola desses imigrantes. Mas estas contaram com um investimento muito mais intenso da parte do governo e de empresas japonesas. O governo estava interessado em evitar que os colonos retornassem ao Japão, pois a emigração era o remédio encontrado para a crise agrária e a pressão demográfica. Assim, prestava assistência aos imigrantes em diversos níveis, técnicos, agronômicos, financeiros. As empresas, por seu lado, estavam interessadas nos produtos agrícolas cultivados em terras brasileiras, como o algodão, que passaram a processar, inclusive com fábricas instaladas no país. E o governo seguia com bons olhos tais investimentos privados, num momento em que o país se industrializava e investia em sua marinha mercante. O investimento da ICA não era comparável e, sem isso, as oportunidades abertas em meio urbano foram ganhando terreno sobre os colonos.

Mesmo assim, a ICA não desistiu de seu projeto e, no final dos anos 1930, tentou trazer outros grupos de judeus, desta vez alemães, a fim de instalá-los na agricultura. Se desse certo, não teria somente conseguido implantar colônias agrícolas, mas, sobretudo, salvar seus colonos do nazismo, lançando-lhes âncoras em praias seguras. A estratégia era inteligente, em perfeito acordo com a política brasileira, amplamente favorável à imigração de agricultores. Graças a esta brecha aberta pela restritiva legislação brasileira, e à tradição da ICA no setor, a organização teria em mãos um modo facilitado de salvar famílias judias. Restava convencer o governo brasileiro das possibilidades reais de integração dos judeus na agricultura — e de incluir judeus em cotas consideradas, na prática, fora de seu alcance.

Numa colônia já implantada em Resende (RJ), a organização pleiteou, em 1937, a instalação de 13 famílias (42 pessoas) e 11 adultos solteiros, todos judeus alemães, que o representante da ICA no Brasil,

Marc Leitchic, afirmava já serem agricultores.⁹¹ A autorização foi obtida junto às autoridades estaduais do Rio de Janeiro. No início de setembro de 1937, o secretário da Agricultura do estado enviou ao governador um memorial recebido da ICA, onde Leitchic descrevia as dificuldades encontradas para a obtenção dos vistos aos colonos e o impasse em que se encontrava.

O documento legal, outorgado pelo governo estadual, não fora suficiente para a concessão dos vistos pelas autoridades consulares de Berlim. Leitchic teria sido informado de que, para a concessão de tais vistos, os consulados europeus precisavam de uma "confirmação especial" vinda do Itamaraty. Desprende-se da carta de Leitchic que este precisou descobrir por si próprio as razões da não outorga dos vistos, sem ter sido informado da autorização suplementar exigida. A ICA escreveu, então, ao Departamento Nacional de Povoamento, cujo diretor-geral, Dulphe Pinheiro Machado, transmitiu, ao Ministério das Relações Exteriores, em julho de 1937, a lista de nomes cujos passaportes deveriam ser visados.

Leitchic sabia, no momento em que escreveu ao governador do Rio de Janeiro, que Pinheiro Machado, pelo ofício nº 1.618, comunicara ao Ministério das Relações Exteriores que a ICA estava autorizada a trazer os imigrantes em questão, solicitando que o ministério desse as devidas ordens ao consulado de Berlim para a concessão dos vistos. Sabia também que o projeto sofrera aí uma primeira restrição: os 11 colonos solteiros foram recusados, restando somente as 13 famílias. Essa recusa era coerente com a política imigratória adotada pelo Brasil desde o período da "grande imigração", que privilegiava a vinda de famílias. O sistema do "colonato" baseava-se na exploração do trabalho coletivo de todos os membros da família. Esta exigência fora explicitada nos acordos assinados com o Japão. Porém, no caso dos judeus, a presença de adultos solteiros não se assimilava à imigração de homens sós, cujo caráter visto como temporário quis-se evitar no Brasil. A possibilidade de um retorno à Alemanha não fazia parte da ordem do dia na época.

O que Leitchic não sabia, ou pelo menos não mencionou em sua carta, é que o Itamaraty respondera, pela pena de Hildebrando Accioly, à requisição de Pinheiro Machado. Numa carta "secreta", o então secretário-geral interino da Secretaria de Estado das Relações Exteriores, sem fazer qualquer referência à ICA ou às autorizações oficiais que esta recebera, menciona "uma lista de nomes de immigrantes agricultores composta exclusivamente de israelitas, conforme se infere dos respectivos nomes". No caso, ninguém esconderá das autoridades brasileiras que se tratava de judeus, Accioly não tinha necessidade de inferir tal informação dos "nomes", e sabia disso. Ele prosseguiu, argumentando sobre os

> graves inconvenientes que trará para o nosso paiz a entrada, sempre mais numerosa, de elementos semitas que, por todos os meios, principalmente como turistas, ou fazendo-se passar por agricultores, procuram introduzir-se no território nacional, de onde, uma vez assegurada a sua permanencia, nunca mais poderão ser afastados, pois não haverá paiz que os reconheça como seus nacionaes, nem representação consular estrangeira que lhes forneça passaportes para expulsão.⁹²

Accioly citou, ainda, seu correspondente que, num pronunciamento técnico feito anteriormente, sobre o mesmo assunto, teria se referido a estes "elementos indesejaveis e parasitários". Mas um argumento mais forte estava a seu favor, e ele aproveitou para apoiar-se, logo em seguida, na recente circular secreta nº 1.127 que, proibindo a concessão de vistos aos judeus, precisaria ser revogada para que a lista da ICA pudesse ser visada pelas autoridades consulares de Berlim. Pediu, enfim, ao colega que respeitasse o "caracter secreto que o assumpto requer". Nisto parece ter sido respeitado. A descrição dada por Leitchic em seu memorando mostra, de fato, que a circular secreta em questão impôs um verdadeiro obstáculo à sua solicitação, obstáculo suplementar aos percalços, já complexos, exigidos pela lei. As respostas que obteve, durante o desenrolar do processo, de diversos correspondentes, foram vagas e imprecisas, já que ocultavam a razão central da questão, que a ICA provavelmente conhecia, sem porém poder mencionar.

Para todos os efeitos, o Itamaraty alegou uma dúvida qualquer, que Leitchic não foi capaz de precisar, decidindo que nova consulta deveria ser feita pela ICA junto ao Departamento Nacional de Povoamento.

Ao consultar novamente esse organismo, no final de julho, a ICA foi informada de que a decisão final era da alçada do ministro do Trabalho, Indústria e Comércio, novo interlocutor no labirinto criado. Os responsáveis brasileiros pareciam conhecer e seguir a estratégia idealizada por Breckinridge Long para evitar a entrada de judeus alemães nos Estados Unidos: multiplicar indefinidamente as exigências e percalços administrativos. A ICA prosseguiu seu percurso, contatando o gabinete do ministro em questão. Foi então informada de que a recusa do Itamaraty em autorizar o consulado de Berlim a conceder os vistos "teria sido, parece, motivada por uma circular anterior de ordem geral, impedindo o despacho de taes ordens", o que impedia o Ministério do Trabalho, Indústria e Comércio de intervir no assunto. O círculo fechava-se e a ICA só tinha mais uma alternativa, que usou, escrevendo novamente ao seu primeiro interlocutor, o secretário estadual da Agricultura.

As circulares secretas exerceram, como vemos, um duplo papel. Em primeiro lugar, impediram, de fato, a concessão de vistos para judeus, limitando-os a certas categorias e promovendo as tentativas de burla que acompanham — e sempre acompanharam — toda política migratória restritiva. Além disso, abriram os olhos de alguns funcionários que, talvez, tivessem cumprido suas obrigações com menos interesse sem tais textos, além de terem reforçado as convicções patrióticas e antissemitas de outros. É o caso de Hildebrando Accioly, que, na carta citada, inspirou-se direta e quase literalmente no preâmbulo, já examinado aqui, da circular secreta nº 1.127, recém-publicada na época.

No final de setembro, foi a vez do ministro das Relações Exteriores, Mario de Pimentel Brandão, intervir no assunto, escrevendo diretamente ao governador do Rio de Janeiro, que lhe escrevera sobre o caso. Neste momento, ficamos sabendo que as 13 famílias já haviam deixado a Alemanha, estando à espera dos vistos na Inglaterra. A carta do ministro é longa, cheia de argumentos e justificativas, entremeados de clichês antissemitas, para concluir com a decisão negativa do governo brasileiro em receber os colonos alemães da ICA.

Esta, porém, não desistiu, apostando na possibilidade de que outros interlocutores olhassem de outro modo seu dossiê. Seus dirigentes talvez soubessem que a política brasileira sobre o assunto deixava propositalmente certa margem de manobra para o exame de cada caso. De qualquer modo, a organização era responsável pela sorte das 42 pessoas que, sem ter o direito de permanecer na Inglaterra, aguardavam seus vistos em Londres para emigrar.

Assim, a ICA não se deixou desarmar, voltando à carga no ano seguinte. Em maio de 1938, Accioly, ainda ocupando o mesmo cargo no Ministério das Relações Exteriores, respondia ao novo diretor-geral interino do Departamento Nacional de Povoamento, Francisco de M. Brandão, após ter recebido nova solicitação de vistos para agricultores da colônia de Resende:[93] "o assunto de que se trata não é novo para êste Ministério", e a posição permanecia a mesma, confirmando-se, aliás, com nova força:

> a insistência com que a poderosa companhia judaica, intitulada 'Jewish Colonization Association', renova mais uma vez a tentativa de introdução de Judeus alemãis no município de Rezende convence-nos, aínda mais, da necessidade de se oporem óbices á imigração semítica.[94]

Desta vez, Accioly voou mais alto e afastou-se dos termos literais da circular nº 1.127, que empregara em sua resposta precedente. Referindo-se a fontes variadas, inclusive estatísticas, apoiou-se *en passant* em Oliveira Vianna, e revestiu sua longa carta de menções ao perigo que representaria a entrada de judeus no país. Além de indesejáveis (repelidos por todos os países), inconvenientes e parasitários, são "avêssos, por natureza", à agricultura, "perturbadores de toda ordem social", "agentes do comunismo" e capitalistas, dominando toda a economia russa. Sem contar que carecem absolutamente de "higiene".

Minha escolha em apresentar este dossiê da ICA, entre tantos outros exemplos possíveis, não é anódina. O caso é paradigmático, trazendo a questão de judeus agricultores, pouco frequentes, mas em teoria adequados às prioridades da política migratória brasileira. O fato é que, para além das liberdades às quais alguém como Accioly se autorizou, em sua correspondência profissional, o governo sabia não só que o perfil social do grupo era urbano, mas também que as tentativas precedentes de colonização agrícola judaica tinham malogrado. Sabia também que as organizações judaicas estavam realmente tentando salvar os judeus europeus a qualquer preço e que esse salvamento, pela imigração, acabava contando mais do que o sucesso dos empreendimentos agrícolas, ainda que estes existissem de fato. Mas, principalmente, o governo Vargas queria preservar sua prerrogativa sobre as fronteiras nacionais, dando a última palavra em cada um dos pedidos de visto, individuais e coletivos, a fim de evitar que o Brasil aparecesse internacionalmente como um país onde os judeus estavam conseguindo entrar livremente, apesar da política migratória restritiva.

Assim, para além dos candidatos judeus à imigração, o governo brasileiro recusou, aqui, a ação institucional e organizada da ICA. Pois esta poderia, em caso de sucesso, propor novas listas, novos colonos, e mesmo novas colônias, explorando uma brecha aberta para o refúgio dos judeus alemães. E a "insistência", vivida pelos responsáveis brasileiros como uma forma de pressão indesejada, não veio somente da organização judaica. Na carta escrita pelo ministro das Relações Exteriores ao governador do estado do Rio de Janeiro, em 28 de setembro de 1938, justificando a negação dos vistos, esse menciona que o

> assumpto já era do conhecimento desde Ministerio, cuja attenção para elle tem sido solicitada, com excepcional insistencia, pela Embaixada britannica, apezar de se tratar de individuos que, nem sequer por effeito de dupla nacionalidade, são subditos inglezes.[95]

Recusando-se a atender as demandas internacionais reunidas em torno desse caso, e evitando assim a abertura de qualquer precedente aos refugiados judeus, o governo brasileiro reservou-se o direito de decidir. Além disso, reafirmando o tom geral da política desenvolvida em relação aos judeus, reservou-se o direito de examinar isoladamente cada caso, sem seguir uma lógica única, sem dar satisfações claras, explícitas e definitivas sobre suas decisões a quem quer que fosse.

MECANISMO

Este exemplo da ICA, que ocupou os dirigentes da organização e diversos responsáveis brasileiros pela política migratória por cerca de um ano, nos leva a uma reflexão mais ampla sobre duas questões fundamentais, que serão discutidas a seguir. Em primeiro lugar, trata-se dos princípios e do funcionamento da política migratória em relação aos judeus na segunda metade dos anos 1930, quando os vistos eram recusados e as circulares secretas vigoravam. Em segundo lugar, o caso da ICA, dentre tantos outros, nos permite entrever a situação crescentemente dramática dos judeus alemães.

Sobre o primeiro ponto, uma questão central deve ser respondida. Apesar das fortes restrições estabelecidas pelas circulares secretas e do antissemitismo manifestado por certos responsáveis pela elaboração, pelo controle e pelo funcionamento da política migratória, esta foi bastante desrespeitada, inclusive por estes últimos. Apesar das fortes restrições impostas, um número não desprezível de judeus conseguiu entrar legalmente no Brasil na época: 23.445, entre 1933 e 1942.[96]

Como explicar tal fato? A política migratória foi restritiva para todos durante a Era Vargas. Ela o foi também em relação aos judeus, e de modo específico. O que não explica seu funcionamento, aparentemente falho e incoerente. Jeffrey Lesser se interroga sobre a questão em diversos momentos do livro que dedicou à "questão judaica no Brasil".[97] Para o autor, os responsáveis pelas decisões tomadas, tanto quanto aqueles que estavam diretamente encarregados de cumpri-las, oscilavam entre visões positivas e negativas sobre os judeus, indesejáveis, mas úteis à economia nacional, empregando alternadamente imagens antissemitas e filo-semitas. Lesser tenta seguir a flutuação do número de entradas explicando-a segundo essa lógica. Mesmo assim, nenhuma coerência parece existir na evolução dos números, além da constatação genérica de que as restrições barraram a entrada de um número desconhecido, mas certamente grande, de candidatos, apesar de não terem sido totais, deixando vazar o dispositivo.

Bernardo Sorj tem razão quando escreve que as explicações normativas dadas por Lesser levam-no a "distorcer a interpretação dos achados de sua própria pesquisa".⁹⁸ Esta, de fato, indica claramente os constantes desrespeitos às regras estabelecidas, sem, contudo, ver neste fato um elemento constitutivo da gestão do problema. Não se trata de oscilar entre antissemitismo e filo-semitismo. As brechas abertas não se devem à introdução, por momentos, de uma pretensa racionalidade que vence, ainda que provisoriamente, a judeofobia (os capitais e conhecimentos técnicos dos judeus podendo contribuir para o progresso do país).

As restrições específicas aos judeus foram criadas e administradas graças a uma vontade clara de limitar essas entradas. Isso é coerente com os princípios gerais da nova política, que não era mais imigrantista. Mas inseriu aí aspectos específicos. O antissemitismo em voga na Europa seduziu, realmente, setores das elites políticas da época, e o nacionalismo reforçado do período realçou ainda mais os princípios de soberania. Nesse contexto, a não aceitação, no território nacional, de imigrantes que os demais países, não somente europeus, mas inclusive americanos, também não desejavam tornou-se ponto sensível. O Brasil não quis fazer mais que os demais.

Mas isso não explica tudo. Pois pesaram nesta balança certos componentes da cultura política brasileira, marcada por "atitudes pragmáticas", pelo "compromisso" e pelo "tratamento de cada caso como único", em vez de "atitudes burocráticas universalistas", cuja ausência intriga Lesser.⁹⁹

O clientelismo foi amplamente usado dentro das brechas abertas pela política de circulares secretas. Além disso, os responsáveis pela política migratória em relação aos judeus, e os representantes diplomáticos que as cumpriram cotidianamente, inscreviam-se numa cultura que, tradicionalmente, valoriza o outro e não teme o futuro, já que o Brasil é "o país do futuro", o lugar do futuro "é aqui". Tanto o outro quanto o futuro são portadores da novidade, conotada positivamente, em contraposição ao passado, do qual se quer separar. Ou, de modo mais abrangente, "[n]a cultura brasileira o outro é necessário para constituir-se a si mesmo. No lugar da degeneração, o estranho traz o progresso".¹⁰⁰

As numerosas exceções criadas, seja pela circular secreta nº 1.249, seja pelo exame detido de cada caso, não se explicam, no fundo, nem por uma sensibilidade humanitária particular nem por um suposto filo-semitismo, nem pelo desejo de convencer as autoridades americanas acerca da posição internacional do Brasil, que se mantinha ambígua e flutuante, mas pelo conjunto dos elementos mencionados anteriormente, que impediam cada um dos responsáveis políticos de aderirem formal e integralmente às normas estabelecidas, ainda que estas tenham sido por eles mesmos criadas, e que eles estivessem sempre prontos a defendê-las. A carta citada antes, de Oswaldo Aranha a seu primo Cyro de Freitas Valle, traz elementos explícitos desses valores culturalmente compartilhados.[101] Não foi à toa, como observa Lesser em nota de rodapé,[102] que alguns de seus entrevistados afirmaram ter conseguido vistos de entrada para o Brasil graças ao próprio Freitas Valle. Eu mesma ouvi histórias semelhantes, compostas inclusive de conselhos estratégicos da parte deste.

Contudo, isso ainda não explica tudo. Pois se é verdade, como constata Lesser, que entraram no Brasil mais judeus entre 1933 e 1942 do que na década anterior, e que o número de entradas aumentou em 1939, em vez de diminuir,[103] isso se deu não somente pelo modo de funcionamento próprio à política migratória criada, mas também, e principalmente, pelo aumento dramático do número de candidatos à imigração. Em todo deslocamento internacional de populações, contextos diversos e às vezes mesmo conflitantes entram em jogo. No caso dos judeus refugiados da Alemanha e da Áustria, o aumento da pressão foi um elemento determinante para o aumento das entradas, mesmo se levarmos em conta o caráter propositalmente vazado da política brasileira neste domínio. Assim, se desviarmos o ponto de vista, afastando os olhos daqueles que entraram no Brasil para focalizarmo-nos no número bem maior daqueles que ficaram de fora, sem nunca ter chegado a porto nenhum, como se soube depois, a situação pede mais reflexão.

O acentuado autoritarismo e a centralização das decisões característicos do período impediram que a política migratória se tornasse visível e objeto de debates públicos, dando livre curso à ação dos dirigentes e responsáveis pelos organismos criados por Vargas. Esses fatores associaram-se, do ponto de vista político, aos esforços em afirmar a soberania brasileira no plano internacional. Ao mesmo tempo, o Brasil manteve suas operações comerciais com a Alemanha, que duraram até 1939, fez frente às pressões americanas em relação à entrada de judeus no país e, mais tarde, negociou vantagens econômicas em troca do alinhamento junto aos Aliados.

Dizer que o Brasil era pró-germânico nos anos que precederam a guerra me parece exagerado. As preocupações com a soberania nacional tomavam a dianteira. Vale lembrar que o embaixador alemão, Karl Ritter, que tentou criar um Partido Nazista no país e intervir junto às populações de origem alemã vivendo, sobretudo, no Sul do país, foi considerado *persona non grata* pelo governo e deixou o país em setembro de 1938. O embaixador brasileiro foi, então, chamado de volta. Os novos embaixadores só foram nomeados, por ambas as partes, em junho de 1939. Isso não alterou absolutamente a política migratória em relação aos judeus. O assunto estava mais ligado à desconfiança do governo em relação aos imigrantes alemães que já viviam em solo brasileiro, vigiados e reprimidos durante o Estado Novo.

Quanto aos judeus, aos aspectos mencionados, devemos acrescentar um último elemento, também ligado ao contexto internacional, que influenciou sem dúvida a construção da política migratória especificamente dirigida ao grupo. A "explosão do antissemitismo internacional"[104] foi acompanhada por uma profunda indiferença em relação ao destino e à perseguição sofrida pelos judeus europeus[105] que, aliás, não foi apanágio brasileiro. Nesse sentido, a ICA tinha razão em insistir nos vistos para os potenciais colonos de Resende, que nunca foram recebidos. Sendo internacional, a organização tinha um olhar amplo, e sabia o que estava acontecendo na Alemanha, na Inglaterra, no Brasil e no resto do mundo.

Esse aspecto incidiu mais nas restrições migratórias impostas do que o antissemitismo manifesto de parcelas das elites dirigentes nacionais, já que, ao contrário de alemães e japoneses, os judeus que viviam no Brasil na época não foram absolutamente reprimidos ou perseguidos pelo governo Vargas; suas instituições funcionaram normalmente durante todo o Estado Novo, atingindo mesmo, como afirmou Roney Cytrynowicz, uma "efervescência institucional"[106] em todas as suas vertentes e tendências.

VARREDURA

Resta tratar a segunda questão levantada, da situação cada vez mais difícil em que viviam os judeus alemães.

Em 1937-1938, surgiram novas leis repressivas. A partir de janeiro de 1937, os judeus foram banidos de várias profissões. Com a economia do país em melhor estado e o desemprego em massa controlado, o regime decidiu atacar os bens dos judeus, procedendo, em 1938, à "arianização" da economia. Em abril, logo após a anexação da Áustria, os judeus foram obrigados a declarar seus bens e, em junho, seus negócios e empresas. Em julho, foram proibidos de comercializar em vários setores e, em setembro, de praticar a medicina. Em dezembro, a espoliação estabeleceu, enfim, a venda compulsória dos negócios e empresas judaicas por preços fixados pelos nazistas, bem abaixo do mercado, quando não irrisórios. Os compradores interessados não faltaram, tornando viável o processo, que se concretizou em pouco tempo.

Essas medidas concernem às iniciativas vindas "do alto", promulgadas e administradas pelo Estado e pelo Partido. Entretanto, a espoliação dos judeus avançava já antes, por iniciativas vindas "de baixo", num contexto em que reinava a ilegalidade: o Estado de direito estava suspenso e os judeus não tinham acesso real a qualquer garantia ou instância jurídica.

O conjunto de leis mencionado foi acompanhado de outras tantas formas de exclusão e de humilhação. Além de carteiras de identidade específicas, os judeus passaram a receber, a partir de outubro de 1938, passaportes emitidos com um "J" vermelho na capa. Pouco depois, foram obrigados a acrescentar os nomes "Sara" e "Israel" entre seus nomes e sobrenomes. Estas medidas não facilitaram o processo de emigração, tendo em vista as restrições visando os judeus em diversos países de imigração. A identificação pelo nome e pelo sinal impresso no passaporte tornou-se, nesse contexto, obstáculo muitas vezes incontornável ao esforço para escapar. Mesmo assim, do lado alemão, a política ainda era de promover a emigração. O objetivo de livrar-se dos judeus ainda não passava, nessa época, pelo genocídio.

Em Hamburgo, Aracy estava num período particularmente rico de sua vida, com a chegada de João Guimarães Rosa, mas também com a oficialização de seu contrato, e o consequente aumento substancial de salário. No mesmo ano, tomou posse do consulado o novo cônsul-geral, substituindo aquele com quem suas relações eram ruins. Paralelamente, ela não podia deixar de assistir à deterioração cotidiana da vida dos judeus em Hamburgo. Testemunha direta, ela certamente observou a intensificação da perseguição e da violência antissemita no espaço público da cidade, conhecendo, de perto, o problema da emigração judaica. Isso não somente por seu contato cotidiano com a questão, num momento em que os pedidos de vistos aumentavam, mas de modo mais amplo, já que o assunto estava no ar, tocando a outras representações diplomáticas em Hamburgo. Ela também recebia notícias da situação em outras cidades do país, graças, ao menos, à correspondência diplomática.

Para além da situação geral dos judeus alemães, a vida dos judeus em Hamburgo tinha suas particularidades, que vale a pena examinar de perto.

FOCO

Algumas testemunhas de época concordam em dizer que a vida em Hamburgo era melhor para os judeus do que em outras cidades alemãs. Beate Meyer questiona o que lhe aparece como um mito, a partir das declarações feitas, neste sentido, por três homens que estiveram pessoalmente ligados à implantação das leis antissemitas e à violência contra os judeus na cidade, devido às suas posições respectivas.[107] O primeiro deles era o prefeito de Hamburgo na época, Carl V. Krogmann (removido do posto em maio de 1945). O segundo, um "*Mischlinge* de primeiro grau", foi o primeiro prefeito da cidade após a guerra, Rudolf Petersen. O terceiro, enfim, Max Plaut, dirigiu a comunidade judaica da cidade de 1938 a 1943.

Krogmann declarou, três anos após a guerra, que em "Hamburgo, a classe média sempre exercera uma influência moderadora e refreadora.

Tudo era mais razoável do que em outros lugares". Petersen também fez observações positivas quanto à liderança nazista e à população da cidade, dizendo que

> em Hamburgo, a situação era mais favorável do que em outras partes da Alemanha. Nesse sentido, os regulamentos legais contra os judeus e os *Mischlinge* em Hamburgo foram, quase sem exceção, implantados com atraso, e não com o grau de brutalidade familiar ao resto do país.

Plaut, por sua vez, concordando com essas declarações, referiu-se à situação em Hamburgo como "menos dura e mais justa" que nas demais regiões da Alemanha.

Que Krogmann, um conhecido antissemita, cujos discursos proferidos e iniciativas tomadas durante os anos em que esteve no poder não deixam qualquer dúvida quanto a isso, tenha tentado abrandar *a posteriori* a situação enfrentada pelos judeus hamburgueses é facilmente compreensível. Que Petersen tenha confirmado tais afirmações, apesar das dificuldades que certamente enfrentou e testemunhou na época, como *Mischlinge*, podemos nos esforçar em entender. Ele assumiu o poder na cidade no imediato pós-guerra, confrontando-se com as consequências dos anos precedentes, inclusive os bombardeamentos aliados da "operação Gomorra", que atingiram Hamburgo de modo agudo. Uma posição conciliadora poderia ser um meio de facilitar o processo de reconstrução, em todos os níveis. Entretanto, a posição de Plaut, concordando com tal mito, exige mais explicações. Tendo aceitado a direção da comunidade judaica local naqueles anos, esteve em contato direto com a Gestapo, para quem preparou as listas da deportação, a partir de outubro de 1941. Foi também com a Gestapo que negociou, durante os anos precedentes, pequenas vantagens, pequenas exceções, pequenos abrandamentos nas regras a serem aplicadas, negociações que não impediram, de modo algum, a evolução do processo de aniquilamento dos judeus. Foi também graças à posição que ocupou que conseguiu emigrar com a família, em 1943, salvando-se. A verdade é que, se não concordasse com as afirmações feitas pelos dois conterrâneos citados antes, colocaria em causa o sentido que dera à sua ação como responsável comunitário diante dos nazistas.

O mito de que fala Beate Meyer ultrapassa as três vozes mencionadas aqui. Três de meus entrevistados, judeus, também corroboraram essa visão. Um deles, vindo de outra região alemã, afirmou, durante uma conversa informal, que "Hamburgo era diferente" do resto do país, num sentido positivo.[108] A segunda, uma hamburguesa, preferiu a imagem de cidade "cosmopolita", que lhe daria um perfil mais aberto e, à sua população, um comportamento mais "civilizado", menos permeável às ideias e à violência nazista.[109] A terceira confirmou a imagem precedente, sendo que as duas últimas estavam convencidas de que a cidade permaneceu social-democrata até mais tarde que o resto da Alemanha.[110] Os três incorporaram, em suas memórias, o mito que Meyer busca desconstruir.

A verdade é que as leis raciais foram implantadas em Hamburgo exatamente como no resto do país, tanto em termos do calendário quanto da intensidade da violência empregada para tanto. E, também como em outros lugares, foram suplementadas por iniciativas tomadas pelo poder municipal e pela população local. Assim, nos anos iniciais do regime, antes das Leis de Nuremberg, a violência antissemita urbana não esteve ausente de Hamburgo. Frank Bajohr dá exemplos do que aconteceu em Hamburgo nesse período, permitindo-nos vislumbrar o clima em que se vivia na cidade. Assim, durante uma parada com tochas, no dia 6 de fevereiro de 1933, as unidades SA desfilaram aos gritos de "Pereça Judas" e cantaram "Quando o sangue judeu escorrer na faca". No final de março de 1933, um grupo SA escolheu a área onde se localizavam os matadouros judaicos para agir, obstruindo a matança ritual de animais. Em maio, um contingente da SA prendeu Max Plaut, ao qual me referi anteriormente, exigindo que abrisse o cofre da comunidade judaica, entregando-lhes o dinheiro ali guardado. Diante de sua recusa, levaram-no à sede mais próxima da SA, onde foi vítima de maus-tratos. Nesse mesmo mês, vitrines de lojas de comerciantes judeus foram quebradas. Por duas vezes, em 1933 e 1934, no bairro de maior concentração judaica da cidade, Grindel, membros da SA realizaram "caças ao judeu", exercendo sobre suas presas assédio moral e violência física.[111]

É impossível determinar o alcance dos ataques antissemitas perpetrados na época, realizados sob completa impunidade, sem deixar registros. Porém, houve numerosas queixas vindas de autoridades consulares, especialmente de países da Europa meridional, sobre abusos sofridos por funcionários que a SA tomava por judeus. Um incidente deste tipo ocorreu em Hamburgo: membros da SA maltrataram um homem idoso, em seu carro, por acharem que parecia judeu. Tratava-se, na verdade, do cônsul-geral português. Ou seja, não somente os cidadãos judeus podiam, na época, ser vítimas desse tipo de violência, nas ruas da cidade, como outros também. Apesar da impunidade reinante, quando as vítimas eram membros da diplomacia internacional, tornava-se impossível deixar prevalecer a indiferença dos poderes públicos. Sobretudo num período em que o regime estava se firmando e procurava construir uma imagem internacional favorável. O incidente com o cônsul português mereceu desculpas oficiais do ministro das Relações Exteriores. Para os judeus da cidade, de todo modo, essa violência antissemita irreprimida demonstrou a capacidade dos nazistas de privá-los de qualquer tipo de proteção legal, tendo em vista o silêncio com o qual as autoridades judiciárias e policiais reagiam à situação.[112]

Além destas manifestações de assédio e violência física, que deixavam sem dúvida suas marcas no ambiente geral da vida urbana, outras iniciativas contra os judeus ocorreram em Hamburgo. Assim, com a expulsão dos funcionários públicos judeus, decretada em 1933, e as drásticas restrições impostas ao exercício profissional de advogados, juízes, médicos e professores judeus, centenas deles perderam seus empregos na cidade. Dentre eles figuravam sessenta professores da universidade.

A lei previa várias categorias de funcionários, justificando, cada uma por razões próprias, as demissões perpetradas. As autoridades de Hamburgo classificaram somente um pequeno contingente dos judeus na categoria que lhes fora dedicada (parágrafo 3, para funcionários públicos de "extração não ariana"). Como a obtenção de certificados de "arianidade" complicaria e retardaria as decisões, grande parte dos judeus foi enquadrada em outros dois parágrafos, os de número 4 — referente às simpatias políticas — e 6 — que permitia as demissões sob pretexto de simplificar a máquina administrativa. Este último foi efetivamente o mais usado, facilitando a tarefa do Senado de Hamburgo, que realizou os expurgos.

Resta a questão da definição da "judaicidade" dos funcionários em questão, pois, como vimos, tais expurgos foram ordenados mais de dois anos antes das Leis de Nuremberg. O regime decidira que um avô judeu ou uma avó judia bastavam para enquadrar um servidor público no parágrafo 3. Em vez disso, e além de ter evitado classificar os judeus no parágrafo previsto para tal, o Senado de Hamburgo decidiu não seguir os critérios ditados pela lei, escolhendo um procedimento mais simples: um "ariano" deveria ter os quatro avós batizados ainda crianças. Assim, não só simplificaram seu trabalho, mas decidiram sozinhos sobre a definição "racial" dos judeus. Muito poucos judeus sobreviveram a esse expurgo, permanecendo em seus cargos até o final de 1935, quando os últimos foram demitidos.

A Lei do Funcionalismo atingiu também outras esferas profissionais, fora do serviço público, como companhias privadas dependendo de encomendas e interesses do setor público, ou aquelas precisando de licenças públicas para funcionar, como farmácias ou casas lotéricas.

A Câmara dos Médicos de Hamburgo lutou com firmeza contra o exercício da profissão por judeus. O organismo era dirigido pelo mesmo médico responsável pelo Escritório do Partido Nacional-Socialista de Hamburgo para a Política Racial, Willy Holzmann. Ainda que não seja possível conhecer o número exato de médicos judeus trabalhando em Hamburgo na época, devido à discrepância entre as fontes disponíveis, Holzmann calculou que este total, em 1934, era de 340. Os expurgos continuaram e, em setembro de 1938, os que ainda estavam exercendo a profissão perderam suas licenças. No caso dos advogados judeus, cuja presença no seio da profissão era, em Hamburgo, duas vezes maior do que no país como um todo, o expurgo foi muito mais rápido, seguindo o ritmo geral.

Uma das consequências mais visíveis desse conjunto de iniciativas discriminatórias, levando à exclusão de um número de judeus impossível de determinar, foi a emigração judaica. A esta solução aderiram, já no primeiro semestre de 1933, cerca de 3 mil judeus hamburgueses, correspondendo a quase 15% dos quase 20 mil "judeus por religião" vivendo na cidade quando os nazistas chegaram ao poder.*

Tudo isso dito, é verdade que, nas esferas que poderiam prejudicar a situação econômica local, as iniciativas antissemitas foram aplicadas de forma mais lenta em Hamburgo durante os primeiros anos do nazismo.[113] Isto porque a recuperação econômica da crise de 1929 foi, ali, particularmente tardia em relação ao resto do país: em 1934, era a cidade de mais de 200 mil habitantes que detinha os piores resultados no combate ao desemprego. Em dois anos (1933 e 1934), a taxa de desemprego caiu em 33%, enquanto a média nacional foi de 57%. No final de 1934, a cidade ainda contava com 111.872 desempregados. E a morosidade econômica continuou: até 1938, a região de Hamburgo era considerada oficialmente pelo regime como economicamente sinistrada. Tal conjuntura gerou níveis também elevados de descontentamento da população. No referendum de 19 de agosto de 1934, que confirmou o desejo de Hitler de reunir as funções de presidente e de chanceler, passando a utilizar a denominação de Führer, mais de 20% dos hamburgueses votaram contra, enquanto somente 10%, no resto do país, tiveram a mesma atitude.

Esse atraso na recuperação da economia se deve a uma série de características socioeconômicas específicas. Hamburgo destacava-se, ao mesmo tempo — e de modo único —, por seus índices particularmente altos quanto à população ativa empregada nos setores do comércio e dos transportes (42,5%, contra 16,9% a nível nacional), e pela baixa porcentagem de trabalhadores da indústria e do artesanato (32,1%, contra 41,3% a nível nacional). Assim, com as atividades comerciais e portuárias dominando amplamente a economia local, as iniciativas tomadas a nível nacional para combater o desemprego, grandes obras públicas e incentivos industriais, foram pouco úteis no caso de Hamburgo. Aliás, a política de incentivos industriais podia mesmo contrariar as prioridades

---

*Os números mudaram quando os nazistas aplicaram o critério "racial", que incluiu judeus que não se viam assim.

da economia hamburguesa, onde o comércio de importação e exportação ocupava lugar de destaque. Isso num contexto em que Hitler pregava justamente a autossuficiência econômica, contra as importações.

A importância do porto na economia local trouxe outras consequências também específicas à situação da cidade. As atividades portuárias faziam com que a cidade estivesse muito aberta ao exterior; dali a informação partia com maior rapidez. Assim, a adoção de medidas antissemitas acabava sendo mais facilmente conhecida nos outros países, gerando reações negativas que prejudicavam seu comércio exterior, como os boicotes aos produtos alemães, decretados, sobretudo, nos Estados Unidos e na Inglaterra. Ao menos no início, isso pode ter sido um estímulo à moderação, notadamente dentre os interessados no setor.

Neste contexto, medidas contra a economia judaica foram estrategicamente evitadas até 1938, quando o ritmo se acelerou. Os nazistas estimaram que, em 1938, ainda existiam 1.201 firmas judaicas operando em Hamburgo, para um total original de 1.500. Ou seja, 20% delas teriam sido liquidadas ou "arianizadas" até aquele momento. Tanto esses números quanto a maior lentidão do processo de eliminação da economia judaica hamburguesa, em relação ao resto do país, são aceitos pelos especialistas e pelas testemunhas da época. O que explica, então, o atraso da emigração judaica, que também começou mais tarde.

O estabelecimento de um registro dos comércios judaicos, que os nazistas locais reclamavam desde pelo menos 1935, só se concretizou em julho de 1938, depois que uma circular do Ministério do Interior ordenou tal procedimento. Alguns serviços, porém, na complexa administração nazista, que cruzava organismos estatais e nacional-socialistas, tomaram medidas precoces quanto a isso. Em abril de 1938, o conselheiro econômico regional do Partido Nacional-Socialista em Hamburgo já dispunha, por exemplo, de uma lista das empresas judaicas de exportação, que mereceram medidas específicas, ligadas à desconfiança nazista quanto à evasão de capitais. Como o processo de "arianização" das empresas judaicas, ainda que mais lento em Hamburgo, não esperou a publicação de listas oficiais para começar, os critérios utilizados para decidir sobre a "judaicidade" de uma firma foram estabelecidos sem qualquer base legal. O controle sistemático das empresas judaicas ainda existentes na cidade não começou antes de agosto de 1938.[114]

A partir de 1938, a situação piorou, e num ritmo acelerado. Esse foi, de fato, um ano muito ruim para os judeus de Hamburgo, que sofreram uma pauperização forte, acompanhada de um aumento da emigração, inclusive de pessoas cuja situação econômica privilegiada não tinha sido ameaçada até então. A comunidade tornou-se cada vez mais dependente da ajuda social judaica, que superou, neste ano, as médias nacionais quanto ao número de necessitados. Nesse sentido, a emigração de famílias da elite judaica tornou o quadro ainda mais negro, pois as fontes financeiras da comunidade também se esgotaram.

Segundo dados da própria comunidade, no final de 1937, 5 mil judeus hamburgueses já haviam emigrado. O que não significou uma diminuição da população judaica local, já que os judeus alemães estavam migrando dentro do país, e, sobretudo, em direção às grandes cidades.

Além disso, é preciso lembrar que emigrar custava cada vez mais caro para os judeus, que partiam deixando uma parte cada vez maior de seus bens e propriedades para o Reich.[115] A possibilidade de transferir grandes somas de dinheiro para o exterior terminara em 1934, quando os nazistas tomaram medidas fiscais repressivas em relação a isto. Naquele ano, foram criados instrumentos para impedir que os judeus emigrantes salvassem seu patrimônio mandando-o para o exterior. O primeiro desses instrumentos, o Imposto sobre as Evasões Fiscais do Reich (*Reichsfluchtsteuer*), já existia antes da tomada do poder por Hitler. Fora criado em 1931, como parte das medidas ligadas ao pagamento das reparações de guerra devidas pela Alemanha desde o final da Primeira Guerra, segundo as exigências do Tratado de Versalhes. Sob poder nazista, passou a funcionar como um imposto compulsório aplicado contra os judeus. Inicialmente, limitava-se às somas superiores a 200 mil marcos, mas seus objetivos foram ampliados, desde maio de 1934, passando a abarcar capitais a partir de 50 mil marcos. No último ano fiscal da República de Weimar (1932-1933), esse imposto possibilitou a acumulação de 900 mil marcos, contra os 342 milhões recolhidos pelos nazistas somente durante o ano fiscal de 1938-1939.

Em fevereiro de 1938, 877 "não arianos" tinham sido submetidos a este imposto em Hamburgo.

O segundo instrumento utilizado para impedir que os judeus protegessem seu patrimônio das expropriações, transferindo-o para o exterior, foram as taxas retiradas diretamente das contas bancárias dos interessados, sendo que estas eram bloqueadas e removidas para o Deutsche Golddiskontbank (Banco Alemão de Descontos em Ouro). Em janeiro de 1934, essas taxas retidas totalizavam cerca de 20% das somas transferidas para o exterior pelos emigrantes. Em agosto de 1934, essa porcentagem já subira para 65%, atingindo 68% em junho de 1935, 81% em outubro de 1936, e 90% em junho de 1938 — antes de representar 96% do total das somas transferidas, em setembro de 1939.

Esta política fiscal visando especificamente os judeus que partiam existia desde 1933, em contradição com o objetivo dos nazistas de promover a emigração dos judeus. Tal contradição só foi resolvida em 1938-1939, com a implantação de uma dupla política que, intensificando as perseguições, forçava os judeus a partir, pelo terror, e os expropriava, assim, de seus bens.

De modo geral, as perseguições especificamente voltadas à vida econômica dos judeus, que visavam a retirar-lhes os meios de subsistência, radicalizaram-se no país a partir de 1937, quando Hermann Göring assumiu o Ministério da Economia, e, sobretudo, em 1938. Desde o começo do ano, o assédio e as iniciativas antissemitas se multiplicaram em Hamburgo, deixando cada vez mais claro para os judeus que a emigração era a única alternativa, não havendo mais possibilidade de vida judaica ali. Entre o final de 1938 e o início do ano seguinte, todos os comércios varejistas judaicos da cidade foram fechados, e todas as firmas que ainda estavam funcionando foram "arianizadas" ou simplesmente liquidadas.[116]

Os processos de "arianização" eram administrados por dirigentes do Partido Nacional-Socialista, que tinham como objetivo central, em cada caso, baixar o mais possível o preço da venda, sendo este decidido, em geral, de modo expeditivo. A avaliação feita levava em conta unicamente o local, os equipamentos e o estoque, mas o preço de venda era sempre inferior a isso e os proprietários judeus não tinham qualquer margem de manobra quanto à escolha do comprador, ou ao preço oferecido. Além disso, em muitos casos, eles nem chegavam a receber o preço estipulado. Enfim, na maior parte das vezes, os empregados judeus eram demitidos. Ainda que o novo patrão quisesse conservá-los, no interesse dos bons resultados dos negócios — o que aconteceu em alguns casos —, pressões eram feitas no sentido de demiti-los, afastando totalmente os judeus da economia e substituindo-os por "arianos".

Nos últimos meses de 1938, a radicalização das perseguições aliou-se à intensificação da violência antissemita.

KRISTALLNACHT

No final de outubro de 1938, os nazistas prenderam mais de 17 mil judeus poloneses que viviam na Alemanha e levaram-nos de trem até a fronteira com a Polônia. A maioria não teve tempo de reunir objetos de primeira necessidade, muito menos agasalhos e casacos, dada a pressa e a violência das buscas e das prisões. Os que estavam trabalhando em seus próprios negócios tiveram que abandonar tudo às pressas. Foram deixados em vilarejos poloneses fronteiriços, esperando a decisão do governo polonês, que também não queria deixá-los entrar. Cerca de mil dentre eles foram expulsos de Hamburgo. Alguns, defendidos por advogados e representantes legais, conseguiram voltar, no início de 1939, tendo em seguida um prazo extremamente curto para emigrar. Mas cerca de um terço não voltou, tendo perecido mais tarde.

No início de novembro, o jovem Herschel Grynszpan, de 17 anos, que morava com os tios em Paris, recebeu um cartão de sua irmã Bertha, escrito de Zbaszyn, na fronteira germano-polonesa onde esta se encontrava com os pais. A família estava entre os expulsos de Hannover, onde vivera desde 1911. Poucos dias depois, o rapaz entrou armado na embaixada alemã da capital francesa e atirou no secretário Ernst vom Rath, que morreu pouco depois, vítima dos ferimentos.

O acontecimento foi utilizado como pretexto pelos nazistas para a promoção do grande pogrom que assolou a Alemanha na noite de 9 de novembro.[117] Para o regime, o pretexto era ideal no sentido de precipitar, pela radicalização do terror, a emigração dos judeus. De fato, até então, três quartos dos judeus alemães ainda viviam no país, apesar das violências físicas e morais e das medidas de exclusão social e econômica.

Em 1933, com a chegada dos nazistas ao poder, 37 mil judeus emigraram. Mas o ritmo estabilizou-se nos anos seguintes e, de 1934 a 1937, cerca de 20 mil judeus deixaram o país a cada ano, inclusive porque, como vimos, não só as taxas impostas àqueles que se desfaziam de seus bens para partir eram dissuasivas como, principalmente, os vistos tinham se tornado preciosidades raras. Isso sem contar que, em março de 1938, após o Anschluss, o Reich passou a contar com mais 200 mil judeus austríacos. Neste ano, ainda que a emigração tivesse aumentado, as saídas somaram somente 40 mil; muitos ainda não estavam convencidos da necessidade de partir ou, sobretudo, não tinham para onde ir.[118] De fato, a conferência de Evian, organizada por iniciativa de Roosevelt em julho de 1938 para discutir o problema dos judeus alemães e austríacos, serviu para confirmar a situação, já que nenhum dos 32 países presentes modificou sua legislação restritiva ou aceitou aumentar as cotas destinadas aos refugiados judeus.[119] Entre as novas proporções da violência antissemita e as portas fechadas dos diversos países de imigração, os judeus alemães estavam vendo o cerco fechar-se sobre seu mundo.

O assassinato de Wilhelm Gustloff, chefe de uma antena do Partido Nazista na Suíça, no início de 1936, pelo estudante judeu David Frankfurter, passara despercebido, pela proximidade dos Jogos Olímpicos de Berlim. Na época, o regime desejava fixar uma boa imagem internacional do país. Ao contrário, no caso do funcionário parisiense, a propaganda nazista foi usada exaustivamente para dar a impressão de que o pogrom, cuidadosamente organizado e orquestrado, fora fruto da revolta espontânea da população contra o complô judaico internacional. O contexto era outro, o desemprego não estava mais na ordem do dia e a economia do país já estava voltada para a guerra: restava livrar-se definitivamente dos judeus.

As descrições dos acontecimentos daquela noite mencionam homens uniformizados e caminhões trazendo grupos armados aos locais onde ocorreram saques, incêndios e vandalismos. Estes sabiam exatamente aonde ir, o que destruir e como, ainda que nenhum limite à violência usada fosse estabelecido. A população foi, na verdade, espectadora passiva da destruição, em nada espontânea.

Começando em Berlim, as violências espalharam-se rapidamente pelo país, a polícia tendo sido prevenida para não intervir. Cerca de 7.500 lojas pertencentes a judeus foram saqueadas, as vitrines quebradas, as mercadorias e equipamentos destruídos e jogados nas calçadas. Casas também foram invadidas, depredadas. Judeus foram espancados e humilhados, uma centena deles morreu. Sem contar os suicídios, extremamente numerosos, e as mortes ocorridas depois, em consequência das violências sofridas. Duzentas e sessenta e sete sinagogas foram destruídas pelo fogo em todo o país, além de sedes de organizações comunitárias. Em Hamburgo, dez das 16 sinagogas foram destruídas, inclusive a de Altona, construída duzentos anos antes. Apesar das ordens do governo para que as violências cessassem no dia seguinte, estas continuaram em muitos lugares do país. Isso aconteceu em Harburg e em alguns bairros de Hamburgo.

O acontecido marcou uma clara radicalização na perseguição aos judeus, não no sentido da violência de rua, já existente e cada vez mais frequente, mas quanto à perseguição sistemática e burocratizada que se seguiu. A começar pelos reparos. Os judeus foram obrigados a limpar as calçadas, cheias de vidros quebrados de janelas e vitrines[120] e de objetos destroçados e atirados em frente às lojas e habitações atacadas. E a comunidade judaica foi obrigada a pagar pelos danos econômicos sofridos. Os nazistas exigiram aos judeus um milhão de marcos para compensar os estragos causados — estragos que tocavam exclusivamente casas, negócios, instituições e famílias judaicas. Para tal, os emigrantes também foram taxados, mais uma vez, devendo entregar o equivalente a 20% do Imposto sobre as Evasões Fiscais, já pago. A verdade é que os bens e capitais judaicos, que já vinham sendo bloqueados ou simplesmente roubados nos processos de "arianização" e de liquidação, e pelos diversos mecanismos usados para taxar a emigração, representavam uma soma muito superior ao bilhão exigido — e reunido. A ilegalidade e a corrupção reinavam absolutas, dando a marca registrada do regime, antes do genocídio.

Entre a noite do pogrom e os dias que a seguiram, cerca de 30 mil homens judeus foram presos no país inteiro e enviados a três campos de concentração: Dachau, Sachsenhausen e Buchenwald, na época já construídos. Eles podiam ser liberados caso os familiares apresentassem garantias de que emigrariam em seguida. Começou então a corrida desesperada por vistos, feita, sobretudo, por mulheres. Os homens, se não tinham sido presos, esconderam-se. As mulheres percorreram os consulados, passando pelas filas intermináveis e enfrentando as sucessivas recusas. Para aquelas favorecidas pela sorte, com a promessa de visto nas mãos, começava o périplo entre as diferentes repartições nazistas, antes da liberação dos homens presos da família.

De modo geral, as mulheres parecem ter pressentido o perigo antes dos homens, e mostraram-se mais cedo e em maior proporção prontas para emigrar.[121] Elas tinham menos a perder, pois a grande maioria não exercia atividade remunerada e não tinha uma carreira a prezar, a abandonar ou a recomeçar em outros países; menos escolarizadas do que os homens, tinham também menos expectativas e exigências profissionais. O fato de não trabalharem fora de casa implicava, ainda, rotinas totalmente diversas de pais, irmãos e maridos, uma economia do tempo e dos espaços muito diferente. Porém, as que exerciam atividades remuneradas tenderam a reagir como as demais, já que, de um modo ou de outro, a ordem do gênero as colocava mais perto do cotidiano familiar, da casa e dos filhos, acumulando as responsabilidades tradicionalmente femininas à vida profissional, que não as substituiu.

Assim, as mulheres circulavam mais na cidade, na vizinhança, faziam compras, frequentavam a escola dos filhos, resolviam questões burocráticas, encontrando com diversos representantes da administração nazista: professores e diretores de escolas (além de outras mães de alunos, eventualmente), carteiros e outros agentes dos correios. Entravam em contato também com locatários (quando possuíam imóveis alugados), proprietários (quando eram locatárias), zeladores, vizinhos, padeiros, açougueiros, quitandeiros, farmacêuticos, livreiros, jornaleiros, sem contar médicos, dentistas, encanadores, eletricistas, bancários e demais profissionais ligados aos serviços. Nesses contatos, elas sentiram antes e com mais intensidade o aumento da hostilidade.

Antes de serem oficialmente excluídas das escolas públicas, que detinham maior prestígio, as crianças judias já haviam começado a se concentrar nas escolas judaicas, onde a maioria se sentia mais protegida. Nesse processo, as mães tiveram maior contato com a degradação do cotidiano escolar dos filhos, menos presente na rotina dos pais. Alunos jovens, da escola primária, tinham que se sentar em bancos separados, ouvir canções nazistas, fazer redações laudatórias à "raça" — ou, quando mais velhos, assistir a aulas de biologia tratando da "ciência da raça" —, ouvir ironias da parte não só dos camaradas, mas também dos mestres, enfrentar o afastamento dos amigos de antes, receber avaliações injustas, sendo privados de viagens escolares em hotéis e albergues inacessíveis aos judeus. Isso sem contar as situações de violência verbal ou física, vividas dentro das escolas ou nos trajetos de ida e volta.

Muitas mulheres, em testemunhos posteriores, mostraram que a decisão final da partida coube aos maridos, que não lhes deram credibilidade: viam-nas como seres particularmente sensíveis e frágeis, exageradas e, principalmente, pouco aptas a avaliar as questões políticas. Muitos estavam de fato convencidos de que um regime como aquele não poderia durar. A "Noite de Cristal" acabou convencendo os mais recalcitrantes.

Calcula-se que dos 30 mil homens levados para campos de concentração naquela noite e nos dias que a seguiram, cerca da metade não conseguiu escapar. Centenas deles sucumbiram aos maus-tratos e violências sofridas, tanto antes quanto durante o tempo em que permaneceram nos campos, ou foram assassinados. Nestes casos, os nazistas enviaram pelo correio, às famílias, urnas contendo as cinzas do desaparecido. E os parentes tiveram que arcar com a tarifa postal deste envio. Outros, porém, não puderam ser liberados por falta de vistos. Apesar do desejo dos nazistas em ver partir os judeus, as cotas de entrada nos países de imigração eram amplamente inferiores à demanda que, superando-as já antes, aumentou ainda mais, e bruscamente, depois da "Noite de Cristal".

EMIGRAÇÃO-IMIGRAÇÃO

Assim, de um lado, visando a aumentar o ritmo das partidas, os nazistas criaram o Escritório Central para a Emigração Judaica, em janeiro de 1939. E, no plano interior, intensificaram a política antissemita: a imprensa judaica foi proibida; as organizações judaicas fechadas, com exceção do organismo representativo dos Judeus da Alemanha — *Reichsvertretung* —, da organização cultural judaica — *Kulturbund* — e da organização sionista, responsável pela emigração para a Palestina. A presença dos judeus nos espaços públicos foi limitada; começou-se o processo de organização de guetos, obrigando os judeus a deixarem suas casas para instalarem-se nas "casas judaicas", alojamentos coletivos geograficamente isolados do resto da população. Tudo isso, fechando o cerco, incitou cada vez mais os judeus a partir.

Entretanto, nem todos encontravam países prontos a recebê-los: em 1939, 78 mil judeus deixaram a Alemanha, praticamente o dobro do ano anterior,[122] mas um número importante não conseguiu mais escapar. No final de junho de 1939, 309 mil judeus alemães, austríacos e tchecos (recentemente incorporados ao Reich) entraram com pedidos de vistos junto às autoridades americanas, concorrendo pelas 27 mil vagas da cota prevista.

Quando a guerra começou, em setembro de 1939, a emigração tornou-se ainda mais difícil. Até então, cerca de 282 mil judeus alemães e 117 mil austríacos haviam conseguido emigrar. Destes, 95 mil foram para os Estados Unidos, 60 mil para a Palestina (cujas entradas, sob controle britânico, eram regidas pelo Livro Branco), 40 mil para o Reino Unido (dos quais os 10 mil menores de 17 anos que compuseram os *Kindertransport*) e 30 mil para a França (tendo sido vítimas da ocupação alemã, a partir de maio de 1940). Outros 75 mil instalaram-se nas Américas Central e do Sul.[123] O Brasil recebeu 23.445 judeus entre 1933 e 1942, quando o país entrou na guerra. Destes, 40% (9.431) eram alemães, mas não necessariamente os únicos que saíram da Alemanha, onde russos e poloneses, por exemplo, também viviam.[124]

As cotas destinadas aos alemães foram divididas entre os quatro consulados brasileiros instalados no país, sobre a base da quantidade de vistos que cada um havia concedido antes da introdução destes limites migratórios. E o consulado de Hamburgo foi encarregado de fiscalizar o cumprimento desta medida, administrando o uso das cotas respectivas. Apesar de as cotas estabelecidas pela Constituição de 1934 terem sido publicadas junto com o decreto nº 3.010, em 1938, esse sistema já vinha sendo aplicado antes. Em fevereiro de 1937, o cônsul-geral de Hamburgo, Domingos de Oliveira Alves, prestou contas ao Ministério das Relações Exteriores sobre os vistos concedidos no segundo semestre do ano anterior. A cota para aqueles seis meses fora calculada em 774 vistos, dos quais 737 foram concedidos, e divididos da seguinte maneira: 209 em Berlim, 21 em Bremen, 57 em Colônia, e 450 em Hamburgo. Hamburgo contava, assim, com a maior parte, pois um fluxo migratório maior passava por ali já antes da entrada em vigor do sistema de cotas. O cônsul Alves, com quem Aracy mantinha relações inamistosas, como vimos, preferiu dar caráter secreto ("reservado") a este relatório que enviou ao ministro Mario de Pimentel Brandão, pois acrescentou, após a apresentação dos dados citados, sua visão pessoal sobre a questão:

> cabe-me ainda informar a Vossa Excellencia que o maior contingente dessa emigração, que calculo seja superior a oitenta por cento, é representado por israelitas, os quaes, premidos pela situação creada neste paiz para os individuos de sua raça, procuram por todos os meios radicar-se no Brasil. Trata-se de elementos pouco desejaveis, exercendo profissões outras que não a de agricultores, e para quem as nossas leis immigratorias, certamente demasiado liberaes, não fazem discriminação.
>
> Para esse facto, pois, me permitto, movido por um sentimento patriotico, solicitar respeitosamente a attenção de Vossa Excellencia, a fim de que possam ser tomadas as providencias que porventura sejam julgadas necessárias.[125]

Apesar de opiniões e cuidados desse tipo, as cotas sofreram um aumento excepcional após a "Noite de Cristal", seguindo o aumento da demanda. Assim, em fevereiro de 1939, o Ministério das Relações Exteriores interrogou o consulado de Hamburgo sobre a situação dos vistos. A resposta, assinada em 6 de fevereiro pelo novo cônsul, Souza Ribeiro, mostrava os vistos já concedidos em pouco mais de um mês: "Berlim, distribuídos 260 lugares, utilizados 260; Bremen, distribuídos 100, utilizados 13; Colônia, distribuídos 100, utilizados 85; Frankfurt (consulado mais recente), distribuídos 100, utilizados 37; Viena, distribuídos 150, utilizados 23; Hamburgo, distribuídos 244, utilizados 104".[126] O Ministério respondeu ao cônsul sugerindo-lhe que o restante da cota destinada aos alemães fosse redistribuído no sentido de reforçar os consulados que mais necessitassem, "determinando ainda que todos os consulados reservem da quota dos 20% uma parte razoavel destinada aos alemães de origem ariana e técnicos israelitas, sendo que para êstes ultimos instruções serão dadas oportunamente".[127]

A regra, ainda não detalhada, era que se aplicasse, quanto aos judeus, critérios seletivos, beneficiando os candidatos que possuíssem conhecimentos técnicos considerados úteis ao país. Tal política nunca foi oficialmente estabelecida, apesar de ter sido defendida por setores do governo. Os Estados Unidos praticaram abertamente uma política desse tipo, facilitando a entrada no país de universitários judeus que tinham perdido seus empregos na Alemanha, na Áustria e na Itália, mas também em outros países ocupados pelos nazistas.[128]

Em abril de 1939, ainda levando em conta que tocava ao cônsul de Hamburgo a gestão da cota alemã distribuída entre os consulados, o Ministério das Relações Exteriores informou o cônsul-geral que existia um saldo de 2.021 vistos da cota destinada aos alemães não usado no triênio anterior, e que este fora liberado pelo Conselho de Imigração e Colonização. Destes, o ministério autorizava o cônsul a dispor imediatamente de mil vistos, dos quais oitocentos destinavam-se aos "semitas" cujos pedidos fossem autorizados pelo Itamaraty, ou cuja autorização fosse dada diretamente ao consulado por telegrama.[129] Ou seja, o controle da concessão destes vistos ficava concentrado no ministério e não nos consulados. Apesar da insistência, nos textos publicados e divulgados pelo governo junto às autoridades diplomáticas, para que não negligenciassem o controle específico e atento quanto à concessão de vistos aos judeus, a situação alemã e a multiplicação dos candidatos judeus à emigração geraram o aumento da cota.

Deste modo, a cota de não agricultores prevista para 1939 era de 954 vistos, aos quais foram acrescentados os mil mencionados. Mas a demanda era ainda maior: em agosto, o cônsul-geral Souza Ribeiro escreveu ao Itamaraty informando que já haviam sido concedidos todos os 1.954 vistos.[130] No mesmo dia, o ministério autorizou o consulado a dispor de mais oitocentos vistos, a serem distribuídos entre "semitas" e "não semitas".[131]

Em Hamburgo, cerca de mil homens judeus foram detidos na semana seguinte à "Noite de Cristal" e enviados, em geral, ao campo de Sachsenhausen. Como no resto do país, a emigração deu um salto imediato. Se os índices tinham sido menores do que a média nacional até 1938, isto se inverteu em seguida. Estima-se que entre 10 mil e 12 mil judeus tenham emigrado entre 1933 e 1941. Destes, dois terços o fizeram após o pogrom de novembro de 1938. As cotas brasileiras, como vimos, acompanharam tal movimento.

Esse foi, então, um momento intenso dentro da imigração de judeus alemães para o Brasil. E o momento em que os protagonistas alemães desta história fizeram sua travessia, dando definitivamente as costas ao velho continente.

Notas

1. Entrevista telefônica, 16 de fevereiro de 2009.
2. Até 1937, Harburg era uma das cidades que compunham a periferia de Hamburgo. Com a proclamação, pelos nazistas, da Lei da Grande Hamburgo (Goss-Hamburg-Gesetz, de 26 de janeiro), Altona, Harburg e Wandsbek foram incorporadas à cidade-Estado de Hamburgo e passaram a depender do Senado que a governava.

3. Carta de Sida Moebius de Carvalho à irmã Lucy Luttmer, São Paulo, 5 de fevereiro de 1934.
4. Carta de Aracy à mãe, Rio de Janeiro, 10 de agosto de 1935. Nas citações de documentos de época — correspondência pessoal ou diplomática e textos oficiais — a ortografia utilizada foi respeitada.
5. Idem.
6. Luís Correia de Melo, *Dicionário de autores paulistas*, São Paulo, Comissão do IV Centenário da Cidade de São Paulo, 1954, p. 115.
7. Carta de Aracy à mãe e à tia Martha, Hamburgo, 24 de março de 1937.
8. Carta de Aracy à mãe, Rio de Janeiro, 5 de setembro de 1935.
9. Carta do cônsul Domingos de Oliveira Alves ao ministro das Relações Exteriores, José Carlos de Macedo Soares, Hamburgo, 1º de agosto de 1936, referente à contratação de "auxiliar extranumerario Aracy de Carvalho".
10. William Carr, "Nazi Policy Against the Jews", *in* Richard Bessel (org.), *Life in the Third Reich*, Oxford/Nova York, Oxford University Press, 1987, p. 71.
11. Marion A. Kaplan, *Between Dignity and Despair: Jewish Life in Nazi Germany*, Nova York/Oxford, Oxford University Press, 1998, cap. 3 ("Jewish and 'Mixed' Families"), p. 74-93. As observações feitas a seguir sobre os casamentos mistos e as leis raciais nazistas foram tiradas desta obra e de uma conferência que a autora fez em Paris, em janeiro de 2009, cujo manuscrito é inédito ("Gender and Race in Nazy Germany").
12. Quando a fuga dos judeus começou, em 1933, e estes casais também começaram a partir, os números diminuíram, pois não houve praticamente novos casamentos desse tipo. Assim, em maio de 1939, 20 mil casais mistos ainda viviam na Alemanha; em dezembro de 1942, eles somavam 16.760 e, em setembro de 1944, 12.487. Idem, ibidem, p. 76.
13. William Carr, "Nazi policy against the Jews", op. cit., p. 72.
14. Entrevista telefônica com Anneliese Nachsin (Callmann, de solteira), 3 de março de 2009.
15. Pelo menos 2.800 jornalistas estiveram presentes, entre alemães e estrangeiros. Além disso, o número de turistas que pernoitaram na cidade durante o período dos Jogos foi estimado em cerca de 140 mil (75 mil alemães e 65 mil estrangeiros). Esses números excluem os berlinenses que assistiram ao evento. Ver http://www.la84foundation.org/6oic/OfficialReports/1936/1936spart2.pdf (relatório oficial dos Jogos Olímpicos de Berlim, 1936).
16. Para o câmbio, cf. Marion A. Kaplan, *Between Dignity and Despair: Jewish Life in Nazi Germany*, op. cit., p. 71. Para os salários, Gehard Bry, *Wages in Germany, 1871-1945*, Princeton, Princeton University Press, 1960, p. 458 e 460.
17. Carta de Jürgen Lehfeld a Aracy de Carvalho, São Paulo, 10 de novembro de 1934.

18. Carta de Aracy à mãe, Hamburgo, 24 de março de 1937.
19. Idem.
20. Mônica Raisa Schpun, *Beleza em jogo: cultura física e comportamento em São Paulo nos anos vinte*, São Paulo, SENAC/Boitempo, 1999, p. 75-76.
21. Friedrich Baerwald, "How Germany Reduced Unemployment", *The American Economic Review*, 24, 4 de dezembro de 1934, p. 627.
22. Arthur Van Riel e Arthur Schram, "Weimar Economic Decline, Nazi Economic Recovery, and the Stabilization of Political Dictatorship", *The Journal of Economic History*, 53, 1, março de 1993, p. 97-98.
23. Ruth Gay, *The Jews of Germany: A Historical Portrait*, New Haven/Londres, Yale University Press, 1992, p. 146.
24. Marion A. Kaplan, *Between Dignity and Despair: Jewish Life in Nazi Germany*, op. cit., p. 10-11.
25. Idem, ibidem, p. 11.
26. Ruth Gay, *The Jews of Germany: A Historical Portrait*, op. cit., p. 165 e 184.
27. Peter Gay. "Introduction", *in* idem, ibidem, p. ix.
28. Marion A. Kaplan, *Between Dignity and Despair: Jewish Life in Nazi Germany*, op. cit., p. 28.
29. Trude Maurer, "From Everyday Life to a State of Emergency: Jews in Weimar and Nazi Germany", *in* Marion A. Kaplan (org.), *Jewish Daily Life in Germany, 1618-1945*, Nova York, Oxford University Press, 2005, parte IV, p. 278.
30. Américo e Lili Pimentel, cartão-postal a Aracy de Carvalho, Copenhague, 15 de junho de 1937.
31. Américo e Lili Pimentel, cartão-postal a Aracy de Carvalho, Antuérpia, 24 de junho de 1937.
32. Américo e Lili Pimentel, carta a Aracy de Carvalho, Rio de Janeiro, 26 de julho de 1937.
33. Idem. Mario de Pimentel Brandão ocupou interinamente a pasta das Relações Exteriores no lugar de Antônio Carlos de Macedo Soares, de 1º de novembro de 1936 a 10 de novembro de 1937.
34. Carta de Aracy à mãe e à tia Martha, Hamburgo, 14 de abril de 1937.
35. Carta de Aracy à mãe e à tia Martha, Hamburgo, 28 de abril de 1937.
36. Idem.
37. Carta de Aracy à mãe, Hamburgo, 5 de maio de 1937.
38. Sob prismas diferenciados e trabalhando com contextos e situações os mais diversos, os trabalhos seguintes problematizam e examinam esta questão de modo direto ou indireto. Olive Anderson, "Emigration and Marriage Break-up in Mid-Victorian England", *The Economic History Review*, 50, 1, fevereiro de 1997, p. 104-109; Paola Corti, "Donne che vanno, donne che restano. Emigrazione e comportamenti

femminili", *Annali dell'Istituto Alcide Cervi*, 12, 1990, p. 213-236; Sylvia Dantas DeBiaggi, "Famílias brasileiras em um novo contexto cultural", *in* Ana Cristina Braga Martes e Soraya Fleischer (orgs.), *Fronteiras cruzadas: etnicidade, gênero e redes sociais*, Rio de Janeiro, 2003, Paz & Terra p. 175-197; Nancy Green "La femme juive: formation et transformations", *in* Geneviève Fraisse e Michelle Perrot, (orgs.), *Histoire des femmes en Occident*, Paris, Plon, vol. 4, 1991, p. 215-229; Idem, "L'émigration comme émancipation: les femmes juives d'Europe de l'Est à Paris, 1881-1914", *Pluriel*, 27, 1981, p. 51-59; Linda Reeder, "Conflict Across the Atlantic: Women, Family and Mass Male Migration in Sicily, 1880-1920", *International Review of Social History*, 46, 3, dezembro de 2001, p. 371-391.
39. Carta de Lili Pimentel a Aracy de Carvalho, Rio de Janeiro, 2 de agosto de 1937.
40. Carta de Américo Pimentel a Aracy de Carvalho, Rio de Janeiro, 24 de setembro de 1937.
41. Carta de Américo Pimentel a Aracy de Carvalho, Rio de Janeiro, 3 de março de 1938.
42. Idem.
43. Carta de Américo Pimentel a Aracy de Carvalho, Rio de Janeiro, 12 de abril de 1938.
44. Idem.
45. Carta de Américo Pimentel a Aracy de Carvalho, Rio de Janeiro, 4 de julho de 1938.
46. Entrevistas com Beatriz e Eduardo Carvalho Tess, 7 e 21 de agosto de 2008.
47. Agradeço a Sandra Vasconcelos, que me comunicou esses dois documentos carregados de informação afetiva.
48. Roland Barthes. *Fragments d'un discours amoureux, in Œuvres complètes*, V *(1977-1980)*, Seuil, Paris, p. 27, (Tradução brasileira: *Fragmentos de um discurso amoroso*, Rio de Janeiro, Francisco Alves, 1986). Os itálicos são do autor.
49. Sobre essa questão, baseio-me principalmente em: Flávio Venâncio Luizetto, *Os constituintes em face da imigração. Estudo sobre o preconceito e a discriminação racial e étnica na Constituinte de 1934*, dissertação de mestrado, FFLCH-USP, 1975, e Célia Sakurai. *Imigração tutelada. Os japoneses no Brasil*, tese de doutorado, Unicamp, 2000, particularmente o cap. 3, p. 48-75.
50. Francisco de Oliveira Vianna, *Raça e assimilação*, São Paulo, Cia. Editora Nacional, 1934, p. 209.
51. Assembleia Nacional Constituinte, *Constituição da República dos Estados Unidos do Brasil*, Rio de Janeiro, Imprensa Nacional, 1934, "Título IV — Da Ordem Econômica e Social, art. 121, § 6°, p. 43.
52. Segundo dados brasileiros do Departamento de Imigração, do Ministério do Trabalho, Comércio e Indústria. Apud AA. VV, *Uma epopeia moderna: 80 anos da imigração japonesa no Brasil*, São Paulo, Hucitec/Sociedade Brasileira de Cultura Japonesa, 1992, p. 138.

53. Jeffrey Lesser, *O Brasil e a questão judaica: imigração, diplomacia e preconceito*, Rio de Janeiro, Imago, 1995, p. 322.
54. Isso sem contar o "Chinese Exclusion Act", de 1882. O Canadá abandonou cedo a política do livre ingresso, adotando um "Immigration Act", em 1906, que continha uma lista de "indesejáveis". Em 1910, uma segunda lei do mesmo tipo proibiu a entrada de imigrantes de "qualquer raça considerada imprópria ao clima e às necessidades do Canadá". No mesmo sentido, uma das primeiras iniciativas tomadas pelo parlamento australiano definiu, já em 1901, o que via como o perfil étnico e racial do imigrante ideal, impedindo a entrada daqueles que não respondessem aos critérios estabelecidos. Philippe Rygiel. "Indésirables et migrants désirés. Notes sur les pratiques de sélection des migrants dans quelques grands pays d'immigration (1850-1939)", in idem (org.), *Le bon grain et l'ivraie: l'État-Nation et les populations immigrées (fin XIXe — début XXe siècle). Sélection des migrants et régulation des stocks de populations étrangères*, Paris, Éditions Rue d'Ulm/Presses de l'École Normale Supérieure, 2004, p. 12.
55. Jeffrey Lesser, *O Brasil e a questão judaica: imigração, diplomacia e preconceito*, op. cit., p. 239.
56. Disponível em: http://www.pbs.org/wgbh/amex/holocaust/filmmore/reference/primary/barletter.html.
57. Agradeço a Marion A. Kaplan pela indicação deste documento. Disponível em: http://www.pbs.org/wgbh/amex/holocaust/filmmore/reference/primary/barmemo.html. Para uma discussão sobre os bastidores da política americana em relação aos refugiados judeus, ver sua obra *Dominican Haven: The Jewish Refugee Settlement in Sosúa, 1940-1945*, Nova York, Museum of Jewish Heritage, 2008.
58. Presidência da República, Casa Civil, subchefia para assuntos jurídicos, *Constituição dos Estados Unidos do Brasil (de 10 de novembro de 1937)*, "Da Ordem Econômica", art. 151. Disponível em: http://www.planalto.gov.br/ccivil_03/Constituicao/Constitui%C3%A7ao37.htm.
59. Refiro-me aqui, especialmente, aos trabalhos de Maria Luíza Tucci Carneiro (*O anti-semitismo na Era Vargas: fantasmas de uma geração (1930-1945)*, São Paulo, Brasiliense, 1988) e Jeffrey Lesser (*O Brasil e a questão judaica: imigração, diplomacia e preconceito*, op. cit.), ambos pioneiros no tratamento da imigração judaica no Brasil da Era Vargas.
60. Endrica Geraldo, *O "perigo alienígena": política imigratória e pensamento racial no governo Vargas (1930-1945)*, tese de doutorado, Unicamp, 2007, principalmente caps. 3 e 4 ("O combate aos 'quistos étnicos'" e "A centralização e a política imigratória"), p. 111-168 e 169-213.
61. Idem, ibidem, p. 210.
62. Idem, ibidem, p. 210.

63. Jair de Souza Ramos, "Afinal, o que é preciso para ser 'brasileiro'? Leitura de um texto que fala sobre as lutas por esta e outras identidades", *História, Ciências, Saúde-Manguinhos*, Rio de Janeiro, 7, 1, 2000. Disponível em: http://www.scielo.br/scielo.php?script=sci_arttext&pid=S0104-59702000000200012&lng=pt&nrm=iso. *Apud* Endrica Geraldo, *O "perigo alienígena": política imigratória e pensamento racial no governo Vargas (1930-1945)*, op. cit., p. 162.
64. Ministério das Relações Exteriores, "Circular nº 1.127", Rio de Janeiro, 7 de junho de 1937. O Brasil não foi o único a usar esse dispositivo para limitar a entrada de judeus no país. Talvez inspirado pela ideia do país vizinho, o ministro das Relações Exteriores da Argentina, José Maria Castillo, enviou aos cônsules do país na Europa, em 1938, a circular secreta nº 11. Esta impedia a concessão de vistos aos indesejáveis ou expulsos de seus países, numa clara referência aos refugiados judeus.
65. Carta de Mario Brisson, consulado brasileiro em Hamburgo, ao ministro das Relações Exteriores, José Carlos de Macedo Soares, Hamburgo, 8 de junho de 1936.
66. Hebrew Immigration Aid Society — Brazil, "Les Juifs dans l'Histoire du Brésil-Rapport d'activité pendant la période 1933-1943", Nova York: YIVO Institute for Jewish Research, s/d, pasta 1. *Apud* Jeffrey Lesser, *O Brasil e a questão judaica: imigração, diplomacia e preconceito*, op. cit., p. 320.
67. Jeffrey Lesser, *O Brasil e a questão judaica: imigração, diplomacia e preconceito*, op. cit., p. 316.
68. Ministério das Relações Exteriores, "Circular nº 1.127", Rio de Janeiro, 7 de junho de 1937.
69. Idem.
70. Decreto nº 24.258, art. 14º, § 2º, 16 de maio de 1934.
71. Idem, item d.
72. As informações desta sequência vêm de Raul Hilberg, *La destruction des juifs d'Europe*, Paris, Fayard, 1988, p. 61-74.
73. Idem, ibidem, p. 74.
74. Idem, ibidem, p. 63.
75. Idem, ibidem, p. 68.
76. Idem, ibidem, p. 68.
77. Saul Friedländer, *L'Allemagne nazie et les juifs. 1. Les années de persécution, 1933-1939*, Paris, Seuil, 1997, p. 158.
78. Raul Hilberg, *La Destruction des juifs d'Europe*, op. cit., p. 68.
79. Carta de João Carlos Muniz, presidente do Conselho de Imigração e Colonização, a José Roberto de Macedo Soares, secretário-geral interino do Ministério das Relações Exteriores, 26 de setembro de 1939.
80. Idem. Os grifos são meus.

81. Carta de Oswaldo Aranha, ministro das Relações Exteriores, ao embaixador do Brasil em Berlim, Cyro de Freitas Valle, 5 de janeiro de 1940. O documento está nos arquivos do CPDOC (FGV-RJ) e foi citado na integralidade em: Maria Luiza Tucci Carneiro, *O anti-semitismo na Era Vargas: fantasmas de uma geração (1930-1945)*, op. cit, p. 550-554. A autora discute o diálogo entre os dois correspondentes na mesma obra, p. 284-289.
82. Carta de Oswaldo Aranha, Secretaria de Estado das Relações Exteriores, ao ministro do Trabalho, Indústria e Comércio, Waldemar Falcão, documento "secreto", 22 de março de 1938.
83. Decreto-lei n° 406, de 4 de maio de 1938, e decreto n° 3.010, de 20 de agosto de 1938, publicado no Diário Oficial n° 193, de 22 de agosto do mesmo ano, entrando em vigor 120 dias após a publicação, em 22 de dezembro de 1938.
84. Os retornos chegaram a ser extremamente altos em alguns grupos, podendo ter atingido (ou quase) 50% no caso dos italianos. No caso dos japoneses, que contaram com uma assistência contínua e significativa da parte do governo e de empresas do Japão, a taxa de retorno foi bem menor, não ultrapassando 10%. Para os judeus, a volta aos países de origem foi praticamente inexistente, ainda que, para aqueles que imigraram do Império Russo rumo aos Estados Unidos, a partir do final do século XIX, os retornos existissem, tendo sido estimados em de 15% a 20%, taxas nada desprezíveis; a violência do pogrom de Kichinev, em 1903, freou tal fenômeno (Joseph Sarna "The Myth of No Return: Jewish Return Migration to Eastern Europe, 1891-1914", *American Jewish History*, 71, 1981, p. 256-269). Quanto aos judeus alemães, nos primeiros anos do regime nazista, ocorria aos emigrados de visitar os membros da família ainda vivendo no país e, até o início de 1935, cerca de 10 mil dos que tinham emigrado nos dois anos anteriores retornaram, tendo em vista as dificuldades e a pobreza encontradas nos países de imigração. Os nazistas ameaçaram, então, os retornados de interná-los em campos de concentração (Marion Kaplan, *Between Fignity and Despair: Jewish Life in Nazi Germany*, op. cit. p. 73). Esta ameaça e, sobretudo, a rápida piora das condições de vida da população judaica alemã cancelaram definitivamente tais deslocamentos.
85. Ministério das Relações Exteriores, circular n° 1.249 (reservado), Rio de Janeiro, 27 de setembro de 1938.
86. Telegrama do Ministério das Relações Exteriores para o consulado de Hamburgo, 26 de novembro de 1936.
87. Renée-Marie Croose Parry, "Ostracism and Exile", in Katherine Morris (org.), *Odyssey of Exile: Jewish Women Flee the Nazis for Brazil*, Detroit, Wayne State University Press, 1996, p. 76-101, 181-235. As informações dadas a seguir foram retiradas deste ensaio autobiográfico.

88. Carta de Domingos de Oliveira Alves, cônsul-geral do Brasil em Hamburgo, ao ministro das Relações Exteriores, Mario de Pimentel Brandão, 28 de abril de 1937.
89. Carta de Hildebrando Accioly, secretário-geral do Ministério das Relações Exteriores, ao cônsul-geral do Brasil em Hamburgo, Domingos de Oliveira Alves, 9 de julho de 1937. Accioly referia-se à circular secreta nº 1.127, de junho daquele ano.
90. Bila Sorj, "'Normalizando' o povo judeu: a experiência da Jewish Colonization Association no Brasil", *in* idem (org.), *Identidades judaicas no Brasil contemporâneo*, Rio de Janeiro, Imago, 1997, p. 87-102.
91. Sobre a colônia de Resende, ver ainda: Jeffrey Lesser, *O Brasil e a questão judaica: imigração, diplomacia e preconceito*, op. cit., p. 162-165.
92. Carta de Hildebrando Accioly, secretário-geral interino da Secretaria de Estado das Relações Exteriores, a Dulphe Pinheiro Machado, diretor-geral do Departamento Nacional de Povoamento, documento "secreto", 26 de julho de 1937.
93. Carta de Hildebrando Accioly, secretário-geral do Ministério das Relações Exteriores, a Francisco de M. Brandão, diretor-geral interino do Departamento Nacional de Povoamento, documento "secreto", 5 de maio de 1938.
94. Idem.
95. Carta de Mario de Pimentel Brandão, ministro das Relações Exteriores, ao almirante Protógenes Pereira Guimarães, governador do estado do Rio de Janeiro, documento "confidencial", 28 de setembro de 1937.
96. Hebrew Imigration Aid Society — Brazil, "Les Juifs dans l'Histoire du Brésil-Rapport d'activité pendant la période 1933-1943", Nova York: YIVO Institute for Jewish Research, s/d, pasta 1. *Apud* Jeffrey Lesser, *O Brasil e a questão judaica: imigração, diplomacia e preconceito,* op. cit., p. 320.
97. Jeffrey Lesser, *O Brasil e a questão judaica: imigração, diplomacia e preconceito,* op. cit.
98. Bernardo Sorj, "Sociabilidade brasileira e identidade judaica", *in* Bila Sorj (org.), *Identidades judaicas no Brasil contemporâneo*, op. cit., p. 26.
99. Idem, ibidem, p. 27.
100. Cf. Idem, ibidem, p. 28-29.
101. V. p. 80 (ref. nota 81).
102. Jeffrey Lesser, *O Brasil e a questão judaica: imigração, diplomacia e preconceito*, op. cit., cap. 4, n. 105, p. 258.
103. Idem, ibidem, p. 217-225.
104. Endrica Geraldo, *O "perigo alienígena": política imigratória e pensamento racial no governo Vargas (1930-1945)*, op. cit., p. 211.
105. Idem, ibidem, p. 194.

106. Cf. "Além do Estado e da ideologia: imigração judaica, Estado Novo e Segunda Guerra Mundial", *Revista Brasileira de História*, 22, 44, 2002, p. 418.
107. Agradeço a Beate Meyer por ter me comunicado seu manuscrito inédito, de onde retirei as reflexões feitas a seguir: "As Bad As Elsewhere? The Persecution of Jews in Hamburg, 1933-1945".
108. Entrevista com H.C., 11 de agosto de 2005.
109. Entrevista com Margarethe Levy, 15 de agosto de 2005.
110. Entrevista com Peggy Marlow, 24 de maio de 2009.
111. Frank Bajohr, *"Aryanisation" in Hamburg: The Economic Exclusion of Jews and the Confiscation of Their Property in Nazi Germany,* Nova York/Oxford, Berghahn Books, 2002, p. 17-18. Em suas memórias, Christabel Bielenberg também se referiu a uma situação que presenciou, na época, num bar em Hamburgo, onde um grupo da SA pôs-se a intimidar um grupo de judeus, proferindo provocações racistas. O que principalmente chocou a autora, na ocasião, foi a falta de reação dos presentes, que se apressaram em partir. Christabel Bielenberg, *The Past is Myself*, Londres, Corgi Books, 1988, p. 24.
112. Frank Bajohr, *"Aryanisation" in Hamburg: The Economic Exclusion of Jews and the Confiscation of Their Property in Nazi Germany*, op. cit., p. 19.
113. Frank Bajohr (op. cit.) dá um quadro detalhado do contexto especificamente hamburguês da época, comparando-o com a situação nacional e com outras cidades e regiões, quando tal dado existe. As informações dessa sequência foram tiradas dessa obra, p. 43-47.
114. Idem, ibidem, p. 82-84.
115. Cf., para esse assunto, detalhado a seguir, idem, ibidem, p. 119-122.
116. Idem, ibidem, p. 142-143.
117. Sobre a "Noite de Cristal", ver Frank Bajohr, *"Aryanisation" in Hamburg: the Economic Exclusion of Jews and the Confiscation of their Property in Nazi Germany,* op. cit., cap. VI; Saul Fridländer, *L'Allemagne nazie et les juifs. 1. Les années de persécution (1933-1939)*, cap. 9 ("L'assaut"), p. 269-302; Martin Gilbert, *9 novembre 1938: la notte dei cristalli*, Cobaccio, Milão, 2008; Marion A. Kaplan, *Between Dignity and Despair: Jewish Life in Nazi Germany*, op. cit., cap. 5 ("The November Pogrom and Its Aftermath"); Beate Meyer, "As Bad as Elsewhere? The Persecution of Jews in Hamburg, 1933-1945", op. cit.; Hermann Simon, "'It Felt As If the Entire Nation Was Ashamed of Itself.' The 1938 November Pogrom, Seen Through the Eyes of Diplomats Reporting from Berlin", *in* Andreas Nachama, Uwe Neumärker e Hermann Simon (orgs.), *Fire! Anti-jewish Terror on 'Kristallnacht' in November 1938*, Berlim, Stiftung Topographie des Terrors, 2008, p. 118-126. Ver também o site da exposição realizada sobre o tema pelo Memorial do Holocausto, em Paris: http://www.memorialdelashoah.org/upload/minisites/nuit_de_cristal/index.htm.

118. Os números da emigração alemã foram retirados de Pierre Ayçoberry, *La société allemande sous le IIIe Reich, 1933-1945*, Paris, Seuil, 1998, p. 67.
119. Com exceção da República Dominicana, que se propôs a receber 100 mil judeus do Reich. Infelizmente, por oposição do governo americano, que temia a reemigração destes judeus para os Estados Unidos, tal oferta não se concretizou. Ver, sobre o assunto, Marion A. Kaplan, *Dominican Haven: The Jewish Refugee Settlement in Sosúa, 1940-1945*, op. cit.
120. O que acabou dando um nome particular ao pogrom, vindo, aparentemente, de uma ironia nazista, já que o termo utilizado foi "cristal" em vez de "vidro". Cf. Hermann Simon, "'It Felt as if the Entire Nation was Ashamed of Itself.' The 1938 November Pogrom, Seen Through the Eyes of Diplomats Reporting from Berlin", op. cit., p. 118-126.
121. As reflexões desta sequência foram tiradas de Marion A. Kaplan, *Between Dignity and Despair: Jewish Life in Nazi Germany*, op. cit., p. 62-73 e 125-138 ("The Emigration Quandary", "Women's Roles and Reactions during the Pogrom" e "Emigration").
122. Pierre Ayçoberry, *La société allemande sous le IIIe Reich, 1933-1945,* op. cit., p. 67.
123. Os números mencionados aqui foram tirados do site do Memorial do Holocausto em Washington D.C. Trata-se de informações que variam levemente segundo as fontes. Ver http://www.ushmm.org/wlc/article.php?lang=fr&ModuleId=216. Alfred Wahl propõe o seguinte retrato deste movimento populacional: até 1939, cerca de 450 mil pessoas emigraram da Alemanha, das quais 330 mil judeus (das fronteiras alemãs de 1937, antes do Anschluss), 25 mil oponentes políticos (cerca de 12 mil comunistas, 8 mil socialistas e 5 mil de outras tendências, inclusive católicos). A emigração cultural, de grande visibilidade, totalizou cerca de 5.500 professores, intelectuais, escritores e artistas, dos quais 24 cientistas ganhadores do prêmio Nobel na área das ciências. As universidades perderam, assim, cerca de um terço dos efetivos. Os Estados Unidos receberam 48% destes emigrantes, contra 10% para a Grã-Bretanha, que só abriu suas portas no final de 1938, após a "Noite de Cristal", e 8% para a Palestina, também controlada pelos britânicos. Até 1945, enfim, 130 mil judeus alemães entraram nos Estados Unidos, 65 mil na França (antes de maio de 1940), 55 mil na Palestina, e 90 mil instalaram-se em diversos países da América Latina (Alfred Wahl, *L'Allemagne de 1918 à 1945*, Armand Colin Paris, 1993, p. 137).
124. Jeffrey Lesser, *O Brasil e a questão judaica: imigração, diplomacia e preconceito*, op. cit., p. 320-321.
125. Carta de Domingos de Oliveira Alves, cônsul-geral em Hamburgo, a Mario de Pimentel Brandão, ministro das Relações Exteriores, 6 de fevereiro de 1937.

126. Telegrama de Joaquim Antonio de Souza Ribeiro, cônsul-geral em Hamburgo, ao Ministério das Relações Exteriores, 6 de fevereiro de 1939.
127. Telegrama do Ministério das Relações Exteriores ao consulado geral em Hamburgo, 7 de fevereiro de 1939.
128. Sobre os universitários judeus recebidos pelo Brasil, ver: Rochelle G. Saidel e Guilherme Ary Plonski, "How Scientists Fleeing Nazi Europe Contributed to Brazil's New Universities in 1933-1945", *Ibero-Amerikanisches Archiv*, 21, 1/2, Berlim, 1995, p. 169-190, e, no mesmo volume, Jeffrey Lesser, "Jewish Refugee Academics and the Brazilian State, 1935-1945", p. 223-240. Sobre aqueles recebidos pelos Estados Unidos, ver: Lewis A. Coser, *Refugee Scholars in America: Their Impact and Their Experiences*, New Haven, Yale University Press, 1984; e Emmanuelle Loyer, *Paris à New York: intellectuels et artistes français en exil 1940-1947*, Paris, Grasset, 2005.
129. Telegrama do ministério das Relações Exteriores ao consulado geral em Hamburgo, 6 de abril de 1939.
130. Carta de Joaquim Antonio de Souza Ribeiro, cônsul-geral em Hamburgo, a Oswaldo Aranha, Ministro das Relações Exteriores, 14 de agosto de 1939.
131. Telegrama do Ministério das Relações Exteriores ao consulado geral em Hamburgo ("transferência saldo da cota alemã do último triênio"), 14 de agosto de 1939.

CAPÍTULO II Da Alemanha para o Brasil:
Margarethe Levy

Maria Margarethe Bertel Levy (Gretel) nasceu em Hamburgo, em 1908, e tem a mesma idade de Aracy de Carvalho. Ela era a segunda filha de Rosa (Ruchle, em iídiche) Bertel, de solteira Orfinger (1884-1945), nascida em Varsóvia, mas de origem russa. Rosa adquiriu a nacionalidade polonesa por ter se casado com Josef Bertel, polonês de Cracóvia (1875-1924), tendo ambos imigrado para a Alemanha, instalando-se em Hamburgo em 1906. A primeira filha do casal, Helena (Hela), nasceu ainda na Polônia, em 1903, sendo cinco anos mais velha que Margarethe. Helena casou-se com Martin Krebs, um comerciante hamburguês cinco anos mais velho que ela. Os Krebs tiveram dois filhos em Hamburgo, Harry (nascido em 1923) e Peggy, seis anos mais jovem.

A família tinha uma situação financeira extremamente privilegiada. Josef Bertel era proprietário de uma firma de importação e exportação de frutas cítricas, a Bertel & Krebs. Na verdade, os irmãos Krebs atuavam no mesmo ramo que Josef e a sociedade entre ambos existia, no início, unicamente para o norte da Europa, e fora feita já antes do casamento de Helena e Martin. Enquanto Martin trabalhava em Hamburgo, seus dois irmãos, Herman e Benedetto, dirigiam a empresa familiar a partir de Berlim, Trieste e Palermo. A parte italiana dos negócios só integraria a Bertel & Krebs mais tarde, após a morte de Josef. Do lado dos Bertel, a operação de ampliação da sociedade foi dirigida por Rosa, que ficara à frente dos negócios após a morte do marido. Depois de casado com Helena, Martin assumiu a direção dos negócios ao lado da sogra, permanecendo à frente da empresa até o momento de emigrar.[1]

A firma garantia aos Bertel um padrão de vida muito elevado. Se, para acompanhar Josef em seus negócios, Rosa e as filhas viviam viajando, tais viagens estavam à altura dos gostos e hábitos sofisticados da família. Margarethe afirmou, mais de uma vez, que até os 12 anos de idade teria vivido em hotéis de luxo, sobretudo na Suíça, onde se concentravam, segundo ela, os interesses do pai.[2]

Ainda segundo ela, Josef e Rosa decidiram fixar residência na casa de Hamburgo somente em 1920, a fim de dotarem a filha caçula de uma escolaridade da qual teria sido privada até então. A falta de escolarização de uma criança judia alemã era, na época, fato totalmente fora dos padrões, digno de nota. Sem contar que a irmã Helena, que também vivia com os pais, teria sido igualmente privada da frequentação escolar, e de modo ainda mais irremediável, pois, em 1920, quando Margarethe completou 12 anos, a primogênita da família tinha 17... Segundo me disse Margarethe, esse atraso, sobre o qual insistiu, trouxe-lhe dificuldades de adaptação: com seus parcos conhecimentos escolares, teria sido obrigada, no início, a frequentar uma classe de crianças bem menores. Ora, tendo convivido até então com a mãe e a irmã mais velha em ambientes mundanos, comportava-se como "uma moça", "parecia ter 18 anos". Isso lhe trouxera grandes embaraços no momento em que, segundo afirmou, viu-se obrigada a compartilhar os bancos escolares com crianças menores e cuja experiência anterior contrastava com a sua.

A verdade é que nada disso aconteceu. No momento de nossas entrevistas, Margarethe esquecera-se do fato de que seguiu uma escolaridade normal para uma menina de família abastada da época. Por sorte, em 1959, ela descreveu tais fatos de modo bastante preciso.[3] Seus pais não foram nada negligentes com sua educação escolar, como acabou registrando na memória, por alguma razão. Ao menos cinco anos antes da data que me indicou, eles já estavam em Hamburgo — e ela na escola. Seguindo um percurso padrão, ela entrou na escola primária em 1915, ano de seu sétimo aniversário. Até 1917, cursou a escola particular Frau Amalie Ernst, em Hamburgo. Em seguida, passou três anos em internatos para meninas, na Suíça e na Itália. Em Lausanne, esteve no internato Melles-Block, onde pôde aprender francês e inglês. Na Itália, teria aprendido italiano, mas não indicou o nome da instituição, nem a cidade. Só então voltou para Hamburgo, aí sim, em 1920, com 12 anos.

Talvez tenha sido essa a razão de sua confusão. É possível que durante os três anos em que esteve interna na Suíça e na Itália, os pais tenham viajado por esses países, mantendo-se em contato com a filha, que afinal tinha entre 9 e 12 anos. Talvez ela tenha guardado com maior facilidade, desses anos, as lembranças dos períodos em que conviveu, em hotéis de luxo, com os pais, que vinham visitá-la na Suíça ou na Itália, países onde Josef tinha seus interesses financeiros. Ou então esses pensionatos onde esteve interna não lhe deram uma escolaridade semelhante à que teria tido na Alemanha. Em todo caso, a partir de 1920, ela viveu novamente interna, no pensionato para meninas do Dr. Loewenberg, em Hamburgo, no qual obteve seu diploma, cujo nível não é mencionado.

O fato de que a família instalou-se em Hamburgo antes do que indicou Margarethe também deve ter sido positivo para a irmã Helena, que se casou pouco após a volta de Margarethe de seus internatos suíço-italianos. Josef e Rosa assistiram, assim, num curto intervalo de tempo, ao casamento da filha mais velha e ao nascimento do primeiro neto.

Margarethe não fez estudos universitários. Isto, segundo ela, "foi o que [lhe] faltou" na vida. Extremamente curiosa e interessada por tudo, aprendeu várias línguas, algumas delas viajando, outras na escola. Falava correntemente francês, italiano, espanhol, polonês, tcheco, além do alemão e do português, sua última aquisição.

No dia 9 de dezembro de 1930, poucos dias após ter completado 22 anos, Margarethe casou-se com seu dentista, Hugo Levy (1892-1977), 16 anos mais velho que ela.

VIDA DE CASADA

Hugo Levy nascera em Oberhausen, no vale do Ruhr (oeste do país), um bastião da indústria siderúrgica alemã, graças à presença de minas de carvão e de ferro. Segundo a descrição de Margarethe, seu marido vinha de uma cidade muito pobre, cuja atividade principal era a extração de carvão. Provavelmente, a presença de operários da mineração fez com que insistisse no caráter "pobre" do lugar, em contraste com o brilho cosmopolita de Hamburgo, mais a seu gosto, e que não cansou de louvar, inclusive para defender a imagem mitificada de uma nazificação tardia e menos intensa.

Hugo instalou-se em Hamburgo em 1920, ao mesmo tempo que os Bertel. Sete anos mais tarde, ele tornava-se membro da comunidade judaica local. Hugo era cirurgião-dentista; tinha um diploma de médico, especialista em doenças da boca, e outro de dentista. Formou-se, na primavera de 1917, pela Universidade de Munique e instalou-se em Hamburgo três anos depois. Mais tarde, declarou que, após a conclusão do segundo grau no Real Gynasyum de Oberhausen, onde estudou de 1900 a 1910, estudou Medicina e Odontologia em Munique, Bonn, Berlim e Breslau. Não encontrei qualquer documento referente às duas últimas cidades, mas um diploma da Universidade de Bonn existe de fato, além do de Munique. Segundo afirmou nos anos 1950, teria estudado Medicina em Munique de 1911 a 1914, ano em que, com o começo da Primeira Guerra Mundial, foi mobilizado e mandado para o front. Ali atuou como soldado médico em 1915. Em Bonn, ele teria terminado seus estudos, que retomou após o final da guerra, e concluiu em 1920.

Nesse mesmo ano, ao instalar-se em Hamburgo, começou trabalhando como médico-assistente em cirurgia odontológica no Hospital Rübenkamp, que existe ainda hoje, sob o nome de A. K. Barmbek. Em 1921, abriu seu consultório particular de doenças bucais. Nesse ano, segundo as declarações de Margarethe, também feitas nos anos 1950, ela já estava de volta de seu périplo pela Suíça e pela Itália, e terminava seus estudos em Hamburgo.

O consultório de Hugo ficava numa das ruas mais prestigiosas e chiques da cidade, muito central e perto de onde o Alster aproxima-se mais do centro — Jungfernstieg, 43. Antes do casamento, ele vivia muito perto do consultório, na Gänsemarkt 4/5, podendo ir e vir a pé. Nessa época, Margarethe vivia com os pais, numa casa da qual me falou muito, pois tinha objetos preciosos, quadros e tapetes, que se perderam nas mãos dos nazistas. Nenhuma prova existe sobre tais bens, além de suas lembranças e nostalgia pessoal e da lista detalhada produzida por sua mãe, no momento em que se preparou para emigrar. Ali mencionou cada tapete, por exemplo, e estimou seu valor, informações infelizmente insuficientes para identificar cada peça. A casa ficava no número 8 da Ifflandstrasse, a menos de 200 metros de onde Margarethe viria a morar depois de casada, mas na direção oposta de onde vivia, então, seu futuro marido. No segundo andar do prédio da Jungfernstieg, 43, localizava-se, de um lado, o consultório de Hugo e, do outro, o apartamento em que o casal viveu, do final de 1930, depois do casamento, até a partida para o Brasil, oito anos mais tarde.

O prédio ainda existe, com seu charme de época, numa área que não perdeu a sua elegância, nem o seu prestígio. No hall interior, um quadro representa a fachada, desenhada por Carl Elvert, sendo que a firma responsável pela construção pertencia a Jens Jacobsen, com sede na Gänsemarkt 4/5, exatamente onde vivia Hugo antes de se casar, a poucos metros dali. As paredes internas que circundam a escadaria central são cobertas de azulejos decorados. No segundo andar, dos dois lados, dois consultórios médicos ocupam hoje os espaços ocupados pelos Levy há mais de setenta anos. Margarethe me disse que, numa viagem a Hamburgo, nos anos 1980, tocou a campainha do apartamento onde vivera, e pediu para visitá-lo, tendo sido atendida pelo médico que então trabalhava ali. O efeito foi ruim, disse.

Muito antes disso, segundo me contou, ela estava com problemas dentários graves quando, durante uma das grandes festas judaicas, foi até a sinagoga frequentada por sua mãe, levar-lhe flores, seguindo uma tradição local. Uma amiga de Rosa, que se sentara ao lado desta na sinagoga, aconselhou-a, então, a consultar o Dr. Levy. Assim conheceram-se.

Tanto Hugo como Margarethe eram judeus liberais e teriam preferido evitar o casamento religioso. Mas o fizeram, segundo Margarethe, para respeitar um desejo de sua mãe, judia praticante, para quem o laço advindo do casamento civil não tinha qualquer significado. Esse aspecto diferenciava Margarethe do resto de sua família, já que a irmã Helena também era praticante. Em sua casa, a cozinha seguia as normas rituais judaicas da *kashrut* e o marido ia à sinagoga todas as sextas-feiras. As duas crianças estudaram em escolas judaicas desde cedo, escolha minoritária entre judeus alemães, que privilegiaram as escolas públicas até que as perseguições criassem situações cotidianas penalizantes para os filhos. Foi somente então que o número de estabelecimentos judaicos aumentou no país. Margarethe não incluiu em sua vida de casada práticas e rituais religiosos, diante dos quais se mostrou indiferente. Em nossos encontros, exprimiu em exemplos o quanto tudo isso lhe era estrangeiro.

Mesmo assim, como vimos, Hugo era membro da comunidade judaica da cidade desde 1927, tendo contribuído regularmente até o ano da emigração. Em 1927, deu 19 marcos, aumentando sua contribuição para 47 e 46 nos dois anos seguintes, antes de chegar a 66 marcos no ano de seu casamento (1930), e diminuir um pouco (61,65) um ano mais tarde. Dali em diante, suas doações não cessaram de aumentar: de 68,25 marcos, em 1932, passando a 105,65, em duas parcelas, dois anos depois, e 198,95, em 1936, atingiram 450,80, em 1937, antes de baixarem até 284,94 no ano em que deixou o país.[4] Naquela época, tais contribuições eram vitais para um número crescente de judeus já vivendo na dependência do serviço social comunitário. A isto, Hugo não esteve indiferente, como se vê.

Casada com Hugo Levy, Margarethe pôde manter os mesmos hábitos sofisticados aos quais se habituara desde menina. O consultório do marido, ao que tudo indica, proporcionava grande conforto ao casal. Com entusiasmo, ela referiu-se às viagens que fazia então, muitas vezes sozinha. Trata-se aqui de um ponto nodal de sua narrativa, ao qual retornou várias vezes durante as entrevistas.

Margarethe sentia-se uma mulher livre, do mundo. Explicou-me, quanto a isso, que seu marido trabalhava muito e tirava poucas férias, mantendo o consultório sempre aberto, ao contrário dos profissionais brasileiros da área que, a seu ver, "fecham com frequência seus consultórios" e "tiram férias" sem hesitar. Porém, Hugo não se incomodava que ela viajasse sozinha, nem ela se embaraçava diante de tal perspectiva. Isso parece ser uma chave para esta mulher desenraizada, que afirmou não ter tido qualquer dificuldade em adaptar-se ao Brasil, pois "nunca t[e]ve pátria": antes de casar-se era polonesa, como os pais; depois, tornou-se sucessivamente alemã, por casamento, e brasileira, por adoção, estando "bem em qualquer lugar". Entre a "China e o Brasil", disse, pouca diferença existia para ela.

Essa disponibilidade e liberdade de movimentos de Margarethe testemunham também o conforto material do qual dispunha, em contraste com a situação cada vez mais desfavorável dos demais judeus alemães. Sua posição privilegiada, que durou até o momento da partida, fez com que sofresse menos a hostilidade cotidiana enfrentada pelas mulheres judias do país.

Quanto a isso, como vimos pelas Leis de Nuremberg, os judeus ficaram proibidos, a partir de setembro de 1935, de ter empregadas domésticas não judias de menos de 45 anos. Precisavam empregar senhoras mais velhas, ou então outras judias. A maioria das donas de casa, pertencentes aos estratos médios da população, viram-se envolvidas, de um dia para o outro, com tarefas que nunca tinham cumprido antes. Além do estresse geral e crescente daqueles anos, precisavam cuidar sozinhas da cozinha, da limpeza da casa, da roupa, diferentemente das não judias do mesmo estrato social, munidas do conforto trazido pelo emprego de domésticas, e poupadas do estresse da perseguição.

Durante uma viagem a Trieste, Margarethe e Hugo entraram em um bar para um "aperitivo", que tomavam habitualmente antes do jantar, segundo me disse. Neste bar, foram atendidos por um rapaz, Angelo, que, segundo ela, ofereceu-se para trabalhar para eles se o levassem para a Alemanha. Nunca saberemos se a oferta partiu mesmo de Angelo ou dos Levy. O fato é que Angelo era excelente cozinheiro e tornou-se o doméstico do casal, que contornou assim, com habilidade, a lei nazista. Margarethe foi incapaz de lembrar seu sobrenome, mas afirmou que ele acabou se casando com uma alemã e deixou de trabalhar para eles. Também não soube me dizer quanto tempo viveu sem o auxílio do rapaz. Em todo caso, com uma ajuda desse tipo, Margarethe podia evitar, por exemplo, apresentar-se pessoalmente em estabelecimentos que não vendiam para judeus, encarregando Angelo não somente da cozinha e da casa, mas também das compras. Ele podia também cumprir tarefas que exigissem contato com fornecedores, artesãos e funcionários públicos de cuja hostilidade crescente Margarethe pôde afastar-se confortavelmente. Isso num momento em que o simples fato de sair de casa tinha se tornado, segundo inúmeras narrativas memorialísticas, motivo de tensões e apreensões cada vez mais fortes, de verdadeiros pesadelos para muitas judias.

Ainda segundo a fala de Margarethe, pelo menos até a "Noite de Cristal", seu marido dispunha de uma assistente no consultório — que Margarethe chamou de enfermeira, sem precisar exatamente de que tipo de profissional se tratava. Desta vez pude comprovar a veracidade da informação. A jovem Else Köster ocupou o cargo de assistente do Dr. Levy, ao que tudo indica, até o momento da emigração do casal. Nascida em 1908 (ou 1909),[5] em Glückstadt, um outro porto às margens do Elba, a poucos quilômetros de Hamburgo, ela vivia, na época, com a mãe e uma irmã em Hamburgo.

Assim, enquanto Margarethe podia apoiar-se em Angelo para as tarefas domésticas, Hugo manteve uma assistente em seu consultório até o momento de emigrar. Trata-se de um conforto considerável, sobretudo num contexto de degradação importante das condições materiais de vida dos judeus. Isso indica que o consultório de Hugo manteve-se rentável até o final, como afirmou Margarethe; caso contrário, ele teria sido obrigado a cortar a despesa salarial de sua "enfermeira".

As famílias abastadas também podiam diminuir o peso cotidiano das restrições e perseguições impostas tirando férias fora da Alemanha, luxo acessível a poucos na época. No momento em que conheceram Angelo, os Levy estavam em Trieste, de volta de uma viagem à Palestina, onde provavelmente viram Otto, um dos irmãos de Hugo, que deixara a Alemanha antes deles. O casal ia muito a Trieste, onde Margarethe tinha parentes e vivera um tempo durante a infância, carregando recordações, como me disse. Mencionou, por exemplo, uma ocasião em que Hugo a levara à Itália, pois, estando gripada, achou que os ares tridentinos lhe fariam bem. O casal dispunha claramente de meios para arejar, afastando-se do ambiente geral por alguns dias.

De fato, tirar férias fora da Alemanha era, naquele período, algo precioso. Em 1936-1937, os jovens ainda podiam atravessar de bicicleta as fronteiras com a Bélgica ou a Holanda. Alguns depoimentos deixados referem-se ao assunto: "Só conseguir atravessar a fronteira para fora da Alemanha e dar uma boa e profunda respirada já era bom." Um fim de semana fora eram "dois dias de liberdade sem bandeiras, sem marchas, sem saudações nazistas".[6]

Sem tais meios, outros precisaram encontrar maneiras diferentes de manter o equilíbrio. E muitas mulheres deixaram registrado esse problema, indicando como a acumulação das tarefas domésticas oferecia um meio "terapêutico" de não pensar no que estava acontecendo. Não é à toa, nesse contexto, que a frequentação das sinagogas tenha crescido tanto naqueles anos. Na véspera do boicote aos comércios judaicos do dia 1º de abril de 1934, o rabino Joachim Prinz, de Berlim, chamou seu sermão de "tentativa de terapia coletiva".[7] E ainda era abril de 1934.

Isso dito, o desprendimento e a autonomia são dois eixos fortes do retrato que Margarethe construiu de si mesma através da narrativa que fez para mim. Na trama da história que contou de sua vida, as viagens que fez, desde pequena, seu gosto e seu hábito de viajar compõem talvez o tema mais frequente, iluminando um traço forte de seu perfil. Ela valorizava e reivindicava sua independência de movimentos, sua facilidade em se deslocar sozinha, sem inibições, sua capacidade de adaptação a qualquer lugar ou ambiente.

Sua sobrinha Peggy Marlow também se referiu a esse ponto, dizendo que Margarethe era um "espírito livre", levando uma "vida muito livre".[8] Quando pedi que definisse melhor essa "liberdade", mencionou sem hesitar as saídas, a sociabilidade, as viagens, enfim, a liberdade de ir e vir, proporcionada por um marido que "a adorava", e do qual "obtinha tudo o que queria", e pelo fato de não ter tido filhos. Segundo Peggy, esse era o ponto que tornava sua vida muito diferente da de sua irmã Helena.

LADO A LADO

O que talvez Margarethe não soubesse, quando me contou sua vida, é que Aracy também aproveitou do prazer de viajar enquanto vivia na Alemanha, tendo viajado sozinha e adorado a experiência. Em maio-junho de 1936, ela tirou férias e percorreu, em parte com amigos, em parte sozinha, estações termais alemãs, estendendo o giro até

Viena e Praga. Tendo deixado o filho com a tia Lucy, escrevia-lhes com muita frequência, às vezes em dias seguidos. O tom das cartas é muito descontraído, ela encantou-se com o que viu, descrevendo, fascinada, o luxo de alguns hotéis e de seus/suas clientes, e o abandono de outros, antes frequentados por aristocratas de toda a Europa. Estes últimos encontravam-se vazios ou, no limite, escreveu, eram frequentados "por clientes judeus" (17 de junho, carta de Fraugensbad). Ela aproveitou para fazer compras — objetos decorativos, roupa de cama, vestuário e calçados —, para sua casa, para si mesma e para o filho, na Áustria e na Tchecoslováquia, medindo com prazer as vantagens em relação aos preços alemães, e a beleza dos artigos. Em alguns momentos, mudou seus planos, demorando-se mais tempo onde se sentia bem, sem obedecer a um roteiro fixo e, principalmente, sem sentir-se na obrigação de compor com mais ninguém, o que não deixou de registrar com alegria.

Deslocar-se assim, segundo seu desejo pessoal, em total liberdade, foi para Aracy algo precioso, que verbalizou particularmente numa das cartas à tia, dizendo que "não regatea[va] sua Liberdade" (27 de maio, carta de Eger). A carta foi escrita em alemão, mas a palavra "Liberdade" aparece com maiúscula e grafada em português, para ganhar maior ênfase no contraste. É preciso ter em mente, quanto a isso, que Aracy era, nessa época, uma moça de 28 anos — como Margarethe. Ela experimentava uma liberdade realmente preciosa, depois da crise do casamento, da decisão da separação e da experiência do divórcio, simultânea à da imigração, feita sozinha, com o filho pequeno, e seguida da busca de trabalho na Alemanha. Todos esses fatos ainda eram muito recentes no momento desta viagem: a certidão oficial do divórcio ficou pronta no final de junho, antes de sua volta para Hamburgo. Mesmo assim, vale notar, ela desfrutava de tal autonomia graças ao fato de estar na Alemanha. No Brasil da época, sua situação de mulher divorciada seria bem diversa, carregada de estigmas. Viajar sozinha, ou na companhia de amigos, como estava fazendo, ainda não fazia parte dos costumes aceitos na sociedade de onde vinha. Algumas das judias alemãs que chegaram a São Paulo no final dos anos 1930 ressentiram este aspecto provinciano da sociedade local. Uma delas declarou: "Estranhei que não podia entrar sozinha num café. Fui sozinha de trem para Campos do Jordão e era estranho: a mulher era abordada."⁹ O estranhamento não desenha evidentemente um contraste com a realidade deixada na Alemanha, quando judeus e judias não tinham mais acesso ao espaço público, sós ou acompanhados. A referência comparativa recupera uma realidade anterior, da Alemanha pré-hitlerista, à qual os judeus pertenciam integralmente.

Não sendo judia, Aracy usufruía livremente desses hábitos sociais, marcados por uma relação menos desigual entre homens e mulheres com o espaço público. Assim, é impossível não pensar nestes aspectos, que integraram e marcaram sua experiência feminina e migratória, sem traçar um elo hipotético com o fato de que, em nenhum momento de sua correspondência que restou daqueles anos, evocou a possibilidade da volta ao Brasil.

A diferença entre Margarethe e Aracy quanto à autonomia nos deslocamentos, que ambas apreciavam, está no fato de que a primeira pôde exercê-la em seu país, com o consentimento tácito do marido, não menos liberal que ela. Contudo, casada, precisava de tal consentimento, ainda que isso tenha ficado quase sempre implícito em sua fala. *Quase sempre*: tentando exprimir a concordância conjugal vigente entre os dois, quanto aos valores morais e ao comportamento conveniente de uma mulher casada, afirmou que seu marido "não se incomodava" que ela viajasse desacompanhada.

Aracy, por seu lado, parece ter descoberto essa liberdade depois do divórcio e da mudança de país, degustando a independência de ser uma mulher sozinha numa sociedade onde, pelo visto, isso não a estigmatizava. O anonimato também jogava a seu favor, longe de uma rede mais ampla de conhecidos, longe do lugar onde fora conhecida antes do divórcio. E o fato de ser estrangeira também, provavelmente. Ela misturava-se aos turistas, quando se alojava em hotéis, e mantinha seu perfil de membro do pessoal consular, quando em Hamburgo. Como os demais estrangeiros trabalhando em suas respectivas representações diplomáticas, sua posição em relação ao país de acolhida era privilegiada. Esta lhe trazia as vantagens da descoberta, a leveza do descompromisso próprio ao desenraizamento, sem o peso da dura realidade social tradicionalmente vivida por trabalhadores imigrantes durante períodos mais ou menos longos.

Fica difícil saber se Aracy passou por situações embaraçosas junto a interlocutores como professores de seu filho, comerciantes do bairro ou vizinhos, por exemplo, com quem vivia em contato direto. Aparentemente, porém, o ambiente geral alemão não teve influências negativas sobre ela, muito pelo contrário. Ao menos, nenhum registro existe nesta direção. O que não quer dizer que a sensação de independência e autonomia que experimentou, como mulher, fosse comum às demais alemãs.

DE LONGE

Durante os anos 1920, apesar de ter havido um debate acalorado em torno da questão do divórcio, nenhuma reforma foi feita na legislação alemã a esse respeito. Ainda assim, a questão não cessou de ganhar terreno, visto que as tentativas de reconciliação, feitas pelos juízes, tornavam-se cada vez menos eficientes e o número de casamentos desfeitos, cada vez maior. O Código Civil previa, então, cinco condições autorizando o divórcio: o adultério, pretexto mais alegado, seguido, segundo o grau de utilização, da "ruptura marital culposa",[10] da deserção, de doença mental e, enfim, da ameaça de morte. Para que o direito ao divórcio fosse concedido pela Justiça, um desses casos precisava ser obrigatoriamente provado e, quase sempre, com a determinação de um culpado.

A questão das divergências irreconciliáveis estava no centro do debate, pois muitos viam aí um modo de eliminar a cláusula exigindo a determinação da culpa. Os defensores de uma reforma da lei, liberais e democratas, além da ala esquerda, preocupavam-se também com o problema da responsabilidade financeira, sobretudo quanto às mulheres. Defendiam, assim, a proteção da dignidade destas, que deveria ser garantida, após o divórcio, independentemente da determinação da culpa. A ala conservadora defendia a legislação existente contra qualquer reforma, e a Igreja católica mantinha-se firme contra o divórcio.

Com a instabilidade política dos últimos anos da República de Weimar, apesar da intensificação dos debates, a legislação existente não sofreu qualquer reforma, tendo chegado intacta às mãos dos nazistas. O Partido Nacional-Socialista desejava uma reforma radical, baseada na questão racial. Facilitar o direito ao divórcio seria, assim, um modo de preservar os "bons" casamentos em face dos demais. Entretanto, alguns obstáculos de peso impediram a realização de tal reforma. Em primeiro lugar, a liberalização do divórcio atrairia, sem dúvida, a oposição dos conservadores e da Igreja, indesejável nos primeiros anos do regime. Em segundo lugar, isso poderia ter como consequência o aumento brusco do número de mulheres divorciadas com filhos, vivendo às expensas do Estado. E mandar as mulheres divorciadas trabalhar contrariava frontalmente a política desenvolvida naqueles primeiros anos em relação ao desemprego, como vimos.

Sem chegar a um consenso sobre a questão, os nazistas acabaram desviando-se e editando outras leis, sobretudo eugênicas, antissemitas e racistas, que afetaram diretamente o casamento e o divórcio. Mesmo assim, em 1936, após as Leis de Nuremberg, Hitler recomendou ao ministro da Justiça, Franz Gürtner, que achasse uma via de compromisso, introduzindo mudanças legais que evitassem uma medida radical em relação ao divórcio.

A reforma da legislação ocorreu, finalmente, após o Anschluss, já que a Áustria não dispunha de uma lei sobre o divórcio. Obedecendo às ordens de Hitler, Gürtner preparou uma nova lei que deveria incluir a infertilidade nas condições para a obtenção do divórcio, além de facilitar os casamentos de divorciados. Assim, em agosto de 1938, foi promulgada a "Lei do Casamento para a Grande Alemanha", que terminou bruscamente com duas décadas de debates. O tom do texto era claro: três condições existiam para a obtenção do divórcio, com determinação de culpa ou não: adultério, recusa de procriar e séria transgressão conjugal. Outro artigo, introduzido pelos nazistas no Código Civil, estabelecia ainda que a "dissolução do lar" serviria de base ao divórcio. Assim, casais que estivessem separados há três anos, afirmando que a ruptura tornara-se irremediável, poderiam obter o divórcio — caso isso ficasse provado diante do juiz. A medida ficava num ponto equidistante entre a maior liberalidade buscada pelos nazistas e o maior conservadorismo da opinião pública.

O impacto da nova lei foi mais forte na Áustria, onde, entre 1º de agosto e 31 de dezembro de 1938, 36.716 divórcios foram promulgados. Na Alemanha, o número total de casos foi de 54.402 em 1934, 46.786 em 1937, e 49.497 no ano seguinte.

A nova lei nem sempre facilitava o divórcio. Em alguns casos, criou obstáculos novos, e particularmente às mulheres, reafirmando o registro sexista do regime. Para que o adultério servisse de base à demanda de divórcio, era preciso provar, segundo a nova legislação, que a parte inocente não havia "facilitado" a situação ou "tornado o adultério mais fácil com seu comportamento". Assim, os juízes podiam ignorar o pedido de divórcio alegando que o marido adúltero teria sido levado a agir deste modo por mulheres pouco dedicadas e amorosas. Na prática, os juízes exigiram mais das mulheres, que dos homens, que voltassem ao domicílio conjugal.

O contexto geral foi de respeito aos objetivos nazistas de incentivar a procriação dos casais "arianos" e "saudáveis", facilitando os divórcios dos casais mistos, daqueles em que um dos cônjuges não era considerado "saudável" ou ainda daqueles em que um deles impunha obstáculos à procriação, prioridade do Estado. Esses interesses tomaram a dianteira em relação às motivações individuais, medidas segundo tais critérios. Mesmo assim, a maioria dos casais era atendida (88,2% em 1939 e 99,2% em 1940, num contexto em que o número de pedidos decrescera, com o início da guerra). O que confirma uma resposta positiva dada pela Justiça à aspiração liberalizadora do partido, desligado de qualquer compromisso com o fundamento moral e religioso do casamento, visto como "burguês". Sua utilidade estava, para os nazistas, no fato de fornecer uma base administrativa para o controle social e para a reorientação qualitativa e quantitativa do processo reprodutivo.[11] Neste ambiente geral de cooperação mútua, não é por acaso que, pouco depois da chegada de Hitler ao poder, antecipando qualquer exigência do regime, cerca de 82% dos juízes do país já fossem membros do Partido.

Ainda que a lei de agosto de 1938 não tivesse liberalizado totalmente o divórcio, mantendo algumas condições necessárias à sua obtenção, o fato é que na sociedade nazificada isso não era mais um problema central. Tanto o casamento quanto a sua dissolução deveriam estar a serviço do Estado e garantir a reprodução da "raça". Os estigmas sociais deslocaram-se rápida e violentamente, das vítimas dos preconceitos "burgueses", desprezados pelos nazistas, para aquelas do racismo e do antissemitismo. E isso num sentido radical: uma mulher divorciada, com filhos, tanto como uma mãe solteira, não sendo judias, estavam claramente mais de acordo com o ar dos novos tempos do que outra, casada, mas sem filhos.

Nenhum desses novos estigmas sociais tinha efeitos malignos sobre Aracy, que, além de tudo, sendo estrangeira e membro de uma representação diplomática, sofria menos o controle exercido pelo Estado sobre a vida privada e as escolhas íntimas dos alemães — e das alemãs. A estratégia de cruzar fronteiras foi de fato eficaz quanto aos preconceitos que poderia e pode ter enfrentado.

Contudo, no que toca à independência e à autonomia feminina, que se expressa com força na questão dos deslocamentos, Margarethe dispunha de uma vantagem considerável em relação a Aracy: podia decidir e partir a qualquer instante, nada a prendia, nem obrigações profissionais, nem responsabilidades familiares.

Esta faceta do perfil e da experiência de vida de Margarethe reforça, ao mesmo tempo, seu sentimento de liberdade dentro do casamento e a ideia, muito presente em sua narrativa, de que levava, com o marido, uma vida "fora do comum". Assim, se evocou espontaneamente — e de maneira singular — um sentimento de liberdade para definir, com entusiasmo, sua vida de casada, isso também se deve ao fato de que não exerceu voluntariamente alguns dos papéis femininos trazidos pelo casamento.

De fato, por uma escolha deliberada, o casal não teve filhos. Tal arranjo matrimonial não impôs a Margarethe as amarras tradicionais da vida familiar. Sem filhos para criar, seu calendário era extremamente flexível.

MATERNIDADE

Segundo Margarethe, tal escolha não se explica simplesmente pela grande diferença de idade do casal — 16 anos. Quando lhe perguntei se não tinha tido filhos, em nosso primeiro encontro, respondeu-me: "Não, graças a Deus, tenho que dizer não." O motivo que invocou para isso foi justamente a vida "fora do comum" que levava com o marido, sem lugar para acolher uma criança.

O casal tinha uma relação extremamente forte, à qual ela referiu-se em diversos momentos de sua narrativa. Disse-me jamais ter tido uma amiga íntima ou uma confidente, nem ter tido esse tipo de relação com a irmã.[12] Dividia sua intimidade unicamente com o marido, com quem foi muito feliz. Preferiram ficar só os dois, sem embaraçar-se ou comprometer o modo de vida que elegeram. E o tempo não a fez mudar de ideia.

Explicou-me, ainda, que um tal projeto não era fácil de levar a cabo na Alemanha da época, onde a legislação sobre o aborto exigia um laudo dado por três médicos, antes da intervenção. E ela passou por isso "várias" vezes, segundo me contou. Não se referiu nenhuma vez a outras práticas abortivas, executadas por parteiras, por exemplo. E insistiu na ideia de que seu desejo de não ter filhos era tão firme que enfrentou dificuldades práticas nada desprezíveis para realizá-lo até o fim, sem jamais deixar-se resignar diante de uma gravidez não desejada — e mesmo de várias. Quando lhe perguntei: "quantos, dona Margarethe?", referindo-se aos abortos, ela respondeu-me, do alto de sua inteligência centenária, fazendo um gesto definitivo com a mão, que indicava a futilidade da pergunta: "muitos, querida".[13]

A legislação alemã sobre o aborto foi codificada, pela primeira vez, em 1851, no Código Penal da Prússia. O texto foi incorporado, em 1871, ao Código Penal do Reich alemão (parágrafos 218-220). O parágrafo 218 estipulava que a mulher que provocasse em si mesma um aborto ou matasse sua criança no útero seria punida com uma pena de até cinco anos de prisão, com um mínimo de seis meses, quando circunstâncias atenuantes existissem. A mesma pena seria aplicada a qualquer pessoa que, com o consentimento da mulher grávida, ajudasse a cometer aborto ou a matar o feto. Tentativas de aborto também eram punidas pela lei. O parágrafo 219 fixava uma pena de até dez anos para quem, por dinheiro, cometesse abortos ou fornecesse meios a mulheres grávidas para que o fizessem. Enfim, o parágrafo 220 estipulava que pessoas que cometessem abortos em mulheres grávidas, sem o conhecimento prévio destas, estavam sujeitas a penas de até dois anos, ou de até dez anos se isso implicasse a morte da mulher em questão. Entretanto, abortos feitos para salvar a vida de mulheres grávidas não eram considerados crimes.[14]

Desde 1900, campanhas pela liberalização do aborto foram organizadas no país, inicialmente por feministas e, já antes da Primeira Guerra Mundial, por médicos liberais que defendiam a descriminalização dos profissionais da área que fizessem tais intervenções. Essas campanhas eram levadas a cabo ao mesmo tempo que um debate se travava, sob diversas perspectivas — moral, legal, biológica —, quanto ao direito das mulheres de decidirem sobre o destino dos embriões que carregavam.

Durante a República de Weimar, deputados social-democratas e comunistas também propuseram a liberalização do aborto. Defendendo os direitos das mulheres, levantaram também o argumento do peso representado pelas gestações sucessivas na vida das mulheres trabalhadoras, e dos riscos trazidos pela prática ilegal do aborto por parte de pessoas despreparadas. A mortalidade elevada de mulheres vítimas de abortos era, de fato, frequentemente invocada neste debate. Os deputados comunistas reivindicavam, ainda, que fossem retiradas do Código Penal as penalidades previstas tanto para atos de defesa do controle de natalidade (cujo aconselhamento deveria ser livre, no sentido de garantir uma maior informação das mulheres), quanto para a venda de contraceptivos. Radicalizando a questão, defenderam, enfim, a gratuidade do aborto.

Num encontro realizado, em 1925, pela Associação Alemã de Medicina, visando a reformular a lei do aborto, as ideias debatidas foram bem menos liberais do que as mencionadas. Uma das propostas levantadas era que dois médicos fossem designados, em cada cidade, para decidir sobre a "necessidade" de tais intervenções. Apesar da resistência de deputados católicos e conservadores, o Reichstag votou, em 1926, uma nova versão do texto do Código Penal, na qual as penas foram reduzidas e o aborto passou de crime a delito, quando não realizado por dinheiro. Entretanto, os critérios de legalidade envolvendo o aborto não foram alterados, e a prática ilegal continuava crescendo. Naquele mesmo ano, em Hamburgo, contavam-se dois abortos para cada três nascimentos. Em Berlim, os abortos superaram os nascimentos. Contudo, poucos casos resultaram em prisões; a criminalização atingia, sobretudo, mulheres pobres, incapazes de pagar intervenções médicas de boa qualidade.

Em 1927, a Corte Suprema Alemã decidiu que o aborto não era crime, desde que o perigo de vida não pudesse ser evitado de outra forma. Essa decisão foi aplicada de forma extremamente liberal. As associações médicas defendiam a ideia de que, se um segundo médico atestasse que a condição física da mulher era incompatível com a gravidez, o aborto poderia ser realizado. Serviços médicos especializados foram organizados nas maiores cidades do país e facilidades ambulatoriais disseminaram-se nos centros menores. Mesmo assim, os casos de criminalização continuavam existindo e o debate parlamentar tornava-se acalorado entre os defensores da descriminalização, vindos da ala esquerda, e os conservadores, católicos e nacionalistas em geral.

Perdurava uma situação de hipocrisia: a aplicação "flexível" da lei privilegiava pessoas cujos recursos garantiam intervenções ao mesmo tempo discretas e seguras. Era o caso de Margarethe Levy. E foi sob tais condições que ela fez seus "vários" abortos — provavelmente com dois atestados médicos, em vez dos três que sua memória registrou.

Mas as coisas ameaçavam mudar, certamente para pior, e não atingiriam a todos e a todas do mesmo modo. Em março de 1930, os deputados nacional-socialistas apresentaram um projeto de lei prenunciador dos novos tempos. Dizia o texto, que inúmeras manobras parlamentares evitaram votar, prolongando o debate público:

Quem quer que atue no sentido de bloquear artificialmente a fertilidade natural do povo [*Volk*][15] alemão, em detrimento da nação alemã, ou que promova tais fins em discursos, publicações, imagens ou qualquer outro meio, ou quem, misturando-se com membros da comunidade de sangue judaico ou das raças de cor, contribuir com a deterioração racial e a decomposição do povo [*Volk*] alemão, ou ameaçar contribuir para tais finalidades, será punido com uma sentença de prisão por traição racial.

No mesmo ano, a Associação Alemã de Medicina, endurecendo sua posição, proclamou-se contra qualquer intervenção visando à interrupção da gravidez cujo objetivo não fosse o de evitar sérios riscos à saúde da mulher. Mas pesquisas de opinião realizadas no meio médico mostraram que tal posição não era majoritária. Assim, em 1931, um questionário foi enviado pela Associação Médica de Hamburgo, e respondido por 70% dos médicos interrogados; as respostas mostraram que três quartos deles eram favoráveis a uma mudança na lei do aborto, legalizando intervenções justificadas por razões "médico-sociais". Em Berlim, três quartos das médicas atuantes pronunciaram-se pela legalização do aborto sob simples solicitação das interessadas, durante os três primeiros meses de gravidez.

Com o aumento da crise e da depressão alemãs, o número de abortos cresceu. Ao mesmo tempo, a instabilidade política, marcada por sucessivas dissoluções do Reichstag, fez com que nenhuma alteração à lei fosse votada. Enquanto cada vez menos médicos eram perseguidos pela Justiça por praticarem abortos ilegais, cada vez mais mulheres eram incriminadas. Elas foram mais de 30 mil, em 1933, a cumprir penas de prisão, em geral leves, por terem abortado. Os "novos tempos" tinham chegado, e não favoreciam as mulheres. No período nazista, elas foram de fato relegadas aos três "Ks": *kinder, küche, kirche* (crianças, cozinha, igreja).

Nas primeiras décadas do século XX, inúmeras associações, ligas e organizações, feministas, médicas, eugenistas e outras, defenderam o desenvolvimento da educação sexual, abriram centros de aconselhamento e de informação, gratuitos ou quase, sobre o controle da natalidade, e enviaram representantes que circulavam nas áreas menos populosas do país com o mesmo objetivo. Paralelamente, como vimos, o ideário oposto tomava forma e conquistava espaços cada vez maiores. Isso num contexto em que a baixa da natalidade se acelerava — na Alemanha, mais intensamente do que no resto da Europa, onde esta também era a tendência dominante. As soluções propostas pelas frações políticas conservadoras, além dos incentivos econômicos à natalidade, tomavam a forma de medidas repressivas quanto ao controle da natalidade e, mais ainda, quanto ao aborto. Ao mesmo tempo, as ideias eugenistas desenvolviam-se, marcadas por preocupações com a "raça", com a higiene da "raça" e com a ameaça de proliferação e de contágio das "raças inferiores". Nesta perspectiva, pregou-se, como remédio social, a esterilização de homens e mulheres cuja reprodução se mostrasse indesejável ao povo alemão. Não cabe aqui tratarmos da forma como o higienismo, o eugenismo e os movimentos *völkisch*, com seu pangermanismo e sua valorização das raízes "raciais" e espirituais do povo alemão — ligadas tanto à terra e às tradições populares quanto ao sangue —, convergiram no racismo e no antissemitismo nazista. Basta dizer que, a partir de 1933, duas tendências coexistiram. Por um lado, o endurecimento da repressão à contracepção e ao aborto e, de modo mais geral, a liquidação do debate, silenciando todas as vozes que defendiam até então políticas abertas de informação e de exercício do controle da natalidade. Reprodutoras da "raça", as mulheres alemãs passam a ter a maternidade como dever social. Por outro lado, havia as esterilizações — cerca de 225 mil até 1937 —, que visavam os casais portadores de doenças comprometedoras para o futuro da "raça". Assim, cegos, esquizofrênicos, retardados mentais faziam parte de uma longa lista, heteróclita e propositalmente vaga: um oponente político poderia ser enquadrado na categoria de retardado mental.

As Leis de Nuremberg não se pronunciaram sobre o aborto em casais "não arianos", e notadamente entre judeus. Enquanto as medidas repressivas em relação ao aborto eram reforçadas, um casal de judeus não foi inculpado, em 1938, por tentar realizar um aborto, sob o pretexto de que a lei tratando do assunto não protegia embriões judeus. Uma diretiva, publicada em março de 1939, esclarecia, assim, que as restrições ao aborto não se aplicavam a judeus.

Nesse contexto, se os abortos de Margarethe foram feitos antes da chegada dos nazistas ao poder, ela contou com uma legislação que tendia a se relaxar, abrindo algumas brechas, e, sobretudo, que vinha sendo aplicada com certa flexibilidade. As mulheres das camadas altas, passando pelo crivo dos atestados médicos exigidos por lei, provavelmente mais fáceis de serem obtidos dentro das redes de conhecidos, podiam se proteger de possíveis dificuldades com a Justiça. E a simpatia de contingentes significativos de médicos, em relação ao direito do aborto, favorecia as condições — clandestinas — em que eram praticados.

Depois de 1933, o aumento da repressão não foi suficiente para eliminar definitivamente essa prática ilegal: o número de abortos anuais foi estimado, em 1935, em 500 mil.[16] Isso apesar de as medidas adotadas terem tornado mais precária a situação daquelas que usavam tal recurso, impondo-lhes maiores riscos de saúde. A isso podemos acrescentar o fato de que o novo regime, com suas novas diretivas, provavelmente provocou a diminuição do número de médicos dispostos a arriscar suas carreiras para realizar tais intervenções. Por outro lado, a indiferença nazista pelos embriões judeus facilitava a decisão das judias que, como Margarethe, estavam prontas a correr qualquer risco a fim de evitar uma gravidez indesejada. E, no seu caso, todas o foram.

Segundo Margarethe, ela e o marido compartilhavam a mesma opinião sobre a questão, e ela não estava só na busca radical de evitar o desenvolvimento inoportuno de uma gravidez. O casal precisou enfrentar "várias" vezes a ilegalidade do aborto para continuar a viver como desejava.

Com a deterioração progressiva da situação dos judeus, Margarethe teve uma preocupação a menos, e das maiores, central na vida de muitas judias alemãs que deixaram seus depoimentos sobre o período. O medo e a angústia das crianças foram profundamente sentidos pelas mães. A imprensa judaica do país, por seu lado, estava cheia de artigos tratando do assunto, com conselhos dirigidos às mulheres, tidas como as responsáveis pela manutenção do equilíbrio psíquico no interior das famílias e pela segurança, ao menos emocional, das crianças. Desse aspecto das dificuldades, também, Margarethe foi poupada.

CONTRASTES E NUANCES

Esta configuração diferenciava Margarethe de sua irmã, mãe de dois filhos, fato que não passou despercebido à sua sobrinha, que o sublinhou. Segundo Peggy Marlow, a falta de amarras cotidianas que caracterizava a vida da tia não poderia ser compartilhada por qualquer outra mulher que fosse mãe, como Helena.

Mas isso a diferenciava, sobretudo, no que toca a história contada aqui, de Aracy. Para viajar, segundo suas possibilidades financeiras, esta precisava ter férias autorizadas no emprego e organizar a vida do filho, deixando-o com sua tia ou com sua mãe, caso esta estivesse de passagem pela Alemanha. Talvez, justamente por isso, no contexto de nossos encontros, Margarethe tenha pensado a si mesma essencialmente através do filtro da autonomia, inseparável de sua narrativa, impregnada pela liberdade de deslocamentos e pela aversão à rotina da vida cotidiana. Talvez por isso também tenha visto em Aracy um modelo contrário, de assentamento, que lhe pareceu tão admirável, provavelmente pelo estranhamento que tal noção suscitava, considerando seu modo de ver a vida e a vida que elegeu para si mesma.

Contudo, como nada é preto ou branco, Aracy não correspondia totalmente ao modelo de mulher assentada, no sentido dado por Margarethe, diametralmente oposto ao que desenhou para si mesma. E nem ela encaixava-se completamente no seu, de aventureira sem raízes, já que a autonomia que tanto valorizou era-lhe garantida, ao menos financeiramente, pela estabilidade de sua vida conjugal, fonte não secundária, como também afirmou, de completude. E na velhice, esse mesmo desenraizamento que lhe trouxera uma vivência arejada do mundo pode ter pesado mais. Ao falar do seu ateísmo, de sua total falta de sentimento religioso, comparou-se explicitamente com a amiga Aracy, profundamente católica, dizendo que tal "apoio [lhe] faltava muito".

De fato, a espiritualidade religiosa também fornece este retrato contrastado entre as duas amigas. Como o marido, Margarethe nunca seguiu a religião judaica, colocando-se mais uma vez numa situação de estranhamento diante da familiaridade de Aracy com relação à fé, cotidianamente presente em sua vida. Trata-se, aqui, de outro modo de expressão do desenraizamento geral de Margarethe. O exercício do judaísmo dar-lhe-ia, pela identidade religiosa, uma pertença étnica que é, para ela, menos localizada. Nem ela nem o marido conviviam com os judeus de Hamburgo, ou com os de São Paulo — nem mesmo com o grupo originário de Hamburgo, segundo me disse. Além de sua narrativa, a única informação que tenho a respeito, e não é muito, é que, como já mencionei, em 1927, Hugo tornou-se membro da comunidade judaica de Hamburgo. Mas talvez tenha dado esse passo quando conheceu Margarethe e aproximou-se dos futuros sogros, momento que não consegui datar. Pois o casal respeitou, de fato, o desejo de Rosa Bertel e casou-se segundo o rito judaico, e não somente diante da administração pública. Durante nossos encontros, Margarethe deixou claro que se considera judia e reivindica claramente tal identidade. Se esta não marca — nem nunca marcou — seu cotidiano, suas relações, suas atividades ou seu calendário, está, porém, indelevelmente inscrita em sua história. Mas talvez essa faceta de suas múltiplas identidades tivesse ficado bem mais apagada se, poucos anos após o casamento, a vida dos judeus alemães não tivesse mudado radicalmente de rumo, reforçando e valorizando traços de pertença étnica e religiosa que muitos desconsideravam e até desconheciam.

Isso dito, o que conta mais, no modo como Margarethe se desenha, é a "liberdade", que tanto exibe como traço dominante. Nesse sentido, um último elemento é eloquente quanto ao modo pelo qual sempre se definiu e afirmou. Nos prontuários de regularização da situação do casal no Brasil, numa ficha banal de identificação individual, Margarethe anotou, numa linha branca sob aquela, inicial, onde indicou seu nome, o termo "livre-pensadora". Fez o mesmo para o marido — "livre-pensador" —, já que cuidou do andamento dos dois processos (a ficha de identificação de Hugo traz a assinatura dela).

Nos outros prontuários que pude consultar, nem esse termo aparece, nem qualquer outro que pudesse substituí-lo, como a religião. Nenhum dos outros imigrantes cujos itinerários estou seguindo declarou-se "israelita", "judeu", "semita", ou indicou qualquer outra qualificação

— e ainda menos a de "livre-pensador(a)". Margarethe tinha sede em identificar-se deste modo, talvez para fugir à carcaça imposta pelos nazistas, de "judia", com a inferioridade civil e social que a acompanhou, e que, além de não corresponder à forma como se via, muito menos centrada em suas origens judaicas, negava justamente a "liberdade" e o desprendimento que tanto prezava — e que não estavam desconectados de sua posição no alto da escala social, muito pelo contrário.

Contudo, o formulário em questão não foi o primeiro que preencheu, e trazia a data de dezembro de 1941: ela já estava no Brasil há três anos. O fato de a palavra "livre" figurar em "livre-pensadora" não é anódino. Passados os primeiros anos, respirando o ar fresco trazido pela imigração em terras tropicais, ao identificar-se diante da administração pública, sem a instabilidade inicial do estatuto de "turista", Margarethe tomou posse de sua identidade. Inseriu, então, no documento em questão, uma informação absolutamente inútil para aqueles que tratavam de seu prontuário. Mas extremamente eloquente para nós, em toda a sua gratuidade.

Para Margarethe e Aracy, a busca de autonomia passou por rupturas diversas em relação à ordem do gênero. Aracy imigrou sozinha, levando consigo seu filho pequeno, e pôs fim ao primeiro casamento. Com isso, conquistou sua independência financeira e amorosa, tendo conhecido seu segundo marido na Alemanha, quando se encontrava mais disponível do ponto de vista afetivo. Apesar dos problemas financeiros e da instabilidade profissional que a preocuparam muito entre 1934 e 1938, manteve-se firme em seu projeto de prolongar a estada em Hamburgo. Em 1938, os rumos de sua vida mudaram totalmente: obteve a estabilidade profissional reivindicada e um salário melhor, além de ter iniciado seu romance com João Guimarães Rosa, abrindo de modo mais abrangente a nova configuração. Tais mudanças estavam diretamente ligadas à sua experiência migratória, que funcionou como uma alavanca liberadora em relação à primeira vida de casada, da qual quis se afastar.

Margarethe, ao contrário, tinha com o marido "a vida que pediu a Deus", entre identificação conjugal e sentimento de liberdade, por ela tão valorizado. Recusou assim, sistematicamente, a experiência da maternidade, vista pelo casal como um obstáculo à economia de sua vida conjugal. Contudo, nem tudo dependia dela, nem do marido: com o advento do nazismo, o vento virou contra os Levy, como o fez em relação aos demais judeus europeus. E eles viram-se obrigados a rever seus projetos e a empreender, juntos, uma viagem diferente das precedentes, já que esta seria sem volta. Para tal, cruzaram o Atlântico no sentido contrário ao que fizera Aracy quatro anos antes.

EMIGRAÇÃO

Helena e Martin Krebs deixaram a Alemanha pouco tempo antes dos Levy — em junho de 1938, segundo a filha Peggy ("depois do final do ano letivo"), em setembro, segundo os registros de arquivo. Em todo caso, no momento da "Noite de Cristal", eles estavam em Trieste, na casa do irmão mais velho de Martin, Ermano Crespi (versão italianizada que adotou de seu nome original, Herman Krebs).

O objetivo do casal era a Palestina, para onde efetivamente imigraram mais tarde. A verdade é que a partida da família foi improvisada, conforme descreveu Peggy Marlow. Segundo sua narrativa, Martin estava na Itália, cuidando dos negócios com os irmãos, quando oficiais nazistas vieram procurá-lo. Disseram a Helena que o chamasse, pois queriam vê-lo "imediatamente". Pediram seu passaporte, e o dos demais membros da família; Helena teria respondido que Martin estava com todos os documentos. A requisição dos passaportes visava claramente evitar a emigração precipitada deste rico comerciante constantemente em deslocamento profissional no exterior. Na época, os nazistas preocupavam-se justamente com a fuga de capitais judaicos, com a emigração sem controle de judeus que poderiam, assim, deixar o país levando consigo as posses tão cobiçadas. Helena assustou-se, segundo a filha. Encheu as malas que tinha em casa e passou ao marido um telegrama que este, em Trieste, não recebeu por causa de uma greve na Itália. Em seguida, deixando para trás a casa e os bens que não pôde carregar consigo, tomou, com os filhos, um hidroavião que, saindo de Hamburgo, pousou em Veneza.

Fugiu, sem qualquer controle dos nazistas, fato notável, certamente ligado às redes de relações da família, à sua posição social extremamente privilegiada, sobre a qual insistiu Peggy Marlow. Na Itália comunicou-se com o marido, que, assim, acabou deixando definitivamente o país sem ter previsto, ao menos segundo a descrição da filha.

Não sabemos se os Krebs já estavam preparando sua partida na época em que as coisas se precipitaram. Em todo caso, foi assim que, sem saber, evitaram estar na cidade durante o pogrom de novembro, poucos meses depois. Ficaram na Itália por seis meses. Segundo Peggy, teriam tentado estabelecer-se ali, sem sucesso na obtenção dos vistos; em seguida, tentaram a Bélgica, onde Helena tinha uma tia pelo lado materno, mas também não conseguiram obter o direito de residência. Optaram, então, pela Palestina, entrando ali na categoria de capitalistas, depois de provar ao governo britânico que dispunham do montante exigido em libras esterlinas, sempre segundo Peggy.

Quando Hugo e Margarethe partiram para o Brasil, os Krebs já estavam em Tel Aviv. Em 1946, Harry, filho mais velho de Helena e Martin, foi para os Estados Unidos estudar engenharia, na Universidade de Princeton. Voltou à Palestina quando começou a guerra de independência, em 1948, da qual participou como soldado. Permaneceu ali por um ano ou um ano e meio, segundo a irmã, antes de regressar aos Estados Unidos para concluir seus estudos. Depois da morte de Martin, em 1956, a família não tardou a seguir os passos de Harry. Atravessaram o Atlântico definitivamente, afastando-se da Europa e de Israel. Peggy o fez em dezembro de 1957; sua mãe, um ano depois.

Quando decidiram deixar a Alemanha, Hugo e Margarethe tinham duas opções. A primeira era Baltimore, nos Estados Unidos, onde já vivia um dos quatro irmãos Levy. A segunda era São Paulo, onde se instalara a irmã Levy, com seu marido, Levi, veterinário. Segundo a narrativa de Margarethe, não consideraram a hipótese da Palestina, onde viviam os Krebs e outro de seus cunhados, Otto Levy, que se instalara ali em outubro de 1933. Advogado, Otto foi atingido bastante cedo pelas medidas de exclusão profissional impostas pelos nazistas, tendo tido razões para deixar o país bem antes de Hugo. Contudo, na época, conforme me disse, o casal ouvira falar de alguém no consulado brasileiro que estaria emitindo vistos, e a escolha foi feita. Mas o projeto de emigrar, para os Levy, precedeu de vários meses a "Noite de Cristal" e não foi resolvido às pressas.

PREPARATIVOS

Não posso precisar desde quando, exatamente, Margarethe e Aracy se conheciam. Em março de 1938, no final da página tomada pela semana dos dias 20 a 26 da agenda de Aracy, ela anotou o número de telefone de algum Levy — "Levy 343310". Mas Margarethe não era a única pessoa com esse sobrenome que ela conhecia, já que, no dia 5 de janeiro daquele ano, anotou, na mesma agenda: "vesita senhora de Paris noiva do filho Levy". De fato, o telefone de Hugo e Margarethe não era aquele, e sim 352590, segundo a lista telefônica de Hamburgo daquele ano. Além disso, Hugo declarou aos nazistas, no momento em que estes investigavam em detalhes suas posses, suas entradas financeiras e seus gastos, que o projeto de emigrar nascera em setembro de 1938. Como prova disso, mencionou um certificado, que infelizmente não sobreviveu em seu dossiê, emitido pelo próprio consulado brasileiro e enviado à Presidência Regional de Finanças. O fornecimento de tal certificado visava apoiar o argumento de que as aquisições anteriores àquela data não tinham sido feitas já com o objetivo de partir — merecendo, assim, maior tolerância quanto à taxação imposta. Nesse sentido, o certificado em questão pode muito bem ter sido pós-datado em relação ao início real dos contatos e preparativos.

Aracy e Margarethe tiveram, então, ao menos dois meses de contato antes da emigração do casal. Caso tenham realmente se conhecido em setembro, esse primeiro contato também precedeu de cerca de dois meses o pogrom de novembro, quando o centro de Hamburgo transformou-se em palco de violências, saques e incêndios.

A descrição que Margarethe fez para mim da "Noite de Cristal" começou com o dia seguinte, 10 de novembro, e é representativa da maneira como toda sua narrativa foi feita.

Assim, quando me disse ter levado uma vida "fora do comum", estava, a meu ver, dando a chave do conjunto da narrativa. Isso vale, sobretudo, para dois períodos, nos quais se focalizou com mais intensidade. Em primeiro lugar, sua infância, até os 12 anos, período que terminou com a instalação definitiva da família em Hamburgo, quando começou uma fase mais marcada pela rotina. A mudança foi vivida por ela como uma ruptura, que registrou erroneamente na memória pelo início de sua rotina escolar, cujos anos anteriores apagou. Data destes seus 12 anos — momento de passagem em que afirmou ter-se sentido uma mocinha ao lado de crianças na escola — um retrato a óleo encomendado pelos pais, que reina, ainda hoje, no centro de sua sala de visitas. Na tela, a menina bem-vestida, sentada numa poltrona, posa sozinha para o pintor.

O segundo momento privilegiado começa com a entrada de Hugo Levy em sua vida e termina pelo ponto nodal no que toca à história contada aqui, a imigração. Os acontecimentos que precederam esta nova ruptura emergem da narrativa envolvidos pela chave do "fora do comum".

Todas as tentativas que fiz de ouvir versões diferentes da saga de sua imigração foram frustradas. Tentei, por exemplo, voltar algumas vezes a pontos precisos, interrogando-a sobre algum detalhe, nome ou situação, imaginando que, na desordem da narrativa, ela poderia contar algo novo, ou diverso. Nada disso funcionou. Ela jamais trocou qualquer elemento, repetindo as mesmas sequências, de modo praticamente idêntico, a cada vez que a solicitei. Optei, então, por não insistir mais e tratar sua história de vida a partir do registro que escolheu. Afinal, sua narrativa, e o que podemos tirar dela, é uma das *raisons d'être* deste livro.

Vivendo em pleno coração da cidade, Margarethe afirmou não saber, no dia 10, o que tinha acontecido durante a noite e, saindo de casa, também não ter visto nem ouvido nada a esse respeito, seguindo o programa de atividades que tinha previsto para aquele dia. Sua sobrinha atestou que isso era plausível, pois Margarethe não vivia perto de nenhuma sinagoga, nem em bairro de concentração judaica, mas numa rua extremamente sofisticada, provavelmente poupada dos estragos e das violências. Mesmo assim, não longe de sua casa, o bairro de negócios em torno da Neuer

Wall, perto da prefeitura, foi vítima de grandes destruições; parte dos estoques e das vitrines das lojas depredadas chegaram a ser jogados no canal do Alster situado ali perto.[17] Se Margarethe não viu nada, pode ser também porque estava realmente preocupada e ocupada com seus preparativos pessoais e deslocou-se pelas ruas olhando sem ver.

Além da sua emigração com o marido, Margarethe também estava tentando organizar, na época, a da mãe. Assim, naquele dia, disse ter ido ao consulado polonês, para tratar da renovação do passaporte de Rosa, e também, segundo afirmou, do de Helena, que estava em Trieste com o passaporte vencido, esperando para imigrar.

Continuando a narrativa, mencionou seu encontro, no consulado, com uma conhecida que lhe perguntou, preocupada, se estava tudo bem com seu marido. Vendo que ela não entendera a razão e o sentido da pergunta, sua conhecida, admirada, contou-lhe sobre as violências, a destruição e os incêndios ocorridos na noite anterior, assunto que, àquela altura, já era de domínio público em todo o país. Margarethe não estava a par de nada daquilo. O consulado polonês ficava, em 1938, na Johnsallee 13, ao norte de onde viviam os Levy e não distante de Grindel, bairro judaico pelo qual ela pode ou não ter passado naquela manhã em seu trajeto.

Se, para muitos, a "Noite de Cristal" marcou o momento de tomada de consciência e de busca de um país de imigração, esse não foi o caso dos Levy.

No dia 9 de novembro, não só ela já começara a tratar da emigração há um certo tempo, como obtivera os vistos para partir, coincidentemente, naquele mesmo dia, antes das violências noturnas. Ou seja, no dia seguinte, quando saiu para regularizar os passaportes da mãe e da irmã, já tinha sua partida acertada, apesar de não ter se lembrado disso, que ficou registrado no dossiê produzido pela Presidência Regional de Finanças no nome de seu marido. Ainda que tenha tido que tomar providências imprevistas depois do pogrom, em relação a Hugo, este não foi, para ela, o sinal de alerta que representou para muitos, que ainda hesitavam em partir.

Ao ouvir as novidades, no consulado polonês, sua reação imediata foi, segundo explicou, de pedir para telefonar ali mesmo, a fim de prevenir o marido. Como as demais judias, tendo em vista que os nazistas estavam prendendo os homens judeus, Margarethe temeu pelo seu, cujo consultório, como também afirmou, não somente era bem conhecido na cidade, mas anunciava-se com uma placa na fachada do imóvel. Essa placa já poderia ter sido arrancada há muito ou, no limite, na noite anterior ou naquele mesmo dia. Não o foi, segundo ela. Margarethe explicou tal fato, como outros, pelo mítico caráter cosmopolita e liberal de Hamburgo, que se diferenciaria das demais cidades alemãs. Sabemos que isso não é verdade, sobretudo neste final de 1938 — e durante o pogrom de novembro. Mas não é impossível que a placa tenha permanecido onde estava. Isso caso tal placa existisse mesmo do lado de fora, como já era usual no Brasil da época.[18] Atualmente, porém, os médicos que trabalham ali têm seu nome discretamente inscrito na lateral da porta, e suas placas douradas, realmente chamativas, dentro do prédio, no andar onde estão instalados. De qualquer modo, acasos da sorte como este atravessaram os acontecimentos, em benefício de uns poucos, e permearam muitas narrativas produzidas depois, explicando, muitas vezes, a sobrevivência de seus autores.

Os Levy estavam dentre os que tiveram mais sorte. Fizeram parte, como os outros emigrantes que compõem esta história, daqueles que escaparam da Alemanha e da deportação.

Não só a placa do Dr. Levy não foi removida da fachada como, sorte maior, Hugo continuou trabalhando normalmente, não sendo preso, nem importunado pelas hordas de SA que percorriam a cidade à caça de judeus e de seus bens. Aliás, segundo Margarethe, ele estava atendendo um paciente justamente no momento em que ela conseguiu convencer um funcionário do consulado polonês a deixá-la telefonar.

A urgência da situação entra em conflito, na narrativa de Margarethe, com a rotina inalterada do marido. Ainda segundo ela, Hugo também não havia sido informado do que estava acontecendo, nem pela boca dos pacientes que atendera, nem pela enfermeira, que chegara da rua para trabalhar. Inconsciente e despreocupado, seguia concentrado em suas atividades profissionais, já sabendo, a esta altura, que em pouco tempo começaria vida nova da parte de baixo do equador. Nunca saberemos o que pensava a este respeito enquanto seguia seu dia a dia. Se imaginava bananais e coqueiros sob céu de anil, miséria e mosquitos, ou se sonhava somente em não ver mais as bandeiras negras e vermelhas com suas suásticas dobrando-se ao vento e ornando as fachadas, além de lustrosas botas pretas marchando, slogans e caricaturas antissemitas em cada esquina dentre outros símbolos e manifestações de sua exclusão.

Margarethe afirmou ainda que quando Else Köster atendeu ao telefone, resistiu em chamar o doutor, obrigando-a a insistir para que o interrompesse. Como em muitas outras passagens de sua narrativa, a situação angustiante da perseguição, marcada pelo medo das violências físicas e morais, pelas humilhações e pelo rebaixamento, é recusada aqui, num registro que sublinha e recupera a dignidade e a nobreza do marido.

Oficialmente, os cirurgiões-dentistas judeus ainda tinham o direito de exercer a profissão. Mas não os médicos. Hugo perdera o direito de exercer a medicina em 1936, tendo continuado a trabalhar somente como dentista. Em 1971, ele declarou que seguiu exercendo a odontologia até 30 de setembro de 1938, quando se viu privado desse direito também, parando de trabalhar. Margarethe contou-me outra coisa: segundo ela, o marido teria trabalhado "até o úuuultimo minuto". Caso a verdade estivesse com Hugo, a narrativa de Margarethe sobre a manhã do dia 10 de novembro seria inteiramente falsa. Mas a verdade, quanto a esse ponto, estava do lado dela. No dia 1º de novembro, durante os preparativos para a emigração, Hugo declarou à Presidência Regional de Finanças que ainda estava exercendo e que ainda receberia honorários antes de emigrar, inclusive de trabalhos já realizados.

Contudo, como vimos antes, em todos os domínios, as pressões eram fortes, inclusive sobre os pacientes não judeus, facilmente denunciados por terem contatos com judeus. O processo de isolamento social e econômico dos judeus ocorreu não somente — e muitas vezes não principalmente — pelas iniciativas do regime, "por cima", mas também "por baixo", pelas diversas formas de assédio e violência que, sobretudo em 1937-1938, tiveram livre curso em Hamburgo. Amedrontados, aqueles que no início mantiveram suas relações e deram provas de solidariedade e de amizade pouco a pouco acabaram se afastando de amigos, conhecidos e profissionais judeus. Estes, mesmo quando muito assimilados, identificando-se em primeiro lugar como alemães, acabaram se voltando cada vez mais para os outros judeus. O contexto geral reforçou uma pertença que, até então, no caso dos Levy, como em muitos outros, não entrava em contradição com seu amplo círculo de relações.

Médicos e dentistas judeus, enquanto ainda conseguiam exercer a profissão, viam sua clientela reduzir-se, limitando-se progressivamente a pacientes judeus. Isso era realmente a tendência geral, e Margarethe afirmou às autoridades alemãs responsáveis pelas compensações de guerra, muitos anos mais tarde, que entre 1933 e 1938 seu marido só teve pacientes judeus; ela não podia prová-lo, mas ninguém podia provar o contrário, pois a assertiva era absolutamente verossímil. Num contexto em que muitos alemães recusavam-se a sentar nos transportes públicos ao lado dos judeus, ou em lugares vagos onde estes tivessem sentado antes, como imaginar que se deixariam examinar e diagnosticar por médicos judeus ou, pior, por mãos judias? A propaganda do regime foi tão feroz quanto eficaz em relação aos riscos de contato físico. Os pacientes judeus, por seu lado, encontravam-se numa situação financeira cada vez mais dramática, além de terem tido seu acesso vetado à previdência social. Enfrentar os custos de um tratamento dentário tornara-se, assim, cada vez mais proibitivo.

Todos esses fatores construíram, progressivamente, a impossibilidade prática do exercício da profissão, já antes que qualquer impedimento oficial fosse publicado. Mesmo assim, o "8º decreto adicional à lei sobre a cidadania do Reich" foi publicado no dia 17 de janeiro de 1939, proibindo legalmente os judeus de exercer atividades paramedicais e ligadas à saúde, atingindo particularmente farmacêuticos, dentistas e veterinários.[19] Quanto aos dentistas, os alemães deveriam doravante ser tratados exclusivamente por "alemães". O que contradiz mais uma vez a lembrança de Hugo, registrada em 1971, segundo a qual, desde 30 de setembro de 1938, teria sido privado do exercício da odontologia, sua segunda especialidade.

Em janeiro de 1939, contudo, Hugo já estava em São Paulo, exercendo ilegalmente sua profissão. Neste momento, os cirurgiões dentistas judeus que não tinham deixado a Alemanha, ou que não tinham desistido de exercer a profissão, eram poucos. No início de 1934, eles eram em número de 1.064 (num total de 11.332 profissionais atuando no país); no início de 1938, ainda restavam 579 deles e, no início do ano seguinte, 372.[20] Nesta última subtração, inclui-se a partida de Hugo, que não pagou para ver os nazistas decretarem o banimento oficial dos judeus da categoria, tendo entregado suas cartas antes, e abandonado a arena. Nazificada, a associação profissional dos dentistas de Hamburgo não esqueceu totalmente seu antigo membro. Em dezembro de 1938, logo após a partida dos Levy, e em março do ano seguinte, escreveu à Presidência Regional de Finanças para indicar duas entradas em dinheiro em nome de Hugo, provavelmente fruto de trabalhos feitos antes da partida. As somas de 252,23 e 62,40 marcos foram depositadas em seu nome na conta bancária bloqueada que deixara, mas é possível que ele nunca tenha ficado sabendo dessas operações.

No telefone, Margarethe teria dito ao marido que fosse para o consulado brasileiro, onde estaria em segurança. Desligando, também teria seguido para lá. Hugo pode ter ido a pé, fazendo uma caminhada de uns 15 minutos a partir de onde morava e trabalhava. Apesar de apresentar, como me informou sua sobrinha, um rosto com traços judaicos muito marcados, que podiam denunciá-lo involuntariamente, a distância era curta. Mesmo assim, se realmente caminhou, ele deve ter feito o trajeto com apreensão, expondo-se em pleno coração da cidade. Margarethe estava mais longe, no consulado polonês, mas, sendo mulher, não corria os mesmos riscos.

Nunca saberemos se essa conversa telefônica realmente existiu, nem mesmo se Margarethe realmente inteirou-se do ocorrido somente ao chegar ao consulado polonês, tendo prevenido em seguida seu marido, ou, ainda, se naquela manhã precisa esteve mesmo no consulado polonês. São fatos que datavam de quase setenta anos quando a entrevistei pela primeira vez. Ela pode ter guardado lembranças precisas daquele dia, tendo em vista a gravidade da situação. Mas pode também ter reconstruído o quebra-cabeça reunindo peças esparsas, combinando-as de modo aleatório.

Na verdade, importa pouco sabermos como de fato o casal Levy tomou conhecimento do pogrom. Mesmo porque, em outro momento, Margarethe contou outra versão. Segundo afirmou em 1959, a Gestapo teria vindo procurar seu marido em casa após a "Noite de Cristal" e ele teria passado a noite do pogrom escondendo-se em trens, sem que ela mesma soubesse exatamente aonde. Mas essa versão dos fatos foi dada por Margarethe num momento em que ela e o marido reivindicavam compensações financeiras pelas perseguições e pela emigração; além da passagem do tempo, o contexto destas declarações é muito diferente do de nossos encontros.

Entretanto, a informação que realmente nos interessa aqui, cujos detalhes e contornos foram definitivamente apagados pelo tempo, é a da relação entre Aracy e os Levy naquele momento: ela realmente era vista por eles como sua "protetora"? Tudo indica que sim, pois o resto da narrativa reforça esse laço e esse perfil preciso do relacionamento, que, como vimos, já durava há ao menos um par de meses. E, naquele dia, ainda que Margarethe não tenha se lembrado de contar, os vistos já estavam prontos, escritos com a letra de Aracy, nos passaportes de ambos.

AMIGAS

Encontrando-se com o marido no consulado brasileiro, Margarethe pôde conversar com Aracy. Segundo me contou, esta se ofereceu imediatamente para esconder Hugo em sua casa. Aparentemente, as duas já eram próximas, na ocasião. Na verdade, segundo Margarethe, tornaram-se próximas desde o primeiro contato. A imagem que encontrou para definir o nascimento dessa relação foi a expressão "amor à primeira vista", que, precisou, também ocorre "entre mulheres".[21] Elas duas seriam a prova cabal desta possibilidade.

A primeira anotação feita claramente em referência a Margarethe, na agenda de Aracy, aparece em 29 de outubro, dez dias antes do pogrom: "Recebi do Brager meu casaco de peles dado pela Gretel L." Aracy empregou aqui o diminutivo alemão de Margarethe, pelo qual talvez a chamasse. Alguns dias depois, ela voltou a registrar outros presentes de Margarethe, designando-a de outro modo: um "lindo santo de Mme Lev" (3 de novembro) e um vestido, da "Senhora G. L." (Gretel Levy), dois dias depois, ou seja, na antevéspera da concessão dos vistos e da "Noite de Cristal".

Margarethe referiu-se com admiração à religiosidade de Aracy e chegou a mencionar esta imagem de santo em sua fala. Trata-se de um presente duplamente significativo, que indica, ao mesmo tempo, a existência de uma ligação mais pessoal entre as duas mulheres, e o desejo de Margarethe de exprimir respeito e consideração pela fé da amiga brasileira. Ofertou-lhe, então, um presente que se destacava dos demais, por comportar uma dimensão marcadamente espiritual. Aracy deve ter ficado tocada. Pois não somente Margarethe não tinha origem cristã, como não era sensível à fé ou à religiosidade. O que não a impedia de sentir-se — e fazer-se — próxima da amiga nesta homenagem.

O caso do casaco de peles foi sublinhado e repetido por Margarethe, que mudou a ordem dos fatos em sua narrativa, não conseguindo se lembrar do nome de seu peleteiro, mas somente dos fatos em torno ao casaco em questão. Ela contou-me que tinha seu peleteiro em Berlim — e não em Hamburgo —, e que dele encomendou duas peles de raposa prateada ("*renard argenté*")* querendo oferecer à amiga, de presente de despedida, um belo casaco. Disse ainda que pedira ao fornecedor em questão que entregasse o casaco somente depois que seu navio tivesse deixado as águas alemãs.

Margarethe inseriu essa história em sua narrativa para ilustrar a profunda honestidade de Aracy e o fato de que não aceitava nada em troca dos vistos fornecidos. Essa recusa de qualquer tipo de retribuição material foi, aqui, radicalizada ao extremo, pois, segundo Margarethe, sua amiga teria recusado até mesmo o presente de despedida que quis lhe oferecer. Para forçá-la a aceitá-lo, teria então solicitado ao forne-

---

*Em nosso primeiro encontro, boa parte da narrativa foi feita em francês, por escolha deliberada da própria Margarethe. Ao saber que eu vivia na França, simplesmente trocou de língua. Disse-me que o francês era sua língua materna, por ter vivido muito tempo em Genebra. Ela fala, efetivamente, um bom francês.

cedor que só entregasse o casaco quando não houvesse mais qualquer possibilidade de recusa, depois que a amiga salva já tivesse alçado velas.

A verdade é que Brager entregou o casaco a Aracy antes da partida dos Levy, e antes mesmo da "Noite de Cristal". A confusão feita por Margarethe também pode ser explicada pelo simples fato de que a cronologia escapou-lhe mais de uma vez, o que nos leva a imaginar que isso ocorreu também em momentos da narrativa cujos fatos e encadeamentos não tive meios de verificar.

Sobre seu peleteiro, Margarethe afirmou ainda que, apesar de viver em Berlim, também conseguiu um visto para o Brasil no consulado de Hamburgo, graças à amiga, tendo, além disso, confiado a Aracy um relógio com pulseira de brilhantes de sua esposa. Evitou, assim, declarar a joia aos nazistas, perdendo-a ou pagando taxas elevadas para levá-la consigo. Aracy encarregou-se de levar o relógio pessoalmente ao Brasil, quando pudesse. Em todo caso, os berlinenses Ivan e Cäcilie Brager obtiveram de fato os vistos nº 42 e 44 em Hamburgo, em janeiro de 1939.

Quanto à honestidade de Aracy, vale dizer que, em nosso primeiro encontro, Margarethe estava muito desconfiada de minhas intenções, o que pode ter interferido no conteúdo e no desenrolar da entrevista. Pouco antes de minha estada em São Paulo, duas outras pessoas, trabalhando na Alemanha num projeto de documentário sobre o período alemão de João Guimarães Rosa, e sobre eventuais manifestações explícitas de oposição ao nazismo de sua parte, tinham vindo entrevistá-la. Segundo explicou-me Eduardo Carvalho Tess, esta entrevista irritara-a muito ("ficou uma onça"), pois o foco não era Aracy, mas unicamente seu marido, e Margarethe teve a impressão de que os atos da amiga estavam sendo não somente colocados em segundo plano, mas também indevidamente imputados a ele. Assim, no final da entrevista que fiz com Eduardo Tess, ele telefonou-lhe e garantiu-lhe que eu não vinha da Alemanha, não conhecia as duas pessoas em questão e não tinha nenhuma relação com aquele projeto de filme. Ela, então, concordou em me receber, e para lá fui. Ao chegar, percebi que sua desconfiança continuava viva: mais de uma vez perguntou-me, no início da entrevista, se eu não vinha mesmo da Alemanha, se não estava mesmo fazendo um filme sobre

João Guimarães Rosa, se nunca tinha ido à Alemanha, se não sabia de um projeto de documentário... Este contexto, acredito, influiu na sua insistência em colocar Aracy de Carvalho no centro da narrativa, apesar de eu ter pedido, desde o início, que me contasse sua própria história, colocando-se a si mesma no primeiro plano, como protagonista.

Isso dito, a questão da honestidade esbarra em outro tema, que não deveria ser desconhecido a Margarethe. Trata-se da corrupção daqueles que, alemães ou diplomatas estrangeiros, estavam em contato com os candidatos judeus à emigração. As histórias de extorsões, de chantagem diante de pessoas desesperadas para emigrar, ou de simples vendas de vistos e outros documentos correram e banalizaram-se, tanto na época quanto depois, entre boatos e livros de memória ou de história. Os diplomatas brasileiros e a polícia dos portos não estavam isentos nem dos fatos nem dos boatos mais ou menos fundamentados sobre o assunto. Grete Callmann afirmou, numa entrevista, que a única joia que conseguira trazer da Alemanha foi roubada por funcionários brasileiros no porto do Rio de Janeiro.[22]

Um dos hamburgueses que contatei, e que não chegou ao Brasil pelas mãos de Aracy, já ouvira falar dela e acreditava que ela pedia dinheiro pelos vistos concedidos. Tal informação não foi confirmada por mais ninguém, bem ao contrário. E contraria, retomando o fio, o sentido geral da narrativa de Margarethe.

Não tendo filhos para criar, vivendo uma relação conjugal estável com seu marido, cuja situação socioeconômica afastou-a completamente de qualquer embaraço financeiro e, sobretudo, do trabalho remunerado, Margarethe levava uma vida muito diferente da de Aracy. Esta precisava controlar constantemente suas despesas pessoais e familiares. Margarethe mostrou sua admiração diante da capacidade da amiga em não se deixar seduzir pelo dinheiro fácil — aparentemente acessível: considerando a vida que levava, a retidão de Aracy parecia-lhe ainda mais admirável. De qualquer modo, se alguns emigrantes puderam lhe oferecer presentes de reconhecimento, isto coube, em primeiríssimo lugar, à própria Margarethe, ao menos segundo as notas cotidianas tomadas por Aracy. Fora os presentes mencionados, todos de Margarethe, dois outros foram registrados em sua agenda daquele ano. No dia 21 de novembro, anotou: "Recebi 2 cortes de vestido de freguezes de Munich"; uma semana depois, recebeu uma pulseira de "freguezes" de uma outra cidade, cujo nome está ilegível. Margarethe afirmou ainda que testemunhou diretamente, no consulado, uma cena em que um judeu candidato à emigração, desesperado, ofereceu sua casa a Aracy em troca dos vistos. Levou os vistos, mas não deixou a casa.[23]

BELEZA

A admiração de Margarethe por Aracy é sem fissuras e abarca vários assuntos e facetas da amiga. Assim, ela referiu-se, mais de uma vez, às formas perfeitas do corpo de Aracy, à beleza do seu rosto, ao seu charme pessoal, que se manifestava inclusive no modo de andar. Este exercia uma sedução involuntária, atraindo "fãs" logo que aparecia em público. Tal atributo, visto como um trunfo ao qual confere grande importância, é, para Margarethe, central à expressão da feminilidade, e reúne as duas mulheres, ao menos em sua narrativa.

Tendo falado com ênfase da beleza física da amiga, Margarethe referiu-se também, com maior discrição, à sua própria: "Eu fiquei uma mocinha atraente, para não dizer bonita, atraente, um pequeno nariz assim." Neste momento da fala, Margarethe acompanhou sua descrição de um gesto indicando um nariz pequeno, cujo perfil desenhava uma curva contrária à das caricaturas nazistas dos narizes judaicos, adúncos, assimilados a bicos de aves. Em outro momento, disse ainda que, quando jovem, era "muito vistosa", contando que tingia os cabelos de loiro e que esses dois elementos juntos, a beleza e a cor dos cabelos, trouxeram-lhe grandes vantagens. O que confirmou sua crença na utilidade prática dos trunfos físicos.

De fato, para Margarethe, a beleza abriu portas, e mesmo aquelas mais fechadas. Para além de pequenas vantagens, cuja obtenção imputou à própria beleza, esta, próxima dos cânones valorizados e adotados pelos nazistas na hierarquia "racial" que criaram, serviu-lhe num ponto fundamental: graças a seu aspecto físico, a seu rosto, segundo afirmou, "ninguém acreditava que era judia". Daí a importância, nos anos 1933-1938, da forma do nariz, único elemento concreto que mencionou para descrever sua beleza, além da cor, loira, dos cabelos tingidos. Margarethe repetiu essa ideia muitas vezes, mostrando-se plenamente convencida de ter evitado problemas naqueles anos graças a seu aspecto, que a fazia passar facilmente por "ariana".

Essa crença forneceu uma base fundamental para que afirmasse também, em diversos momentos de seu depoimento, espontaneamente ou interrogada por mim, que jamais teve medo. Sua beleza pessoal, coerente com os cânones da época — aliada à sua ilusão sobre o caráter cosmopolita e aberto de Hamburgo —, serviu-lhe como arma de defesa.

Se a segunda crença era ilusória, a primeira, não. Efetivamente, para não ser importunada nas ruas, nas lojas, nos espaços públicos e nas repartições que teve, mal ou bem, que frequentar, seus traços "arianos" inatos, como o nariz, ou fabricados, como a cor loira que escolhera para seus cabelos, traziam-lhe uma vantagem real.

Outros depoimentos deixados comprovam essa ideia. De fato, tanto os cidadãos alemães quanto os oficiais, burocratas e policiais nazistas de todas as estruturas de controle e de repressão enganavam-se. Deixando-se guiar pelas aparências com uma segurança mais que duvidosa, confundiam judeus com "arianos" pelo fenótipo. Faca de dois gumes, isso prejudicava claramente os judeus e as judias mais facilmente identificáveis pelo fenótipo, sobretudo quanto à forma do nariz, particularmente visada. Alguns, por essa simples razão, faziam-se representar por outros membros da família, menos "típicos", em situações consideradas arriscadas ou decisivas, tendo em vista, por exemplo, a busca de empregos ou a negociação de projetos migratórios. Sair de casa, também por isso, era vivido como um pesadelo por muitos, inclusive além dos espaços de vizinhança e de frequentação habitual, onde o anonimato poderia prevalecer. Inversamente, aqueles e aquelas que podiam ser facilmente confundidos com "arianos" eram ampla e seguramente beneficiados pela certeza generalizada, ditada pela propaganda nazista, de que a "raça" traduzia-se pelo fenótipo (ainda que os critérios oficialmente adotados para definir a pertença "racial" não corressem evidentemente o risco de basearem-se nesta crença). Enfrentar agentes do Estado para defender homens da família, como muitas mulheres judias precisaram fazer, era mais confortável para aquelas que podiam "orgulhar-se" de cabelos loiros, olhos claros, narizes pequenos e arrebitados, estaturas mais altas. Mulheres morenas, baixinhas, com narizes mais marcados ou adundos, não eram recebidas da mesma forma e, nas ruas, enfrentavam com maior facilidade humilhações e hostilidade.

Margarethe sabia disso e imputou vários de seus sucessos durante aqueles anos à sua beleza tão bem adaptada ao contexto. Afirmou, inclusive, que se o passaporte de seu marido tinha o "J" estampado na capa, o seu fora poupado disso, apesar de ser sua esposa. Não é verdade. Seu passaporte tinha um grande "J" estampado na capa, como os demais, de "judeus".[24] Ela provavelmente esquecera o fato. Ou então usou tal argumento para reforçar sua ideia, repetida mais de uma vez, de que "ninguém acreditava que [fosse] judia", pois além da aparência, seu nome de solteira, Maria Margarethe Bertel, também podia "enganar" aqueles que não queriam acreditar que, de fato, as aparências enganam, contrariamente à propaganda oficial. Seu casamento poderia passar por misto, caso não pedissem provas de sua descendência. Mas tal confusão não aconteceu no caso dos agentes de polícia responsáveis pela concessão dos passaportes.

Em fotos tiradas ainda na Alemanha, podemos facilmente avaliar a sorte que realmente teve com sua aparência. Aracy, por seu lado, não precisava desta sorte, e podia contentar-se, valorizar e desfrutar de sua morenice pouco "ariana".

CORPO *VERSUS* TEXTO

Trabalhando com várias gerações da família de Edouard Tinchant, filho de pais "livres de cor", Jean Hébrard e Rebecca Scott chegaram até Marie José Tinchant (1917-1945), uma sobrinha-neta que, vivendo em Antuérpia na época da Ocupação nazista, entrou para a Resistência belga. Pega pela Gestapo, em 1944, foi deportada para Ravensbrück, junto com outras mulheres do mesmo grupo, e assassinada em 1945.[25]

Em 1954, a família tentou fazer com que a Justiça belga lhe reconhecesse seu estatuto de deportada política, no qual efetivamente fora enquadrada pelos nazistas, por seus atos de resistência. A iniciativa esbarrou, então, numa recusa oficial, cuja justificativa foi encontrada numa descrição feita pela mãe de Marie José, que, sem notícias da filha, lançara uma busca, declarando tratar-se de alguém de "pele morena" ("*basanée*") e "cabelos crespos". Tal descrição, escrita, foi recuperada pela Justiça dez anos mais tarde, e bastou para que esta, indo mais longe do que os nazistas, negasse a Marie José o reconhecimento do estatuto de deportada política, afirmando que sua deportação teve razões "raciais".

Corpo e texto, juntos, roubaram, *a posteriori*, desta descendente distante de escravos libertos a liberdade de ter, de fato, resistido politicamente ao nazismo, pagando o preço de seus atos. O corpo tomou a dianteira para dar sentido ao texto. O oposto deu-se para uma sua ascendente, Rosalie Vincent, avó de Edouard Tinchant, que, quase dois séculos antes, percebendo a força do texto, muniu-se de uma carta de alforria, evitando, assim, que o corpo se impusesse para defini-la.

Quando perguntei a Margarethe Levy se ela não viveu situações de humilhação, de violência verbal ou ofensas morais em seu cotidiano, em Hamburgo, a resposta foi definitiva e negativa. Em nosso último encontro, trocou num dado momento o tom geral e sempre positivo de sua narrativa e afirmou que "nem tudo foi fácil para mim". Mencionou então pela primeira e única vez uma situação de antissemitismo diretamente vivida. Contou-me que quando foi buscar seu passaporte, provavelmente no dia 2 de novembro, quando foi concedido, chamaram-na para entregar-lhe o documento, referindo-se a ela como "puta Levy". Diante dessa humilhação, disse-me que tinha uma "vida particular" tão feliz com o marido que "engoliu" a agressão. O fato é que, mesmo sem ter a vida conjugal harmoniosa que realmente parece ter tido, só lhe restava engolir.

Sua fala ficou ambígua neste ponto, e não respondeu à minha pergunta tentando elucidá-la. Durante este encontro, a comunicação tinha se tornado muito difícil por causa de sua surdez, que não só dificultava o bom andamento da entrevista, mas cansava-a e contrariava-a muito. Mesmo assim, contou este fato logo após ter explicado como sua aparência, junto com seu nome de solteira, impedia, a seu ver, que fosse reconhecida como "judia". O policial em questão poderia, seguindo sua lógica, ter pensado que ela era uma "alemã" casada com um "judeu". E essas, como vimos, sofreram efetivamente inúmeras pressões, pois contaminavam a "raça". Mas nunca foram tratadas como "judias", de "raça inferior".

Essa questão é central, e não só para membros de casamentos mistos, verdadeiros ou falsos. Os nazistas usaram e abusaram da propaganda antissemita, convencendo militantes, membros do partido e da administração pública, além dos cidadãos comuns, de que a "raça" exibia-se no fenótipo. Pela aparência, discriminaram, agrediram, humilharam. Ou não. Muitas vezes acertaram, outras tantas erraram, nos dois sentidos, chegando ao embaraço em algumas situações. E, quando acertaram, isso se deveu muitas vezes ao fato de que os judeus eram uma pequena minoria da população, não atingindo 1% dos alemães, ou seja, a grande maioria dos transeuntes, passageiros e consumidores eram "arianos".

Do lado dos judeus, a aparência jogou a favor de uns, como Margarethe, e contra outros tantos, que evitavam sair e expor-se aos olhares por causa da forma comprometedora do nariz. O próprio Hugo, como já mencionei, foi descrito por sua sobrinha como alguém que tinha todas as características físicas atreladas ao homem judeu. Foi por isso também, segundo ela, que a tia fizera tudo para escondê-lo após a "Noite de Cristal", enquanto rodava pela cidade preparando os papéis, decidindo como utilizar seu dinheiro, fazendo suas compras, embalando seus bens e negociando sua emigração com os nazistas.

Entretanto, como vimos, nem tudo repousava nas aparências, o que teria sido muito arriscado para o projeto nazista. Os nazistas definiram de forma obsessivamente detalhada o enquadramento "racial" da população e a burocracia foi colocada a serviço das exigências de "pureza racial". Pouco a pouco, a pertença racial foi anotada em papéis e documentos que impediam a mentira e a ambiguidade fornecida pela aparência física. Carteiras de identidade e passaportes traziam a marca da exclusão e documentos de filiação provavam a origem "ariana", ou seu contrário, protegendo uns e deixando outros a descoberto. Fichados, os judeus dispunham de cada vez menos possibilidades de apoiarem-se sobre a aparência para circularem livremente no espaço urbano. Ainda que pudessem apoiar-se nas vantagens oferecidas pelo fenótipo, quando estas existiam, isso se tornou mais arriscado a partir do momento em que o texto desmentia o corpo. E, mais tarde, quando Margarethe já não precisava desmentir sua "raça" com a forma útil de seu nariz, ou com o loiro dos cabelos, por estar no Brasil, os judeus foram obrigados a costurar estrelas de davi de feltro amarelo em suas roupas, reunindo, contra si mesmos, inelutavelmente, corpo e texto.

Entre texto e corpo, os judeus tinham pouca margem de manobra, e jogaram como puderam entre um e outro, num momento em que, mais do que tudo, um e outro jogavam contra eles. Alguns poucos passaram na tangente, como Margarethe, que tinha o corpo a seu lado, apesar de não ter tido o texto. Acreditou, porém, que o poder de convencimento do seu corpo ia além, e que seu passaporte poderia não ter recebido o "J", como o de seu marido. Nesse caso, ela também teria tido o texto a seu lado — graças ao corpo, diria ela. Mas não teve. E essa era, aliás, a função normalizadora do texto. Se, em alguns acasos, a ambiguidade reinante em relação aos corpos pôde beneficiar uns poucos judeus, salvando-os, na esmagadora maioria deles, porém, foi o oposto que se deu. Corpo e texto, juntos, marcaram, de modo determinante, a "morte social",[26] antes da morte física dos judeus.

RETA FINAL

Mas voltemos à "Noite de Cristal" e à narrativa do dia seguinte, feita por Margarethe. Deixando Hugo com Aracy, ela voltou sozinha para casa. Ao chegar, sua primeira iniciativa teria sido, segundo me disse, a de procurar o dinheiro que o casal escondia no apartamento; percebeu, então, que o marido também pensara no assunto, tendo levado consigo tais reservas.

Quanto ao esconderijo de Hugo, no contexto das prisões de homens judeus, que estavam sendo mandados para campos de concentração, Margarethe e Aracy teriam confabulado a respeito, e acharam a solução inicial perigosa. O filho de Aracy, Eduardo, em idade escolar, poderia contar na escola, por exemplo, que a mãe estava recebendo visitas em casa. Essa parte da narrativa desvela uma angústia comum aos judeus alemães na época. A decisão de não deixar o marido na casa de Aracy foi tomada porque as duas mulheres sabiam que as denúncias eram frequentes tanto contra judeus quanto contra aqueles que os protegessem, de um modo ou de outro. E qualquer tipo de contato ou relação poderia facilmente provocar suspeitas e delações.

Assim, Margarethe teria levado o marido para a casa de antigos pacientes não judeus, os Plambeck, que viviam, segundo me disse, numa das periferias residenciais da cidade, que infelizmente não especificou. Além dos diversos elogios que fez, contou-me somente, sobre eles, que o casal divorciara-se durante a guerra e que o Sr. Plambeck tinha um irmão advogado.

Sua memória não falhou nesse ponto; os Plambeck realmente existiram. Hans Harring Nicolaus Plambeck (1889-1939) era o advogado da família. Em 1938, seu escritório ficava na mesma rua onde viviam os Levy, a poucos metros da casa destes, no número 53 (Hugo e Margarethe moravam no número 43). Hans morava em Altona, o que coincide com a descrição feita por Margarethe, de uma residência afastada. Mas ela referiu-se ao advogado somente para dizer que quando seu irmão lhe contou que estava escondendo um judeu em casa, este teria respondido que não queria nem saber do assunto.

Margarethe pode ter se confundido quando falou do local onde escondeu Hugo, pois o irmão de Hans, que coincide com sua descrição, não morava fora de Hamburgo. O comerciante Ernst Johannes Adolph Plambeck (1892-1956) casou-se, em 1927, em Hamburgo, com Ellen Schultz, oito anos mais jovem que ele. O casal divorciou-se no final de 1940, em Altona. Não sei que tipo de comércio Ernst exercia na época, pois foi somente em 1942 que ele tornou-se proprietário da loja de materiais de construção por atacado que pertencera a seu pai, Theodor

Nikolaus August Plambeck. Logo após o casamento, Ernst e Ellen foram morar na Richterstrasse 13, um pouco ao norte de onde viviam os Levy. Em 1939, declararam viver em outro endereço: Heimhuderstrasse 64, perto do consulado polonês da cidade; já viviam ali desde 1938 e, para o caso das lembranças de Margarethe serem exatas sobre quem escondeu seu marido, Hugo passou cerca de 12 dias neste endereço. Entre a casa dos Levy e a dos Plambeck, são necessários cerca de vinte minutos a pé, e não vinte minutos de carro, como me disse Margarethe, o que deixa um ponto de mistério neste episódio. Os Plambeck divorciaram-se em Altona, onde vivia o irmão de Ernst; será que viveram ali, ainda que não o tenham declarado, confirmando a descrição dada por Margarethe? Não tenho meios de saber, o casal não teve filhos.

Voltemos, então, à narrativa de Margarethe. Como medida de segurança, Aracy teria lhe emprestado seu carro, com chapa consular ("CC", de Corpo Consular). Segundo seu filho, Aracy tinha mesmo essa regalia, ele lembrou-se inclusive do modelo do carro, um Opel Olympia, e da chapa: CC-774. Aracy teria ainda aconselhado a amiga a não se deslocar mais a pé, nem usar seu próprio carro. Segundo me disse, usou o carro da amiga para visitar o marido, à noite, na casa dos Plambeck, durante o período em que ficou escondido, e também para circular pela cidade, enquanto organizava sua emigração. O carro de Aracy merece um comentário.

NO VOLANTE

Aracy referiu-se pela primeira vez ao assunto do carro numa carta escrita à mãe, em março de 1937. Nessa época, já trabalhava no consulado, mas ainda sem contrato, e estava lutando para conseguir regularizar sua situação. Nas últimas linhas da carta, formulou o projeto de economizar dinheiro para comprar um carro.[27] Dali em diante, escreveu frequentemente à mãe sobre o assunto, ora perguntando se esta não concordava com a ideia, ora evocando as vantagens deste conforto ("podemos sempre fazer lindos passeios"),[28] ora pedindo ajuda financeira para concretizar esta aquisição. Enquanto isso, já aprendia a guiar, como anotou regularmente em sua agenda, duas a três vezes por semana, em abril daquele ano. No dia 5 de maio, quando escreveu a última das cartas em que tratou da questão, passou no exame e, três dias depois, tirou sua carteira de motorista. Podemos imaginar sua alegria, pois apesar de ter visto nas ruas de Hamburgo mulheres guiando seus automóveis, tinha também o referencial brasileiro: quantas moças de sua geração tinham carteira de motorista na São Paulo de 1937? Certamente pouquíssimas.

Entretanto, pelo jeito, ainda precisou economizar antes de comprar seu próprio carro. O projeto concretizou-se no final de janeiro do ano seguinte, quando anotou na agenda, no dia 25: "Comprei o meu 1º carro" e "Vimos automóvel e compramos". Encomendado, o carro chegou alguns meses depois, quando ela escreveu: "Recebi o nosso Opel!" (13 de abril de 1938).

O fato não era realmente nada banal, inclusive no cenário social onde ocorreu. Ter um carro na Alemanha daqueles anos estava longe de ser acessível a todos.[29] E cada vez mais alemães apostavam na alternativa da motocicleta. Em 1938, quando Aracy recebeu seu Opel, contava-se na Alemanha 1,3 milhão de carros e 1,5 milhão de motos, das quais mais de dois terços eram modelos leves. O sucesso das motocicletas era uma característica do país, já que nos Estados Unidos e na Grã-Bretanha a tendência era inversa, com uma leve diminuição nas vendas de motos. Em 1936, 35% das motos do mundo circulavam na Alemanha; três anos mais tarde, essa concentração crescera ainda mais, chegando a 45%. Isso sem contar o sucesso das bicicletas, cerca de 20 milhões em 1939 (uma para cada quatro pessoas). Estimava-se, ainda, que aproximadamente 80% dos carros em circulação no país eram veículos profissionais, usados no comércio e na indústria, para transporte e entrega de mercadorias ou vendas. Somente uma pequena minoria, cerca de 250 mil veículos, pertencia a particulares, servindo para trajetos urbanos, viagens e passeios. Comprar um carro era, então, com muito mais frequência um investimento do que um bem de consumo.

Hitler era um adepto do automóvel como símbolo da modernidade e da posição de um povo. Ele sabia que democratizar o acesso ao automóvel era um modo certeiro de garantir sua popularidade, pois isso implicava desenvolvimento industrial e aumento da oferta de empregos. Sem contar que os nazistas sabiam da importância dessa indústria do ponto de vista militar. Mesmo assim, o projeto de produção de um carro barato e acessível, o automóvel do povo ("Volkswagen"), não foi concretizado naqueles anos. Nesse contexto, a compra feita por Aracy colocava-a dentre uma pequena minoria de alemães possuidores de carros de passeio, algo nada popular.

Durante uma entrevista dada por Aracy ao jornal *Resenha Judaica*, por ocasião de seus 80 anos, sua nora Beatriz estava ao seu lado, e interveio para contar um fato que teria ouvido da boca da própria sogra. Trata-se de uma viagem que Aracy teria feito à Dinamarca, levando judeus no carro. Segundo Beatriz Tess, na fronteira, a polícia alemã quis revistar o carro, mas Aracy resistiu, levantando o tom e invocando a imunidade que sua placa consular lhe proporcionava. Aracy afirmou, nesta mesma entrevista, que "não só procurei conceder-lhes os vistos, como escondi alguns na minha própria casa e, até, no porta-malas do carro, para atravessar a fronteira".[30] Este fato foi mencionado por seu filho em duas ocasiões. Na primeira, confirmou a versão dada pela mãe. Na segunda, quando perguntei se não tinha mais detalhes sobre esta viagem à Dinamarca, pareceu-lhe inverossímil que alguém tivesse sido levado no porta-malas, tendo em vista o modelo reduzido do carro, e do porta-malas.[31] Nesta segunda ocasião, disse, mas sem muita certeza, que se tratava de "um senhor" que, com algum contato na Dinamarca, teria facilidades, dali, para conseguir reunir-se à família, que já vivia no Brasil. O mistério permanece.

De qualquer modo, em nenhuma das referências feitas a esse fato qualquer detalhe mais preciso foi revelado: quem, de fato, Aracy teria levado, quando e por quê, já que, em geral, ajudava fornecendo vistos para o Brasil a partir de Hamburgo. Por que, então, levar judeus para a Dinamarca? A não ser que o fato tenha ocorrido bem mais tarde, com a guerra já em curso, ou, iniciativa ainda mais arriscada, depois do início das deportações, já no final de sua estada no país. Mas nessa época já era praticamente impossível entrar no Brasil. De todo modo, não sabemos nem mesmo se a(s) pessoa(s) em questão estava(m) emigrando definitivamente, ou viajando com outro objetivo — levar dinheiro para o exterior, sondar possibilidades migratórias antes de tomar uma decisão definitiva... E nem temos, de fato, a confirmação de tal viagem.

A não ser que tenha sido uma ida à Dinamarca que Aracy registrou em sua agenda no dia seguinte ao da chegada do carro: "Hans almoçou conosco. Parti para a Dinamarca. Dormi em Rendsburg" (14 de abril de 1938). No dia seguinte, ela estava em Garom en Keller, aonde anotou: "almocei em Fleusburg. Tomei café em Kolding Dinamarca. Jantei em Odense (Park Hotel) lá dormi". No dia 16, prosseguiu viagem e, finalmente, chegou ao ponto visado: "Jantei em Copenhagen!" No dia 17, a rápida viagem já terminara ("De volta de Copenhagen"). Nenhum acompanhante foi mencionado, e ela conjugou os verbos todos no singular. Nenhuma outra referência escrita existe, em seus arquivos, a viagens à Dinamarca, com ou sem judeus, sozinha ou acompanhada. Sei somente que no dia 16, um amigo que não identifiquei, Hans Z. enviou para Sida, mãe de Aracy, que estava em Hamburgo, um cartão-postal de Copenhague, onde dizia que os dois se encontraram na cidade. Aracy co-assinou o cartão e acrescentou que "a casa onde est[ava] hospedada [era] insuportável mas que as coisas estavam acontecendo".[32] Que coisas?...

Com este mesmo Opel de Aracy, Margarethe teria feito suas idas e vindas para visitar o marido, que os Plambeck esconderam, segundo me disse, durante 12 dias. O fato é que, contrariando as lembranças de seu filho e de Margarethe, parece praticamente impossível que Aracy tenha tido uma placa do Corpo Consular em seu carro pessoal. Essas placas, que vinham acompanhadas de documentos concedidos pelos alemães, mencionando inclusive que território cobriam (no caso de Hamburgo, aquele de sua circunscrição), eram muito controladas pela embaixada em Berlim e pelo Ministério das Relações Exteriores no Rio de Janeiro. O Brasil recebia do governo alemão uma cota fixa de chapas oficiais para ser distribuída entre os diplomatas de serviço, como ocorria reciprocamente entre o governo brasileiro e os diplomatas alemães. Cada diplomata que partia deixava sua patente diplomática, que era reaproveitada por outro que chegasse, e alguns atrasos nas devoluções chegaram a causar incômodo.³³ Ao que tudo indica, nem Guimarães Rosa, como cônsul adjunto, teve direito ao carro diplomático. Numa foto tirada em Hamburgo, ele aparece ao lado de seu automóvel, cuja placa, sem o CC, era "HH-774".³⁴ Ora, trocando o "HH" pelo "CC", esta foi a chapa memorizada pelo filho de Aracy para o carro da mãe ("CC-774"), como já mencionei. Tantos anos depois, é compreensível que Eduardo Tess, um menino de 9 anos quando Guimarães chegou à Alemanha, em 1938, tenha se confundido entre os números das duas placas. E não é impossível que também tenha se confundido quanto ao "CC".

Assim, se Aracy chegou de fato a usar algum carro com chapa do Corpo Consular, este não era nem seu nem de João Guimarães Rosa. E, de todo modo, se este já estava em Hamburgo quando os Plambeck esconderam Hugo Levy, ele ainda não tinha chegado quando ela fez a viagem à Dinamarca, realizada, visivelmente, sem placa "CC".

Margarethe lembrou-se, porém, e insistiu nesse fato, que não usou seu próprio carro naqueles dias, mas sim um mais seguro, cedido pela amiga, com uma placa "CC", iniciais que fez questão de explicar-me. Se Aracy tinha acesso a algum carro oficial do consulado, inclusive com a liberdade de emprestá-lo à amiga, não tenho como provar. O fato é que Hugo Levy corria de fato risco de vida, como os demais homens judeus naqueles dias, e, ao que tudo indica, a amizade entre as duas mulheres já existia na época.

Margarethe contou ainda que, na casa dos antigos pacientes, Hugo tomou a precaução de não falar alemão na frente da empregada doméstica, fingindo ser uma visita estrangeira. Se confiarmos nas contas feitas por Margarethe, Hugo teria ficado pouco com Aracy, somente o tempo necessário para conseguir outro esconderijo. O casal tomou o navio no dia 24 de novembro. Se Hugo ficou realmente na casa dos Plambeck os 12 dias mencionados por Margarethe, chegou ali no dia 12, tendo ficado dois dias com Aracy.

O casal embarcou para o Brasil quatro dias antes do aniversário de Margarethe, que completou 30 anos durante a travessia. Ela lembrou-se que os Plambeck pensaram em marcar a data e, indo despedir-se do casal no cais, entregaram, na cozinha do navio, um buquê de flores frescas em sua intenção. Margarethe contou-me que viajou com o buquê em questão na cabine. Sua sobrinha, sem conseguir precisar quem escondeu o tio, lembrou-se vagamente da história, a partir do que ouviu em família, e avançou a ideia de que Hugo e Margarethe tenham se encontrado diretamente no cais do porto para o embarque, ele vindo com os Plambeck, que o teriam escondido até o último momento. Em todo caso, a descrição de Margarethe indica uma relação bastante próxima entre os dois casais. Nesse registro, o fato de terem escondido Hugo em sua casa ultrapassava um gesto de compaixão em relação ao antigo dentista. Mais tarde, do Brasil, os Levy enviaram pacotes de víveres e roupas de inverno para aliviar as dificuldades dos Plambeck, já divorciados, que precisaram enfrentar os duros anos da guerra e da reconstrução. Falando muito bem do casal, e principalmente de Ernst ("um *gentleman*"), Margarethe louvou-o por ter dividido o conteúdo dos pacotes com Ellen, já na época sua ex-esposa. Mas não mencionou mais o irmão advogado, morto em 1939, pouco depois de sua emigração.

VISTO

As providências exigidas pelas autoridades brasileiras mostraram-se longas e complicadas. O mais difícil, disse Margarethe, foi resolver a questão do envio de 500:000$000 (quinhentos contos de réis) para o Brasil, como medida prévia à assinatura dos vistos, já que os Levy entravam na categoria de "capitalistas", podendo ter um visto permanente. Foi por isso, provavelmente, que as coisas se prolongaram. Outros depoimentos referem-se a um procedimento mais curto. Aparentemente, uma primeira visita ao consulado, com a promessa do visto, precedia a busca dos documentos exigidos, que, reunidos, eram entregues numa segunda visita. A terceira servia para recuperar os passaportes visados. Isso se nenhum percalço se apresentasse, nenhuma dúvida, nenhum erro ou esquecimento. Para aqueles que não tinham começado a preparar a partida antes da "Noite de Cristal", e partiram de fato em seguida, a pressa em emigrar parece combinar com o pouco tempo decorrido entre o pogrom, a concessão dos vistos e o embarque.

Naquela altura, segundo Margarethe, o casal já tinha tirado seu capital da Alemanha. Tinham de fato tirado uma parte deste, e o fizeram de modo extremamente precoce. Conforme declarou em 1957, um certo Fritz Spielmann teria levado 10 mil marcos deles para Viena e o Dr. Betti Schapiro, 5.300 (soma que parece corresponder à hipoteca de um seguro de vida no valor de 55 mil marcos), para Paris. Ambos teriam pego o dinheiro, e deixado recibos, que Margarethe guardou. O acordo era que entregariam as somas que levavam, fora da Alemanha, em seus respectivos percursos migratórios, seja à família de Margarethe que vivia na Bélgica, seja ao irmão de Hugo, Otto, na Palestina. Nenhum outro registro existe quanto a outros eventuais envios de dinheiro ao exterior, nas mãos de outras pessoas, mas Hugo e Margarethe podem ter aproveitado a emigração de outros amigos e parentes para isso, sem se referirem obrigatoriamente ao fato, como o fizeram no caso de Spielmann e Schapiro.

Em todo caso, importa dizer que, para a transferência do dinheiro ao Brasil, segundo a narrativa de Margarethe, foi necessário prevenir o cunhado Otto, que administrava esse capital e já vivia em Tel Aviv na época; ele havia recebido o dinheiro entregue ao Dr. Schapiro, que não o depositara na Bélgica, como previsto, tendo partido para a Palestina, onde Margarethe pediu a Otto que o procurasse, já em 1934. Aparentemente os dois homens se encontraram em 1936. Coube a Otto, então, fazer o depósito exigido pelas autoridades brasileiras, no Banco do Brasil.

Quanto a isso, Margarethe contou-me que não queria escrever diretamente ao cunhado em Tel Aviv, temendo que a carta fosse interceptada, já que mencionava manobras financeiras que não passaram pelo controle dos nazistas. A solução, mais uma vez, segundo me disse, foi dada por Aracy, que enviou a carta pelo correio diplomático, driblando a censura alemã.

Feito o depósito, o consulado foi advertido e Aracy informou a amiga de que o visto poderia ser concedido. Porém, segundo Margarethe, esta lhe disse também que "teria dificuldades". Margarethe construiu, sobre esse ponto, lembranças incongruentes. A seu ver, o problema vinha do fato que, no intervalo, o cônsul havia "feito amizade com os alemães", virando "antissemita". Segundo ela, o cônsul recebeu-a, fingindo não saber de nada, e exigiu dela uma carta provando que o dinheiro estava depositado. Não podendo dizer que sabia, por Aracy, que o depósito estava feito, e não dispondo de qualquer documento bancário que pudesse prová-lo, ficou sem argumento. Depois disso, disse ainda, o cônsul ter-se-ia recusado a recebê-la novamente e ofereceu-lhe o visto de turista ("que não servia para nada"), já que, sem o depósito em dinheiro, o casal ficava fora do critério previsto para os "capitalistas".

A narrativa de Margarethe embaralhou-se aqui. As eventuais relações do cônsul com "os alemães" não eram determinantes para a aplicação da política migratória brasileira no tocante aos judeus. E a influência do antissemitismo sobre a diplomacia brasileira não dependia de relações pessoais dos diplomatas com "amigos alemães".

Além disso, se considerarmos que algo realmente mudou entre o envio da carta a Otto Levy, solicitando o depósito de garantia, e o recebimento do aviso de que o dinheiro já estava no Banco do Brasil, o que teria sido? Do ponto de vista da política migratória, não ocorreu qualquer mudança nas regras, ainda regidas, nesse final de 1938, pela circular secreta nº 1.249. Nenhum documento examinado, da correspondência administrativa do consulado de Hamburgo, refere-se a qualquer situação que justificaria uma mudança de atitude em relação à solicitação de vistos por um casal de "capitalistas judeus", categoria privilegiada. Enfim, ao que tudo indica, Aracy não tinha problemas particulares com esse cônsul, ainda que, numa carta para a mãe, datada de 11 de dezembro daquele ano, três dias após a partida dos Levy, ela tenha escrito: "acredite em mim, querida mamãe, eu tenho um chefe absolutamente detestável. Devo trabalhar muito mais do que antigamente e por mais que eu faça, nunca é suficiente. Porque ele é um folgado." Mas isso toca, principalmente, à sua carga de trabalho, que aumentara ("Eu não tenho quasi tempo para nada, agora preciso despachar vapores com os outros, ja ganhei 300 marcos de despacho extra este mez!"). Toca também às adaptações necessárias diante da entrada em vigor do decreto nº 3.010, onze dias após a data da carta, em 22 de dezembro ("Tenho que examinar tudo em detalhes, pois as novas leis entram em vigor imediatamente"). Nada disso tem a ver com o visto de Margarethe, que, então, já ficara para trás.

Em todo caso, segundo Margarethe, a solução para o impasse foi dada, e mais uma vez, por Aracy. Ao submeter o pedido de vistos à assinatura do cônsul, esta teria inserido, entre duas linhas, uma menção — que cobriu — indicando que os vistos deveriam ser transformados em permanentes no momento da chegada ao Brasil. Assim, sem o visto de "capitalistas", a solução encontrada por Aracy teria sido de recuperar o estatuto de "permanentes" logo depois do desembarque, evitando ao casal transtornos no Brasil.

Não encontrei qualquer menção feita, nos outros passaportes que pude examinar, à troca da categoria de "temporários" pela de "permanentes" logo após a chegada no país. Isso era irregular em relação às prescrições da circular secreta nº 1.249, de 27 de setembro daquele ano, que estipulava claramente, como vimos, que nos vistos de "turistas" deveria ser inserida uma anotação proibindo que os serviços de polícia, no Brasil, alterassem o visto de "temporário" para "permanente", não previsto nestes casos. Não somente essa anotação não apareceu no caso dos Levy, como seu contrário foi inscrito nos passaportes.

Pois, de fato, o passaporte de Margarethe traz uma menção *sui generis*, que corresponde exatamente ao que afirmou — e confirma, mais uma vez, sua memória admirável. Assim, em vez do usual "Temporário — visado conforme o que dispõe o Art: 280, do Dec. 3.010, de 20 de Agosto de 1938", preenchido à mão por Aracy, que pude ler em outros passaportes, esta preferiu outra fórmula para o documento da amiga Gretel. E anotou, mais longamente:

> Temporário — visado conforme o que dispõe o artigo 280, do decreto nº 3.010, de 20 de agosto de 1938.
>
> Temporário para ser regularizado no Brasil. Foi effectuado o deposito de 98:860$000 (noventa e oito contos, oitocentos e sessenta mil réis) no Banco do Brasil em S. Paulo, dinheiro proviniente do Estrangeiro, conforme carta de 26-9-1938 desse Banco, archivada neste Consulado Geral.

Como se vê, a carta anunciando o depósito chegara realmente ao consulado, como me disse Margarethe. O que nos informa sobre a data em que essa parte da transação foi feita: em setembro, os Levy já estavam transferindo seu dinheiro de Tel Aviv para o Brasil, e já contavam com a ajuda personalizada de Aracy.

Resta saber se ela realmente "enganou" o cônsul-geral, como afirmou Margarethe, já que a assinatura deste aparece no passaporte, regularmente, sob as frases citadas. Nunca saberemos. Mas o fato é que a irregularidade passou e trazia a assinatura do cônsul-geral sobre uma menção inscrita nos passaportes por Aracy.

Algumas irregularidades na concessão de vistos foram denunciadas naqueles anos pelo Serviço de Registro de Estrangeiros da Polícia, que enviava tais reclamações ao Itamaraty. Este chegou a transmiti-las ao consulado. Em geral, o problema observado era a falta de autorização de retorno ao país de origem, fornecida pelas autoridades deste. Trata-se de um documento previsto pelo decreto nº 3.010 de agosto de 1938 como uma das condições para a concessão de vistos. Tais reclamações podiam ser transmitidas ao consulado com um enorme atraso, em relação às datas de concessão dos vistos: em novembro de 1941, três despachos referiram-se a isso, quanto a vistos concedidos, respectivamente, em abril de 1939, agosto de 1939 e setembro de 1940. Nos três casos, não se tratava de imigrantes judeus (as listas de vistos foram separadas em janeiro de 1939 entre judeus e não judeus). Em dezembro, o cônsul-geral respondeu a tais despachos, garantindo, logo na primeira de suas respostas, que nenhum visto fora concedido ali, desde que assumira a direção do consulado, sem que a documentação exigida dos estrangeiros fosse "examinada e julgada [...] com rigor".[35] Em janeiro de 1942, um despacho do mesmo tipo ainda chegou ao consulado, referindo-se a um visto permanente concedido, em fevereiro de 1939, à comerciante judia Franziska Sara Lesser, que desembarcou no Rio de Janeiro. Nesse caso, talvez o cônsul não tivesse tido tempo de responder ao Itamaraty, justificando-se, já que o consulado foi fechado poucos dias depois. De qualquer modo, essa troca de correspondência, feita sem nenhuma pressa, não parece ter abalado nenhuma das partes envolvidas, a começar pelos imigrantes, sãos e salvos. A atenção dedicada ao assunto pelos serviços competentes não teve maiores consequências.

Quanto aos vistos dos Levy, outra irregularidade existiu, e ficou registrada por escrito. A quantia estipulada pelo governo brasileiro, na circular secreta nº 1.249, para incluir os candidatos "semitas" na categoria de capitalistas, era de 500 contos de réis, e não de 98 contos e 860 mil réis, que correspondem a menos de 20% do total exigido... Provavelmente, Margarethe não dispunha de todo esse capital fora da Alemanha. Naquela altura, mandar marcos para o exterior, de Hamburgo, teria custado para os Levy um imposto altíssimo. Vimos como a partir de 1934 os nazistas instituíram uma política fiscal especialmente voltada aos judeus e, dali em diante, aumentaram várias vezes as taxas cobradas para que eles levassem consigo seus capitais ao emigrarem.

Talvez tenha sido por causa dessa diferença de valores entre o exigido pelo governo brasileiro e o que Margarethe enviou ao Brasil que, como a própria Margarethe afirmou quando voltou ao consulado, o cônsul tenha se recusado a recebê-la — caso o tenha realmente feito. Nesse caso, sua recusa em ajudá-la explica-se por uma aplicação das regras ao pé da letra, que não era prerrogativa sua, e não por eventuais novas "amizades" feitas com "alemães", como interpretou Margarethe. De qualquer modo, se os diplomatas estrangeiros seguissem o desejo dos "alemães" aos quais ela se referiu, assimilando "alemães" e "nazistas", agiriam de modo totalmente diverso, aceitando em seus respectivos países os judeus que eles não queriam mais no seu, sem restrições. Esse ainda era, na época, o projeto nazista em relação aos judeus.

Margarethe pode ter esquecido a diferença na quantia de dinheiro enviada, tantos anos depois. Mas pode também, simplesmente, ter visto tal passagem como um acontecimento menor, pois ao contar-me tudo isso, estava mais interessada em salientar outro fato, a seu ver mais interessante para essa história — ao menos segundo o modo como parece tê-la entendido. Para ela, o elemento central, aqui, referia-se à atitude de Aracy, extremamente ousada, ao "enganar" o cônsul-geral ("Você imagina o que ela arriscou???"). Estava mais preocupada em transmitir-me sua fidelidade de protegida e de amiga do que em contar-me cada passo de seu percurso de combatente, setenta anos mais tarde.

Mas voltemos à rede de conhecidos alemães que, além de Aracy, colaboraram para as boas condições da emigração dos Levy.

PROTETORES

Como os Plambeck, Zumkle,* um oficial SS, teria tomado parte nessa história. Segundo o roteiro estruturado por Margarethe, que chega aqui a um de seus momentos mais fortes, este homem, uniformizado de negro, teria batido um dia à porta do consultório de Hugo. Apresentando-se, disse que ambos nasceram na mesma cidade, Oberhausen, e que as famílias eram conhecidas. Por isso estava ali: a mãe de Hugo, Johanna, salvara-lhe a vida quando era ainda um bebê, dando-lhe seu seio, enquanto sua mãe não tinha leite suficiente para alimentá-lo. Chegara, então, sua vez de salvar. Assim, Zumkle advertiu o doutor que este não poderia ficar por muito mais tempo na Alemanha, e afirmou que ele mesmo se encarregaria de preveni-lo, quando o momento da partida se impusesse. Margarethe afirmou que o casal recebeu, efetivamente, algumas semanas depois, um cartão assinado "Z", no qual o remetente anunciava que "chegara a hora". Ainda segundo ela, e apesar de não ter sido capaz de datar nem a visita, nem o cartão, "tudo começou aí". Ou seja, o sinal de alerta de "Z" foi dado ainda antes da "Noite de Cristal" e estaria na origem da decisão de emigrar.

Margarethe contou-me mais de uma vez esse episódio e, numa delas, acrescentou que Zumkle fazia parte da guarda pessoal de Hitler. Isso aumenta o caráter dramático da situação, pois nesta versão, ao vê-lo na porta de seu consultório, Hugo teria demonstrado sua apreensão, levando Zumkle a acalmá-lo ("não precisa ter medo").

O encontro em questão pode parecer improvável, inclusive pelo modo floreado da descrição, mas não é impossível. Zumkle é um nome que soou

---

*A grafia do nome também pode ser Zumkley ou Zumklei; Margarethe não foi capaz de precisar.

estranho a vários alemães a quem contei essa história. Em Oberhausen, porém, é um nome comum, o que se constituiu num obstáculo suplementar: tantas famílias tinham esse nome nos anos 1930 que não tive meios de localizar aquela que conhecia de perto os Levy. Imaginei que ele pudesse ter nascido em torno do mesmo ano que Hugo, 1892, o que não é certeza, pois ele pode ter sido amamentado por Johanna Levy, se o foi, ao mesmo tempo que outro de seus filhos, ponto que Margarethe também não soube esclarecer. Mesmo assim, nos anos em torno a 1892, vários Zumkle nasceram em Oberhausen...

Infelizmente, Margarethe nunca se referiu ao primeiro nome de Zumkle, nem sei se chegou a conhecê-lo. Consultei o melhor registro existente na Alemanha para os membros da SS, que está no Arquivo Federal (*Bundesarchiv*), em Berlim, sem sucesso. Mas Zumkle poderia ter sido um oficial ou soldado da Wehrmacht, e não obrigatoriamente um SS, o que Margarethe pode ter acrescentado por sua conta. O organismo que responde aos familiares dos membros da Wehrmacht mortos no combate (WASt) também não conseguiu localizar registros em seu nome, sobretudo sem informações suplementares, que não pude fornecer (data de nascimento ou dados militares). As parcas informações de que disponho são de fato amplamente insuficientes para localizar o "bom" Zumkle. Neste caso, resta unicamente a narrativa de Margarethe.

Se deixarmos de lado a forma escolhida para descrever o encontro entre os dois homens, e alguns detalhes, como a corporação real à qual teria pertencido Zumkle, e suas funções, resta o miolo do fato narrado, que podemos muito bem reter como real. Um adepto convicto do nazismo ou um soldado chamado às armas, antigo conhecido da família, pode ter de fato, voluntariamente, prevenido Hugo Levy do perigo que corria permanecendo na Alemanha, incitando-o a tomar a decisão da partida. A pergunta central que devemos formular é, nesse caso: que significado histórico podemos tirar da presença de Zumkle dentro da narrativa de Margarethe?

Dois fatos se destacam da suposta relação entre Zumkle e os Levy. Em primeiro lugar, os laços de solidariedade entre duas famílias, sendo uma judia. Tais laços tomaram a forma de uma relação entre duas mães, ambas tendo um bebê para amamentar. A mãe judia tinha leite em abundância, a outra não, correndo o risco de perder seu filho; a primeira amamentou o filho da segunda, salvando-o. Zumkle conhecia tais acontecimentos e não os esqueceu.

O segundo fato ocorreu em circunstâncias bem diferentes. A integração dos judeus à sociedade alemã foi abortada e o conjunto dos laços sociais, sacrificados. Sobre esta ruptura, outro dentista judeu, exercendo sua profissão num bairro operário de Hamburgo, observou que, após a tomada do poder por Hitler, seus pacientes não falavam mais de política; sua mulher escreveu, sobre os alemães em geral: "Eles todos ficaram mais quietos." Ela notou ainda que as mulheres não judias, que costumavam reclamar dos preços ou falar sobre política enquanto faziam compras, passaram a "comprar, mudas, seus repolhos e suas batatas", enquanto o quitandeiro servia-as em silêncio.[36]

Além da reserva, a desconfiança e a delação invadiram as relações interpessoais também entre não judeus, já que qualquer outra identificação moral, espiritual ou política fora do ideário nazista tornara-se passível de repressão com o advento do Estado totalitário. Os interesses vis e a corrupção passaram a ter livre curso, na ausência do Estado de direito, contra uma exigência de fidelidade ao regime. Esta precisava ser exibida, fruto de identificações sinceras ou de razões oportunistas, pouco importa, tendo em vista o valor das identificações em questão.

Em relação aos judeus, a situação degradou-se rapidamente entre 1933 e 1938. O silêncio e o gelo iniciais foram substituídos pela hostilidade. Gestos banais de gentileza, cortesia ou civilidade destoavam do ambiente geral. Muitos judeus deixaram registrada uma sensibilidade particular a esse tipo de demonstração da parte de não judeus, sobretudo conhecidos, cuja mudança de comportamento incomodava mais do que as demonstrações de antissemitismo vindas de desconhecidos. Palavras de boa educação, gestos de polidez e de atenção mais ou menos velados ganharam uma dimensão de prova de humanidade. Mais ainda, atitudes de resistência aos novos costumes podiam trazer consequências consideráveis, tendo em vista a precariedade e a insegurança crescentes. Assim, um comerciante que continuava a atender antigos clientes judeus fora dos horários habituais, por uma entrada lateral ou nos fundos da loja, trazia um reconforto considerável. Tanto quanto um professor que evitasse sarcasmos e humilhações e mantivesse uma relação de respeito com as crianças e com a família. Ambos os casos existiram, mas foram raros. Os professores primários foram, depois dos médicos, a categoria profissional com mais inscritos no Partido Nazista.[37]

Quando perguntei a Margarethe se os amigos não judeus não se afastaram dela e do marido, ela explicou-me que, efetivamente, o casal tinha um grupo de amigos próximos não judeus. Num dado momento, segundo ela, decidiram, juntos, "de comum acordo", não se verem mais. Inúmeros relatos mencionam esse mesmo tipo de ruptura, com judeus tentando proteger seus amigos não judeus dos ataques que poderiam atingi-los caso insistissem em manter tais relações. O tom nobre e refinado escolhido por Margarethe em sua descrição aparece, frequentemente, mais marcado pelo sofrimento das separações entre amigos próximos, de todas as idades. Jovens, crianças e adolescentes deixaram registrados esses momentos sofridos de ruptura que os isolaram, cortando-os de seus círculos de amizade.

Uma judia de Dortmund costumava encontrar-se regularmente com um grupo de amigos não judeus num café da cidade. Depois da tomada do poder pelos nazistas, ela mesma começou a evitá-los: "Eu tinha medo de ir aos encontros. Não queria que a presença de uma judia trouxesse problemas".[38] Encontrando-se com um deles por acaso, deixou-se convencer a reunir-se novamente ao grupo: "volte para nós, estamos sentindo sua falta." Sua descrição do acontecimento traduz bem o ambiente geral e a eficácia com a qual os nazistas conseguiram isolar a população judaica do resto dos alemães:

> Não dormi na noite anterior. Temia por meus amigos não-judeus... e também por mim mesma. [...] Sabia que os observaria, atenta à mais leve expressão de embaraço nos seus olhos quando eu entrasse.
> [...]
> Não foi necessário ler nos olhos deles ou ouvir a mudança de suas vozes. A mesa vazia na pequena saleta que sempre nos fora reservada não poderia ter sido mais eloquente. [...] Eu não podia reprová-los. Por que teriam arriscado perder uma posição só para provar-me que ainda tínhamos amigos na Alemanha?

A autora dessas linhas refletiu de forma mais global sobre a questão e exprimiu com mais detalhes o que muitos outros, inclusive os Levy e seu grupo de amigos, viveram naquele momento. Em abril de 1933, ela registrou com prazer as demonstrações de lealdade de seus amigos não judeus, que chegaram a ir visitá-la para manifestarem sua consternação com o que estava acontecendo.

> Mas depois de alguns meses de um regime de terror, fidelidade e amizade tinham perdido qualquer significado, e medo e traição tinham-nos substituído. [...] A cada dia do regime nazista, o abismo entre nós e nossos amigos cidadãos aumentava mais. Amigos que tínhamos amado durante anos não nos conheciam mais. Eles perceberam de repente que nós éramos diferentes deles. Claro que éramos diferentes, já que carregávamos o estigma do ódio nazista, já que éramos caçados como cervos.

A situação contrária também existiu e foi registrada pela pena desta mesma memorialista que, cruzando com seus antigos amigos nas ruas da cidade, desviava o olhar, "pois não queríamos trazer-lhes o risco de serem presos por serem considerados amigos de judeus". Outros podem ter evitado os antigos amigos não judeus simplesmente para evitar a si mesmos a desilusão de não notar neles qualquer sinal de tristeza ou de saudade. Em todo caso, Margarethe não disse nada contra seus antigos amigos, excluindo de sua fala toda e qualquer situação deselegante que estes possam ter-lhe causado.

Mas Zumkle não era um amigo, e sua iniciativa deu-se num outro registro: não oferecendo qualquer ajuda ou proteção maior aos Levy, ele limitou-se a um contato pessoal breve. Segundo a narrativa de Margarethe, ele simplesmente teria comparecido ao consultório de Hugo para avisá-lo, graças às informações de que dispunha, de dentro do aparelho nazista, que deveria deixar o país em breve. Entretanto, em 1938, sua atitude poderia trazer-lhe amolações, mesmo que não fosse da SS.

Nesse contexto geral de dessolidarização e de isolamento, cujas manifestações mais ou menos violentas, como vimos, Margarethe não incluiu na narrativa de suas experiências, Zumkle tornava-se um oásis.

Situações como esta, raras e carregadas de significado, aconteceram de fato, e aparecem nos depoimentos orais e escritos de judeus emigrados e sobreviventes. O SS ou o soldado Zumkle pode ter existido e feito o que fez, em meio às suas obrigações policiais ou militares. Seu estatuto reforçava a excepcionalidade do gesto e da situação inteira, tendo servido, no discurso de Margarethe, para reforçar a barreira que o separava de qualquer relação solidária com judeus, se comparado aos demais cidadãos. Não é obrigatoriamente verdadeiro: esse elemento fazia de sua atitude algo ainda mais "fora do comum".

Ainda que possa ter floreado um pouco sua descrição, parece-me improvável que Margarethe tenha inventado essa história, ou mesmo deformado seu fundo real. Mesmo assim, vale dizer que caso Zumkle não tenha existido — ou feito o que fez —, a história de sua visita a Hugo responde com força a uma aspiração, contemporânea aos fatos, de encontrar nos não judeus traços da civilização alemã, colocada entre parênteses naqueles anos, mas tão cara aos seus conterrâneos judeus. Tendo vivido cotidianamente nesse ambiente, Margarethe tinha motivos suficientes para resumir, numa situação forte como esta, todas aquelas que eventualmente viveu ou que não viveu diretamente, contrárias ou semelhantes a esta em sua significação.

Fora Zumkle, o casal contou com a ajuda de outros antigos pacientes de Hugo, além dos Plambeck. De fato, a sobrinha de Margarethe confirmou que ele tinha uma atividade profissional "enorme" (*huge*) em seu consultório, o que inseria o casal, ainda segundo ela, numa vasta e variada rede de relações com não judeus. Um outro, dentre estes fiéis pacientes, foi o único personagem dessa história cujo nome apagou-se das lembranças de Margarethe.

BENS

Tratava-se, conforme contou Margarethe, de um empresário falido (ou "banqueiro", como disse numa das vezes em que se referiu a ele), provavelmente por conta da crise que precedeu a chegada dos nazistas ao poder. Num dado momento, ele teria anunciado a seu dentista que, por falta de dinheiro, não poderia continuar o tratamento. A resposta recebida criou entre os dois laços duradouros: segundo Margarethe, seu marido afirmara já ter recebido o suficiente, durante vários anos, para considerar como pago o restante do tratamento.

Reconvertendo-se profissionalmente, em seguida, seu paciente tornou-se funcionário público. No momento que precedeu a emigração dos Levy, ele trabalhava, segundo Margarethe, como fiscal das tarifas aduaneiras, visitando as famílias judias antes da emigração para inventariar e taxar aquilo que pretendiam levar.

Segundo a explicação que me deu, a equipe da qual este senhor fazia parte dividira o trabalho de acordo com a inicial dos sobrenomes dos judeus a serem inventariados. Apesar de não ter caído com a letra "L", o contato dos Levy fez uma troca com o colega encarregado e veio pessoalmente avaliar os bens do casal. Assim, ao contrário do que estava acontecendo com as outras famílias, os Levy não foram taxados de forma exorbitante, mas, ao contrário, protegidos por esse antigo paciente reconhecido, que teria subavaliado os bens levados em seguida para o Brasil.

Margarethe preparou em detalhes a lista de bens exigida. O principal era mostrar que a maior parte daquilo que tinha e queria levar eram bens adquiridos antes de 1933, ou seja, para os nazistas, adquiridos fora de qualquer projeto migratório; assim frisou bem que grande parte de seus bens advinham de seu enxoval de casamento, recebido em 1930. Foi este documento que submeteu ao antigo paciente de seu marido.

A lista dos Levy é, de longe, a maior que pude examinar. Incluía desde móveis variados e sofisticados (escrivaninha em madeira exótica, mesa "Bouleau", mesa de bridge, outra de bilhar, vários armários e mesas diferentes), prataria e porcelanas, roupas de cama, mesa e banho em profusão, até material de limpeza e objetos banais que não se esqueceu de listar (escovas para tapetes, vassouras, pás, guardanapos de papel, filtros para café). A lista das roupas, suas e de Hugo, também indica uma grande sofisticação, pela quantidade e pela qualidade dos itens listados, entre os diversos tipos de vestidos, saias, blusas, camisas, malhas, jaquetas, casacos e sapatos de todos os estilos, modelos, estações, cores, materiais e finalidades. Esses bens não foram acompanhados de valores; isso foi feito somente para uma pequena lista, colocada no final, com itens que Margarethe declarou terem sido adquiridos para a emigração: vestidos e outras peças de vestuário feminino, roupas masculinas de vários tipos, dois ventiladores, dignos de pessoas precavidas, entre outras aquisições. Os móveis e equipamentos do consultório apareceram com as respectivas datas de compra e detalhados; o total foi avaliado em 4 mil marcos. Margarethe declarou por fim seu carro Opel. Um valor total foi acrescentado à mão no final da lista: 4.786 marcos. Nunca saberemos se esse total foi calculado (subcalculado?) pelo antigo paciente de Hugo, e se Margarethe ficou satisfeita já na época com o resultado. E, muito menos, em que se baseou o fiscal encarregado para tal, e como fez para que sua eventual subavaliação fosse aceita por seus colegas e superiores da Presidência Regional de Finanças.

No dia 9 de novembro, o centro de enquetes públicas e de informações para os emigrantes de Hamburgo certificou que os Levy já tinham todo o necessário para a emigração: bilhete de navio para o destino estabelecido e atestado de partida definitiva dado pela polícia. O documento informa ainda que o valor do carro fora estimado em mil marcos, os móveis e aparelhos do consultório em 4 mil e os demais bens listados, em 5 mil marcos. No mesmo dia, um comerciante de selos, Arthur Friedel, avaliou a coleção de Hugo em 310 marcos, embalou-a em dois pacotes para a expedição e informou a respeito a Presidência Regional de Finanças.

Quanto ao carro, um novo documento, datado de 10 de novembro, escrito no papel timbrado da empresa de expedição dos bens no navio, Willi Springer & Co., referiu-se às características do automóvel; abaixo do texto, uma frase manuscrita indicava que o carro precisava ser avaliado antes de ser despachado. Uma avaliação já tinha sido feita dois dias antes pelo Automóvel Clube Alemão (2.430 marcos) e, no dia 11, a firma Kurt W. Jetzlaff avaliou novamente o Opel do casal em 2.590 marcos; os nazistas basearam-se no segundo valor. Aparentemente, descartaram de saída os mil marcos da primeira avaliação, do dia 10 — esta teria sido obra do antigo paciente de Hugo? Vale lembrar, aqui, que naquele dia 10 Margarethe estava no consulado polonês e, ali, ao ficar sabendo das violências antissemitas da noite anterior, telefonou para Hugo, no consultório e foi encontrá-lo no consulado brasileiro, deixando-o nas mãos de Aracy. No dia seguinte, ou no próximo, teria levado o marido para os Plambeck.

Os preparativos para a emigração prosseguiam, assim, naquele contexto extremamente tenso, em que as sinagogas foram incendiadas, as lojas pertencentes a judeus depredadas, os homens mandados para campos de concentração. Margarethe não interrompeu de modo algum a gestão da papelada, muito pelo contrário, o medo deve tê-la feito acelerar as coisas, inclusive porque já dispunha dos vistos desde a véspera. Entre os dias 10 e 11, com Hugo escondido, ela deve ter corrido com as compras, a burocracia, os acertos finais de embalagem, vistorias, despachos e arranjos financeiros. Correu entre a prefeitura, a Gestapo, a Presidência Regional de Finanças, a firma encarregada da embalagem e do despacho dos contêineres, os bancos, lojas — e a casa dos Plambeck.

No dia 10, Hugo assinou outro documento, de onde quer que estivesse, seja em casa ou no consultório, de manhã, seja no consulado ou na casa de Aracy, depois. Com certeza, o conteúdo foi escrito por Margarethe; Hugo limitou-se a assinar. Foi ela quem cuidou de todos os trâmites da emigração, segundo me disse, e segundo a família sabia, pois sua sobrinha confirmou o fato. Neste documento, aparecem declarados bens que não estavam na primeira lista: um armário para instrumentos odontológicos, uma máquina de costura e um aparelho de anestesia encomendado em fevereiro, que acabara de ser entregue. Foi aí que Hugo indicou aos nazistas que suas intenções de emigrar datavam do final de setembro, mencionando um atestado produzido pelo consulado brasileiro, que já tinha sido entregue à Presidência Regional de Finanças — e que não pude ver. Ali eu teria encontrado, provavelmente, sinais de Aracy.

Naquele mesmo dia, os nazistas autorizaram o transporte dos bens do casal. Quatro dias mais tarde, os serviços da aduana examinaram o conteúdo dos contêineres. Um documento menciona então o carro, avaliado em 2.590 marcos, e o aparelho de anestesia, que custara 677 marcos. Os responsáveis afirmaram, então, que a Presidência Regional de Finanças conhecia todos os bens do casal e autorizava o despacho;

o imposto pelo transporte do conjunto, considerando que eram judeus, ficou estabelecido em 2.255 marcos. Essa mesma soma foi confirmada num documento datado do dia 14, com uma lista de bens adquiridos a partir de 1937 que, escreveu Margarethe, eram meras substituições daquilo que fora gasto de seu enxoval. Mesmo assim, foram considerados aquisições ligadas à emigração, e os valores listados. Os novos instrumentos do consultório também aparecem novamente aí, com seus respectivos valores, além da última avaliação do carro. A conclusão anotada dizia que a importância da mudança do casal não era motivo de preocupações. Será que o total do imposto estabelecido foi aquele subavaliado, segundo as lembranças de Margarethe, pelo antigo paciente de Hugo?

Pode ser, mas o dossiê não terminou aí: Margarethe ainda estava tentando otimizar o uso de seu dinheiro antes da partida. No dia 19, cinco dias antes da data prevista, um documento escrito à mão mencionou a compra de um novo carro, no valor de 4.200 marcos, além de outros itens. Margarethe pode ter achado que o carro antigo do casal não merecia ser levado, e que investir num novo valia mais a pena. Em nossas entrevistas, contou-me sobre isso, dizendo que fizera uma surpresa ao marido, que só viu o carro novo no momento do desembarque no Brasil. De todo modo, naqueles dias, ele estava na casa dos Plambeck e não poderia ter tido qualquer indicação sobre as decisões e os deslocamentos da esposa.

A política adotada pelos nazistas beneficiava a transferência de bens em relação à de capitais. Assim, taxaram mais as contas bancárias do que os contêineres despachados nos navios. As famílias eram incentivadas a consumir antes da partida, comprando na Alemanha produtos alemães, que levariam para o exterior. A compra do carro evitou, assim, que o dinheiro investido fosse taxado de forma mais pesada, ficando nas mãos dos nazistas. Mas entre comprar roupas ou alimentos não perecíveis, como muitos fizeram, para gastar suas últimas economias, e um automóvel novo, a diferença salta aos olhos e demonstra mais uma vez a situação privilegiada do casal, até as vésperas da partida. Não devemos esquecer que a posse de um carro era acessível a poucos, inclusive "arianos".

Pelo mesmo documento mencionado, somos informados que os nazistas decidiram tomar uma precaução em relação aos Levy e bloquearam, "por segurança", 10 mil marcos em sua conta bancária, para garantir que se por acaso fizessem novas compras ou dívidas, não deixassem de pagar os impostos correspondentes.

Os preparativos — e as taxas — não se limitavam aos bens despachados. E a intervenção do fiscal amigo de Hugo na avaliação vantajosa dos bens, ainda que tivesse ocorrido como descreveu Margarethe, não liberou o casal do resto das exigências da Presidência Regional de Finanças em relação ao dinheiro, às aplicações financeiras e às propriedades dos Levy. Estes mereceram toda a atenção dos nazistas e os trâmites começaram já antes do controle dos bens. Assim, no dia 24 de outubro, Hugo declarou por escrito quanto dinheiro tinha em casa (1.640 marcos) e de quanto dispunha em suas contas bancárias: 13.056,24 marcos em uma e 20,40 em outra. Afirmou não dispor de metais preciosos afora ouro e prata ou platina, que deveriam ser declarados separadamente; tinha ouro para uso dentário: cerca de 20g de ouro fundido e cerca de 16g de ouro a 16 quilates. Preencheu, nesta mesma data, uma lista com suas ações, das quais algumas aparecem avaliadas em marcos, outras em libras esterlinas. Outra lista de ações, mais curta, existe também em seu dossiê, mas sem data; ele deve ter vendido parte das ações.

No mesmo formulário, declarou os móveis de seu consultório, que pretendia levar da Alemanha, referindo-se de modo geral à sala de espera, aos móveis do consultório propriamente dito e a "instrumentos modestos"; sabemos que estes foram substituídos por novos em seguida. Como ainda estava trabalhando, declarou ter cerca de 2.800 marcos a receber e outros mil no banco para uso tanto do consultório quanto privado. Levaria consigo esse dinheiro se não o gastasse antes de partir. Declarou ainda a herança deixada pelo pai de Margarethe, de um quarto de uma propriedade na Polônia (da qual a mãe herdara metade e cada uma das filhas, um quarto), avaliado em cerca de 5.500 marcos, além de 226 marcos que acreditava estarem em Cracóvia, com Poldi Bertel, ou em algum banco (estes marcos aparecem sob a forma de ações em sua lista, com o título de "Zilinsky").

Dois dias depois, o Serviço Civil da prefeitura da cidade entregou-lhe um documento assegurando que ele tinha pagado o que devia, deixando tudo em ordem. Mais dois dias se passaram e, em 28 de outubro, foi a vez dos nazistas atestarem que ele não devia mais nada em impostos. No dia seguinte, outro formulário foi preenchido acerca de seus bens: com uma apresentação diferente do anterior, este retomava algumas das informações já prestadas pelo "Judeu Dr. Hugo Levy e sua esposa". Ficava então estabelecido que em relação ao dinheiro que declarara possuir no banco e em casa, deveria pagar mil marcos. Um bilhete trocado entre membros da Presidência Regional de Finanças, no dia 1º de novembro, dizia que podiam deixá-lo partir sem perigo, pois não deixava nada sem pagar; mencionando discussões internas, o autor da nota garantia que não havia necessidade de nenhum outro documento comprovando as declarações de Hugo.

Mas ainda não era o fim. Data de 1º de novembro outro longo formulário, também preenchido por Hugo, também para a Presidência Regional de Finanças. Tratava-se de documento obrigatório para aqueles que solicitavam deixar o país. Ali declarou ter ganhado em um ano 14.654 marcos (conforme sua declaração de impostos feita em maio daquele ano), possuir 9 mil marcos em dinheiro e, no banco, em 31 de outubro, 6 mil marcos. Quanto às ações e outras aplicações, remeteu à folha anexa já mencionada, com a lista completa. Repetiu, ali, muitas das informações já dadas no formulário preenchido antes. Naquele dia, a Presidência Regional de Finanças, final e definitivamente assegurada, entregou ao casal o documento necessário para que pudessem retirar seus passaportes. No dia 7 de novembro, outro bilhete manuscrito, interno à Presidência Regional de Finanças, repetia que estava tudo garantido, que houvera discussões prévias antes de decidirem que nenhum outro documento era necessário, tendo sido dada a autorização para os passaportes.

Margarethe não perdeu tempo, já que os passaportes do casal foram entregues no dia seguinte, trazendo a data de 2 de novembro. Depois, ela deve ter-se concentrado na lista de bens, nas compras finais e avaliações respectivas. Isso além da papelada administrativa que não estava diretamente ligada ao patrimônio do casal, mas não era, por isso, menos essencial à emigração, nem menos trabalhosa. Voltou a tratar das finanças quando a data da partida estava mais próxima. Fez, então, os últimos acertos com seu banco. Dois documentos bancários do dia 21 de novembro trazem um relatório das operações feitas com as aplicações financeiras de Hugo, referindo-se a vendas de ações e títulos, que deixaram um saldo positivo de 6.361,85 marcos na sua conta. Margarethe fez, então, um depósito em dinheiro, de 3.638,15 marcos, completando um total de 10 mil marcos que respondia à exigência "de segurança" dos nazistas, de que o casal deixasse uma conta bloqueada nesse valor. O banco dirigiu-se realmente a Margarethe, ainda que falasse de operações realizadas em nome de seu marido.

O casal deixou o porto de Hamburgo no dia 24. No dia 25, quando começavam a travessia, um documento da Deutsche Golddiskontbank, dirigido à Presidência Regional de Finanças, confirmou o recebimento da soma de 7.132,25 marcos referente às taxas de emigração pagas por Hugo Levy. Este foi, então, o total retido diretamente das contas bancárias do casal para que pudesse deixar o país. Três dias mais tarde, um documento da Presidência Regional de Finanças confirmava que tinham partido definitivamente, e que o Banco de Dresden detivera 10 mil marcos em uma conta "de segurança".

Naquele momento, talvez, o olhar do casal já tinha se desviado da Alemanha e das tensões dos últimos tempos, dirigindo-se ao desconhecido que os esperava em terras brasileiras. Viajavam, então, com todos os bens, sem ter pagado por isso, segundo Margarethe, as taxas exorbitantes que poderiam ter sido cobradas, não fosse a intervenção de mais um paciente de Hugo — cuja existência não pude verificar. Levaram os dois cachorros, o carro novo, que Hugo ainda não vira, e o consultório odontológico, que foi reinstalado logo após a chegada no Brasil, além de todos os bens pessoais. Peggy Marlow contou-me, sobre isso, que não se tratava do consultório já em uso: Margarethe teria comprado, antes da partida, todos os instrumentos dentários de precisão, levando um consultório novo em folha para o Brasil; as listas de bens mencionavam efetivamente a aquisição de alguns instrumentos de precisão cujos preços foram indicados mais de uma vez. Comprou também, segundo declarou à sobrinha anos mais tarde, durante uma viagem aos Estados Unidos, uma grande quantidade de ouro usado para próteses dentárias, ouro de baixa qualidade, mas útil aos dentistas, encontrando aí, sobretudo, segundo Peggy Marlow, uma forma engenhosa de gastar seu dinheiro sem ter de entregá-lo aos nazistas. Ainda aqui, nas listas de bens, alguns gramas de ouro dentário foram declarados, como mencionei, mas se esta compra foi mesmo grande, não foi integralmente declarada.

Margarethe contou-me, enfim, que salvou suas joias das garras dos nazistas. Efetivamente, estas não foram mencionadas em nenhum documento do dossiê do casal, contrariamente a outros. Ela as teria colocado num pequeno saco que, segundo afirmou, Aracy encarregou-se de levar pessoalmente até a cabine do casal e de esconder, já dentro do navio. Segundo precisou, a amiga colocou-as dentro da pequena caixa d'água que abastecia a descarga, no banheiro. Talvez parte do ouro dentário estivesse ali também. Em todo caso, se isso realmente aconteceu, as duas amigas tiveram mesmo tempo de confabular e combinar todas essas decisões e estratégias durante aqueles últimos dias, enquanto Hugo esteve escondido, ou mesmo antes, já que as declarações feitas à Presidência Regional de Finanças começaram antes da "Noite de Cristal".

Os judeus foram expropriados de seus metais e pedras de valor por um decreto de fevereiro de 1939. Os Levy escaparam desta medida, tendo saído antes do país. O que não significa que, na época em que partiram, teriam levado as joias de Margarethe sem pagar caro, talvez em espécie, para tal. Outros o fizeram. E as joias não estavam protegidas de buscas em sua casa: antes do momento em que Aracy as transportou para dentro do navio, Margarethe certamente soube — e pôde — escondê-las, com a amiga ou em outro lugar.

TRAVESSIA

Resta mencionar outro antigo paciente de Hugo. Trata-se de um amigo de um dos diretores da Hamburg-Süd, companhia à qual pertencia o *Cap Arcona*, navio no qual o casal fez sua travessia. Este teria acompanhado Margarethe aos escritórios da companhia, levando-a até a direção, onde encontraram seu amigo.

Margarethe estava convencida, pelos boatos que corriam, de que os judeus não poderiam sair de suas cabines durante a viagem, nem mesmo para fazer as refeições. Por isso, afirmou, quis comprar duas cabines, a fim de viajar confortavelmente. Graças à intervenção de mais esse protetor e, conforme me disse, a seu aspecto, já que "ninguém acreditava que era judia", o diretor em questão da Hamburg-Süd ofereceu-lhe de presente duas outras cabines — os Levy teriam tido quatro ao todo. Peggy Marlow tinha outra informação sobre isso: para ela, os tios viajaram com duas cabines de primeira classe, uma para uso pessoal, outra cheia com seus bens. Isso contrasta com a experiência de tantos outros que chegaram a ter dificuldades em pagar o preço da passagem de navio. Horst Brauer, por exemplo, guardou o recibo da sua, pelo *Monte Pascoal*, no valor de 800 marcos, o que, segundo seu filho, representava uma soma altíssima para ele.[39]

Os Levy provavelmente não se reconheceriam na série de pontas-secas *Imigrantes*, realizada por Lasar Segall em 1929, ainda menos em seu grande óleo *Navio de Imigrantes*, de 1939-41. E Margarethe tinha plena consciência desse diferencial, pois afirmou que a viagem correu como um "cruzeiro de férias", e não como uma travessia migratória. Tratando-se de refugiados judeus, a experiência é realmente digna de nota, não somente pelo conforto material, mas também pela leveza de espírito manifestada. Depois de preparativos marcados por condições extremamente privilegiadas, e desta travessia "fora do comum", marca registrada do processo migratório de Margarethe e de sua narrativa, a ruptura vivida pelo casal foi provavelmente amenizada. E a chegada, mais suave.

Aracy também fez o que pôde para suavizar a chegada da amiga ao Brasil. No dia 23 de novembro, véspera da partida dos Levy, ela escreveu ao amigo e protetor, que vivia em São Paulo, Armando Soares Caiuby. No dia seguinte, ela anotou em sua agenda: "Gretel partiu para o Brasil." Provavelmente, o fez depois de voltar do porto, tendo acompanhado os Levy até a cabine e escondido o pacote de joias da amiga, que carregou até lá.

Margarethe falou-me enfim de uma carta de recomendação que Aracy teria escrito, endereçada ao inspetor da aduana do porto de desembarque, em Santos, para evitar que os bens do casal fossem submetidos a uma pesada taxação na chegada. Nunca saberemos se tal carta realmente existiu, e ainda menos se cumpriu seus objetivos. Infelizmente, não disponho de qualquer outro indício, além da fala de Margarethe, sobre o primeiro contato do casal com a administração brasileira no momento da chegada do navio. Não tenho meios de saber se algum funcionário ou policial criou dificuldades ao desembarque do casal e de seus bens, se Margarethe foi hábil em gerir tais obstáculos — e tais pessoas —, ou, ainda, se a eventual intervenção de Aracy, por carta, foi eficaz e suficiente.

Em todo caso, a carta que escreveu ao Dr. Caiuby tinha relação com a ida do casal. Num depoimento escrito em 1980, tratando das ações de Aracy, Margarethe mencionou explicitamente Armando Caiuby, indicando que ele transformara os vistos temporários do casal em permanentes — precisão que não foi capaz de me dar, oralmente, 25 anos depois da redação do depoimento em questão. Durante nossas entrevistas, ela lembrou-se vagamente de Caiuby, dizendo que o conhecera e frequentara em São Paulo, graças a um contato feito pela amiga brasileira de Hamburgo. Estas também foram as primeiras referências que vi e ouvi dele. Tendo tido acesso à correspondência de Aracy só bem mais tarde, soube depois que ela e a mãe tinham uma amizade antiga com ele, a quem recorriam desde 1934, quando Aracy almejou o emprego no consulado de Hamburgo.

Ao que tudo indica, ele ocupava uma posição profissional e dispunha de redes de relações que lhe permitiam também cuidar da regularização do visto dos Levy, transformando-os em permanentes. Desta forma, mesmo sem ter podido garantir à amiga o visto de "capitalista" desde Hamburgo, Aracy abriu-lhe um contato importante no Brasil. Desta forma, pode bem ser que o Dr. Caiuby, como afirmou Margarethe há trinta anos, tenha acelerado e simplificado o processo de regularização dos documentos do casal. Isso explicaria seus magros prontuários, em relação a outros: o casal entrou oficialmente com o pedido das carteiras de identidade de estrangeiros em junho de 1939, e obteve-as três meses mais tarde, um recorde. Podemos ver aí, me parece, dois braços longos: o da amiga Aracy e o de seu amigo e protetor Caiuby. Uma sorte para estrangeiros recém-chegados, que se liberaram, assim, de transtornos e complicações incontornáveis para tantos outros.

Pode ser até que a carta de recomendação mencionada por Margarethe, que Aracy teria escrito para um suposto fiscal dos portos, fosse endereçada a este outro protetor dos Levy. Em todo caso, naquele momento, Margarethe já estava em terra firme, e outra etapa de sua vida estava por começar. Por enquanto, voltemos atrás, para seguir os passos de outros que, como os Levy, trocaram Hamburgo por São Paulo naqueles anos.

ITINERÁRIOS

No dia 17 de maio de 1938, a refinada loja de moda feminina Gebrüder Feldberg (Irmãos Feldberg), fundada em 1888 pelos irmãos Sally e Emil, então já falecidos, e situada numa artéria comercial sofisticada do centro de Hamburgo, Mönckebergstrasse, 15, precisou ser vendida à firma de Heinrich Eichmeyer (Eichmeyer Irmãos e Cia.), fruto de um processo de arianização.[40] Na época, a viúva de Sally, Clara,[41] era dona da sociedade deixada pelo marido, junto com o antigo gerente, Hermann Goldmann, que se tornara sócio da firma em 1927. O filho de Emil, Alexander, que codirigira os negócios até meados de 1937, emigrara, em agosto, para os Estados Unidos, seguindo mais tarde para a Argentina. Um dos empregados era o jovem Karl Franken (1908-2008), que completara 30 anos pouco após a venda da loja por seus patrões.[42] Karl começara na Feldberg como ajudante, passando em seguida a balconista. Segundo uma declaração feita por Alexander Feldberg, em 1955, ele fora promovido a gerente, ao lado de Theodor Petersen, no dia 31 de dezembro de 1936, passando a ganhar um salário de 625 marcos mensais. Para um jovem solteiro, tratava-se de um salário nada desprezível.

Karl nasceu na cidade de Moers, a poucos quilômetros de Oberhausen, cidade natal de Hugo Levy. As duas tinham pequenas comunidades judaicas antes da guerra: somente 191 judeus viviam em Moers em 1933; em Oberhausen, eles eram mais numerosos, somando 336 pessoas, em 1905, e 686 vinte anos mais tarde.[43] Karl mudou-se para Hamburgo alguns anos depois de Hugo, em 1926 (ou 1928), após uma passagem por Paris, onde aprendera a trabalhar no comércio. Tendo passado por vários endereços, instalou-se, em janeiro de 1936, no norte do Grindel, na Lenhartzstrasse, 3, onde provavelmente alugava um quarto em casa de família, já que declarava viver na casa de Hofmann. Na época, frequentava a sinagoga reformista da Oberstrasse, junto com seu patrão Hermann Goldmann. Esta fora inaugurada em 1930, num prédio de arquitetura moderna, e distava cerca de um quilômetro da sua casa.

Sua mãe e suas duas irmãs moravam em Essen. Edith, uma delas, obteve seu visto para o Brasil com o marido, Bruno Cohen, no consulado de Hamburgo, em setembro de 1936 (vistos nº 1.573 e 1.574). Exatamente um ano depois, em setembro de 1937, foi a vez de Auguste Franken, mãe de Karl, aparecer na lista mensal de vistos dados pelo mesmo consulado (visto nº 1.528). Nos dois casos, as listas são assinadas pelo cônsul Oliveira Alves. Nos dois casos também, Aracy deve ter cuidado do assunto, já que trabalhava no setor de passaportes desde agosto de 1936, um mês antes do embarque do casal Cohen para São Paulo. No caso de Auguste, o visto de "turista" não escondia a realidade: ela fora ao Brasil somente para visitar a filha Edith, e voltou em seguida para a Alemanha.

Karl esperou mais. Ele disse, numa entrevista, que já tinha tentado emigrar antes, sem explicar por que seu projeto não se realizou. De fato, ele estava tentando partir desde pelo menos o final de outubro de 1938, mas para os Estados Unidos. No dia 24, preencheu papéis nesse sentido, declarando seus dados pessoais e seus bens à Presidência Regional de Finanças nazista. Neste documento, afirmou possuir 500 marcos em dinheiro, 500 numa conta bancária e mil em outra, além de um seguro contra acidentes. Na linha correspondente aos "metais", declarou possuir um antigo relógio, recebido em herança, um anel, uma corrente para cinto e abotoaduras. Declarou ainda um "carro velho", Opel Kadett, que deve ter vendido em seguida.

Provavelmente, seu desejo de entrar nos Estados Unidos mostrou-se ilusório e o visto não saiu. No dia 7 de novembro, voltou a fazer declarações à mesma Presidência Regional de Finanças e, desta vez, anunciou suas intenções de partir para o Uruguai, apesar de afirmar ter uma irmã e um cunhado já vivendo em São Paulo. Em dinheiro, declarou possuir somente cem marcos, dos 500 do mês anterior, mas as contas bancárias continuavam intactas, segundo ele, com as mesmas quantias. Declarou os mesmos bens em metal, precisando porém que o antigo relógio era de ouro e a corrente para cinto, "fina". Apesar de ter parentes no Brasil, a urgência maior era deixar a Alemanha, e a solução do Uruguai pode ter se apresentado antes da brasileira. Mas Karl partiu imediatamente, pois um mês depois, em 7 de dezembro, entregava a lista dos bens que contava levar da Alemanha. Trata-se de uma lista não muito longa, onde indicou separadamente os bens adquiridos antes de 1933 e aqueles adquiridos entre 1933 e 1938. Ao lado de cada item, indicou um valor. A lista inclui, por exemplo, um smoking, no valor de 30 marcos, um terno cinza, valendo 20 marcos, gravatas, cada uma num valor de 50 centavos de marco, totalizando 6 marcos, dois pares de sapato, cada um valendo 3 marcos, roupa de baixo. Tudo aparece detalhado segundo o tipo exato de vestimenta, a cor, quando dispunha de mais de um exemplar do mesmo tipo, e a quantidade, inclusive lenços, cuecas e meias. No final, declarou mais uma vez os objetos em metal, com seus respectivos valores, precisando que o anel continha um "monograma".

Acrescentou ainda uma pequena lista com bens comprados pouco antes, para a emigração: mais algumas camisas, uma maleta, remédios, objetos de higiene, um maiô, um par de sapatos brancos de praia, entre outros itens, tudo num total de 490 marcos. Estava claramente gastando seus marcos para não entregá-los. Por essas compras finais, precisou pagar como imposto, por ser judeu, o equivalente à metade dos gastos declarados (245 marcos); o recibo deste pagamento foi incluído em seu dossiê da Presidência Regional de Finanças. A Presidência Regional de Finanças controlou também, entre novembro e dezembro de 1938, os documentos que Karl foi apresentando aos poucos, para poder emigrar; estes figuram numa lista que ele mesmo assinou, em dezembro, e onde acrescentou, sob a assinatura, "Brasil". De fato, pouco depois das declarações feitas em novembro, conseguiu seu visto para o Brasil e abandonou a estratégia uruguaia.

Enfim, um relatório de investigação de uma página foi escrito sobre seu dinheiro e seus bens, em 5 de dezembro. Ao que tudo indica, isso foi feito porque houve alguma objeção às declarações que havia feito. Contudo, os dois responsáveis pela investigação, que coassinaram o relatório, não comprovaram tais objeções: confirmaram, em relação aos objetos preciosos ("metais"), que Karl os tinha há muito tempo, não tendo sido adquiridos para a emigração. Detectaram também duas malas, uma de madeira compensada e outra de mão. Ambas teriam sido presentes que recebeu; apesar de não terem sido muito usadas, também não tinham relação com a emigração, segundo os investigadores. Mencionaram ainda uma máquina de escrever Remington, que estava com Karl desde 1935, ficando também isenta de impostos, segundo afirmaram. Porém, quanto ao dinheiro que possuía, as declarações não coincidiram, já que os investigadores encontraram cerca de 2.200 marcos numa conta, outros mil em outra e perto de 1.100 em dinheiro, em casa. Provavelmente, acreditavam, "o emigrante" não possuía mais nada.

Os investigadores referiram-se também a seu histórico salarial na "Firma Feldberg", onde teria trabalhado cerca de dez anos. Segundo afirmaram, durante esses anos, teria recebido somente uma vez, excepcionalmente, mais de 20 mil marcos anuais, provavelmente um teto fiscal. Retomaram um cálculo feito pelos serviços competentes, estabelecendo que Karl deveria pagar uma taxa de evasão fiscal ao Reich, no valor de 706 marcos, e informaram o número do registro em que esse cálculo e essa dívida foram inscritos num serviço de impostos também preciso da cidade. De fato, no final de novembro, uma nota manuscrita lembrava que ele ainda tinha essa dívida pendente. Karl enganou os nazistas nesse ponto, e viajou sem pagar a dívida. Em julho de 1939, quando já vivia há alguns meses em São Paulo, o serviço fiscal responsável pelo recebimento dos 707 marcos (e não 706), além de outras "reclamações adicionais", escreveu à Presidência Regional de Finanças para saber se Karl tinha deixado dinheiro no país ou se podiam cobrar a dívida de mais alguém; provavelmente, estavam pensando em familiares, que poderiam responsabilizar pela dívida.

Já era tarde demais. Antes disso, sua mãe Auguste tinha partido. Conseguiu seu visto "permanente", no consulado brasileiro de Colônia, em 1º de março de 1939. Ela fora provavelmente "chamada" pela filha Edith, já vivendo regularmente no Brasil. Esta prerrogativa existia de fato, como vimos, para pais, cônjuges e filhos. Auguste entrou no país com esse passaporte e esse visto, pelo porto de Santos, no dia 10 de abril de 1939. Sua filha Trude veio, enfim, com o marido e a filha de 2 anos, em maio.⁴⁴

No passaporte de Karl, um carimbo da filial de Hamburgo da Deutsche Bank und Disconto-Gesellschaft indica que, em maio de 1937, ele mandou dinheiro para São Paulo. Apesar da sobreposição de carimbos, notas e assinaturas, a soma enviada parece ter sido de 4 mil marcos, quantia nada desprezível na época. Lembremos, por exemplo, que o salário mensal de Aracy, que ainda não tinha sua situação regularizada no consulado, equivalia a 250 marcos; mas Karl ganhava mais que o dobro que ela e não tinha dependentes. Os investigadores nazistas disseram, efetivamente, no relatório produzido antes da sua partida, que ele havia assumido a responsabilidade financeira por parentes próximos, ajudando-os mensalmente. Não precisaram, contudo, de quem se tratava, nem as razões e o tempo de duração desse auxílio. Não podemos provar que se tratava deste envio. Na época, sua irmã Edith já vivia em São Paulo. Se Karl conseguiu mandar dinheiro seu para o Brasil, talvez já estivesse pensando em recuperá-lo mais tarde, ainda que tal projeto não tenha deixado qualquer registro escrito.

No mês seguinte a esse envio, em junho de 1937, foi publicada a circular secreta nº 1.127, que cortou a concessão de vistos a judeus. Isso pode ter bloqueado uma eventual tentativa de emigração. Entretanto, sua mãe obteve o visto em setembro, já com a circular vigorando, e foi visitar a filha. Estavam excluídos da proibição aqueles que viajassem numa excursão coletiva para fazer turismo no Brasil, devendo provar tal fato com os dados da firma turística em questão. A outra possibilidade era passar por não judeu, num período em que os passaportes de judeus ainda não continham o "J" vermelho.

Enquanto isso, Karl permanecia em Hamburgo. Sua irmã Trude afirmou que ele continuou trabalhando na Feldberg até a "Noite de

Cristal", no início de novembro, quando ficou sem emprego, já que a loja fora atingida pelas destruições. A verdade é que a loja não foi atingida durante a "Noite de Cristal", pois não pertencia mais a judeus desde o mês de maio, e o nome, exposto na fachada, tinha sido imediatamente substituído pelo da nova firma, "ariana".

A regra geral era demitir os empregados judeus no momento da "arianização" das empresas. Foi o que ocorreu com a Feldberg também.[45] Contudo, seu processo de arianização teve um aspecto particular: os empregados judeus demitidos no momento da "venda" receberam uma indenização, fato excepcional, digno de nota — tanto quanto os casos, também raros, em que os empregados judeus foram conservados pelo novo proprietário "ariano", apesar das pressões em contrário. Podemos nos perguntar se a indenização recebida por Karl não foi justamente responsável pelo fato de ter ultrapassado, uma única vez, o teto de 20 mil marcos, fazendo com que os fiscais da Presidência Regional de Finanças decidissem taxá-lo sob o pretexto de "evasão fiscal". Estes, reproduzindo o tom administrativo corrente naqueles anos em relação aos judeus — e, sobretudo, em relação ao dinheiro dos judeus —, não levaram em conta, aberta e propositalmente, o contexto daquele ganho. Nos anos 1950, Karl fez os cálculos de sua aposentadoria, considerando o que teria ganhado se tivesse permanecido na Alemanha. Suas contas começaram no início de 1939, quando chegou no Brasil. Contudo, quando declarou seus ganhos, só o fez até o fim do primeiro semestre de 1938. Se não incluiu nos cálculos da aposentadoria o segundo semestre de 1938, quando a firma já tinha outros donos, também não declarou em seus ganhos. Na mesma época, uma declaração de Alexander (Alejandro) Feldberg chegou da Argentina, para atestar o cargo e o salário de Franken na época. O declarante mencionou que a firma trocara de donos no final de junho de 1938, quando teria sido "arianizada" (na verdade, o contrato de arianização datava do mês anterior). Assim, contrariamente ao que ficou impresso na memória de sua irmã, ele passou alguns meses sem trabalhar antes de emigrar e, como vimos, já estava tentando seriamente emigrar desde antes da "Noite de Cristal", preenchendo dossiês com esta finalidade para a Presidência Regional de Finanças.

Mesmo tendo sido demitido no final de junho de 1938, Karl ainda teve mais sorte que outros. Naquela época, Max Callmann (1892-1977) já tinha sido demitido do cargo de diretor da filial de Essen da Karstadt, uma grande loja de departamentos alemã, existente ainda hoje. Conheceu sua futura esposa Grete (1913-2010) em Essen, ainda que nenhum dos dois tenha nascido ali. Grete nasceu em Gladbeck, perto de Dusseldorf. Max, por seu lado, nascera em Herne, na região do Ruhr, no mesmo ano de Hugo Levy. Tratava-se de uma cidade com uma pequena comunidade judaica, de 239 membros em 1905, ano do seu bar mitzvah. Trabalhando na Karstadt, tornou-se colega do futuro sogro, pois este, ainda que morasse em Essen, era diretor da outra filial da mesma rede, em Gladbeck justamente, e foi demitido ao mesmo tempo que o genro, que ainda não era casado com Grete. Max montou, então, uma pequena fábrica de aventais, que garantiu sua subsistência nos anos que precederam a emigração.[46]

As lojas de departamento enfrentavam um problema particular: a concorrência com o pequeno comércio que, sobretudo num contexto de crise, ressentia-se muito desta presença, tida como desleal.[47] Para ganhar audiência junto às camadas médias, os nacional-socialistas atacavam as grandes lojas de departamentos, desacreditando-as. Nesse contexto, em março de 1933, um grupo da SA bloqueou, em Hamburgo, a entrada de uma filial da Karstadt. A loja estava situada na mesma rua da Feldberg, a Mönckebergstrasse; talvez Karl Franken tenha assistido à cena da calçada. Fizeram a mesma coisa com muitas outras lojas de departamento ou de dimensões importantes que ocupavam espaços de destaque e de visibilidade em bairros, ruas e avenidas de comércio.

Confrontada com a pressão destas ações ilegais e não reprimidas da SA, mas também com pressões internas exercidas pelo organismo que coordenava os representantes nacional-socialistas nas empresas de comércio, a direção da Karstadt decidiu-se por uma medida radical. Demitiu todos os seus empregados judeus, no dia 1º de abril de 1933, sem aviso prévio. No conselho de direção da empresa havia membros judeus. Estes se demitiram antes de a medida ser tomada, para não serem obrigados a participar da votação que levaria a tal decisão. A Karstadt demitiu seus empregados judeus, vale insistir, dois anos antes da promulgação das Leis de Nuremberg. As declarações oficiais feitas por um advogado da empresa utilizavam todo o vocabulário do antissemitismo mais vulgar, afirmando que

> os membros da raça judaica não são mais, hoje, cidadãos integrais, e são olhados como intrusos alienígenas no corpo nacional alemão; sua posição de poder, construída sobre as ruínas da [primeira] guerra mundial [...] deverá ser completamente destruída e eliminada, para que o povo alemão e a cultura alemã não sejam arruinados.

Muitos judeus foram vítimas diretas das opiniões e decisões precoces da direção da empresa, dentre os quais Abraham Oppenheimer, pai de Grete, e Max, seu marido.

Grete também foi diretamente prejudicada pelas "leis raciais". Ela estudara piano desde os 6 anos de idade, preparando-se com um professor particular com quem tinha aulas depois da escola. Era sua paixão, queria ser pianista. Quando se sentiu pronta para ingressar no conservatório e estudar piano em nível superior, provavelmente de comum acordo com seu professor, já era tarde demais. Sendo judia, no outono de 1934, foi impedida de inscrever-se e, com o rumo tomado em seguida por sua vida, deixou de lado o instrumento, para sempre.

Mas voltemos a Karl Franken. Graças ao controle estrito estabelecido pelos nazistas quanto às compras de moedas estrangeiras, que foram anotadas em seu passaporte, e os carimbos de passagem da fronteira, sabemos que, até 1938, ele tirou férias regularmente. Assim, no verão de 1936, passou vinte dias na Áustria, entre o final de junho e meados de julho. No ano seguinte, escolheu a Hungria, no mesmo período do ano. Em janeiro de 1938, em pleno inverno, passou alguns dias em Arosa, uma estação de esquis na Suíça. Mas no verão daquele ano, se viajou, não atravessou mais a fronteira. Sua próxima viagem registrada no passaporte foi a emigração. Seu visto (n° 1.404), datado de 8 de dezembro, foi assinado pelo cônsul Souza Ribeiro e preenchido com a letra de Aracy, que anotou: "Temporário — visado conforme o que dispõe o Art. 280, do Dec. 3.010, de 20 de agosto de 1938." Ao lado do carimbo "turista", ela anotou, ainda, "pelo vapor *Cap Norte*".

O decreto nº 3.010, já publicado, só entraria em vigor no dia 22 de dezembro de 1938, depois da concessão do visto de Karl. Seu artigo 280, mencionado por Aracy, conforme as instruções recebidas, dizia o seguinte: "Até a entrada em vigor deste regulamento, as autoridades consulares visarão tão sómente passaportes de estrangeiros que desejem ingressar no Brasil em carater temporário." Na verdade, o que foi decisivo, no seu caso, para a concessão do visto, e que não aparece no passaporte, foi a circular secreta nº 1.249, que entrara em vigor em setembro daquele ano, abrindo, como vimos, algumas brechas para a entrada de judeus no país. No caso de Karl, uma cláusula da circular, válida até 31 de dezembro do mesmo ano, franqueava a entrada de judeus que fossem "cônjuges ou parentes consanguíneos, em linha direta, até o segundo grau", de estrangeiro residente no país. Era seu caso. Esses vistos deveriam ser contados dentro das cotas de 20% reservadas aos não agricultores. Ou seja, referiam-se a "permanentes". Mas por alguma razão Karl não foi incluído nesse caso, recebendo um visto temporário. Talvez esse procedimento fosse mais rápido e, no contexto da época, ele tenha preferido apressar ao máximo sua partida.

Apesar de já estar tentando deixar a Alemanha, Karl ainda estava em Hamburgo no começo de novembro, quando aconteceu a "Noite de Cristal", tendo subido no navio um mês depois. Naquele momento, achou que "agora não dá mais".[48] Ele não foi o único judeu, nem mesmo o único judeu de Hamburgo, a pensar assim, ainda que concordasse com a ideia de que, até então, apesar de a situação da cidade ser "que nem no país inteiro", em Hamburgo "tinha mais liberdade": "Era uma cidade internacional [...], tinha menos provocação, menos perseguição." No momento da entrevista, mais de cinquenta anos após os fatos, ele provavelmente não se lembrou da "arianização" da loja onde trabalhava, feita em condições vergonhosas, expropriando seu antigo patrão e companheiro de sinagoga sete meses antes de sua emigração. Também não mencionou qualquer dificuldade em sua vida cotidiana durante os últimos tempos em Hamburgo, nem cenas que pudesse ter observado nas ruas, trabalhando em pleno centro.

VISTO SALVA-VIDAS

Karl Franken não estava entre os detidos da "Noite de Cristal". Ele saíra de Hamburgo, indo refugiar-se na casa da irmã Trude, em Essen. No trem, enquanto jantava no vagão-restaurante, um SS, "oficial de alta patente", teria se sentado à sua frente. Segundo afirmou, associou-se aos outros dois homens que estavam na mesma mesa para responder ao cumprimento do oficial: levantou o braço e executou a saudação nazista. A conversa teria continuado durante a refeição, até que o oficial levantasse. Por sorte, Karl "tinha bons nervos".[49] Na casa de Trude, esperou até que as violências cessassem. Tiveram muita sorte, disse ela: em sua rua, o pogrom chegou até as duas esquinas, de um lado e de outro de sua casa, poupando-a, junto com o irmão e sua filha de 2 anos — seu marido Kurt estava fora, viajando a trabalho. De volta a Hamburgo, Karl apressou-se em tratar do visto para o Brasil. As tratativas já estavam em curso para a partida, como vimos, antes da "Noite de Cristal": no dia 7 de novembro, antevéspera do pogrom, ele preenchera documentos para a Presidência Regional de Finanças anunciando o Uruguai como destino migratório. Um mês depois, quando entregou sua lista de bens, já estava certo de partir para o Brasil, e, no dia seguinte, seu visto foi concedido.

Outros não tiveram sua sorte, e, ainda que também tivessem "bons nervos", estes foram mais solicitados. Foi o caso dos pais do menino Egon Katz (1926-2010). Seu pai, Herbert, comissário de trigo, com 43 anos, estava entre os judeus levados para o campo de Sachsenhausen, perto de Berlim, durante a "Noite de Cristal".[50] Ficou ali quase um mês. Sua mãe, Amalie, como outras tantas mulheres, percorreu a cidade de alto a baixo para conseguir os vistos e poder salvar o marido. Ela os conseguiu no consulado brasileiro, com Aracy. Enquanto isso, o tio de Egon tentou tirá-lo da Alemanha, levando-o para a Holanda, mas os dois não conseguiram atravessar a fronteira. A solução brasileira resolveu o problema da família, que embarcou no *Monte Sarmiento* no dia 28 de janeiro de 1939, rumo a Santos, aonde chegou três semanas mais tarde com os vistos nº 160 e 161, de "turistas".

Amalie Katz tinha então 41 anos, seu marido, 44, e o jovem Egon, 12. No passaporte de Amalie, no qual o filho está inscrito, dois carimbos indicam sua passagem da fronteira alemã para a Holanda. O primeiro refere-se à compra de bilhetes para a Holanda, no escritório da companhia marítima HAPAG, situado na estação central de Hamburgo. O preço, preenchido à mão no carimbo, era de 165 marcos, e a data da operação, 30 de junho de 1937. Não fica claro se era uma viagem de férias, nem se foi feita, já que uma cruz cobre o carimbo todo, com os dados preenchidos à mão. Na página seguinte, o carimbo foi colocado por autoridades holandesas, e referem-se à passagem da fronteira entre os dois países pela cidade de Venlo. A data, preenchida na delegacia de polícia da cidade, indicando um visto de permanência temporária, é de 31 de agosto de 1938. Ainda nesse caso, o deslocamento ocorreu antes da "Noite de Cristal" e não foi migratório, já que eles estavam de volta em Hamburgo antes do final do ano. Podem ter sido férias, mas também tentativas fracassadas de partir.

Os Katz tiveram vários endereços na cidade. A partir de 1936, a situação financeira parece ter piorado, e as mudanças de endereço indicam que precisaram escolher lugares menores e mais baratos, como tantos outros. Mudaram-se duas vezes naquele ano e, em fevereiro de 1938, instalaram-se em seu último endereço hamburguês: Manstenstrasse, 3, a pouca distância da sinagoga frequentada por Karl Franken. Talvez os Katz fossem mais praticantes que ele, pois o menino Egon estudou na escola judaica Talmud Torá, do bairro de Barmbeck, de 1935 até a emigração. Mas pode ser também que os pais o tenham colocado ali para protegê-lo das discriminações, após a publicação das "Leis de Nuremberg". Em todo caso, os Katz eram membros da comunidade judaica da cidade — contrariamente a Karl Franken —, tendo contribuído com dinheiro de 1926 até 1936: no começo, Herbert deu pouco, 2,30 marcos em 1926, saltou o ano seguinte sem contribuir, doou 12 marcos em 1928 e, no ano seguinte, 23. Mas a crise de 1929 deve tê-lo pego: em 1930, doou somente 16 marcos e, em 1931, nada. Em 1932-1933 dividiu sua doação em duas vezes, provavelmente por dar importância ao fato: contribuiu duas vezes com 4,55 marcos. No ano seguinte, doou, também em duas parcelas, 9,20 marcos, aumentando em seguida seus valores para 10,60 (1934-1935), 23,80 (1935) e 96,15 (1936), sua última doação. Os aumentos progressivos nos últimos anos devem ter sido respostas positivas às demandas dos responsáveis comunitários, tendo em vista a degradação crescente da situação socioeconômica dos judeus.

Herbert tinha feito seus estudos escolares em Eisenach, na Turíngia, numa escola pública municipal, tendo se mudado para Hamburgo em 1921. Casou-se com Amalie em dezembro de 1922. Sua firma, com papel timbrado indicando seu comércio de atacado, existia na cidade desde setembro de 1923, data do registro oficial, tendo recebido a permissão de exercer comércio no mês seguinte. Ela ainda estava funcionando no momento da preparação da partida, mas a situação financeira da família não era das melhores. De fato, seus ganhos foram diminuindo progressivamente: de 1930 a 1932, suas atividades renderam-lhe 9 mil marcos anuais, apesar da crise; no biênio 1933-1934, a situação piorou, e ele não conseguiu ultrapassar um patamar anual de 6.500 marcos; em 1935-1936, quando a conjuntura do país não era mais crítica para os não judeus, sua situação degradou-se, e ele retirava somente 4.500 marcos por ano de sua empresa, a metade de três anos antes. E a degringolada se acelerou com a intensificação da política de eliminação dos judeus da economia: em 1937, a empresa lhe trouxe 4 mil marcos e, em 1938, 175... Fazer comércio tinha se tornado impossível para Herbert. De fato, cada vez menos fornecedores e compradores de trigo dispunham-se a negociar com uma firma judaica. A sua foi liquidada no final de dezembro, pouco depois de sua liberação de Sachsenhausen. Foi quando ele declarou à Presidência Regional de Finanças possuir somente 250 marcos em dinheiro, 16,38 marcos em sua conta bancária, além de uma dívida de mil marcos. Na época, segundo afirmou, recebia dinheiro de seu cunhado vivendo na Holanda. Em vista disso, os nazistas decidiram que os Katz não deviam pagar o imposto dos judeus emigrantes.

Mesmo assim, a família apresentou sua lista de bens, maior que a de Karl Franken, pois além de serem três, tinham móveis. A lista é dividida entre os bens que já possuíam antes de 1º de janeiro de 1938 e os que adquiriram depois. A primeira parte listava a roupa de cama e banho, utensílios de cozinha, o guarda-roupa completo de Amalie, em todos os detalhes, os móveis, cortinas, eletrodomésticos, máquina de costura, máquina de escrever, fotos, álbuns, mobiliário de escritório, louças, porcelanas, copos. Os objetos de metal foram listados separadamente: os de prata, os banhados a prata, os compostos de outras ligas metálicas. No final, os Katz escreveram que entre vestimentas, lençóis, toalhas, guardanapos etc., alguns itens foram acrescentados com o passar dos anos, por causa do "desgaste natural". Isso para assegurar os responsáveis da Presidência Regional de Finanças que, ao comprar novas peças de vestuário, antes de 1938, não estavam maliciosamente acumulando bens em vista da emigração. Enfim, uma pequena lista detalhava os bens adquiridos em 1938, dentre os quais dois colchões, um aspirador de pó, uma Kodak Junior 620, uma máquina de cortar pão, várias malas, roupas, sapatos, botas, chapéus. Depois desta pequena lista, o casal acrescentou que não tinha meios de fazer compras em vista da emigração. E, como vimos, foram poupados das taxas. Os nazistas nem somaram o total dos valores anotados ao lado de cada um dos itens da lista. Os Katz não os interessavam. O que não significa que podiam relaxar, tinham razões de sobra para continuarem a temer por suas vidas até a partida do navio, sobretudo após o que viram e viveram durante a "Noite de Cristal", e a experiência de Herbert no campo de concentração.

Herbert declarou ter parentes vivendo no Uruguai: Florentine Mayer, Fritz Mayer e o filho Theo, mas não precisou se eram os mesmos que estavam na Holanda. Se fosse o caso salvaram-se por pouco, tendo evitado a ocupação alemã em 1940. Mesmo assim os Katz, dirigiram-se ao Brasil, provavelmente por Amalie ter conseguido o visto antes; ela não tinha tempo a perder, com o marido no campo de concentração.

A família Marcus enfrentou uma história semelhante à dos Katz. Franz (1885-1961) trabalhava como representante de vendas para a firma Nachum & Bandmann, cuja sede ficava numa zona muito central de

Hamburgo, na Rödingsmarkt, 69. Nachum era o sobrenome de solteira de sua esposa Gretchen (1900-1992). Assim, tratava-se provavelmente de uma empresa familiar, na qual esteve até a "Noite de Cristal", ganhando um salário, conforme declarou mais tarde, de cerca de 1.800 marcos mensais, o que era uma soma considerável. Antes disso, aprendera o ofício de comerciante em Bielefeld, onde se empregara como aprendiz — como Karl Franken fizera em Paris. Trata-se de um percurso corrente na Alemanha para aqueles que queriam trabalhar no comércio, além de ser um modo de melhorar as chances de evolução na carreira.[51] Hannelore Inge (1925-2009), tinha 13 anos no final de 1938.[52] Seu pai, de 53 anos, foi mandado, como Herbert Katz, para o campo de Sachsenhausen, onde permaneceu internado de 9 de novembro a 20 de dezembro de 1938; liberado, não voltou a trabalhar, pois a firma que o empregava fora arianizada durante sua ausência. Do campo, mandou um postal para a mulher expressando seu desejo de emigrar para os Estados Unidos ou para a Austrália.

Enquanto Franz esteve preso, Gretchen, 15 anos mais jovem, conseguiu mandar a filha para a Holanda. Ao entrar no consulado da Holanda, em busca de vistos, foi reconhecida por uma vizinha acompanhada de uma amiga holandesa não judia, que viera especialmente ajudá-la: levaria seus dois filhos para a Holanda. Foi assim que, com os devidos vistos, Hannelore e o primo Werner deixaram a Alemanha. Por meio da acompanhante das crianças, Gretchen também tirou do país suas joias mais valiosas, que recuperaria mais tarde. E saiu à busca dos papéis necessários para a liberação do marido e a emigração. No consulado do Uruguai, Gretchen conseguiu obter os vistos em troca de pagamento. Dirigiu-se, então, com a documentação ainda incompleta, até a Hamburg-Süd, onde comprou seus bilhetes de navio: duas cabines de primeira classe.

Enquanto cuidava dos demais trâmites, tentando ao mesmo tempo liberar seu marido e negociar a emigração com os nazistas, teve duas surpresas. Franz foi solto e chegou em casa num estado físico e moral deplorável. E o cônsul uruguaio que lhe vendera os vistos foi removido do posto. A emigração estava comprometida. A solução veio dos próprios funcionários da Hamburg-Süd, que contataram Gretchen propondo-lhe o Brasil como novo destino. Em troca de remuneração, ela entregou-lhes os papéis necessários e obteve os vistos, sem jamais ter entrado no consulado brasileiro, segundo afirmou mais tarde, na narrativa que escreveu sobre sua imigração. Os vistos da família datam de fevereiro de 1939. O casal foi, então, buscar a filha na Holanda, antes de emigrar.[53] Os três chegaram a Santos, pelo *Cap Arcona*, no dia 7 de março, também com vistos de "turistas" (nº 236 e 237). Gastaram, com as passagens de navio, 3.172,50 marcos, segundo estimativa feita pela própria companhia de navegação anos mais tarde.

Hannelore Inge, contrariamente a Egon, tinha seu próprio passaporte, concedido em novembro de 1939, antes da partida para a Holanda e em cuja foto aparece sorrindo, com o queixo apoiado nas mãos, sob os carimbos da polícia de Hamburgo. Assim, no mesmo dia da concessão do passaporte, 19 de novembro, dez dias depois da "Noite de Cristal", Hannelore atravessava a fronteira para a Holanda, chegando a Amsterdã algumas horas depois. No início de fevereiro, ela estava de volta a Hamburgo: a polícia nazista carimbou seu passaporte no dia 8 e, novamente, no dia 13, quando saiu, desta vez para emigrar. Naquele mesmo dia, passou novamente pela Holanda. No porto de Roterdã, um carimbo foi feito em seu passaporte pela polícia holandesa. Uma semana depois, um último carimbo indicava sua partida rumo a "São Paulo".

No dia 10 de fevereiro, três dias antes da partida da Alemanha, um carimbo indicava que ela estava levando 10 marcos consigo, como autorizado pelos nazistas; seus pais também levaram, cada um, a mesma quantia. A família chegou ao Brasil, segundo Franz declarou mais tarde, "com 30 marcos e sem falar português". Em suas memórias, Gretchen mencionou o depósito de mil dólares feito por um parente que vivia nos Estados Unidos, em um banco de São Paulo, a título de empréstimo. O visto de Hannelore, para as autoridades brasileiras, estava incluído no de seus pais, e não consta de seu passaporte, onde a caligrafia regular de Aracy não ficou registrada.

Franz nascera em Harburg, enquanto Gretchen vinha de Bremen. Ambos viviam em Hamburgo desde 1910. Em 1938, o endereço da família era Loogestieg, 15, muito próximo da residência de Hofmann, onde vivia Karl Franken. Este foi o quarto endereço anotado na ficha familial da comunidade judaica da cidade, com a qual contribuíram a partir de 1927, apesar de já serem membros há alguns anos. Começando com 10,50 marcos em 1927, Franz e Gretchen diminuíram a soma em 1931-1932 (7,95) para aumentá-la em seguida progressivamente: 16,05 marcos em 1932-1933, 20,10 no ano seguinte, 84,87 em 1935, 267,95 em 1937 e 225,60 em 1938, quando contribuíram pela última vez, antes de emigrarem. Seguindo a mesma lógica dos Katz, contribuíram com mais dinheiro no final, embora, em valores absolutos, tenham tido oportunidade de ser mais generosos. A situação de Franz não se deteriorara tanto quanto a de Herbert.

No canto inferior da ficha consta que partiram em janeiro de 1939 para o Uruguai. Foi o que Franz e Gretchen declararam à Presidência Regional de Finanças quando prepararam seu dossiê de emigração, depositado no dia 20 de dezembro de 1938; a mudança de planos, brusca, aconteceu depois. Na véspera, haviam solicitado a emissão dos passaportes.

Os Marcus tinham algumas joias, além daquelas mais valiosas, que os aguardavam na Holanda; depositaram-nas no dia 20 de dezembro de 1938 no banco Warburg. A lista descritiva aparece em várias vias no dossiê da Presidência Regional de Finanças, manuscrita, com a data do depósito, e datilografada, num papel de carta impresso com nome e endereço de Franz Marcus, sob a data de 15 de janeiro de 1939. Nesta última versão da lista, Franz tomou a liberdade de lembrar os responsáveis da Presidência Regional de Finanças que as joias em questão tinham sido entregues em depósito. O conjunto incluía um relógio de ouro masculino, uma corrente de ouro para a cintura, uma corrente de relógio em ouro, um anel de ouro e ônix, uma pulseira de ouro, um par de brincos com ônix, um alfinete de ouro e um anel de ouro masculino gravado. Quatro dias depois, uma nova versão da lista foi apresentada, desta vez com a avaliação feita por um joalheiro da cidade, Hermann Schrader, cuja loja ficava no coração de Hamburgo, na Neuerwall, 9. A situação econômica era-lhe favorável, a crise tinha sido ultrapassada já há algum tempo, inclusive em Hamburgo. E seus negócios puderam beneficiar-se, além dos clientes espontâneos, daqueles que o procuravam por obrigação, como os Marcus. O conjunto foi avaliado em 206 marcos.

Sobre a lista com os valores anotados, um responsável da Presidência Regional de Finanças debruçou-se, entre ávido e indiferente. Acrescentou, então, dois pequenos "x" ao lado esquerdo dos itens mais valiosos da lista: o relógio masculino e a corrente de ouro para relógio. O primeiro fora avaliado em 75 marcos, a segunda, em 60. Ou seja, no total de 206 marcos, esses dois objetos participavam com 135; os seis objetos restantes foram avaliados em 71 marcos. Segundo critérios que nunca conheceremos, os Marcus foram autorizados a levar justamente os dois objetos mais valiosos. Teriam subornado algum funcionário para isso? Ou a Presidência Regional de Finanças estava mais preocupada com os metais do que com o trabalho feito no ouro ou com o mecanismo do relógio?

Assim, com a decisão tomada, o mesmo joalheiro que fizera a avaliação das peças endereçou uma declaração à Presidência Regional de Finanças, na qual atestava que os dois objetos em questão pertenciam a Gretchen Marcus; com estes, ele fez o pacote nº 40, sobre o qual colocou seu lacre. Em vez de um neutro "cordialmente", ultrapassado, Schrader terminou seu certificado com um entusiasmado "Heil Hitler", de praxe e mais conveniente na ocasião.

Enfim, o imposto pela emigração de judeus foi calculado, para os Marcus, em 1.511 marcos, tendo em vista os bens da família. A lista de bens que apresentaram à Presidência Regional de Finanças foi, de fato, maior que as precedentes, composta de quatro páginas. E, contrariamente à lista dos Katz, os valores foram bem computados.

A lista começava com os bens que o casal possuía antes de 1933, que compõem duas páginas, encabeçadas por um piano de cauda da marca Rachals. Os móveis incluíam alguns de couro, várias luminárias, gravuras, bronzes, tapetes, indicando um mobiliário rico e numeroso, além de "velhas máquinas fotográficas", vasos, cerca de 274 selos e outros tantos objetos. Vinham a seguir os objetos de prata, os de outros metais, os vidros e porcelanas, a roupa de cama e banho. O total dos bens anteriores a 1933 foi avaliado em 2.500 marcos. Aqueles adquiridos depois foram listados em uma página contendo vários enfeites, vasos, suportes para flores, lampadários, uma máquina de escrever Erika 1936, um rádio relógio, um busto em mármore, um biombo, roupa de cama e banho e algumas roupas, categoria ausente da lista anterior, exclusivamente preenchida com móveis e objetos da casa. As roupas da família não foram, então, totalmente listadas, pois os itens figurando nesta página eram limitados. Esta segunda lista foi avaliada em 1.500 marcos. Enfim, uma pequena lista acrescentava, no final, os bens comprados tendo em vista a emigração. Esta incluía algumas vestimentas, sapatos e roupa de cama, essencialmente, no valor de 1.375,90 marcos. As três listas juntas somavam 5.375,90 marcos. Se acrescentarmos as joias levadas, avaliadas em 135 marcos, chegamos a 5.581,90 marcos. Fica impossível entender a lógica do cálculo feito para o imposto cobrado, que fica perto de 27% deste total, se é que incidia igualmente sobre o total dos bens, se é que alguma lógica existe.

Para o transporte dos bens, conforme declarações posteriores feitas por Franz, o casal lotou três contêineres, num total de 5.367kg, e pagou 6 mil marcos pelo envio da mudança. Sendo o *Cap Arcona* um navio de passageiros, os bens da família tiveram que seguir separadamente, com exceção do piano, que os acompanhou. Além dos gastos e dos impostos de "judeus", Franz precisou vender antecipadamente, em dezembro de 1938, seus dois seguros de vida.

É impossível comparar os impostos pagos por famílias diferentes para emigrar, pois os bens variavam muito, assim como a avaliação feita pelos nazistas. Sem contar seus capitais, que os fizeram pagar somas maiores, os bens despachados pelos Levy foram taxados em 2.255 marcos. Tendo em vista que levaram um carro novo, comprado poucos dias antes do embarque, e o consultório de Hugo, além dos bens contidos nas longas e sofisticadas listas que fizeram, parece plausível que tenham contado com a boa vontade do antigo paciente de Hugo transformado em fiscal dos nazistas. Os Marcus, apesar de terem feito uma lista nada modesta, se comparada a outras, possuíam certamente menos bens e bens menos valiosos que os Levy. Pagaram 1.511 marcos pela mudança. Talvez, efetivamente, a diferença tenha sido a favor dos Levy, como afirmou Margarethe.

No topo das listas de bens, Franz e Gretchen ainda indicaram o Uruguai como destino. No dia 6 de março, porém, quando organizaram a expedição dos contêineres, já declararam estar indo para o Brasil. Entre o final de dezembro e fevereiro, conseguiram resolver a questão do visto e mudaram de destino.

Chegando no Brasil, Franz tinha 54 anos e Gretchen, 39. Tanto os Katz quanto os Marcus foram inscritos nas listas que o consulado enviou ao Itamaraty, com os vistos concedidos para "estrangeiros de origem semita". Os quatro tinham incluído os nomes Israel e Sara entre o nome e o sobrenome; estes foram transcritos nos documentos brasileiros produzidos desde a chegada, a partir dos passaportes alemães.

Outras mulheres dessa história, como Amalie Katz e Gretchen Marcus, colocaram-se à frente dos membros homens da família, que corriam muito mais perigo naquele momento, protegendo-os.

PELOTÃO DE CHOQUE

Grete Callmann, recém-casada, "era a única que atendia ao telefone", após a prisão do pai num campo e a destruição completa do apartamento onde viviam durante o pogrom de novembro. Foi assim, graças a um telefonema, que teve notícias do irmão: circulando de carro pela cidade, teve seu veículo cercado e quase virado. Depois disso, o jovem Oppenheimer, também recém-casado, fugiu, conseguindo entrar temporariamente na Holanda, onde a família tinha parentes, antes de atravessar o Atlântico.

Grete e o irmão Walter casaram-se no mesmo dia, 9 de outubro. Ela afirmou, em nossa entrevista, que a iniciativa da imigração ocorreu um mês depois, após a "Noite de Cristal", quando a busca pelo visto começou. Walter partiu para os Estados Unidos pouco antes dela — que embarcou para o Brasil no dia 28 de dezembro.

Grete e Max também tentaram conseguir o visto americano, sem sucesso, antes de ter encontrado a solução brasileira. Talvez o projeto de emigrar tivesse precedido a "Noite de Cristal", que apressou os fatos; daí o casamento conjunto dos irmãos, antes de deixar o país. Nesse sentido, Grete declarou ainda que contava levar consigo os objetos pessoais e da casa que pudesse, já que dinheiro era proibido, mas com a destruição da casa durante a "Noite de Cristal", sua bagagem acabou diminuindo.[54]

Inge Bloch (1914-2000) ainda não era casada com o dentista Günter Heilborn (1912-1992). Mesmo assim, foi ela quem rodou repartições e outros escritórios nazistas para liberar o noivo do campo de Buchenwald, para onde tinha sido levado durante o pogrom. Para garantir sua liberação, Inge contratou um advogado de Breslau, Wolff, que, não judeu, exibia normalmente o título de advogado e não corria qualquer risco no contato com os nazistas. Em 18 de novembro, ele escreveu-lhe dizendo que conversara com a polícia e que Günter seria liberado naquele mesmo dia. Porém, devido a dificuldades com os trens, ela deveria esperá-lo em meados da semana seguinte. Por seus serviços, Wolff cobrou 60 marcos. Günter não chegou e, no dia 26, Wolff voltou a escrever a Inge, informando-lhe que estivera na Gestapo: seu noivo já estava livre e a demora devia-se a problemas de transporte.[55]

Inge nascera em Breslau, onde o casal vivia. A cidade contava com a terceira maior comunidade judaica da Alemanha até o início da emigração em massa. Günter vinha de Gleiwitz, uma cidade bem menor, com uma comunidade judaica também menor, de menos de 2 mil pessoas antes da chegada dos nazistas ao poder, em 1932.[56]

Na busca dos vistos, Inge foi até Hamburgo, cidade onde se encontravam muitos consulados. Entrou, então, no consulado brasileiro e conheceu Aracy, de quem tinha ouvido falar. Ao que tudo indica, ela não podia dar os vistos, porque o casal não vivia em Hamburgo, mas em Breslau, fora da circunscrição do consulado. Segundo uma entrevista dada à imprensa pela filha mais velha do casal, Aracy teria aconselhado Inge a tentar trocar os passaportes por outros, locais.[57] O casal conseguiu a troca.

De fato, ainda que eu não saiba como isso foi feito, os passaportes de ambos, que constam dos respectivos prontuários brasileiros para a obtenção da carteira de identidade de estrangeiros ("modelo 19"), foram emitidos em Hamburgo pouco tempo antes da emigração, tanto quanto os demais documentos exigidos pelas autoridades brasileiras. Assim, os certificados médicos e os atestados de que não tinham tracoma foram assinados, para o consulado brasileiro, por um médico da cidade. Os atestados de antecedentes, datados de 7 de janeiro de 1939, também foram preenchidos pela polícia de Hamburgo. Para as autoridades brasileiras, enfim, no momento em que reivindicaram a permanência no Brasil, Inge e Günter declararam Hamburgo como a última cidade de residência antes da emigração. Mas nunca viveram ali, além das poucas semanas antes da partida.[58]

Esta é, aliás, a razão pela qual as fontes disponíveis para retraçar o itinerário migratório do casal são extremamente raras. O dossiê produzido pela Presidência Regional de Finanças, que permite seguir o período que precedeu a emigração, com seus preparativos e dificuldades, era feito unicamente na cidade de residência dos emigrantes, pois fiscais nazistas visitavam as casas para verificar as posses e os bens de cada um. Isso deve ter sido feito em Breslau, já que em Hamburgo não existe nenhuma referência do casal, que nem era membro da comunidade judaica local. Assim, conseguiram, de algum modo, obter passaportes e outros documentos em Hamburgo, tendo provavelmente passado um tempo na cidade antes de emigrar. A emissão de passaportes para judeus era controlada, não podiam sair do país sem a permissão das autoridades financeiras, neste caso, de Breslau. Não pude elucidar o mistério de como conseguiram obter passaportes em Hamburgo.

Com as novas fronteiras de 1945, Breslau deixou de pertencer à Alemanha, tornando-se a cidade polonesa de Wroclaw (e Gleiwitz, Gliwice). Antes disso, no final da guerra, os nazistas transformaram Breslau numa verdadeira fortaleza e os bombardeios foram devastadores. Isso também atingiu os arquivos de modo dramático: alguns especialistas dizem que 80% deles foram então destruídos. E, como se não bastasse, uma enchente do rio Odra, que banha a cidade, causou ainda mais danos em 1997.[59] O dossiê da Presidência Regional de Finanças dos Heilborn não sobreviveu nos arquivos de Wroclaw e nenhuma informação sobre eles existe nos arquivos de Varsóvia, ou nos de Berlim. As informações de que disponho sobre a emigração do casal são, portanto, extremamente limitadas.

Günter e Inge casaram-se em Breslau no dia 2 de janeiro de 1939; cinco dias depois, obtiveram, já em Hamburgo, seus atestados de antecedentes e os passaportes. O atestado de antecedentes não mencionava o local de residência, inscrito, porém, nos atestados médicos, obtidos três dias mais tarde (10 de janeiro), nos quais o médico preencheu Hamburgo como o local de residência para os dois. Os vistos, "temporários" (nºs 162 e 163), foram concedidos duas semanas depois, no dia 24 do mesmo mês.

Inge deve ter corrido com tudo isso. Na época, ela tinha 26 anos, e seu jovem marido, 35. Eles deixaram a Alemanha com os nomes que os nazistas impuseram, aparecendo, na lista de vistos concedidos a "estrangeiros de origem semita", enviada pelo consulado de Hamburgo ao Itamaraty, como Sara Inge Vera e Israel Günter Heilborn, nomes que também figuram nos passaportes respectivos.

Inge e Günter conheceram, em São Paulo, Grete e Max Callmann, de quem foram grandes amigos ("nossos melhores amigos", afirmou Grete Callmann).[60] Max, ao contrário de Günter, não foi preso durante ou após a "Noite de Cristal" e não precisou carregar consigo as lembranças de Buchenwald, como o amigo. Mas precisou se esconder por alguns dias — ou por "uma noite", segundo afirmou Grete em diferentes momentos da entrevista, acrescentando que não sabia onde estava o marido. Depois disso, o casal compartilhou com tantos outros a corrida pelos vistos.

No caso dos Callmann, foi o marido quem saiu à procura de um país que os recebesse. O parente americano distante de Pauline Oppenheimer, mãe de Grete, que tornou possível a imigração de seu irmão Walter, não foi da mesma eficácia no seu caso. Ela e o marido tiveram menos sorte com as cotas americanas, o que obrigou Max a um périplo maior. Ele visitou diversos consulados, e telefonou à esposa depois de ter entrado no consulado brasileiro de Hamburgo, pedindo-lhe que viesse sem tardar, e bem-vestida, lembrou ela.[61]

Grete lembrou-se também da sala de espera do consulado, que, segundo recordou-se, estava "lotada". Procurei tornar o mais preciso possível esse ponto de suas lembranças, pedindo-lhe que comparasse a sala do consulado com a peça de sua casa onde estávamos, além de me dizer se a "lotação" do local, à qual se referira espontaneamente, a fazia pensar em algumas dezenas, várias dezenas, mais ou menos pessoas. Ela descreveu o local como sendo igual ou pouco maior que suas salas de estar e de jantar juntas, perfazendo cerca de 30 metros quadrados. Quanto à lotação, respondeu que havia "centenas" de judeus esperando conseguir um visto. Aracy teria feito sinal para que o casal se aproximasse e cuidou rapidamente do visto. Grete não se lembrou de ter voltado ao consulado: segundo ela, tudo foi resolvido ali, de uma vez. Em todo caso, tanto Max quanto Aracy agiram depressa, pois o casal recebeu seus vistos e embarcou para o Brasil ainda em dezembro de 1938. Na época, Grete tinha 24 anos e casara-se com um homem 22 anos mais velho, com quem começaria vida nova no Brasil.

Albert Feis (1887-1958) também teve grandes dificuldades com os nazistas, mas não tenho informações sobre a atuação de sua mulher Ilka Alice, Hess, de solteira (1896-1945), quanto a isso.[62]

Albert nasceu em Spiesen, uma pequena cidade de Sarre, no sudoeste da Alemanha. A partir dos primeiros anos do século XX, instalou-se em Hamburgo, onde se tornou banqueiro. Desceu do *Cap Arcona*, em Santos, no dia 14 de março de 1939; estava sozinho e tinha 51 anos: Ilka ficara em Hamburgo e os dois não se veriam mais. As duas filhas do casal, Ellen Ruth (1925-2002) e Marion (1927-2009), foram incluídas no passaporte com o qual Albert chegou no Brasil. Elas partiram para a Inglaterra pouco depois do pai, em abril de 1939, tendo chegado mais tarde a São Paulo. Ao partirem, levaram com elas quadros, tapetes e um piano, tendo pago para isso o imposto sobre a emigração devido pelos judeus.

Apesar de sua profissão, Albert não obteve visto "permanente", de "capitalista", mas sim de "turista", como tantos, inclusive os Levy. Talvez tenha tentado ter a permanência garantida desde a Alemanha, como estes últimos, sem sucesso.

Depois de ter trabalhado em bancos desde 1904, primeiro no M. Bacharah, em Hanau-am-Main, e, de 1907 a 1913, no banco hamburguês E. Calman, decidiu fundar sua própria casa bancária. Foi o que fez logo que retornou da Primeira Guerra Mundial, onde lutara como soldado até 1918. Naquele ano, abriu seu banco, que funcionou durante vinte anos, tendo sido liquidado em 1938. A sede situava-se inicialmente numa rua do comércio chique da cidade, a Grosse Bleichen, 31; mais tarde, funcionou em outro endereço, Neuer Wall, 42, uma rua paralela e muito próxima à primeira. Ali perto morava seu sogro, no número 10 da mesma rua. Em 1925, o banco já funcionava com trinta empregados, mas os efeitos da crise de 1929 atingiram-no. Albert afirmou que, tendo sua fortuna pessoal e propriedades, conseguiu enfrentar as dificuldades financeiras do banco até 1934. Depois, deve ter sido cada vez mais difícil sobreviver, até o fechamento, em 1938.

Depois da Primeira Guerra, em 1919, Albert tornou-se membro da comunidade judaica de Hamburgo, contribuindo de 1919 (100 marcos) até 1922 (5 mil marcos duas vezes); em 1923, uma doação foi prevista, mas não concretizada; em 1926, ele doou 760 marcos, tendo sido sua penúltima contribuição. Em 1931-1932, um "zero" foi anotado e, enfim, em 1932-1933, ele doou 10,70 marcos, e nada mais foi anotado em seguida.

Os Feis viviam num casarão extremamente bem situado, com muitos cômodos, na beira de um canal (Fernsich, 5). Foram obrigados a vendê-lo, em meados de 1938, instalando-se num apartamento da Haynstrasse, 5, onde foram vizinhos de Karl Franken por alguns meses. O novo endereço era certamente muito mais modesto que o anterior.

Os bens do casal foram mantidos separados e Ilka tinha herdado uma grande fortuna do pai, Julius Hess. Dos 48.079 marcos do casal, calculados pela Presidência Regional de Finanças no momento da emigração de Albert, somente 6.668 lhe pertenciam, o resto sendo de sua esposa. Além disso, Ilka recebera de presente do pai duas casas na cidade; venderam-nas em 1939, a preços totalmente inferiores ao mercado. Uma delas, localizada no bairro de St-Pauli (Schanzenstrasse, 93-97), foi vendida no final de março, quando preparavam a partida das filhas, a Elsa Bollmann. Do preço da venda, cerca de 13% (29 mil marcos) foram entregues como imposto pela emigração das meninas e de Albert, que já tinha partido no mês anterior.

Vários documentos do dossiê da Presidência Regional de Finanças atestam que os nazistas estavam preocupados com uma eventual fuga de Albert e de seu sogro para o exterior. No momento em que Julius doou duas casas à filha, eles desconfiaram que queria escapar, e bilhetes foram trocados a esse respeito. Data de 11 de outubro um longo documento, de oito páginas, descrevendo todas as atividades financeiras do banco de Albert; no final, os autores do relatório afirmaram que este queria emigrar, mas não sua mulher e filhas. No dia 17, referiram-se a Albert novamente, desconfiando que ele partisse, privando-os de sua fortuna. A Presidência Regional de Finanças pediu, então, que ele fosse preso imediatamente, como medida "urgente"; pediram também uma busca completa na fortuna do casal. Assim, iniciou-se uma enquete exaustiva sobre as contas bancárias e os bens dos Feis. Ao mesmo tempo, como o próprio Albert descreveu, anos mais tarde, quatro homens da Gestapo vieram buscá-lo em seu apartamento e o levaram para o campo de Fuhlsbuettel, no norte de Hamburgo. Tratava-se de uma antiga prisão, construída no final do século XIX e transformada em campo pouco depois da subida de Hitler ao poder. Inicialmente controlado pela SA, o campo passou às mãos da Gestapo em 1936. Albert ficou ali por quase um mês, até o dia 2 de novembro. Um documento datado deste mesmo dia 2 indica que ele estava obrigado a emigrar antes de 1º de janeiro de 1939. Mas nada indica que ele já tivesse alguma pista para o visto.

Albert afirmou anos mais tarde ter sido preso novamente seis dias depois, na véspera da "Noite de Cristal"; já doente, teria sido liberado, mais uma vez, contra a promessa de emigrar (que já havia feito). Ele não o fez antes de 1º de janeiro, mas logo depois, em fevereiro, quando seguiu para o Brasil.

No início de dezembro, já era sabido que as duas filhas partiriam para a Inglaterra. Os Feis pagaram, então, 4.911,14 marcos de imposto por elas serem judias. No início de fevereiro, Ilka declarou que seu marido também emigraria, mas ela não. Nesse momento, as contas bancárias do casal já estavam bloqueadas, e os bens controlados pelos nazistas. Ela pediu, então, 1.200 marcos, de sua conta, para suas despesas pessoais

Mas os responsáveis da Presidência Regional de Finanças autorizaram-na a retirar somente 150 marcos.

No dia 30 de março, Ilka solicitou 800 marcos, sempre de sua fortuna, para que as filhas pudessem transportar os móveis que pretendiam levar para a Inglaterra — e recebeu a autorização para tal. No final de abril, solicitou mais mil marcos para ir até Berlim e comprar algumas roupas. Na época, ao que tudo indica, ela já estava tentando ir para o Brasil, e negociava um visto a partir de Berlim, e não de Hamburgo, por razões que desconheço.

No início de maio, ela foi autorizada a vender outra casa, mas um imposto foi cobrado sobre a operação, por ela ser judia. A partir desse mês, a correspondência com os responsáveis da Presidência Regional de Finanças tornou-se mais frequente: Ilka escrevia-lhes duas a três vezes por mês, apresentando uma lista de gastos cotidianos, para os quais solicitava que liberassem dinheiro de sua conta. A lista submetida era quase sempre retocada, com despesas recusadas e autorizações de somas menores do que estava solicitando — às vezes muito menores.

Em julho, ela escreveu a autoridades nazistas de Berlim, dizendo que um imigrante alemão vivendo no Brasil, Rupert Kiener, desejava vender sua empresa para retornar à Alemanha, e que Albert seria candidato à compra. Entretanto, este não dispunha, no Brasil, dos 20 mil marcos necessários. Ela pedia, então, autorização para retirar essa soma de sua conta bloqueada e pagar a operação do marido, o que lhe foi negado: os marcos não podiam ser gastos no exterior por um judeu.

As solicitações regulares de dinheiro à Presidência Regional de Finanças continuaram durante o resto de 1939, todo o ano de 1940, até o dia 5 de novembro de 1941, seguindo o ritmo da degradação progressiva de suas condições materiais e morais de vida.

No início de setembro de 1939, logo após a invasão da Polônia, Ilka mudou de endereço, indo morar na casa de Hofmann, na Lenhartzstrasse, exatamente onde vivia Karl Franken. Ela deve ter alugado um quarto da casa, como este fizera antes. Em abril do ano seguinte, ela mudou-se novamente, para o segundo andar da Heimhurderstrasse, 17, no Grindel onde pagava um aluguel de 150 marcos mensais.

Em agosto, ela escreveu a uma certa Cilli Horn, de Hannover, pedindo que lhe enviasse regularmente 10 marcos. O pedido não era secreto, pois a carta foi depositada em seu dossiê da Presidência Regional de Finanças. Se houve resposta, esta não sobreviveu, ou não foi acrescentada ao dossiê; os nazistas também não se manifestaram para autorizar, ou não, tal pedido.

No dia 17 de outubro de 1940, escreveu a alguém, não nomeado na carta; o tom é formal, mas menos do que quando se dirigia à Presidência Regional de Finanças, diante da qual a humildade imperava, e não somente em seu caso. Disse que recebera telegrama do Rio de Janeiro informando-lhe que seu pedido de visto estava sendo tratado. No final daquele mês, voltou a tocar no assunto, afirmando que soubera, pelo ministro das Relações Exteriores do Brasil, que seu visto estaria pronto no início do mês seguinte. Exprimiu, então, o desejo de comprar um relógio e um chapéu novo (o seu estava muito "démodé"). Ilka pareceu, aqui, aliviada, simplesmente pela ideia da partida, ainda não concretizada, e se permitiu esses pequenos projetos.

Em janeiro de 1941, recebeu 1.078,40 marcos da hipoteca de alguns bens. Em junho, quis viajar novamente para Berlim para tratar da emigração; solicitou 200 marcos à Presidência Regional de Finanças, que liberou somente 60. Em outubro, as deportações começaram em Hamburgo e sua correspondência foi cortada no início de novembro.

SEM LENÇO, COM DOCUMENTO

Como Karl Franken, os amigos Hans Hochfeld (1911-1991)[63] e Horst Brauer (1916-2007),[64] que imigraram juntos, eram jovens e solteiros, e obtiveram seus vistos no mesmo momento que ele. Mas nenhum dos dois tinha família no Brasil.

Hans era filho único e vivia com os pais, Alfred (1881-1944) e Julie (1880-1944), Linz, de solteira. Em 1937, a família morava na Jolassestieg, 2, no bairro de Winterhude, a leste do Alster, perto de um canal. Hans fizera seu segundo grau num estabelecimento prestigioso da cidade, o Gymnasium Johanneum, situado no mesmo bairro, a cerca de 1,5 quilômetro de onde morava, na Mary-Louise-Strasse. Trata-se de uma instituição privada, que existe até hoje e tem uma forte tradição humanística. Hans obteve seu diploma do secundário (Abitur) em 1929, quando a escola comemorou seus 400 anos com uma grande festa e a publicação de um livro comemorativo que ele trouxe para o Brasil. No ano seguinte, entrou na Universidade de Hamburgo (matrícula n° 20.087) e estava cursando seu último ano de Direito, em março de 1935, quando foi excluído da universidade, pouco antes da obtenção do diploma, prevista para o final daquele ano letivo, em maio. Sua tese de fim de curso estava pronta, mas ele não pôde entregá-la, nem defendê-la, tendo se despedido definitivamente de seu gosto pela filosofia e de seu interesse pelos grandes filósofos.[65]

Em abril de 1933, com a lei que estabeleceu a demissão dos funcionários públicos judeus, dos quais muitos eram professores em todos os níveis, inclusive nas universidades, a presença de alunos judeus também foi drasticamente limitada no ensino superior. Diversas formas de discriminação levaram uma grande parte a desistir dos estudos. No verão de 1932, um total de 3.950 estudantes judeus estava inscrito nas universidades do país, sendo 2.698 homens e 1.252 mulheres; dois anos depois, no verão de 1934, enquanto Hans ainda persistia, o total nacional de estudantes judeus tinha caído para 656 — 486 homens e 170 mulheres.[66]

Na Universidade de Hamburgo, a organização representativa dos alunos já era dominada pelos nacional-socialistas desde 1931.[67] Com a subida dos nazistas ao poder, inclusive no Senado da cidade, e a demissão dos professores judeus, a instituição foi rapidamente nazificada, passando inclusive a propor o ensino pseudocientífico da "teoria racial". De modo geral, o anti-intelectualismo dos nazistas, além da baixa geral do nível das universidades depois dos expurgos, levou a uma grande diminuição do número de estudantes em todo o país: enquanto 92.512 cursavam o primeiro semestre do ano universitário de 1932-33, somente 40.645, menos da metade, terminaram o ano letivo no verão de 1939.[68]

Hans frequentou a comunidade judaica de Hamburgo até o momento da partida. Chegou a ter ideias sionistas, e inscreveu-se na sede hamburguesa da organização Hechalutz. Sua carteira de membro, do ano de 1935, chegou ao Brasil. Hechalutz atuava, na época, em toda a Europa, recrutando e formando jovens para o trabalho agrícola na Palestina. A organização enviava os candidatos ao campo, para estágios mais ou menos longos, e cuidava das partidas, tanto legais quanto ilegais. Na Alemanha, o movimento, inicialmente minoritário, cresceu muito naqueles anos: entre abril de 1933 e setembro do ano seguinte, o número de membros aumentou de quinhentos para mais de 15 mil.[69] À família, Hans contou que chegou a ter o projeto de instalar-se na Palestina. Mas não continuou nesta via, desviando seu destino para outras paragens, talvez pelo simples fato de a alternativa brasileira ter-se concretizado antes.

Ele também praticava hóquei desde o tempo do secundário, quando participava do time da escola. Depois, frequentou um clube esportivo judaico da cidade, o Círculo Alemão Makkabi. Sua carteira de sócio, de 1938, que também o acompanhou até o Brasil, indica 1933 como o ano de sua entrada no clube. De fato, em abril daquele ano, os atletas "não arianos" foram impedidos de continuar a frequentar clubes, ligas, ginásios e associações esportivas alemãs. Os judeus e *Mischlings*, assim como os ciganos, precisaram integrar clubes e organizações esportivas separadas, perdendo, com a troca, a qualidade das instalações e dos equipamentos públicos, que contavam com melhores financiamentos. De modo geral, todas as organizações judaicas para a juventude viveram uma grande expansão naqueles anos, independentemente do perfil — cultural, religioso, esportivo etc. Hans gostava de esportes e pôde continuar a praticá-los graças ao Makkabi. Ele também tocava violino. Segundo sua filha, sua habilidade com o instrumento era a de alguém que estudou vários anos, mas não soube me dizer quantos, nem quando, nem onde seu pai seguiu sua formação musical. Lembrou-se que ele tocara numa orquestra em Hamburgo, mas também não foi capaz de dar qualquer precisão quanto a isso. No Gymnasium Johanneum, onde ele figura como antigo aluno, não há qualquer registro quanto à sua participação no time de hóquei, nem quanto à sua prática musical. Por alguma razão, Hans não trouxe seu instrumento para o Brasil, tendo ganhado um novo, de presente da esposa, quando sua filha já era nascida. Melômano, comprava discos sempre que podia, e tocava seu violino amadoristicamente, em família.

Muitos judeus alemães reforçaram seus laços com o judaísmo durante o período nazista. Para manterem o exercício da sociabilidade e de atividades artísticas, culturais e esportivas, voltaram-se para as estruturas mantidas pela comunidade judaica. Esta se esforçou em permanecer ativa, através de jornais, teatros, concertos, exposições. Contudo, essa maior proximidade em relação ao judaísmo não deve esconder a profunda diversidade de perfis reinante entre os judeus alemães, e não somente num *dégradé* que aumentasse ou diminuísse numa mesma linha contínua, quanto à intensidade da prática religiosa, ou quanto à frequentação mais ou menos regular dos organismos comunitários. A diversidade passava pelas opiniões políticas num amplo espectro, pelo envolvimento denso e variado na sociedade alemã, pelas atividades profissionais e os perfis de carreira, pelas posições socioeconômicas alcançadas, pela inserção em cidades maiores ou menores, o que implicava ritmos de vida e relações de vizinhança particulares. Desde os mais ortodoxos até aqueles que descobriram ser judeus no momento da publicação das "leis raciais", em 1935, e não sabiam bem o que fazer com tal dado, a gama de mentalidades, posições e modos de vida era extremamente diversificada. Os nazistas contribuíram para mudar esse quadro, fruto das décadas de integração dos judeus à sociedade alemã, homogeneizando e isolando a diferença, e promovendo maior concentração, em reação à perseguição. Foi assim que as sinagogas se encheram novamente, que o movimento sionista teve maiores ressonâncias, que as escolas judaicas atraíram mais alunos antes mesmo que estes fossem oficialmente expulsos das instituições públicas.

Entre o momento em que foi expulso da universidade e a emigração, Hans teve dois empregos, ambos como aprendiz de pedreiro, ganhando pouco. Os dois foram registrados em sua carteira de trabalho. O primeiro foi numa firma de construções, em Colônia, pertencente a Wilhelm Kohlhof; ele então afastou-se de Hamburgo de 1º de maio a 10 de outubro de 1936. O segundo foi em Hamburgo, onde moravam seus pais; ele trabalhou para o construtor J. & K. Wagner, de 1º de março de 1937 a 12 de novembro de 1938, logo após a "Noite de Cristal"

Segundo declarou mais tarde, seu patrão o demitiu na ocasião por ser judeu. Enquanto trabalhou nesta firma, ao menos por um curto período de tempo viveu fora da casa dos pais (Beneckestrasse, 6).

A última data que consta em sua carteira da Universidade de Hamburgo é maio de 1935. E seu início no emprego que abre sua carteira de trabalho data de um ano depois. Além disso, entre este e o seguinte, há um intervalo de quase cinco meses. Encontrar emprego estava ficando cada vez mais difícil para os judeus, o que pode explicar tanto a mudança de cidade quanto os intervalos de inatividade.

Os pais de Hans eram membros da comunidade judaica de Hamburgo, tendo contribuído de 1925 até 1933-1934, mas com pouco dinheiro. Hans tornou-se membro, com uma ficha separada dos pais, em fevereiro de 1937, mas não chegou a contribuir. Entre 1934 e 1939, vários "zeros" foram anotados na ficha de seus pais, na coluna das contribuições. A vida devia estar difícil para o casal. Entre 1940 e março de 1942, fizeram muitas doações mensais modestas, de 2 ou 4 marcos, mais de uma vez no ano. Nessa época, Hans já tinha emigrado, e seus pais não moravam mais no mesmo endereço. Primeiro foram para Lange Reihe, 108, no bairro St-George, mais central que o anterior, mas devem ter alugado uma moradia menor, de acordo com as condições de vida do período. Depois disso, com a concentração geográfica dos judeus pelos nazistas, instalaram-se numa "casa judaica" no Grindel, na Kleiner Schaeferkamp, 32, sendo provavelmente mantidos pela comunidade judaica local, à qual faziam donativos mais que simbólicos, mas regulares.

Alfred, seu pai, era açougueiro, dono de seu próprio açougue desde 1908, três anos antes do nascimento do filho. O estabelecimento situava-se na Banksstrasse, 103, bastante central. O negócio não deve ter ido bem e, em 1925, ele o fechou e foi trabalhar na loja de móveis do irmão Julius, localizada em pleno coração da cidade, Alter Wall, 68, a dois passos da prefeitura (Rathaus). Trabalhou para o irmão até 1938, quando Julius imigrou para os Estados Unidos e fechou a loja, deixando Alfred desempregado. Hans declarou mais tarde que a partir de então seu pai não trabalhou mais; na ficha mantida em seu nome pela comunidade judaica, alguém riscou sua profissão e escreveu por cima "chofer". Ele deve ter trabalhado como pôde, mas suas condições de vida se tornaram certamente, desde então, extremamente precárias e incertas. Na época, já era praticamente impossível para um homem judeu encontrar trabalho na Alemanha. Não foi à toa que seu irmão partiu, provavelmente sem meios de manter o comércio. Também não foi à toa que Alfred e Julie forçaram o filho a emigrar. Mas, como tantos, ficaram por lá.

Apesar da diferença de idade de cinco anos, Hans era próximo de Horst Brauer, as famílias se conheciam, ainda que ninguém tenha sabido me dizer como. Sua mãe, Clara Nanny (1877-1945) nasceu em Beuthen, na Alta Silésia; aprendeu costura em Viena, nos anos 1910, instalando-se em Hamburgo em 1914, como costureira profissional. Clara era mãe solteira e criou o filho sozinha. Sem conhecer o pai, Horst inventou para este o nome fictício de Arthur Geduldig Brauer, que consta de seus documentos brasileiros — mas não nos alemães, onde não encontrei qualquer referência ao pai. Brauer era o sobrenome de solteira da mãe e Geduldig quer dizer "paciente" em alemão.[70]

Até os 6 anos de idade, Clara o manteve fora de Hamburgo, em Alt-Rahlstedt, na casa de uma família protestante, os Barkmann, que cuidavam do menino. Horst guardou fotos desta casa. Depois, veio cursar a escola primária em Hamburgo, perto de onde vivia com a mãe: a escola ficava na Pröbenweg e eles viviam na mesma rua, na esquina com Louisenweg. Depois do primário, ele cursou o secundário também ali perto, na Burgstrasse. Mais jovem que Hans, não chegou a ingressar na universidade.

Segundo Maria Julia Hochfeld Baker, em 1938, sabendo do projeto de seu pai, de emigrar, a mãe de Horst Brauer quis que ele acompanhasse o amigo.[71] Ela mesma, porém, envolvida com um grupo social-democrata de resistentes de Hamburgo, preferiu ficar, e os dois rapazes embarcaram sozinhos.

Horst, como Hans, e ao contrário de Karl Franken, não tirava férias no exterior, era um rapaz com meios mais modestos. Seu passaporte, concedido em 1º de agosto de 1938, foi feito somente no momento da emigração, e usado unicamente para isso. Ele traz, além do "J" de *Jude*, um carimbo do *Monte Pascoal*, navio em que ele e o amigo Hans fizeram a travessia até o Brasil. Seu visto (n° 1.473) foi concedido em 21 de dezembro de 1938, pelo cônsul Souza Ribeiro. A letra de Aracy aparece abaixo, com a anotação referente à categoria do visto, "temporário". O carimbo de "turista" aparece sobre a indicação, também anotada por Aracy, do vapor no qual viajou. A polícia marítima do porto de Santos e a Inspetoria Federal de Imigração também inseriram seus carimbos, no momento da chegada, em 11 de janeiro de 1939. Horst pagou, para receber o visto, a taxa de quatro contos (4$000) ao consulado e, à polícia alemã, 30 marcos. Isso era pouco se comparado com o preço da passagem de navio: 800 marcos. Como já mencionei, segundo seu filho, tratava-se de uma despesa considerável para Horst. Deve ter sido também para Hans, trabalhando como aprendiz de pedreiro, e tendo seu pai já desempregado. Os dois dividiram uma cabine dupla no navio da Hamburg-Süd que pegaram.

Horst e a mãe viveram um tempo como sublocatários na Oberstrasse, 113, em frente à sinagoga liberal. Em 1939, depois da partida do filho, Clara mudou-se para a Loogestieg, 19; era praticamente vizinha de onde vivera Karl Franken antes de partir. Naquela época, deve ter passado dificuldades e recorreu à comunidade judaica, da qual chegou a ser membro. Sua ficha refere-se aos anos de 1940-1941; seus dados pessoais foram anotados, inclusive os sucessivos endereços, mas ela nunca contribuiu, certamente por falta de meios.

Horst trabalhava na Weill & Reineke, uma empresa que fabricava instrumentos de precisão — compassos, segundo seu filho. Conforme ele mesmo declarou nos anos 1960, começou como aprendiz em setembro de 1933, depois de deixar os estudos. Em outubro de 1935, após dois anos de aprendizagem na firma, foi contratado como empregado. Como aprendiz, teria ganhado entre 30 e 40 marcos mensais. Em 1936, já contratado, passou a receber um salário mensal de 100 marcos. No ano seguinte, foi aumentando para 150 marcos mensais e, em 1938, antes de emigrar, recebia 200 marcos por mês, o que era um salário bastante limitado para a época. Ainda conforme seu filho, a firma exportava "para o mundo todo" e o trabalho de Horst consistia em levar a mercadoria para o porto num carrinho de mão e cuidar dos despachos.[72] Corajosamente, seus patrões não o demitiram até o final; Reineke assinou uma carta de recomendação extremamente elogiosa e calorosa para Horst, datada do dia de sua partida, 23 de dezembro de 1938. Era um modo de ajudá-lo a começar sua vida na parte de baixo do equador. Naquela época, não se afastar de um empregado judeu, nem depois da "Noite de Cristal", era realmente correr o risco de sofrer pressões e atrair aborrecimentos. Foi assim que o patrão de Hans demitiu-o logo após o pogrom. Horst teve mais sorte: mantendo-o no emprego, seu patrão assumia uma posição nada neutra. Esta não passou despercebida ao seu empregado: Horst declarou, anos mais tarde, que Reineke era antinazista; depois da guerra, mandou-lhe pacotes de víveres do Brasil. E nas duas ou três vezes que voltou à Alemanha, anos mais tarde, nunca deixou de visitar seu antigo patrão.[73] No papel timbrado, aparece o nome de um sócio de Reineke, Weill, que não era mencionado por Horst à família — ou, ao menos, não deixou lembranças.

Horst guardou mais dois documentos, ambos preenchidos pela polícia de Hamburgo. O primeiro é uma ficha de saída, preenchida à mão no dia do embarque. A coluna "religião" foi completada com a palavra "judeu". Em algum lugar em que esta ficha foi lida ou controlada depois, alguém destacou o termo *Jude*, desenhando um círculo em volta. Hans guardou a mesma ficha, mas, no seu caso, o campo "religião" ficou em branco.

Contudo, o documento mais interessante guardado por Horst foi um "atestado", cujo carimbo data de 20 de dezembro, três dias antes da partida. Trata-se de um impresso já pronto, com linhas pontilhadas a serem preenchidas, onde foi inscrito seu nome, sua data de nascimento e o número do passaporte. Este documento era efetivamente exigido pelas autoridades brasileiras — e por outras também. No caso dos judeus, a circular secreta nº 1.249, então em vigor, estabelecia que os "turistas e representantes de comércio", bem como aqueles que tinham autorização de retorno ao país de origem, entravam na categoria de "temporários".

Assim, fechando os olhos à emigração dos refugiados judeus, oferecia-se aos candidatos à partida um visto temporário, com a condição de que apresentassem, entre outras coisas, um documento emitido pelas autoridades do país dizendo que poderiam retornar a qualquer momento

A polícia nazista produzira demagogicamente este impresso, no qual a palavra "Brasil" também foi preenchida, num espaço deixado pela frase "Atestado a ser submetido ao consulado geral do [...] em Hamburgo".

Os documentos que Horst precisou preparar antes da partida eram menos numerosos que aqueles examinados até aqui: nem ele nem Hans tinham bens ou dinheiro a declarar, não tendo feito listas ou preenchido qualquer outro documento para a Presidência Regional de Finanças.

Quanto à obtenção dos vistos, mais de uma versão existe tanto no caso de Hans e Horst quanto no de Karl Franken. Quanto a este último, em duas entrevistas que deu, afirmou que não chegou a encontrar com Aracy, tendo obtido seu visto por intermédio de um dos diretores da companhia marítima Hamburg-Süd, pela qual viajou.[74] A família tem outra versão: ele teria ido diretamente ao consulado para tratar do visto — e encontrado Aracy. Como a companhia fazia somente as linhas entre Hamburgo e a América do Sul, atendia os clientes indo para o Brasil; seus empregados e diretores sabiam certamente o que se passava com os vistos brasileiros, controlados, mas em aumento depois da "Noite de Cristal". Além disso, Aracy conhecia pessoas no escritório da empresa. Estes, ao menos, podiam, com toda a certeza, informar aqueles que os procuravam, em busca de um porto seguro, sobre as possibilidades existentes no consulado brasileiro. Mas não se limitaram a isso, como vimos no caso da família Marcus, que obteve seus vistos junto à companhia, corroborando as afirmações feitas por Karl Franken.

Não tenho certeza sobre o modo como Hans e Horst chegaram até o consulado do Brasil; contrariamente a Karl, eles não tinham qualquer parente ou conhecido no país. Hans raramente falava sobre sua vida na Alemanha. Mas sobre o visto, contou que o obteve graças a um amigo, que o teria aconselhado a ir ao consulado brasileiro. Horst contou outra versão dos fatos ao filho, com quem conversava muito sobre sua história. Disse-lhe que Hans jogava hóquei com o filho de algum cônsul, e que este parceiro esportivo teria lhe proposto o visto. Na época, o cônsul-geral do Brasil era Souza Ribeiro. Não me foi possível saber se ele tinha um filho jovem e jogador de hóquei: as informações familiares dos diplomatas não são divulgadas, segundo o que me disseram no Arquivo do Itamaraty. O cônsul adjunto era João Guimarães Rosa, que não tinha filho homem, e cujas filhas estavam no Brasil. O filho de Aracy era um menino, não jogava hóquei, nem conversava sobre vistos. Não sei também se havia outro funcionário trabalhando no consulado que pudesse entrar nesta configuração, sem ser cônsul. Ou se o cônsul em questão não era brasileiro, tendo mesmo assim relações com o cônsul do Brasil. A informação pode, enfim, ter perdido um detalhe de precisão que a transformou e desviou. Nenhum dos dois falou de Aracy aos filhos. O que não quer dizer que não a tivessem conhecido e tratado dos vistos diretamente com ela, como tantos outros. Muito pelo contrário: alguns anos mais tarde, eles manifestariam sua gratidão. Mas aí, já viviam o capítulo brasileiro de suas vidas, do qual tratarei a seguir.

Notas

1. Estas informações foram fornecidas por Harry Krebs, por intermédio de Eduardo Carvalho Tess, a quem agradeço.
2. Entrevista com Margarethe Levy, agosto de 2005. Duas outras entrevistas seguiram-se a esta primeira, uma delas na semana seguinte. Um ano depois, em agosto de 2006, voltei a sua casa, para mais uma tarde de entrevista. Margarethe havia separado para mim alguns documentos e fotos, sem que eu tivesse solicitado. Neste encontro, ela já ouvia menos que nos anteriores e, sobretudo, quase não enxergava mais. Disto, lamentou-se muito, pois não podia ler os jornais, nem assistir à televisão, encontrando-se num isolamento que, para ela, "não [era] vida". A situação piorou em seguida, mas suas faculdades mentais, até o momento em que escrevo estas linhas, em abril de 2009, continuam intactas, apesar dos inevitáveis brancos de memória, das dificuldades em seguir uma cronologia e de algumas confusões em relação às lembranças já distantes, que já se manifestaram em nossos encontros. Além destas entrevistas, dos documentos que Margarethe me mostrou e de outros, transmitidos por Eduardo Carvalho Tess, as informações sobre Margarethe e Hugo Levy vêm de seus prontuários de pedido de carteira de identidade de estrangeiro, "modelo 19" (Arquivo Nacional); da ficha de membro da comunidade judaica de Hamburgo de Hugo Levy; dos dossiês nominativos (Hugo Levy e Rosa Bertel)

construídos pela Presidência Regional de Finanças nazista no momento que precedeu as respectivas emigrações e dos dossiês de reparação de guerra, constituídos no pós-guerra; todos depositados no Arquivo de Hamburgo.
3. Num documento anexado, em 1959, ao seu dossiê de reparação de guerra.
4. Ficha de Hugo Levy, quando membro da comunidade judaica de Hamburgo.
5. As duas datas são mencionadas em páginas diferentes do dossiê de reparação de guerra dos Levy.
6. Trude Maurer, "From Everyday Life to a State of Emergency: Jews in Weimar and Nazi Germany", in Marion A. Kaplan (org.), *Jewish Daily Life in Germany, 1618-1945*, op. cit., p. 398.
7. Idem, ibidem, p. 53.
8. Entrevista telefônica com Peggy Marlow, 24 de maio de 2009.
9. Depoimento de Trude Yoseph, in Elisa Caner, *Judeus-alemães no Brasil — um estudo dos depoimentos das vítimas do nazismo*, dissertação de mestrado, USP, 1996, p. 91.
10. Esta consistia na violação das obrigações conjugais por comportamentos vergonhosos, imorais ou abusivos, em tal grau que o casamento perdia sua base de sustentação. As informações a respeito do divórcio apresentadas aqui, salvo quando indicadas, foram tiradas de Michelle Mouton, *From Nurturing the Nation to Purifying the Volk: Weimar and the Nazi Family Policy, 1918-1945*, Cambridge/Nova York, Cambridge University Press, 2007, cap. 2 ("Divorce: Balancing Individual Freedom and the Public Good"), p. 69-106.
11. Édouard Conte e Cornelia Essner, *La quête de la race: une anthropologie du nazisme*, Paris, Hachette, 1995, p. 119.
12. Sua sobrinha confirmou esse ponto, indo mais longe ao afirmar que as duas irmãs não eram próximas. Entrevista telefônica com Peggy Marlow, 24 de maio de 2009.
13. Entrevista, 8 de agosto de 2005.
14. Henry P. David; Jochen Fleischhacker e Charlotte Hohn, "Abortion and Eugenics in Nazi Germany", *Population and Development Review*, 14, 1, março de 1988, p. 81-112. As informações apresentadas aqui e nos próximos parágrafos, sobre a legislação e o debate em torno do aborto na Alemanha, foram retiradas deste texto.
15. A tradução de *"Volk"* por "povo" não dá conta, neste contexto histórico, do emprego do termo, pois a povo mistura-se a ideia de raça e de cultura, de uma essência coletiva transmitida pelo sangue, expressa em características psíquicas e comportamentais (culturais). Sua pureza — e sua sobrevivência — encontra-se ameaçada pelo contágio advindo do contato com as "raças inferiores".
16. Jacqueline Hecht, "Bibliographie critique: Jean-Louis Duchesne — La politique de population de l'Allemagne nazie", *Population*, 40, 6, 1985, p. 999.

17. Frank Bajohr, *"Aryanisation" in Hamburg: the Economic Exclusion of Jews and the Confiscation of Their Property in Nazi Germany*, op. cit., p. 224.
18. Agradeço a Maria Lúcia Mott por esta informação.
19. Saul Friedländer, *L'Allemagne nazie et les juifs. 1. Les années de persécution, 1933-1939*, op. cit., p. 289.
20. Xavier Riaud, "L'éthique médicale sous un régime totalitaire: les dentistes allemands sous le IIIème Reich", comunicação apresentada durante o Congresso da Sociedade Internacional de História da Medicina, 2006, p. 3.
21. Entrevista com Margarethe Levy, 6 de agosto de 2005.
22. Eliane Brum, "A lista de Aracy", *Revista Época*, 14 de abril de 2008, p. 123.
23. Entrevista, 17 de agosto de 2006.
24. Agradeço a Eduardo Carvalho Tess, que me transmitiu este documento, ausente do prontuário de solicitação de carteira de identidade de estrangeira de Margarethe, e que esta mesma afirmou não mais ter.
25. Para esta reflexão, inspirei-me em uma apresentação da pesquisa feita por Rebecca Scott, na École des Hautes Études en Sciences Sociales, Paris (26 de maio de 2009), e em comentários feitos anteriormente, por Jean Hébrard, de modo mais informal. Ainda que o foco da pesquisa de ambos não seja o ponto que me interessou aqui, tendo em vista meu próprio trabalho, este aspecto saltou-me aos olhos. Cf. Jean M. Hébrard e Rebecca J. Scott, "Les papiers de la liberté: une mère africaine et ses enfants à l'époque de la révolution Haïtienne", *Genèses*, 66, março de 2007, p. 4-29; e "Servitude, liberté et citoyenneté dans le monde atlantique des XVIIIe et XIXe siècles", *Revue de la société haïtienne d'histoire et de géographie*, 234, julho-agosto de 2008, p. 1-52.
26. Orlando Patterson, *Slavery and Social Death: A Comparative Study*, Cambridge (MA)/Londres, Harvard University Press, 1982, cap. 2, p. 35-76. Agradeço a Marion Kaplan pela indicação deste texto, ao qual se referiu em sua análise do extermínio dos judeus: se a "morte física" teve como condição prévia necessária a "morte social" dos judeus, que os fez "desaparecerem" do horizonte social de seus concidadãos, a recíproca não é verdadeira: a "morte social" infringida não implicava necessariamente a "morte física" que efetivamente a seguiu. Marion A. Kaplan, "Gender and Race in Nazy Germany", manuscrito inédito, p. 23.
27. Carta de Aracy à mãe, Hamburgo, 24 de março de 1937.
28. Idem, 5 de maio de 1937.
29. As informações sobre a indústria automobilística alemã foram retiradas de: Wolfgang Konig, "Adolf Hitler vs. Henry Ford: The Volkswagen, the Role of America as a Model, and the Failure of a Nazi Consumer Society", *German Studies Review*, 27, 2, maio de 2004, p. 249-268.

30. Entrevista dada por Aracy. "Aracy de Carvalho Guimarães Rosa aos 80 anos: 'Se pudesse faria tudo novamente'", *Resenha Judaica*, primeira quinzena de junho de 1988, p. 24.
31. Entrevista telefônica com Eduardo Carvalho Tess, março de 2009.
32. Cartão-postal de Hans Z. e Aracy de Carvalho para Sida Moebius de Carvalho, Copenhague, 16 de abril de 1938.
33. Uma troca de cartas e telegramas entre o embaixador do Brasil em Berlim, Cyro de Freitas Valle, e o Itamaraty refere-se justamente a esse problema. Telegrama da embaixada do Brasil em Berlim ao Ministério das Relações Exteriores no Rio de Janeiro, 28 de outubro de 1940; resposta do Itamaraty à embaixada, 5 de novembro de 1940; carta de Cyro de Freitas Valle ao ministro das Relações Exteriores, Oswaldo Aranha, 14 de janeiro de 1941; todos sob o tema "Placas e documentos de funcionários brasileiros que serviram em Berlim".
34. Adriana Jacobsen e Soraia Vilela, "Guimarães Rosa na Alemanha", *in* "João Guimarães Rosa", *Cadernos de Literatura Brasileira*, Instituto Moreira Salles, 20-21, dezembro de 2006, p. 1.
35. Despachos da Secretaria de Estado das Relações Exteriores para o consulado geral de Hamburgo, datados de 19 e 27 de novembro de 1941 e 19 de janeiro de 1942. Cartas do cônsul-geral Souza Ribeiro ao ministro das Relações Exteriores, Oswaldo Aranha, datadas de 20 e 22 de dezembro de 1941.
36. Marion A. Kaplan, *Between Dignity and Despair: Jewish Life in Nazi Germany*, op. cit., p. 37.
37. Pierre Ayçoberry, *La société allemande sous le IIIe Reich, 1933-1945*, Paris, Seuil, 1998, p. 197.
38. Marion A. Kaplan, *Between Dignity and Despair: Jewish Life in Nazi Germany*, op. cit., p. 40-41. As passagens seguintes do mesmo depoimento também foram retiradas desta obra. Para a integralidade do depoimento, ver: Monika Richarz (org.), *Jewish Life in Germany Memoirs from Three Centuries*, Bloomington, Indiana University Press, 1991, p. 352-353.
39. Entrevista com Franklin Brauer, 9 de agosto de 2008.
40. O processo de arianização da Feldberg foi tratado por Frank Bajohr em *"Aryanisation" in Hamburg: the Economic Exclusion of Jews and the Confiscation of Their Property in Nazi Germany*, op. cit., p. 222
41. Agradeço a Björn Eggert pelas precisões que me forneceu em relação à Feldberg. Ver sobre Clara Feldberg: http://87.106.6.17/stolpersteine-hamburg.de/index.php?MAIN_ID=7&BIO_ID=661.
42. As informações sobre Karl Franken vêm de diversas fontes: de seu prontuário de pedido de carteira de identidade de estrangeiro, "modelo 19" (Arquivo Nacional); de seu dossiê nominativo feito pela Presidência Regional de Finanças nazista no

momento da emigração; do dossiê de reparação de guerra, ambos depositados no Arquivo de Hamburgo; de uma entrevista que fiz com sua esposa, Gertraud Franken, já viúva, e seu filho Arnaldo, em 5 de agosto de 2008; de documentos pessoais que vi durante a entrevista e que pude copiar, além das entrevistas dadas por Karl Franken a Gaby Becker e Marilia Freidenson, do Arquivo Histórico Judaico Brasileiro, em 12 de novembro de 1991, e a Eliane Brum ("A lista de Aracy", op. cit., p. 118-124). Agradeço a Miriam Chansky, do Arquivo Histórico Judaico Brasileiro, pelo acesso à transcrição integral da entrevista, parcialmente publicada em: Marilia Freidenson e Gaby Becker, *Passagem para a América: relatos da imigração judaica em São Paulo*, São Paulo, Arquivo do Estado/Imprensa Oficial do Estado de São Paulo, 2003, p. 192-193. Durante a entrevista com Gertraud e Arnaldo Franken, este telefonou a uma das irmãs do pai, Trude, para obter informações complementares. A conversa foi em alemão, com algumas intervenções de Gertraud. Arnaldo traduziu para mim, pouco a pouco, o que estava sendo dito. Dentre os documentos de época que me mostraram, estava um livro publicitário feito pela firma dos irmãos Feldberg. Muito sofisticada e chique, a loja situava-se num grande casarão de esquina. O livro é de capa dura, com muitas fotografias, numa das quais se vê o jovem Karl, elegante e bem-apessoado, trabalhando.

43. Cf.: http://www.jewishgen.org/Communities/Search.asp.
44. Entrevista com Trude Hahn, 12 de junho de 2009.
45. Frank Bajohr, *"Aryanisation" in Hamburg: the Economic Exclusion of Jews and the, Confiscation of Their Property in Nazi Germany*, op. cit., p. 197 e 217 (n. 65).
46. As informações sobre os Callmann vêm, essencialmente, dos prontuários do casal para pedido de carteira de identidade de estrangeiro, "modelo 19" (Arquivo Nacional); dos dossiês de reparação de guerra depositados no Arquivo de Düsseldorf; de uma entrevista com Grete Callmann, em presença de sua filha Susanne (4 de julho de 2008), além das entrevistas feitas por Eliane Brum ("A lista de Aracy", op. cit.) e por Elisa Caner (*Judeus-alemães no Brasil — um estudo dos depoimentos das vítimas do nazismo*, op. cit., p. 229-235).
47. As informações apresentadas nesta sequência, sobre as lojas de departamento e, em particular, a história da Karstadt, foram tiradas de Frank Bajhor, *"Aryanisation" in Hamburg: The Economic Exclusion of Jews and the Confiscation of Their Property in Nazi Germany*, op. cit., p. 34-35.
48. Entrevista com Gaby Becker e Marilia Freidenson, 12 de novembro de 1991.
49. Idem.
50. As informações sobre os Katz vêm do prontuário de Egon para pedido de carteira de identidade de estrangeiro, "modelo 19" (Arquivo Nacional); do dossiê nominativo de Herbert Katz feito pela Presidência Regional de Finanças nazistas no momento da emigração e do dossiê de reparação de guerra, ambos depositados no Arquivo

de Hamburgo; da ficha familiar de membros da comunidade judaica da cidade; e de uma entrevista telefônica feita com Egon Katz em agosto de 2005.

51. Karen Schniedewind, "Migrants Returning to Bremen: Social Structure and Motivations, 1850 to 1914", *Journal of American Ethnic History*, 12, inverno de 1993, p. 35-55.

52. As informações sobre os Marcus vêm do prontuário de Hannelore Inge para pedido de carteira de identidade de estrangeiro, "modelo 19" (Arquivo Nacional); do dossiê nominativo de Franz Marcus feito pela Presidência Regional de Finanças nazista no momento da emigração e do dossiê de reparação de guerra, ambos depositados no Arquivo de Hamburgo; da ficha familiar de membros da comunidade judaica da cidade; de uma entrevista telefônica feita com Hannelore (Meyer, de casada), em agosto de 2005, e de um texto escrito por Gretchen, em 1980, contando sua história, cuja cópia foi-me enviada por sua neta Sonia, a quem agradeço.

53. Entrevista telefônica com Hannelore Inge Meyer (Marcus, de solteira), agosto de 2005.

54. Entrevista com Grete Callman, *in* Elisa Caner, *Judeus-alemães no Brasil — um estudo dos depoimentos das vítimas do nazismo*, op. cit., p. 229-231. Quando a entrevistei, 12 anos mais tarde, Grete não mencionou mais a destruição da casa.

55. Agradeço a Selma Carneiro Felippe, que me comunicou estes documentos, e a Marion Aracy Heilborn, que os traduziu.

56. Cf.: http://data.jewishgen.org/wconnect/wc.dll?jg~jgsys~shtetlmaster2.

57. Eliane Brum. "A lista de Aracy", op. cit., p. 120.

58. As informações sobre os Heilborn vêm dos prontuários do casal para os pedidos de carteira de identidade de estrangeiro, "modelo 19" (Arquivo Nacional), das informações sobre o casal publicadas por Eliane Brum ("A lista de Aracy", op. cit.) e de duas entrevista telefônicas com a primogênita do casal, Marion Aracy Heilborn (1º e 2 de agosto de 2010) além de documentos esparsos que me foram comunicados pela filha desta, Selma Carneiro Felippe.

59. Agradeço particularmente a Roger Lustig, Irene Newhouse e Peter Landé, do grupo de discussões sobre os judeus alemães do programa Jewish Genealogy (www.jewishgen.org), que trouxeram informações preciosas a esta busca pelos documentos de arquivo referentes aos Heilborn. Os fundos da comunidade judaica de Breslau existentes no Arquivo de Wroclaw foram repertoriados em: Stefi Jersch-Wenzel et al., *Quellen zur Geschichte der Juden in den Archiven der neuen Bundeslaender*, 4, Munique: K. G. Saur Verlag, 1999. Algumas entradas existem ali para pessoas com o mesmo sobrenome, mas não se trata dos mesmos Heilborn.

60. Entrevista com Grete Callmann, agosto de 2008.

61. Idem.

62. As informações sobre Albert Feis vêm de seu prontuário para o pedido de carteira de identidade de estrangeiro, "modelo 19" (Arquivo Nacional); de seu dossiê nominativo feito pela Presidência Regional de Finanças nazista no momento da emigração e do dossiê de reparação de guerra, ambos depositados no Arquivo de Hamburgo; da ficha de membro da comunidade judaica da cidade, e de uma entrevista telefônica feita com Claudia Hess von Gabriel, neta de Albert (filha de Marion), em 26 de agosto de 2009.
63. As informações sobre Hans Hochfeld vêm de seu prontuário para o pedido de carteira de identidade de estrangeiro, "modelo 19" (Arquivo Nacional); de seu dossiê nominativo feito pela Presidência Regional de Finanças nazista no momento da emigração e do dossiê de reparação de guerra, ambos depositados no Arquivo de Hamburgo; das fichas de membros da comunidade judaica da cidade, em seu nome e no de seu pai; de uma entrevista feita com sua filha Maria Julia Hochfeld Baker, em companhia da neta, Lilian Hochfeld Baker, em agosto de 2009; de documentos pessoais examinados durante esta entrevista e copiados, e de um diálogo mantido mais tarde, com Maria Julia, por telefone e correio eletrônico.
64. As informações sobre Horst Brauer vêm de seu prontuário para o pedido de carteira de identidade de estrangeiro, "modelo 19" (Arquivo Nacional); de seu dossiê nominativo feito pela Presidência Regional de Finanças nazista no momento da emigração e do dossiê de reparação de guerra, ambos depositados no Arquivo de Hamburgo; da ficha de membro da comunidade judaica da cidade, em nome de sua mãe; de uma entrevista feita com seu filho Franklin Brauer, em agosto de 2009; de documentos pessoais examinados durante esta entrevista e copiados, e de um diálogo mantido mais tarde, com Franklin, pelo correio eletrônico.
65. Entrevista com Maria Julia Hochfeld Baker, em companhia de Lilian Hochfeld Baker, filha e neta de Hans Hochfeld, 8 de agosto de 2008.
66. Claudia Huerkamp, "Judische Akademikerinnen in Deutschland, 1900-1938", *Geschichte und Gesellschaft*, 19, 3, 1993, p. 327. Apud Marion A. Kaplan, *Between Dignity and Despair: Jewish Life in Nazi Germany*, op. cit., p. 98.
67. Sobre a história da Universidade de Hamburgo no período, ver: Geoffrey J. Giles, *University Government in Nazi Germany: The Example of Hamburg*, New Haven, Yale Higher Education Program/Yale University, 1976. Disponível em: http://www.eric.ed.gov/ERICWebPortal/custom/portlets/recordDetails/detailmini.jsp?_nfpb=true&_&ERICExtSearchValue_0=ED144488&ERICExtSearch_SearchType_0=no&accno=ED144488. Ver também: http://www1.uni-hamburg.de/rz3a035//edmundsiemersallee.html.
68. Geoffrey J. Giles, *University Government in Nazi Germany: the Example of Hamburg*, op. cit., p. 37, n. 98.

69. Norman Bentwich, *Jewish Youth Comes Home: The Story of the Youth Aliyah, 1933-1943*, Londres, 1944, p. 25. Apud Marion A. Kaplan, *Between Dignity and Despair: Jewish Life in Nazi Germany*, op. cit., p. 53.
70. Entrevista com Franklin Brauer, 9 de agosto de 2008
71. Entrevista, 8 de agosto de 2008.
72. Entrevista com Franklin Brauer, 9 de agosto de 2008.
73. Idem.
74. Entrevistas concedidas a Marilia Freidenson e Gaby Becker, do Arquivo Histórico Judaico Brasileiro, e a Eliane Brum (*op. cit.*). Para esta última, Karl teria afirmado ainda que esse diretor da Hamburg-Süd era um conhecido de seu patrão.

CAPÍTULO III   Lançando âncora no Brasil:
                Margarethe Levy

Margarethe e Hugo Levy chegaram a Santos com seus bens e seus vistos de "turistas" no dia 8 de dezembro de 1938. Apesar de todas as viagens que tinham feito juntos até então, ou mesmo das que Margarethe fizera sozinha ou com seus pais, nenhum dos dois havia atravessado o Atlântico antes, nem estado em terras tropicais. Além disso, a mudança de estação era radical, ainda que não tão brusca, já que a travessia tinha durado 16 dias.

Alguém deve tê-los ajudado a desembaraçar-se das questões aduaneiras no porto, principalmente para liberar os numerosos bens que levavam consigo. Segundo Margarethe, Aracy cuidara também desse assunto, escrevendo para Armando Soares Caiuby e dando-lhe uma carta de recomendação para o fiscal da aduana. Disse-me que a amiga mostrou-se mais uma vez eficaz: os custos aduaneiros sobre sua mudança foram baixíssimos. Mas não lembrou se o Dr. Caiuby estava presente em pessoa no porto, nem com quem negociou o desembarque dos bens e seu envio para São Paulo, nem mesmo se a irmã de Hugo e o marido estavam em Santos, aguardando-os.

Resolvido o desembarque, os Levy subiram a serra do Mar até São Paulo, completando esse primeiro contato visual direto com a paisagem local. Pode ser que a subida tenha sido feita em companhia da irmã Levy. É provável também que tenha havido alguma correspondência prévia entre eles, a partir do momento em que a imigração tomou forma. Mas nada disso chegou até nós: Margarethe mal se lembrou da cunhada, de quem foi incapaz de dizer o primeiro nome; ela morrera ainda antes de Hugo. E não guardou nenhuma correspondência antiga.

Tampouco sabemos o que os Levy sabiam ou pensavam do Brasil, de seu povo, de suas paisagens, de suas cidades, de seus costumes antes da partida. Será que Margarethe tivera tempo de conversar sobre isso com Aracy? Será que manifestara curiosidade acerca do novo quadro de vida? Ou as preocupações que a ocuparam na Alemanha, nos densos três meses que precederam a partida, impediram a emergência desse tipo de pensamento, ou sua expressão? Com que imagem prévia o casal chegou ao Brasil?

O que parece certo é que a partida preocupou-os muito mais do que a chegada, entre as pressões nazistas sobre o patrimônio do casal e a intensificação das perseguições em novembro. Tiveram, nesse período, que priorizar as questões materiais, e correr contra o relógio.

Na lista detalhada dos bens que pretendia trazer para o Brasil, que submeteu à Presidência Regional de Finanças, Margarethe incluiu um lote de livros técnicos, ligados ao exercício profissional de seu marido. Não mencionou outros conjuntos num elenco que, como vimos, não teria deixado escapar tais especificações. A biblioteca de alguém é um bom índice para medir o modo como uma viagem, migratória ou não, é preparada espiritualmente.

Sabemos que na década anterior, com muito menos pressa, temores ou pressões, o artista plástico Lasar Segall (1891-1957) também deixara a Alemanha para o Brasil. O país vivia uma crise profunda, após a derrota da Primeira Guerra, e o antissemitismo voltara à tona intensamente. Com dois irmãos e uma irmã já vivendo no Brasil, decidiu, então, tentar sua chance, ao menos até que a situação alemã melhorasse. Quando desembarcou em Santos, no início de 1924, não pisava em solo brasileiro pela primeira vez: em 1912-1913, já tinha estado em São Paulo, mas voltara à Alemanha. Entre uma estada e outra, tivera tempo de pensar no Brasil, ainda que não estivesse obrigatoriamente preparando-se para viajar. Além da correspondência mantida com os irmãos, e notadamente com a irmã Luba, um breve inventário de sua biblioteca traz pistas quanto a isso, pois demonstra a existência de um interesse pelos trópicos.[1] Assim, o artista dispunha de algumas obras muito em voga na Alemanha das primeiras décadas do século XX, abordando, sob um prisma etnológico ou sociológico, sociedades distantes, exóticas. Tais volumes ladeavam uma pequena coleção de guias ilustrados sobre o Brasil, um exemplar do *Noa Noa* de Paul Gauguin (1848-1903), publicado na Alemanha em 1908, e a obra do escritor, crítico e historiador da arte Carl Einstein (1885-1940), *Escultura negra* (1915), sobre a arte africana. Vale dizer, ainda, que existia na Alemanha uma verdadeira tradição de viajantes, que percorreram também terras brasileiras, desenhando e descrevendo a fauna e a flora do país. Ecos dessa tradição chegaram provavelmente ao artista, como também aos demais judeus alemães que fizeram malas para o Brasil na década seguinte, como os Levy.

Sem fazer parte das elites artísticas, culturais ou intelectuais do país, Hugo e Margarethe podem ter compartilhando com seus compatriotas de um imaginário sobre o exotismo que circulava na Alemanha das primeiras décadas do século XX, capaz de moldar uma imagem prévia do Brasil ainda antes da viagem. De modo mais específico, talvez tenham conhecido alguma das publicações que circulavam entre os judeus, respondendo às necessidades práticas do momento. Numa delas, um certo Herbert Frankenstein discorreu em tom otimista sobre as condições e possibilidades econômicas do país: o custo de vida era menor, as possibilidades de ascensão social, promissoras. O autor aconselhava ainda que os imigrantes se estabelecessem por conta própria, evitando, assim, os baixos salários e aproveitando das inúmeras possibilidades produtivas num país que ainda importava.[2] Dois anos depois, foi publicado um *Manual para a emigração judaica*, que incluía, além dos textos, mapas e tabelas.[3]

O contexto da partida e os anos que a precederam, desde 1933, podem ter tornado tudo isso secundário aos olhos do casal, que dispunha de duas informantes próximas, a irmã de Hugo e a amiga Aracy. Mesmo assim, ao se afastar das costas europeias, iniciando sua travessia e, mais ainda, ao desembarcar em Santos e ao subir a verdejante serra do Mar, o casal provavelmente sentiu os ecos desse imaginário funcionando como um filtro de leitura. Se subiram a serra com a irmã e o cunhado de Hugo, além de observarem o charme da paisagem, devem ter aproveitado o tempo da viagem para transmitir as notícias da Alemanha e conversar sobre questões práticas e urgentes ligadas à chegada e à instalação do casal.

Para além do clima, diferencial imediato e cotidiano, com implicações ligadas à aparência física da população local (tez, vestuário), o contraste maior entre alemães e brasileiros, que provavelmente chamou a atenção dos Levy desde o início, era dado por dois elementos característicos. O primeiro deles era de ordem demográfica: a população brasileira era bem mais jovem que a alemã. Na Alemanha, as taxas de natalidade tinham baixado desde o final do século XIX. A tendência era europeia, tendo tocado também outros países, como a França, mas sempre de modo menos agudo que no caso alemão. Em 1871, ano da Unificação do país, essa taxa era de 39,1 nascimentos para cada mil habitantes. Cinquenta anos depois, em 1921, quando o país acabara de sair derrotado da Primeira Guerra, a proporção baixara para 22,1 em mil.[4] E a tendência não se alterou: quando os nazistas tomaram o poder, em 1933, encontraram uma taxa de 14,7 nascimentos para cada mil habitantes. Graças às políticas natalistas empregadas, e à repressão ao aborto e à contracepção, a natalidade aumentou um pouco até 1938, chegando a 18 em mil; com o começo da guerra, contudo, essa progressão foi interrompida.[5] No mesmo período, a população judaica passava por um envelhecimento ainda maior: a natalidade diminuíra, e a emigração beneficiava os jovens em detrimento dos mais idosos. Mas a tendência à queda das taxas de natalidade já era mais acentuada entre os judeus do que na população alemã como um todo, desde antes da chegada dos nazistas ao poder. Em 1932, o país contara 16,2 nascimentos para cada mil habitantes, contra somente 7,2 em mil entre os judeus.[6]

No Brasil, a situação era contrastante: essa depressão das taxas de natalidade não existia. Em 1940, contava-se 44,4 nascimentos para cada mil habitantes. Naquele mesmo ano, 42% da população brasileira tinham menos de 14 anos, 55%, entre 15 e 64, e somente 2,4%, mais de 65 anos.[7] Além da juventude acentuada da população, o analfabetismo e a pobreza também eram mais elevados do que na Alemanha, o que os imigrantes recém-chegados puderam facilmente perceber, ao descer no navio em Santos e, em seguida, ao circular em São Paulo.

Mas o segundo elemento foi certamente mais determinante nas primeiras impressões dos Levy sobre o país, já que dizia respeito a uma singularidade maior da sociedade brasileira e tinha claras repercussões na experiência recente do casal. Trata-se do perfil multiétnico dos brasileiros — e dos paulistanos. Estes não somente tinham origens nacionais e étnicas muito mais heterogêneas que os hamburgueses, mas, sobretudo, quanto aos contrastes imediatamente perceptíveis, isso se via claramente nos corpos que atravessavam o espaço urbano.

PALHETA

No final dos anos 1930, como vimos, a imigração estrangeira não vivia mais seus tempos de glória no Brasil. Contudo, a política imigratória tinha sido pensada pelas elites que a promoveram, desde o final do século XIX, com um duplo objetivo: formar um mercado de trabalho livre sem trazer ônus suplementares à cafeicultura, em relação ao regime escravagista, e promover o "branqueamento" da população. Assim, a política de "braços para o café" buscou garantir entradas mais numerosas do que as necessidades reais de mão de obra na lavoura, com o fim de manter baixos os salários, graças à existência de um exército de reserva.[8]

A questão racial esteve extremamente presente nos debates que precederam a instalação da política imigratória, mostrando que, para além da construção do mercado de trabalho livre, esta tocava à construção da própria nação. O tipo de trabalhadores desejados e procurados era claramente o branco europeu. Nesse sentido, o decreto nº 528, de 2 de junho de 1890, impediu a entrada de imigrantes asiáticos e africanos, tornando a política imigratória, já em vigor, explicitamente restritiva e discriminatória. Em 1895, uma lei estadual (nº 356) foi promulgada pelo legislativo paulista, limitando a entrada de imigrantes, no estado de São Paulo, aos originários da Europa, das Américas e, no caso da África, das ilhas Canárias, "todos de raça branca".[9]

A política realizada foi particularmente eficaz nesse sentido. Até meados do século XIX, entre 3,5 e 3,6 milhões de negros foram trazidos da África para o Brasil e vendidos como escravos. Isso transformou progressivamente a composição da população brasileira, cuja maioria, no final do século XVIII, era negra.

No primeiro censo realizado no país, em 1872, os resultados indicaram que os brancos formavam 38,1% da população. O censo seguinte, de 1890, trouxe um aumento da população branca, que, porém, continuava minoritária, compondo 44% do total. No estado de São Paulo (província de São Paulo, até a proclamação da República), a situação era um pouco diferente. Em 1872, a população branca era de 51,8%; ela não cessou de aumentar nos decênios seguintes, mostrando a incidência da política imigratória sobre a questão racial. Assim, em 1890, ainda antes do grande boom da imigração, que ocorreria desta data até o início da Primeira Guerra Mundial, a população branca paulista já era de 63,1%. Em 1940, pouco depois da chegada dos Levy, essa proporção já chegara em 88%. Para que tal resultado fosse atingido, é necessário lembrar que, em relação aos 3,5 ou 3,6 milhões de escravos trazidos da África em cerca de três séculos, a política imigratória, com suas subvenções, foi responsável pela entrada de mais de 4,7 milhões de imigrantes em menos de um século. Destes, mais da metade instalou-se no estado de São Paulo.

Para além dos esforços e da eficácia de tal projeto, a população paulista, e mesmo paulistana, apresentava, no momento em que o país mudou suas diretivas em relação à imigração, traços multiétnicos visíveis. Para aqueles que abordaram o planalto paulista nos anos 1930, esse traço saltava certamente aos olhos, numa população extremamente heterogênea entre negros, mestiços de todos os matizes, europeus do sul, do norte, do leste, sem contar sírios, libaneses e japoneses. Estes últimos, junto aos negros e mestiços, também traziam os traços de sua origem estampados no corpo, introduzindo uma diferença visível no espaço público. A maior parte do grupo, particularmente concentrado no estado de São Paulo, chegara ao país entre 1926 e 1934, com subvenções oferecidas pelo governo japonês. No final dos anos 1930, apesar de a maior parte ainda viver no campo, São Paulo já contava com seu núcleo e as primeiras instituições comunitárias já estavam instaladas na Liberdade, onde a rua Conde de Sarzedas era conhecida como a rua dos japoneses.

Na época, o olhar sobre o país também estava mudando, e de uma aposta no "branqueamento", passou-se ao elogio da "síntese". De fato, o projeto "branqueador" não impediu a construção, difusão e sedimentação, a nível nacional, da ideologia da "democracia racial", que elegeu a mistura e a mestiçagem como traços distintivos da brasilidade, ainda que a hierarquia racial continuasse a vigorar, em benefício dos brancos.

No final dos anos 1930, os ingredientes que compuseram uma identidade nacional brasileira ainda hoje válida já estavam reunidos, mas não de longa data. Uma construção que tomou ares de natural era fruto de elaborações e escolhas muito recentes. De qualquer modo, na Era Vargas, ser "brasileiro" já se tornara sinônimo de pessoa risonha, jovial, descontraída, vivendo a vida sem embaraços, inclusive (sobretudo?) os do passado. A receita da mestiçagem, assumida, valorizada e glorificada, como síntese positiva e potencializadora dos componentes culturais da nação, apresentava também uma prova suplementar da afabilidade e do caráter pacífico dos brasileiros. Ultrapassando todo e qualquer conflito, estes se mostravam capazes e particularmente prontos a incorporar tudo e todos, exaltando a plasticidade própria à cultura nacional. Completando esse quadro marcado por uma beleza singular, pela alegria e pela descontração, exotismo e erotismo caminhavam de mãos dadas, já que a sensualidade, aliada ao samba, já alçado, na época, a ritmo nacional por excelência, fora incluída neste retrato da nacionalidade.

Isso tudo já era reconhecido como representativo daquilo que os brasileiros tinham em comum — quer estes fossem nascidos no país ou por ele adotados —, em novembro de 1938, pouco antes do embarque dos Levy no *Cap Arcona*, rumo a Santos. Naquele mês, Carmen Miranda vestiu uma versão estilizada dos trajes tradicionais da baiana e, seguindo o gestual que lhe ensinou o jovem compositor Dorival Caymmi, cantou, deste, "O que é que a baiana tem?" no musical *Banana da terra*. Levou, em seguida, o número e a personagem criada para os palcos.[10] Carmen já era, na época, um grande sucesso nacional, para quem os maiores sambistas cariocas compunham suas canções. Um semestre depois, em maio de 1939, partiria para os Estados Unidos, acompanhada pelo "Bando da Lua".

Carmen Miranda é importante, aqui, por ter sido reconhecida, sem reservas, como a Baiana nacional e, depois, internacional, encarnando com perfeição os signos representativos da brasilidade recentemente construída. De fato, ela concentrou e traduziu em sua voz, em seu repertório, mas, sobretudo em seu modo de dançar, cantar e interpretar o samba, em seus gestos e em sua corporalidade, a identidade nacional. Isso num momento em que as identidades regionais, como a paulista, forjada sobre a imagem dos Bandeirantes, na qual se reconheciam as elites "quatrocentonas" locais, estavam sendo colocadas em segundo plano, diante da força coesiva da identidade nacional cimentada durante a Era Vargas.

Se os paulistas colocaram-se em luta contra Vargas em 1932, sob a bandeira da constitucionalização e numa busca de retorno ao centro da cena política, com o avanço da década as posições das elites políticas locais abrandaram-se. Em 1933-1934, a bancada paulista da Constituinte, seguindo as diretivas do líder Armando de Salles Oliveira, manifestou posições conciliadoras em relação a Vargas, inclusive quanto à questão da centralização.[11] Além disso, com a derrota do projeto do grupo de lançar Salles Oliveira como candidato à presidência nas eleições previstas para 1938, e abortadas pelo golpe de 1937, os paulistas perderam não somente posições adquiridas como espaços e canais de mobilização, fechados pelo Estado Novo.

O regionalismo elitista dos paulistas perdia de fato terreno. Os elementos constitutivos da identidade nacional, por seu lado, alcançavam ressonâncias no conjunto do tecido social de modo extremamente eficaz, em particular graças à música popular, com o impulso dado pelo desenvolvimento do rádio, da indústria fonográfica e com a institucionalização do carnaval.

O fato de que os símbolos da brasilidade tenham sido tão perfeitamente expressos no corpo feminino de Carmen Miranda também tem sua importância. Margarethe passou boa parte de nossos encontros descrevendo a beleza da morena Aracy, sem ter deixado de mencionar o charme do seu andar, que, segundo ela, exercia grande sedução nos passantes, atraindo "fãs". Não temos como saber se o gestual e os movimentos corporais de Aracy, vistos pelos alemães, eram identificados com sua origem brasileira. Em todo caso, a exploração dos traços da brasilidade como sensualidade tropical estava, na época, dando seus primeiros passos, cujo ritmo foi claramente acelerado pelo gingado de Carmen e pelo alcance internacional de sua imagem pública nos musicais da Fox. Contudo, já naqueles anos, uma judia hamburguesa como Margarethe deve ter sido sensível ao modo como as mulheres brasileiras se apresentavam em público e circulavam pela cidade, à forma como beleza e sensualidade feminina combinavam-se — e não somente entre as mulheres de elite, de cuja cultura sentia-se mais próxima.

Além disso, a figura de Carmen, a personagem que incorporou publicamente, não era "branca", mas "brasileira". Reunia, com extremo talento, o conjunto dos ingredientes mencionados, além do samba, com seus breques, seus duplos sentidos, sua malícia, que inseria com seus olhares e trejeitos. Foi, na época, um espelho do Brasil, valorizado tanto pelo poder quanto pelo povo.

Tudo isso tinha implicações diretas sobre os judeus alemães que nos interessam aqui. A questão racial, da qual tinham sido vítimas na Alemanha, apresentava-se, no Brasil, de um modo completamente diferente daquele que conheciam, e a seu favor. Isso ocorria segundo um duplo vetor. De um lado, apesar do elogio da miscigenação, o racismo vigorava, em detrimento das populações de pele escura. E as hierarquias raciais vigentes aproximavam os judeus alemães das frações favorecidas — brancas —, ao contrário da experiência anterior, de pertença à "raça inferior". O "sangue" não era, no Brasil, o fator diferenciador e hierarquizante, que passava doravante, de modo dominante, pelo corpo, não mais pelo texto.

Jeffrey Lesser acredita que, no Brasil, os judeus trouxeram um desafio ao tabuleiro das raças.[12] Apesar da existência pontual do antissemitismo, seja aquele mais difuso, advindo do antijudaísmo da tradição católica brasileira, seja aquele que emergiu nos anos 1930, ligado ao pró-germanismo de frações das elites dirigentes, não me parece que a presença de judeus no país chegasse a incidir na questão racial — e nem que os judeus possam ser considerados, aqui, como "não brancos", como sugere Lesser.

Isso dito, a crença na hierarquia racial e na inferioridade dos negros convivia lado a lado com a ideologia da "democracia racial". O que dava uma segunda vantagem aos judeus alemães, tanto em relação à sua experiência anterior quanto no próprio seio da sociedade brasileira. Eis o segundo vetor mencionado, que os favorecia. Pois no Brasil, ao contrário da Alemanha, a separação era tudo que se buscava evitar. Aqueles que pareciam não se misturar, permanecendo "enquistados", eram vistos como uma ameaça ao princípio integrador da nação, sempre pronta a absorver o novo, o estrangeiro, o diferente. E a integração não tinha um sentido unicamente cultural, mas também físico, pois o símbolo maior da síntese nacional era a miscigenação. O que contrariava frontalmente o princípio da separação dos corpos, imposto pelos nazistas e que, como vimos, cercou os judeus tanto pelo texto quanto pelo corpo. No Brasil, não somente tal cerco desfez-se, como deveria forçosamente ser desfeito em favor de um princípio identitário constitutivo da nação. Aqui, o mote era que nenhum "sangue puro" deveria subsistir, em se tratando de imigrantes.

Nesse sentido, "conceitos de pureza étnico-cultural ou de subordinação a culturas nacionais hegemônicas", vigentes na Europa e nos Estados Unidos, esvaziam-se, provocando "encantamento e surpresa".[13] Mais do que "um ponto de chegada mais ou menos promissor para grupos perseguidos pela miséria e pelo preconceito", o Brasil era o "lugar da ambivalência e da mistura",[14] fato que deve ter aliviado muito os refugiados judeus alemães. Estes puderam, então, retomar e reforçar identidades individualizadas e livremente construídas, em relação à rigidez imposta na Alemanha nazista. Para muitos, como vimos, ser "judeu" era somente parte integrante de identidades complexas, múltiplas e diversamente recortadas, sendo com frequência um ingrediente menor ou, ao menos, cujo peso tinha sido extremamente variado antes de tornar-se definitivo e total, por decreto. No Brasil, como tantos, esses judeus puderam jogar novamente com os diversos elementos que entravam na composição de suas identidades, situacionalmente, aproveitando da singularidade de um modelo que, mais que outros, deixava ampla margem ao imprevisto e ao impreciso.

O que não quer dizer, obviamente, que o racismo não existia. Mas seu foco era outro. Enquanto "os mitos de origem nacional na tradição europeia se constituíram na contraposição, e por vezes na negação, do outro",[15] no Brasil deu-se o inverso. Aqui, "no lugar da degeneração, o estranho traz o progresso. Esta mitologia nacional se constituiu no preço altíssimo da desvalorização do negro",[16] ao passo que beneficiou os imigrantes, inclusive os que nos interessam diretamente aqui, que puderam, ao mesmo tempo, reconstruir-se individual e coletivamente sem medo e fundir-se nas massas.

Se sair da Alemanha foi o momento maior de libertação, chegar ao Brasil deve ter sido, realmente, uma experiência cheia de "encantamento". E isso não somente por contraste, ainda que tal fator não possa ser negligenciado, tendo em vista o contexto anterior.

Em todo caso, Margarethe Levy apropriou-se imediatamente dessa nova liberdade. Definiu-se voluntariamente, em documentos que a identificavam junto à nova administração, conforme vimos, como "livre-pensadora", deixando o "judia", de seus documentos alemães, em segundo plano.

A brasilidade jogava então, claramente, a favor desses imigrantes. E os traços culturais fortes e singulares do novo país certamente não passaram despercebidos a nenhum deles. Ao contrário: entraram na composição da nova dinâmica de vida de cada um, permeando as interações sociais e interpessoais que, aos poucos, foram se ajustando às modalidades localmente vigentes.

Mas do ponto de vista local, justamente, o que encontraram eles ao chegar a São Paulo?

ASSENTAMENTO

Em junho de 1939, um semestre após sua chegada, Margarethe e Hugo Levy viviam na alameda Ministro Rocha Azevedo, 1.076, nos Jardins. Mas isso não durou muito e, no início de 1941, o casal declarava domicílio no nº 1.143 da alameda Lorena, a pouca distância da moradia anterior.

A escolha dos locais de residência, como, de modo geral, a organização dos aspectos práticos da vida do casal, deixa entrever as mãos de Margarethe. Fazendo esta segunda escolha do morar paulistano, não mais provisória, ela demonstrou, mais uma vez, seu anseio incontrolável pelo "fora do comum" que, segundo sua própria narrativa e a de sua sobrinha, nunca sofreu qualquer oposição por parte do marido. Seu perfil ganha, aqui, uma ilustração eloquente, com a compra que fizeram de uma das 17 casas da "Vila América", projetada e construída por Flávio de Carvalho (1899-1973), e inaugurada em 1938.

Tratando da ação isolada dos primeiros arquitetos modernos nas grandes cidades brasileiras, Carlos Lemos deteve-se em três exemplos, todos atuantes na São Paulo dos anos 1920-1930: Gregori Warchavchik, Julio de Abreu Filho e Flávio de Carvalho, todos com formação no exterior. Sobre o último, afirmou:

> Ao contrário de Julio de Abreu Filho, não cedeu às injunções da clientela, tendo sido permanentemente um revoltado contra o apático comportamento burguês de nossa classe média tradicionalista e avessa às modernidades que tanto o entusiasmaram pela vida afora. [...] Um de nossos maiores artistas plásticos, talvez um dos nossos melhores desenhistas, como arquiteto não foi levado a sério e sem clientes que concordassem com suas "loucuras" não conseguiu ir avante com sua mensagem renovadora. No entanto, suas casas de concreto armado da alameda Lorena, datadas de 1933, constituem, também, verdadeiros marcos indicadores de nossa reformulação arquitetônica, já que a construção foi concebida de modo totalmente inovador. Na busca de soluções, as plantas inusitadas e a estrutura, levaram-no a um partido deveras excepcional, o que não quer dizer que fosse correta e exemplar a solução algo espalhafatosa *pour épater* — fato que também não lhe tira a "modernidade", o desejo de ser coerente consigo mesmo em sua luta por sacudir a sociedade adormecida num conservadorismo estético.[17]

Na época, se Margarethe não sabia quem era Flávio de Carvalho, sabia seguramente quem era Gregori Warchavchik. Apesar de ter afirmado não frequentar a comunidade judaica, seus membros compunham a maior parte da clientela do marido,[18] e ela sabia quem eram as famílias mais ilustres entre os judeus da cidade, tendo citado algumas delas, em meio a seus comentários, durante nossas entrevistas. Sabia também, seguramente, reconhecer um belo exemplar de arquitetura moderna e, ainda mais, quando este se destacava com força do ambiente geral, e do padrão dos gostos.

Antes disso, porém, o casal já havia escolhido o bairro onde desejava se instalar, talvez seguindo conselhos da irmã de Hugo, que vivia não muito longe dali, numa pequena travessa da rua Melo Alves, segundo indicou Margarethe, que se lembrou de ter vendido esta casa. A área que escolheram dos Jardins já era naqueles anos um espaço valorizado da cidade, ao qual, em 1941, já estavam provavelmente familiarizados.

No momento da chegada dos Levy a São Paulo, a cidade crescia num ritmo extremamente acelerado. No final de 1938, São Paulo tinha quase 1,3 milhão de habitantes, total que seria levemente ultrapassado em 1940, segundo o censo daquele ano. Isso fazia da capital paulista a segunda cidade mais populosa do país, atrás da capital federal, com seu 1,7 milhão de habitantes no ano do mesmo censo. Mas apesar de não ser tão grande e populosa quanto a capital do país, São Paulo tinha reputação de ser sua "locomotiva", estando à dianteira de sua economia desde o início do boom da cafeicultura. Naqueles anos tornara-se, como os recém-chegados puderam rapidamente ler nos bondes, "a cidade que mais cresce na América Latina".

Hamburgo tinha quase 1,7 milhão de habitantes em dezembro de 1938, no momento da partida dos Levy. Contudo, a população paulistana, à qual o casal passou a pertencer, estava na época em franco crescimento, enquanto a de Hamburgo sofreu, nos anos seguintes, uma diminuição importante, com a emigração e, depois, a guerra. A cidade só voltaria a ultrapassar aquele 1,7 milhão de habitantes em 1953. Enquanto isso, em 1950, a população de São Paulo já se aproximava dos 2,2 milhões. As ainda altas taxas de natalidade e as migrações, sobretudo internas, contribuíram com o crescimento urbano, que se acentuaria ainda mais nas décadas seguintes.

A paisagem urbana paulistana, nesse contexto, transformava-se continuamente. Novas construções não cessavam de substituir as anteriores num ritmo acelerado, que orgulhava os paulistanos. Em *Tristes trópicos*, Claude Lévi-Strauss associou São Paulo, que conheceu em meados dos anos 1930, a outras cidades do Novo Mundo, como Nova York ou Chicago, que conheceu poucos anos depois, ao fugir, em 1941, da ocupação nazista da França. Para o antropólogo, essas "cidades são novas e tiram dessa novidade sua essência e sua justificação", mantendo-se, graças a um movimento de constante renovação, "eternamente jovens". Nelas, a ausência de vestígios antigos era a seu ver um elemento do qual retiravam toda sua significação como cidades. Seu "ciclo de evolução" era "curtíssimo" — em oposição às cidades europeias, que se renovavam muito lentamente. São Paulo, como as vizinhas do norte, às quais o autor a comparou, exibia construções que, ao fim de meio século, já estavam prontas a serem substituídas, dando todos os sinais de esgotamento de uma existência fadada à curta duração.[19] Assim, as constantes demolições de edifícios mais antigos, para dar lugar aos mais novos, não advinham, ao contrário do que se costuma pensar, de um descaso reprovável pelo passado arquitetural. Tal processo devia-se, simplesmente, à afirmação de um perfil urbano característico, que encontrava aí sua melhor expressão. E isso já era válido em 1935, quando Lévi-Strauss aqui chegou.

Data dos anos 1935-1937, a série de fotografias de São Paulo que tirou, enquanto participava da missão francesa de professores da Universidade de São Paulo, recém-fundada.[20] Essa coleção de imagens não somente constitui um documento visual da cidade nos anos que nos interessam diretamente aqui, mas, além disso, trazem o olhar de um estrangeiro que chegara há pouco, recortando o espaço urbano de modo diferente do que faziam os fotógrafos que enchiam as páginas das revistas ilustradas da época. Estes focalizavam preferencialmente elementos como a verticalização, que conotavam a ideia de progresso associada ao perfil da cidade.

Os protagonistas deste livro vinham, como Claude Lévi-Strauss, de um universo urbano no qual os monumentos e edifícios antigos datavam, muitas vezes, de vários séculos, e eram por isso mesmo valorizados.

Para eles, o gosto imoderado pelo novo, por um novo que se confundia muitas vezes com o imediato, não deve ter passado despercebido. O que não é sem importância, por uma dupla razão: além de beneficiá-los diretamente, tal gosto pela novidade fazia parte de um conjunto mais geral de valores que, mesmo sem ser explicitado, puderam certamente sentir na pele. Eram refugiados de uma sociedade que não somente valorizava o passado, mas, no período recente, buscava enraizamentos cuja veracidade deveria passar exclusivamente pela "pureza do sangue". Já a cultura brasileira opunha-se diametralmente a tais noções. Afinal,

> O mito original do Brasil que encontra os problemas do país no passado, na escravidão e na colonização lusitana e que acredita que o paraíso não foi perdido mas que se encontra no futuro produz uma visão totalmente diferente dos valores da mudança e do estrangeiro. [...]
> Enquanto nos mitos de origem nacional fundados no passado o inimigo é sempre externo e personificado nas "influências estrangeiras", no mito de origem brasileiro, do "país do futuro", o inimigo é interno, o próprio passado [...]. É o passado que se trata de erradicar, para que a nação encontre seu potencial.[21]

O contexto local era, então, regido por um esforço coletivo em desviar os olhares do passado, sinal de atraso, daquilo que se devia superar, guiando-os do presente para o futuro. Nesse quadro, o fato de que sua presença fosse vista e sentida como algo positivo, respondendo favoravelmente à sede de renovação, era certamente um elemento benéfico aos recém-chegados em suas primeiras relações com a população local. Ainda que as urgências da instalação e os obstáculos enfrentados deixassem, provavelmente, pouco tempo a esse tipo de reflexão.

Algumas das fotos tiradas por Lévi-Strauss mostram uma cidade que, apesar do crescimento, guardava ainda, nesta segunda metade da década de 1930, relações de proximidade com o mundo rural. Em duas delas, um rebanho de vacas atravessa uma rua do bairro da Liberdade, cruzando um bonde que se dirige à Vila Mariana. Os passageiros, em pé, observam a passagem dos animais.[22]

No texto que acompanha as imagens, Lévi-Strauss fala dos contrastes que marcavam a cidade, cujas paisagens urbanas eram extremamente variadas. Assim, bairros e construções decadentes conviviam com zonas onde se concentravam casas e palacetes ricos; áreas e edifícios "modernos" justapunham-se ou misturavam-se a conjuntos provincianos, com vestígios ainda intactos da cidade colonial e de outros tantos períodos da sua história. Sem contar os espaços mais rústicos.

As duas fotos em questão captaram uma travessia de animais que introduz, neste bairro popular, localizado na parte central de São Paulo, índices de proximidade dos dois universos, urbano e rural. Tal convivência, que dava um tom particular ao crescimento e à dinâmica urbana paulistana, não deveria ser familiar aos hamburgueses, tanto quanto outros elementos próprios à sociedade local, que podiam parecer provincianos ou pouco desenvolvidos aos seus olhos.

Mas mesmo isto era favorável aos recém-chegados, pois as oportunidades eram numerosas, tratando-se justamente de uma sociedade em plena expansão e pronta a absorver os que nela aportassem, vindo do exterior ou de outras partes do país. Para aqueles que tinham qualificação, experiência ou capitais, tais oportunidades eram ainda maiores e, no caso dos judeus alemães, iam no sentido oposto ao da exclusão em que a economia alemã os tinha colocado.

Ainda segundo Eduardo Tess, os Levy permaneceram na casa desenhada por Flávio de Carvalho até 1974, quando compraram o apartamento onde Margarethe vive atualmente e onde a conheci, também não longe dali, na alameda Peixoto Gomide, 1.953. Neste domicílio, Hugo Levy viveu seus três últimos anos de vida.

Não longe do primeiro endereço de Hugo e Margarethe, na alameda Ministro Rocha Azevedo, virando a esquina, viveu, por um curto período de tempo, Albert Feis. Margarethe o conhecia, aliás, como chegou a mencionar em uma de nossas entrevistas. Porém, ao contrário dos Levy, o primeiro endereço paulistano de Albert não se localizava nesta zona nobre da cidade. Logo após sua chegada, em março de 1939, Albert foi morar na rua Aurora, 535 (Santa Ifigênia), talvez numa das numerosas pensões existentes no centro. Precisou fazê-lo, provavelmente, por não dispor, como os Levy, de nenhum parente já morando em São Paulo, ou por ter chegado sozinho, ao contrário de Hugo Levy, que podia se apoiar sobre o agudo senso prático de Margarethe. Mesmo assim, poucos meses depois, em outubro do mesmo ano, Albert já estava organizado, tendo declarado domicílio à alameda Lorena, 1.307. No ano seguinte, mudou-se novamente, mantendo-se, porém, no mesmo bairro, na rua Cravinhos, 1. Sua situação socioeconômica espelhava-se claramente em tais escolhas: em 1945, encontrava-se na rua Groenlândia, 960, e, três anos mais tarde, na rua Antonio Bento, 350, sempre em zonas sofisticadas e residenciais dos Jardins. A rua Groenlândia, por exemplo, no Jardim América, fazia parte do primeiro loteamento feito, em 1929, pela Companhia Inglesa City of São Paulo Improvements and Freehold Land Company Limited, conhecida como Cia. City, criando na cidade o primeiro "bairro jardim", de inspiração inglesa. Os outros dois endereços, se não estavam dentro dos terrenos adquiridos pela City, eram bastante próximos dali.

Ao que tudo indica, Albert não trouxe móveis ou objetos decorativos da Alemanha. Suas filhas, sim, saíram do país levando para Londres quadros e tapetes da casa familiar, como já mencionei. Ao chegarem ao Brasil com esses objetos, introduziram no ambiente doméstico marcadores do estatuto social da família na Alemanha, dos padrões de gosto que herdaram e no qual foram formadas. Estes devem ter-se misturado a outros, adquiridos localmente, constituindo um interior já híbrido, testemunho do deslocamento migratório e das perdas sofridas, já que a maioria dos bens da casa onde viviam ficaram com Ilka na Alemanha e desapareceram nas mãos dos nazistas. Isso não aconteceu com Hugo e Margarethe, ou com os Marcus, que instalaram em suas novas casas paulistanas o conjunto praticamente intacto dos móveis, objetos e utensílios domésticos que lhes eram familiares, rodeando-se na intimidade de referenciais que serviam de ponte entre dois mundos. No caso dos Marcus, Gretchen mencionou mais de uma vez, nas memórias que redigiu, a ausência de seu piano de cauda nesse espaço. Fora obrigada a vendê-lo por um preço inferior ao de mercado para recuperar os contêineres despachados na Alemanha, retidos pela aduana brasileira. O aspecto híbrido insinuou-se seguramente nesses interiores, mas de modo mais ameno, com o passar dos anos, no ritmo das novas aquisições, das peças gastas ou destruídas e substituídas em seguida, dos presentes recebidos, das lembranças trazidas de viagens ensolaradas. As novidades foram, assim, invadindo os ambientes, preenchendo nichos e suportes indicadores de uma vida já distante.

Chegando a São Paulo, com 30 anos, Karl Franken foi viver na casa da irmã Edith, instalada na cidade desde 1936 e morando com o marido, Bruno, na rua Jaguaribe, 92 (Vila Buarque). Ele também não trouxera nada de sua última morada, pois em Hamburgo alugava um quarto na casa de uma família; na lista que apresentou à Presidência Regional de Finanças, constavam roupas e alguns objetos de uso pessoal, mas nenhuma peça de mobiliário ou decoração. O período em que ficou na casa da irmã foi curto: Karl declarou tal endereço em fevereiro de 1939 e, em maio do mesmo ano, já vivia na rua Moacir Piza, 55 (Jardim Paulista), num quarto alugado na casa de uma família judia, onde viveu até o ano seguinte.

No momento em que se instalava na Moacir Piza, sua irmã Trude chegou da Alemanha com o marido Kurt Hahn e a filha; alugaram uma casa em Perdizes, na rua Estevão de Almeida, 7, mudando-se em seguida para outra casa da mesma rua (n° 46). Ali, Trude hospedou o irmão até 1941, quando este se casou. Outros judeus alemães escolheram Perdizes na época; bairro de ocupação mais recente, onde Aracy morara antes de deixar o país e onde ainda vivia sua mãe, tinha a dupla vantagem de ser acessível economicamente e abrir-se às camadas médias. Isso deve ter bastado para que uma pequena cadeia fosse criada, uns indo morar onde outros já estavam. Mesmo assim, nenhuma concentração importante chegou a se constituir, nenhum reconhecimento étnico foi dado ao bairro, nem por seus moradores, nem pelos demais. Na verdade, o que caracterizou a implantação dos judeus alemães, a exemplo do que estou mapeando aqui, foi, antes de tudo, a dispersão.

Karl Franken conheceu Gertraud Fuchs "em casa de amigos" comuns.[23] Ela chegara antes com a família e já vivia em São Paulo desde janeiro de 1936. Casaram-se no dia 4 de junho de 1941 e foram morar no Jardim Paulista, perto dos Levy: alameda Lorena, 1.160 — fundos (Jardim Paulista). Com o primeiro filho, mudaram-se para a rua Tayarana, 46 (atual rua Fasano), no mesmo bairro. A situação do casal era confortável, e Gertraud parou de trabalhar. Antes disso, e desde a chegada, trabalhara na fábrica de bolsas do pai e, após o fechamento desta, num laboratório.[24] Seu período de inatividade não durou muito: nos primeiros meses do ano seguinte ao casamento começou a preparar-se para exercer seu papel de mãe.

Os três filhos homens do casal nasceram, com intervalos de três anos, a partir de 1942: Roberto, no final daquele ano, com o Brasil já na guerra; Claudio, no ano do armistício, e da derrota alemã; e Arnaldo, no ano da fundação do Estado de Israel. No final dos anos 1950, a família mudou-se novamente, para a rua Atlântica, 826, perto dos últimos endereços escolhidos por Albert Feis, numa parte bastante nobre da cidade, como vimos. Nesta casa, Karl Franken viveu até falecer, em 2008. Foi onde entrevistei sua viúva, poucos meses depois.

Inge e Günter Heilborn viviam, já em maio de 1939, três meses depois da chegada em São Paulo, na rua Germaine Burchard, 506, em Perdizes, bairro onde, na mesma época moravam Trude e Kurt Hahn, com sua filha, e o irmão Karl, ainda solteiro. Deve ter sido um endereço provisório, talvez mesmo a casa de algum conhecido, antes de alugarem uma moradia própria. Em outubro, já estavam instalados na rua Augusta, 2.191, casa 1 (Jardim Paulista), uma vila entre as alamedas Itu e Franca. Dali, mudaram mais duas vezes de endereço nos anos seguintes, sem se afastarem muito. Em 1941, estavam na rua José Maria Lisboa, 879, e, no ano seguinte, na alameda Casa Branca, 950, sempre no Jardim Paulista. Se as declarações de endereço foram feitas sem grande atraso em relação às mudanças, cada um dos três filhos do casal nasceu em uma das três últimas moradias que ocuparam. Marion, em agosto de 1940, Miguel, dois anos depois, e Ruth, em maio de 1944. No conjunto, os endereços sucessivos da família indicam uma situação socioeconômica confortável. As mudanças frequentes podem ser associadas à instabilidade de quem mora de aluguel. Podem também indicar um período mais longo de adaptação, no qual as condições de vida se transformam rapidamente e o enraizamento local tarda um pouco mais a se construir. Podem, enfim, seguir uma estratégia de ascensão social — e de integração, em se tratando de imigrantes — que tomaria forma, aqui, em deslocamentos rápidos marcados por uma melhoria sucessiva na qualidade do morar.

Em janeiro de 1939, o casal Callmann desembarcou no Rio de Janeiro, onde ficou alguns meses, morando num quarto de pensão na rua Pereira da Silva, 128 (Laranjeiras). Grete Callmann insistiu no fato de que o calor do verão carioca, contrastando com o inverno alemão que deixaram ao imigrar, foi para eles um incômodo importante.[25] A decisão de pararem no Rio de Janeiro, e não em São Paulo, parece ter sido tomada a partir de um conselho dado por Aracy, no momento da concessão dos vistos. Grete declarou numa entrevista: "[a] conselho *da moça* ficamos no Rio de Janeiro, que seria mais fácil conseguir o visto permanente".*

O incômodo do clima carioca não foi a única razão que os fez mudarem-se para São Paulo. Já no navio, tinham conhecido outros judeus alemães que, contando com outras fontes de informação, diziam ser mais fácil trabalhar em São Paulo. Não sei ao certo quanto durou esta etapa carioca, mas nos documentos brasileiros do casal eles declararam a mudança de endereço, e de cidade, no dia 12 de julho de 1940, um ano e meio após a chegada. O domicílio paulistano dos Callmann ficava na rua Giribatiba, 80a (atual Manuel Guedes, no Itaim Bibi). Não conheço outro endereço para eles antes de 1955, quando viviam na alameda Campinas, 1.171 (Jardim Paulista). Em abril do ano seguinte, estavam em outro endereço (rua Barão de Capanema, 454), mas sempre no mesmo bairro. Enfim, em 1959, já tinham voltado ao Itaim, instalando-se na rua Ibiaté, 95-I, uma travessa da Joaquim Floriano.[26] Ao que tudo indica, acostumaram-se à região, onde Grete ainda vivia quando me recebeu para nossa entrevista. Essa escolha confirma ainda o caráter disperso da

---

*Que *moça* (o grifo é meu) ela tinha em mente quando fez essa declaração? Infelizmente essa precisão não foi pedida e não consta do texto onde está a citação. Todavia o conselho ligava-se à questão da transformação do visto de "temporário" em "permanente", o que faz pensar em Aracy, lembrada por outros imigrantes como alguém pródigo em conselhos práticos dessa ordem. Depoimento a Elisa Caner em *Judeus alemães no Brasil: um estudo dos depoimentos das vítimas do nazismo*, dissertação de mestrado, USP, 1996, p. 232.

inscrição urbana desses imigrantes e a opção que muitos deles fizeram por zonas residenciais de ocupação recente. Porém, em 1959, quando os Callmann voltaram ao Itaim, a região tinha certamente mudado muito, não sendo mais a área pouco urbanizada e de difícil acesso de quase vinte anos antes.

Provavelmente, o casal já estava em São Paulo antes de julho de 1940, tendo regularizado a mudança de endereço depois. Grete afirmou que foi ela quem tomou todas as medidas a fim de obter o direito de permanência definitiva, e que para tratar disso teria ido ao Rio de Janeiro, onde contratou um advogado. Na verdade, o pedido foi feito enquanto ainda estavam morando ali, pouco após a chegada. Depois, os dois prontuários percorreram várias repartições públicas, antes de receber satisfação, tendo demorado certamente mais do que o casal imaginara. O documento que atesta a concessão das carteiras de identidade de estrangeiros traz a data de maio de 1940. Pode ser que Grete tenha ido ao Rio de Janeiro buscar os papéis, já estando em São Paulo na época. Mas ela não se lembrou da cronologia exata dos fatos, ocorridos quase setenta anos antes da nossa entrevista.

Os Callmann não foram os únicos a começar a vida no Brasil numa pensão. Em São Paulo, vários estabelecimentos desse tipo recebiam os imigrantes recém-chegados, sobretudo no centro — um deles, como vimos, pode ter sido o primeiro endereço mencionado por Albert Feis. Provisoriamente instalados, estes forasteiros tomavam rapidamente contato com outros clientes, que viviam experiências comparáveis. Podiam, assim, trocar informações e conselhos, enquanto construíam sua primeira rede de relações. Foi o que aconteceu com o jovem Hans Hochfeld.

Em 1º de março de 1939, ainda solteiro, Hans declarou morar na rua Barão de Campinas, 534 (Campos Elíseos), endereço onde ainda vivia em outubro do mesmo ano. Mas esta não parece ter sido sua primeira moradia. Sua filha informou-me que, logo após a chegada, em janeiro daquele ano, ele se instalara provisoriamente numa pensão, não distante da Barão de Campinas. Trata-se da Pensão da Dona Adélia, rebatizada mais tarde Pensão Maria Teresa e localizada no casarão do nº 108 da avenida Duque de Caxias (anteriormente rua Maria Teresa), entre o largo do Arouche e a avenida São João. A pensão fora inaugurada no final dos anos 1920 e, em 1945, foi comprada por Salvatore Fiora, cuja família manteve o negócio até 1996.[27] No final dos anos 1920, o antigo casarão já pôde transformar-se em pensão, seguindo as mudanças em curso na paisagem urbana da cidade, e, sobretudo, dos bairros centrais. De fato, as famílias de elite já estavam abandonando suas moradas na região e mudando-se para bairros de ocupação mais recente, mais distantes do Centro e mais valorizados como o Pacaembu. Ali, desde os primeiros anos do século, já havia casarões, ainda antes do empreendimento realizado pela Cia. City, que urbanizou a área nos anos 1920 e vendeu seus lotes a partir de 1935.

CIDADE ARLEQUINAL

No final de 1933, Mário de Andrade escreveu o poema "Dor", tratando de sua cidade:

> A cidade está mais agitada a meidia.
> As ruas devastam minha virgindade
> E os cidadãos talvez marquem encontro nos meus lábios.
> Minha boca é o peixe macho e derramo núcleos de amor pelas ruas.
> Que irão fecundar os ovários da vida algum dia.
>
> Eu venho das altas torres, venho dos matos alagados,
> Com meus passos conduzidos pelo fogo de Grã Cão!
> Mas pra viver na cidade de São Paulo escondi na corrente de prata
> A inútil semente do milho, a maniva,
> E enroupei de acerba seda o arlequinal do meu dizer...
>
> E agora apontai-me, janelas do Martinelli,
> Calçadas, ruas, ruas ladeiras rodantes, viadutos,
> Onde estão os judeus de consciência lívida?
> Os tortuosos japoneses que flertam São Paulo?
> Os ágeis brasileiros no Nordeste? os coloridos?

Onde estão os coloridos italianos? onde estão os turcomanos?
Onde estão os pardais, madame la Françoise,
Ergo, ego, Ega, égua, água, iota, calúnia e notícias,
Balouçantes nas marquesas dos roxos arranhacéus?...

Não vos trago a fala de Jesus nem o escudo de Aquiles,
Nem a casinha pequenina ou a sombra do jatobá.
Tudo escondi no caminho da corrente de prata.
Mas eu venho das altas torres trazido ao facho do Grã Cão,
Lábios, lábios para o encontro em que cantareis fatalmente,
Ameaçados pela fome que espia detrás da cochilha,
A dor, a caprichosa dor desocupada que desde milhões de existências
Busca a razão de ser.[28]

Ao escrever este poema, o poeta sabia que o período áureo da imigração já terminara, tendo sido substituído pela política restritiva então em vigor. A campanha contra o "perigo amarelo", levada a cabo por alguns deputados constituintes, já havia começado e daria seus frutos em meados de 1934, com a introdução da "lei de cotas", após amplos debates e polêmicas. O aumento da população urbana era dado, doravante, pelas taxas de natalidade, ainda altas, e pelas migrações internas.

A cidade firmara seu perfil cosmopolita, que o próprio Mário de Andrade cantou em versos, abordando com frequência a diversidade das origens de sua população. Para tal, usou e abusou da ideia forjada pelo termo "arlequinal", cuja referência eram os losangos coloridos e justapostos do traje do personagem Arlequim. A imagem, aplicada à composição dos paulistanos, traz um duplo significado: grande variedade das origens, mas também nitidez das fronteiras entre os grupos que, convivendo no mesmo espaço urbano, nutriam orgulhosamente certos traços diferenciadores, entre as diversas línguas, hábitos culinários, calendários religiosos e festivos, e práticas socioculturais coesivas.

Durante toda a década de 1920, e entrando pela seguinte, esse tema despontou na obra do escritor. No poema citado, a verticalização da cidade já é um dado. Tratava-se, de fato, do grande mote do crescimento, medidor simbólico da grandeza da cidade — e de seus habitantes. Aqui, esse elemento é trazido pela referência ao prédio Martinelli, verdadeiro ícone urbano. Ao construir o edifício, o toscano Giuseppe Martinelli (1870-1946) guiou-se realmente por essa admiração pelos arranha-céus como símbolo da modernidade urbana, da qual procurou tirar, se não vantagens materiais, ao menos reconhecimento público por seu feito. Aumentou então progressivamente, durante a execução das obras, o número de andares inicialmente previsto até chegar aos trinta finalmente inaugurados.[29]

Ao mesmo tempo, os imigrantes das origens mais diversas tornaram-se menos visíveis aos olhos do poeta, que os está buscando. Enquanto em poemas anteriores ele os observava diretamente, nas situações cotidianas que descreveu, cruzando as ruas da cidade a pé ou de bonde, nesse texto interroga-se sobre seu paradeiro. E responde, ainda que sob a forma interrogativa, no último verso: eles teriam atingido as alturas. A ascensão social estava feita, entre terra roxa e roxos arranha-céus.

Nessa lógica, no momento da chegada dos judeus alemães, a maioria dos grupos étnicos presentes na cidade já havia percorrido um longo caminho, encontrando-se não somente integrados (invisíveis), mas bem integrados, tendo seu lugar ao sol. A cidade era, então, o espelho desse caminho, na verticalidade que exprime ao mesmo tempo seu crescimento e suas riquezas, das quais os imigrantes teriam passado a usufruir, do alto.

Para além de seu uso simbólico, a verticalização já andava, de fato, a passos largos, sobretudo nas áreas centrais. Mas não era o único elemento visível das enormes transformações da paisagem urbana paulistana. O crescimento da cidade acompanhava-se de uma diversidade cada vez maior nos serviços e atividades, com a multiplicação dos equipamentos e das opções culturais, de lazer e de sociabilidade. Pouco a pouco, a pacata e provinciana São Paulo das primeiras décadas do século ia adquirindo ares de verdadeira metrópole nacional.

O antigo Triângulo, demarcado pelas ruas XV de Novembro, São Bento e Direita, foi progressivamente deixando de ocupar o lugar de destaque e prestígio de outrora. O fluxo de pessoas atravessando o Viaduto do Chá crescera muito, mas sua estrutura original de ferro e

Aracy de Carvalho diante da autoescola
de Josef Heinz Bühn, onde aprendeu a dirigir.
Altona, 7 de maio de 1937.

O primeiro carro de
Aracy de Carvalho,
em Hamburgo. Sentada
atrás, sua mãe, Sida
Moebius de Carvalho.

Aracy de Carvalho escrevendo à máquina em sua sala, no consulado do Brasil em Hamburgo.

Fachada do edifício do antigo consulado do Brasil em Hamburgo.

Retrato de Aracy de Carvalho. Hamburgo, 1939.

Fachada atual do edifício construído após a guerra no endereço onde viveu Aracy de Carvalho em Hamburgo.

Fachada do edifício onde viviam Margarethe e Hugo Levy em Hamburgo. No mesmo prédio, Hugo instalou seu consultório.

Margarethe e Hugo Levy.
Alemanha, final dos anos 1930.

Retrato de Margarethe Levy.
São Paulo, 1939.

Albert e Ilka Feis, s.d.

Grete e Max Callmann.
São Paulo, 10 de agosto de 1941.

Inge e Günther Heilborn.
Alemanha, final dos anos 1930.

Herbert, Amalie e o menino Egon Katz em Hamburgo.

Gretchen, Franz e Hannelore Marcus aproveitando a mudança de "clima" numa praia brasileira pouco depois da chegada ao Brasil.

Karl Franken (sentado atrás) examinando as modelos na loja hamburguesa de confecções femininas Gebrüder Feldberg, onde trabalhava.

Os amigos Hans Hochfeld (à esquerda) e Horst Brauer, pouco depois da chegada ao Brasil, em 1939, posando em meio à vegetação local.

Aracy de Carvalho (segunda na primeira fila, a partir da direita) na cerimônia de posse de João Guimarães Rosa na Academia Brasileira de Letras. Sentado na fila de trás, de bigode, seu filho Eduardo Tess.
Rio de Janeiro, 16 de novembro de 1967.

Aracy de Carvalho, ao lado de Sérgio Rubinstein, plantando uma árvore na Avenida dos Justos. Jerusalém, abril de 1985.

Aracy de Carvalho (no centro), Margarethe Levy e Eduardo Tess, em 25 de julho de 1987.

Aracy de Carvalho (sentada) e Margarethe Levy. Primeira metade dos anos 1990.

seu piso de madeira permaneceram até 1938, quando uma construção de concreto veio substituí-los, dobrando sua largura. Assim, se de um lado a expansão da cidade em direção ao chamado centro novo já era uma realidade, a nova versão do viaduto confirmou a tendência. Nos anos seguintes, o ponto nodal do comércio chique transferiu-se para a Barão de Itapetininga, que abrigava também livrarias importantes, escritórios de profissionais liberais e era frequentada pelas elites culturais, artísticas, intelectuais e políticas da cidade.[30]

A rápida verticalização do centro acompanhava-se de um adensamento importante dos bairros vizinhos, como Vila Buarque e Santa Cecília. Além disso, a mancha urbana espalhava-se cada vez mais, com o despontar de novos bairros residenciais. Para as camadas populares, os loteamentos, ou "vilas", alcançavam regiões então periféricas, cujo acesso ainda era problemático. Às camadas médias, que, também em expansão, compreendiam uma nebulosa cada vez mais diversificada, novas opções de moradia apareciam para os lados de Pinheiros, Sumarezinho e Vila Romana, entre outros. Já as elites, que ocupavam os bairros altos e secos da capital, protegidos das enchentes que atingiam as várzeas operárias desde o final do século XIX, viram crescer a oferta de espaços residenciais com os loteamentos da City. A companhia inglesa continuou atuando na cidade, tendo loteado, nos mesmos moldes do Jardim América e do Pacaembu, o Alto de Pinheiros e o Alto da Lapa.

Em 1938, Francisco Prestes Maia (1896-1965) foi nomeado prefeito da cidade pelo então interventor varguista Adhemar de Barros (1901-1969). O novo prefeito era autor de um ambicioso projeto urbanístico para a cidade, o *Estudo de um Plano de Avenidas para a Cidade de São Paulo*, ou *Plano de Avenidas* (1930), como ficou conhecido. Muitas das obras previstas pelo plano já estavam sendo executadas, e Pretes Maia limitou-se a dar-lhes continuidade e a inaugurá-las durante sua gestão à frente da cidade (1938-1945). Destacavam-se aí grandes obras viárias, como a abertura da Avenida Nove de Julho, que buscavam resolver o problema do escoamento do trafego de automóveis no e através do centro, ligando-o a outras zonas da cidade.

A rapidez do crescimento, com as constantes demolições e construções, eliminando qualquer homogeneidade arquitetural, dava à cidade seu aspecto compósito ("arlequinal"), inclusive com a preservação paradoxal de traços marcadores da vida urbana anterior à metropolização. Assim, o sistema de distribuição de bens de consumo apoiou-se, ao menos pela década de 1940 adentro, nos vendedores que traziam em casa leite, pão, carne e outros produtos, não exclusivamente alimentares, como roupas e armarinhos.

Nessa lógica, o processo de metropolização seguia seu curso, associando urbanização e industrialização. Já nos anos 1930, a cidade incorporou zonas rurais de seu entorno, ultrapassando seus limites administrativos com construções tanto residenciais quanto industriais. Tal processo consolidou-se, principalmente, após a guerra.[31] São Paulo deixava progressivamente para trás a cidade pacata do período entre-guerras, na qual ainda era possível encontrar conhecidos ao circular a pé pelo centro. A nova metrópole tornava-se muito mais anônima e funcional. Sua mancha habitada criou distâncias significativas entre novas áreas residenciais e aquelas, mais antigas, que durante várias décadas concentraram os referenciais por excelência da sociabilidade citadina.

Mas voltemos ao casarão dos Campos Elíseos, transformado em pensão, onde Hans Hochfeld começou sua vida paulistana. O lugar foi de fundamental importância para o jovem recém-chegado.

Isolina Pereira da Costa (1912-1990) saiu de São José dos Campos, sua cidade natal, para estudar na Escola de Saúde Pública da capital, onde se formou como educadora sanitária em 1937. Para esse projeto, contou com o financiamento de seu tio Samuel. Morava, então, na Pensão Maria Teresa. Ao formar-se, começou a trabalhar em sua profissão, num centro sanitário perto da avenida Duque de Caxias. Permaneceu então, segundo sua filha, na mesma pensão, solução ao mesmo tempo econômica e prática, já que ficava perto do seu local de trabalho. Ali conheceu o jovem Hans, cerca de seis meses mais velho que ela.[32]

Apesar de ter mudado rapidamente de endereço, Hans fixou-se nas proximidades, indo para a rua Barão de Campinas. Em março de 1941, pouco mais de dois anos após sua chegada, casou-se com Isolina. O casamento ocorreu na cidade da moça, "em regime de comunhão de bens", segundo consta da certidão de casamento. Na época, Hans não tinha qualquer bem. Mais tarde, quando recebeu do governo alemão as reparações que lhe couberam, foi Isolina quem administrou o dinheiro, em benefício da família, segundo me disse sua filha única.

Quatro testemunhas são mencionadas na certidão de casamento do casal, apresentada por Hans, um mês depois, à polícia de estrangeiros. Três deles eram parentes de Isolina, todos com o sobrenome Costa, habitantes de São José dos Campos. O quarto era o companheiro de aventura do noivo, Horst Brauer. O casamento não ocorreu somente no civil; Isolina era evangélica, como a família, e casaram-se também na igreja que frequentava, em sua cidade; Hans não se converteu antes do casamento.[33] Na ocasião, a mãe de Isolina ainda era viva, e assistiu ao casamento da filha. O pai, por seu lado, falecera em agosto do ano anterior. Os pais de Hans ainda estavam em Hamburgo; seriam deportados no ano seguinte.

Depois da união, o casal foi morar na alameda Barão de Limeira, 445, sempre na mesma região da cidade. Em março do ano seguinte, afastaram-se dos bairros centrais, instalando-se na casa da irmã mais velha de Isolina, Eleonides Borges Costa, na avenida Pompeia, 475, uma região ainda pouco urbanizada no período, contrastando fortemente com a paisagem urbana à qual estavam habituados, na área central. Mas a experiência durou pouco: em dezembro, Hans declarou estar novamente na região que melhor conhecia da cidade, no largo do Arouche, 257, apartamento 23. Ali dividiam o apartamento com outra família, os Heymann, um casal de judeus alemães com uma filha, muito amigos. Foi neste endereço que nasceu a filha dos Hochfeld, em junho de 1943.

Essa trajetória é indicativa da situação financeira apertada do casal, que os manteve no Centro vários anos, os levou a procurar o apoio da irmã de Isolina ou a dividir o apartamento com amigos. Destes, Hans procurou estar sempre próximo, mantendo assim seu elo com o mundo que ficara para trás — sem por isso ter deixado de fincar raízes no país de imigração, casando-se com Isolina e esposando sua bagagem de moça evangélica nascida no Vale do Paraíba. No início de 1944, seus laços com os amigos judeus alemães guiaram a nova mudança da família, desta vez para Perdizes. Na rua Guiará, 157, Hans deve ter-se sentido literalmente em casa: no nº 146, na calçada da frente, instalou-se também, um pouco mais tarde, seu "irmão de navio" e padrinho de casamento, Horst. Antes disso, Horst pulara de um endereço a outro, mudando-se mais vezes que o amigo, depois que ambos deixaram a pensão da chegada. Manteve-se quase sempre nos Campos Elíseos, tanto na Pensão Maria Teresa, onde ficou alguns meses, quanto em outros endereços nas redondezas, como o amigo Hans. Sua situação financeira também não permitia que se afastasse do Centro; o fato de ser solteiro, como Hans, sem parentes na cidade, explica, igualmente, o período longo em que permaneceu no centro, antes de dirigir-se a zonas mais residenciais.

Quando se instalou em Perdizes, Horst já estava casado. O casamento não teve certidão civil, pois sua esposa Hella (de solteira, Cohn) já era separada do primeiro marido. Casaram-se, então, numa cerimônia religiosa judaica, na qual Hans foi padrinho, e festejavam a cada ano a data de 2 de novembro, segundo me informou Franklin Brauer, seu filho.[34]

Hella também era judia, mas não nascera na Alemanha: seu pai vivia numa cidade fronteiriça com a Polônia, Neidenburg, que pertence à Polônia desde o final da guerra (Nidzica). Casado, ele teve um romance com uma mulher polonesa que vivia além da fronteira, de quem nasceu esta filha. Ele a trouxe para a Alemanha onde a criou junto com sua mulher legítima, que não podia ter filhos.

Hella chegou ao Brasil antes de Horst, em 1935. Quando o conheceu, já tinha uma filha, Daniela Hirschfeld (hoje Oddenheimer, de casada), nascida em 1940, fruto do primeiro casamento de Hella. Tendo-se separado do primeiro marido pouco depois do nascimento da filha, começou a trabalhar como governanta e empregou-se na casa dos Hirschmann, originários de Berlim. Horst era primo de Karl Hirschmann, e assim o casal se conheceu.

Horst não se fixou por muito tempo na rua Guiará. Tendo feito um desvio de alguns anos pela distante Freguesia do Ó, mudou-se uma última vez no final de 1948, após o nascimento de seu filho Franklin. Comprou, então, um terreno no Alto da Lapa, na rua Barão do Triunpho,

48 (atualmente rua Ziembinski, 60), onde construiu uma casa. O Alto da Lapa também foi projetado por Barry Parker, arquiteto da Cia. City, que comprou seu terreno na área nos anos 1920 e terminou a venda dos lotes em meados dos anos 1940, pouco antes da chegada de Horst à região. Ali seu filho cresceu e o casal permaneceu por sessenta anos, até 1998. Segundo Franklin Brauer, o lugar era, na época, "muito ermo, não havia luz, telefone, nada. Nem vizinhos". Tratava-se, então, de um investimento de pioneiro, após um período de dez anos em que Horst ziguezagueou pela cidade, primeiro sozinho, depois com Hella e a filha. Só fincou raízes na cidade depois do nascimento do filho.

Hans, que também ziguezagueou, tentando contornar as dificuldades financeiras iniciais, comprou sua casa três anos depois do amigo, em 1951, na Pompeia — rua Daniel Cardoso, 18. O casal já conhecia o bairro, tendo vivido um tempo ali, na casa da irmã de Isolina. Obtiveram um financiamento do Instituto de Previdência do Estado de São Paulo (Ipesp) graças ao estatuto de funcionária pública de Isolina. Os dois amigos, como outros, quando deixaram os bairros centrais da cidade, dirigiram-se a bairros novos e afastados, ainda nos anos 1950. A filha de Hans lembrou-se de como esta casa da Pompeia era "longe, longe. Lá no fim do mundo".

Tanto a filha de Hans quanto o filho de Horst afirmaram que os dois pararam no Rio de Janeiro antes de virem para São Paulo, sem terem conseguido trabalho na capital federal — como ocorreu de fato com os Callmann. Mas isso não foi mencionado em nenhum documento: o navio que os trouxe atracou em Santos, e não no Rio de Janeiro, e todos os documentos oficiais foram preenchidos e entregues a repartições paulistanas, mencionando endereços locais. Se foram tentar a sorte no Rio de Janeiro, depois de terem chegado a São Paulo, isso durou pouco, e não ficou registrado.

Os itinerários urbanos de Hans e Horst são, dentre os que estou retraçando aqui, os mais instáveis. Ambos eram jovens e solteiros ao chegar e, diferentemente de Karl Franken, não contavam com qualquer laço familiar na cidade. Ao contrário de Albert Feis, que também chegou sozinho, não se dirigiram a bairros nobres da cidade. Seus itinerários espelham mais que os outros o processo de crescimento urbano que se acentuou de modo dramático no pós-guerra. Driblando as dificuldades financeiras iniciais, permaneceram durante os primeiros anos nos bairros centrais. Quando quiseram fixar-se, já casados e com filhos, escolheram zonas de urbanização recentes e afastadas, onde a dificuldade de acesso e a falta de infraestruturas contrabalançavam o preço de terrenos e imóveis.

Outros tiveram itinerários muito mais estáveis, mas também indicativos, ao mesmo tempo, dos rumos tomados pela metropolização, e pela forma dispersa de inserção urbana que marcou os judeus alemães. Ao menos desde 1941, os Katz, ao contrário de Hans e Horst, viveram sempre no mesmo endereço, à rua Pedroso de Morais, 581, em Pinheiros. E eles não foram os únicos judeus hamburgueses a escolherem este bairro para viver. A família Marcus também se instalou ali. Hannelore Inge, que tinha 14 anos ao chegar, morava com os pais no número 244 da rua Capote Valente. Depois de casar-se, em fevereiro de 1946, com o engenheiro mecânico Paul Meyer, mudou-se para Guarulhos, provavelmente para aproximar-se do local de trabalho do marido, instalando-se na rua Timóteo Penteado.

Esse retrato de deslocamentos urbanos aparece marcado por ritmos desiguais de um período inicial relativamente instável que, segundo os casos, foi relativamente longo. De modo geral, contudo, nos primeiros anos do pós-guerra todos já parecem estar instalados de forma mais duradoura. Além disso, tal retrato traz outras pistas quanto à relação deste grupo de imigrantes com a cidade e, nela, com a comunidade judaica já instalada no momento de sua chegada, pois o Bom Retiro, primeiro bairro de concentração judaica de São Paulo, não foi referência para as escolhas de moradia que fizeram. As demais áreas de concentração judaica daqueles anos, Bela Vista e Santa Cecília/Higienópolis, também não parecem ter sido referenciais coletivos — e quase não apareceram nas escolhas feitas pelos imigrantes cujos itinerários apresentei aqui. Estes se concentraram nas áreas mais nobres dos Jardins ou em zonas de ocupação residencial mais recente: Pinheiros ou, ainda mais novas, Itaim, Pompeia, Alto da Lapa e Perdizes. Mesmo passando por momentos de clara dificuldade financeira, não se sentiram atraídos pelas regiões da cidade marcadas por um perfil étnico judaico. Do ponto de vista institucional, os judeus alemães também não se guiaram pelas antigas áreas de concentração do grupo, como veremos adiante.

JUDAÍSMO TROPICAL

A comunidade judaica brasileira é extremamente variada, com contingentes vindos de diversas regiões da Europa, do norte da África e do Levante. Do final do século XIX até a década de 1960, os judeus chegaram ao país de maneira quase ininterrupta. Mesmo assim, dois momentos de maior importância marcaram uma aceleração significativa no ritmo das entradas.[35] Em primeiro lugar, o período entreguerras, marcado pelo maior número de chegadas, principalmente durante a segunda metade dos anos 1920, quando a imigração para os Estados Unidos encontrava-se fortemente limitada pelas novas leis de cotas (1921 e, sobretudo, 1924), e uma legislação restritiva começava a vigorar na Argentina. O Brasil tornou-se, então, uma alternativa à pressão migratória sofrida pelos judeus europeus. Enquanto uma parte dos judeus da Europa central e oriental migrou para os países ocidentais do continente, como a França, outra, significativa, ainda optou pela travessia do Atlântico, mesmo depois que os Estados Unidos fecharam as portas à imigração.

A má reputação do Brasil na Europa era antiga. Em 1859, o governo da Prússia proibiu que as empresas promovessem a colonização no Brasil e, em 1871, com a unificação alemã, a proibição estendeu-se para todos os alemães, tendo durado até 1896.[36] No começo do século XX, os governos italiano e espanhol impediram a imigração subvencionada de seus cidadãos, apesar da propaganda brasileira que procurava atrair "braços para o café". No caso da Itália, o decreto Prinetti, de 1902, foi antecedido do envio de um funcionário do Comissariado Geral da Emigração, Aldo Rossi, que escreveu um relatório extremamente negativo do quadro encontrado nas fazendas quanto ao tratamento reservado aos imigrantes.[37] A decisão espanhola foi tomada em 1911.[38] Críticas desse tipo voltaram a aparecer alguns anos depois, quando as primeiras levas de japoneses chegaram em terras paulistas. Mas os japoneses tinham menos opções para aliviar as tensões sociais e demográficas do país, após as restrições impostas no Havaí e nos Estados Unidos. O imperador preferiu contemporizar, como o governo brasileiro, que também dispunha de poucas escolhas, com a diminuição crescente das entradas de imigrantes europeus para a lavoura.[39]

Entretanto, o caso dos judeus era outro: eles não vieram para trabalhar na lavoura, mas integraram o movimento de urbanização que se acelerou no Centro-Sul do país nas primeiras décadas do século XX. Quando chegaram em maior número, a imagem negativa do país que circulava na Europa já ia se apagando diante de um contexto geral de profundas transformações. Este incluía os crescentes obstáculos à imigração introduzidos por outros países de imigração, a contínua degradação das condições de vida dos judeus na Europa central e oriental e as concomitantes transformações da sociedade brasileira, cujos ecos chegavam do outro lado do Atlântico. Assim, o maior contingente de imigrantes judeus abordou as costas brasileiras entre meados dos anos 1920 e os anos que precederam a entrada do país na Segunda Guerra, em 1942. A partir de então, o fluxo se interrompeu completamente: os navios de passageiros, cujas travessias já tinham se tornado raras, deixaram de circular pelo Atlântico. Além disso, desde abril de 1941, com a publicação do decreto-lei nº 3.175, os vistos brasileiros foram limitados a umas poucas categorias extremamente minoritárias. Sem contar que, a partir do final de 1941, os nazistas mudaram sua política com o começo das deportações em massa, fechando as fronteiras: a emigração judaica do Reich e dos territórios ocupados tornou-se então impossível. A imigração judaica para o Brasil recomeçaria logo após o final da guerra, com a vinda dos sobreviventes.

As estatísticas referentes ao número de judeus são sempre aproximativas, em qualquer país. Em primeiro lugar, essa informação nem sempre foi contabilizada ao lado da nacionalidade dos migrantes. E, ainda quando os serviços de imigração ou de estatísticas demográficas procuraram contabilizar tal dado, os interessados nem sempre o revelaram, já que muitas vezes o contexto migratório vinha marcado, justamente, por perseguições antissemitas.

Além disso, a extrema variedade de nacionalidades das pessoas envolvidas tornava o quadro mais complexo, dificultando tal controle estatístico. Na Europa central e oriental, entre o final do século XIX e as primeiras décadas do XX, as fronteiras eram extremamente instáveis. Nessas regiões, muitas pessoas trocaram de nacionalidade mais de uma vez no curso de suas vidas, sem para isso terem migrado ou mesmo saído de seus vilarejos ou cidades natais; elas assistiram, ao contrário, à migração das fronteiras. Ou seja, não somente a pertença ao judaísmo nem sempre foi registrada, mas mesmo o registro da nacionalidade pode prestar-se a confusões e imprecisões, complicando o quadro geral.

Isso sem contar que a própria definição do judaísmo é problemática. No Brasil, a primeira vez em que esse dado foi contabilizado num censo, em 1940, o critério usado foi o da religião. Contudo, nem todas as pessoas nascidas em famílias judias se consideravam de religião judaica. As formas de identificação ao judaísmo são variadas, passando pelos costumes e tradições, pela história, pela cultura, todos componentes laicos — e já o eram naquela época, não se esgotando com o critério religioso.

Feitas estas reservas, podemos considerar que, de 1872 (data do primeiro censo brasileiro) a 1899, cerca de 2 mil judeus entraram no Brasil; entre 1900 e 1909, outros 5 mil fizeram a mesma escolha, resultado que se repetiu no decênio seguinte (1910-19). Nos anos 1920, o processo sofreu uma clara aceleração, com 30.316 novos imigrantes chegando, correspondendo a 32,5% do total da imigração judaica para o Brasil em um século (1872-1972). Deste total, somente cerca de 7 mil entraram no país no início da década, contra quase 23 mil no período 1926-1930, um quinquênio de grande afluxo.[40] Esse aumento brusco e essa quantidade importante de imigrantes são o resultado da expansão dos regimes fascistas e antissemitas na Europa central e oriental. E os efeitos desse fenômeno continuaram visíveis na década seguinte, quando 22.452 judeus entraram no país (24% da imigração judaica entre 1872 e 1972). Trata-se, então, não somente do principal momento migratório para os judeus que escolheram o Brasil como destino, mas também do período que nos interessa diretamente, com a chegada, notadamente nos anos 1930, dos judeus alemães e austríacos fugindo do nazismo.

Nos anos 1940, mais 8.512 judeus entraram no Brasil. Esse número inclui os (poucos) judeus que conseguiram entrar no país até 1941, além daqueles que imigraram após o final do conflito, na segunda metade do decênio. Em 1950, cerca de 70 mil judeus viviam no Brasil. Destes, mais de três quartos (52.768) chegaram durante os vinte anos de intervalo entre as duas guerras mundiais. Em relação à população brasileira da época, de quase 52 milhões de habitantes, os judeus representavam pouco mais de 0,1%* — dez vezes menos do que sua proporção na Alemanha de 1933.

Além dos números, interessa a composição dos fluxos sucessivos. Assim, se compararmos com as duas primeiras grandes levas migratórias que se dirigiram aos Estados Unidos, país de maior concentração judaica nas Américas, vemos que a história se inverteu no caso brasileiro. Nos Estados Unidos, a primeira delas, que inaugurou a imigração judaica de massas através do Atlântico, ocorreu entre 1830 e 1880. Tratava-se de judeus de língua e de cultura germânica. Destes, muito poucos vieram ao Brasil — e deles quase nada se sabe, além da identificação de alguns túmulos com nomes alemães em partes dos cemitérios cariocas reservadas a não católicos.[41]

Os judeus russos, por sua vez, começaram a chegar aos Estados Unidos no final daquele século, quando os alemães já se encontravam instalados e organizados do ponto de vista comunitário.

Desde 1791, os judeus do Império Russo tinham sido confinados numa Zona de Residência obrigatória, localizada na parte ocidental do Império, por decisão da imperatriz Catarina II. Dois anos após essa decisão, com a anexação da Polônia, o território dos czares passou a reunir cerca de 40% da população mundial de judeus, com 5 milhões de indivíduos. Calcula-se que, em 1880, não mais de 300 mil deles vivessem fora da Zona de Residência, na maioria dos casos de forma ilegal. Em 1882, as famosas "leis de maio", extremamente repressivas, foram decretadas por Alexandre III e permaneceram em vigor por mais de trinta

---

*Essa porcentagem diminuiu desde então, pois a população brasileira cresceu mais rápido que a parcela de judeus em seu interior.

anos, até que a revolução bolchevique pusesse fim ao confinamento e às formas até então vigentes de discriminação oficial da minoria judaica. As novas leis visavam à separação dos judeus do resto da população e impuseram-lhes inúmeras restrições. Nos anos que se seguiram, um regime de cotas limitou drasticamente a presença de jovens judeus no ensino secundário e superior e o acesso a numerosas profissões foi sendo vedado aos membros do grupo, bem como a algumas cidades, onde não podiam mais se estabelecer. Assim, cerca de 20 mil judeus foram expulsos de Moscou, em 1891, e outros 2 mil de São Petersburgo. A política antissemita levada a cabo pelo Império avançava ao mesmo tempo que a onda de pogroms, facilitada pela concentração cada vez maior dos judeus, forçados a deixar os pequenos vilarejos onde viviam e, de todo modo, já reclusos numa mesma região. Presença constante na Zona de Residência, os pogroms mais violentos ocorreram nos anos 1881-1883 e 1903-1906.

As dificuldades econômicas e a violência crescente fizeram com que a situação dos judeus se degradasse cada vez mais ao longo do século XIX, provocando, a partir de 1880, um movimento maciço e inédito de emigração. Esse grande deslocamento populacional foi facilitado pela intensificação tanto do tráfego ferroviário dentro do continente europeu como também das linhas marítimas levando passageiros através do Atlântico, principalmente após 1870, quando os navios a vapor já substituíam quase completamente seus predecessores a vela. Foi assim que, de 1881 a 1914, mais de 2 milhões de judeus deixaram o Império czarista. A maior parte deles dirigiu-se aos Estados Unidos, onde a população judaica atingiu um milhão de indivíduos em 1900. Em pouco mais de quarenta anos, de 1882 a 1924, 2,3 milhões de judeus entraram no país, vindo também do Império Austro-Húngaro. Depois disso, com o estabelecimento de cotas migratórias extremamente restritivas, a imigração judaica diminuiu brusca e fortemente, com menos de 600 mil entradas no meio século seguinte (1925-1975).

Antes de chegarem aos Estados Unidos, os judeus do Império Russo — russos, poloneses, ucranianos, bessarábios, lituanos etc. — dirigiam-se à Alemanha, de onde a maioria tomava os vapores da Companhia Hapag rumo a Nova York. Parte deles permaneceu na Alemanha, compondo, no início do século XX, cerca de um quinto da população judaica do país — notadamente sua parcela operária. A Alemanha era, na época, o país do continente europeu onde os judeus viviam sob maior tolerância. Naqueles anos, a França era, deste ponto de vista, o país do caso Dreyfus, ao passo que a Inglaterra impôs, em 1900, estritas limitações à imigração judaica.[42]

As diferenças culturais entre os judeus da Europa oriental e os judeus alemães eram fortes. Estes, como vimos, tinham-se assimilado à cultura do país, enquanto os primeiros utilizavam o iídiche, no qual se exprimia a imprensa que produziam e o teatro que praticavam, e seus homens exibiam as longas barbas rituais e vestiam-se com os trajes tradicionais.

Após terem passado por um processo de ascensão social e de emancipação nacional, os judeus alemães consideravam-se mais próximos de seus conterrâneos não judeus do que dos judeus do Império Russo, que começaram a chegar à Alemanha no final do século XIX. Estes estavam habituados a viver entre si, pois já há um bom tempo estavam confinados na Zona de Residência, ao contrário dos alemães, que conviviam com seus concidadãos nas escolas, nas ruas, nos espaços de lazer, de trabalho e de comércio.

O mesmo fenômeno de estranhamento aconteceu com os judeus alemães já instalados nos Estados Unidos desde algumas décadas quando, no final do século, os judeus do Império Russo começaram a chegar. Nos dois países, os judeus alemães viveram mal essa chegada, que parecia colocar em risco seu processo de integração tão caro, mas sempre frágil.[43] Nos dois países, temeram ser identificados aos recém-chegados pela sociedade local, como judeus, preferindo ser vistos como cidadãos nacionais. Na Alemanha, as organizações judaicas de assistência acolheram os judeus vindos do Leste de modo ambíguo: além de fornecerem ajuda aos necessitados, que não eram poucos, empenharam-se numa política visando a promover sua reemigração, sobretudo para as Américas. Buscavam, assim, para além do apoio real que puderam lhes dar, evitar que uma presença por demais numerosa desses imigrantes não somente provocasse a emergência de reações antissemitas, mas também, se prolongasse no tempo, embaraçando seus próprios projetos de afirmação da cidadania. Na França, para onde também houve uma onda migratória de judeus russos, os judeus franceses reagiram do mesmo modo, procurando contribuir com a reemigração do maior número possível para outros países.

No Brasil, onde a imigração judaica começou mais tarde, russos, poloneses e outros, originários do Leste Europeu, precederam os judeus alemães, que não escolheram os trópicos como destino migratório antes da Primeira Guerra Mundial. Aqui, as primeiras organizações comunitárias foram criadas e administradas pelos judeus do império czarista, sendo que a maior parte chegou depois de 1917, quando o império não existia mais. Foram esses homens e mulheres que se mobilizaram na criação e gestão das primeiras organizações cultuais, culturais, educativas e de ajuda mútua judaicas, desenhando as estruturas comunitárias que os alemães já encontraram em funcionamento no momento de sua chegada.

A grande maioria dos judeus dessas levas instalou-se no Rio de Janeiro e em São Paulo. O censo de 1940 revelou que 87,6% dos judeus viviam concentrados em três estados da federação: Rio de Janeiro, São Paulo e Rio Grande do Sul. Nestes, sua concentração era grande nas capitais: o mesmo censo indicou que 74,3% deles viviam no Rio de Janeiro, em São Paulo e em Porto Alegre.[44]

COMUNIDADE ARLEQUINAL

O primeiro núcleo organizado de judeus dos quais se tem notícias, em São Paulo, era composto por judeus franceses.* Estes emigraram após a derrota francesa na Guerra de 1870 contra a Prússia, que, em 1871, anexou a Alsácia e a Lorena, até então francesas, onde viviam.[45] Na época, muitos dos habitantes da região recusaram-se a trocar a cidadania francesa pela nova, preferindo partir. Sem contar que os homens encontravam-se diante da obrigação de servirem o exército inimigo. O

---

*Refiro-me, aqui, unicamente às migrações judaicas contemporâneas (séculos XIX-XX).

motor migratório era, nesse caso, o apego à França, e não qualquer tipo de discriminação ou perseguição antissemita.

Em São Paulo, os judeus franceses criaram, em 1881, a "Sociedade 14 de Julho",[46] em referência à data da Revolução Francesa, berço da República — e a seu patriotismo. Abriram, ainda, uma sede da Alliance Israélite Universelle.[47] Fundada na França em 1860, a Alliance implantou-se, sobretudo, nos países onde a influência colonial francesa fazia-se sentir, na África e no Levante, sendo uma instituição muito representativa do judaísmo francês.

Uma menção à formação de uma comunidade judaica em São Paulo foi feita, em 1897, no jornal francês *Archives Israélites*. Entretanto, nenhum vestígio indica a existência na cidade, nesta época, das duas instituições de base na organização de uma comunidade judaica: a sinagoga e o cemitério.[48]

Quanto às atividades que estes judeus franceses exerceram em São Paulo, as poucas informações disponíveis, ainda que esparsas e pouco representativas, parecem indicar posições socioeconômicas confortáveis. Algumas famílias dedicaram-se ao comércio de moda, implantando seus negócios na antiga rua da Imperatriz, depois XV de Novembro, no então elegante Triângulo.[49] Trata-se, em todo caso, de judeus que, não tendo emigrado devido a perseguições, não foram privados de seus bens antes ou no momento da partida. O movimento migratório também não foi maciço, compreendendo um número limitado de famílias que, porém, deixaram suas marcas no espaço urbano.

Pouco tempo após a chegada dos franceses, foi a vez dos judeus asquenazes da Europa oriental, que se instalam em São Paulo a partir do final do século XIX, mas, principalmente, nos anos 1920, quando o maior contingente chegou ao país. Estes trouxeram na bagagem uma cultura bem diferente da dos franceses, uma relação muito diversa com o judaísmo e a lembrança viva dos pogroms e da pobreza que os forçaram a partir.

Foi assim com a chegada destes imigrantes que a comunidade judaica paulistana cresceu e se estruturou, concentrando-se no Bom Retiro, que ganhou, então, a coloração de bairro étnico judaico.

RETIRO FELIZ

Antes de se tornar um bairro paulistano, a região do Bom Retiro abrigava chácaras onde famílias das elites locais costumavam se retirar nos finais de semana. Uma destas chácaras, chamada justamente de Bom Retiro, foi loteada, entre 1880 e 1890, pelo judeu alsaciano Manfred Meyer. O loteamento deu origem ao bairro, cujo nome foi mantido; em 1883, já era conhecido sob esta denominação.[50]

No final do século XIX, a proximidade da estação de trens da São Paulo Railway Company trouxe um novo perfil ao bairro. Abriram-se armazéns, onde eram guardadas as cargas trazidas nos vagões. Em função disso, indústrias de transformação também apareceram, empregando trabalhadores, sobretudo italianos, que também chegavam ali perto de trem, dando à zona um ar operário semelhante ao de outros bairros não distantes, como a Barra Funda e o Brás.

Com a virada do século, algumas obras públicas valorizaram a região: a construção da nova estação da Luz, do viaduto unindo as ruas José Paulino e Couto de Magalhães, além de uma vasta reforma que valorizou o Jardim da Luz, primeiro jardim público da cidade, inaugurado em 1825 perto do antigo convento da Luz. Aliás, a estação da Luz foi construída em parte dos terrenos do parque entregue à companhia inglesa em 1860. O jardim passou a ser frequentado nas últimas décadas do século XIX. Em 1883 recebeu iluminação elétrica e, com a reforma dos anos seguintes, outras melhorias e embelezamentos. Foi nessa época que os judeus começaram a se instalar no bairro, e que a atividade comercial começou a crescer, desenhando o perfil que se confirmaria a seguir.

Contudo, como acontece em geral com bairros étnicos, apesar de um traço dominante acabar sendo retido — e às vezes reivindicado —, fica-se sempre longe de uma homogeneidade total. No caso do Bom Retiro, nem só judeus viviam e trabalhavam ali. Dominada por estrangeiros, a área, desenvolvida em torno do eixo da José Paulino, contava também com muitos portugueses, sírios e libaneses — os "turcos da prestação". A expressão combina referências ao passaporte que traziam, do Império Otomano, e ao ofício que exerciam, de vendedores ambulantes. O ofício seria retomado, nos mesmos moldes, pelos judeus, que ficaram conhecidos, por sua vez, como *clientelchicks*.

Pouco a pouco, nos primeiros anos do século XX, o comércio judaico, de fato cada vez mais presente, começou a ditar o caráter étnico do bairro. Pouco a pouco também, a situação foi melhorando para os vendedores ambulantes, inicialmente sem capital suficiente para a abertura de lojas. O processo foi muito semelhante ao que envolvera, antes, sírios e libaneses: de vendedores ambulantes, estes passaram a lojistas, vendendo no varejo ou, quando dispunham de maiores economias, no atacado, na região da rua 25 de Março; uma fração do grupo constituiu-se em elite, mudando de ramo, ao abrir suas indústrias.[51] Enquanto os sírios e libaneses concentraram-se no comércio de tecidos e armarinhos, os judeus dedicaram-se ao setor de confecções. Nos anos 1930, muitos dos judeus que haviam começado como vendedores ambulantes já tinham suas próprias lojas, de varejo ou de atacado, e no Bom Retiro.

Além da atividade comercial, o Bom Retiro também era local de moradia desses imigrantes, cuja língua — o iídiche — começou a ser falada nas ruas do bairro. Os recém-chegados foram ocupando cortiços e casinhas geminadas, cujos aluguéis eram acessíveis. Os hábitos, vestimentas e construções com inscrições nas fachadas, como as primeiras sinagogas, completavam a coloração étnica da região. Nesse caso, o tom não advinha obrigatoriamente da preponderância quantitativa dos membros do grupo, mas, principalmente, de uma concentração significativa e de uma diferença marcante em relação à população local, que os tornava particularmente visíveis no espaço público.

Desde o início dos anos 1910, uma rede densa de organizações com as mais variadas finalidades começou a ser constituída, apesar dos parcos recursos disponíveis em uma comunidade ainda pouco numerosa e formada por uma população majoritariamente pobre. Mesmo assim, progressivamente, entre comunistas, socialistas, sionistas, praticantes de diversas intensidades e expressões, escolas, círculos recreativos, associações de ajuda mútua, organismos de crédito, trupes de teatro, jornais e sinagogas foram abrindo suas portas — e continuariam a fazê-lo nas décadas seguintes.

Nos primeiros anos, o culto era realizado em espaços privados improvisados para tal fim. A primeira sinagoga da cidade foi inaugurada em 1912, na rua da Graça, 160, e a segunda, conhecida como a "grande sinagoga", apenas quatro anos depois, na rua Newton Prado, 76; outras as sucederam nos anos seguintes. Em 1915, foi fundada a Sociedade Beneficente das Damas Israelitas, seguida de perto pela Sociedade Israelita dos Amigos dos Pobres — Ezra (1916), também voltada à assistência, e pela primeira escola judaica, o Talmud Torá (1916). Tanto a Sociedade das Damas Israelitas quanto a Ezra atuaram num contexto em que os imigrantes começavam a chegar em maior número. Nesse mesmo registro, na década seguinte, surgia a Sociedade Pró-Imigrante (1924), testemunho de uma intensificação crescente do fluxo. A Chevra Kadisha, responsável pelo cemitério, foi criada em 1923, um ano após a inauguração da escola Renascença. Já o primeiro clube judaico, Macabi, foi fundado na cidade em 1927. Isso só para citar algumas destas instituições.

Nas primeiras décadas do século XX, se nem toda a comunidade judaica paulistana morava no Bom Retiro, a maioria vivia ali; se nem todos os habitantes do bairro eram judeus, isso não o impediu de ser visto e reconhecido como o bairro judaico da cidade. Para os membros do grupo, tratava-se de um referencial cultural, religioso e societário inscrito no espaço urbano, ainda que não se esgotassem ali todos os espaços, endereços e focos da vida judaica paulistana. Essa concentração foi objeto, inclusive, de um estudo realizado em meados dos anos 1930 e publicado, em março de 1940, sob o título sugestivo de "Enquistamentos étnicos", que incluiu dois outros bairros da cidade.[52]

Entre 1932 e 1942, quando os alemães passaram a dominar as entradas, trazendo um elemento novo à comunidade local, as instituições judaicas contabilizaram 5.021 novas chegadas.[53] O censo de 1940 indicou que 17.219 judeus viviam em São Paulo;[54] os alemães compunham, então, cerca de um terço do total.

CHACOALHO

No Brasil, se o contato entre os judeus do leste da Europa e os alemães ocorreu numa ordem invertida em relação ao que aconteceu nos Estados Unidos, as diferenças e o estranhamento entre uns e outros não deixaram de existir. Na prática, para os judeus da Europa oriental, os alemães pareciam por demais assimilados, pouco praticantes, não suficientemente "judeus". Para os alemães, que tinham visto chegar a seu país, cerca de meio século antes, os judeus imigrantes do Império Russo, o contraste também era visto sob um prisma negativo, como já mencionei.

Os alemães, mais integrados e urbanizados há mais tempo, tinham, de modo geral, uma maior bagagem escolar, com um índice significativo de profissionais liberais. Inversamente, os judeus do leste tinham uma maior tradição no trabalho artesanal e fabril, sendo também mais marcadamente esquerdizantes. Deste ponto de vista, os alemães eram menos politizados e menos sensíveis a esta questão.

Profundas diferenças históricas distinguem o encontro entre judeus alemães e da Europa oriental no final do século XIX, na Alemanha e nos Estados Unidos — quando os últimos fugiam das perseguições do Império czarista —, do seu encontro seguinte, no Brasil dos anos 1930 — quando os primeiros fugiam, por sua vez, das perseguições hitleristas. Mesmo assim, as divergências persistiram, sendo de monta.

Esta não era, certamente, a única diferença que recortava a comunidade judaica paulistana, na qual diversas posições, tendências e leituras do judaísmo coexistiam. E nem todos os que precederam os alemães vinham da Europa oriental, ou falavam iídiche: uma pequena parcela era sefardi, vindo do norte da África, da Turquia, da Grécia, do Líbano, da Palestina. Entretanto, a chegada de um número significativo de judeus alemães, concentrada em poucos anos, trouxe, à comunidade judaica paulistana, um elemento não só novo, como determinante.

Na segunda metade dos anos 1930, quando chegou à cidade a maior parte deste novo contingente, os demais já estavam instalados, ainda que o intervalo entre os dois fluxos não tenha sido longo. Naqueles anos, se o Bom Retiro ainda detinha uma grande concentração de judeus, além da maioria das instituições comunitárias do grupo e do comércio étnico, a dispersão já começara. A ascensão social levou, progressivamente, os imigrantes ou seus descendentes a buscarem moradia em outros bairros, sobretudo Santa Cecília/Higienópolis e Bela Vista, ainda que continuassem a manter seus negócios ali.

A separação entre local de trabalho e de residência não foi exclusiva dos judeus. Essa dupla realidade, entre espaços reivindicados e reconhecidos como étnicos, e uma progressiva dispersão urbana acompanhou o crescimento da cidade e as transformações por que passaram seus bairros centrais. Apesar dos deslocamentos urbanos feitos para além das primeiras zonas de implantação étnica, manteve-se e reafirmou-se o perfil popular e cosmopolita destas regiões tanto no "arquipélago" da implantação italiana — Brás, Mooca, Bexiga, Barra Funda[55] — quanto na Liberdade, que se firmou como bairro étnico dos japoneses desde os anos 1910.

Assim, a ascensão social mencionada por Mário de Andrade no poema citado levou os imigrantes a buscarem bairros residenciais separados daqueles de primeira instalação, onde trabalho e moradia confundiam-se. Foi o caso dos sírios e libaneses, que inicialmente ocuparam as proximidades do mercado municipal. Com o sucesso nas atividades comerciais, foram deixando progressivamente as habitações situadas junto às lojas, para se instalarem em regiões menos centrais da cidade.[56] Na Liberdade, a expulsão decretada pelo Estado Novo, após a entrada do Brasil na guerra, em 1942, obrigou as famílias de origem nipônica, num curtíssimo espaço de tempo, a fechar seus comércios e moradias e deixar o bairro. Contudo, já em 1946, o bairro retomava sua identidade nipônica, em torno à rua Galvão Bueno, afirmando-se como referência espacial da presença japonesa em São Paulo. Comércio e lazeres étnicos, além de instituições comunitárias, mais do que moradias, mantinham essa coloração étnica que se afirmou ainda mais nos decênios seguintes.[57] A dispersão do grupo em direção a outros bairros, residenciais, menos populares e menos centrais, como Aclimação ou Vila Mariana, tornara-se, então, irreversível.

No caso dos judeus, a ascensão social também permitiu um deslocamento em direção a áreas não tão marcadas pelo perfil popular da zona de instalação inicial — com seus comércios populares de varejo e atacado e a proximidade das linhas férreas — e pela pertença étnica. Trata-se aqui de dois elementos indicativos da integração do grupo ao tecido social e urbano. O processo desenrolou-se ao longo de várias décadas e incluiu progressivamente outras tantas regiões da cidade. Durante todo esse período, não só muitas famílias mantiveram-se no bairro de implantação original, como uma forte presença institucional prolongou o perfil judaico deste até um período bem recente.

Nesse contexto, a partir de meados dos anos 1930, a forma pela qual os judeus alemães instalaram-se na cidade foi marcada pela confluência de três elementos principais:

- o processo de dispersão dos judeus paulistanos, já em curso no momento da chegada dos alemães: o Bom Retiro ainda era sem dúvida um bairro judaico, mas muitos membros do grupo já viviam em outras zonas, notadamente na Bela Vista e em Santa Cecília/Higienópolis, onde dois novos focos de concentração se formavam;
- o processo simultâneo de metropolização da cidade, com o aumento da mancha urbana e a abertura de novos bairros residenciais mais distantes da região central;
- as diferenças culturais, religiosas e linguísticas entre os judeus da Europa oriental, majoritários até então, e responsáveis pela gestão e pela direção dada às instituições comunitárias existentes, e os recém-chegados alemães.

Quanto ao último ponto, a rede de organizações judaicas, majoritária, mas não exclusivamente sediada no Bom Retiro, não apresentava perfis condizentes com as práticas do judaísmo às quais os alemães estavam habituados. Estes criaram rapidamente suas instâncias, que respondiam de modo mais adequado à sua bagagem étnica, cultural e religiosa, à história em meio à qual tal bagagem fora construída e às aspirações que traziam do velho continente. A questão política, importante para os judeus da Europa oriental, não sensibilizava os alemães que, também por isso, não se sentiram atraídos pelo Bom Retiro. Era ali que cada grupo tinha seus espaços de encontro e discussão, onde as querelas aconteciam, onde as múltiplas identidades judaicas mostravam-se permeadas pelas identificações políticas, entre adeptos de diferentes correntes sionistas, comunistas ou socialistas (Bundistas). Todas essas divergências entre os judeus da Europa oriental e os alemães eram fortes, e foram preservadas.

Assim, introduzindo uma diferença que implicou a criação de novas organizações, os judeus alemães tornaram mais complexa a rede institucional da comunidade judaica local. Além disso, participaram de um processo maior de dispersão urbana que incluiu não só os novos focos de concentração na Bela Vista e em Santa Cecília/Higienópolis, como também áreas de implantação minoritária do grupo, como Ipiranga, Mooca, Brás, Perdizes, Aclimação e Campos Elíseos.[58] Chegaram mesmo, em alguns casos, a se instalar em zonas até então inabitadas por judeus, acompanhando o processo maior de crescimento da cidade e aproveitando as novas possibilidades residenciais abertas. A cadeia migratória na qual se inseriam, com as redes de conhecimento, ajuda mútua e solidariedade de que dispunham, não lançou suas raízes no Bom Retiro, evitando assim, voluntariamente ou não, um reconhecimento que, já vimos, podia ser facilmente traduzido por termos como "enquistamento", não destituídos de preconceito.

Isso dito, a dispersão não implicou de modo algum que não mantivessem laços infracomunitários entre conterrâneos e germanófonos, tanto do ponto de vista informal, através das redes de relações, de amizades e mesmo de vizinhança, quanto do ponto de vista institucional. É este último elemento que abordarei a seguir.

PONTO DE FUGA

No mesmo ano da ascensão de Hitler ao poder, em 1933, o casal Luís e Luiza Lorch fundou a Comissão de Assistência aos Refugiados Israelitas da Alemanha, a Caria. Lorch, que contava entre os pioneiros judeus alemães em São Paulo, já havia criado, dois anos antes, a loja Moses Mendelssohn, da B'nai B'rith (do hebraico "Filhos da Aliança"). Trata-se de uma das mais antigas organizações judaicas no mundo, criada em Nova York, em 1843, por um grupo de judeus alemães; sua primeira loja fora dos Estados Unidos foi inaugurada em Berlim, em 1882.[59]

Naquele início dos anos 1930, São Paulo abrigava cerca de vinte famílias de judeus alemães que usufruíam das instituições criadas pelos seus conterrâneos não judeus, bem mais numerosos e radicados há mais tempo: o Clube Germania (atual Esporte Clube Pinheiros) e a Olinda Schule (atual colégio Visconde de Porto Seguro) — das quais, nos anos seguintes, foram se afastando.

Os fundos da Caria advinham de doações feitas pelos membros da comunidade judaica instalados há mais tempo e em condições de ajudar os que estavam chegando. O trabalho consistia em auxiliar os refugiados no desembarque, em Santos, no que tocava ao controle de vistos e passaportes e à liberação das bagagens. Para aqueles que traziam móveis, por exemplo, as tarifas aduaneiras estavam, com frequência, acima das possibilidades financeiras de que dispunham os recém-chegados, e a corrupção dos agentes da polícia dos portos não era rara. Os membros da Caria levavam-nos, em seguida, a uma pensão e forneciam assistência básica para que pudessem começar a nova vida: ajuda financeira, colocação profissional, assistência médica, aulas de português e orientação de todo tipo, notadamente quanto à regularização dos papéis, mas também voltada às mulheres, com conselhos práticos sobre a vida cotidiana, a fim de facilitar a adaptação das famílias. Os primeiros a chegar, já em 1933, eram, em geral, solteiros, mas logo famílias inteiras começaram a desembarcar, com crianças e idosos.

Em 1934, uma nova instituição foi criada, com objetivos complementares àqueles, estritamente assistenciais, que orientavam a ação da Caria. A Sociedade Israelita Paulista (SIP) surgiu graças à iniciativa de um grupo de jovens, propiciando um local de reunião e um esboço de organização da vida social do grupo. Sua sede, equipada com um bar, foi instalada no número 123 do largo do Paissandu, no Centro da cidade. Servia de ponto de encontro informal, oferecendo, ainda, um programa de cursos e conferências. Ali foram realizados os primeiros serviços religiosos de rito alemão, já que as sinagogas da cidade seguiam outras tradições e eram frequentadas por judeus não germanófonos. Aspirando a tornar-se o centro da sociabilidade e da vida cultural do grupo, a SIP publicava seu próprio boletim e cultivava sua biblioteca, inaugurada em 1935. Com mais fundos, adquiriu um terreno fora da cidade, em Pirituba, para a prática esportiva, cara aos alemães. A partir de 1936, a organização pôde contar com seu próprio rabino, graças à presença, em São Paulo, de Fritz Pinkuss. Nesse momento, porém, outros projetos, mais ambiciosos, mobilizaram, novamente, Luís Lorch e outros imigrantes da mesma origem.

Assim, a atual Congregação Israelita Paulista (CIP) foi idealizada no correr de 1936, teve sua primeira diretoria constituída em dezembro e sua primeira sede inaugurada em julho do ano seguinte. Seguia um projeto mais abrangente que os da Caria ou da SIP. Tratava-se de criar um organismo ao mesmo tempo cultual, cultural e social, que centralizasse a vida comunitária dos judeus alemães na cidade em todas as suas facetas, para todas as faixas etárias e ambos os sexos. E além de constituir-se numa referência para a vida judaica do grupo, deveria ser um vetor que facilitasse sua integração à sociedade brasileira, mediando as relações mantidas com esta última por seus sócios, individual e coletivamente. A primeira sede da nova Congregação localizava-se na rua Brigadeiro Galvão, 181, na Barra Funda. A SIP continuou funcionando por mais alguns anos, até ser incorporada à CIP, em 1941.

A CIP mantinha duas sinagogas. Sob a direção do rabino Pinkuss praticava-se o rito liberal que integrou, da tradição reformada alemã, a presença da música, coral e organística. A fração ortodoxa dos sócios, por sua vez, contava com seu próprio espaço para a prática religiosa, na rua da Consolação, 3.648. Foi na sinagoga de rito liberal que Karl Franken casou-se com sua esposa Gertraud. E esteve sempre próximo da direção da Congregação, também frequentada por seus três filhos, junto a grande parte dos membros do grupo.

Em dezembro de 1938, os sócios da CIP já somavam 950; se considerarmos que a grande maioria destes tinha chegado com a família, o número de pessoas reunidas pela organização era realmente alto em relação à imigração, que, aliás, foi significativa nos primeiros meses do ano seguinte. Aos alemães e austríacos, veio ainda juntar-se um pequeno grupo de refugiados italianos. Fora isso, em diversas situações, o nome de Céline Levy é mencionado ou aparece nas atas de reuniões que pude consultar, quanto ao trabalho realizado em prol dos refugiados. Ela era então chamada de "Mme" Levy, e não de "Frau" Levy, como as demais. Tratava-se de uma francesa alsaciana que, tendo chegado a São Paulo em 1919, frequentava a sinagoga dos sefardis, na rua Abolição (Bela Vista), pois ali encontrou pessoas que falavam francês. Antes que os alemães inaugurassem sua própria sinagoga, ela teria servido de intermediária para que o rabino Pinkuss pudesse realizar, na Abolição, seus primeiros serviços religiosos na cidade.[60] Não pude, contudo, encontrar qualquer indício de uma adesão mais numerosa ou coletiva à CIP de judeus alsacianos.

Dissonantes, Margarethe e Hugo Levy, "livre-pensadores", nunca se associaram à CIP, segundo me disse Margarethe. Horst Brauer e a esposa eram sócios, mas iam pouco: no dizer do filho do casal, Hella acompanhava os serviços religiosos na época das grandes festas anuais, e o marido a acompanhava. Mesmo assim, seu filho celebrou ali seu Bar-Mitzvá e seu primeiro casamento. Hans Hochfeld ia menos ainda, apesar de ter sido sócio a vida toda. Não frequentava as cerimônias religiosas, mas ia a casamentos e outras festas de amigos e conhecidos. Nestas ocasiões, levava a esposa e a filha, que se recorda de ter acompanhado o pai algumas poucas vezes. Esta me contou, ainda, que, quando menina, invejava a filha de um casal de amigos do pai que frequentava o grupo de jovens bandeirantes da CIP. Mas o casamento misto dos pais impôs uma barreira à família e ela não era convidada para acompanhar a amiga, não sendo considerada judia.

O caso de Hans estava longe de ser o único: o tema chegou a ser debatido pela direção da CIP ainda antes de sua chegada ao Brasil. Na Sessão da Diretoria de 8 de novembro de 1937, um dos membros perguntou se as esposas não judias poderiam ser admitidas como sócias; a decisão foi afirmativa e não houve qualquer polêmica a respeito. A questão, tal como foi colocada, traz três informações interessantes. Os casos de casamentos mistos não eram tão excepcionais, já naquela época, merecendo uma decisão geral sobre o assunto; nestes casos, havia casais que não se afastavam da comunidade — e, portanto, nem do judaísmo — e desejavam manter-se ligados à CIP; tais casais compunham-se, enfim, de homens judeus e mulheres não judias, já que a questão colocada referia-se unicamente às esposas, e não a eventuais maridos.

A preocupação da direção da CIP, expressa em outros momentos, era principalmente a de evitar o afastamento do judaísmo, seja pela conversão, mais radical, seja pela falta de transmissão às gerações mais jovens. Acolher os casais mistos era, nesse contexto, coerente com o esforço empregado para manter e promover a ligação dos judeus alemães com o judaísmo. Mesmo assim, na prática uma barreira existia, mantendo a filha de Hans afastada da frequentação jovem do grupo.

Como a filha de Hans Hochfeld, o filho de seu amigo Horst Brauer também não frequentou as atividades organizadas pela CIP para os jovens. Estas foram implantadas, desde 1937, com a formação do grupo de escoteiros, mas, principalmente, a partir de 1940, com a contratação do casal de educadores Speyer e, no ano seguinte, com a abertura da Casa da Juventude, na rua Augusta. Segundo Franklin Brauer, a distância física explica seu não envolvimento: vivendo no Alto da Lapa, não dispunha de transporte fácil, na São Paulo da época, para ir com regularidade às atividades promovidas pela Congregação. Nem uma nem outro usufruíram da sociabilidade comunitária desenvolvida ali, dos cursos, conferências e atividades de lazer. Isso sem falar da prática religiosa, da qual o casal Hochfeld esteve mais afastado que o Brauer, já que Hella e Horst eram ambos judeus. Maria Julia Hochfeld recebeu formação religiosa evangélica de sua mãe e abraçou essa religião, apesar de manifestar um sentimento impreciso, mas forte, quando fala do judaísmo do pai e, de modo mais geral, da religião judaica, cujos ensinamentos nunca recebeu. Depois da morte do pai, decidiu continuar sócia da CIP, para frequentar a sinagoga nas grandes festas, ainda que seu referencial principal tenha sido sempre dado pela igreja presbiteriana da Lapa, que frequentou desde menina. Foi ali, e não na CIP, que participou das atividades juvenis; foi também ali que conheceu seu marido e se casou. Segundo me disse, seu pai frequentava a igreja quando havia algum evento organizado pelos jovens: apresentações musicais ou teatrais das quais ela tomava parte.

Isso dito, a CIP funcionou, de fato, como um pilar importante da comunidade judaica alemã e o crescimento do número de sócios foi uma expressão clara da sua capacidade em reunir e mobilizar o grupo, oferecendo atividades e um modo de funcionamento que os fazia sentirem-se literalmente em casa. Annelise Nachsin, que chegou a São Paulo com 9 anos em dezembro de 1939, vindo de Berlim com os pais e a irmã, lembrou-se das aulas de literatura alemã e de dança de salão que frequentava na Casa da Juventude: era "como na Alemanha".[61] Os adultos também sentiam essa familiaridade ao frequentarem a biblioteca, os cursos, conferências, concertos e outras atividades sociais propostas. A ruptura hitleriana não apagou nos judeus alemães emigrados uma ligação extremamente forte com a cultura e a língua nacionais. E isto não somente no Brasil.[62]

A atuação da Congregação desdobrou-se muito rapidamente num leque amplo de atividades dentre as quais se destacou sempre uma forte preocupação educacional voltada às crianças e aos jovens — educação judaica, mas não só, já que as atividades físicas ao ar livre eram particularmente valorizadas. Sem contar a esfera religiosa, com a manutenção de duas sinagogas.

Hans Hochfeld dizia em casa ser muito agradecido à CIP pela ajuda que lhe deram no momento da chegada. Com mais recursos que a Caria, a CIP colocou no centro de suas preocupações, desde o início, a tarefa de acolher os refugiados. O objetivo maior que envolvia esse trabalho era o de promover um apoio inicial substantivo, permitindo que cada família encontrasse uma situação socioeconômica condizente com aquela ocupada na Alemanha. O esforço visava explicitamente a não deixar se instalar uma situação de miséria e depressão moral, e seu contraponto, a filantropia. Assim, o Departamento de Assistência Social permaneceu durante vários anos o eixo central da Congregação. As atas das reuniões da Assembleia dos Representantes mostram que a questão era efetivamente nodal, tendo ocupado a maior parte, se não a integralidade do tempo dedicado às discussões. E o afluxo de pessoas nos horários de abertura dos diferentes serviços de orientação (financeira, jurídica ou outra), quase exclusivamente a cargo de voluntários, era realmente importante.

Com o aumento das chegadas, a partir de 1937, os dirigentes da CIP negociaram e receberam um empréstimo consistente da organização judaica americana *Joint* (American Jewish Joint Distribution Committee).*
O tiro não poderia ter sido mais certeiro e seus resultados, mais providenciais: o fluxo aumentou realmente entre 1938 e o primeiro semestre de 1939. O empréstimo dependia, para ser reembolsado, das devoluções dos próprios refugiados. Nem todos o fizeram, e o Joint não reclamou seu empréstimo, preferindo a solução da reaplicação das devoluções na própria CIP. Esta recuperou, com maior ou menor pontualidade, quase 60% do total emprestado.[63]

Devido a esse apoio financeiro, a Congregação adquiriu uma importância ainda maior no seio da comunidade judaica paulista, já que centralizou o trabalho de assistência social exercido em prol dos refugiados do nazismo, o que não era pouco. Contudo, o orçamento foi sempre extremamente limitado, enquanto as necessidades cresciam, inclusive, como veremos mais à frente, por causa da proibição de trabalhar imposta aos "turistas". Até 1946, 2.018 empréstimos foram concedidos, beneficiando cerca de 4.500 pessoas. Franz Marcus foi um dos que recebeu essa forma de ajuda, no seu caso para a compra de remédios e alimentos, segundo mencionou anos depois, apoiando-se num certificado fornecido pela CIP que comprovava o empréstimo e o reembolso. Além disso, um serviço de orientação profissional visava facilitar a inserção dos recém-chegados no mercado de trabalho. Escolas secundárias profissionais da Organização para a Reabilitação pelo Trabalho (ORT)**

---

*Fundada no início da Primeira Guerra Mundial, inicialmente para prestar assistência aos judeus da Palestina, isolados com a deflagração do conflito, a organização agiu oficial e clandestinamente na Europa nazista, promovendo a emigração e o salvamento de judeus. Investiu também, como no caso do Brasil, nos países de imigração, para os quais os refugiados estavam se dirigindo. Após a guerra, concentrou seus fundos no processo de reconstrução do judaísmo europeu.

**A sigla vem do russo *Obchestvo Remeslenovo i zemledeltcheskovo Trouda*, "Sociedade para a propagação do trabalho industrial e agrícola entre os judeus". Criada em 1880 na Rússia, a organização atravessou fronteiras para instalar-se em outros países a partir da década de 1920.

já funcionavam na cidade e a CIP encaminhava aos cursos oferecidos aqueles que deveriam completar uma escolaridade truncada na Alemanha ou aprender um ofício.

Enfim, dos 5.021 judeus que chegaram à cidade, entre 1932 e 1942, 1.800 tinham vistos temporários e precisavam regularizar sua situação. Contavam, então, com a orientação jurídica da CIP. O advogado Hans Hersberg, que não tinha direito de exercer a profissão no país — e nem de trabalhar, por ter chegado, como tantos outros, com um visto de "turista" —, trabalhava na Congregação, orientando e cuidando dos papéis dos recém-chegados.[64]

SÍSIFO

Em relação às questões jurídico-administrativas, a CIP atuou em duas frentes. Auxiliou os que já estavam no país, tendo entrado com vistos de "turistas", a adquirirem a permanência legal e, ao mesmo tempo, fabricou "cartas de chamada" para permitir a vinda de outros, esforçando-se em trazer da Alemanha o maior número possível de judeus. Para tal, buscou contornar a política restritiva do governo. Nesse sentido, as "cartas de chamada" eram o primeiro obstáculo a ser driblado, pois eliminavam as chances de imigrar daqueles que, sem serem agricultores, não fossem

> descendentes ou ascendentes diretos, irmãos, tios ou sobrinhos de estrangeiros já residentes no país, além dos cônjuges, filhos menores, mães viúvas e filhas solteiras maiores (se fosse provado que estas viviam sob proteção paterna) daquele ou daquela que emitia a "carta de chamada".[65]

Por um lado, os que entravam com vistos de "turistas" estavam isentos da obrigação de apresentar "carta de chamada", apesar de terem de solicitar a regularização de sua situação após o vencimento do prazo máximo de permanência de seis meses. Por outro lado, os que conseguiam entrar com "cartas de chamada" já vinham com a permanência garantida — e o direito de trabalhar. As "cartas de chamada" funcionaram, sobretudo, até a entrada em vigor das circulares secretas ou, após a difusão da circular secreta nº 1.249, em setembro de 1938, para categorias profissionais bem precisas.

O período mais intenso de fabricação de "cartas de chamada" ocorreu justamente em 1938, quando um grupo de voluntários, trabalhando principalmente nos fins de semana, produziu seiscentas delas, das quais duzentas foram aceitas pelas autoridades brasileiras.[66] Estas se referiam a parentes de pessoas já radicadas no país, mas outros casos de figura existiam igualmente, já que havia empresas judaicas solicitando a vinda de técnicos especializados num ramo profissional ou em outro, o que pode ter sido feito em comum acordo e sob orientação dos serviços da CIP. É o caso, por exemplo, da fábrica de chocolates Vally Ltda. que, em novembro de 1939, com a Europa já em guerra, solicitou que o ministro das Relações Exteriores autorizasse a concessão de visto, em Hamburgo, para o técnico especializado em chocolates finos Karl Hermann Wolfsberg (e sua esposa Helene). O pedido foi indeferido oito dias depois.* De fato, apesar dos inúmeros indeferimentos, apesar das circulares secretas, o exame individualizado dos pedidos de visto ou das "cartas de chamada" fazia com que alguns deles fossem deferidos, sem obrigatoriamente obedecerem a critérios oficiais estabelecidos. Nesse sentido, valia a pena arriscar-se, multiplicando as solicitações que chegavam às autoridades competentes.

A CIP tentava, na verdade, encontrar todas as brechas possíveis para trazer imigrantes alemães, apoiando as famílias que buscavam proporcionar porto seguro aos que ainda estavam na Alemanha. Não hesitava, por exemplo, em tentar obter vistos dentro das cotas majoritárias reservadas aos agricultores, apesar da desconfiança que suscitavam dentre os responsáveis que administravam os fluxos migratórios nos diversos níveis, órgãos e ministérios, a começar pela diplomacia. Em maio de 1939, diante da recusa de tais vistos em consulados europeus,

---

*Carta da empresa de chocolates finos Vally Ltda. (assinatura ilegível) ao ministro das Relações Exteriores, 27 de novembro de 1939; a menção "indeferido" foi acrescentada à mão no alto da página, com a data de 9 de dezembro.

por conta da política restritiva em relação aos judeus, a Congregação tentou apelar ao Conselho de Imigração e Colonização. Seu presidente transmitiu a carta ao ministro das Relações Exteriores, Oswaldo Aranha, informando-o de que inúmeros pedidos como aquele estavam chegando, já que os consulados não podiam "expor aos interessados os motivos do indeferimento".[67]

O trabalho feito em prol da regularização da permanência dos "turistas" nos interessa diretamente aqui, pois foi a forma pela qual puderam imigrar para o Brasil todos aqueles cujos itinerários estou seguindo. Para acompanhar de perto os trâmites dos processos no Rio de Janeiro, a CIP manteve durante certo tempo uma funcionária trabalhando na capital federal. E, nos últimos meses de 1938, o trabalho realizado em São Paulo tomou a forma de um verdadeiro "mutirão".[68] De fato, o decreto-lei nº 1.532, de 23 de agosto de 1938, regulamentado pela portaria nº 2.676 do Ministério da Justiça, obrigou aqueles cuja permanência fora concedida pelos Serviços de Registro de Estrangeiros dos respectivos estados a revalidá-la junto ao Ministério da Justiça. Assim, em poucos dias, a CIP mobilizou cerca de cem pessoas, entre voluntários e funcionários, que, em longas jornadas, prepararam a papelada necessária para oitocentas a novecentas pessoas.[69] Nenhum dos nossos protagonistas foi atingido por essa medida, pois nenhum deles estava aqui antes do final de 1938.

PERCURSO DOS COMBATENTES

Margarethe e Hugo Levy conseguiram evitar os complicados trâmites exigidos para a obtenção da carteira de identidade de estrangeiros ("modelo 19"). Graças aos contatos que tiveram, a regularização de sua permanência no país parece ter dado um trabalho mínimo ao casal. Seus prontuários são o retrato dessa situação, compreendendo menos documentos que os outros que pude examinar e, principalmente, tendo sido concluídos com sucesso num intervalo muito menor de tempo.

O casal chegara ao Brasil em dezembro de 1938. Num requerimento datado de junho do ano seguinte, anexado aos prontuários, consta que o "processo está na Comissão de Permanência de Estrangeiros, no Rio de Janeiro [...], pendente de decisão".

Naquele mês de junho, Margarethe andou pela cidade cuidando do processo — ou pagou alguém que a poupasse dessas tarefas, entre tabeliães, repartições, delegacias e outros serviços da polícia encarregados do controle dos estrangeiros. Depois, voltando à sua rotina habitual, esperou até 5 de outubro, quando recebeu do ministro de Estado da Justiça e Negócios Interiores a portaria nº CE/3.218, pela qual foi classificada como "permanente". No mês seguinte, enfim, sua carteira de identidade "modelo 19" estava pronta e conferida. Naquele momento, a guerra já tinha começado na Europa, e sua mãe estava em Varsóvia.

Todas as medidas administrativas que tomou nesses seis meses foram aplicadas em dobro, já que os documentos mencionados eram individuais: o prontuário de Hugo contém os mesmos documentos, com os mesmos formulários, carimbos, selos, firmas reconhecidas e datas. Enfim, o último documento desse curto dossiê data de dezembro de 1941, quando Margarethe preencheu um novo formulário junto à Delegacia Especializada de Estrangeiros, "Secção de registro e fiscalização", a fim de ter seu registro "revalidado". De fato, o artigo 28º do decreto-lei nº 406, de maio de 1938 estabelecia que, durante os primeiros quatro anos após a chegada no país, os estrangeiros deveriam revalidar seu registro anualmente, além de declararem sistematicamente as mudanças de domicílio e de profissão ou emprego. Alguém deve tê-la lembrado dessa obrigação; se cumpriu-a no ano anterior, ou repetiu-a no seguinte, isso não consta de seu prontuário, nem do de Hugo.

Foi neste documento de 1941 que ela inseriu, numa linha vazia, os termos "livre-pensadora" e "livre pensador", referindo-se a si mesma e ao marido. Não havia nada de ingênuo em sua iniciativa. O contexto geral não era para brincadeira, com o endurecimento das regras de entrada de imigrantes e de controle dos estrangeiros residentes, e com os rumos tomados pela guerra na Europa. Como outros, Margarethe tinha razões para pensar que, mesmo no Brasil, naqueles anos seria de bom-tom não se identificar como "israelita". Antes de ser identificada como "judia", graças ao sobrenome que carregava, por exemplo, defendeu-se, apropriando-se como pôde do texto.

Alguns anos depois, Margarethe solicitou sua naturalização, que obteve em julho de 1949. Desta vez, não tive acesso ao conjunto de seu dossiê, nem ao do marido, cujo documento de concessão da nacionalidade não chegou até mim. Mas, nessa altura, ela já tinha tido tempo suficiente para se ambientar à língua e às práticas administrativas brasileiras. Logo em seguida, ela voltaria novamente seus olhos em direção à Alemanha, como veremos adiante, abrindo outro dossiê, muito mais longo e complexo, no qual reivindicou junto ao governo Adenauer as restituições e compensações de guerra.

Nenhum dos outros estrangeiros cujos prontuários examinei teve a sorte de frequentar tão pouco, e por tão pouco tempo, as instâncias policiais e burocráticas visitadas por Margarethe. Ela deve ter tido a exata noção do privilégio que representou a economia de tempo da qual desfrutou, a partir da rápida amostragem à qual teve direito. Porém, os demais prontuários não percorreram, todos, os mesmos corredores, nem estacionaram nas mesmas pilhas e gavetas, apresentando, ao contrário, processos bastante variados entre si, que desenham um leque diferenciado de situações.

Albert Feis foi obrigado a percorrer mais salas e secretarias que Margarethe, se avaliarmos a questão pelo volume de seu prontuário, um pouco mais recheado. Como muitos outros, incluiu em seu dossiê alguns documentos alemães que precisou apresentar ao consulado de Hamburgo a fim de obter seu visto de entrada no Brasil. O "conjunto de Hamburgo" compreendia dois certificados médicos, sendo um específico para o tracoma, em alemão, e outro, em formulário já bilíngue fornecido pelo consulado, referindo-se a "moléstias contagiosas", "alienação mental, lepra, elefantiase, cancer, tuberculose", cegueira e surdez, além de "lesão orgânica" causando invalidez "para o trabalho". Este último documento atestava também que o candidato à imigração fora vacinado contra a varíola. Um atestado de antecedentes fornecido pela polícia alemã também era exigido, com fotografia do candidato. Além disso, os imigrantes entregavam ao Serviço de Registro de Estrangeiros, dentro deste conjunto, o passaporte alemão visado e a "2ª via" (ou "4ª" em alguns casos), fornecida pelo consulado no momento da concessão do visto. Todos os documentos em alemão traziam o carimbo do consulado de Hamburgo e tiveram que ser traduzidos, no Brasil, por tradutor juramentado. Os imigrantes cujos prontuários examinei recorreram todos ao mesmo tradutor, Miguel Ocougne, com escritório na rua 15 de Novembro, 193 (sobrado). Na longa lista das vinte línguas traduzidas em seu escritório, com "firma em todos os tabelionatos", estavam o alemão e, no final, o "Idish (Israelita)". Ocougne chegou a ser contratado pela CIP no período de maior acúmulo de trabalho, para traduzir os documentos alemães indispensáveis aos dossiês de regularização e às solicitações de novos vistos através de "cartas de chamada" (neste caso, provas de parentesco, como certidões de nascimento). Evidentemente, todas as traduções tiveram sua firma reconhecida e os devidos selos colados antes de serem entregues às autoridades competentes, o que significava mais deslocamentos e mais gastos. Vale lembrar todos esses gestos administrativos, em nada anódinos, que submetiam os estrangeiros à administração local de modo exigente, fazendo-os percorrer instâncias variadas, umas longe das outras, obedecendo a ritmos e horários muitas vezes incompatíveis entre si, mantendo sempre com seus interlocutores uma relação de dependência. Isso porque cada um destes "temporários" ocupava o papel de solicitante, sabendo que o sucesso de suas demandas não dependia de regras claras e explícitas, nem de prazos conhecidos, além de desconhecerem os caminhos tortuosos percorridos pelos processos.

Albert Feis agiu com rapidez. Chegando ao Brasil no dia 14 de março de 1939, obteve suas traduções no mesmo mês e, já no dia 30, entregava à Delegacia de Fiscalização de Entrada, Permanência e Saída de Estrangeiros da Delegacia de Ordem Política e Social seu requerimento de permanência definitiva no país. Os documentos foram autuados na ocasião pelo escrivão de serviço, Angelo Spinardi.

Esses papéis não nos dizem nada sobre o modo como Albert se organizou, na prática, apenas 16 dias após sua chegada em Santos, para cuidar da papelada e comunicar-se com os interlocutores oficiais, nas repartições públicas brasileiras. Mas deve ter recorrido à CIP, da qual foi sócio.[70] Se não, quem o teria informado tão rapidamente sobre os passos necessários, ensinando-lhe um mínimo de português e acompanhando-o, eventualmente, aos locais onde se apresentou? Mesmo assim, que encontros, conversas e telefonemas antecederam e prepararam seus deslocamentos? Ele não tinha família em São Paulo, mas fez provavelmente seus primeiros contatos já no navio, onde pode ter ouvido falar da CIP. Afinal, muitos dos que estavam vindo eram parentes de quem já estava aqui. Se começou mesmo sua vida na cidade numa pensão, na rua Aurora, para a qual pode ter sido conduzido pela própria Congregação, ali deve ter entrado em contato com outras pessoas na mesma situação. Podemos somente imaginar esses primeiros momentos, durante os quais foi tomando contato com a nova cidade e o funcionamento do Estado e da nova sociedade, à qual talvez passasse definitivamente a pertencer. Mas não sabemos se esta era sua intenção, nem ele podia conhecer, de imediato, o rumo dos acontecimentos. Também podemos somente imaginar como traçou seus primeiros mapas e contatos urbanos, deslocando-se, conversando, decifrando. O tempo apagou definitivamente suas pegadas, os registros de vozes, as relações efêmeras ou duráveis que se estabeleceram nesses primeiros dias ou semanas da vida paulistana que Albert estava começando, em meio a outros que cruzou.

Podemos deduzir, porém, que ele tinha pressa em resolver a situação, pois suas duas filhas, de 11 e 13 anos, estavam em Londres, em "trânsito", desde maio daquele ano. Regularizando sua situação no país, poderia trazê-las, graças às "cartas de chamada".

Ao seu requerimento, Albert acrescentou uma carta, em português, para a qual contou certamente com a ajuda de alguém que não somente estava habilitado a escrever nessa língua, mas que também conhecia os termos exatos a serem empregados. No texto da carta, Albert exprimiu seu desejo de, baseando-se no artigo 163 do decreto nº 3.010, "habitar definitivamente no país" e prometeu "juntar, oportunamente", os documentos exigidos pelo mesmo texto de lei.

O artigo em questão tratava justamente daqueles que, entrando no país como "turistas", desejassem em seguida permanecer aqui por mais de seis meses e exercer atividade remunerada. Exatamente o que todos os "turistas" judeus queriam e, sem hesitar, explicitavam logo após a chegada. Para realizar tal projeto, a lei previa a lista de documentos que cada candidato deveria submeter às autoridades públicas:

I) carteira de identidade (modelo n. 19), e folha corrida;
II) *passaporte e toda a documentação consular;*
III) *atestado negativo de antecedentes penais do país de origem, visado pela autoridade consular brasileira respectiva, reconhecida a firma desta no Ministério das Relações Exteriores;*
IV) atestado de boa conduta passado pela Delegacia de Ordem Política e Social local;
V) *atestado da Saude Pública, provando:*
   a) *não ser aleijado ou mutilado, incapaz para o trabalho, inválido, cego, surdo, mudo;*
   b) *não apresentar lesão orgânica que invalide para o trabalho;*
   c) *não sofrer ou apresentar manifestações de moléstias infecto-contagiosas graves, lepra, tuberculose, tracoma, elefantíases, cancer, e doenças venéreas em período contagiante;*
   d) *não sofrer de afecção mental;*
   e) *ter sido vacinado contra a varíola e contra quaisquer outras doenças em que, a juizo da Saude Pública, a vacinação seja indicada.*

§ 1º Não ha necessidade da renovação das provas exigidas no presente artigo se já tiverem sido apresentadas perante o Consulado que concedeu o visto e constem da documentação apresentada, com o passaporte, no Serviço [de Registro de Estrangeiros].[71]

Coloquei em itálico os itens que Albert entregou à polícia ainda no mês de março. O "conjunto de Hamburgo", como se vê, estava previsto na lei. É verdade que alguns documentos podem ter sido extraviados dos prontuários com o passar do tempo. Isso pode ter acontecido com os documentos indicados na lista citada e que não fazem parte dos magros dossiês de Margarethe e Hugo Levy. Mas é verdade também que foram os únicos prontuários que examinei onde a lista de documentos mínimos exigida estava incompleta.

Para Albert, faltava, então, a "carteira n. 19", que figura logo no início da lista, além da "folha corrida" e do atestado local de bons antecedentes. Ele entregou esses papéis, e alguns outros mais, não listados no texto do decreto. Ainda em março, pagou o "Imposto do selo", de cem mil réis (100$000), exigido para "obter o alvará de licença" para sua permanência legal no país. No mês seguinte, entregou o atestado de antecedentes. Em junho, voltou a correr as repartições. Preencheu um formulário de identificação pessoal, que todos os outros preencheram também, inclusive os Levy. Apresentou-se também, como Margarethe tinha feito, à "4ª Delegacia de Polícia", que lhe forneceu um atestado de residência, e, enfim, foi à "Repartição Central de Polícia" da cidade, para obter sua "folha corrida". Nesta, composta de quatro páginas em retro-verso, 28 delegacias diferentes declararam nada constar contra ele, entre 15 de julho e 20 de outubro de 1939, quando o documento, após esse grande giro, foi encerrado pela "Repartição Central de Polícia" que o abrira.

No final de outubro, com sua "folha corrida" entregue, ele escreveu novamente à Delegacia de Estrangeiros referindo-se a uma nova portaria, baixada no mês anterior, com novas exigências. Anexou então ao seu prontuário uma Carteira de Saúde concedida naquele mesmo mês. E aproveitou a ocasião para inserir no processo outra carta, assinada por Erich Apenburg, proprietário da fábrica de alimentos Walter Kirchhoff, onde este afirmava que Albert faria um investimento significativo em dinheiro na firma e teria, em troca, seu futuro assegurado. Isso, obviamente, caso sua permanência definitiva no país fosse concedida.

Com o início da guerra na Europa, Albert jogou todas as suas cartas para acelerar o processo. No dia 30 daquele mês, o delegado adjunto da Delegacia de Ordem Política e Social, José Antonio de Oliveira, examinou seus autos e concluiu que todas as peças exigidas tinham sido entregues segundo as regras estabelecidas. Seu processo seguiu, então, para o Departamento Nacional de Imigração, no Rio de Janeiro. No dia 16 de dezembro, o diretor do órgão, Dulphe Pinheiro Machado, escreveu aos membros da Comissão de Permanência de Estrangeiros, dando seu parecer positivo ao caso que, segundo indicou, satisfazia as exigências legais. Alguém anotou à mão, sobre a carta, "Deferido", com a data de 18 de março de 1940. Dois dias depois, Albert deu procuração aos advogados Rone Amorim e Onzimbo de Almeida Rego "com o fim especial de acompanharem [seu] processo de legalização no Ministério da Justiça".

Poderíamos imaginar que foi mera coincidência que Albert tenha cansado de esperar, ou ficado aflito, exatamente nesse ponto do processo, tomando a decisão de finalmente contratar advogados a fim de agilizar a conclusão positiva de seu pedido. Entretanto, quando seu processo estava exatamente no mesmo estado, Karl Franken também passou procuração em favor de um advogado. Os termos da procuração foram, porém, ligeiramente diferentes. Em vez de delegar ao procurador o poder de "acompanhar" seu processo, Karl escreveu "retirar" a portaria. Ou seja, ele deve ter tido a informação de que seu processo havia sido aprovado por uma portaria assinada pelo ministro da Justiça, o que de fato se dera. Por algum motivo, e já que nenhuma informação oficial tinha lhe sido endereçada, delegou poderes ao advogado Humberto Viggiani para que agisse em seu nome. Tratava-se assim, nos dois casos, simplesmente de uma etapa suplementar ao processo, no momento em que este chegava ao fim. Apesar de implicar mais tempo, mais deslocamentos e mais gastos, incluindo mais um profissional no processo, além dos tradutores, oficiais de tabelião e de cartório, fotógrafos etc., a nova medida resolvia definitivamente a questão.

A Comissão de Permanência de Estrangeiros manifestou-se formalmente, deferindo o requerimento de Albert, num documento datado de 25 daquele mês de março, cinco dias após sua decisão de contratar advogados. Estes logo receberam a boa-nova e, no dia 2 de abril, Albert preencheu nova ficha de identificação, em duas vias. Na última linha, já constava a referência à decisão favorável do ministro da Justiça (portaria nº 409). A Comissão de Permanência de Estrangeiros informou, a esse respeito, o Departamento Nacional de Imigração, que, por sua vez, escreveu ao Serviço de Registro de Estrangeiros em São Paulo, no dia 19 de abril. Nessa mesma carta, informava ainda que o passaporte de Albert fora-lhe restituído diretamente. Nessa data, então, ele já se encontrava certamente aliviado, provavelmente descansando do périplo que durara 13 meses, cerca de três a mais que o dos Levy, além de um trabalho suplementar durante o andamento do processo.

O processo de Karl Franken teve muitas semelhanças com o de Albert. Contudo, Karl foi menos apressado em começá-lo: chegou ao Brasil no dia 30 de dezembro de 1938 e solicitou por escrito a permanência definitiva no país em 24 de fevereiro de 1939. Poucos dias depois, entregou alguns dos documentos exigidos pelo texto de lei citado. Tendo esperado dois meses antes de reunir a papelada, o fez praticamente ao mesmo tempo que Albert, que chegara depois. Em março, Karl solicitou ingenuamente autorização para trabalhar, mas ninguém se dignou a lhe responder. No dia 3 de abril, ficou pronta sua longa "folha corrida", que correra 28 delegacias em quarenta dias. Em 5 de abril, entregou seu atestado de antecedentes. Em maio, como os demais, apresentou-se à "4ª Delegacia", obteve um atestado de residência e preencheu as duas vias de um formulário de identificação.

No dia 14 de agosto, o Ministério da Justiça respondeu, afirmativamente, à consulta feita pela Delegacia de Ordem Política e Social, sobre a disponibilidade de cota, para que a classificação de Karl — junto com a de outros cinco requerentes — fosse alterada, de "temporária" a "permanente". Logo em seguida, porém, um obstáculo surgiu em seu processo.

No dia 23 de agosto, um novo decreto-lei (nº 1.532) foi publicado, anulando a possibilidade (prevista pelo decreto-lei nº 406) de se transformar o estatuto de "temporário" em "permanente". Vale lembrar que, naquele momento, tanto os Levy quanto Albert Feis também estavam com seus requerimentos em andamento, sendo que Albert o depositara ao mesmo tempo que Karl. Nenhum deles foi incomodado pelo novo decreto-lei. No caso de Karl, a nova medida "veio sustar o andamento do referido processo", conforme ele mesmo escreveu ao ministro da Justiça, no dia 9 de outubro.

Nesta carta, Karl pôs em prática uma nova estratégia, para a qual deve ter sido aconselhado pelo advogado que o auxiliava, Hochbein.[72]

O novo argumento baseava-se no fato de que "toda sua família" encontrava-se legalmente radicada no país. Referiu-se, então, à mãe e à irmã Edith, deixando de lado a irmã Trude, que chegara no mês de maio e provavelmente ainda não estava com a situação regularizada. No caso dos Levy, como vimos, todo o processo foi simplificado e acelerado, evitando que quebrassem a cabeça com essas questões; nem precisaram, em qualquer momento, mencionar a presença da irmã de Hugo na cidade. Quanto a Albert, por sorte não teve esse problema, já que não tinha parentes no país em quem pudesse se apoiar. O fato de ser banqueiro, que foi mencionado no parecer dirigido pelo diretor do Departamento Nacional de Imigração aos membros da Comissão de Permanência de Estrangeiros, pode explicar o andamento sem percalços do seu processo. Quanto a Karl, anexou ao prontuário, segundo essa nova estratégia, as traduções de sua certidão de nascimento e a da irmã, do passaporte da mãe, da certidão de casamento da irmã, além do texto que concedeu a permanência definitiva a esta última, em 21 de dezembro de 1938.

Sua iniciativa vingou e o processo voltou a seguir seu rumo. Ele completou então seu dossiê com os documentos faltantes, e este foi conferido e enviado ao Rio de Janeiro. Mesmo assim, precisou dar provas de paciência. O parecer do diretor do Departamento Nacional de Imigração aos membros da Comissão de Permanência de Estrangeiros só foi escrito em maio do ano seguinte (1940). Este dizia que seu visto fora "condicionado ao art. 280 do dec. nº 3.010". O artigo em questão estabelecia que as autoridades consulares só estavam autorizadas a conceder vistos a "temporários". O que não foi a verdadeira razão para ele ter obtido esse visto, já que era judeu, estando sujeito à circular secreta então em vigor (nº 1.249). O autor do parecer sabia disto. Sabia também que não devia mencionar tal fato, referindo-se, em vez disso, ao decreto nº 3.010. Completava o parecer a referência à presença legal de sua família no país e, como de praxe, o fato de se tratar de "israelita". A decisão favorável foi tomada dois meses depois. No final do ano, Karl recebeu sua carteira "modelo 19", cerca de oito meses depois de Albert.

Nos dois meses de intervalo entre o parecer do diretor do Departamento Nacional de Imigração e a concessão da permanência a Karl, os judeus refugiados seguiram, de longe, o avanço-relâmpago das tropas da Wehrmacht pela Europa. Em abril, Hitler ocupou a Dinamarca e a Noruega e, em maio, a Holanda, a Bélgica, Luxemburgo e a França, que assinou seu armistício no dia 22 de junho, menos de seis semanas após o início da ofensiva no oeste do continente.

Karl Franken voltou a solicitar os serviços da Delegacia de Estrangeiros em novembro de 1949. Pediu, então, um atestado de residência com seu tempo de permanência no país, que deveria incluir em seu processo de naturalização. Naquele momento, a guerra já havia terminado, e o Estado Novo também.

O processo de Hans Hochfeld, que também chegou solteiro, teve um curso semelhante ao de Karl, que desembarcara poucos dias antes. No Brasil desde 11 de janeiro de 1939, Hans levou mais ou menos o mesmo tempo que Karl para se organizar e começar a cuidar da papelada. No dia 1º de março deu entrada no processo, entregando progressivamente seus documentos. Percorreu rapidamente delegacias, repartições, escritórios de tradução, cartórios e tabeliães. Com certeza, contou com o auxílio da CIP para a movimentação do processo, cujos gastos não deviam ser nada desprezíveis, notadamente para alguém que saíra da Alemanha com os 10 marcos autorizados pelos nazistas, sem reservas escondidas, segundo indicou sua filha.[73]

Em junho de 1939, com boa parte dos documentos já entregues, Hans deu entrada em sua "folha corrida", que só foi concluída quatro meses depois. A demora pode ser explicada pela publicação, em agosto, do novo decreto que "sustara" o processo de Karl. Efetivamente, a "folha corrida" de Hans sofreu um breque: circulou entre junho e julho e, depois, voltou a percorrer as delegacias em setembro e outubro. Daí a demora exorbitante. Mas voltou a seguir seu rumo, mesmo assim. No mesmo dia em que esta foi concluída, Hans escreveu ao Serviço do Registro de Estrangeiros solicitando que encaminhasse seu processo à Comissão de Permanência de Estrangeiros no Rio de Janeiro. Dois dias depois, escreveu ainda ao ministro da Justiça solicitando que lhe fosse concedida a permanência definitiva, para poder "dedicar-se à profissão de pedreiro".

Suas cartas ficaram sem resposta e o dossiê ficou arquivado em São Paulo. Ele não pôde usar, como Karl, o argumento da família já regularizada, que não tinha. E durante todo o ano de 1940, nenhum documento de seu processo circulou. Até que sua vida mudou, quando, em março de 1941, casou-se com uma "brasileira nata". No mês seguinte ao do casamento, Hans escreveu ao Delegado de Estrangeiros solicitando que se anexasse ao seu processo a certidão de casamento.

Contudo, já antes, seu dossiê fora desengavetado: em fevereiro, seguindo "ordem verbal", um escrevente começou a "concluir" os autos do processo, juntando os documentos e dirigindo-os a outras seções, que fizeram o mesmo. Desconheço a razão de tal ordem, que não deixou marcas escritas. Em todo caso, um mês antes do casamento este já devia estar marcado, e Hans não agia seguramente sozinho, sendo aconselhado, como os demais, pelos voluntários da CIP. O fato é que quando a certidão de casamento foi acrescentada ao prontuário, este estava circulando entre diversos serviços; sua "conclusão" ocorreu em maio. Foi, então, remetido ao Ministério da Justiça. Hans esperou mais quatro meses e, em 30 de setembro, obteve da Comissão de Permanência de Estrangeiros a permanência "a título precário".

Na legislação brasileira, o título precário é "o modo de conceder, usar ou gozar alguma coisa por mero favor ou permissão, sem constituir um direito".[74] Assim, se não precisava mais trabalhar clandestinamente, como vinha fazendo, o que já era uma vantagem real, sua permanência no país ainda não estava assegurada, mas simplesmente tolerada. Teria que viver mais tempo, e sem prazo determinado, com um estatuto instável e precário. O processo voltou em seguida a São Paulo e o Delegado de Estrangeiros o terminou, em janeiro de 1942. Só então, três anos após sua chegada, recebeu o documento que o autorizava a trabalhar legalmente.

Hans voltou a solicitar os serviços responsáveis pela gestão da permanência dos estrangeiros em abril de 1946, quando, além de casado, tinha se tornado pai de família. Seu pedido de permanência definitiva foi deferido dois meses depois pelo Ministério da Justiça e ele recebeu sua carteira devidamente anotada em agosto. Na verdade, quem a recebeu, em seu nome, foi Antonio Freidenson, o mesmo advogado que aconselharia Karl Franken, um pouco mais tarde, durante seu processo de naturalização.[75]

O nome de Freidenson também aparece no processo de seu amigo Horst Brauer. Em 1946, Horst solicitou a restituição de seu passaporte alemão, que se encontrava arquivado junto com seu processo. Autorizou, na ocasião, que este fosse "entregue [...] ao Despachante N°2 dessa Especialisada [Delegacia Especializada de Estrangeiros] Sr. Antonio Freidenson". Freidenson pode ter orientado os dois amigos durante todo o desenrolar dos processos, mas trabalhou mais no caso de Horst. Este teve mais dificuldades que Hans, apesar de ter sido mais rápido a iniciar o processo, depositando seu requerimento menos de três semanas após a chegada, ainda no final de janeiro de 1939.

No começo de agosto, seu dossiê estava completo. No mês anterior, as autoridades policiais de São Paulo consultaram o Itamaraty a fim de saber se existia cota disponível para transformar a situação de Horst de "temporária" em "permanente". A resposta, positiva, foi enviada em setembro, mês da invasão da Polônia.

No dia 5 de outubro, Horst escreveu duas cartas, uma ao Delegado de Registro de Estrangeiros de São Paulo solicitando que enviasse seu processo ao Ministério da Justiça, e a outra ao ministro da Justiça, solicitando a concessão da permanência definitiva. Poucos dias mais tarde, seu processo seguia de fato para a Comissão Permanente de Estrangeiros, no Rio de Janeiro. No início de dezembro, o diretor do Departamento Nacional de Imigração, Dulphe Pinheiro Machado, enviou seu parecer à Comissão dizendo que, apesar de a documentação do processo estar em ordem:

> O requerente é israelita e o visto consular foi apôsto com a condição da respectiva permanência não exceder de 180 dias, no território nacional. Não há como deferir sua pretensão [...].

Nessa mesma época, os demais processos examinados aqui se encontravam em fases diferenciadas. Alguns, mais rápidos, como o dos Levy, já tinham sido concluídos positivamente. Outros, como os de Karl Franken e Hans Hochfeld, estavam "arquivados" em São Paulo. O de Albert Feis, porém, recebeu parecer favorável do mesmo Pinheiro Machado exatamente 12 dias após o veredicto mencionado, referente a Horst. Entre os dois, o fato de Albert ser banqueiro trouxe, mais uma vez, um diferencial de peso. E o processo de Horst, que não o era, muito pelo contrário, foi indeferido.

No dia 20 de fevereiro de 1940, ele escreveu novamente ao ministro da Justiça, solicitando que revisse sua posição. A carta apresenta uma anotação feita à mão três dias depois: "Mantenho o indeferimento". Neste caso, ao menos, a decisão foi tomada rapidamente. Na mesma data, o passaporte de Horst recebeu um carimbo da Comissão de Permanência de Estrangeiros ocupando a página inteira: ficava ali registrado que lhe fora "Negada a autorização de permanência", com a data e a assinatura de Ernani Reis, membro da comissão.

Horst não desistiu, e nem podia fazê-lo: naquela época, exatamente, esforçava-se em trazer a mãe da Alemanha, projeto impossível de concretizar dentro do quadro jurídico em que se encontrava. Voltou a escrever ao ministro, em junho daquele ano, solicitando, mais uma vez, que a decisão tomada fosse revista tendo em vista um novo documento, que anexou à carta. Tratava-se de uma declaração assinada pelos proprietários da Fábrica de Espelhos Helmlinger, na qual estes afirmavam seu interesse em contratá-lo como "técnico de espelhação", por três anos, logo que sua situação legal fosse regularizada. Prometiam também uma progressão salarial precisa durante aqueles anos. O argumento era válido, pois o decreto-lei nº 1.532, que bloqueara o andamento de mais de um processo, em meados de 1939, dizia, em seu artigo 2º, que:

> O Ministro da Justiça e Negócios Interiores poderá prorrogar o prazo da permanência de temporários no país, ou torná-la definitiva, desde que se trate de cientistas, artistas ou técnicos de capacidade notória e satisfeitas as condições seguintes:
>
> a) quando se tratar de técnicos, que tenham contrato de locação de serviço por mais de três (3) anos, ou emprego definitivo, em estabelecimentos industriais, ou contrato com o poder público, ou se estabeleçam com indústria própria de interesse nacional, atestado pelo Governo.[76]

Não foi à toa que seus patrões estipularam as regras do contrato para uma duração de três anos. Estavam explorando em favor de Horst uma brecha precisa da legislação existente, apoiando-se juntamente no texto que impusera as restrições mais recentes — e mais duras — aos "temporários". Contudo, nada disso funcionou e Horst foi obrigado a se resignar, como outros, deixando de se manifestar, até maio de 1941, quando solicitou novamente a permanência definitiva.

Mais uma vez, porém, recebeu uma resposta rápida e negativa, em agosto — à qual reagiu, três dias depois, pedindo revisão da decisão. Desta vez, enfim, obteve sucesso, e, duas semanas mais tarde recebia a permanência "a título precário", como o amigo Hans. Quase três anos após sua chegada, podia, então, trabalhar oficialmente no país, ainda que graças a um estatuto nada mais, nada menos que precário.

Apesar das três recusas que recebeu, a verdade é que Horst obteve o estatuto de "precário" antes do amigo Hans, cujo processo não foi indeferido, mas ficou "arquivado" durante um longo período antes de obter parecer positivo em janeiro de 1942. Horst deve ter ficado aliviado, nos últimos meses de 1941, com esse final feliz parcial de seu processo: ainda que não definitivo, punha fim ao período de ilegalidade no país. Mesmo assim, para trazer sua mãe da Alemanha, o tempo tinha jogado contra ele, e o desenrolar de seu processo também. Ela seria deportada pouco depois.

A temporalidade da ação burocrática não é jamais neutra nos processos de aquisição do direito de residência por imigrantes. Trata-se, bem ao contrário, de uma variável central de controle e de sujeição dos atores interessados. A demora mais ou menos longa de uma decisão é um meio de manter o requerente numa situação de incerteza e de testar sua determinação em obter um estatuto estável. A suspensão de processos por prazos imprevistos e jamais justificados, a desigualdade no tratamento de processos a priori semelhantes, a introdução de estatutos temporários prolongando os prazos de conclusão definitiva dos processos, como vimos aqui, são práticas que estabelecem relações de dominação fundadas na precariedade dos estatutos e na incerteza quanto ao futuro.[77] No caso dos refugiados judeus, para além da estabilidade pessoal e familiar e do direito legal ao trabalho, muitos dos "turistas" em questão aqui aguardavam a regularização definitiva de sua situação a fim de tentar trazer da Alemanha parentes que não tinham podido sair antes. Daí também sua pressa e determinação que, em muitos casos, foram vãs.

A segunda parte do processo de Horst, visando à permanência definitiva, seguiu como a de Hans um percurso bem menos acidentado. Seu requerimento foi feito em fevereiro de 1946 e aprovado em março.

Os processos de Max e Grete Callmann, que passaram pelo Rio de Janeiro antes de se instalarem definitivamente em São Paulo, foram tratados diretamente pelas instâncias policiais e administrativas da capital federal. O casal desembarcou no país, como Hans e Horst, em janeiro de 1939, e em abril os primeiros documentos de seus requerimentos já tinham sido entregues. Os dois dossiês foram seguindo paralelamente, quase idênticos, e sempre sob a gestão de Grete, que recebeu autorização escrita do marido para tratar do seu processo também.

Além dos documentos de praxe, mencionados para os outros casos, seus prontuários incluem ainda certificados atestando que nenhum dos dois "professa[va]" ideologias contrarias ás instituições vigentes". A "folha corrida" do casal é muito mais simples do que as paulistanas que examinei, com uma só página e sem assinaturas recolhidas em dezenas de delegacias da cidade. Todos os papéis foram entregues à polícia antes de meados de maio. No final do mês, o Chefe do Serviço de Registro de Estrangeiros da Polícia Civil do Distrito Federal, Ociola Martinelli, consultou Cyro de Freitas Valle, no Ministério das Relações Exteriores, sobre a existência de cota suficiente para classificá-los como "permanentes". Freitas Valle respondeu-lhe, dez dias mais tarde, autorizando a alteração, tanto para os Callmann quanto para outros requerentes, cuja lista de nomes apresentou — todos judeus alemães. Duas semanas mais tarde (26 de junho), o mesmo Martinelli escreveu ao Diretor do Departamento Nacional de Imigração, Dulphe Pinheiro Machado, solicitando que este se manifestasse a respeito do requerimento feito pelo casal. O processo caminhava assim, sem obstáculos, nem pressa.

No dia 17 de agosto, Grete, provavelmente mais apressada que seus interlocutores, dirigiu-se respeitosamente ao ministro da Justiça, solicitando que este requisitasse os documentos dos dois processos, depositados no Serviço de Registro de Estrangeiros. Ela talvez não conhecesse o paradeiro exato dos prontuários, que iam e vinham entre diversas instâncias. Ou talvez soubesse muito bem, e estivesse tentando apressar os acontecimentos. O ministro, porém, não se fez de rogado e não reclamou os prontuários.

Cinco dias mais tarde, Dulphe Pinheiro Machado, do Departamento Nacional de Imigração, restituiu os dois processos a Ociola Martinelli, dando parecer favorável à concessão da permanência definitiva. Martinelli não considerou que o assunto fosse prioritário; manifestou-se novamente dois meses mais tarde, no final de outubro, enviando finalmente os processos ao ministro da Justiça, Francisco Campos. Nos dias 23 e 24 de janeiro de 1940, Dulphe Pinheiro Machado enviou à Comissão de Permanência de Estrangeiros os dois pareceres do casal.

Os pareceres são diferentes. No de Max, Pinheiro Machado observava que seu Departamento já havia dado parecer favorável; no de Grete, notava a falta, no prontuário, da ficha individual datiloscópica, com as impressões digitais que, aliás, faltava também no de Max, e acrescentava que Grete era "israelita, casada com o estrangeiro". Em nenhum dos pareceres, porém, opôs-se à concessão da permanência, como o fizera com Horst Brauer um mês antes. O fato de Max ser "fabricante", conforme declarou, não deve ter passado despercebido a Pinheiro Machado. Preferências não presentes nos textos legais, que estas se refiram a nacionalidades de origem, grupos étnicos ou religiosos, ou ainda a posições socioeconômicas, constituem variáveis operacionais nas práticas de controle dos migrantes pelas administrações responsáveis. No caso dos judeus, se o estatuto de "capitalista" existia no texto da circular secreta nº 1.249, como um facilitador na obtenção dos vistos de entrada, ele não fazia parte dos critérios explícitos de concessão da permanência definitiva aos "temporários".

O documento que formalizou a concessão da permanência definitiva ao casal foi escrito em 1º de março. A ordem para que a carteira "modelo 19" fosse expedida foi dada no dia 17 de maio. Enfim, com as carteiras nas mãos, o casal ainda depositou um último documento no Serviço de

Registro de Estrangeiros da capital federal, declarando sua mudança para São Paulo, onde na verdade já viviam, indicando seu novo endereço.

Como os demais, o casal contou com a ajuda de um advogado. Ainda que nenhuma procuração conste dos prontuários, a estratégia geral, o tom das cartas e a simples gestão dos diversos documentos exigiam tal ajuda no caso de imigrantes recém-chegados. Os prontuários do casal Callmann compunham-se de menos documentos do que os de Albert Feis e Karl Franken. Mas isso não acelerou em nada o desenrolar do processo, cujas etapas, como vimos, espaçaram-se repetidamente, numa lânguida indiferença. O andamento do processo durou, como para Albert Feis, cerca de 13 meses. Progrediu em câmara lenta durante um longo período, entre o Serviço de Registros de Estrangeiros, o Ministério da Justiça e o Departamento Nacional de Imigração.

O fato é que Max e Grete tiveram sorte. Seus amigos Günter e Inge Heilborn receberam um tratamento bem diferente. O casal chegara ao Brasil no dia 18 de fevereiro de 1939, vinte dias depois dos Callmann. No início de março, cerca de duas semanas após a chegada, solicitaram a permanência definitiva no país. Não somente Günter não era "fabricante" como Max, mas sua profissão — dentista — era proibida de exercício no país.

Bem mais tarde, no dia 25 de outubro, Inge e Günter escreveram simultaneamente tanto ao ministro da Justiça quanto ao Serviço de Registro de Estrangeiros com a finalidade de fazer com que este último transferisse seus processos ao primeiro (Comissão de Permanência de Estrangeiros). As quatro cartas não provocaram qualquer efeito e seus processos ficaram bloqueados, sem qualquer razão explícita. Em seguida, o casal não tentou por escrito explicar ou resolver o problema: preferiu calar-se, sabendo que não havia nada que pudesse fazer, contrariamente a Karl Franken, que tinha mãe e irmã vivendo legalmente no país e usou deste argumento. Durante todo o ano de 1940, nenhum documento indica a movimentação dos dois processos. O decreto-lei nº 1.532, cujo objetivo era impedir o acesso de falsos turistas ao país, constituiu-se num real obstáculo, ainda que temporário, à regularização dos refugiados já presentes em solo brasileiro. Em março de 1941, dois anos depois do início dos processos do casal, Günter preencheu, novamente, uma ficha de identificação. Inge fez a mesma coisa no final de maio.

No dia 28 de fevereiro de 1941, a publicação de um novo decreto (n° 3.082) complicou ainda mais um pouco a situação. Tratava-se da nova exigência de registro dos estrangeiros residentes no país, junto aos Serviços de Registro de Estrangeiros. Estes estavam encarregados de dispensar carteiras de identidade para "temporários" (carteiras "vermelhas", em referência à cor da capa). A medida era coerente com o sentido geral da política de gestão dos fluxos e da permanência de estrangeiros elaborada durante o Estado Novo. A exigência do registro incluía aqueles que já haviam solicitado a permanência definitiva, sem tê-la obtido. Tendo entrado em vigor trinta dias após sua publicação, o texto deixava sessenta dias a cada "temporário" para registrar-se, ou seja, até o dia 28 de maio. Os Heilborn o fizeram no último momento: em 26 de maio.

Em abril daquele ano, a promulgação do decreto n° 3.175 coroou o processo já em curso, centralizando todas as decisões ligadas à entrada e à permanência de estrangeiros no país nas mãos do ministro da Justiça Francisco Campos. Além disso, manteve as decisões restritivas expressas pelo decreto-lei n° 1.532. Assim, segundo seu artigo 3°,

> O Ministro da Justiça e Negócios Interiores coordenará as providências necessárias à execução desta lei, do modo que melhor corresponder ao bem público.
> Cabe-lhe especialmente:
> [...]
> 3) conceder autorização de permanência definitiva na forma do decreto-lei n° 1.532, de 23 de agosto de 1939, ou, nos casos não compreendidos no mesmo, mediante autorização prévia do Presidente da República, aos temporários que entraram no país antes da vigência desta lei.

Em outubro do mesmo ano, Günter e Inge obtiveram finalmente sua permanência, mas não definitiva, e sim, como Hans Hochfeld e Horst Brauer, "a título precário". Um carimbo neste sentido foi acrescentado a suas carteiras "vermelhas": o casal podia doravante "exercer atividade remunerada", ainda que sem a segurança da permanência definitiva.

Esta situação precária durou mais alguns anos. Em agosto de 1946, os Heilborn voltaram a se manifestar sobre o assunto, escrevendo ao Delegado de Estrangeiros que, no mês seguinte, deu prosseguimento ao processo. Desta vez, tudo foi mais rápido: em 16 de outubro, um despacho ministerial concedeu-lhes a permanência definitiva no país e, no final de fevereiro de 1947, os dois receberam suas carteiras "modelo 19". O processo de naturalização seria empreendido em 1961.

Muitos refugiados, cuja entrada no Brasil fez-se pela porta estreita dos vistos "temporários", viram seus requerimentos de permanência definitiva obstaculizados e adiados pelo endurecimento crescente do aparato legal ocorrido naqueles anos. As famílias Marcus e Katz, como os amigos Hans e Horst, e os Heilborn, também viveram esse processo, dividido em dois tempos pela introdução do estatuto "precário" em 1941.

Tanto Hannelore Marcus quanto Egon Katz chegaram ao Brasil ainda crianças, com os pais. A primeira tinha 13 anos ao desembarcar no país; o segundo, 12. Os pais de ambos conseguiram o título de permanência "precária" quando os filhos ainda eram menores. Ao completar 18 anos, ambos solicitaram sua própria permanência no país, obtendo, como seus pais, o estatuto "precário", num primeiro tempo, antes de adquirirem a permanência definitiva no país. Egon depositou seu primeiro pedido no início de abril de 1944, ainda antes de festejar seu 18º aniversário. Hannelore foi um pouco mais paciente, fazendo-o no dia 31 de julho de 1943, cinco dias depois da maioridade.

Os pais de Hannelore, Franz e Gretchen Marcus, obtiveram a permanência "precária" em março de 1942; os de Egon, Herbert e Amalie Katz, alguns meses antes, em outubro de 1941. Tendo chegado ao Brasil nos primeiros meses de 1939, os prontuários dos dois casais vagaram durante um longo período. Os filhos, por seu lado, adquiriram o mesmo estatuto em poucos meses, tendo sido simplesmente equiparados aos pais. Egon recebeu sua resposta positiva no final de agosto de 1944, cinco meses após ter iniciado o processo; sua carteira "vermelha" foi-lhe entregue em novembro. A resposta de Hannelore chegou em novembro de 1943, menos de quatro meses depois do primeiro requerimento; ela recebeu sua carteira de "temporária" em abril do ano seguinte.

Os dois solicitaram a permanência definitiva depois do fim do Estado Novo, como os demais, já sob nova cobertura legal. Hannelore casara-se, em fevereiro de 1946, com Paul Meyer, nascido em Hannoversch Münden, na Alemanha quase quatro anos antes dela. Na época, seu marido já tinha adquirido a permanência definitiva e ela incluiu em seu requerimento os documentos que o provavam, além da certidão de casamento. Seu processo terminou em tempo recorde: aberto em junho de 1946, obteve ganho de causa já no início de setembro; ela recebeu sua carteira "modelo 19" em novembro. Os tempos eram outros e o caso de Egon também foi decidido rapidamente, mesmo sem ser casado. O processo correu entre dezembro de 1945 e fevereiro de 1946 e, em maio, ele já estava com sua carteira "modelo 19" nas mãos.

Para além das diferenças que marcaram o desenrolar dos processos que passei em revista, o período de transição coincidiu, em geral, com o período da guerra, tendo ultrapassado de pouco a rendição alemã. Para a obtenção da permanência definitiva, o fim do Estado Novo foi, certamente, o fator decisivo. Mas não somente este não estava de modo algum dissociado dos acontecimentos internacionais como, para os judeus e, em particular, para os judeus alemães, protagonistas dessa história, a capitulação alemã, ocorrida poucos meses antes do fim da ditadura varguista, foi, sem sombra de dúvidas, muito mais marcante. Neste período, como vimos, o passar do tempo jogava contra aqueles que dependiam de seu estatuto para trabalharem legalmente, inserindo-se com maior facilidade na sociedade local e concretizando projetos profissionais e de ascensão social. Sua pressa também estava ligada ao desejo de salvarem os parentes próximos do destino que acabaram tendo na Alemanha. Durante o desenrolar dos processos, a indiferença e o preconceito permeiam a troca de cartas e pareceres, os prazos injustificados, a introdução de obstáculos legais ou meramente administrativos, que procurei ressaltar para que nossos olhos se aproximassem daquilo que estavam vendo os atores em questão, agindo como puderam para melhorar suas chances, apesar de nem sempre terem tido sucesso. Se o fato de serem judeus homogeneizava parte do tratamento recebido, algumas diferenças recortavam o grupo. As posições socioprofissionais e as ligações familiares funcionaram como marcadores a favor de uns e contra outros, nos interstícios da legislação e dos procedimentos restritivos. Sem contar o apadrinhamento, que beneficiou de forma determinante os Levy.

Durante os anos da guerra, ou, no máximo, imediatamente depois, os casais retratados aqui — com a exceção dos Levy — tiveram seus filhos, plantando raízes na nova terra. Ao mesmo tempo, o final dos conflitos colocou-os diante de uma nova expectativa: a de conhecer o paradeiro dos parentes que acabaram permanecendo na Alemanha. Olhavam, ao mesmo tempo, para a frente, na nova terra, e para trás, enquanto descobriam, de longe, a enormidade da destruição e o desaparecimento dos próximos. Mas antes de caminharmos neste sentido, voltemos atrás no quadro desenhado aqui, pois, ao mesmo tempo que se preocupavam com sua situação jurídica instável e tentavam regularizá-la, era preciso também ganhar a vida. E a inserção no tecido urbano da cidade, já examinada, acompanhou-se desta outra, no tecido social paulistano, graças ao trabalho.

GANHA-PÃO

Para além dos seis meses de cobertura dos vistos de "turistas", seus portadores entravam na clandestinidade, o que implicava várias dificuldades de ordem prática, encabeçadas pela já mencionada proibição legal de trabalhar. Esta se impunha desde o momento da chegada, mas com a demora verificada na regularização da permanência, esse momento inicial, provisório, tornava-se realmente longo.

Durante a Era Vargas, paralelamente às medidas legais visando a restringir a imigração, um arcabouço para proteger o mercado de trabalho nacional num contexto de crise mundial também viu a luz. E as duas questões apareciam imbricadas uma à outra. Assim, logo após sua chegada ao poder, Vargas publicou um primeiro decreto (n° 19.482, de 12 de dezembro de 1930), que limitava a entrada de estrangeiros no território nacional, vendo na concorrência trazida pelos trabalhadores imigrantes uma fonte de desemprego e desordem social, sobretudo nas cidades. Conhecido como "Lei dos 2/3", o decreto estipulava, em seu artigo 3º, que um mínimo de dois terços dos empregados de qualquer empresa industrial ou comercial deveria ser composto por brasileiros natos. Ficavam excluídas desta exigência a agricultura, a pecuária e as atividades extrativas. Trata-se do primeiro texto de lei a abordar a imigração de modo claramente restritivo. Os obstáculos criados já indicavam as transformações que marcariam os anos vindouros em termos de limitação e controle dos fluxos e de enquadramento do trabalho.[78]

É verdade que havia para os "temporários" várias acomodações possíveis, na informalidade que funcionava à margem da lei, e que cada um encontrou uma via profissional, mais ou menos promissora, mais ou menos durável, mais ou menos gratificante. As oportunidades não faltavam, o mercado de trabalho e a economia urbana tinham condições de absorver os imigrantes e estes puderam prosperar segundo as experiências anteriores que trouxeram, o acaso dos encontros e as capacidades pessoais de adaptação à cultura e à economia locais.

Alguns sofreram menos a ruptura da imigração, dominaram a língua com maior facilidade e rapidez, encontraram nichos profissionais e econômicos mais promissores, sozinhos ou associando-se a outros, imigrantes ou nativos. Outros, ao contrário, tiveram maiores dificuldades em integrar-se à vida local. Assim, por questões pessoais ou culturais, ligadas às histórias de vida, à bagagem que carregavam, à educação escolar e familiar que receberam, nem todos tiveram a mesma facilidade em adotar e manejar o "jeitinho brasileiro". E isso, sobretudo no início, quando a questão era mais premente. Vale lembrar que estavam chegando de um país dominado pela institucionalização da ilegalidade, pela generalização da corrupção, dos abusos e fraudes em todos os níveis, e que tinham sido eles justamente as principais vítimas de tudo isso. Mas antes de 1933, a Alemanha era um país em que a lei e a legalidade tinham um peso particularmente importante.

Margarethe e Hugo Levy tiveram sua situação regularizada rapidamente e encontraram, também sem demora, um modo viável de retomar a vida em moldes confortáveis na nova terra. Quando o casal chegou a São Paulo, Margarethe tinha acabado de completar 30 anos no navio, enquanto Hugo tinha 46. Segundo Margarethe, ele retomou "imediatamente" o trabalho, tendo exercido seu ofício de dentista clandestinamente, já que, segundo afirmou, não tinha direito de exercê-lo legalmente.

A questão é complexa. Por um lado, o artigo 150 da Constituição de 1937, então em vigor, de forma coerente com a linha restritiva referida, estipulava que:

> Só poderão exercer profissões liberais os brasileiros natos e os naturalizados que tenham prestado serviço militar no Brasil, excetuados os casos de exercício legítimo na data da Constituição e os de reciprocidade internacional admitidos em lei. Somente aos brasileiros natos será permitida a revalidação, de diplomas profissionais expedidos por institutos estrangeiros de ensino.[79]

A aplicação de um texto legal não é linear, deixando margem para várias brechas e interpretações, sem contar aquela aberta pelos acordos binacionais de reciprocidade mencionados. De fato, houve naqueles anos alguns registros de médicos estrangeiros, portadores de diplomas estrangeiros, que o fizeram revalidar no Brasil. Houve também casos de médicos estrangeiros que, pelos méritos profissionais reconhecidos, puderam exercer a medicina, e inclusive nas instituições de nível superior, numa situação de tolerância em relação a diplomas não reconhecidos oficialmente.[80] Sabemos, contudo, que as exigências impostas para tais revalidações eram draconianas. Assim, chegou-se a dizer na época, justamente quanto aos médicos judeus que estavam chegando, que obter sucesso no exame imposto com esse fim era praticamente impossível.[81]

Nesse contexto, seja por causa da interdição expressa pela Constituição, seja pela dificuldade imposta pelo procedimento de revalidação, nos casos em que esta ainda era possível, Hugo Levy preferiu contornar o problema.

Segundo Margarethe, a solução prática foi-lhe sugerida por um funcionário com quem teve contato enquanto cuidava da regularização dos papéis do casal: este teria lhe aconselhado a encontrar um dentista que assinasse por Hugo. Foi o que aconteceu. Ainda segundo ela, quem assinava por ele era um dentista indicado por esse mesmo funcionário, que trabalhava no centro da cidade, onde Margarethe precisava ir regularmente para pagar o combinado por esse aluguel do nome. Eduardo Tess, por seu lado, disse-me que a assinatura vinha de uma dentista judia, sua conhecida, e cujo nome preferiu não revelar.[82]

A identidade do autor ou da autora da assinatura em questão importa pouco. O que conta, de fato, é que Margarethe conseguiu organizar a situação profissional do marido, que retomou, sem demora, sua rotina de trabalho. Como no momento que precedeu a emigração, foi ela quem se virou para organizar a base material da vida do casal. Neste caso, tratava-se de dar meios ao marido de manter-se ativo, e no seu ramo, sem sofrer qualquer desclassificação profissional. De fato, os anos de estudos especializados e a experiência de Hugo não sofreram nenhum corte significativo por causa da imigração. Além de ter otimizado o investimento feito nos equipamentos e utensílios de precisão comprados na Alemanha antes da partida, Hugo conservou, em São Paulo, o mesmo estatuto socioprofissional que detinha em Hamburgo, fazendo jus aos diplomas que recebera. Graças à solução encontrada por Margarethe, ele não se viu obrigado a abrir mão da satisfação profissional que sentia ao receber e tratar de seus pacientes, muitos dos quais lhe reservavam grande simpatia, como vimos para o caso dos hamburgueses. Em seu consultório paulistano da rua 7 de Abril, ele deve ter sentido o mesmo quando, novamente, mas em outra língua, passou a examinar a boca aberta de seus novos pacientes. Ao que tudo indica, o intervalo foi realmente mínimo entre o fechamento do consultório da Jungfernstieg, 43, e a abertura do novo. E Hugo manteve, no Brasil, o exercício de uma profissão de prestígio em moldes requintados.

Eduardo Tess foi seu paciente, como a avó, Sida Moebius de Carvalho, e lembrou-se do consultório de São Paulo, indicando-me o endereço. Segundo ele, Hugo tinha uma imensa clientela dentre os "judeus alemães de São Paulo", mas não só: esta teria se ampliado dentro da comunidade judaica paulistana e também dentre os alemães não judeus, numerosos na cidade. Durante essa mesma entrevista, falando da vida de Margarethe em São Paulo, Eduardo Tess contou-me também que ela trabalhava no consultório do marido: além de atender seus pacientes, exercia o papel, mais fundamental, de "sua financista". Hugo, por sua vez, "era distraído" em relação às questões materiais, limitando-se a cuidar do seu ofício e deixando à esposa a responsabilidade pelo capital do casal: era ela quem administrava as "aplicações". Ainda segundo Eduardo Tess, se Margarethe dispõe, hoje, de um patrimônio "razoável", isso não se deve, de modo determinante, àquilo que o casal trouxe da Alemanha, mas ao que ela mesma teria construído, no Brasil, administrando — bem — os ganhos do marido. Enfim, vale notar que estas responsabilidades específicas tornaram-na provavelmente mais ocupada no Brasil do que na Alemanha.

A rapidez da adaptação do casal à sociedade local é digna de nota, e o papel exercido por Margarethe, ao que tudo indica, foi central nesse processo. Ela soube ver que a base de tudo estava no *savoir-faire* de Hugo, que deveria continuar operacional no Brasil. Com o marido exercendo a profissão — e com sucesso —, tudo estaria garantido: sua satisfação profissional e, para o casal, um padrão de vida próximo àquele que levavam antes de emigrar. Tudo isso ocorreu, com uma diferença quanto ao período hamburguês. Ali, afirmou Margarethe, ela "não tinha nada com o consultório". Já em São Paulo, assumiu uma retaguarda indispensável. Para tal, sua facilidade com as línguas e seu talento para os contatos pessoais foram certamente fundamentais.

Os Levy já devem ter chegado ao Brasil sabendo, por um lado, que Hugo não tinha direito de exercer oficialmente sua profissão — ao menos a curto prazo — e, por outro, que soluções informais existiam para permitir que retomasse o trabalho logo após o desembarque. Assim, na primeira ficha que preencheu pelo marido, para solicitar a permanência definitiva no país, Margarethe escreveu, na linha reservada à profissão deste, "sem profissão". Foi a única a não inscrever aí a verdadeira profissão do interessado, dentre as fichas semelhantes que consultei. E certamente não o fez sem pensar: ela sabia que não deveria atrair suspeitas quanto ao exercício profissional ilegal do marido, provavelmente já em curso naquele mês de junho de 1939. Muito pelo contrário.

Günter Heilborn também era dentista e chegou a Santos, com a esposa Inge, poucos meses depois dos Levy, no dia 18 de fevereiro de 1939. Provavelmente informado sobre os obstáculos existentes quanto ao exercício legal de sua profissão, preencheu de outro modo seus documentos. Tanto em maio de 1939, quando solicitou sua permanência definitiva no país, quanto no mês seguinte, declarou ser dentista. O que, na verdade, tinha sua lógica, pois a profissão de dentista constava de seu passaporte alemão, cuja tradução em português fora incluída no prontuário. O passaporte de Hugo, que nunca cheguei a ver, não consta de seu prontuário (nem a tradução). Em todo caso, tendo recebido um tratamento claramente diferenciado, talvez os Levy não tenham precisado se preocupar tanto com a questão, preenchendo do modo mais oportuno os formulários necessários.

Alguns meses depois, em outubro de 1939, Günter anexou novo formulário a seu dossiê, declarando-se "dentista e protético". Afirmou, então, "pretende[r] abrir um laboratório protético tendo transferido para esse fim as máquinas e instrumentos necessários". Nesse momento, parece ter mudado de estratégia, mas não obrigatoriamente pensando na regularização da permanência. Poderia estar revelando ao mesmo tempo um esforço em colocar-se no mercado de trabalho e dificuldades encontradas para estabelecer-se como dentista. Dificuldades tanto de ordem legal, já que os obstáculos não eram poucos e precisava ganhar a vida sem demora, quanto de ordem prática, quanto à construção de um fichário de pacientes. Trabalhando como protético, prestaria serviços aos dentistas já instalados, o que poderia ter visto como uma estratégia mais realista de inserção profissional.

Günter começou trabalhando em casa, quando morava na alameda Casa Branca, segundo as lembranças da família. Neste endereço, o casal instalou-se entre 1941 e 1942. Em seguida, alugou um quarto na alameda Glete, em Santa Cecília. Ali, suas vizinhas eram prostitutas que o protegiam de eventuais controles policiais, já que exercia clandestinamente a profissão. Segundo afirmou sua neta, elas diziam aos policiais que ocupavam profissionalmente o quarto, e preveniam Günter para que desligasse os aparelhos, evitando rumores, graças a uma campainha.

Günter tratava-as gratuitamente.[83] Neste endereço, já trabalhava como dentista e como protético.

Mais tarde, transferiu-se para um consultório bem localizado, na rua Sete de Abril, a mesma onde trabalhava Hugo Levy. Ali, Günter dividia o consultório com um dentista brasileiro que assinava por ele. Seu último consultório, sempre na mesma região valorizada do Centro, foi na galeria Nova Barão. Segundo as lembranças de sua filha, Günter obteve o reconhecimento do diploma enquanto trabalhava na rua Sete de Abril, cerca de dez anos após a chegada ao Brasil. Mas, ainda segundo ela, a partir do momento em que o consultório funcionava com uma boa clientela, a questão do diploma tornou-se secundária. Günter falava vários idiomas, que aprendeu com o objetivo de poder expandir sua clientela. Assim, tratava muitos estrangeiros que se instalavam na cidade para trabalhar em grupos empresariais que abriam filiais no país.[84]

Contrariamente a Margarethe, Inge tinha vida profissional própria já na Alemanha. Em setembro de 1934, formara-se professora de Jardim de Infância, numa escola de Breslau. No mês seguinte, abriu seu próprio Jardim de Infância na cidade, que manteve até abril de 1936, quando foi obrigada a fechá-lo. Depois de mais de um ano, voltou a trabalhar, em maio do ano seguinte, como coordenadora do Jardim de Infância judaico mantido pela sinagoga de Gleiwitz, cidade onde nascera seu noivo. Ali permaneceu até fevereiro de 1938, segundo o que ficou registrado em sua carteira de trabalho, que trouxe ao Brasil, com o registro das atividades mencionadas anteriormente. Na época em que foi trabalhar na sinagoga, teria sido impossível encontrar um emprego de educadora fora da comunidade judaica. Talvez, por isso, tenha ficado inativa – ao menos oficialmente – por mais de um ano.

No Brasil, Inge também exerceu atividades variadas, como o fabrico artesanal de objetos de couro – luvas e bolsas –, habilidade técnica que pode ter adquirido na Alemanha antes de imigrar. Muitos judeus faziam cursos visando a uma eventual reconversão profissional após a imigração. Este foi um dos serviços prestados pela comunidade judaica alemã.

Mais tarde, fez congelados para vender e, já idosa, fazia bijuterias, segundo sua filha, para se distrair. Nos primeiros documentos preenchidos no Brasil, em 1939, para regularizar sua permanência no país, Inge declarou-se "nurse". Nos documentos preenchidos dois anos mais tarde, declarou exercer "prendas domésticas". Resta saber se alguma atividade profissional existia atrás do termo. Em 1946, já com a permanência garantida, declarou-se "comerciante".

Em 1954, Inge abriu sua colônia de férias, em Campos do Jordão, inicialmente em uma casa alugada e, a partir de 1960, numa outra, comprada pelo casal com o dinheiro recebido do governo alemão a título de reparação. Exerceu essa atividade até 1971, com a ajuda de sua filha Marion. Esta também estudou na Alemanha, formando-se, como a mãe, professora de Jardim de Infância. Segundo me disse, quando seu pai mandou-a para a Alemanha, em 1956, foi criticado pelos amigos. Günter, porém, acreditava, segundo a filha, que deveriam olhar para a frente, e não se prenderem ao passado.[85]

Entre agosto de 1940 e maio de 1944 — menos de quatro anos — o casal teve três filhos, como mencionei. Nesse contexto, Inge precisou combinar suas tarefas domésticas com as diversas iniciativas profissionais que levou a cabo e as dificuldades práticas próprias aos primeiros tempos da imigração. O que não deve ter sido simples, sobretudo se pensarmos que ela não dispunha de ajuda familiar em moldes tradicionais, já que o casal imigrara só.

Max e Grete Callmann chegaram ao Rio de Janeiro no final de janeiro de 1939. Na época, Max tinha 46 anos, como Hugo Levy. A diferença de idade do casal era ainda maior que entre os Levy, já que Grete era cinco anos mais jovem que Margarethe, tendo desembarcado no Brasil com 25 anos.

Em maio de 1939, Grete declarou-se "doméstica" e Max, "fabricante". Nos demais documentos dos prontuários do casal esses termos foram sempre empregados, mas trata-se de dossiês mais curtos do que os acumulados por Inge e Günter, cobrindo menos tempo.

A última atividade profissional de Max antes de deixar a Alemanha tinha sido, de fato, a de "fabricante", frente à pequena firma de aventais que abrira. Quanto a Grete, se não teve tempo de exercer atividades profissionais na Alemanha, pois se casou já quase no momento da partida, isso ocorreu no Brasil, embora ela seguisse declarando-se "doméstica" às autoridades, no sentido de dona de casa.

Ao chegarem a São Paulo, os Callmann abriram uma fábrica de chocolates, em sociedade com outro casal de judeus alemães, que tinham conhecido no navio e que estiveram com eles no Rio. Os sócios tinham feito um curso ainda na Alemanha sobre a fabricação de chocolate e propuseram a sociedade. Assim, os quatro teriam vindo juntos para São Paulo e Max tornou-se, novamente, "fabricante".

A empresa durou cerca de cinco anos, durante os quais Max cuidou da produção do chocolate, cujo "ponto" era o grande nó da questão, extremamente difícil de ser atingido, entre o "muito mole" e o "duro demais", conforme me explicou sua esposa. Grete também trabalhou duro na fábrica, cuidando das embalagens. Ainda segundo ela, na época das festas católicas de Páscoa e Natal, o casal trabalhava "praticamente dia e noite". A fábrica garantiu-lhes o sustento durante aqueles anos, até ser fechada, por incompatibilidades com os sócios.

Grete sublinhou o fato de que "o começo foi mais que difícil", sobretudo porque não falavam "uma sílaba" de português. Nisso, provavelmente, não falava somente por ela e pelo marido. Nenhum dos demais imigrantes que estou seguindo aqui falava a língua, mesmo porque todos estavam tentando sair da Alemanha, e não prioritariamente vir para o Brasil — talvez com a exceção de Karl Franken, cuja irmã já vivia em São Paulo. Este declarou que o francês que tinha aprendido durante sua estada em Paris ajudou-o a fazer a transição; mesmo assim, teve aulas particulares.[86] Margarethe, por seu lado, falava francês, italiano e espanhol, o que deve ter ajudado, além de sua facilidade já adquirida para línguas. Hans Hochfeld aprendeu português com a esposa, que, além da língua, ensinou-lhe datilografia, tendo comprado uma máquina de escrever especialmente com esse fim. Isolina dava aulas ao marido em suas horas vagas, pois sempre trabalhou, ao menos meio período, como educadora sanitária.[87]

Os Callmann tiveram aulas de português com uma filha de alemães nascida no Brasil, que lhes ensinou a base. Mas, segundo sua filha, Max nunca conseguiu aprender bem o português, o que trouxe uma barreira significativa para sua vida profissional.[88] Falando dele, Grete lembrou-se da posição "de destaque" que ocupara em Essen, à frente da grande loja de departamentos que dirigia: era "um homem inteligente" e "muito conhecido" em seu ramo profissional. No Brasil, trabalhou sempre como representante comercial de empresas de confecção feminina, nunca tendo chegado a recuperar a mesma situação que detivera na Alemanha, como precisou sua filha Susanne. Esposa e filha imputaram as dificuldades vividas por Max à falta de domínio da língua e à idade relativamente avançada com a qual, chegando ao país, precisou começar vida nova. Idade, efetivamente, bem maior que a de sua esposa. Quando nasceu sua única filha, em 1947, Max já tinha 55 anos.

O quadro geral de uma dificuldade de adaptação que não se resolveu com o passar do tempo não foi exclusividade de Max Callmann. Inúmeros depoimentos de judeus alemães que emigraram na mesma época, não só para o Brasil, referem-se a isso. Foi o caso do pai de Peter Gay. Em suas memórias, este se referiu à carreira do pai, nos Estados Unidos, também como representante comercial. Viajando pelo Colorado, ele vendia casacos esportivos e jaquetas, enquanto lutava para melhorar seu inglês lacunar, frequentando cursos noturnos:

> Ele fez o melhor que pode, mas, de modo lento e insidioso, Hitler o tinha quebrado. Por mais que se mostrasse corajoso, por mais energicamente que recusasse ser chamado de sobrevivente (um emblema de honra, achava, pertencente exclusivamente àqueles que sofreram nos campos), ele também era uma vítima. Quando morreu, no dia 18 de janeiro de 1955, a causa da morte foi chamada de endurecimento das artérias. Mas não há nada de sentimental em dizer que ele morreu de coração partido.[89]

Esse processo "lento e insidioso", que agiu sobre Moritz Fröhlich,[90] e também, a meu ver, sobre Max Callmann, durou vários anos, entre o início de 1933 e o final de 1938, para o último, um pouco mais para o primeiro. Tanto Moritz Fröhlich quanto Max Callmann desfrutavam de uma boa situação na Alemanha. Aos dois parece ter faltado a energia suficiente para cavar novamente seu lugar ao sol em terras americanas. Segundo Peter Gay, essa debilidade foi o reflexo direto das discriminações, humilhações e perseguições crescentes que sofreram antes de conseguir emigrar. Ainda que a saída da Alemanha tenha sido incontestavelmente uma libertação, os anos anteriores obscureceram os seguintes, comprometendo inexoravelmente o contato com os desafios trazidos pelo novo meio.

Grete prontificou-se a ajudar o marido: "sei fazer tudo que é necessário", teria afirmado. De fato, aprendeu português rapidamente e com maior facilidade que o marido e, inscrevendo-se num curso noturno, estudou ainda português comercial e estenografia com "uma senhora alemã". Em seguida, empregou-se como secretária bilíngue numa firma, cujos três proprietários, também judeus alemães, fabricavam artigos para fumantes e os distribuíam pelo país todo. Lembrou-se que seu salário era bom e que, graças a isso, um ano depois de ter começado a trabalhar, o casal pôde tirar as primeiras férias brasileiras, indo passar três semanas em Campos do Jordão.

Durante as férias, Grete já estava grávida. Decidiu, então, não voltar mais para seu emprego. Começou a auxiliar o marido em casa, cuidando de sua "papelada", já que a língua era justamente seu ponto forte em relação a Max.

Tanto Margarethe quanto Grete garantiram o bom andamento dos processos de regularização dos papéis, tendo sido formalmente autorizadas pelos maridos para representá-los diante das autoridades, e assinar por eles. Além disso, mostrando-se mais desenvoltas, inclusive com a língua, agiram como porta-vozes dos maridos no contato com a sociedade local, assegurando uma base preciosa ao exercício profissional destes. O sucesso do projeto migratório dos dois casais repousou, em muito, nessa repartição improvisada e estratégica dos papéis, para a qual certa flexibilidade no que toca à divisão entre as responsabilidades masculinas e femininas também foi necessária. Nos dois casos, já que Max Callmann nasceu e morreu no mesmo ano que Hugo Levy, e os dois eram bem mais velhos que suas esposas, gênero e geração associaram-se para explicar a diferença entre a experiência de homens e mulheres no seio da nova sociedade.

Max não foi o único a sofrer os efeitos da desclassificação profissional. Hans Hochfeld, que chegou ao Brasil poucos dias antes dos Callmann, também experimentou essa realidade. Ele era um jovem de 28 anos quando desembarcou no porto de Santos, rumo a São Paulo, em janeiro de 1939. Sua situação já tinha mudado de forma radical antes de emigrar: impedido de continuar seus estudos superiores na Universidade de Hamburgo, justamente no momento em que estava para obter seu diploma, foi obrigado a trabalhar, aceitando o que encontrasse. Vimos que ele chegou a mudar de cidade em busca de emprego, exercendo o ofício de pedreiro.

No caso dos dois, é verdade, essa desclassificação ocorreu já na Alemanha. Para Max, ao ser demitido da Karstadt: sua fábrica de aventais não chegou a lhe proporcionar a mesma posição que o emprego anterior. Tratava-se de uma medida de reconversão para um homem com experiência comercial forte, mas não de "fabricante". Para Hans a situação foi mais difícil, pois o corte deu-se no final dos estudos, amputando na raiz o sonho de exercer a Justiça. Num contexto em que esta estava sendo escarnecida, ele acabou tendo que ganhar a vida fora das searas imaginadas, entregando-se ao ofício de pedreiro.

Grete Callmann também foi privada de seus estudos e ouviu, para sempre, o silêncio deixado por seu piano. Sem mais tempo, nem dinheiro, e mesmo sem piano, abandonou um destino preparado durante 15 anos — dos 6 aos 21 anos de idade.

Os dois estavam estudando e não trabalhavam quando foram obrigados a mudar radicalmente de vida. Mas o ordem do gênero, neste caso, fez com que Hans tivesse que encontrar a curto prazo um meio qualquer de ganhar a vida, improvisando o aprendizado rápido de um ofício manual. Grete não se viu diante desta urgência: só exerceu atividades profissionais mais tarde, já no Brasil. Para tal, desenvolveu as competências necessárias tanto na prática, na fábrica de chocolates, quanto graças às rápidas formações que seguiu — língua, estenografia, correspondência comercial.

Grete não foi a única a precisar trabalhar no Brasil, ao menos nos primeiros tempos, completando os ganhos do marido. Muitas outras o fizeram e, em alguns casos, chegaram a sustentar sozinhas a família, pois aproveitaram nichos informais — governantas, domésticas, professoras de língua. Estes, além de serem mais propícios para driblar os empecilhos legais impostos ao trabalho assalariado dos "temporários", eram feminizados. Não foi à toa que, graças à subvenção recebida do Joint, a CIP criou o Lar das Crianças, *Kinderheim*, num casarão da rua Barão de Piracicaba (Campos Elíseos), onde as recém-chegadas podiam deixar suas crianças durante o dia, enquanto trabalhavam.

Mas voltemos à ruptura vivida por Hans Hochfeld. Não dispondo de competências manuais que o qualificassem para atividades técnicas ou artesanais valorizadas, e tendo pressa em conseguir um meio de subsistência, trabalhou, em São Paulo, como já o fizera na Alemanha, como pedreiro. Nos primeiros documentos que preencheu no Brasil, em março de 1939, menos de dois meses após a chegada, foi este o ofício que declarou; era de fato o que exercera antes da partida. Só que, no Brasil, ao menos no início, trabalhou ilegalmente. Isso até conseguir a permanência "precária", em 1941. Empregou-se então na Metalúrgica Elva, com sede na rua Dom José de Barros, 152, 10º andar, no centro da cidade. Em 1946, declarou-se "auxiliar de escritório". Mas deve ter evoluído em seguida, pois sua carreira foi feita na fábrica de latas da empresa, junto ao departamento de vendas e compras. Manteve-se na Elva até o final de 1958.

Hans deixou a Elva para trabalhar numa empresa americana do mesmo setor, a Metalgráfica Canco (American Can Company, segundo referiu-se sua filha), exercendo, ainda segundo ela, o ofício de "comprador". Comprava folhas de flandres e outras matérias-primas necessárias à produção das latas. Trabalhou ali do início de 1959 até 16 de julho de 1971. Enfim, saindo da Canco, Hans foi admitido, ainda como "comprador", numa firma de máquinas gráficas, a Gutenberg Máquinas e Materiais Gráficos Ltda. Começou a trabalhar ali no dia 2 de agosto de 1971 e ficou na empresa até o final de 1990.[91] Por essa firma, Hans foi enviado mais de uma vez a feiras na Alemanha, tendo, então, voltado ao país de origem, que não revera desde a partida. Numa dessas viagens, levou a esposa. Isolina contou à filha, na volta, que o marido circulara em Hamburgo "como se tivesse deixado a cidade no dia anterior".[92]

Seu amigo Horst, cinco anos mais jovem, teve maiores facilidades para começar a vida profissional no Brasil. Em maio de 1939, com 22 anos, preenchendo documentos brasileiros, declarou-se "comerciante". Em fevereiro de 1940, era "técnico" e, em junho, "especialista na fabricação de espelhos", ou "técnico de espelho", segundo outro formulário, preenchido pouco depois.

Durante esses anos, não conheço todos os empregos ocupados por Horst, mesmo porque foram ilegais. Seu filho Franklin lembrou-se do primeiro — ou um dos primeiros —, num restaurante da avenida São João, onde lavava pratos e dizia ter sido obrigado a fazê-lo somente com água, pois o patrão não fornecia sabão.[93] Depois, ainda segundo seu filho, trabalhou como representante comercial de uma firma de vidros e vitrais. Desta etapa, cujos títulos dos cargos ocupados acabo de indicar, várias informações existem.

A firma, já mencionada, chamava-se Helmlinger e Cia. Ltda. e fora fundada em outubro de 1938, com sede na avenida São João, 1427. Franklin Brauer precisou que os dois proprietários eram judeus: Nicolau Helmlinger, "brasileiro por lei" (ou seja, não de nascimento) e Erich Rosenthal, alemão. Provavelmente Horst falava sua língua materna com os patrões.

Talvez Horst tenha lhes mostrado a carta de referências, trazida de seu último patrão em Hamburgo; esta pode tê-los inspirado. De qualquer modo, eles exprimiram seu apreço por este "excelente vendedor", como se referiu seu filho mais de uma vez, e quiseram ajudá-lo a resolver sua pendência junto à polícia brasileira. Foi assim que, em 1940, Horst acrescentou documentos emitidos pela Helmlinger ao seu prontuário de pedido de permanência. O primeiro deles era uma "Declaração" datada de janeiro daquele ano. Aqueles que já eram de fato seus patrões prometiam então contratá-lo por três anos com um salário de 300 mil réis, tão logo sua permanência no Brasil fosse legalizada. Segundo afirmavam, Horst ocuparia o cargo de "técnico de espelhação". Se dissessem que seria vendedor, o que já era de fato, o argumento perderia toda sua força. Estavam tentando explorar as brechas existentes na legislação, que deixava às empresas algumas possibilidades de importar técnicos qualificados. Horst também apresentou, seis meses mais tarde, um "contrato de locação de trabalho" de quatro anos (e não mais três) assinado por seus patrões. Estes prometiam empregá-lo num cargo ainda mais qualificado, como responsável pela fiscalização do fabrico de espelhos, com salários já escalonados: 500 mil réis no primeiro ano, 600 mil réis no segundo e 700 mil réis no terceiro, estacionando em seguida.

Seu emprego na Helmlinger durou até 1949 ou 1950, ainda segundo seu filho. Este se lembrou que, graças ao salário que recebia ali, como vendedor de sucesso, Horst comprou seu primeiro carro, fazendo-se fotografar, orgulhosamente, em frente da revendedora no momento em que recebeu as chaves.[94]

Saindo da Helmlinger, ele fundou sua própria empresa, com mais dois sócios, sendo um italiano e o outro filho de italianos. Tratava-se de uma empresa de lajes para construções que chegou a ser muito conhecida no país, a Volterana, em homenagem à cidade de origem de um dos sócios, toscano de Volterra. A firma durou 25 anos e teve 14 unidades espalhadas pelo país. Um dos sócios era engenheiro e cuidava das questões técnicas, o outro respondia pela contabilidade, e Horst, tendo em vista seus exímios talentos de vendedor, cuidava do "marketing", ainda que na época, como lembrou seu filho, o termo não fosse empregado.

Horst não contou, como Hans, com ajuda conjugal para aprender a língua do país, pois se casou com uma alemã. Mas fez curso noturno e concluiu o segundo grau, deixado incompleto na Alemanha. Assim, aprendeu a língua, na qual era fluente, segundo seu filho, tendo perdido um pouco dessa fluência nos seus últimos anos. De modo geral, com a velhice, vários entrevistados afirmaram preferir conversar em alemão diante de uma perda do vocabulário em português que dificultava a comunicação, mais desenvolta na língua materna.

Mas voltemos à inserção profissional. Karl Franken era gerente de uma loja fina de confecções femininas em Hamburgo. Chegando a São Paulo, declarou-se "comerciário", como constava em seu passaporte. Ele tinha de fato experiência no ramo, adquirida não somente em Hamburgo, onde se estabelecera aos 18 anos, mas já antes, quando fora aprendiz em Paris, durante quase um ano, numa loja de tecidos na avenida da Ópera. Este era, aliás, o ramo de seu pai, proprietário de uma loja de tecidos em Moeurs.

Apesar do currículo que podia exibir, ao chegar em São Paulo, passaram-se vários meses — sete ou oito —, antes que conseguisse um emprego.[95] Por sorte, estava rodeado pelas duas irmãs, sendo que uma delas já vivia há mais tempo na cidade. Por um lado, o tempo de espera deve ter sido causado pela proibição oficial aos "turistas" de exercerem atividades remuneradas. Por outro lado, Karl não esperou a obtenção da permanência definitiva antes de começar a trabalhar, pois isso demorou quase dois anos. Como vimos, seu processo foi "sustado" no final de 1939, após a publicação do decreto-lei nº 1.532, no final de agosto daquele ano. Tendo dado início ao processo no final de fevereiro, em março ele pediu autorização para trabalhar, sabendo que a lei o impedia. Deve ter decidido pagar para ver, mas ficou a ver navios, sem resposta alguma. Depois de mais uns meses de espera, talvez tenha se cansado, principalmente quando viu que a lei mudou, interrompendo o andamento do processo.

Karl era muito ligado à CIP, desde o início. Fazia parte da Comissão de Culto. Deve ter participado, naqueles anos, de inúmeras conversas sobre a questão do trabalho ilegal dos "turistas". A proibição imposta pelo governo incidiu de modo pesado no orçamento empregado pela Congregação para assistir aos refugiados. E o organismo, inclusive em atas redigidas em alemão, mais confidenciais, mostrou-se extremamente cauteloso em relação a isto.

Em junho de 1939, os dirigentes chegaram a estimar em cerca de um ano e meio o período de transição, durante o qual deviam proporcionar auxílio financeiro aos recém-chegados.[96] Apesar dessa dificuldade de peso, acreditavam que deveriam aparecer diante das autoridades brasileiras como um grupo extremamente respeitoso das leis. Foi o que declarou Luís Lorch na mesma ocasião, durante uma reunião da diretoria.[97] Uma longa discussão sobre o trabalho ilegal dos "turistas" envolveu os presentes e Lorch lembrou que o grupo deveria dar de si uma imagem de completa lealdade em relação à lei. Uma das decisões tomadas então foi a de publicar um encarte no jornal da CIP, *Crônica Israelita*, alertando a todos sobre os riscos trazidos pelo trabalho ilegal (multas, prisão, expulsão). A preocupação era a de alertar o maior número possível de pessoas em situação irregular, e o jornal pareceu, aos olhos da diretoria, ser o veículo mais eficaz para isso.

A discussão incluiu também o alcance da proibição. Assim, para os presentes, as pessoas que alugassem quartos em suas residências estariam infringindo a lei caso ainda vivessem sob o estatuto de "turistas", já que se tratava de atividade remunerada. Estavam isentas de riscos, contudo, aquelas que se empregassem em casas de famílias recebendo "alojamento" em troca de "ajuda". Enfim, ainda quanto à *Crônica Israelita*, que servia de suporte para anúncios publicados pelos imigrantes, decidiu-se não publicar anúncios de procura de emprego de pessoas legalmente impedidas de trabalhar. Nisso tudo, a preocupação central dos dirigentes da CIP era a de evitar qualquer acusação de cumplicidade com atividades ilegais da parte de um organismo representativo dos judeus alemães, que buscava estabelecer boas relações com a sociedade local e garantir a perfeita integração de seus membros. Sem contar que os pedidos de vistos para trazer pessoas da Alemanha continuavam sendo emitidos e muitos processos de regularização ainda estavam em curso. Sobre os clandestinos, pesava sempre o risco de expulsões, que obrigavam a CIP a manter uma posição estritamente respeitosa da lei. Contudo, ao manifestarem suas preocupações durante a reunião mencionada, e ao adotarem tal posição, os diretores da organização podiam simplesmente estar exprimindo uma crença de princípio no bom funcionamento do Estado e na justiça das leis, que trouxeram da Alemanha. De qualquer modo, sua responsabilidade, de fato, não era pouca.

Nos meses seguintes, a questão não desapareceu da pauta de discussões. Em julho, tratou-se das consequências psíquicas do desemprego forçado dos "turistas". A solução estava, disseram, em evitar a qualquer preço que a desmoralização se instalasse, a partir de uma sensação de inutilidade.[98] Mas como? Em agosto, em meio a uma discussão sobre o ensino de ocupações artesanais aos jovens, a desocupação dos "turistas" voltou à tona com o argumento de que era necessário ocupá-los, ainda que em atividades sem qualquer resultado prático. O principal problema a ser combatido era uma situação de ociosidade que se eternizasse. Alguns dos presentes evocaram, assim, dois cursos, de correspondência e de educação cívica brasileira, que seriam abertos em breve e que ocupariam os desocupados durante boa parte da semana.[99] Enfim, no dia 6 de setembro, a reunião da Assembleia dos Representantes abriu-se sob o registro do início da guerra na Europa, poucos dias antes. Lorch logo deu o tom:

> Do fundo de nosso coração deveriamos ficar gratos de podermos viver em um país que não participa da guerra. Essa gratidão, porém, só terá sentido si todos se unirem em plena concordancia e colaborarem ativamente. Será necessário fazer sacrifícios no que se refere à comodidade e relativamente a costumes e maneiras que foram introduzidos de além mar, radicando-nos nesta terra, dando também assim uma prova de nossa lealdade para com o País. Ele [Lorch] diz aos presentes que também eles são responsaveis pelo espírito da conduta e que eles devem fazer tudo quando fôr possivel para que os imigrados radiquem-se, observando a mentalidade do povo brasileiro, observando principalmente as Leis do País, evitando qualquer infração dessas Leis.
> O Dr. Lorch comunica, outrosim, sobre a preocupação daqueles que ainda não conseguiram regularizar sua situação. No meio dos recém-chegados, diz o Dr. Lorch, reina medo e desespero.[100]

Não sabemos em que língua Lorch fez este pronunciamento, mas a ata foi redigida em português, diferentemente do funcionamento corrente, ao menos naquele ano. Urgia provar fidelidade e enraizamento.

O "medo e o desespero" mencionados por Lorch diziam respeito aos riscos de deportação numa conjuntura extremamente delicada para os refugiados judeus. Na verdade, tanto no final de 1936 quanto um ano depois, dezenas de refugiados cujos vistos de "turistas" encontravam-se vencidos acabaram refugiando-se no Paraguai, no Uruguai ou na Argentina; alguns ficaram ali, outros retornaram já com vistos permanentes, outros ainda voltaram com a mesma situação. Apesar da prolongação inquietante dos prazos de regularização, do endurecimento da política migratória em relação aos judeus, em meio à forte degradação da situação europeia, nenhuma deportação foi pronunciada durante aqueles anos por causa do vencimento de vistos "temporários". E, como vimos, a partir de 1940-1941 a situação começou a se normalizar, com a concessão da permanência "a título precário".

Mas voltemos ao périplo de Karl Franken, provavelmente dividido entre o legalismo expresso pelos dirigentes da CIP, uma desocupação que já durava vários meses e um provável aperto financeiro que o levou a romper o círculo.

O emprego que encontrou, finalmente, foi o da vida toda: trabalhou como representante comercial de uma empresa de objetos de plástico — botões, pentes, brinquedos —, a Mueller, pertencente a judeus alemães. A família lembrou-se do Sr. Jacob — Fritz Jacob —, para quem Karl trabalhou a vida toda,[101] mas ele mesmo declarou ter chegado à Mueller graças ao outro sócio da empresa, Ricardo Mayer, que conhecia da Alemanha.[102]

O jovem Egon Katz, que chegou ao Brasil com seus pais em fevereiro de 1939, tinha 13 anos ao desembarcar. Em seu prontuário de pedido de regularização da permanência, declarou ser "técnico especializado" ou, mais especificamente, "mecânico", e, mesmo, "mecânico especializado em gravações". Segundo afirmou mais tarde, a família não tinha dinheiro para mantê-lo na escola no Brasil; ele logo precisou trabalhar, e fez um curso noturno profissionalizante. Para tal, não informou se contou com o auxílio da CIP, mas isso não é impossível. Em 1946, com 20 anos, declarou estar empregado, como "técnico especializado", na mesma empresa de Karl Franken, a Mueller Cia. Ltda., com sede em Santo Amaro, na rua Borba Gato, 434, 484-508. Tanto para os proprietários da empresa quanto para esses empregados, a operacionalização das redes de conhecimento intracomunitárias trouxe vantagens. Os primeiros empregaram pessoas qualificadas, conhecidas, com referências seguras, que compartilhavam padrões culturais comuns, além da língua materna. Para Karl Franken, isso proporcionou não somente o sustento necessário a vida toda, como também estabilidade. Para o jovem Egon

Katz, significou uma possibilidade de valorização de competências técnicas rapidamente adquiridas.

O caso de Franz Marcus é um pouco diferente. Ao contrário de Karl, não utilizou no Brasil sua experiência e suas competências comerciais, desenvolvidas durante anos na Alemanha. Instalou-se como artesão, com um ateliê de produção de bijuterias e objetos decorativos de acrílico.

Em julho de 1939, Ilka Feis, esposa de Albert, escreveu às autoridades nazistas, em Berlim, solicitando, como já mencionei, a liberação de 20 mil marcos de seu patrimônio bloqueado para que o marido pudesse comprar a empresa de Rupert Kiener. Mas os nazistas negaram.

Não sei exatamente o que Albert fazia no Brasil nessa época, alguns meses após sua chegada. Contudo, depois disso, ele incluiu, no prontuário que submeteu às autoridades brasileiras com a finalidade de regularizar sua permanência, uma "Carta promessa de sociedade", datada de 18 de outubro de 1939 e assinada por Erich Apenburg. Este, brasileiro, era proprietário de uma fábrica de produtos alimentícios, a Walter Kirchhoff — nome do fundador, de quem Apenburg afirmava ser o sucessor. Segundo o rodapé do papel timbrado no qual a carta foi datilografada, a firma orgulhava-se do "Pudim de Walter Kirchhoff": "a melhor sobremesa — em 18 qualidades diferentes". A empresa produzia ainda "todos os artigos para padarias e confeitarias", "todos os artigos para fabricação de sorvete", "Milhomina" ("a melhor alimentação para crianças e doentes"), "Fermento Berlim", temperos e especiarias, essências, frutas para bolos etc.

O documento apresentava em detalhes as condições pelas quais Albert seria admitido como sócio da firma, graças ao investimento de 25 contos de réis (25:000$000), após ter regularizado, justamente, sua permanência no país. A esta soma corresponderiam, além de um pró-labore mensal de 800 mil réis (800$000), uma participação equivalente a 30% dos lucros líquidos anuais da firma.

Se a promessa de associar-se a Erich Apenburg facilitou a regularização de seus papéis, parece não ter vingado. Em 1941, Albert declarou ter seu endereço profissional na rua São Bento, 290/sala 9, em pleno Centro, distante da sede da empresa, situada na rua Conselheiro Pedro Luiz, 28-30, em Santana. Em 1948, definiu-se como "comerciante". Sua situação já era, na época, vantajosa, tendo visto os bairros em que foi sucessivamente estabelecendo residência. Sua situação familiar também mudara; ele já tinha se casado novamente, com Geneta Eugewies (Eugenia, no Brasil), uma cristã ortodoxa nascida em Kaunas, na Lituânia, em 1915.

Os maiores recursos iniciais implicaram percursos residenciais e profissionais menos agitados, o caso dos Levy sendo, quanto a isso, paradigmático. As mudanças de endereço foram poucas e circunscritas a um mesmo setor bem delimitado da cidade. O casal chegou ao Brasil não somente com capital suficiente para instalar-se sem pressa e com conforto, mas contou também com contatos e informantes — tanto do lado de Aracy quanto da irmã de Hugo, já instalada na cidade —, o que lhes permitiu otimizar suas chances. A situação de Feis era comparável. Ao que tudo indica, conseguiu sair da Alemanha com bem mais do que os míseros 10 marcos autorizados pelos nazistas, começando sua vida paulistana com mais conforto que muitos outros. Além disso, entendeu rapidamente as hierarquias espaciais da cidade, usufruindo disto ao instalar-se em bairros residenciais nobres.

Dos três homens solteiros, Karl Franken foi o que apresentou o itinerário inicial mais estável. Mudou menos de endereço, contrariamente a Horst Brauer e Hans Hochfeld, que o fizeram de modo extremamente frequente até meados dos anos 1940. Além disso, ambos diferenciaram-se dos demais tratados aqui por terem morado, e por mais tempo, no centro da cidade. Como vimos, quando saíram dali, já casados, foram para bairros residenciais, como os demais, porém mais distantes do Centro para a época: Pompeia e Alto da Lapa. Em relação a Karl, fica claro que a presença de membros da família na cidade, as duas irmãs, no caso, representou um diferencial considerável inclusive do ponto de vista profissional. Se demorou mais para conseguir seu primeiro emprego, Karl aparentemente não precisou aceitar, antes disso, um meio de sobrevivência qualquer, como os dois outros, que trabalharam como pedreiro e lavador de pratos.

Mesmo assim, após um início mais difícil, Hans e Horst puderam aproveitar como os demais as oportunidades abertas por uma economia dinâmica e em clara expansão. A cidade crescia em ritmo acelerado e, avançando em direção à década de 1950, o parque industrial do país também estava em franco desenvolvimento e concentrava-se cada vez mais no sudeste do país, com São Paulo à frente. Isso se refere não somente à indústria de bens de consumo, que modificou o cotidiano dos lares das camadas médias, como à indústria de base, mais próxima daquelas onde trabalhou Hans. Quanto a Horst, quando acumulou capital e conhecimentos suficientes para criar sua própria empresa, beneficiou-se do período das grandes obras que se abria e inseriu-se com vantagem no setor. Hans e Horst foram autodidatas naquilo que fizeram, já que não contavam, como Karl, com uma experiência prévia especializada no setor em que desenvolveram suas carreiras respectivas.

No que toca ao caminho dado à sua vida profissional, Karl recorreu não somente aos parentes vivendo na cidade, mas também a redes de conhecimento dentro da comunidade judaico-alemã, que frequentou intensamente. De gerente de uma grande loja de confecção feminina fina, passou a representante comercial de uma indústria de objetos plásticos. Sua experiência anterior e seus talentos comerciais se associaram, aqui, à confiança mútua entre conterrâneos e patrícios, fazendo funcionar a cadeia de solidariedade entre imigrantes. O que não é exclusividade nem de alemães, nem de judeus, colocando-os lado a lado em relação a outros grupos na experiência migratória. Esse aspecto também diferenciou sua trajetória das de Hans e Horst, que parecem ter se apoiado pouco nas redes comunitárias para se inserirem no mercado de trabalho. Segundo o filho de Horst, seu patrão na Helmlinger era judeu alemão. Mas quando resolveu fundar sua própria empresa, não se associou com outros judeus alemães, nem mesmo com outros judeus, ainda que seus dois sócios fossem imigrantes.

Grete e Max Callmann também recorreram, para se inserir, a relações que estabeleceram com outros imigrantes da mesma origem, trocando, em língua materna, conselhos e informações. Foi assim que se associaram a um outro casal pouco tempo depois da chegada, fundando sua empresa. Contudo, não conhecendo pessoas já instaladas há mais tempo, associaram-se com outros recém-chegados, que, como eles, ainda não estavam integrados, sendo pouco informados sobre as condições de vida local. Nesse caso, um efeito geracional não pode ser descartado: a idade avançada de Max ao chegar, se comparada com a dos três rapazes citados, não jogava a seu favor nos percalços próprios à imigração e ao contexto específico que marcou sua saída da Alemanha para o Brasil. Em relação a essas dificuldades, contou, como outros, e notadamente Hugo Levy, com a retaguarda preciosa dada por uma esposa para quem os contatos com as instâncias da sociedade local e a mudança de língua representaram um desafio menor.

Os Heilborn, enfim. Quanto às sucessivas moradias, o casal manteve-se, ao menos até o imediato pós-guerra, em bairros residenciais ocupados por setores das camadas médias superiores. Günter tinha uma profissão cujo exercício encontrou obstáculos legais e administrativos durante os primeiros anos, tendo trabalhado clandestinamente durante dez anos. Inge colaborava com o orçamento da família, que parece ter crescido em poucos anos, já que o casal teve seus três filhos ainda antes do final da guerra. Exerceu várias atividades remuneradas, dividindo-se entre estas e as responsabilidades femininas tradicionais.

Günter Heilborn viveu 57 anos no Brasil. No início de sua vida brasileira, e quatro décadas depois, nos anos 1980, expressou de modo forte seu reconhecimento a Aracy de Carvalho. Fazendo isso, por um lado, colou-se à vida, reconhecendo a sorte de ter podido sair da Alemanha a tempo com a esposa, escapando. Por outro lado, trouxe à vida de Aracy de Carvalho uma dimensão pública que está na base deste livro. Ela era, na época, a esposa do maior escritor brasileiro da contemporaneidade. Tornou-se, em grande parte graças à intervenção de Günter Heilborn, uma "Justa entre as Nações". Disso tratarei no próximo capítulo.

Notas

1. As reflexões a seguir foram tiradas de Stéphanie D'Alessandro, "L'Appropriation du spectaculaire et de l'inédit: le Brésil dans l'œuvre de Lasar Segall", *in* Stéphanie D'Alessandro *et al.*, *Lasar Segall: nouveaux mondes*, Paris, Musée d'Art et d'Histoire du Judaïsme, 2000, p. 110-160.

2. Herbert Frankenstein, *Brasilien als Aufnahmeland*, Berlim, Joseph Jastrow Verlagsbuchhandlung, 1936. Apud Alice Irene Hirschberg, *Desafio e resposta: a história da Congregação Israelita Paulista desde a sua fundação*, São Paulo, CIP, 1976, p. 31-32.
3. Existe uma reedição recente de Ernst G. Löwenthal (org.), *Philo-Atlas. Handbuch für Die Jüdische Auswanderung*, Berlim, Philo/Jüdischer Buchverl., 1938 (Bodenheim bei Mainz, 1998), com prefácio de Susanne Urban-Fahr, intitulado "Um livro para o exílio" ("Ein Buch Philo Verlag für das Exil"). As informações dadas sobre o Brasil foram resumidas, em português, por Alice Irene Hirschberg, *Desafio e resposta: a história da Congregação Israelita Paulista desde a sua fundação*, op. cit., p. 32-33.
4. Robert Jütte, *Contraception: A History*, Cambridge, Polity Cambridge, 2008, p. 116.
5. Claudia Koonz. *Mothers in the Fatherland: Women, the Family and Nazi Politics*, Nova York, St. Martin's Press, 1987, p. 178.
6. Avraham Barkai e Paul Mendes-Flohr, "Renewal and Destruction 1918-1945", *in* Michael A. Meyer (org.), *German Jewish History in Modern Times*, vol. 4, Nova York, Columbia University Press, 1998, p. 31. Apud Trude Maurer, "From Everyday Life to a State of Emergency: Jews in Weimar and Nazi Germany", *in* Marion A. Kaplan (org.), *Jewish Daily Life in Germany, 1618-1945*, Nova York, Oxford University Press, 2005, p. 274.
7. Cf. http://www.portalmedico.org.br/revista/bio2v4/perspect.html, quadro 2. (Fonte: Nepo-Unicamp.)
8. Michael Hall, *The Origins of Mass Immigration in Brazil, 1871-1914*, tese de doutorado, Columbia University, 1969, p. 163-169.
9. Rogério Dezem, "Nuances du 'jaune': éléments formateurs de l'imaginaire sur le Japonais au Brésil", *in* Mônica Raisa Schpun (org.), *1908-2008. Le Centenaire de l'immigration japonaise au Brésil: l'heure des bilans. Cahiers du Brésil Contemporain*, 71/72, Paris, MSH/CRBC-EHESS/IHEAL, 2008, p. 63 e 65.
10. A fita desapareceu num incêndio, no final de 1940, com exceção de uma única cena, justamente aquela em que Carmen canta "O que é que a baiana tem?", que fora aproveitada num filme posterior, *Laranja da China* (1940). Sobre a construção da baiana Carmen Miranda, ver: Sandra Pereira de Sá, *Baiana internacional: O Brasil de Carmen Miranda e as lentes de Hollywood*, tese de doutorado, Rio de Janeiro, UFRJ, 1997, caps. II e III, p. 63-102, 103-128; Mônica Raisa Schpun, "Carmen Miranda, uma star migrante", *Revista de Antropologia*, 51, 2, 2008, p. 451-471.
11. Cf. Angela Maria de Castro Gomes, Lúcia Lahmeyer Lobo e Rodrigo Bellingrodt Marques Coelho, "Revolução e restauração: a experiência paulista no período da constitucionalização", *in* Angela Maria de Castro Gomes *et al.*, *Regionalismo e centralização política: partidos e Constituinte nos anos 30*, Rio de Janeiro, Nova

Fronteira, 1980, p. 237-337. Tratei de outros aspectos do regionalismo paulista em: *Beleza em jogo: cultura física e comportamento em São Paulo nos anos vinte*, São Paulo, Senac/Boitempo, 1999; *Les Années folles à São Paulo: hommes et femmes au temps de l'explosion urbaine (1920-1929)*, Paris, l'Harmattan/IHEAL, 1997; "Décorative ou active? L'Action politique de Carlota Pereira de Queiroz (1933-1937)", *in* Mônica Raisa Schpun (org.), *Elites brésiliennes: approches plurielles. Cahiers du Brésil Contemporain*, 47/48, Paris, CRBC-EHESS/MSH, 2002, p. 157-180, disponível em http://www.revues.msh-paris.fr/vernumpub/07-Schpun.pdf; "Regionalistas e cosmopolitas: as amigas Olivia Guedes Penteado e Carlota Pereira de Queiroz", *in* Denise Mattar (org.), *No tempo dos modernistas: D. Olivia Penteado, a senhora das artes*, São Paulo, MAB-FAAP, 2002, p. 41-77; "¿Fronteras móviles o movedizas? La acción política de Carlota Pereira de Queiroz (1933-1937)", *in* Barbara Potthast e Eugenia Scarzanella (orgs.), *Mujeres y naciones en América Latina: problemas de inclusión y exclusión*, Madri/Frankfurt am Main, Iberoamericana/Vervuert, 2001, p. 223-251; "As elites paulistas em ação: regionalismo, distinção e tradição", *Letterature d'America*, XXI, 87, 2001, p. 105-143.
12. Jeffrey Lesser, *O Brasil e a questão judaica: imigração, diplomacia e preconceito*, op. cit., p. 26-27.
13. Monica Grin e Nelson H. Vieira (orgs.), *Experiência cultural judaica no Brasil: recepção, inclusão e ambivalência*, Rio de Janeiro, Topbooks, 2004, p. 10.
14. Idem, ibidem.
15. Bernardo Sorj, "Sociabilidade brasileira e identidade judaica", *in* Bila Sorj (org.), *Identidades judaicas no Brasil contemporâneo*, Rio de Janeiro, Imago, 1997, p. 28.
16. Idem, p. 28-29.
17. Carlos A. C. Lemos, "Arquitetura contemporânea", *in* Walter Zanini (coord.), *História geral da arte no Brasil*, São Paulo, Instituto Walther Moreira Salles/Fundação Djalma Guimarães, São Paulo, 1983, vol. II, p. 835-836.
18. Entrevista com Eduardo Carvalho Tess, 21 de agosto de 2008.
19. Claude Lévi-Strauss, *Tristes tropiques*, Paris, Plon, 1984 (1955), cap. XI, p. 105-110. (Edição brasileira: *Tristes trópicos*, São Paulo, Companhia das Letras, 1996, p. 91-92).
20. Claude Lévi-Strauss, *Saudades de São Paulo*, São Paulo, Instituto Moreira Salles/Companhia das Letras, 1996.
21. Bernardo Sorj, "Sociabilidade brasileira e identidade judaica", op. cit., p. 15-16.
22. Claude Lévi-Strauss, *Saudades de São Paulo*, op. cit., p. 70-71.
23. Entrevista com Gaby Becker e Marília Freidenson, 12 de novembro de 1991, Arquivo Histórico Judaico Brasileiro, manuscrito.
24. Idem.
25. Entrevista, 4 de julho de 2008.

26. Os endereços referentes aos anos 1950 foram tirados do dossiê de reparações de guerra, aberto naquela época e conservado pelo Arquivo de Düsseldorf, do qual tratarei no próximo capítulo.
27. Cf. José de Souza Martins. "A Pensão Maria Teresa", *O Estado de S. Paulo*, 17 de dezembro de 2005, p. C-8. Agradeço a Maria Julia Hochfeld Baker, que me transmitiu uma cópia deste artigo.
28. Mário de Andrade, "Dor" (15 de novembro de 1933), poema de *A costela do grão cão* ("Grão cão do outubro"). Em Mário de Andrade, *Poesias completas* (ed. crítica de Diléa Zanotto Manfio), Belo Horizonte/São Paulo, Itatiaia/Edusp, 1987, p. 317-318.
29. Maria Cecília Naclério Homem, *O prédio Martinelli: a ascensão do imigrante e a verticalização de São Paulo*, São Paulo, Projeto, 1984. Ver também, sobre o imaginário da verticalização paulistana, Rubens L. R. Machado Jr., *São Paulo em movimento: a representação cinematográfica da metrópole nos anos 20*, dissertação de mestrado, USP, 1989 e Mônica Raisa Schpun, "Luzes e sombras da cidade (São Paulo na obra de Mário de Andrade)", *Revista Brasileira de História — Experiências urbanas*, 23, 46, 2004, p. 11-36.
30. Lúcia Helena Gama, *Nos bares da vida: produção cultural e sociabilidade em São Paulo — 1940-1950*, São Paulo, Senac, 1998, p. 94-95.
31. Carlos Alberto Póvoa, *A territorialização dos judeus na cidade de São Paulo — SP: a migração do Bom Retiro ao Morumbi*, tese de doutorado, USP, 2007, p. 145.
32. Entrevista com Maria Júlia Hochfeld Baker, 8 de agosto de 2008. Algumas precisões e informações complementares sobre a vida de seus pais foram fornecidas mais tarde por e-mail e por telefone.
33. Conversa telefônica com Maria Julia Hochfeld Baker, 1º de setembro de 2009.
34. Entrevista, 9 de agosto de 2008.
35. Não tratarei aqui do segundo destes dois momentos, que ocorreu nos anos 1950, com a chegada ao país de judeus do Oriente Médio, e, sobretudo, do Egito. Trata-se de um fluxo criado em meio às tensões internacionais advindas da criação do Estado de Israel, em 1948, e, mais particularmente, às perseguições sofridas pelos judeus dos países árabes. A estes se somou, no mesmo período uma leva de judeus húngaros. Cf. René Daniel Decol, *Imigrações urbanas para o Brasil: o caso dos judeus*, tese de doutorado, Unicamp, 1999, p. 21.
36. Jeffrey Lesser, *O Brasil e a questão judaica: imigração, diplomacia e preconceito*, op. cit., p. 35-36.
37. Angelo Trento, *Do outro lado do Atlântico: um século de imigração italiana no Brasil*, São Paulo, Nobel, 1988, p. 52-53.
38. Walter Nugent, *Crossings: The Great Transatlantic Migrations, 1870-1914*, Bloomington/Indianápolis, Indiana University Press, 1992, p. 125.

39. Sobre as dificuldades de adaptação, os descontentamentos de ambos os lados no início da imigração japonesa em São Paulo e as reações oficiais, ver: Arlinda R. Nogueira, *A imigração japonesa para a lavoura cafeeira paulista (1908-1922)*, São Paulo, IEB-USP, 1973, cap. 8, p. 107-149.
40. René Daniel Decol, *Imigrações urbanas para o Brasil: o caso dos judeus*, op. cit., p. 25, e, do mesmo autor, "Judeus no Brasil: explorando os dados censitários", *Revista Brasileira de Ciências Sociais*, 16, 46, junho de 2001, p. 153.
41. Egon Wolff e Frieda Wolff, *Sepulturas de israelitas no cemitério São Francisco Xavier, Rio de Janeiro*, São Paulo, Centro de Estudos Judaicos da USP, 1976. Apud René Daniel Decol, *Imigrações urbanas para o Brasil: o caso dos judeus*, op. cit., p. 17.
42. Amos Elon, *The Pity of It All: a Portrait of the German-Jewish Epoch, 1743-1933*, Nova York, Picador, 2002, p. 249-254.
43. Val Marie Johnson, "Protection, Virtue, and the 'Power to Detain': The Moral Citizenship of Jewish Women in New York City, 1890-1920", *Journal of Urban History*, 31, 5, julho de 2005, p. 655-684.
44. René Daniel Decol, *Imigrações urbanas para o Brasil: o caso dos judeus*, op. cit., p. 167.
45. Ver os depoimentos de descendentes de judeus alsacianos instalados em São Paulo e em Campinas em: Marilia Freidenson e Gaby Becker, *Passagem para a América: relatos da imigração judaica em São Paulo*, São Paulo, Arquivo do Estado/Imprensa Oficial do Estado de São Paulo, 2003, p. 36-52.
46. Henrique Veltman, *A história dos judeus em São Paulo*, Rio de Janeiro, Expressão e Cultura, 1996, p. 27.
47. Jayme Brener (coord.), *Um judaísmo para os nossos dias: 70 anos da Congregação Israelita Paulista*, São Paulo, Ex-Libris Comunicação Integrada, 2007, p. 18.
48. Nachman Falbel, *Estudos sobre a comunidade judaica no Brasil*, São Paulo, Fiesp, 1984. Apud Marília Freidenson e Gaby Becker (orgs.), *Passagem para a América: relatos da imigração judaica em São Paulo*, op. cit., p. 35; Henrique Veltman. *A história dos judeus em São Paulo*, op. cit., p. 55.
49. Cf. Marilia Freidenson e Gaby Becker, *Passagem para a América: relatos da imigração judaica em São Paulo*, op. cit., p. 35-52.
50. As informações dadas a seguir sobre o Bom Retiro foram retiradas principalmente de: Carlos Alberto Póvoa, *A territorialização dos judeus na cidade de São Paulo — SP: a migração do Bom Retiro ao Morumbi*, op. cit.
51. Oswaldo Truzzi, *Sírios e libaneses: narrativas de história e cultura*, São Paulo, Companhia Editora Nacional, 2005, p. 39-50.
52. O estudo foi realizado nas áreas da cidade em que se concentravam, respectivamente, sírios, japoneses e judeus: na região entre as ruas 25 de Março, Cantareira

e avenida do Estado, para o primeiro grupo, na Liberdade, para o segundo, e no Bom Retiro/Santa Ifigênia (bairro da Luz), para o terceiro. O autor tendeu a tirar suas conclusões a partir tanto dos dados disponíveis quanto de suas pré-construções não contentadas pelos mesmos. Estas "escondiam", de fato, parte da realidade, na categoria "outras nacionalidades". O problema se colocava sobretudo para os judeus, grupo cujas origens nacionais eram múltiplas, fato que o autor não deixou de denunciar. Além disso, ainda para o autor do estudo, os resultados deste foram falseados pelo fato de os descendentes de estrangeiros, quando naturalizados, terem sido contabilizados como "brasileiros", apesar daquilo que vê como sendo sua "real" identidade, ditada, neste caso, pela origem dos ascendentes. Oscar Egidio Araujo, "Enquistamentos étnicos", *Revista do Arquivo Municipal*, VI, LXV, março de 1940, p. 227-246.

53. Jayme Brener (coord.), *Um judaísmo para os nossos dias: 70 anos da Congregação Israelita Paulista*, op. cit., p. 31.
54. Jeffrey Lesser, *O Brasil e a questão judaica: imigração, diplomacia e preconceito*, op. cit., p. 316; René Daniel Decol, *Imigrações urbanas para o Brasil: o caso dos judeus*, op. cit., p. 161, 169.
55. Luigi Biondi, "'Le quartier que j'admire le plus, c'est Bom Retiro': l'archipel tropical urbain des Petites Italies de São Paulo (1880-1940)", in Marie-Claude Blanc-Chaléard *et al.* (orgs.), *Les petites Italies dans le monde*, Rennes, PUR, 2007, p. 105-119.
56. Oswaldo Truzzi. *Sírios e libaneses: narrativas de história e cultura*, op. cit., p. 60-62.
57. Mônica Raisa Schpun e Laurette Wittner, "Centralité et intégration: essai de comparaison entre la Croix Rousse à Lyon et Liberdade à São Paulo", *Hommes & Migrations*, 1281, setembro e outubro de 2009, p. 76-83; Mônica Raisa Schpun, "Imigração japonesa no Brasil: cinco gerações em um século", *Studi emigrazione*, XLV, 170, abril e junho de 2008, p. 265-286.
58. Carlos Alberto Póvoa, *A territorialização dos judeus na cidade de São Paulo — SP: a migração do Bom Retiro ao Morumbi*, op. cit., p. 196.
59. As informações apresentadas nesta sequência, sobre a organização da comunidade judaico-alemã em São Paulo, foram retiradas, principalmente, de: Alice Irene Hirschberg, *Desafio e resposta: a história da Congregação Israelita Paulista desde a sua fundação*, op. cit., p. 33-109. Consultei também, dos arquivos da Congregação Israelita Paulista, hoje pertencentes ao Arquivo Histórico Judaico Brasileiro (AHJB, São Paulo), atas das reuniões da Diretoria, da Assembleia dos Representantes e do Conselho das Comissões para os anos 1937-1945. Algumas informações vêm, ainda, de Jayme Brener (coord.), *Um judaísmo para os nossos dias: 70 anos da Congregação Israelita Paulista*, op. cit., p. 21-37.

60. Marilia Freidenson e Gaby Becker (orgs.), *Passagem para a América: relatos da imigração judaica em São Paulo*, op. cit., p. 50-52.
61. Entrevista telefônica com Annelise Nachsin (Callmann, de solteira), 3 de março de 2009.
62. Amos Elon, *The Pity of it all: a portrait of the German-Jewish epoch, 1743-1933*, op. cit., p. 252-253.
63. Cf. Alice Irene Hirschberg, *Desafio e resposta: a história da Congregação Israelita Paulista desde sua fundação*, op. cit., p. 91, n. 39.
64. Elisa Caner, *Judeus-alemães no Brasil — um estudo dos depoimentos das vítimas do nazismo*, op. cit., p. 179.
65. Decreto nº 24.258, artigo 14º, parágrafo 2º, 16 de maio de 1934.
66. Alice Irene Hirschberg, *Desafio e resposta: a história da Congregação Israelita Paulista desde sua fundação*, op. cit., p. 47.
67. Carta do presidente do Conselho de Imigração e Colonização, João Carlos Muniz, ao ministro das Relações Exteriores, Oswaldo Aranha, 24 de maio de 1939, com carta recebida da Congregação Israelita Paulista, de 27 de abril de 1939.
68. Jayme Brener (coord.), *Um judaísmo para os nossos dias: 70 anos da Congregação Israelita Paulista*, op. cit., p. 27-28.
69. Alice Irene Hirschberg, *Desafio e resposta: a história da Congregação Israelita Paulista desde sua fundação*, p. 46-47.
70. Entrevista telefônica com Claudia Hess von Gabriel, 26 de agosto de 2009.
71. Decreto nº 3.010, artigo nº 163 de 20 de agosto de 1938.
72. Entrevista a Gaby Becker e Marilia Freidenson, 12 de novembro de 1991.
73. Entrevista com Maria Julia Hochfeld Baker, 8 de agosto de 2008.
74. Disponível em: http://www.jusbrasil.com.br/topicos/296952/titulo-precario (Dicionário *Saber Jurídico*, 2008).
75. Entrevista com Gaby Becker e Marília Freidenson, 12 de novembro de 1991.
76. Decreto-lei nº 1.532, artigo 2º de 23 de agosto de 1939.
77. Alexis Spire, "Histoire et ethnographie d'un sens pratique: le travail bureaucratique des agents du contrôle de l'immigration", *in* Pierre Fournier *et al.*, *Observer le travail: histoire, ethnographie, approches combinées*, Paris, La Découverte, 2008, p. 67 e 71.
78. Sobre o tema, ver Endrica Geraldo, *O "perigo alienígena": política imigratória e pensamento racial no governo Vargas (1930-1945)*, tese de doutorado, Unicamp, 2007, p. 64-69.
79. *Constituição dos Estados Unidos do Brasil*, 10 de novembro de 1937, artigo 150 ("Da Ordem Econômica"). Disponível em: http://www.planalto.gov.br/CCIVIL/Constituicao/Constitui%C3%A7ao37.htm.

80. Agradeço às observações feitas sobre este assunto por Maria Lucia Mott e pelas informações que me transmitiu, inclusive o artigo sobre o médico italiano Luigi Bogliolo (de Luiz Otávio Savassi Rocha), acolhido no Brasil naqueles anos. Cf. http://www.medicina.ufmg.br/cememor/arquivos/bogliolo.pdf. Agradeço também a Boris Casoy, pelos esclarecimentos que me forneceu.
81. Alfred Hirschberg, "The Economic Adjustment of Jewish Refugees in São Paulo", *Jewish Social Studies*, 7, janeiro de 1945, p. 37. Apud Jeffrey Lesser, *O Brasil e a questão judaica: imigração, diplomacia e preconceito*, op. cit., p. 137, n. 202.
82. Entrevista, 21 de agosto de 2008.
83. Entrevista telefônica com Selma Carneiro Felippe, 1º de agosto de 2010.
84. Entrevista telefônica com Marion Aracy Heilborn, 1º de agosto de 2010.
85. Idem.
86. Cf. entrevista com Gaby Becker e Marilia Freidenson.
87. Entrevista com Maria Julia Hochfeld Baker, 8 de agosto de 2008.
88. Entrevista com Grete Callmann e Susanne Caspary, 4 de julho de 2008.
89. Peter Gay, *My German Question: Growing Up in Nazi Berlin*, New Haven/Londres, Yale University Press, 1998, p. 176. (A tradução é minha.)
90. Fröhlich era o verdadeiro sobrenome da família. O primeiro membro a chegar aos Estados Unidos, um primo-irmão de Peter Gay, Hanns, decidiu traduzir seu nome (para Jack) e sobrenome, a fim de facilitar sua pronúncia pelos americanos. Os demais membros aprovaram a decisão e adotaram-na. Segundo Peter Gay, Hanns/Jack e sua avó materna tiveram sorte: ambos foram poupados da "Noite de Cristal", o primeiro tendo emigrado e a segunda tendo falecido em outubro de 1938, no mês que precedeu o pogrom. *My German Question: Growing up in Nazi Berlin*, op. cit., p. 170 e 131.
91. Informações fornecidas por Maria Julia Hochfeld Baker, por correio eletrônico, em 26 de agosto de 2009.
92. Entrevista com Maria Julia Hochfeld Baker, 8 de agosto de 2008.
93. Entrevista com Franklin Brauer, 9 de agosto de 2008.
94. Idem.
95. Cf. entrevista com Gaby Becker e Marilia Freidenson.
96. *Protokoll der Sitzung des Vorstander Mit den Mitarbeitern der Beratungsstelle* (ata da reunião da diretoria com os colaboradores do setor de orientação), 27 de junho de 1939, p. 3.
97. Idem, ibidem.
98. *Protokoll der Sitzung des Vorstander Mit den Mitarbeitern der Beratungsstelle* (ata da reunião da diretoria com os colaboradores do setor de orientação), 10 de julho de 1939, p. 4.

99 *Protokoll der Sitzung des Vorstander Mit den Mitarbeitern der Beratungsstelle* (ata da reunião da diretoria com os colaboradores do setor de orientação), 14 de agosto de 1939, p. 2-3.
100. Ata da reunião da Assembleia dos Representantes, 6 de setembro de 1939, p. 1.
101. Informação fornecida, por correio eletrônico, pelo filho, Arnaldo Franken, 7 de julho de 2009.
102 ˙ Cf. entrevista com Gaby Becker e Marilia Freidenson.

CAPÍTULO IV Retorno à terra natal: Aracy de Carvalho

Tendo ficado na Alemanha, em seu posto, após a vinda dos Levy para o Brasil, Aracy enfrentou a guerra, a partir de setembro do ano seguinte, e seus efeitos econômicos e morais sobre a população civil. Os primeiros sinais, seguidos de perto pela diplomacia brasileira como pelas demais, apareceram já antes da invasão da Polônia. No dia 23 de agosto de 1939, às 19h30, o cônsul Souza Ribeiro telegrafou ao Itamaraty, a fim de informar o ministério sobre a "situação política europeia":

> Deixando de comunicar as notícias gerais relativas à situação internacional e aos últimos acontecimentos passados na Alemanha dos quais, estou certo, Vossa Excelência está perfeitamente informado pela nossa Embaixada em Berlim, julgo do meu dever trazer ao conhecimento de Vossa Excelência dois fatos locais confirmadores da gravidade do momento presente: além das tropas que de um mês para cá têm passado por Hamburgo vindas do Norte na direção de leste, a título de manobras, depois de ter seguido com o mesmo destino guarnições constituídas por divisões completas, o exercito regular deixou os quartéis ontem com novas divisões inteiras ultimamente formadas de reservistas há poucos dias chamados às armas. Para esses movimentos de tropas tem sido requisitada grande quantidade de caminhões, automóveis particulares. Continuam as convocações num ritmo acelerado, sendo as pessoas acordadas durante a noite e encaminhadas rapidamente às casernas. Além disso, acabo de saber que todos os navios ingleses que se achavam no porto o abandonaram às pressas, sem mesmo tomar carga ou passageiros.[1]

Inicialmente, a invasão da Polônia estava prevista para começar dois dias depois do telegrama, na madrugada de 26 de agosto. Tendo sido adiada por Hitler, aconteceu na madrugada de 1º de setembro. As diversas representações diplomáticas assistiram *in loco* à preparação do ataque, com as tropas marchando através do país em direção à fronteira oriental, ao menos com um mês de antecedência. Aracy também fazia parte destas testemunhas diretas, deslocando-se pela cidade, conversando com amigos e conhecidos alemães, a começar por sua amiga e vizinha Elfriede Stankowiak, cujo filho combateu pela Wehrmacht. Ouvia também com certeza o que se dizia no meio diplomático ao qual pertencia e com o qual convivia cotidianamente.

O racionamento, que começou na Alemanha no mês anterior ao início da guerra, e a penúria crescentes devem tê-la atingido pessoalmente, como aos demais alemães, inclusive sua tia Lucy, já que atingiu até mesmo o consulado. Em dias muito frios, no inverno seguinte, este chegou a fechar, por falta de calefação:

> Por motivo de penuria de carvão e consequente falta de aquecimento, êste Consulado pela segunda vez esta semana, deixa de funcionar hoje, devido ao frio excessivo de zero graus nas salas da repartição e vinte abaixo de zero ao ar livre.[2]

Aracy viveu também o início dos bombardeios aliados sobre Hamburgo. Estes começaram de modo esporádico em 1940, visando as refinarias e a indústria naval, antes de se intensificarem em 1941, com os primeiros bombardeios tendo a zona urbana hamburguesa como objetivo central, entre março e junho daquele ano. Em maio, um bombardeio atingiu edifícios do centro da cidade, danificando a sede do consulado brasileiro. No dia 11, um domingo, o cônsul Souza Ribeiro telegrafou ao Itamaraty descrevendo os acontecimentos ocorridos na madrugada anterior. Naquela manhã, tendo sido avisado cedo, dirigiu-se ao local com seu adjunto João Guimarães Rosa e outros funcionários, a fim de avaliar os estragos. Retirou dali a "parte principal dos arquivos e os valores", levando todo o material para sua casa.[3]

Nessa época, Aracy já afastara o filho da cidade, mandando-o para um internato na Baviera. Em janeiro daquele ano foi visitá-lo, tendo escrito suas impressões à mãe, em Hamburgo. Não viajou sozinha, mas talvez com Guimarães Rosa, tendo utilizado a primeira pessoa do plural para precisar a duração da viagem ("ficaremos 4-5 dias"). O vilarejo — Marquartstein — era pequeno, tão pequeno que não possuía nem posto de polícia, observou, e a paisagem em torno, "sublime". Escreveu, ainda, que se podia comprar víveres sem cartões de racionamento, o que indicava que ali o filho seria menos atingido pela penúria de bens de primeira necessidade.[4]

Com a intensificação dos combates e dos bombardeios aéreos sobre a Alemanha, acabou decidindo pala partida do filho e da mãe para o Brasil; ambos atravessaram o Atlântico em plena guerra.[5] Em novembro de 1941, os dois já estavam em São Paulo, tendo chegado há pouco. Inscrito na escola alemã da cidade, a Olinda-Schule, Eduardo tinha como desafio integrar-se a uma sociedade da qual tinha se afastado com 5 anos de idade, e à qual não mais retornara desde então. Mas não vivia mais num país em guerra e, particularmente, naquele que a tinha provocado.

A situação na Alemanha piorou, especificamente para os cidadãos brasileiros, a partir do início de 1942. No dia 28 de janeiro, após a IIIª Reunião de Consultas dos Ministros das Relações Exteriores das Repúblicas Americanas, realizada naquele mês, no Rio de Janeiro, o Brasil anunciou o rompimento de suas relações diplomáticas e comerciais com os países do Eixo, alinhando-se com os Estados Unidos.

Já antes disso, com a deterioração da conjuntura internacional, no final de dezembro de 1941, documentos do consulado de Hamburgo foram incinerados. Aracy cuidou da queima de pedidos e registros de vistos, de passaportes em branco e outros documentos sob sua responsabilidade como "Encarregada do Serviço de Passaportes". João Guimarães Rosa, na qualidade de cônsul adjunto, conferiu as listas feitas por Aracy do material incinerado, e as coassinou. As instruções para tal foram dadas pela embaixada em Berlim, por um ofício datado de 16 de dezembro. Dois dias antes do anúncio oficial da decisão brasileira, em 26 de janeiro, Guimarães Rosa anotou ainda, à mão, num desses relatórios do material incinerado, que outros documentos também foram incluídos no lote, fazendo referência às próprias ordens dadas pela embaixada.[6]

A partir de fevereiro de 1942, submarinos alemães e italianos afundaram 13 navios brasileiros, sacrificando centenas de vidas. Nessa época também, os bombardeios aliados intensificaram-se em Hamburgo, onde os funcionários do consulado não permaneceram por muito tempo. De fato, após o rompimento oficial das relações diplomáticas pelo Brasil, os diplomatas brasileiros foram internados na estação termal de Baden-Baden, próxima à fronteira com a França, antes de serem trocados por diplomatas alemães servindo no Brasil. Aracy e João Guimarães Rosa passaram pouco mais de três meses ali com os colegas — do início de fevereiro ao final de maio —, antes de atravessarem de volta o Atlântico, num navio que tomaram em Lisboa. No final de agosto, o Brasil entrava finalmente na guerra junto aos Aliados.

Durante os meses de internamento em Baden-Baden, apesar da tensão, não sofreram grandes privações, além dos efeitos do racionamento na rotina alimentar, insuficiente, que não era uma especificidade daquele lugar. Foram também impedidos de sair do hotel onde estavam confinados. Durante aqueles meses, Aracy correspondeu-se com alguns amigos e amigas alemãs. Essas cartas mostram, por exemplo, que ela recebeu pacotes de café, graças à colaboração de um empregado da Hamburg-Süd, Wilhelm Unger, que lhe enviou duas cartas naquele período, em março e abril, onde se referiu ao assunto. Contra um cheque de 15 francos suíços para a firma Hans A. F. Hjertqvist, em Hamburgo, o Sr. Fehrendt, aparentemente um amigo, propôs-se a comprar-lhe um quilo de café. Segundo a referência feita por Unger à carta anterior de Aracy, esta não se queixara de sua estada em Baden-Baden, a não ser pelo passar moroso do tempo,[7] já que estavam todos condenados à espera ociosa.

Aracy não somente quis o quilo de café proposto, como dispunha dos 15 francos suíços e da possibilidade de enviar o cheque solicitado. Em sua carta de 17 de abril, Unger confirmou o recebimento do cheque e a compra do café, não somente para ela, mas também para o "Cônsul Rosa". Um cônsul peruano partiria no dia seguinte para Baden-Baden, levando a encomenda de café, além de um presente de aniversário para Aracy, festejado em abril, da parte da família Fehrendt. Sabendo que Aracy partiria em breve para Lisboa, foi a vez dele de fazer uma encomenda, de "peixe em conserva no óleo" da firma Marcus & Harting, no Rossio.

Aracy recebeu também uma correspondência bastante frequente de Elfriede Stankowiak, cujo filho estava no *front*, e que, por seu lado, recebia cartas enviadas por Aracy:

> Domingo triste, outros virão. Por que tudo isso, nós levávamos uma vida tão tranqüila juntos. Obrigada, minha cara, pela sua amizade. Graças à sua amizade e à de mamãe [referência a Sida, mãe de Aracy], retomei gosto pela vida.[8]

No momento em que Elfriede escreveu essa carta, Aracy ainda se encontrava em Berlim, onde fez escala, com os demais diplomatas, de 29 de janeiro a 11 de fevereiro, antes de ser encaminhada a Baden-Baden. A amiga aconselhou-a, então, no caso de precisar de algo, a procurar uma amiga comum, e lhe indicou seu endereço na capital do Reich. No dia 6 de fevereiro, Aracy recebeu em Berlim as informações sobre sua transferência para o balneário, que seria feita de trem junto com os demais diplomatas e funcionários brasileiros.[9]

Numa carta datada de 3 de maio, a mesma Elfriede referiu-se às condições de vida em Baden-Baden. Ao que tudo indica, as visitas eram autorizadas e Elfriede deslocou-se para ver a amiga: "em maio voltarei mais uma vez a Baden". Mesmo assim, "frequentemente desejei telefonar, mas não sei se é permitido". Enfim, respondendo às cartas que recebera de Aracy, comentou o fato de que esta estaria preocupada por não ter notícias da mãe e do filho. Segundo escreveu, a correspondência com o exterior era proibida; evocou, então, a eventual possibilidade de uma troca de cartas por intermédio da Cruz Vermelha, passando pela Suíça.[10]

Os telefonemas eram autorizados e Aracy telefonou à amiga, aparentemente para informar-lhe de sua partida já prevista para o Brasil: "Seu telefonema me deixou melancólica." Elfriede também podia telefonar, e marcou dia e hora para isso em sua nova carta.[11] Sua preocupação, na época, era de que a amiga partisse sem que as duas se vissem novamente. O que talvez tenha de fato acontecido.

Aracy também recebeu cartas de sua tia Lucy, de Harburg. No dia 15 de maio, esta escreveu pela última vez, desejando boa viagem à sobrinha ainda em Baden-Baden.[12] A partida já estava prevista e Aracy já prevenira os mais próximos. Deve também ter escrito a um certo Erwin Hartmann, já que, escrevendo no dia 1º de março, a amiga Elfriede anunciou que enviaria o endereço deste em sua próxima carta. No dia 23 do mesmo mês, Elfriede e Erwin Hartmann coassinaram um cartão para Aracy, mencionando que tinham estado juntos na noite anterior.[13]

No dia 24 de maio, o grupo de diplomatas e funcionários foi liberado e dirigiu-se para Portugal, de trem. Os diplomatas e funcionários brasileiros foram trocados pelos alemães, que tinham chegado do Brasil. Neste ínterim, Elfriede organizou a mudança de Aracy, como já administrara seus pagamentos e cuidara do seu apartamento — que seria alugado para outra pessoa — e do seu carro, prestando-lhe contas de tudo isso em sua correspondência. Para tal, antes de deixar Hamburgo, Aracy fizera-lhe uma procuração, datada de 29 de janeiro. Algumas cartas recebidas da companhia que cuidou do transporte dos móveis de Aracy, Bernhagen & Riege, mencionaram questões financeiras ligadas à mudança, que eram resolvidas por Elfriede. Os trâmites ligados ao empacotamento e armazenamento dos bens de Aracy começaram cerca de duas semanas antes da ruptura diplomática do Brasil com o Eixo. O primeiro documento da companhia existente nos arquivos de Aracy data de 14 de janeiro; trata-se de uma carta informando sobre as condições de guarda e de transporte dos bens.[14]

Ao deixar a Alemanha rumo ao Brasil, Aracy preparava-se para voltar ao país após oito anos de ausência, durante os quais só retornara uma vez, quando assinou seu divórcio. E vinha carregando a experiência recente da guerra vivida *in loco*. Em Lisboa, precisou esperar cerca de um mês até conseguir embarcar: a travessia do Atlântico não era algo simples em meados de 1942. Enquanto aguardava, escreveu para a mãe, expressando suas apreensões do momento. Seis anos tinham decorrido após a oficialização do divórcio. No entanto, ainda não se tratava de carta virada em sua vida. A perspectiva da volta trouxe o tema à tona com força nesta ponta extrema da Europa, onde só mesmo o oceano ainda a separava do Brasil, onde o olhar, dirigido para o largo, já podia imaginar as costas brasileiras.

O assunto continuava de fato a atormentá-la, propondo explicação para sua opção migratória e os longos anos de ausência. Mas não farei conjeturas sobre isso: ela mesma nunca se referiu diretamente ao assunto nos documentos de que disponho. Se podemos supor sem grandes riscos de errar que o desejo de separar-se do marido levou-a a se afastar do país, a duração dessa experiência migratória tornou-a progressivamente mais complexa, aberta a outros acontecimentos que desatualizaram as motivações iniciais, completando-as, transformando-as, substituindo-as. Contudo, podemos afirmar com certeza que seus anos hamburgueses foram um período decisivo de sua existência. Como estratégia de reconversão, permitiram que postergasse sua confrontação com a vida brasileira na nova situação de mulher e mãe divorciada, que só experimentara na Alemanha. Fora ali que, pela primeira vez, assumira responsabilidades profissionais e o sustento do filho. Fora ali também, graças justamente ao caráter aberto da experiência, que conhecera João Guimarães Rosa, seu segundo marido, com quem compartilharia a vida por muitos anos ainda. Em sua companhia estivera em Baden-Baden e estava fazendo o trajeto de retorno.

Carregando consigo uma nova e considerável bagagem íntima, resultante desses anos de grandes transformações em sua vida, verbalizou com força, na carta escrita à mãe, aquilo que concentrava suas angústias do momento. Referindo-se então ao ex-marido, escreveu:

> Tenho medo que ele me tire meu menino. Isso seria arrancá-lo de meu coração. Diga-me, francamente: Edu ainda pensa em mim? Se não for assim, não tenho mais vontade de nada. [...] Minha salvação está nele, sempre.[15]

Para Aracy, um ciclo se fechava com este retorno ao Brasil, que a afastara de sua vida anterior muito mais do que poderia ter imaginado antes da partida, e mesmo durante os primeiros anos vividos em Hamburgo. E à densidade da experiência acrescenta-se a duração da ausência, considerável. Isso também deve ter originado ou aumentado preocupações e temores, e aprofundado sua angústia maior, sobre a qual se debruçou durante a pausa lisboeta, antes de levantar âncora definitivamente, em confissão feita à mãe. Nas cartas da época ainda disponíveis, esta foi a única expressão de seus sentimentos em relação à volta, envolta num grande desejo depois do último período passado em Hamburgo, Berlim e Baden-Baden.

Nesta história cruzada, Aracy chegou ao Brasil alguns anos depois daqueles cuja partida facilitara. Como vimos, estes estavam se instalando, aprendendo a língua, inserindo-se na vida paulistana, no mercado de trabalho, integrando-se à sociedade brasileira. E contavam, para tudo isso, com apoio maior ou menor, segundo o caso, com redes informais de conhecidos e familiares e com a Congregação Israelita Paulista.

ELOS PARTIDOS

Em agosto de 1942, quando assistiram à declaração brasileira de guerra aos nazistas, Margarethe e Hugo Levy já detinham a permanência definitiva no país. Por causa dos conflitos, e das dificuldades em se atravessar o Atlântico, Margarethe estava sem notícias da irmã, na Palestina, e da mãe, que ficara em Hamburgo.

Segundo sua narrativa, a mãe não quisera emigrar no mesmo momento em que as filhas o fizeram, preferindo permanecer em sua casa, na crença de que não corria riscos. Ao abordar esse ponto, Margarethe insistiu na situação privilegiada da família, na casa confortável onde abundavam tapetes, quadros e outros objetos de valor. Isso mesmo levando em conta que a situação dos judeus poloneses vivendo na Alemanha não era das melhores. Afinal, a "Noite de Cristal" foi organizada usando o pretexto do assassinato de um funcionário da embaixada alemã em Paris depois da expulsão de cerca de 20 mil judeus poloneses pelos alemães, que os obrigaram a atravessar a fronteira da Polônia.

Apesar de dizer que a mãe não quisera emigrar com as filhas, Margarethe afirmou ter ido ao consulado polonês, na manhã seguinte à "Noite de Cristal", para regularizar seu passaporte, já pensando na emigração.

Afirmou ainda que, do Brasil, continuou tentando regularizar a documentação da mãe, para tirá-la da Europa, tendo tido dificuldades junto à representação diplomática polonesa local. Mas não soube ser mais precisa sobre o assunto. A verdade é que os nazistas não foram os únicos a querer desfazer-se dos judeus poloneses vivendo na Alemanha e na Áustria: o governo polonês não os queria também. No final de março de 1938, logo após o Anschluss, o Parlamento polonês votou uma lei estabelecendo diversos casos em que se poderia doravante privar de cidadania os poloneses vivendo no exterior. Além disso, um decreto datado de 6 de outubro obrigava os poloneses no exterior a validarem seus passaportes junto às representações consulares antes do final do mês. Assim, sob pretexto de verificação administrativa, mas já visando à aplicação da lei de desnacionalização, o governo polonês anulou de fato uma grande quantidade de passaportes de judeus vivendo no Reich, deixando-os numa posição extremamente vulnerável, a começar quanto a qualquer projeto de emigração.[16]

Sem que os judeus fossem explicitamente mencionados na nova legislação, esta foi, na verdade, a resposta encontrada pelos poloneses à ameaça hitleriana, cumprida pouco depois, de repatriamento de cerca de 20 mil judeus poloneses. Estes corriam sérios riscos, segundo a nova legislação polonesa, de tornarem-se apátridas e serem proibidos de retornar ao país de origem, que vivia, além disso, um contexto de explosão antissemita.

Foi nesse contexto que Margarethe teve — ou começou a ter — dificuldades para regularizar o passaporte de sua mãe, possibilitando sua emigração. Por sorte, o passaporte de Rosa não foi retido, nem ela privada da nacionalidade polonesa. Mas a situação não se resolveu facilmente e, no Brasil, Margarethe não encontrou uma situação mais favorável junto aos representantes diplomáticos da Polônia. Segundo me disse, quando finalmente conseguiu organizar a papelada, estando pronta para trazer sua mãe, esta já tinha deixado a Alemanha, indo para a Bélgica, onde tinha uma irmã. Margarethe não soube precisar esse calendário, mas segundo o dossiê que entregou à Presidência Regional de Finanças, Rosa começou a preparar sua emigração em março de 1939. Antecipando o fato, os nazistas começaram a se preocupar com sua eventual partida desde janeiro, quando um documento interno, presente em seu dossiê da Presidência Regional de Finanças, lançou o alerta:

> Fui informado de que a judia Rosa Bertel, domiciliada em Hamburgo, Ifflandstr. 8, emigrou.
> Pergunto: quais os bens da pessoa em questão e onde foram depositados?
> Existem outros fatos sobre as intenções de emigração da pessoa em questão? O assunto é urgente, queiram fazer o necessário.

Cinco dias depois, uma resposta manuscrita esclarecia: "Soube que a Sra. B. não emigrou." O autor da nota acrescentou dados tirados de um documento datado do ano anterior, reproduzindo valores referentes à soma existente na conta bancária da Bertel & Krebs, além de quantias em dinheiro líquido e em títulos bancários. Terminou dizendo que "a Sra. B. é polonesa e submetida ao imposto sobre os bens dos judeus". Uma outra nota da polícia confirmava o endereço residencial de Rosa, baseando-se num registro de 1925, e informava seu nome de solteira, sua data e local de nascimento. Rosa e sua fortuna estavam na mira dos nazistas.

Rosa permaneceu em Hamburgo até março. No dia 1º, preencheu um formulário de solicitação de emigração para a Palestina, onde afirmava, remetendo à sua declaração de imposto de renda do ano anterior, ter ganho 26.434,08 marcos, dos quais 21.500 advinham da "venda de sua empresa" para Wilhem Dirrigl, em janeiro de 1938. Declarou ainda a posse de metade de uma propriedade em Cracóvia — herança do marido, da qual as filhas possuíam um quarto cada uma. Duas pessoas deviam-lhe dinheiro: Meier Rosenblatt & Co., de Cernauti (735 marcos) e Ignazio Krebs, de Trieste (1.837,50 marcos). Em folhas anexas, declarou aquilo que possuía em ações e em diferentes contas bancárias (quase 150 mil marcos), sendo que algumas dessas contas eram conjuntas com Martin Krebs, nas quais restava pouco dinheiro. Assinou, enfim, uma "declaração de honra" segundo a qual não deixava dívidas.

No dia seguinte, o Banco de Dresde dirigiu-se à Presidência Regional de Finanças pedindo confirmação do paradeiro de Rosa e de seu genro: segundo as informações de que dispunha, ambos "encontra[va]m-se no exterior". Tratava-se provavelmente de saber o que fazer com a conta conjunta deles e a individual de Rosa, que faziam parte do espaço em separado reservado pelo banco às contas de judeus. Martin, tendo partido há mais tempo, tinha contas bloqueadas, como Hugo e Margarethe; Rosa, ainda não.

Rosa deixou o país sem demora, antes mesmo de resolver suas questões financeiras, delegando a um advogado a continuação do processo. Em meados do mês, um novo documento da Presidência Regional de Finanças interrogava sobre seu endereço residencial, ou o último que teria ocupado em Hamburgo, e sobre a data de sua declaração de partida. Três dias mais tarde, um informe da polícia estabelecia que ela ainda não tinha deixado seu apartamento, mas, "segundo informações de seus empregados, [devia] estar em Bruxelas" ("Pension Osborne, rue Bosquet 67"). E acrescentava: "seu retorno é incerto." De fato, Rosa deixou seu apartamento ainda ocupado por seus pertences, mas não pagou o aluguel. Simplesmente se mudou. Deve ter cedido ao medo. E, em Bruxelas, instalou-se num outro endereço após a passagem pela pensão mencionada: 42, rue de l'Industrie.

Seu advogado escreveu à Presidência Regional de Finanças no dia 24 de março, confirmando que ela estava em Bruxelas e não voltaria mais a Hamburgo. Apresentou, então, sua demanda oficial de emigração, o que significava submeter sua fortuna aos nazistas. O advogado em questão, Herbert Israel Samson, apresentava-se como "consultor", apesar de usar o título de "Dr.", indicativo da profissão na qual se formara e da qual fora destituído. De fato, sob seu nome, impresso no alto da página, figura um carimbo esclarecendo que ele "só pode exercer seu ofício aconselhando judeus". Como os demais advogados judeus, Samson fora proibido de exercer a advocacia, de atender a uma clientela não judia e mesmo de apresentar-se como advogado, o termo "consultor" substituindo o anterior.

Este primeiro documento foi coassinado por Samson e Edgar Israel Haas, que, ocupando a mesma posição profissional e social de seu colega, cuidou do dossiê de Rosa dali em diante.

No início de abril, um documento da Presidência Regional de Finanças trazia a lista das diversas contas bancárias de Rosa, tal como ela mesma apresentara em março, estipulando que, sendo emigrante, ela estava submetida à limitação de exportação de capitais. Enquanto isso, seu dinheiro ficou sob estrito controle nazista: Edgar Haas precisava pedir autorização à Presidência Regional de Finanças para cada gasto. Assim, como Rosa partiu sem concluir sua mudança, a cada mês Haas devia pagar o aluguel de 170 marcos do apartamento. E, para tal, solicitava permissão diante das faturas regulares da firma Arnold Hertz & Co., proprietária do imóvel. Outras dívidas e despesas deixadas ou criadas por Rosa eram tratadas do mesmo modo. Assim, em junho de 1939, Haas solicitou autorização para fazer uma "doação" de 100 marcos em nome de Rosa, de nacionalidade polonesa, ao consulado polonês em Hamburgo. Ela aguardava certamente em Bruxelas a regularização de seus papéis para poder de fato emigrar, como previra. No mesmo mês, quis doar 300 marcos a uma sobrinha doente, Rosa Acker, que vivia em Viena e escreveu à Presidência Regional de Finanças "aceitando" a doação da tia. Um montante muito maior, de 3 mil marcos, referia-se aos honorários e às despesas de Ernst Israel Kaufmann; outros, menores, pagaram os novos óculos de Rosa e seu seguro contra acidentes. Haas solicitou, enfim, a retirada de seus próprios honorários, de mil marcos.

Os nazistas começaram também a passar o pente fino em seu patrimônio. No final de junho, Haas apresentou uma avaliação da propriedade polonesa herdada do marido, da qual Rosa possuía metade. Sua parte foi avaliada em 45 mil marcos e os quartos de cada uma das filhas, em 12.500 marcos. No dia seguinte, os nazistas autorizaram a retirada de 45 mil marcos de uma de suas contas bancárias. Tratava-se de imposto cobrado de Rosa, como judia, para poder emigrar: ela precisou entregar aos nazistas o equivalente àquilo que possuía na Polônia, pagando-lhes por um bem que estava fora do país.

Em julho, finalmente, Haas solicitou autorização para a expedição para a Palestina da mudança de Rosa, que, no início do mês, segundo uma nota interna e manuscrita da Presidência Regional de Finanças, recebera de Krebs uma doação importante, de 40 mil marcos, provavelmente necessários para poder partir. Quanto à sua emigração, Margarethe nunca me disse que a mãe contava ir para a Palestina, onde estava Helena. Afirmou querer trazê-la para o Brasil e chegou mesmo a declarar que conseguira o visto de entrada. Talvez tenha efetivamente pensado nisso, depois que a emigração da Alemanha resolveu-se e que a mãe estava livre para deixar a Europa. Mas o Brasil não foi mencionado como uma opção de Rosa em seus papéis da época, onde só aparece a Palestina.

Em todo caso, após a "doação" de 100 marcos ao consulado polonês, Rosa estava pronta para emigrar, e Haas passou a cuidar do assunto, declarando seus bens, seu capital e seus investimentos financeiros. Organizou também a lista detalhada daquilo que compunha a mudança, entre móveis, objetos utilitários e decorativos e peças de vestuário. A prataria, bem como os objetos banhados em prata, foram avaliados e empacotados por uma firma especializada, a joalheria J. G. Clasen, a quem Haas pagou 28 marcos pelo serviço prestado.

Entre agosto e setembro, Haas continuou pagando pequenas faturas em nome de Rosa, sempre com autorização da Presidência Regional de Finanças, já que suas contas seguiam bloqueadas, e fez algumas transferências bancárias, separando o dinheiro que ela detinha em comum com Martin Krebs e reunindo todo o capital de Rosa numa só conta. Além disso, pagou as despesas referentes à empregada doméstica de Rosa, Elisabeth Kölln (salário e seguro-saúde).

O último documento de seu dossiê assinado por Haas traz a data de 2 de dezembro de 1939. Ele solicitou então, pela última vez, autorização para pagar uma fatura de 78 marcos à companhia Schenker & Co., que embalou e guardou a mudança de Rosa. Tratava-se da despesa com o guarda-móveis e com o seguro dos bens que estavam armazenados esperando o despacho.

Rosa não emigrou. Segundo a versão de Margarethe, confirmada por sua sobrinha, quando os papéis estavam prontos, ela recusou-se a deixar a

Europa sem antes despedir-se de seus numerosos irmãos que viviam na época... em Varsóvia. Assim, de Bruxelas, sob o olhar distante e provavelmente angustiado das filhas, uma na Palestina, esperando-a, a outra no Brasil, ela atravessou a Europa de trem e entrou na Polônia. Nem Margarethe nem sua sobrinha souberam precisar quando isso aconteceu. Mas foi depois do final de agosto, pois a última assinatura de Rosa que aparece em seu dossiê data de 23 de agosto, quando ela entregou à Presidência Regional de Finanças um questionário impresso tratando da mudança, já pronta a ser despachada. Ela pode ter demorado mais para viajar, pois Haas era seu procurador e mesmo antes disso já assinava por ela. Sua assinatura era necessária somente em documentos que condicionavam a liberação de sua emigração. Mesmo assim, a última assinatura data de pouco antes da invasão da Polônia. Ou seja, ainda que tenha tomado seu trem logo em seguida, sua chegada em Varsóvia não deve ter precedido de muito a tomada da capital polonesa pelos alemães, no final de setembro.

Sobre isso, as duas versões de que disponho diferem. Segundo Margarethe, que se emocionou pela primeira e única vez em nossos encontros quando falou nesse assunto, ao descer do trem em Varsóvia, sua mãe foi imediatamente presa pelos alemães, sendo deportada e assassinada em seguida. Segundo sua sobrinha, pouco depois da chegada de Rosa em Varsóvia, os alemães cercaram o gueto, do qual ela não pôde mais sair.

O gueto de Varsóvia foi criado em outubro de 1940, bem depois da chegada de Rosa. Porém, outras medidas antissemitas foram tomadas logo no início da ocupação do país. Desde novembro de 1939, os nazistas instituíram a obrigação do porte da braçadeira branca com a estrela de davi azul, versão polonesa da estrela amarela usada no peito nos demais países ocupados. Rosa usou a braçadeira, segundo declaração feita mais tarde por suas filhas, a partir de 1º de dezembro. Além disso, desde janeiro de 1940, os judeus poloneses foram proibidos de utilizar trens, o que impôs um obstáculo legal definitivo à saída de Rosa do país. E, efetivamente, quando os nazistas criaram o gueto, ela estava ali, e ali ficou. Mais tarde, Jakub Orfinger (sobrenome de solteira de Rosa) e Danuta Engiusia Zararewich, sobreviventes, testemunharam que ela esteve no gueto, e que foi deportada dali no dia 2 de julho de 1942.

As deportações em massa do gueto de Varsóvia começaram um pouco mais tarde, no dia 22 de julho, em direção a Treblinka, campo situado a 80 quilômetros de Varsóvia, que começou a funcionar no dia seguinte como campo de extermínação. Entre 22 de julho e 12 de setembro daquele ano, 300 mil judeus do gueto foram deportados e exterminados.

A data da morte de Rosa é desconhecida. Sua mudança permaneceu encaixotada nos guarda-volumes. Haas emigrou, escondeu-se ou foi deportado, não escrevendo mais nada sobre Rosa após dezembro de 1939; ela foi considerada membro da comunidade judaica de Hamburgo até o início do mês anterior.

Segundo Peggy Marlow, ainda houve contato entre Rosa e as filhas no início de sua estada em Varsóvia. Rosa teria querido que alguém viesse buscá-la ali, tirando-a da Polônia. Mas nem Helena, na Palestina, nem Margarethe, no Brasil, teriam aceitado fazê-lo. Tal deslocamento teria sido praticamente um suicídio. Não sei quão frequente era sua correspondência com a mãe naqueles tempos, mas no final de 1939, com Varsóvia ocupada, Margarethe tinha razões de sobra para se preocupar, sobretudo quando as cartas rarearam até deixarem de chegar. O silêncio prolongou-se por alguns anos que, nesse sentido, devem ter sido longos a passar. Sem notícias da mãe durante os anos de guerra, as filhas descobriram, só depois, que não a reveriam mais, como tantos outros em relação a seus parentes próximos, dentre os quais Albert Feis e as filhas.

O destino de Rosa diferiu até certo ponto do de Ilka Alice Feis. Ao contrário de Ilka, enquanto Rosa esteve em Hamburgo e em Bruxelas, não passou dificuldades financeiras. Os pedidos de Haas para retirar dinheiro de suas contas foram esparsos e referiam-se a gastos esporádicos, não às despesas cotidianas e vitais de Rosa, para as quais aparentemente dispunha de recursos suficientes. Quando passou a viver dificuldades reais, na Polônia, não estava mais em contato com as filhas. Não existe nenhum registro de sua vida de então.

Diferentemente de Rosa, Ilka ficou em Hamburgo por mais tempo, até outubro de 1941, quando foi deportada para o gueto de Lodz, na Polônia, junto com outros 1.033 judeus, dos quais mais de mil não sobreviveram. Rosa conseguiu sair antes, esperando na Bélgica a autorização de emigrar, que chegou a tempo, antes da invasão alemã do país. Sua decisão de viajar de Bruxelas — onde vivia em segurança e de onde já tinha tudo organizado para emigrar — para Varsóvia é, hoje, espantosa. E já deve ter sido na época, para as filhas, incapazes, de longe, de impedir tal deslocamento. A angústia deve ter pesado tanto para Margarethe quanto para Helena. Como interpretar tal ato?

Empresto aqui palavras de Saul Friedländer. Estas fornecem, a meu ver, a única resposta plausível a essa indagação, que deve ter martelado durante anos os pensamentos das duas filhas de Rosa. Friedländer defende a importância de recuperar e entremear, com as histórias pessoais das vítimas, as análises mais frequentes da máquina nazista, da sociedade alemã e do contexto internacional da época, produzindo uma interpretação que articula "diversos ângulos de abordagem", "níveis de realidade inteiramente diferentes". A seu ver, só as vozes das vítimas podem revelar "o que se sabia na época e o que se *teria podido saber*; só elas transmitem ao mesmo tempo a percepção clara e a cegueira total de seres humanos diante de uma realidade inédita e aterrorizante". Essa abordagem visa a tornar presente "a consciência que as vítimas impotentes do regime tiveram de uma realidade absurda, mas alarmante, de um mundo ao mesmo tempo grotesco e glacial sob o verniz de uma normalidade ainda mais glacial".[17]

No caso de Rosa, disponho somente do silêncio que marcou o período posterior a sua viagem sem volta para a Polônia. As reflexões de Friedländer permitem imaginar como essa senhora de 56 anos (em 1939), que vivera até então uma vida extremamente confortável, apesar de judia e de polonesa em solo alemão, interpretou, sozinha, os acontecimentos que a cercavam — "inéditos, aterrorizantes, grotescos e glaciais". O absurdo da nova realidade apavorava e desconcertava. Isso talvez tenha impedido Rosa de medir com clareza os riscos que corria. Ela pode ter ficado confusa em meio à violência, desorientada pelo próprio medo, recusando os conselhos de prudência que não devem ter sido poucos, da parte das filhas e dos parentes de Bruxelas. Mas pode também ter vislumbrado o desaparecimento de um mundo ao qual pertencia.

Obstinando-se a revê-lo pela última vez, ao deslocar-se, estaria resistindo a essa absurda perspectiva de destruição total.

Enquanto Rosa estava em Bruxelas, e mesmo no início de sua estada em Varsóvia, os pais de Hans Hochfeld, Alfred e Julie, ainda viviam em Hamburgo, como Ilka Feis. Alfred não trabalhava mais desde 1938, e os dois viviam numa "casa judaica", provavelmente dependendo da assistência da comunidade judaica da cidade, como uma parcela cada vez maior dos judeus alemães, tendo em vista os passos largos com que avançavam a exclusão social e as perseguições. A nora brasileira do casal, Isolina, fez tudo o que pôde no Brasil para trazer os sogros, em vão.

A partir de 19 de setembro de 1941, os dois passaram a portar a estrela amarela no peito, do mesmo modo que Ilka Feis, deportada no dia 25 do mês seguinte. Foram deportados pela Gestapo de Hamburgo para o campo de Theresienstadt, perto de Praga, como muitos outros judeus da cidade, no dia 16 de julho de 1942, pelo transporte nº 364 — VI/1. Ficaram ali até a primavera de 1944. Em abril, Julie, então com 64 anos, foi deportada para Auschwitz, e assassinada. Alfred, um ano mais jovem que a esposa, seguiu o mesmo caminho em maio. Depois de 1942, provavelmente no momento da deportação, Hans não teve mais notícias dos pais, até descobrir que estavam mortos, com o final da guerra. Outros membros da família Hochfeld tiveram o mesmo fim: Emil, Julius, Kurt, Martha e Matthias.

Seu amigo Horst Brauer também perdeu a mãe, após uma tentativa fracassada de trazê-la para o Brasil no início de 1940. Para isso, as autoridades brasileiras exigiram uma certidão de nascimento que provasse a filiação. Clara tentou consegui-la, na época, junto aos nazistas. Assim, escreveu às autoridades competentes, em janeiro, dizendo que seu filho não tinha mais conta bancária na Alemanha e solicitando se poderia pagar em seu nome as taxas cobradas para a obtenção do documento: sua "emigração depende[ia] deste certificado". Sem resposta, voltou a escrever no início de fevereiro e juntou à carta um documento provando que o filho vivia de fato no Brasil e uma declaração sua, indicando suas intenções de partir ao seu encontro. Alguns dias depois, recebeu uma recusa oral, feita por telefone, à qual se referiu em nova carta escrita naquele mesmo dia. Enfrentou a mesma recusa mais duas vezes: aparentemente desconfiados, os responsáveis pela certidão de nascimento disseram não ter certeza, que a concessão da certidão fosse "benéfica" para Horst, que não estava pessoalmente presente para solicitá-la. Depois disso, nada mais existe no dossiê do rapaz. Clara permaneceu em Hamburgo até novembro de 1941, quando foi deportada para o gueto de Minsk e assassinada.

Minsk era a capital da República Socialista Soviética da Bielorrússia; foi ocupada pelas tropas alemãs pouco depois da invasão da União Soviética, em junho de 1941. O gueto foi criado em 20 de julho, confinando uma população de cerca de 85 mil judeus da cidade e da região. Entre novembro de 1941 e outubro de 1942, mais de 35 mil judeus da Alemanha, da Áustria e da Tchecoslováquia foram deportados para Minsk. Destes, uma parte foi executada ao chegar, seja por balas, nas duas florestas próximas à cidade, seja em caminhões especialmente previstos, desde o início de 1942, para o extermínio de judeus por gás de escapamento. Mas a maioria foi confinada num segundo gueto ("Gueto Especial") e mantida separada da população judaica local, que vivia no primeiro gueto. Em maio de 1942, os nazistas criaram um campo de extermínio em Maly Trostinets, a poucos quilômetros de Minsk. No mês anterior, uma ordem fora dada por Reinhard Heydrich[18] para que todos os judeus de Minsk, inclusive os alemães, fossem exterminados. Destes últimos, a maioria dos que sobreviveram ao duro inverno de 1941-1942 foi assassinada em julho de 1942.

Os judeus de Hamburgo foram os primeiros a ser trazidos da Alemanha para Minsk: no dia 8 de novembro de 1941, 990 hamburgueses foram deportados para esse destino. Um segundo trem partiu de Bremen dez dias mais tarde, trazendo, entre outros, 408 judeus de Hamburgo.[19] Tendo saído de Hamburgo no final de 1941, Clara devia estar num dos dois grupos. O gueto foi esvaziado pelos nazistas no outono de 1943; somente dez judeus alemães e três austríacos estavam vivos na cidade quando esta foi liberada pelo exército vermelho, em julho de 1944. Clara não estava entre eles.

Atualmente, existe em Hamburgo um projeto que visa a recuperar a memória dos judeus da cidade assassinados pelos nazistas. Seus nomes são inscritos em paralelepípedos de metal dourado colocados perto dos últimos endereços em que viveram. Estes desenham um percurso que atrai para o chão a vista dos passantes, tornando-os mais atentos ao andar, obrigando-os, de certo modo, a não desviarem o olhar daqueles que pereceram sob o olhar indiferente do mundo. Clara Nanny Brauer encontra-se, assim, homenageada.[20]

Grete Callmann também viu seus pais, Pauline (1876-1945) e Abraham Oppenheimer (1876-1945), pela última vez antes de emigrar, e soube como tantos outros que estes tinham sido deportados e assassinados, enquanto reconstruía a vida no Brasil ao lado do marido. Günter e Inge Heilborn viveram a mesma experiência.

A verdade é que muitas pessoas idosas ficaram para trás, vendo partir as crianças e os jovens da família. As mulheres também, paradoxalmente, apesar de terem manifestado maior disponibilidade em emigrar, mobilizando-se para isso com maior frequência, ficaram em maior quantidade na Alemanha do que os homens. Primeiro porque os homens tinham mais dificuldade em se empregar do que elas, que ainda conseguiam encontrar empregos, ainda que menos valorizados, inclusive dentro da própria comunidade judaica. Além disso, muitos homens tinham contatos profissionais no exterior, que facilitaram sua partida. Pensando em partir antes e trazer a família depois, muitos não conseguiram realizar a segunda parte do projeto. E, enfim, os homens corriam mais riscos, como vimos, principalmente depois da "Noite de Cristal". Assim, combinando essa série de razões, muitas vezes, as filhas ficaram para cuidar dos pais idosos, enquanto os filhos partiram. Esse fato foi observado já na época, inclusive por organismos judaicos responsáveis pela emigração. No caso dos judeus cujos itinerários estou seguindo aqui, vários tentaram trazer os pais depois de terem chegado ao Brasil, sem sucesso.

Pouco depois disso, quando as notícias dos familiares se interromperam, Aracy de Carvalho deixou o hotel alemão de Baden-Baden, onde fora detida com seus colegas, para atravessar a Europa no sentido contrário àquele percorrido antes por Rosa Bertel, rumo a Lisboa.

PONTE AÉREA

Depois de Hamburgo, João Guimarães Rosa foi para Bogotá, onde fora designado para trabalhar como segundo secretário da embaixada. Ali permaneceu de setembro de 1942 até abril de 1944. Aracy não o acompanhou nesta viagem.

Segundo Margarethe, dois membros de um mesmo casal não poderiam trabalhar ao mesmo tempo no Itamaraty e, por isso, Aracy teria abdicado de sua carreira após a volta ao Brasil. Isso não é exato, sobretudo porque, oficialmente, eles ainda não formavam um casal na época. A começar pelo fato de que Guimarães Rosa ainda não estava legalmente separado da primeira mulher: seu desquite foi legalizado em abril de 1943, durante sua estada na Colômbia.

Naquele período, Aracy ficou em São Paulo, morando com a mãe e o filho, colocando a vida em ordem e, mais especificamente, segundo seu filho, organizando sua vida financeira.[21] Aracy tinha alguns imóveis em São Paulo e o ex-marido deixara uma casa para o filho no momento do divórcio. Os três viviam, como antes, no bairro de Perdizes, na rua Itapicuru, 927. Eduardo frequentava a escola alemã e talvez também o clube Pinheiros, antigo Germania, fundado pelos imigrantes alemães, do qual sua avó era sócia.

Segundo Eduardo Tess, como funcionária do Ministério das Relações Exteriores, Aracy também recebeu novas propostas de trabalho ao voltar da Alemanha: poderia ter escolhido entre os cargos de vice-cônsul na Guiana Francesa ou de terceira secretária da embaixada brasileira em Quito. Mas recusou as nomeações em função da vida conjugal com João Guimarães Rosa, que o casal decidira concretizar. Pediu então sua demissão do ministério. Ainda segundo seu filho, precisou tomar as providências burocráticas decorrentes dessa demissão, o que a obrigou a ir ao Rio de Janeiro mais de uma vez. Aproveitava tais viagens para regularizar também a situação escolar do filho no Ministério da Educação, pois os anos cursados na Alemanha (1º e 2º ginasial) precisavam ser reconhecidos oficialmente.[22] Essas idas e vindas à capital foram o aperitivo da vida vindoura, quando ali se instalou por longos anos.

Na volta de Bogotá, no final de abril de 1944, Guimarães Rosa assumiu funções na sede do Itamaraty, no Rio de Janeiro, onde permaneceu até agosto de 1948. Foi aí que Aracy mudou-se de São Paulo e instalou-se pela primeira vez na mesma casa que João Guimarães Rosa. Instalou-se antes de ter casamento passado no papel, o que não era anódino para uma mulher das camadas médias, vivendo já então num ambiente ligado à diplomacia. O fato de não tê-lo feito em sua cidade, mas na capital, onde dispunha de maior anonimato, pode ter ajudado, mas não a poupou certamente da dose de coragem e decisão exigidas pela situação, num país em que nem a lei nem a moral vigente avalizavam a vida conjugal de duas pessoas já divorciadas.

Seu filho Eduardo tinha 15 anos, estava estudando em São Paulo e não seguiu a mãe para o Rio de Janeiro, permanecendo com a avó. Aracy vinha regularmente visitá-los, e o filho ia passar férias com ela. Eduardo fixou-se definitivamente em São Paulo, onde cursou a faculdade de direito, casou-se e teve seus filhos, que também passavam férias no Rio de Janeiro com a avó.[23]

Depois dos primeiros anos de vida conjugal, Aracy e Guimarães Rosa casaram-se por procuração no México, no dia 20 de agosto de 1948. Viveram juntos até a morte dele, em 1967. No mesmo mês do casamento, Guimarães Rosa foi mandado para a embaixada brasileira em Paris e, desta vez, Aracy o acompanhou, já legalmente casada. Chegou à França no início de setembro, permanecendo ali com o marido por dois anos e meio, até março de 1951, quando voltaram ao Rio de Janeiro. Dali em diante, Guimarães Rosa não ocupou mais postos no exterior e o casal instalou-se definitivamente na capital federal. Em pouco tempo, estavam vivendo em Copacabana, no nº 33 da rua Francisco Otaviano, apartamento 501, com vista para a praia do Arpoador, a dois passos do Forte de Copacabana. Depois do falecimento de Guimarães Rosa, Aracy viveu ainda vários anos ali, viúva, antes de voltar a São Paulo e se instalar na casa do filho e da nora. No início, frequentava a igreja de Copacabana, perto de sua casa. No dia da morte do marido, ela estava justamente assistindo a uma missa nessa igreja.[24]

Sempre pronta a defender a amiga e a evitar que esta ficasse na sombra do marido diplomata e escritor, Margarethe insistiu na beleza do apartamento em que o casal vivia e, principalmente, no fato de que o imóvel era dela — e não dele.[25] De fato, Aracy parece tê-lo comprado com antecedência, já prevendo essa mudança para o Rio de Janeiro. Em outubro de 1942, a amiga Lili Pimentel, que vivia ali com o marido Américo, escreveu a Aracy e mencionou tais planos, aparentemente ainda embrionários:

> Você me manda perguntar se seria bom escrever a companhia "Tijucamar" sobre os terrenos. Eu acho que você faz bem em se comunicar com a companhia, por que assim talvez seja mais fácil para quando você chegar aqui poder realizar logo o negocio.[26]

Mas voltemos um pouco atrás. Nos primeiros anos, Aracy viveu em São Paulo, enquanto João Guimarães Rosa estava em Bogotá.

ELO REFEITO

A vida de Aracy foi silenciosa nesse período. Se preencheu suas agendas, como fizera nos primeiros anos em Hamburgo, estas não sobreviveram e não fazem parte do acervo público de seu arquivo. Não há correspondência com a mãe, pois ambas estavam na mesma cidade. A correspondência com os amigos alemães também ficou interrompida durante os anos da guerra e, se houve correspondência trocada com Guimarães Rosa, entre São Paulo e Bogotá, não tive acesso a esse material. E são anos preciosos para a história contada aqui. Voltando, e instalando-se em São Paulo, também retomou contato com Margarethe Levy e pode mantê-lo com maior assiduidade do que o faria após a mudança para o Rio de Janeiro — sem contar o período passado em Paris, a partir de 1948.

A relação entre as duas nesse período de reencontro, os momentos que passaram juntas, suas conversas ao vivo ou por telefone, suas atividades, amigos e conhecidos comuns são, assim, impossíveis de serem reconstruídos, a não ser por alguns elementos magros e descontínuos, presentes nos arquivos de Aracy, e por algumas referências feitas por Margarethe e por Eduardo Tess.

Na narrativa de Margarethe, os fatos corriqueiros foram mais difíceis de recuperar, ficando na sombra dos momentos mais fortes e, quanto a Aracy, dos seus "feitos" em relação à imigração de seus protegidos. Contudo, apesar dessas dificuldades, do deserto onde se inserem os oásis de informações disponíveis, o que podemos dizer da retomada de contato entre Margarethe e Aracy a partir de 1942?

Em primeiro lugar, sabemos que Margarethe tinha meios de manter-se informada sobre a vida e a volta da amiga, pois não perdera contato com sua mãe. Tanto Sida quanto o neto Eduardo eram pacientes do consultório de Hugo Levy, onde Margarethe também trabalhava.[27] Ambos voltaram ao Brasil nos últimos meses de 1941, trazendo notícias frescas de Aracy.

Podemos dizer também que o reencontro das duas amigas em São Paulo fez-se num contexto de ruptura forte na vida de ambas. Para Margarethe, a imigração basta para explicar todas as transformações vividas. Seu cotidiano paulistano era muito diverso do hamburguês. Em Hamburgo, afora os tensos e conturbados últimos meses, suas preocupações e ocupações principais giravam em torno de sua vida privada, individual, conjugal e social. Sua rotina estava totalmente afastada de qualquer embaraço ou obrigação profissional. Muito mais jovem que o marido, um dentista com nome já feito no momento do casamento, ela era, ao que tudo indica, ao mesmo tempo amada e mimada por Hugo, conforme afirmou Peggy Marlow: "ele a adorava, ela obtinha [dele] tudo que desejava".[28] No Brasil, passou também a ter responsabilidades profissionais e financeiras: atendia os pacientes no consultório do marido, função exercida em Hamburgo pela assistente Else Köster, e cuidava das finanças do casal, aplicando-as, procurando aumentar seu patrimônio.

As duas atividades não implicavam a mesma transformação em sua rotina: o trabalho no consultório — com o qual "não tinha nada que ver"[29] na Alemanha — exigia assiduidade e uma mínima regularidade de horários, tomando a dianteira nas mudanças experimentadas em seu dia a dia pós-migratório. As responsabilidades financeiras demandavam um ritmo intermitente e mais flexível, deslocamentos mais variados, e tarefas a serem cumpridas em casa — contas. Por outro lado, é possível que ela já fosse, em Hamburgo, a "financista"[30] do casal, já tendo prática nessas atividades, apesar da iniciação necessária à economia brasileira. Na divisão dos papéis entre o casal, Margarethe pode muito bem ter se encarregado desde o início da administração do capital. Assim, no momento da emigração, quando deu provas de um agudo senso prático, talvez estivesse aplicando conhecimentos já adquiridos. Hugo, por seu lado, era, sempre segundo a descrição feita por Eduardo Tess, do tipo "desligado", absorvido pela atividade médica e dentária que desenvolvia.[31]

Foi assim que a vida das duas amigas se inverteu, em certo sentido, no momento de seu reencontro. Pois na Alemanha — e foi a própria Margarethe quem salientou esse aspecto, que lhe pareceu digno de nota[32] —, era Aracy quem vivia sob as regras de um emprego com horários fixos, no consulado. No Brasil, ainda que sem depender de salário, Margarethe não dispunha mais (tão) livremente de seus dias como antes, passando a colaborar com o marido num arranjo conjugal que, para os Levy, era fruto da experiência e da ruptura migratória vivida.

Quanto a Aracy, demitindo-se do ministério, não se empregou mais. Sua vida privada passou, então, a ocupar o centro de sua organização cotidiana. Nos primeiros anos, sua vida familiar era composta por sua mãe e pelo filho. A partir de 1944, quando se instalou no Rio de Janeiro, para além das férias e visitas mútuas entre ela, a mãe e o filho, residindo em São Paulo, seu eixo familiar tornou-se conjugal, em torno à vida com João Guimarães Rosa. Quase como no caso de Margarethe, que não tinha filhos, perto ou longe. Porém, Aracy não auxiliava Guimarães Rosa naquela época; ele tinha sua rotina no ministério. Ela passou a ter, como Margarethe antes, autonomia completa quanto à gestão de seu cotidiano. Ao mesmo tempo, tornara-se dona de casa, sem mais exercer atividade remunerada e sem mais depender de, ou contar com, seu próprio salário para viver.

Um outro aspecto da nova vida das duas mulheres faz pensar nessa inversão. As viagens que marcaram a vida alemã de Margarethe, antes e depois de seu casamento, e que ela tanto valorizava, praticamente cessaram depois da imigração. No Brasil, passou a ter uma vida muito mais sedentária do que antes. O período cosmopolita, no qual aprendera e praticara várias línguas, encerrara-se. A guerra pode ter sido, quanto a isso, uma ruptura brutal nas relações com a Europa. E viajar sozinha, como fizera antes, não era algo adaptado à nova situação brasileira, tanto do ponto de vista dos usos e costumes e da cultura local quanto das distâncias continentais que se impunham — contrariamente àquelas separando a Alemanha de seus vizinhos europeus. Sem contar a densa rede ferroviária europeia, que facilitava já então os deslocamentos, e era inexistente no Brasil. Sua sobrinha me disse que a primeira vez em que as irmãs se reviram após a guerra foi durante uma viagem feita aos Estados Unidos pelos Levy, pensada justamente com a finalidade de retomarem contato. Isso ocorreu no 60° aniversário de Hugo, que festejaram ali, em 1952. Não se lembrou de outras situações como aquela.[33] Vale dizer que a idade avançada de Hugo também pode ter jogado contra a mobilidade do casal.

O inverso estava acontecendo com Aracy. Para ela, a estada na Alemanha já fora marcada por várias viagens, com o filho, com Guimarães Rosa, com amigos, sozinha. E na volta isso não terminou. Após o período de São Paulo, ela mudou-se para a capital do país. E teve depois de alguns anos, uma nova experiência europeia, durante os anos parisienses do casal. Na época, os dois descobriram juntos a Itália, que seduziu particularmente Guimarães Rosa.[34] Na França, já oficialmente casada, Aracy não exercia qualquer função oficial na embaixada. Não sendo mais funcionária do ministério, como em Hamburgo, não enfrentava os mesmos constrangimentos cotidianos com horários, obrigações, hierarquias. Talvez pudesse organizar seu dia a dia com a mesma liberdade de que dispunha Margarethe em Hamburgo, sobretudo antes do início das perseguições nazistas, que devem ter transformado sua economia de vida.

Aracy vivia então um período de sua vida mais leve de preocupações: o filho estava crescido, cursando a faculdade de direito. Veio encontrá-la na Europa para uma viagem de férias, mas já estava criado, não dependia mais dos cuidados da mãe. E o sustento, tanto do filho, quanto o seu próprio, não era mais uma fonte de inquietações, não suscitava mais cálculos e estratégias constantes, como fora o caso nos primeiros anos da vida em Hamburgo, antes de encontrar emprego e, em seguida ter seu contrato assinado e o salário dobrado.

Não que Aracy detivesse, depois de 1944, a posição socioeconômica privilegiada de Margarethe em Hamburgo. A posição de Margarethe era muito mais favorável, e não somente após o casamento, como vimos. Mas Aracy passou a viver com mais folga, em todos os sentidos.

Além disso, com o desenvolvimento progressivo e paralelo da carreira literária de Guimarães Rosa, o meio social de Aracy também se transformou. Se ela guardou amigos e amigas próximos de tempos anteriores, as frequentações do casal giravam muito em torno do mundo literário do marido. E depois de sua morte, Aracy manteve as amizades mais próximas desse universo.

A diferença entre os caminhos traçados pelas duas amigas é, sobre todos esses aspectos, flagrante, e descortina a realidade contrastante que suas migrações cruzadas trouxeram às suas vidas.

Resta dizer, quanto a isso, que um desnível existiu entre os deslocamentos das duas, que marcou de outra forma essas diferenças, assimétricas. Aracy afastou-se de seu país num momento pessoal difícil e ficou muitos anos no exterior — talvez tivesse ficado ainda mais tempo se não fosse a guerra, fator maior (e geral) de desestruturação. A partir de 1942, com a bagagem e a experiência acumuladas, começou vida nova, mas em seu país, perto de membros próximos e caros da família — mãe, tia, filho. Ainda que tenha viajado novamente, por alguns anos, o fez graças à diplomacia brasileira, sem perder o vínculo principal com o país.

Além disso, não tinha mais razões pessoais para afastar-se do Brasil. Tendo viajado estrategicamente em 1934, não voltou ao Brasil, em 1942, com uma mão na frente e a outra atrás. Trouxe, ao contrário, uma configuração de vida pessoal melhor do que aquela que a levara a partir. Dali em diante, com o recuo apaziguador em relação ao divórcio, sua vida estruturou-se de outro modo, e para melhor.

Margarethe viveu algo bem diferente com sua imigração. Demorou muito antes de retornar pela primeira vez ao país de origem; quando o fez, Hugo não vivia mais. Após a guerra, enfrentou a descoberta do destino de sua mãe e, de modo mais geral, do judaísmo europeu; pôde então medir exatamente do que escapara. A ruptura foi, em seu caso, muito maior, apesar de ter-se integrado no Brasil sem grandes percalços, como fez questão de frisar em nossos encontros. Entretanto, em relação às duas amigas, foi justamente graças a essa ruptura, ao seu desenraizamento, que se encontraram e reencontraram.

CONVERGÊNCIAS

Na Alemanha, Hugo e Margarethe tinham o hábito de frequentar as estações de vilegiatura do país, no Báltico. Margarethe guardou excelentes recordações dessas praias, muito a seu gosto, e chegou a mostrar-me fotos do casal ali, de maiô. Depois da publicação das Leis de Nuremberg, quando os nazistas começaram a fechar cada vez mais o acesso dos judeus ao espaço público, a questão dos balneários do Báltico veio à tona e trouxe dificuldades. Pois, para evitar o contato, objetivo central da segregação, não bastava impedir os judeus de fazer turismo nesses locais valorizados pelos alemães. O problema era mais complexo, retratando a real inserção dos judeus no tecido social alemão, uma realidade que exigiu inúmeras medidas e muita repressão para ser anulada.[35] De fato, boa parte das pensões localizadas naquela costa, inclusive algumas das mais apreciadas, pertencia a judeus, e, apesar das sucessivas chamadas a boicote, os alemães não desistiram facilmente de alojarem-se em tais estabelecimentos. Estes só foram arianizados na primavera de 1938, poucos meses antes da emigração dos Levy.[36]

A presença dos judeus nos balneários da região foi proibida, junto com outras medidas, após a "Noite de Cristal", ainda que iniciativas espontâneas já existissem, aumentando progressivamente a hostilidade e a segregação. As placas que indicavam, na fachada dos estabelecimentos, que a presença dos judeus era proibida, não esperaram a decisão da cúpula do regime antes de multiplicarem-se. Quando os decretos nesse sentido foram publicados, os Levy já não tinham certamente mais desejo nem ocasião para uma viagem às praias, pois Hugo estava escondido e Margarethe ocupada em apressar ao máximo a partida. E eles talvez já não visitassem a região há mais tempo, devido ao contexto geral.

O que não apagou as lembranças agradáveis, que Margarethe evocou comigo, nem eliminou o gosto que tinham pelas estações balneárias sofisticadas. Esse gosto foi adaptado à realidade, ao clima e à paisagem brasileira. Hugo e Margarethe tinham um apartamento em Guarujá, no litoral paulista. Apesar de não encontrarem ali o mesmo perfil arquitetônico dos balneários alemães, com as construções de madeira branca da virada do século, nem o clima e a água fria do Báltico, puderam aproveitar de uma cidade praieira aprazível e que se manteve bastante elitizada até ao menos o final dos anos 1960. No início do século XX, o lugar era frequentado por famílias das elites paulistas. Em suas memórias, Laura Oliveira Rodrigo Octávio recorda-se de férias passadas ali em 1913, e do ambiente da sociabilidade exclusiva:

> Projetaram então, ele [seu pai] e mamãe, uma temporada em Guarujá para o mês de junho. [...]
> E íamos para o *bouquet* da granfinagem paulista: Prados, Penteados, Chaves, Prates e... nós também.
> Do nosso tope eram as Villares, Sylvia Valladão, Carlota Queiroz, Albertininha Prado Oliveira.
> Uma das senhoras se deu ao luxo de não repetir um só vestido e trocava dois por dia; era Lucilla Chaves Prado, filha do Elias Chaves, casada com Plínio Prado. As três Penteado, Antonieta, Eglantina e Stella, casadas com Prado; Sara Pinto Conceição, no auge de sua beleza jovem. A irmã, Candinha Pinto, iniciou um namoro com o Guilherme Prates e até agora continuam firmes, casados.[37]

Ali, a mesma autora afirmou ter sido hóspede, com sua mãe, em 1903, do chalé da família Mesquita, proprietária de *O Estado de S. Paulo*.[38] Foi ainda em Guarujá, vários anos mais tarde, que, provavelmente não por acaso, o requintadíssimo Alberto Santos Dumont suicidou-se, em 1932.[39]

Margarethe disse-me que Aracy gostava muito de Guarujá e que chegou a levá-la várias vezes consigo, em fins de semana. Era de fato um lugar familiar para Aracy, já que seu pai fora proprietário do cassino do Grande Hotel daquele balneário, tendo recebido ali, com certeza, o círculo seleto de famílias mencionadas por Laura Rodrigo Octávio.

Entretanto, as ocasiões em que as duas amigas puderam viajar juntas, e não somente para Guarujá, não devem ter sido extremamente numerosas. Eduardo Tess, que não tinha lembranças nesse sentido, precisou mesmo assim que quando a mãe morava no Rio de Janeiro e vinha para São Paulo, não somente ficava pouco tempo — e em geral nos finais de semana —, como vinha com o objetivo de vê-lo, e à mãe.[40] Não sei se Margarethe já tinha esse apartamento na praia durante o período que se seguiu à volta de Aracy ao Brasil, quando viveu em São Paulo, tendo mais condições de conviver com a amiga alemã. Mesmo assim, trouxe uma visão mais intensa da relação entre as duas. Se confirmou que Aracy vinha a São Paulo "para ver a mãe", afirmou com segurança que nessas ocasiões a amiga nunca deixava de procurá-la, que o contato nunca se arrefeceu. E, ao falar das idas a Guarujá, usou a fórmula "muitas vezes", acrescentando que Aracy apreciava muito esses convites e esses finais de semana que passaram juntas ali. Mas nunca saberemos ao certo quantas vezes fizeram tal programa, com qual frequência, quando e, principalmente, o que faziam juntas durante essas estadas, sobre o que conversavam...

No período em que Aracy viveu em São Paulo, naqueles anos ainda marcados pela guerra na Europa, algumas pistas existem quanto a uma atividade e a uma preocupação comum às duas amigas. Durante nossas entrevistas, Margarethe mencionou o fato de ter participado, naqueles anos, de alguns bailes organizados em benefício dos países Aliados. Segundo me explicou, o objetivo era recolher dinheiro para o esforço de guerra e auxiliar as populações civis desses países. Assim, as mulheres voluntárias — e era esse seu papel — dançavam com os presentes e cobravam para isso uma taxa, ou cuidavam do bar, vendendo bebidas, tudo em benefício do país para o qual o evento beneficente fora organizado. Mencionou rapidamente durante sua descrição a presença, nessas ocasiões, de mulheres das famílias judias mais proeminentes da época, que tinham razões de sobra para colaborar com tal causa.

Nos arquivos de Aracy existem algumas cartas de agradecimento à sua participação em eventos correlatos, ainda que o termo "baile" não apareça. Assim, em 14 de abril de 1944, o presidente da Sociedade Francesa de Beneficência 14 de Julho, Maurice Demolein, escreveu-lhe para agradecer sua participação numa recepção durante a qual "encarregou-se amavelmente dos serviços do bar, com a mais perfeita eficiência e excelentes resultados". Tratava-se na verdade de um "Cocktail das Nações Unidas" em favor do Comité de Secours Français aux Victimes de Guerre (Comitê Francês de Socorro às Vítimas da Guerra). Maurice Demolein era próximo de Jacques Funke, ex-combatente francês vivendo em São Paulo já há vários anos e que dirigia naquele tempo o Comité de la France Libre de São Paulo, fundado em 1940.[41] Quatro dias mais tarde, o próprio Funke assinou uma carta em francês agradecendo a colaboração "tão preciosa e tão produtiva" que Aracy dera àquela mesma festa, realizada no dia 12 de abril, nos salões do São Paulo Athletic Club, um clube paulistano fundado por ingleses. Os eventos desse tipo multiplicaram-se: no dia 15 de junho, o conde Emmanuel de Benningsen, um especialista da presença russa no Brasil, agradeceu a colaboração de Aracy num "festival" organizado pelo Subcomitê Russo em São Paulo de Socorro às Vítimas da Guerra. O subcomitê do mesmo tipo, desta vez dinamarquês, também agradeceu sua ajuda, em carta datada de 21 de junho, numa festa em benefício das vítimas da guerra na Dinamarca e na Grã-Bretanha.

Naquela época, a guerra estava em sua fase final e o ambiente dessas recepções deve ter sido marcado pelo otimismo da vitória que se anunciava: em maio daquele ano, todo o território soviético fora liberado da presença alemã; no início de junho, as tropas aliadas entraram em Roma; no final de agosto, Paris foi liberada e, em setembro, os Aliados entraram na Alemanha.

Depois do final dos conflitos, Aracy recebeu mais uma dessas cartas. O Comitê Britânico de Socorro às Vítimas da Guerra escreveu-lhe, em 22 de janeiro de 1946, quando ela já vivia no Rio de Janeiro, para um agradecimento mais geral, mencionando os "serviços" que teria prestado nos festivais "Cocktails Nações Unidas". O autor da carta mencionou especificamente sua ajuda no "Bar Aliados", referindo-se, talvez, ao primeiro evento citado. Agradeceu-lhe, ainda, por uma doação que teria feito, de uma "pulseira-relógio valiosa".[42]

Esta "pulseira-relógio" talvez seja a mesma que constituiu verdadeiro assunto entre as duas mulheres, e à qual Margarethe referiu-se longamente durante uma de nossas entrevistas.[43] A joia pertencia à esposa do peleteiro de Margarethe, Brager, já mencionado, que também teria contado com a ajuda de Aracy para emigrar. Aracy o teria colocado em contato com sua tia Martha, de São Paulo, que chegou a ajudá-los financeiramente após a chegada. Segundo consta do Registro de Estrangeiros da Delegacia Especializada de Estrangeiros da Secretaria da Segurança Pública de São Paulo, o casal realmente desembarcou no Brasil pelo porto de Santos, em janeiro de 1939, tendo viajado no *Cap Arcona*.[44] Traziam vistos temporários concedidos pelo consulado de Hamburgo, sobre passaportes concedidos em Berlim, o que era uma irregularidade.

Margarethe declarou que, antes de partir da Alemanha, o casal teria deixado uma pulseira-relógio "de brilhantes" sob os cuidados de Aracy, para não ter de entregá-la aos nazistas. Ela trouxe a joia para o Brasil, mas não soube mais do paradeiro do casal — que também não consegui localizar. Margarethe também não sabia onde eles viviam. Em sua opinião — e teria defendido a ideia junto à amiga — Aracy tinha todo o direito de guardar a joia, e, se não quisesse guardá-la para si, deveria doá-la à igreja que frequentava, para obras sociais ou de caridade. É bem provável que as duas tenham conversado mais de uma vez sobre o assunto, procurando localizar os interessados ou confabulando sobre um fim justo para a joia, tendo em vista o silêncio dos donos.

Enfim, quanto aos "bailes" e "cocktails", se nada prova que as duas amigas tenham participado dos mesmos eventos, é bem possível que isso tenha acontecido; em todo caso, apareceram tanto na fala de Margarethe quanto no arquivo de Aracy: ambas parecem ter se mobilizado pelas mesmas iniciativas beneméritas. E este pode bem ter sido mais um assunto de conversas, antes e depois de cada evento, de telefonemas trocados, além de motivo para encontros, para tarefas compartilhadas, apresentação mútua de pessoas amigas e conhecidas, pertença a redes de sociabilidade comuns. Afinal ambas eram sensíveis ao problema em questão por suas experiências respectivas, por suas relações com a Europa em guerra, e com a Alemanha em particular. Assim, uma parte nada desprezível dos interesses, das preocupações e das atividades das duas mulheres durante aqueles anos paulistanos ainda as reunia e alimentava seu convívio.

Isso dito, nem todas as informações de que disponho referem-se a convergências entre as duas. Suas rotinas respectivas, já muito diversas em Hamburgo, não se aproximaram mais no Brasil, e inclusive inverteram-se em certos aspectos, como vimos.

DIVERGÊNCIAS

Para além das novas responsabilidades financeiras e profissionais de Margarethe em São Paulo, ela possuía menos elos familiares, enquanto Aracy estava perto dos seus, inserida num círculo amplo do qual faziam parte não somente os familiares e amigos mais próximos, mas também parentes afastados e conhecidos. Afinal, vivia em sua terra de origem.

Quanto a Margarethe, ainda que a vida conjugal tenha adquirido um peso maior após a imigração, com o corte brusco nas redes de relações familiares e de sociabilidade e o desenraizamento, sua vida paulistana não trazia o signo do isolamento e da solidão, longe disso. Para a reconstrução das redes de sociabilidade, já que o casal não frequentava a CIP, os eixos iniciais vieram provavelmente da irmã e do cunhado de Hugo, já instalados há mais tempo na cidade, e de alguns contatos feitos por Aracy, além dos pacientes que circulavam no consultório de Hugo. Quanto a esses últimos, podemos imaginar como operou o senso prático de Margarethe, já que a multiplicação das redes de sociabilidade era central para alimentar o consultório, que expandiria também, em retorno, as frequentações do casal. Daí a urgência em tecer novamente tais teias, urgência que não deve ter-lhe escapado, nem representado uma tarefa árdua. Seu perfil pendia nesse sentido e o processo deve ter sido rápido.

Assim, ela mesma referiu-se à vida que levava com o marido na casa desenhada por Flávio de Carvalho como sendo uma vida "muito agitada [...], de amizades", com "muitas visitas". Sua descrição evoca, com efeito, um entra e sai incessante e animado, uma sociabilidade intensa e mundana, no mesmo registro da vida hamburguesa do casal. Nesse sentido, apesar das rupturas que já mencionei, uma diferença entre Margarethe e Aracy que já existia em Hamburgo atravessou com elas o Atlântico em direção ao Brasil.

Margarethe não se privou da sociabilidade intensa à qual estava habituada. Já Aracy, segundo descreveu seu filho, levava com Guimarães Rosa no Rio de Janeiro uma vida muito caseira, frequentando um círculo de amigos íntimos. Guimarães Rosa não gostava de teatro, nem de sair muito, gostava de comer em casa, além de ter hábitos regrados, segundo Eduardo Tess. E Aracy o acompanhava, mantendo com ele um cotidiano sossegado, de pouca vida noturna, no qual o casal seguia as novelas na televisão, que ambos apreciavam.[45] Ainda que este lazer não tenha começado nos anos 1940, adquirindo importância mais tarde, a menção feita a isso contribui para dar o tom da economia de vida do casal.

Essa descrição não parece estar em contradição com o estilo de vida anterior de Aracy: quando festejou seu aniversário de 1937, por exemplo, escreveu à mãe dizendo que convidara um pequeno grupo para o chá.[46] Nada a ver com a agitação e o entra e sai descritos por Margarethe.

Ainda segundo Eduardo Tess, Margarethe era uma exímia jogadora de bridge, e tinha "um grupo forte" com o qual jogava regularmente. Nem Hugo nem Aracy compartilhavam tal gosto com ela, que já o trouxera de Hamburgo, pois na lista de seus bens feita para os nazistas antes de emigrar, figurava justamente uma mesa de bridge, que trouxe consigo para São Paulo. Quanto a Aracy, anos mais tarde, já no Rio de Janeiro, criou gosto pelas cartas e jogava buraco, sempre segundo seu filho, mas nunca aderiu ao hobby de Margarethe.[47]

As duas práticas diferem muito, o bridge sendo bem mais marcado por conotações de distinção social. Uma sociabilidade muito mais seletiva desenvolvia-se certamente através das sessões de bridge de Margarethe do que nas tardes de buraco de Aracy. As regras e o hábito do bridge permanecem menos difundidos e acessíveis do que a arte do buraco, pretexto mais leve para uma sociabilidade mais solta, menos ritualizada, menos restrita.

Mas voltemos à descrição feita por Margarethe acerca de sua vida social. Um detalhe nada marginal guiou suas lembranças quanto a esse ponto: descreveu seus hábitos e o ambiente em questão para mencionar uma situação bem específica na qual Aracy participou do quadro geral. Lembrou-se de uma ocasião em que a casa estava cheia, como costumava ser o caso, e a amiga, tendo chegado do Rio de Janeiro, entrou de repente, de surpresa, participando da reunião.[48] Se a lembrança de Margarethe foi precisa, indica uma relação de amizade bastante íntima, que dava lugar a uma improvisação sem cerimônia dessa ordem, com Aracy "aparecendo" em sua casa — e de surpresa. O flash de memória indica ainda uma disponibilidade de Aracy para situações de vida social cujo tom mundano difere do cotidiano que passara a levar com o marido, de suas formas de sociabilidade e de lazer habituais. De fato, ao descrever a entrada inesperada de Aracy em sua casa, numa ocasião qualquer de "reunião" social, ela não pareceu cogitar que a amiga não estivesse plenamente de acordo com o tom geral da sociabilidade vigente ali.

Aracy parece ter sempre circulado com muita facilidade em meios muito diversos, sem qualquer embaraço. Entendia-se tanto com seus amigos e amigas alemães de Hamburgo, como a vizinha Elfriede Stankowiak, quanto com aqueles do meio diplomático, como o cônsul Mauro Pontes, de quem ela e Guimarães Rosa permaneceram amigos depois da volta ao Brasil, ou com Lili e Américo Pimentel, militar próximo à cúpula de Getúlio, com os Levy, ou ainda com os amigos do círculo literário de Guimarães Rosa, como Pedro Bloch e Franklin de Oliveira, entre outros. Sua simpatia, louvada por aqueles a quem ajudou no consulado, que leram tal qualidade como sendo um aspecto de sua generosidade, facilitava-lhe na verdade os contatos sociais de modo geral, em diversos ambientes.

Assim, se passou a conviver cada vez mais, no Rio de Janeiro, com o círculo de amizades de Guimarães Rosa, ligado ao Itamaraty, e, depois, à literatura, nem por isso deixou de frequentar as amizades que tinha ali, em muitos casos anteriores à sua vida conjugal com o escritor. Assim, já quando voltou de Hamburgo para cuidar do divórcio, em 1935, não ficou em São Paulo, mas no Rio de Janeiro, onde assinou os papéis; prolongou sua estada, pois estava tentando conseguir o emprego no consulado, mas permaneceu na capital federal. Nas cartas enviadas à mãe, que estava em Hamburgo, referiu-se aos amigos cariocas que a recebiam, que a apoiavam. Na avenida Atlântica 790, a poucos quilômetros de onde se instalou mais tarde com Guimarães Rosa, moravam Lili e Américo Pimentel, cuja amizade cultivou desde meados dos anos 1930. Sem contar conhecimentos novos, encontrados no dia a dia carioca, em seu prédio, na vizinhança, na igreja. Além disso, sempre indicando possuir um círculo de amizades próprio, independente da vida conjugal, foi duas vezes sozinha aos Estados Unidos, para visitar amigos. E ia e vinha entre o Rio de Janeiro e São Paulo. Nos dias que passava na capital paulista, suas horas eram rapidamente preenchidas pelos encontros com familiares, amigos e amigas — dentre as quais Margarethe.

Mas antes de avançar no tempo carioca de Aracy, voltemos a São Paulo — e a Margarethe. Pouco tempo depois da ida de Aracy para o Rio de Janeiro, a guerra chegou a seu fim, e com ela vieram as revelações sobre a exterminação dos judeus e a certeza do desaparecimento de Rosa Bertel. A visão que Margarethe tem de Aracy é, sem sombra de dúvida, inseparável da percepção de que esta fez por ela e pelo marido aquilo que ela própria, ou a irmã, não conseguiram fazer pela mãe: tirá-la do inferno nazista em que a Europa tinha-se convertido.

Isso faz pensar que a relação entre as duas passava pelo sentimento de reconhecimento, que de fato atravessou a narrativa de Margarethe. Esta sempre viu sua saída da Alemanha e sua entrada no Brasil sob o signo de uma convicção maior: sua sorte deveu-se à intervenção arriscada e corajosa de Aracy. Ficou, assim, profundamente grata à amiga. Mas a gratidão — ou o reconhecimento — é um sentimento de mão única, enquanto a amizade, para existir, exige reciprocidade.

Interroguei-a especificamente sobre essa questão em diversos momentos de nossas entrevistas. Suas respostas foram sempre claras: "[entre nós] tinha grande amizade, querida." Quando insisti no assunto, frisando que gostaria de saber se, para além do sentimento visivelmente forte que ela tinha por Aracy, a recíproca era verdadeira, Margarethe foi ainda mais clara: "A amizade dela era uma intimidade muito grande que ela tinha comigo." Segundo afirmou, Aracy fez-lhe confidências muito íntimas, tendo sentido necessidade disso em certos momentos de sua vida: "tinha intimidade que era para mim, e vai ficar para mim, e ninguém vai saber." Indo mais longe, afirmou que, quanto a isso, a relação não era simétrica, pois ela mesma nunca teve intimidade com ninguém além do marido, nem com a mãe, nem com a irmã, nem com nenhuma amiga, inclusive Aracy. Repeti então uma última vez: "mas o inverso era verdadeiro?", antes de obter o derradeiro, discreto e fiel "hum hum". Isso confirma uma das primeiras afirmações feitas por Margarethe acerca da relação entre elas, logo no início de nossas entrevistas. Quis saber se eu conhecia a expressão "amor à primeira vista", e disse que este existia também entre mulheres, e que ocorreu entre elas, desde o primeiro encontro, no consulado.

COMPENSAR

Em setembro de 1951, o chanceler da República Federal da Alemanha, Konrad Adenauer, fez diante do parlamento alemão a seguinte declaração, amplamente divulgada, repetida e lembrada em seguida:

> Crimes indescritíveis foram perpetrados em nome do povo alemão, exigindo compensações morais e materiais [...] o governo federal está pronto, juntamente com os representantes do povo judeu e do Estado de Israel [...] a encontrar uma solução ao problema das reparações materiais e a facilitar assim a reconstrução moral.

Esse discurso era o resultado ainda não formalizado de reflexões e negociações iniciadas desde sua eleição, em setembro de 1949, junto aos seus partidários, aos membros do novo governo alemão, ao Estado de Israel e às organizações judaicas internacionais. Estas últimas apresentaram suas "reivindicações materiais" logo após o final da guerra.[49]

Adenauer fora eleito ainda durante a ocupação do país pelos três países Aliados, Estados Unidos, França e Inglaterra, que dividiram depois da guerra a zona ocidental da antiga Alemanha. Desde maio de 1949, esta dispunha de uma nova Constituição.

Durante seu mandato, o novo chanceler tratou de modo prioritário a delicada problemática da relação dos alemães com a memória alemã do período recente e, ao mesmo tempo, a da reintegração do país às democracias ocidentais. Distanciando-se da União Soviética num contexto de Guerra Fria, afirmou, em seus discursos, os princípios democrata-cristãos da formação à qual pertencia, enfatizando nesse registro os valores de dignidade humana, de liberdade, de igualdade dos cidadãos perante a lei — e de legalidade. Manifestava assim, ao mesmo tempo, sua oposição ao bloco comunista e ao passado nazista.[50]

Na verdade, desde 1947 diversas leis tinham sido criadas em cada uma das zonas de ocupação alemã, no sentido de garantir restituições e reparações às vítimas do nazismo. Mas estas eram diferenciadas e desiguais segundo o governo de ocupação, sendo muitas vezes deixadas a cargo dos dirigentes regionais alemães. As organizações judaicas reivindicavam leis homogêneas para toda a Alemanha Ocidental, mobilizando-se nesse sentido, sobretudo a partir de 1951, quando começaram a entrever o período em que as forças de ocupação deixariam o território alemão.

As reivindicações judaicas foram incluídas pelos Aliados nos diversos termos das negociações que levaram ao fim do governo de ocupação do país. Assim, em setembro de 1952, um ano depois do reconhecimento público feito por Adenauer da responsabilidade dos crimes nazistas cometidos contra os judeus, um acordo foi assinado em Luxemburgo pelo chanceler alemão, pelo ministro israelense das Relações Exteriores, Moshé Sharett, e por Nahum Goldmann.

Goldmann era presidente do Congresso Judaico Mundial. No mês seguinte à declaração feita por Adenauer diante do parlamento alemão, ele convocou uma reunião de 23 organizações judaicas americanas e internacionais, que se reuniram em Nova York para tratar das reivindicações materiais a serem feitas ao governo alemão. O resultado mais importante desse encontro foi a criação da Conference on Jewish

Material Claims Against Germany (Conferência sobre as reclamações materiais dos judeus contra a Alemanha), mais conhecida como Claims Conference. Esta tinha por tarefa negociar com o governo alemão as indenizações devidas aos judeus individualmente, e ao povo judeu, de modo coletivo, pelos danos causados durante o Holocausto. A direção da nova organização coube ao próprio Goldmann.

O acordo assinado com a Claims Conference, que nos interessa diretamente aqui, tinha duas partes. A primeira previa a promulgação de leis referentes à compensação das vítimas do nazismo graças a indenizações e restituições ligadas às perseguições sofridas. Para tal, três leis foram promulgadas na Alemanha Ocidental entre 1953 e 1965. Estas se referiram especificamente ao quadro de indenizações às vítimas pelos danos pessoais e profissionais sofridos. A primeira delas, a Lei Federal de Indenizações (1953), retomava os princípios adotados pela legislação aplicada na zona de ocupação americana e substituía-se às iniciativas regionais adotadas até então; o texto recebeu emendas nos anos seguintes. A Lei das Restituições, promulgada em 1957, previa compensações pelas perdas de valores pessoais, contas bancárias e outros bens móveis confiscados pelos nazistas. Em 1964, o governo alemão aprovou emendas a esta última lei, aumentando o volume dos pagamentos e ampliando o leque de casos previstos.

Pela segunda parte do acordo assinado, o governo alemão comprometeu-se a prover a Claims Conference com a soma de 450 milhões de marcos, para que esta pudesse prover assistência e contribuir com a reinserção social e reinstalação das vítimas judias no mundo todo. Entre outras iniciativas, a Claims Conference financiou auxílio jurídico para centenas de milhares de vítimas do nazismo que desejavam reclamar indenizações e restituições através do United Restitution Office. Um acordo também foi assinado entre Adenauer e o governo de Israel.[51]

Como observou Raul Hilberg, as leis aprovadas foram incompletas, excluindo alguns tipos de prejuízo: elas não levaram sempre em conta as penas morais impostas ou as perdas afetivas. O sofrimento não foi considerado como um dano em si mesmo a ser reparado ou compensado. A dor só poderia ser compensada em processos individuais levados em tribunais ordinários contra responsáveis individuais, e não contra o Estado que os infringira em última instância.⁵²

Mas como funcionou na prática a política de reparações ou, para utilizar a terminologia empregada pelas organizações judaicas, de satisfação às "reivindicações materiais"⁵³ das vítimas? E como cada um agiu e reagiu em relação a isso?

REVER, REAVER

Dentre os dossiês que consultei, alguns reclamantes tinham contas curtas e rápidas a apresentar, seja por terem saído mais jovens da Alemanha, seja por terem saído com menos posses, o que se combina, nos casos examinados. Outros, ao contrário, tinham contas mais longas e complexas a fazer, por terem deixado mais bens e capitais nas mãos dos nazistas; sofreram às vezes da falta das provas exigidas. Outros, ainda, combinaram as contas das perdas materiais, diminutas ou volumosas, com outras, morais e afetivas, que mesmo sem serem previstas pela legislação, emergiram nas entrelinhas dos dossiês. Alguns, enfim, não chegaram por alguma razão a reclamar todos os itens aos quais teriam direito — ou ao menos isso não consta do dossiê existente.⁵⁴

Karl Franken apresentou um dossiê de reclamações simples. Tendo saído jovem da Alemanha, pouco possuía, pouco deixou para trás. Mas, como os demais, parece ter sido informado de seus direitos e escreveu às autoridades alemãs, pela primeira vez, em 1955, sendo representado por um advogado. Seu processo foi concluído em dezembro de 1967, com o cálculo feito da aposentadoria a ser paga. Ele reivindicou, ao todo, 13.016 RM,* em quatro itens:

---

*RM, ou Reichsmark, refere-se à moeda em vigor na Alemanha de 1924 a 1948. Foi substituída, em junho de 1948, na Alemanha Ocidental, pelo Deutsche Mark (DM). A equivalência usada pelo serviço de reparações alemão para calcular os prejuízos materiais sofridos em Reichsmark, ao pagá-los em Deutsche Mark, foi, em geral, de 10:2 (cada 10 RM foram considerados equivalentes, nos anos 1950-60, a 2 DM). Utilizarei, daqui em diante, as notações RM e DM para diferenciar as somas referentes ao período nazista daquelas atualizadas pelo serviço de reparações de guerra.

- o reembolso do bilhete de volta de navio, exigência das autoridades brasileiras: 695 RM;
- os 245 RM que pagou de impostos aos nazistas pelas compras feitas antes de partir, por ser judeu;
- a taxa de 706 RM (ou 707 RM) de "evasão fiscal", que os nazistas contavam receber, e que ele não pagou;
- a firma onde trabalhava foi arianizada e ele perdeu seu emprego. Em 1955, o filho de seu antigo patrão, Alejandro Feldberg, vivendo em Buenos Aires, escreveu uma declaração mencionando a data do processo de arianização e o salário de Karl como gerente, cargo que teria ocupado a partir de dezembro de 1936: 625 RM mensais. A partir disso, Karl apresentou o cálculo de quanto tempo ainda teria trabalhado na Alemanha caso não tivesse emigrado, e quanto teria ganhado, para estabelecer o valor de sua aposentadoria.

As reivindicações de Karl foram atendidas. Ele recebeu, pelos três primeiros tópicos, 329,20 DM (considerados equivalentes aos 1.646 RM gastos na época). E os cálculos foram feitos, em relação ao último item, para que sua aposentadoria compensasse as perdas salariais resultantes da emigração.

Nos anos 1950, o câmbio entre o marco alemão (DM) e o dólar manteve-se estável, em torno a 4,2 DM para cada dólar. Ou seja, Karl recebeu cerca de 78 dólares... No Brasil, a taxa de câmbio entre o dólar e o cruzeiro, moeda nacional desde 1942, permaneceu fixa, e sobrevalorizada, segundo o estabelecido após a guerra, em Cr$ 18,50 para cada dólar, até o início de 1953.[55] Naquele ano, uma nova política cambial foi inaugurada, visando a atrair os capitais estrangeiros para o país. Nesse sentido, instituiu-se um sistema de múltiplas taxas de câmbio, segundo os setores da economia, liberando seus valores em relação ao anterior, controlado.[56] Assim, quando Karl recebeu sua indenização, esta valia muito mais do que teria sido o caso em 1952. De fato, para aqueles que receberam as indenizações alemãs no Brasil houve uma coincidência extremamente favorável do ponto de vista financeiro, já que as regras da política cambial mudaram exatamente no momento em que a Alemanha editou sua primeira lei sobre o assunto. No caso de Karl Franken, para dar um exemplo, seus 78 dólares valiam pouco menos de Cr$ 1.500 em janeiro de 1953, o que não era muito dinheiro, já que entre dezembro de 1951 e abril de 1954 o salário mínimo no Brasil valia Cr$ 1.200.[57] As coisas mudaram em seguida, com uma rápida subida do dólar, e, em setembro de 1956, a taxa livre de câmbio já tinha atingido Cr$ 68,50 em relação à moeda americana. E esta não parou de subir nos anos seguintes, favorecendo a série de indenizações que apresento em seguida.*

Com estes valores em mente, voltemos aos dossiês de reparação. Os Katz foram um caso um pouco diverso. Herbert, que imigrou com mais idade do que Karl, tendo perdido mais por causa das perseguições — tinha mais a reclamar. E tanto ele quanto seu filho, Egon, que imigrara ainda menino, tinham reivindicações não materiais a fazer.

Egon tinha 13 anos quando deixou a escola judaica que frequentava em Hamburgo para imigrar, em 1939. No Brasil, a situação financeira da família impediu-o de voltar a estudar. Tendo que trabalhar, seguiu somente um curso técnico noturno. Dirigindo-se ao serviço de reparações de guerra, em 1955, afirmou que se tivesse podido permanecer na Alemanha, teria certamente um diploma universitário. Em 1958, o serviço de reparações propôs-lhe, a título de compensação, a soma estabelecida por lei para esses casos, de 5 mil DM, e Egon aceitou. Pouco depois, com os mesmos argumentos, reivindicou uma compensação maior, e recebeu, pela segunda vez, os mesmos 5 mil DM. Deve ter sabido que, nesse caso, a indenização prevista por lei era de no máximo 10 mil DM.[58]

---

*Em setembro de 1957, a categoria geral do câmbio em relação ao dólar estava em Cr$ 92,80 e, dois anos depois, chegara a Cr$ 182,43. Ana Claudia Caputo, *Desenvolvimento econômico brasileiro e o investimento direto estrangeiro: uma análise da Instrução 113 da SUMOC — 1955/1963*, dissertação de mestrado, UFF, 2007, p. 48. Nos anos 1960, o câmbio entre o marco alemão e o dólar desceu um pouco em relação a este último (atingindo 3,92 DM por dólar em 1969, contra os 4,2 DM do decênio anterior — http://www.history.ucsb.edu/faculty/marcuse/projects/currency.htm, mas continuou sua subida no Brasil, em relação ao cruzeiro. Um dólar valia Cr$ 224,00 em janeiro de 1961 e Cr$ 1.655 em dezembro de 1964. Maurício Domingues Perez, *Estado da Guanabara: gestão e estrutura administrativa do governo Carlos Lacerda*, tese de doutorado, UFRJ, 2005, p. 74.

Herbert reivindicou mais que o filho. Três testemunhas, com endereços em Hamburgo, escreveram atestando suas atividades profissionais e a diminuição crescente de seus ganhos durante o período nazista, que o atingiu de modo agudo em 1938, quando foi obrigado a fechar sua firma. Pediu ainda o reembolso do custo da viagem de navio da família. Apesar de ter mencionado o fato de que fora preso durante a "Noite de Cristal", tendo passado quase um mês no campo de Sachenhausen antes de ser liberado para emigrar, Herbert não apresentou explicitamente reclamação de compensação sobre esse ponto.

Tendo chegado ao Brasil sem recursos, lembrou que solicitou auxílio financeiro à comunidade judaica. De fato, uma carta da CIP, de 1956, confirmou tanto sua situação difícil ao chegar quanto o apoio recebido. Até 1944, afirmou, ganhava no Brasil menos que um salário médio local. Assim, pediu reparação por ter sofrido esse rebaixamento em sua situação socioeconômica. Indicou para justificar tal fato seus salários entre 1945 e 1954.

Em 1958, tendo em vista o conjunto de suas reivindicações, o serviço de reparações propôs-lhe 4 mil DM a título de compensação, e Herbert aceitou, provavelmente seguindo os conselhos de seu advogado.

No ano seguinte, Herbert refez seus cálculos salariais e afirmou que deveria receber mais 1.400 DM, que recebeu em seguida. Em 1961, reivindicou o reembolso das despesas da emigração: tinha sido obrigado a vender móveis e outros bens, por preços muito abaixo do mercado, para poder emigrar. Apresentou então a lista de tudo o que vendeu com esse fim. Sem saber quanto tudo aquilo lhe custara, lembrou, contudo, que a venda lhe trouxera entre 400 e 500 RM. Os bilhetes de navio (ida e volta) dos três membros da família custaram-lhe 1.950 RM, além dos 600 RM pagos pelo transporte da bagagem. Herbert também pagou os impostos cobrados dos judeus antes de sair. Assim, depois de apresentar cálculos e argumentos detalhados, pediu 1.710 DM pela emigração. O serviço de reparações ofereceu-lhe 1.310 DM, que ele aceitou.

Logo após esse acerto de contas, Herbert faleceu, em outubro de 1961. Sua esposa solicitou então uma pensão de viuvez, que lhe foi concedida;

esse tópico estava previsto pelas leis de reparação alemãs. Até sua morte, em junho do ano seguinte, Amalie recebeu 336 DM mensais.

Em 1969, Egon voltou a se manifestar, reivindicando um item que seu pai realmente não mencionara, e que fazia parte das indenizações previstas. Reclamou, assim, reparação pela liquidação da empresa do pai, em 1938: sem ter condições de continuar a exercer suas atividades, excluído como judeu da economia alemã, Herbert fora obrigado a vender uma firma que, até pouco antes, tinha funcionado muito bem. Egon pediu e recebeu por isso 1.250 DM. Disseram-lhe então que dali em diante não tinha mais o direito de solicitar qualquer outra compensação financeira.

Hans Hochfeld mobilizou-se dois anos antes de Karl Franken e dos Katz, escrevendo para o governo alemão em 1953, logo após a publicação dos primeiros textos de lei sobre as reparações de guerra. Suas contas referentes às perdas materiais eram ainda mais curtas que as de Karl, devido à sua situação financeira no momento da partida. Mas Hans tinha reclamações de outro tipo a fazer.

Em março de 1953, ele exprimiu ao serviço de reparações o desejo de reaver os móveis dos pais desaparecidos, já que estes deixaram tudo na casa onde moravam quando foram deportados. Nisso sua demanda não foi satisfeita, embora ele tenha insistindo no ano seguinte, acrescentando aos móveis o faqueiro de prata da mãe, do qual provavelmente lembrou-se no intervalo.

Quem teria "herdado" tais bens, carregados de lembranças, cujo valor foi impossível avaliar? Ele nunca soube, nem nós saberemos. Contudo, o faqueiro de prata de Alfred e Julie Hochfeld, do qual Hans e sua descendência foram privados, embeleza provavelmente ainda hoje alguma mesa, de alguma família alemã; alguns dos móveis e objetos da casa onde moraram podem também ter sido encostados contra alguma parede, pousados sobre alguma mesa, sem obrigatoriamente evocarem qualquer lembrança — ou ao menos qualquer boa lembrança.

Em 1958, Hans cessou de tratar sozinho do caso e contratou um advogado. Quase como Karl, ele pediu o reembolso do bilhete de ida e volta de navio, que lhe custara 800 RM. Enquanto Karl reivindicou somente o reembolso da volta, Hans, como outros, pediu o reembolso total, já que não se tratava de uma viagem que teria feito se não fossem as perseguições. E foi atendido: recebeu, por esse item, o equivalente em valores atualizados: 160 DM. Descreveu em seguida sua expulsão da Universidade de Hamburgo pouco antes da obtenção do diploma de direito, por ser judeu, e os empregos mal pagos de aprendiz de pedreiro que encontrou depois. Podia prová-los todos graças à sua carteira de trabalho alemã, onde figuravam nomes e endereços das firmas. Pela exclusão da universidade e o prejuízo futuro causado em sua vida profissional, recebeu uma proposta de compensação de 5 mil DM, que aceitou. Tratava-se da mesma soma fixa oferecida a Egon Katz, como vimos, pelas mesmas razões de ruptura nos estudos. Sendo representado pelo mesmo advogado que os Katz, Hans seguiu o mesmo procedimento de Egon: em 1965, argumentando as mesmas razões, reivindicou uma compensação maior, e recebeu uma segunda oferta também aceita de 5 mil DM. Completou assim o teto previsto para esse item e acumulou um total de 10.160 DM.

Afastando-se do caso de Egon Katz, em 1959, Hans reclamou compensação pela perseguição e pelo assassinato de sua mãe. Apresentou então um atestado da comunidade judaica de Hamburgo dizendo que ela portara a estrela amarela a partir de 19 de setembro de 1941. Referiu-se também à sua deportação para Theresienstadt em julho do ano seguinte, antes de ter sido levada para Auschwitz. A data da morte, sendo desconhecida na época, foi considerada, para todos os efeitos, dia 8 de maio de 1945, data da rendição alemã. Foram contados assim 43 meses entre as duas datas. Os interlocutores alemães de Hans propuseram 6.450 DM a título de compensação: o montante de 150 DM por cada mês de "privação de liberdade" previsto por lei.

Quanto ao pai, além dos mesmos elementos mencionados no caso da mãe, já que o casal teve o mesmo destino, Hans reivindicou que o cálculo fosse feito para um período maior, não começando com a obrigação de exibir a estrela amarela, mas com a emigração do tio, para quem seu pai trabalhava. Perdendo seu emprego no início de novembro de 1938, Alfred não trabalhou mais. O serviço de reparações alemão precisava de uma prova escrita do fato de que seu pai trabalhara realmente na loja do irmão até aquela data, para que Hans pudesse reivindicar uma compensação pelo período de desemprego que se seguiu. Rosa Hochfeld, viúva de Julius, escreveu então dos Estados Unidos, para onde o casal imigrara, atestando que o cunhado trabalhara para seu marido de 1925 até o fechamento da loja, em 1938. Assim, além da soma equivalente à que recebera pela mãe, o serviço de reparações propôs mais 4.041 DM pelos prejuízos profissionais sofridos pelo pai. Tendo em vista suas funções na loja do irmão, Hans solicitou uma soma maior (5.741 DM), mas isto lhe foi negado e ele acabou aceitando a proposta inicialmente feita, concluindo assim seu processo.

Segundo sua filha, a situação socioeconômica dos pais só ficou mais folgada quando Hans começou a receber a pensão alemã, também prevista pela legislação em questão, pelos seus cálculos entre o final dos anos 1950 e o início dos 1960. Teria então comprado um terreno em Guarujá, onde construiu uma casa. Parece que, pela cronologia mencionada, o dinheiro do terreno teria vindo das reparações examinadas, recebidas antes do início do pagamento da pensão.

A compra desse terreno marcou o início da construção de um pequeno patrimônio familiar, fonte de conforto atual para a filha única e as duas netas de Hans. Tendo vendido mais tarde a casa de Guarujá, a esposa de Hans, Isolina — que administrava "sabiamente" o dinheiro recebido da Alemanha — comprou um terreno em Atibaia e construiu uma pequena casa, onde vive sua filha. Comprou também um terreno em Campos do Jordão, construindo mais uma casa para a família.[59]

Horst Brauer deu início ao seu processo de reparações de guerra três anos depois do amigo, escrevendo pela primeira vez aos serviços competentes de Hamburgo em janeiro de 1956. Na época, como declarou no mês seguinte, ao preencher o primeiro questionário previsto para o caso, Horst já era casado e naturalizado brasileiro, exercia o ofício de vendedor e seu filho Franklin tinha 7 anos de idade. Afirmou então ter sido perseguido como judeu e ter sofrido prejuízos econômicos.

Reforçando o último argumento, anexou logo de início ao processo um atestado fornecido pela CIP em dezembro de 1955, no qual seu diretor administrativo, Hans Feuereisen, afirmava que ele fora assistido pela organização ao chegar, pois seu visto de "turista" impedia-o de trabalhar.

Horst limitou-se a apresentar duas reclamações principais e foi aconselhado ao longo do processo por dois advogados trabalhando em São Paulo, que se sucederam no caso, e por outro que o representou em Hamburgo. A primeira reclamação referia-se à deportação de sua mãe. Quanto a isso, remeteu um certificado da comunidade judaica de Hamburgo, de agosto de 1957, confirmando a deportação de Clara sem retorno para Minsk, em novembro de 1941, e o fato dela ter portado a estrela amarela no peito a partir de setembro daquele ano.

No mês seguinte, Horst completou as informações. Declarou então que sem ter recebido qualquer notícia da mãe desde o final da guerra, dava-a por falecida. Disse ainda que era judeu, filho único, e que Clara era mãe solteira.

Para provar sua filiação, incluiu no processo sua certidão de nascimento, a mesma que os serviços alemães tinham negado a Clara, no início de 1940, quando tentou em vão trazê-la para o Brasil. Em novembro de 1959, a prefeitura de Hamburgo atestou que Horst era realmente filho de Clara Brauer. Como ele tinha o sobrenome da mãe, e nenhuma informação existia sobre seu pai em seus documentos, o assunto permeou parte da correspondência entre o serviço de reparações e seu advogado brasileiro.

O mesmo documento da prefeitura fixava também a data do assassinato de Clara como sendo a do final da guerra na Europa, 8 de maio de 1945. Naquele momento, as autoridades alemãs ainda estavam tentando encontrar alguma informação sobre ela. Em abril de 1960, um "Certificado de encarceramento" da Cruz Vermelha Internacional afirmava que sua morte não estava provada. Apesar desta incerteza, o serviço de reparações pagou a Horst, no mês seguinte, o equivalente a 43 meses de "privação de liberdade", entre outubro de 1941 e abril de 1945, totalizando 6.450 DM (150 DM por cada mês).

Reconheciam assim, implicitamente, não somente que Horst era seu filho, mas também que era seu filho único, que Clara não tinha nenhum outro herdeiro com o qual Horst devesse dividir as compensações pagas.

A segunda reclamação feita por Horst referia-se aos prejuízos profissionais e econômicos sofridos. Omitindo qualquer atividade remunerada que tenha exercido antes de obter o direito de trabalhar oficialmente no Brasil, Horst declarou, em maio de 1962, os salários que recebera na Helmlinger entre 1942 e 1950. Reivindicou compensação financeira argumentando que seus ganhos tinham sido reduzidos nos primeiros anos de vida no Brasil em relação ao salário recebido na Weill & Reinecke antes de emigrar — o que, como vimos, já não era muito.

Um mês antes dessa declaração, as autoridades competentes alemãs haviam solicitado sua ficha de membro da comunidade judaica de Hamburgo, que foi assim anexada ao processo. Horst era de fato membro e contribuiu com somas modestas, mas regulares, durante os três anos que precederam sua emigração (1936-1938), período em que já era assalariado e não mais aprendiz.

Essa solicitação de documento talvez tivesse como objetivo provar que Horst era de fato judeu antes do pagamento das compensações salariais reivindicadas. Não foi à toa que, no início de agosto daquele ano, seu advogado escrevesse ao serviço de reparações para tratar destas questões começando sua carta pela afirmação de que Horst era judeu e membro da comunidade judaica de Hamburgo. Naquele mesmo mês, quase sete anos após o início do processo, as reivindicações de Horst foram atendidas.

Ele recebeu, em primeiro lugar, o reembolso dos 800 RM gastos na passagem de ida e volta de navio (corrigidos para 168 DM). Além disso, o serviço de reparações considerou que do ponto de vista profissional, ele realmente sofrera prejuízos econômicos tendo vivido sete anos difíceis no Brasil, entre 1939 e 1945, antes de readquirir, segundo esse mesmo serviço, uma "vida normal". Para esse período, calcularam um valor mensal de 256 RM de compensação salarial. O que significava, em valores corrigidos, uma soma de 4.301 DM pelos sete anos. Em setembro, Horst recebeu, enfim, um total de 4.469 DM.

Em março de 1966, seu advogado brasileiro manifestou-se novamente, reivindicando que o período de prejuízos econômicos fosse ampliado de um ano, incluindo 1946, mas este pedido foi recusado. Por fim, com base em cálculos feitos já durante o desenrolar do processo, Horst passou a receber sua aposentadoria alemã em 1981, com 65 anos de idade. Dali em diante, e até sua morte, em 2007, recebeu mensalmente 982,60 DM do governo alemão.

Grete Callmann também incluiu numa lista significativa de reclamações o desejo de receber compensação pela deportação e pelo assassinato de seus pais.

Seu dossiê de reparações de guerra difere muito dos demais que consultei. Grete deu início aos seus processos de modo precoce, ainda antes da declaração pública de Adenauer assumindo a responsabilidade pelos prejuízos sofridos pelos judeus e, principalmente, antes da publicação do conjunto de leis que enquadrou as reparações. Assim, ao menos no início, apresentou reclamações não previstas por leis federais e, ao longo dos processos, enfrentou a Justiça nos tribunais de Essen e de Düsseldorf, a capital regional.

SANGUE...

Grete envolveu-se em dois tipos de processos. De um lado, processos mais curtos, ligados aos prejuízos materiais que sofrera com o marido. De outro, processos mais longos e complexos referentes aos bens de seus pais, Pauline e Abraham Oppenheimer. Seus processos se dividem, ainda, entre aqueles abertos contra o Estado alemão, e outros, nos quais se opôs a empresas privadas ou indivíduos ligados às transações de arianização. Os processos referentes aos pais foram administrados por seu irmão Walter, que vivia em Nova York, para onde fora com a esposa após a "Noite de Cristal" pouco antes da partida de Grete e Max para o Brasil.

Walter manifestou-se logo após a guerra, escrevendo para o Departamento de Estado americano em 1946. Afirmava então não ter notícias dos pais desaparecidos, interrogava sobre seu paradeiro e reivindicava a posse de bens dos quais era herdeiro. Dali em diante, começou uma batalha longuíssima e extremamente desgastante, que se desenrolou por vários anos. Segundo os documentos guardados no Arquivo de Düsseldorf, a última decisão tomada nos processos Oppenheimer data de 1968. Durante todo esse período, Walter escolheu e contratou os vários advogados que se sucederam e, em certos momentos, trabalharam paralelamente no caso, em seu nome e no de Grete, de quem tinha procuração.

Não tratarei aqui das reclamações que tocavam exclusivamente a Walter, mas somente daquelas em que estava associado à irmã, além daquelas exclusivas ao casal Callmann.

Comecemos pelas últimas. Grete e Max apresentaram suas reclamações pela primeira vez em 1948. Foram representados, neste processo, pela Jewish Trust Corporation for Germany (doravante JTC) que, com sede em Londres, agia na zona de ocupação britânica — onde ficavam tanto Essen quanto Düsseldorf. Representando o casal Callmann, a organização abriu processo contra o Reich em torno de três reclamações:

- Antes de emigrar, Max tinha designado sua irmã Margareta Callmann, que ficara em Essen, como sua procuradora universal. Em janeiro e em março de 1939, já no Brasil, solicitou que esta comprasse dólares e os mandasse ao Banco do Brasil, em São Paulo. Para tal, deveria tirar o dinheiro necessário da conta bancária que deixara na Alemanha. Nas duas operações realizadas por Margareta foram comprados, ao todo, US$ 352,59, equivalentes a 6% do dinheiro investido na operação. Isso porque os nazistas cobraram uma taxa de 94%, totalizando 14.650 RM. O casal argumentou, em sua reclamação, que tais taxas eram exorbitantes e ilegítimas, e reclamou reembolso;
- reclamaram, ainda, o reembolso de outras taxas pagas pelo fato de serem judeus, também após a emigração, sempre graças à conta bancária deixada na Alemanha, da qual o dinheiro foi retirado em sua ausência. Em janeiro de 1939, pagaram 3.600 RM como imposto sobre a fortuna de judeus; em março de 1940, outros 143 RM foram apreendidos da conta de Max sob o mesmo pretexto. No total, reivindicaram o equivalente a 3.743 RM;
- enfim, o casal pagou aos nazistas 2.700 RM pelos bens que levou para o Brasil, também por serem judeus, e desejava ser reembolsado desta soma.

Em setembro de 1951 — ainda antes da existência das leis de reparação —, a JTC apresentou argumentos fortes em favor dos reembolsos reclamados. Poucos anos depois, com as declarações de Adenauer e o estabelecimento de um quadro jurídico para a questão, esse tipo de argumentação tornou-se inútil na maioria dos casos.

No mesmo momento em que a JTC lançou essas reclamações, ao lado dos Callmann, Adenauer fez suas declarações diante do parlamento alemão e, no ano seguinte, assinou acordos com Israel e a Claims Conference. Assim, desde setembro de 1952, com a fala de Adenauer, a nova legislação era esperada. Isso fez com que o processo dos Callmann fosse suspendido por seis meses, no aguardo da publicação das leis de indenização.

A verdade é que acabaram esperando mais tempo, tendo retomado as reclamações em 1954. Foi então que a JTC voltou a argumentar, sobretudo quanto à reivindicação referente à taxa de 94% cobrada pela compra de moeda estrangeira por judeus.

A decisão do Tribunal de Essen relativa às três reclamações do casal data de março de 1954 e só deu razão aos Callmann quanto ao confisco dos 143 RM em 1940. As outras reclamações mencionadas foram consideradas fora do quadro previsto pela lei publicada no ano anterior. Ao que tudo indica, a decisão teria sido diversa alguns anos depois, quando emendas foram acrescentadas ao primeiro texto, ampliando o quadro geral das reparações possíveis e eliminando alguns obstáculos existentes. Mas não encontrei mais nada no dossiê indicando que o casal tivesse retomado a questão nos anos seguintes. Também não recorreram da decisão. Ou, ao menos, nenhuma referência a isto ficou registrada no dossiê que examinei.

Os processos pela reparação dos danos materiais e morais sofridos pelos pais de Grete evoluíram em torno a um número bem maior de reivindicações. Grete seguiu do Brasil o desenrolar dos fatos e enviou para a Alemanha, quando necessário, os documentos e declarações solicitados. Preencheu em 1954 e 1955 formulários precisando suas reclamações em relação ao destino e aos prejuízos sofridos por seus pais, reclamações que apresentou junto com seu irmão Walter.

A primeira delas, como mencionei, referia-se à "privação de liberdade" dos pais, do momento da deportação para o gueto de Minsk, em 26 de outubro de 1941, até sua morte "não natural". A comunidade judaica de Essen forneceu, para efeito de prova, um certificado atestando a data da deportação de Pauline e Abraham Oppenheimer. As certidões oficiais de óbito tinham sido enviadas pelo governo alemão, em resposta a uma demanda de Walter datada de 11 de setembro de 1950, e também foram anexadas ao processo. Esses documentos serviam não somente para provar a deportação e o assassinato, como também para calcular o intervalo entre ambos, para efeito de indenização. Para tal, a data da morte do casal, desconhecida, foi assimilada ao final da guerra na Europa (8 de maio de 1945).

Esta reclamação resolveu-se rapidamente. Em 1956, Grete e Walter receberam 6.300 DM pela "privação de liberdade" dos pais (150 DM por cada mês, entre novembro de 1941 e abril de 1945). Receberam ainda, no ano seguinte, 150 DM pelo mês em que Pauline e Abraham portaram a estrela amarela no peito antes da deportação, segundo declaração feita pela comunidade judaica de Essen.

A segunda reclamação referia-se aos danos materiais sofridos pelos pais: pilhagem e destruição de bens, taxas especiais pagas no momento da emigração, exclusão da atividade profissional, além da restituição do imóvel residencial da família. Nem todos esses elementos foram tratados em conjunto. Os bens privados e profissionais foram separados, e os prejuízos profissionais de Abraham foram objeto dos processos mais longos e difíceis do caso, como veremos.

A propriedade onde viviam os Oppenheimer foi restituída aos herdeiros em 1952 pelo então proprietário, e não fez parte dos longos processos referentes às demais reivindicações. Quanto aos bens domésticos, as descrições do interior da casa abundam no processo, pois os herdeiros desejavam receber compensação pelos móveis e objetos de valor que existiam ali, todos desaparecidos. A família morava no primeiro andar de uma casa da qual eram proprietários; Grete viveu ali até pouco antes de emigrar, tendo se casado praticamente no momento da partida. O apartamento tinha sete cômodos, além de banheiro e jardim de inverno.

Era ricamente mobiliado e decorado com móveis de grande qualidade, quadros, inúmeros tapetes, prataria e porcelanas, conforme declarou Else Krug, locatária que morou no térreo do imóvel até 1938-1939, tendo entrado muitas vezes na casa da família. Localizada depois da guerra, Else discorreu em 1956 sobre a moradia dos Oppenheimer. No térreo, havia também uma oficina de automóveis e um posto de gasolina, que os Krug exploravam. August Vetter, que também vivia no térreo do imóvel naquela época, prestou depoimento similar ao de Else, tendo entrado na casa dos Oppenheimer algumas vezes para fazer consertos. Para August, uma avaliação de 30 mil DM relativa aos bens que mobiliavam e decoravam o apartamento pareceu bastante razoável.

Em 19 de janeiro de 1940, os nazistas obrigaram Pauline e Abraham a esvaziar a casa. O casal foi viver num imóvel onde só moravam judeus, como os pais de Hans Hochfeld, obedecendo ao processo em curso de concentração geográfica da população judaica. Na época, eles tinham a intenção de emigrar, mesmo se em nenhum momento foi explicitamente mencionado, nos documentos do processo, se pretendiam ir para os Estados Unidos ou para o Brasil. Assim, no momento da mudança, levaram da casa somente o necessário para mobiliar os três cômodos de que dispunham no novo endereço. A quase totalidade do resto dos bens foi embalada num contêiner, no aguardo da emigração, que não aconteceu. Uma parte, porém, foi subavaliada e vendida por cerca de 2 mil RM. Grete e Walter desconheciam o paradeiro final do contêiner, onde também foram guardados móveis comprados especialmente com a intenção de emigrar.

Segundo os documentos contidos no dossiê do processo, o contêiner foi retido em Roterdã, onde estava guardado, na espera da emigração já programada do casal. Seu conteúdo teria sido confiscado na Holanda ocupada pelos nazistas, após a deportação dos dois. A Direção de Finanças de Düsseldorf chegou a solicitar investigações junto à Holland-Amerika Linie, a companhia marítima de Roterdã. Evocou a possibilidade de que o contêiner tivesse sido repatriado da Holanda para a Alemanha depois da deportação dos Oppenheimer, como viram acontecer em outros casos. Se isso fosse provado, o caso poderia ser enquadrado na legislação existente, no âmbito das espoliações, e os herdeiros receberiam compensação. Mas nada mais foi dito sobre tais investigações, talvez por falta de informações consistentes. Os irmãos anexaram ao processo, quanto a esse assunto, uma lista dos bens que se encontravam na casa dos pais. Em 1960, avaliaram o interior da casa em 21.815 RM — bem menos do que a estimativa feita por August Vetter.

Walter forneceu ainda uma lista separada, assinada por seu pai, contendo o que fora levado para os três cômodos do último endereço do casal, uma sala, um quarto e uma cozinha. Em novembro de 1959, duas outras testemunhas foram chamadas para descrever essa casa. Tratava-se de dois outros judeus que também moraram no imóvel, tendo sido deportados depois dos Oppenheimer, em 1943 — e sobrevivido. Marianne Ellenbogen e Wilhelm Hammacher conheceram o interior dos Oppenheimer e deixaram seu depoimento. Esses bens e móveis também desapareceram, tendo sido confiscados após a deportação do casal; incluíam cristais, pratarias, objetos e móveis de valor. Segundo afirmaram os herdeiros, em 1960, baseando-se em documentos anexados ao processo, o casal comprara móveis no valor de 11.945 RM para o novo apartamento.

Para poder fazer a mudança ditada pelos nazistas, de um apartamento ao outro, Abraham Oppenheimer foi obrigado a pagar, sempre aos nazistas, uma taxa de 1.740 RM, retirada de sua conta bancária. Quanto aos bens embalados para emigrar, pagou uma taxa maior, de 26 mil RM. Os herdeiros conseguiram reunir documentos que provavam esses dois pagamentos. O governo reembolsou, quanto a isso, somente uma pequena parte. O Tribunal justificou sua decisão pelo fato de que Abraham teria vendido sua casa para pagar tais taxas impostas pelos nazistas. Como a propriedade fora restituída aos herdeiros, considerou-se que o reembolso não era mais devido, a não ser por uma pequena porcentagem das taxas (6,8%), que comprovadamente não foi paga graças à venda da casa.

O Tribunal de Essen pronunciou-se, em setembro de 1959, recusando qualquer compensação em relação às reclamações que tocavam aos bens desaparecidos dos interiores habitados pelos Oppenheimer, alegando que estavam fora do quadro jurídico previsto. Não satisfeitos, Grete e Walter voltaram à questão no ano seguinte, acrescentando mais precisões e mais argumentos em seu favor e referindo-se a outras partes da legislação em vigor. Receberam, no final, 20 mil DM a título de reparação pela confiscação de móveis, metais preciosos (prataria), objetos de valor, utensílios domésticos, roupas do casal e roupa de cama, mesa e banho da casa. Trata-se de soma ainda bem inferior à que tinham reclamado, mas que representava o equivalente a 100 mil RM.

A terceira reclamação feita pelos irmãos referia-se aos prejuízos profissionais sofridos pelo pai, que fora gerente da sede de Gladbeck da rede de lojas de departamentos Karstadt. Abraham recebia um pequeno salário fixo (883 RM em 1931 e mil RM em 1933), além de 50% dos ganhos líquidos da loja, segundo constava do seu contrato de admissão, datado de 1909 ou 1910 e localizado pela firma após a guerra — mas não incluso no dossiê que consultei. Em épocas de bons rendimentos, isso chegou a valer-lhe 40 mil RM anuais; durante os anos de crise que precederam a ascensão do nazismo, tais rendimentos baixaram a 18 mil RM anuais (recebidos em 1931), o que ainda garantia uma vida extremamente confortável à família. Pauline também trabalhava na loja, onde começara junto com o marido, como subgerente, recebendo um salário de 500 RM mensais.

A Karstadt demitiu todos os seus empregados judeus do país sem aviso prévio e de forma extremamente precoce, como mencionei anteriormente,[60] em abril de 1933, muito antes das Leis de Nuremberg. Durante um ano, os Oppenheimer viveram de suas reservas e, em abril de 1934, Abraham foi contratado como gerente da firma Rosenkranz & Co., que fabricava roupa de cama, mesa e banho, além de roupa íntima e esportiva. Em agosto de 1937, associou-se ao proprietário, passando a deter metade da empresa. A Rosenkranz teria sofrido graves prejuízos durante a "Noite de Cristal": 60% do mobiliário, do maquinário e dos estoques teriam sido destruídos, segundo declarou Walter, que trabalhava na empresa na época e estimou as perdas em 19 mil RM. Sobre esse ponto, os herdeiros não tinham qualquer documento probatório.

A empresa fora criada em março de 1934, segundo registro feito na Câmara das Indústrias e do Artesanato de Essen, onde estava inscrita. Teve sua inscrição naquela Câmara anulada em 13 de dezembro de 1938, quando já estava fechada. Enquanto foi seu coproprietário, Abraham contou com uma retirada mensal líquida de mil RM, com a qual sustentou a família, inclusive Grete, e, parcialmente, Walter, segundo ambos declararam.

Quanto à demissão de Abraham da Karstadt, sem aviso prévio, por ser judeu, um acordo amigável foi assinado pelos herdeiros com a direção da empresa, em outubro de 1955, quando esta lhes ofereceu 6 mil DM e eles aceitaram. Dois anos depois, provavelmente seguindo conselhos de seus advogados, Grete e Walter consideraram que o Estado também era responsável pela "demissão precoce" do pai pela Karstadt e pela consequente baixa de sua renda. Reclamaram, assim, que seus ganhos posteriores à demissão fossem equiparados ao que recebia na Karstadt, compensando as perdas sofridas. Nisso foram ouvidos. O estatuto de Abraham foi equiparado ao de um funcionário público de grau "A" e, pelos prejuízos profissionais sofridos, seus filhos receberam, em setembro de 1959, 15.744 DM, resultado de um cálculo extremamente complexo que levou em conta, entre outras coisas, a compensação paga antes pela Karstadt.

Quanto à Rosenkranz & Co., Walter e Grete abriram um processo separado em 1952 contra aqueles que teriam comprado, num procedimento de arianização, o parque de máquinas da empresa.

Tratava-se de uma fábrica que produzia regularmente camisas, camisas de esporte, aventais e tecidos, dispondo de uma sala de costura equipada com máquinas de corte, costura, equipamentos para passar roupa e empregava de 20 a 25 operários. Segundo os herdeiros, os compradores, Hautenberg, teriam comprado também o fichário de clientes da empresa, tendo ficado com sua clientela. Grete e Walter citaram três testemunhas: um responsável pela contabilidade, um conselheiro fiscal e outro antigo empregado, que vivia nos Estados Unidos. Reivindicaram que o Tribunal fizesse um controle financeiro da empresa, ainda em funcionamento, para avaliar seus ganhos e perdas desde o momento em que "tomaram posse" da Rosenkranz até a data do processo.

Hautenberg negou todas essas afirmações, dizendo que não tomou da Rosenkranz nenhum objeto de valor, nem máquinas, móveis ou o fichário de clientes. Segundo sua versão dos fatos, a Rosenkranz tinha sua sede num imóvel alugado ao Deutsche Bank. O contrato chegaria ao fim em dezembro de 1938, mas a Rosenkranz fechou suas portas antes. Ele então subalugou o local, pagando o devido aluguel aos dois sócios, Oppenheimer e Isay, que chamou de "administradores" da empresa. Em seguida, assinou novo contrato de locação com o banco, trazendo para ali suas próprias máquinas do local onde sua empresa de lingerie funcionava antes. O local que ocupou tinha sido, ainda segundo suas afirmações, totalmente esvaziado pela Rosenkranz. Quanto ao fichário de clientes, que negou ter pegado, afirmou que já tinha o seu, significativo, e que nem teria tido condições na época de aumentar sua produção ou sua clientela. Sobre suas afirmações, citou duas testemunhas e apresentou uma lista descritiva de seu parque de máquinas, feita e assinada em junho de 1938, contendo tudo o que teria levado para os novos locais. Forneceu também detalhes sobre todo esse equipamento, ainda em uso no final de 1952. Anexou, enfim, uma planta do local, com a localização de suas máquinas, a fim de mostrar que não havia sequer espaço para as máquinas da Rosenkranz, além das suas.

Depois de tais esclarecimentos, nenhum outro documento do processo mencionou Hautenberg, cujas explicações parecem ter sido aceitas, embora, no contexto do fechamento da Rosenkranz, ele tenha encontrado um melhor local para suas próprias instalações, local que não teria ficado vago sem a política de exclusão dos judeus da economia do Reich. Isso, porém, implicava o Estado e não figurou no processo.

Vale acrescentar ainda que a firma fora fechada em meados de 1938 e seu local, ao que tudo indica, esvaziado em seguida, ao menos no que toca aos dois andares ocupados desde setembro por Hautenberg, segundo suas afirmações. Não sabemos se o maquinário, os móveis e os estoques da Rosenkranz foram colocados no primeiro andar do imóvel, não mencionado por Hautenberg. Em todo caso, as declarações deste não favoreceram a reclamação levantada por Walter, segundo a qual os escritórios e os estoques da empresa foram pilhados e destruídos em cerca de 60% durante a "Noite de Cristal", reclamação que não conseguiu provar e para a qual o Tribunal recusou qualquer compensação.

O processo continuou em 1953, mas com outro adversário, já que Hautenberg não foi mais mencionado. Talvez os herdeiros não se lembrassem mais exatamente o que tinha acontecido, e estivessem tentando restabelecer os fatos ligados à arianização da empresa do pai. Talvez estivessem buscando um acerto de contas sobre perdas não previstas pela legislação alemã, e que assim não podiam ser verbalizadas.

A partir de março de 1953, foi a vez do proprietário da empresa Wertex, de fabricação de roupa de cama, mesa e banho, e de comércio por atacado de produtos têxteis, de responder às acusações dos filhos de Abraham Oppenheimer.

Em 1938, o proprietário da Wertex, Heinrich Weritz Jr., que conhecia Abraham, segundo afirmou, tentou comprar a Rosenkranz & Co. A transação não foi concretizada, pois os nazistas não a autorizaram. Tentou então comprar da Rosenkranz máquinas e outros objetos, mas Abraham e seu sócio não tinham mais autonomia para vender os bens da empresa, já sob as garras dos nazistas. Nessa época, Max Callmann, genro de Abraham, que também fora demitido da Karstadt como o sogro — apesar de não ter incluído esse elemento em seu processo, como vimos —, tinha uma empresa de aventais, a Callmann & Co., com a qual a Wertex tinha relações comerciais. Foi assim que, através da Callmann & Co., conseguiram fazer uma transação de venda de máquinas, algumas delas pertencentes à empresa de Max, outras à firma do sogro. Evitaram, deste modo, que todas as máquinas da Rosenkranz caíssem em mãos nazistas: os sócios puderam desfazer-se sozinhos de parte do patrimônio negociando um pouco melhor os preços de venda. Isso num contexto em que se buscava evitar ao máximo as perdas, já que os ganhos estavam realmente comprometidos diante da política de exclusão da economia e de arianização. As reclamações de Grete e Walter recaíram justamente sobre as condições da operação. E, desta vez, parecem ter se focalizado no alvo certo.

O filho Weritz era precavido. Em 1951, antes de ter notícias dos herdeiros de Abraham, assinara um acordo com a JTC, já que, segundo afirmou, "Callmann não tinha se manifestado", e, na ausência de herdeiros Callmann e Oppenheimer, pagou a essa organização 350 DM em três vezes, no final daquele ano. A JTC, antes da criação da Claims Conference, era um dos organismos que lutava pelas restituições de bens pertencentes a judeus que não deixaram descendentes, com o objetivo de reconstruir as comunidades judaicas europeias e prestar assistência aos sobreviventes.

Grete e Walter denunciaram esse acordo afirmando que Weritz sabia muito bem que os verdadeiros herdeiros poderiam apresentar reclamações, tendo-se apressado em assinar acordo sem eles. E continuaram sua ação na justiça pelas reparações referentes à venda das máquinas mencionada.

A defesa de Weritz baseou-se na simples negação da compra das máquinas da Rosenkranz. Teria comprado somente "cabeças de máquinas"* da firma de Callmann, que já estava liquidada quando Max lhe ofereceu a transação, por uma quantia a seu ver apropriada. O pagamento foi feito por cheque no final de 1938, segundo duas faturas que anexou ao processo, nos valores de 2.490 RM e 35,50 RM. Algumas dessas "cabeças de máquinas" ainda existiam no momento do processo, mas outras, segundo afirmou, nunca funcionaram, estando velhas, quebradas e sem conserto possível já na época da compra. Weritz citou suas testemunhas, que confirmaram sua versão sem contudo aceitarem prestar sermão em relação às declarações feitas, o que ficou registrado no processo.

Os herdeiros Oppenheimer, pela voz de seu advogado, continuaram afirmando sua reclamação e negando a versão de Weritz, que acusaram de má-fé. As acusações mútuas continuaram e Weritz trouxe novas informações, ora desmentindo os dados inscritos nos únicos documentos que anexou ao processo (as faturas mencionadas), ora completando-os, mas sem provas, sempre no sentido de mostrar que a compra feita fora sem valor, praticamente um prejuízo para sua firma.

---

*Trata-se das peças principais, que se movem, como os discos das antigas máquinas de escrever elétricas. Numa máquina de costura, a "cabeça" é a peça que se move sobre o tecido, executando de fato a costura.

No final do ano, Weritz chegou a afirmar que o tom das declarações dos herdeiros Oppenheimer devia-se aos "ressentimentos" dos judeus, que compreendia. Declarou ainda, num momento de clara fraqueza, que sua "amizade" com os judeus era algo "conhecido". Ofereceu então a Walter e Grete uma compensação no valor de 200 DM, recusada.

Um acordo foi feito em março de 1954 diante do Tribunal, dando fim ao processo. Heinrich Weritz Jr. pagou aos irmãos Oppenheimer cinco vezes mais do que sua oferta inicial, feita alguns meses antes. A soma de 1.000 DM foi aceita.

Ao longo do processo, Weritz recusou-se a apresentar a contabilidade da empresa na época, reivindicação dos herdeiros Oppenheimer, afirmando que nada fora encontrado. O advogado de Grete e Walter fez notar sua admiração pelo fato de que dois únicos documentos contábeis teriam sobrevivido daquela época: as duas faturas apresentadas por Weritz.

Weritz cansou-se antes dos filhos de Abraham, e chegou a perder a classe. Dividido entre a clara consciência do que acontecera no passado e seus interesses financeiros presentes, que justificaram as manobras intentadas, acabou reconhecendo, ao assinar o acordo final, que a compra feita de fabricantes judeus espoliados, em dezembro de 1938, após a "Noite de Cristal", não fora inútil, sem valor e ainda menos justa.

SUOR...

Franz Marcus não era industrial como Abraham Oppenheimer ou Max Callmann, mas nem por isso deixou de verbalizar suas reclamações. Não o fez antes da publicação das leis de indenização anunciadas por Adenauer, como no caso de Grete e Walter. Mesmo assim, estava informado sobre o assunto e, como Hans Hochfeld, manifestou-se rapidamente às autoridades alemãs, logo que a primeira das leis em questão entrou em vigor, em 1953. Seu advogado, Erich E. Beyer, começou evocando um prejuízo moral: referiu-se à prisão de seu cliente durante a "Noite de Cristal".

Entre 9 de novembro e 20 de dezembro de 1938, Franz Marcus ficou internado no mesmo campo de concentração que Herbert Katz, Sachsenhausen. Contrariamente a Herbert, Franz sublinhou esse fato, reclamando reparação. Como prova de seu internamento, acrescentou à sua reclamação um cartão-postal enviado à esposa, do campo, manifestando seu desejo de emigrar, e o testemunho de uma vizinha da época. Quanto a isso, o International Tracing Service, que localiza, ainda hoje, as vítimas do nazismo, acumulando arquivos importantes na Europa, informou o serviço de reparações que não dispunha de nenhuma referência ao internamento de Franz, mas que seus arquivos não eram completos. O serviço de reparações considerou verdadeira a versão de Franz e ofereceu-lhe, 150 DM, correspondendo a um mês de internamento. Os 11 dias restantes não foram contabilizados, apesar de terem sido certamente longos.

Franz também reclamou compensação material por ter perdido seu emprego. Depois de ter sido liberado do campo, Franz precisou emigrar, pois essa fora a condição mesma de sua liberação. Não pôde, assim, retomar suas funções comerciais na firma Nachum & Bandmann, na qual trabalhara até então — e que, de qualquer modo, fora arianizada naquele período. Uma divergência existe, nesse ponto, entre esses dados e a narrativa escrita mais tarde por sua esposa. Segundo ela, já antes da "Noite de Cristal", Franz não ocupava mais esse emprego. Na época, ele estava aprendendo outro ofício, numa grande lavanderia e tinturaria de seu amigo Eric Blumenthal. Muitos judeus procuraram aprender novos ofícios, como medida preparatória à emigração. Foi justamente na lavanderia-tinturaria que Franz foi preso, junto com seu amigo Eric, na manhã de 10 de novembro, após a "Noite de Cristal". Em todo caso, uma carta dos antigos patrões de Franz, anexada ao dossiê, comprovou seu laço empregatício com a firma.

Como vimos antes, Franz ganhava cerca de 1.800 RM mensais antes de emigrar. No Brasil, conforme suas declarações, sua renda diminuiu e ele reivindicou ao serviço de reparações uma compensação material por esse rebaixamento. Para tal, apresentou uma lista dos salários recebidos no Brasil, os valores pagos em impostos entre 1943 e 1950, além do cálculo dos prejuízos causados pela imigração em sua situação financeira. Pela questão salarial, reivindicou uma soma de 7.791,30 DM e obteve o acordo do serviço de reparações. Contudo, em fevereiro de 1956, voltou à carga, indicando um erro de cálculos: a reparação fora contada a partir de fevereiro de 1939, data da emigração, enquanto ele reivindicava o início dos prejuízos no momento de sua prisão, em novembro do ano anterior. Recebeu então, por esses três meses, mais 634,50 DM.

Além disso, reclamou compensação pela prova representada pela imigração: trouxe ao Brasil somente 30 RM (os 10 autorizados por pessoa, numa família composta por três membros); detinha um visto de "turista" e não falava português. Ao chegar ao Brasil, contou como Herbert Katz com o auxílio financeiro da CIP. Esta lhe forneceu um atestado mencionando o empréstimo feito — e devolvido mais tarde. A soma cobrira o sustento inicial da família e necessidades médicas que apareceram logo após a chegada. Pelos prejuízos materiais sofridos, as autoridades alemãs calcularam, em 1956, um total de reparações de 9.288 DM, mas não parecem ter incorporado o argumento do prejuízo moral representado pela imigração. Este não foi apresentado por Herbert Katz, por exemplo, que vivia numa configuração familiar semelhante, tendo imigrado com a mulher e um filho com idade próxima à da filha dos Marcus.

Talvez para os Marcus a lembrança das dificuldades advindas da imigração ainda fosse mais presente do que para os Katz, fazendo com que as incluíssem em suas reclamações. Mas é possível também que a diferença se explique simplesmente pela capacidade dos respectivos advogados em aconselhar seus clientes, segundo o conhecimento que dispunham da legislação em questão e de sua aplicação.

Franz Marcus mencionou ainda ter pago entre 7.500 RM e 9 mil RM em 1937-1938 de imposto religioso de um não cristão ("Kultussteuer") e reclamou o reembolso das despesas específicas da emigração:

- os bilhetes de navio, estimados pela própria companhia de navegação, que também produziu um atestado, em 3.172 RM (Franz reivindicou 1.269 DM por esse item, segundo um cálculo diferente daquele aplicado pelo serviço de reparações);
- o transporte da bagagem, que custara 6 mil RM na época (por três contêineres totalizando 5.367 quilos), segundo declaração da empresa contratada;
- o pagamento exigido pela aduana brasileira no momento do desembarque. Esse assunto, como vimos, preocupara particularmente a CIP, pois esta procurava auxiliar as famílias sem recursos na liberação dos bens. No caso dos Marcus, tais despesas foram pagas, como vimos, graças à venda do piano de cauda de Gretchen.

Em setembro de 1957, Franz estimou o conjunto desses gastos em 2.317,72 DM; o serviço de reparações, por seu lado, considerou a soma muito alta, e ofereceu-lhe 2 mil DM, que foram aceitos.

Franz referiu-se enfim, ainda em setembro de 1957, ao imposto pago por ser judeu, no momento da emigração, ao Deutsche Golddiscontbank, em Berlin: 1.511 RM. Atualizando a moeda, o serviço de reparações propôs um reembolso de 302,20 DM, também aceitos.

Um suplemento geral ao conjunto de compensações mencionadas ainda foi proposto, e aceito, no valor de 1.700 DM — talvez para cobrir o imposto referente ao culto, talvez em relação às diversas reclamações de danos morais não contabilizadas, mas a informação não foi claramente especificada no dossiê.

No final de 1957, Erich E. Beyer reclamou mais um item em nome de Franz: este tinha dois seguros de vida, dos quais apresentou documentos probatórios. O primeiro fora feito em 1926, num valor de 13.300 RM; o segundo, cinco anos mais tarde, num valor de 2.500 RM. Pelos dois Franz recebera, comprando-os de volta em dezembro de 1938, antes de emigrar, 4.497,10 RM. A própria companhia de seguros calculou a soma perdida por Franz nessa operação: 623,65 DM no total, que o serviço de reparações reembolsou em abril de 1958. Pouco depois, a companhia de seguros escreveu novamente, acusando um erro nos cálculos: mais 100 DM deveriam ser pagos a Franz, que os recebeu no mês seguinte.

Enfim, a partir de julho de 1961, Franz recebeu uma pensão mensal, até sua morte, em setembro do mesmo ano. Sua esposa reivindicou então uma pensão de viuvez, que também foi paga.

...E LÁGRIMAS

Albert Feis demorou mais tempo para se manifestar, tendo escrito pela primeira vez ao serviço de reparações em 1957. Ele tinha então 70 anos e começou a receber, no mesmo ano, uma pensão de 600 DM mensais. Além disso, e ainda naquele ano, recebeu uma compensação de 10 mil DM pelos prejuízos profissionais que sofrera, tendo sido obrigado a fechar seu banco no final de 1938.

Por que teria esperado mais que os outros para reclamar as indenizações devidas? Provavelmente não por falta de informação. Em todo caso, as lembranças envolvidas com o período em questão não eram simples. E, no caso de Albert, um elemento a mais existia quanto a isso, que não encontrei em nenhum outro itinerário retratado aqui. Em 1949, já contando com a permanência definitiva no Brasil, ele voltou a contatar os organismos responsáveis para solicitar que a menção à sua nacionalidade em sua carteira "modelo 19" fosse alterada: em vez de "alemão", gostaria de aparecer como "apátrida". Seu pedido foi atendido. No ano seguinte, voltou a se manifestar, solicitando a segunda via da carteira, com a modificação já autorizada. Nesta solicitação, em vez de utilizar o termo "apátrida", preferiu empregar, para sua nacionalidade, o termo "indefinida". Nesse caso, os funcionários brasileiros não o seguiram: em dois documentos expedidos pela Delegacia Especializada de Estrangeiros, datados de fevereiro e março de 1950, foi utilizado o termo "apátrida" para referir-se à sua nacionalidade. Albert não estava suficientemente farto da burocracia para evitar mais uma prática. Preferiu eliminar qualquer menção à Alemanha em seus papéis brasileiros.

Essa questão existia na Europa, onde muitos judeus alemães e austríacos, que tinham sido excluídos da comunidade nacional pelos nazistas, não quiseram reintegrá-la novamente, preferindo o estatuto de "apátridas", como reivindicou Albert. Na França, alguns advogados, trabalhando junto à comunidade judaica para restabelecer os direitos dos judeus sobreviventes, chegaram a informar-se sobre a questão, nada simples. A partir do momento em que as leis de exclusão impostas pelos nazistas foram canceladas, os judeus privados do direito à nacionalidade reintegraram-na. As autoridades brasileiras não parecem ter visto empecilho maior na demanda de Albert.

Quando iniciou seu processo de reparações de guerra, ele já tinha sido atendido pelas autoridades brasileiras há vários anos. Pouco depois, as leis de indenização tinham sido publicadas a partir de 1953. Naquele momento, ele não se mobilizou. Assim, tendo começado tarde, seu dossiê foi levado a cabo quase que integralmente pelas duas filhas, Ellen e Marion (respectivamente com 32 e 30 anos em 1957), já que Albert morreu em fevereiro de 1958. Sua segunda mulher, Geneta, solicitou uma pensão de viuvez, que começou a receber dois anos depois. Mas não reclamou nada daquilo que fora retido ou roubado pelos nazistas.

Pelas perdas materiais sofridas, as filhas de Albert receberam 42.900 DM. Quanto ao reembolso das despesas com a emigração e, principalmente, aos impostos cobrados pelos nazistas sobre a emigração dos judeus, receberam, em abril de 1963, a soma de 1.858,50 DM, um pouco superior àquela que tinham calculado e reivindicado (1.790,57 DM).

Diferentemente dos outros dossiês que consultei, elas não reclamaram compensações pelos prejuízos morais causados por sua emigração aos 12 e 14 anos para a Inglaterra e, depois, para o Brasil. Hannelore Marcus também não o fizera, e tinha mais ou menos a mesma idade quando deixou a Alemanha. Não sei se as três foram excluídas da escola e se isso lhes trouxe consequências negativas mais tarde. Provavelmente, como mulheres, tendo atingido a idade adulta nos anos 1940-1950, o horizonte de uma vida profissional era-lhes menos presente do que para Egon Katz ou Hans Hochfeld, para quem este item das reclamações era central. Porém, vale dizer, poderiam, a título de reclamação, ter levantado o argumento.

Além disso, diferentemente dos demais dossiês, Hellen e Marion não reclamaram compensações pela deportação e pela exterminação da mãe, que as vira partir ainda meninas, sem ter podido revê-las. Naquela época, entretanto, elas já sabiam que Ilka tinha desaparecido, que a data de sua morte era desconhecida, tendo sido considerada, como para outros, a da rendição alemã. Pelo período começando com o momento em que Ilka foi obrigada a portar a estrela amarela no peito até o final da guerra na Europa, como vimos em outros casos, elas poderiam ter recebido 150 DM por mês. Mas não prosseguiram com a demanda de indenizações. Ou, ao menos, essas reivindicações não aparecem nos documentos que compõem atualmente o dossiê que consultei.

Pude localizar e entrevistar uma das filhas de Marion (1927-2009), Claudia Hess von Gabriel, poucos meses após a morte da mãe,[61] graças ao nome de casada desta (Hess von Gabriel), que constava do dossiê de reparações de guerra. Claudia afirmou não conhecer o fim sofrido por sua avó Ilka, sobre o qual sua mãe nunca teria lhe falado claramente. Isso apesar de ter conhecido o avô Albert, e ter podido me mandar uma linda foto de cada um deles. Conhecia a história de vários membros da família, mas sobre sua avó soube me dizer muito pouco. E nada do que me contou explica a timidez manifestada pelas filhas de Ilka diante do serviço alemão de reparações de guerra.

RETOMAR

A Alemanha ocupada do imediato pós-guerra foi palco de relações extremamente tensas entre três grupos: judeus sobreviventes do Holocausto, especialmente aqueles que viviam nos campos de Pessoas Deslocadas (*Displaced Persons*, chamadas "DPs"), alemães não judeus e ocupantes, sobretudo nas zonas americana e britânica de ocupação, o que inclui os representantes das organizações humanitárias internacionais, judaicas ou não. Nas diversas configurações e combinações em que essas populações foram confrontadas entre si naqueles anos de caos e de grandes necessidades, a questão da "vingança" aparece como incontornável.

Atina Grossmann evoca essa questão ao tratar do baby-boom observado entre judeus dos campos de Pessoas Deslocadas. De fato, em 1946, sua taxa de natalidade foi estimada como sendo mais alta do que em qualquer outro país ou população, com cerca de mil nascimentos mensais no final do ano.[62] E contrastava fortemente com a dos alemães não judeus que, em Munique ou Frankfurt, onde estavam localizados os maiores desses campos, assistiram ao desfile das jovens mães judias com seus bebês pelas ruas da cidade.

As condições físicas desses judeus e judias sobreviventes eram extremamente problemáticas: eles tinham vivido os últimos anos num universo subumano, sofrendo fome, frio, mutilações e doenças. E as rações distribuídas nos campos de Pessoas Deslocadas não eram suficientes para compensar suas graves carências alimentares. Além disso, os alojamentos disponíveis nos campos, muitas vezes herdados dos campos de concentração liberados, no mais das vezes em dormitórios coletivos, estavam longe de beneficiar a intimidade e a retomada da vida familiar, conjugal e sexual. Mesmo assim, o número de casamentos explodiu e a taxa de natalidade superou rapidamente as de populações vivendo com boa saúde e em suas próprias casas.[63] Os numerosos nascimentos de crianças judias, que contrariavam os anos de luta nazista por uma Alemanha livre de judeus (*Judenrein*), faziam parte de um processo extremamente complexo em que a morte — morte do judaísmo, morte dos judeus — estava sendo substituída pela vida, e em alta velocidade.[64]

Assim,

> A rápida construção de novas famílias também pode ser interpretada como uma forma de vingança genealógica e biológica, numa situação em que as possibilidades (e, na verdade, a motivação) de vingança direta eram muito limitadas. Crianças judias, nascidas num território que tinha sido declarado *Judenrein*, para mulheres que tinham sido destinadas à exterminação, eram literalmente apelidadas *Maschiachskinder* (crianças do Messias), um "milagre biológico".
>
> Os tão fotografados desfiles de carrinhos de bebês orgulhosamente conduzidos por pais DPs eram pensados como demonstrações conscientes de autoconfiança para si mesmos e também para os outros.[65]

Refletindo sobre a noção mesma de "vingança", Grossmann diz ainda:

> Do mesmo modo que os historiadores expandiram suas definições de resistência durante a guerra e o Holocausto, para incluir ações que não se apoiavam em armas, talvez também devêssemos pensar em ampliar nossas noções de "vingança" ao analisarmos a experiência das Pessoas Deslocadas.[66]

Mas outros aspectos da vida e do contato cotidiano entre judeus e não judeus foram perpassados pela noção de "vingança". A decisão de Adenauer em assumir a responsabilidade pelas reparações e compensações de guerra junto aos judeus causou polêmicas tanto em Israel quanto na Alemanha. Isso começou ainda antes de 1952, logo que as organizações judaicas começaram a reclamar tais princípios. Philipp Auerbach, um judeu sobrevivente de Hamburgo, pronunciou-se sobre a questão, defendendo a ideia de que a campanha por restituições financeiras não constituía uma "injustificável fixação em compensações", como muitos críticos sugeriam, ou ainda uma incitação ao antissemitismo. Era antes, a seu ver, o único meio que restava para responsabilizar um "povo alemão" que não tinha "qualquer senso de culpa e não era tido como culpado pelos outros". Afirmou ainda que onde os alemães viam corrupção e favores especiais, tanto quanto a confirmação de antigos estereótipos sobre judeus gananciosos, os judeus perseguiam a reivindicação de um mínimo de justiça.[67]

A situação é ainda mais complexa. Além de estender-se para fora do solo alemão, toca, justamente, na questão da "vingança", se tomarmos o termo, como sugere Atina Grossmann, numa apreensão mais ampla. Apesar de a autora falar pouco dessa questão, e ainda menos nesse sentido, um certo acerto de contas permeia o acerto de contas literal feito nos processos de reparação, como os apresentados aqui. Se não, como explicar a energia demonstrada por todos, seguindo durante vários anos uma burocracia muitas vezes arrastada e exigente, procurando provas algumas vezes cuidadosamente guardadas, outras tantas impossíveis de apresentar? Justiça e vingança se misturam sem dúvida neste acerto.

Peter Gay exprimiu claramente em diversos momentos de suas memórias o ódio e o ressentimento que carregou durante grande parte de sua vida em relação aos alemães e à Alemanha. Tendo-se tornado um "patriota" americano, "quase um chauvinista", declarou que: "Nada me inflamava mais (como ainda inflama) do que alemães denegrindo os Estados Unidos como materialistas e incultos. Olha quem fala!" Pouco a pouco, com o passar dos anos, sua atitude em relação à Alemanha e aos alemães foi se abrindo, inclusive pelos próprios temas de seus livros sucessivos, mergulhos na cultura e na história alemãs.

Em 1976, quase quatro décadas após sua emigração, escreveu dois artigos para o *New York Times* intitulados "Pensando sobre os alemães" ("Thinking about the Germans"), em cuja conclusão afirmava que "considerando [suas] amizades com alemães e o número crescente de alemães jovens demais para ter qualquer coisa a ver com os nazistas, [ele] não mais subscrevia o pensamento segundo o qual o único bom alemão é o alemão morto"[68] Para ele e seus pais, como para os cerca de 200 mil alemães espalhados pelo mundo que recorreram aos serviços de reparação de guerra, o dinheiro oferecido não era "sujo de sangue", mas uma dívida. Naquela época, meados dos anos 1950, ao que tudo indica, ele ainda carregava o mesmo "apetite", o mesmo "desejo imperioso de vingança" que sentira na década anterior, durante os bombardeios aéreos aliados sobre a Alemanha, vistos como bem mais do que um sinal do fim próximo da guerra.[69]

Infelizmente, não podemos saber se esse tom sincero e explosivo existia na época do processo de reparações, nem mesmo se seu "ódio", e seu "desejo imperioso de vingança", sua crença de que os alemães "vivos" não podiam ser "bons alemães", transpareceram no modo como administrou seu processo. Dentre os processos que pude consultar, o de Margarethe é, quanto a isso, certamente ímpar. Se não deixa transparecer ódio, com certeza respira ressentimento e um "desejo imperioso" de acertar contas pendentes.

MAQUINAR

Margarethe Levy foi insistente em suas reclamações, variadas e longamente argumentadas. O primeiro dossiê que compôs aparece sob o nome de Hugo, referindo-se aos bens do casal. Contudo, ao que tudo indica, foi ela quem administrou as negociações mantidas com o serviço alemão de reparações, como fazia com as demais responsabilidades desse tipo.

Em 1959, já com seu dossiê aberto, Margarethe escreveu uma longa carta a seus interlocutores, traçando sua história. Suas reclamações começaram, neste texto, com a afirmação de que, após os estudos de base, aos quais já me referi, teria frequentado uma formação técnica de "mecânica dentária", com o professor Teerkheim. E, depois de casada, afirmou, teria trabalhado no consultório do marido em período integral. Apesar de não ter recebido qualquer salário por isso, seu marido teria economizado, graças a ela, o salário de uma auxiliar, que calculou em 350 RM mensais. Em 1933, prosseguiu, sentiu o desejo de voltar a estudar, escolhendo o campo comercial para especializar-se. Mas foi impedida pelo fato de ser judia. Teria tentado então conseguir empregos como faxineira, o que também não lhe foi possível, por conta das leis raciais.

O serviço das reparações procurou obter provas sobre o exercício profissional de Margarethe no consultório do marido. Dois antigos pacientes de Hugo e amigos do casal escreveram do Chile em janeiro de 1962, onde viviam. Fritz Werner e Berta Lowe (Kraemer, de solteira, que conhecia Margarethe desde a adolescência da moça, segundo declarou) testemunharam em seu favor, afirmando que ela realmente trabalhava no consultório como secretária do marido. Eles não foram os únicos, nem os primeiros a manifestar-se quanto a isso: em dezembro do ano anterior, a amiga Aracy fizera o mesmo, escrevendo do Rio de Janeiro. Afirmou conhecer Margarethe desde 1936, como funcionária do consulado brasileiro de Hamburgo, e que as duas viram-se muitas vezes naqueles anos. Prosseguiu dizendo ter sido paciente de Hugo, posição que lhe permitira verificar pessoalmente que Margarethe trabalhava de fato no consultório como recepcionista e assistente. Aracy precisou ainda as diferentes tarefas exercidas pela amiga: sendo poliglota, esta recebia os pacientes, atendia ao telefone, mantinha atualizado o fichário de pacientes com os dados dos tratamentos em curso, revelava radiografias e, quando lhe sobrava tempo, também trabalhava o ouro dentário, parte dos serviços técnicos desenvolvidos no consultório.[70]

O serviço de reparações não se satisfez com as três declarações, e continuou procurando provas sobre o argumento de Margarethe. Vários anos se passaram até que duas novas testemunhas foram encontradas e solicitadas a intervir. A primeira é surpreendente. Trata-se de Gustav Wissel, designado pelos nazistas para administrar os 10 mil RM que Hugo fora obrigado a deixar na Alemanha numa conta bancária bloqueada. O primeiro documento mencionando-o, datado de novembro de 1969, refere-se ao fato de que, em abril de 1939, a antiga enfermeira de Hugo, Else Köster, teria recebido dele uma soma em dinheiro.

De fato, segundo documentos presentes no dossiê Levy da Presidência Regional de Finanças, pouco depois da partida do casal, em janeiro de 1939, Else Köster reclamou o pagamento de uma suposta dívida salarial de 145,75 RM. Quem cuidou do caso, escrevendo à Presidência Regional de Finanças, foi o próprio Gustav Wissel, que dirigia a firma Jürgen Rahn, com sede na Mönckebergstrasse, 8, segundo o papel timbrado utilizado na correspondência. Trabalhava então num escritório não muito distante de onde moravam os Levy antes da partida, numa região nobre da cidade. Wissel manteve, naquela época, uma correspondência com os responsáveis da Presidência Regional de Finanças para tratar desse assunto na ausência dos Levy. Não sei se o casal chegou a conhecer o teor dessa correspondência, mas acredito que não, pois em nenhum momento Margarethe pareceu imaginar que o serviço de reparações pudesse ter acesso ao nome ou à pessoa de Else, que ela provavelmente não esquecera em 1959. Não sei também se os funcionários do serviço de reparações tinham diante dos olhos (todos) os documentos que pude consultar, do dossiê da Presidência Regional de Finanças. Mesmo assim, os nomes de Wissel e Köster são mencionados e a informação dada é verdadeira.

Em 1939, Wissel defendeu realmente as reivindicações de Else, que não terminaram com essa primeira reclamação. Este fez questão de frisar sobre ela, em cartas posteriores, que se tratava de alguém de "sangue ariano" que trabalhara durante muitos anos para o Dr. Levy. Isso ocorreu, justamente, desde abril de 1939, quatro meses depois do pagamento da primeira "dívida" reclamada, quando Wissel propôs à Presidência Regional de Finanças o pagamento de uma "gratificação" a Else, justamente por ela ter trabalhado durante anos para Hugo, sendo uma "ariana pura". Pediu então autorização para retirar da conta bloqueada do antigo patrão da moça a quantia bastante significativa de 1.560,60 RM, sendo 1.500 em ações da empresa de eletricidade, deixadas por Hugo na Alemanha, e 60,60 em dinheiro. Quinze dias mais tarde, em 27 de abril, um certo Dr. Burke, respondendo a Wissel em nome da Presidência Regional de Finanças, escreveu discretamente que, em relação à solicitação feita, ele "ainda não pod[ia] tomar uma decisão" mas, "chegado o momento, voltar[ia] ao assunto". Wissel não desistiu e voltou à carga no começo de junho, com uma carta maior à Presidência Regional de Finanças, reivindicando para Else a mesma quantia de antes, pelas mesmas razões. Visando aparentemente reforçar seu argumento e tranquilizar os responsáveis da Presidência Regional de Finanças, ele garantiu, na carta, que o dinheiro pertencia a Hugo, não tendo relação alguma com a propriedade que possuía sua esposa Margarethe — à qual já me referi, localizada em Cracóvia. Acrescentou ainda que por razões que teria explicitado oralmente ao Dr. Burke, pedia uma execução imediata deste pagamento, pois Else tinha pressa em recebê-lo. No dia 22 de junho, a Presidência Regional de Finanças autorizava a retirada de 60,60 RM da conta de Hugo Levy, em benefício de Else Köster, e, separadamente, mais 1.500 RM em ações. No final do mês seguinte, enfim, Wissel escreveu novamente indicando um erro de contabilidade e uma dívida salarial pendente em benefício da "ariana" Else, no valor bem mais modesto de 39,20 RM, sobre os quais nenhum outro documento existe no dossiê.

Ou seja, Else recebeu a quantia significativa de quase 1.600 RM, que Wissel conseguiu arrancar da conta de Hugo em seu favor. E Wissel realmente favoreceu sua solicitação, exatamente na época evocada trinta anos mais tarde pelo serviço de reparações, apesar de ter desmentido o fato afirmando que tentara recuperar dinheiro para Hugo Levy. Se o fez, isso não aparece em nenhum documento, bem ao contrário. Em todo caso, na Alemanha de 1969, num dossiê de indenizações de guerra a vítimas judias, Gustav Wissel foi considerado uma testemunha legítima, ao que tudo indica, não apesar, mas justamente em função de seu papel junto aos Levy trinta anos antes. A relação com o passado e a leitura feita sobre o período mudou muito desde então.

Contudo, ainda não satisfeitos, os funcionários alemães procuraram localizar Else Köster, segunda testemunha para o caso. Identificada no ano seguinte, ela estava desde junho de 1950 "sob tutela da Justiça". Sua irmã, Frau Buldig, exprimiu-se em seu nome, em fevereiro de 1970: confirmou que Else realmente trabalhara no consultório de Hugo Levy e declarou que Margarethe, ao contrário, nunca o fizera, ou então somente durante as férias de Else ou em casos de máxima urgência.

Antes disso, em março de 1968, uma outra testemunha foi citada: o prof. Dr. Bürger-Prinz, que aparentemente conhecia bem o casal e afirmou sem rodeios que Margarethe iniciou de fato sua formação técnica, sem nunca tê-la terminado. Conforme declarou, ela vivia segundo sua posição social: jogava tênis, montava a cavalo, estudava literatura e história da arte, além de viajar.

Assim, em outubro de 1970, 11 anos após a primeira reclamação feita por Margarethe a esse respeito, o serviço de reparações decidiu não compensá-la por essa reivindicação, já que uma enfermeira existia de fato e que substituí-la durante suas férias não era suficiente para justificar sua reclamação. Mais uma vez, Aracy manifestou-se em favor da amiga, redeclarando que ela de fato trabalhava ali, como já havia feito anos antes. E Margarethe, por seu lado, argumentou que se não fosse sua ajuda, Hugo teria tido que pagar duas enfermeiras, e não somente uma. Um último elemento mencionado no dossiê fecha esse capítulo, em detrimento de Margarethe: em março de 1971, o serviço de reparações confirmou que sua formação de "mecânica dentária" fora iniciada após o casamento, mas nunca concluída.

Margarethe não perdeu em todos os fronts abertos diante do serviço de reparações, muito pelo contrário. Contudo, esse exemplo me parece significativo por duas razões principais. Em primeiro lugar, ele deixa entrever o amargor substantivo de Margarethe em relação à perseguição de que foi vítima e à emigração forçada do casal. Esse sentimento não apareceu de modo algum durante nossas entrevistas, feitas quase trinta anos após o final de seu processo, durante o qual ela estava mais próxima dos fatos, sobretudo no início. Durante nosso último encontro, ela quis me entrevistar mais do que nas vezes anteriores e, em meio a isso, referiu-se espontaneamente — e criticamente — ao Brasil e à situação política do país. Deu-me, então, o pretexto para perguntar-lhe se ela sentia qualquer desejo de voltar a viver na Alemanha, se deixaria o Brasil, caso pudesse, para voltar ao seu país natal. Ela me respondeu com um "não" seco e, indicando o chão com a mão, mostrou-me onde estava sua "próxima morada", definitiva. E acrescentou: "eu estou esperando por isso".[71] O tom era, na época, já muito distanciado, e mesmo pacificado, em relação à agressividade que demonstrou nos anos 1960-1970.

Em segundo lugar, a batalha perdida em torno à sua suposta vida profissional hamburguesa provocou a manifestação, por duas vezes, da amizade indefectível de Aracy. Esta não só testemunhou prontamente em favor da amiga, como aproveitou sua declaração para exprimir, por exemplo, sua admiração pelo multilinguismo de Margarethe — talento não obrigatoriamente indispensável no consultório de Hugo nos anos 1933-1938. Aracy não fez uma declaração econômica, detendo-se simplesmente na atestação de que Margarethe ocupava funções de assistente no consultório. Construiu, ao contrário, o retrato de uma mulher muito ocupada, polivalente, exercendo várias funções, para as quais tinha qualidades pessoais que as ultrapassavam, podendo inclusive exercer tarefas técnicas que exigiam conhecimentos específicos. Seu testemunho contrastava com o tom altivo e condescendente usado pelo Dr. Bürger-Prinz, claramente antipático às pretensões de Margarethe.

Entre os dois momentos em que Aracy testemunhou em favor da amiga, 1961 e 1969, um fato central aconteceu em sua vida. No dia 19 de novembro de 1967, perdeu seu marido e companheiro de trinta anos, João Guimarães Rosa, morto no apartamento carioca do casal. Margarethe estava próxima da amiga no período que precedeu esta perda. Sei disso porque me contou que Aracy não se mostrou, a seu ver, suficientemente preocupada com o traje que usaria durante a cerimônia de posse do marido na Academia Brasileira de Letras, ocorrida quatro anos após sua eleição, e três dias antes de sua morte. Interrogando-a sobre como pensava vestir-se, Margarethe, sempre atenta à feminilidade da amiga, teria recebido uma resposta desinteressada, que combinava com a visão que tinha de Aracy e que se esforçou em transmitir: discreta e modesta até demais, correndo constantemente o risco de deixar-se apagar na sombra do marido. Margarethe teria procurado, então, estimular Aracy a cuidar do assunto com mais atenção, escolhendo bem seu traje: este deveria "combinar" com o de Guimarães Rosa. Usando essa estratégia implícita, com o objetivo de dar visibilidade à amiga, para que aparecesse claramente como a esposa do homenageado, Margarethe aconselhou-a a prever, para a ocasião, um "vestido preto com um pouquiiinho de dourado", conforme lembrou.[72]

Mas voltemos ao dossiê de reparações de guerra de Margarethe, e às reclamações em que foi atendida. Em 1954, ela declarou que, ao emigrar, o casal pagara aos nazistas 8.400 RM de impostos por serem judeus, em quatro parcelas de 2.100 RM entre dezembro de 1938 e agosto do ano seguinte, quando já estavam no Brasil, tendo deixado dinheiro bloqueado na Alemanha, e 7.132,25 RM pela emigração, também por serem judeus, pagos no dia 22 de novembro de 1938, pouco antes do embarque. Estes pagamentos puderam ser comprovados e foram reembolsados.

Além disso, Margarethe declarou, mas sem poder fornecer qualquer prova, que um funcionário da aduana convocou o casal quatro dias antes de emigrar, com tudo já regularizado e os impostos já pagos, e exigiu mais 27 mil RM. Ela indicou o nome do funcionário: Fischer. Afirmou ainda ter comparecido sozinha a esta convocação, já que Hugo estava escondido na casa dos Plambeck. Fischer a teria ameaçado de reter os dois passaportes se ela não pagasse a quantia exigida e, após uma recusa inicial e a negociação que se seguiu, Margarethe teria pagado 10 mil RM no momento. Para o restante, disse, fez uma hipoteca no valor de 17 mil RM. O serviço de reparações procurou indícios de tal operação, sem sucesso, mesmo se o nome indicado por

Margarethe trouxe um argumento a seu favor: um certo Fischer realmente trabalhava na aduana na época. Propuseram então, em dezembro de 1959, a título de compensação por essa perda, 2 mil DM, que não correspondiam ao total indicado por Margarethe. Aos funcionários responsáveis, esta pareceu ser uma solução razoável à questão, e foi aceita pelos Levy.

No mesmo ano, Margarethe reivindicou o reembolso do bilhete de navio, no valor de 2.820 RM (ida e volta para duas pessoas, com banheiros privativos e o transporte de dois cachorros). Apresentou também a fatura da firma que embalou e expediu seus bens, Willi Springer & Co., de 2.720 RM, referentes a 78 contêineres de 6.089 kg, além de seu carro Opel. Enfim, enviou os comprovantes dos impostos cobrados pela aduana brasileira e pela Companhia Docas de Santos, pelo armazenamento da bagagem. Todas essas despesas foram reembolsadas.

Em 1957, Margarethe declarou ainda que o casal havia entregado dinheiro a duas pessoas que deixaram a Alemanha antes deles, como já mencionei: Fritz Spielmann teria levado 10 mil RM do casal, indo para a Áustria ou para a Bélgica, e o Dr. Betti Schapiro, 5.300 RM, para Paris. Margarethe tinha recibos assinados pelos dois, e ficara sem notícias de Spielmann. A descrição que fez a respeito está cheia de encontros cruzados e desencontros, em diversas cidades europeias e na Palestina.

O dossiê de Margarethe surpreende e deixa perplexo. Ainda que orientada por advogados durante todo o processo, ela gastou tempo e energia pessoais com a reivindicação recusada — e fadada ao insucesso — de sua atividade no consultório hamburguês do marido. E aproveitou para tentar, graças a esse canal de reclamação, localizar uma pessoa a quem confiara parte de seu capital. Essas duas iniciativas parecem pouco racionais, destoantes do perfil pragmático e sempre ágil de Margarethe. Por outro lado, seu dossiê mostra também que ela não evocou um tópico de reclamação que apareceu com grande frequência nos demais dossiês: o rebaixamento da renda após a emigração não parece ter de fato atingido o casal. Ou, ao menos, esse assunto não mobilizou sua ação, ainda que ela tenha incluído no dossiê, em agosto de 1954, uma declaração do

Dr. B. de Barros Ramos, radiologista, dizendo que, desde 1940, Hugo Levy trabalhara para ele, recebendo 2 mil cruzeiros mensais. Não houve negociação posterior específica em relação a isso — ao menos nada mais existe quanto ao tema em seu dossiê. Mesmo assim, o cálculo da pensão bastante confortável recebida por Hugo indica que todo esforço nesse sentido teria sido desnecessário.

De modo geral, o dossiê Levy deixa entrever dois elementos de fundo. Em primeiro lugar, uma situação socioeconômica que sofreu pouco com a imigração, o que conforta o tom geral da narrativa de Margarethe durante nossos encontros. Ainda que não possamos saber como teria sido sua vida caso tivesse podido, em condições normais, permanecer na Alemanha, seu dossiê confirma, em cada momento, que a ruptura vivida não a atingiu de modo significativo do ponto de vista financeiro. Por outro lado, e ao mesmo tempo, a tensão amarga que atravessa suas reclamações indica que a questão das indenizações era extremamente sensível. De fato, Margarethe alegou, em suas reclamações, sequelas nervosas às perseguições sofridas e à emigração. Mencionou, quanto a isso, poucos fatos precisos, dentre os quais várias visitas que teria recebido de membros da Gestapo, em sua casa, no período em que Hugo estava escondido, e o encontro tenso com o funcionário da aduana, quando viu-se obrigada a ceder à chantagem nas vésperas da emigração. Mesmo assim, incluiu em seu dossiê uma vasta documentação a favor de um diagnóstico depressivo. No final, além da pensão recebida, e do reembolso das despesas provadas por faturas e outros documentos, o casal recebeu cerca de 48 mil DM, que incluíam a compensação por esses efeitos morais sofridos.

Simultaneamente ao dossiê Levy, Margarethe estava negociando outro, junto com a irmã, em nome de sua mãe. Este, porém, durou muito menos do que o longuíssimo processo ao qual acabo de me referir, que se arrastou por quase duas décadas.

Quanto a Rosa Bertel, as filhas Helena e Margarethe fizeram, a partir de 1959, uma série de reivindicações em relação às perdas materiais sofridas pela mãe e à perseguição racial de que foi vítima:

- A empresa de Rosa foi arianizada em janeiro de 1938. Pediram compensação pelos prejuízos sofridos e receberam 8.976 DM (a repartir entre as duas) em 1959 e, no ano seguinte, quando reclamaram uma compensação maior, um suplemento de 5.868 DM. Fora isso, o serviço de reparações contatou o comprador da firma, Willem Dirrigl, que continuava seu proprietário. Este afirmou "não se lembrar" mais de quanto pagara pela arianização da Bertel & Krebs, mas recordava-se de ter feito um cheque, cujo banco não soube indicar, no valor de 270.000 RM. Esse assunto não foi mais evocado na sequência do dossiê;
- as bagagens de Rosa haviam sido preparadas antes que esta tivesse deixado Bruxelas, ficando encaixotadas no aguardo do momento da emigração, que não chegou. As irmãs afirmaram ter recebido um terço desses bens, mas pediram compensações pelo restante, cujo valor calcularam em cerca de 6 mil RM. O serviço de reparações buscou descobrir o paradeiro das bagagens. Estas teriam sido guardadas pela empresa Schenker & Co., que as embalara, desde fevereiro ou março de 1939, ou, segundo outra versão, somente desde julho daquele ano. Em todo caso, a firma declarou que no dia 10 de julho de 1941 organizou um leilão e vendeu os bens de Rosa. O serviço de reparações propôs, em 1963, 1.050 DM de compensações, aceitos pelas herdeiras;
- os nazistas exigiram 70 mil RM como imposto pela emigração de Rosa, por ser judia. Isso correspondia à avaliação feita da propriedade da família na Polônia, e o pagamento condicionou a autorização de emigrar. Rosa pagou 45 mil RM, Martin Krebs, 12.500 RM (retirados da conta conjunta que tinha com a sogra), e Rosa cobriu os 12.500 RM restantes, que cabiam a Margarethe, já no Brasil, tendo-os deixado, efetivamente, em nome da filha e do genro, numa conta bancária em Berlim, em junho de 1939. As filhas reclamaram o reembolso dos 57.500 RM pagos por Rosa e receberam o equivalente atualizado, de 11.500 DM;

- as duas irmãs reivindicaram ainda compensações pelo período de "privação de liberdade" de Rosa, que calcularam entre 1º de dezembro de 1939 (data da imposição do porte da braçadeira com a estrela de davi) até o final da guerra, já que a data de sua morte era desconhecida. Receberam, inicialmente, o equivalente a trinta meses de "privação de liberdade" (4.500 DM, tendo como base o mesmo valor padrão de 150 DM por mês), entre janeiro de 1940 e junho de 1942, já que alguns testemunhos afirmaram que Rosa teria sido deportada no início de julho daquele ano. As filhas reivindicaram a extensão do cálculo até o final da guerra e receberam o complemento de mais 34 meses (5.100 DM).

O processo terminou em 1963. No ano seguinte, Margarethe esteve novamente em contato com o governo alemão, mas desta vez com outro serviço. Em setembro de 1964, ela e Hugo receberam um certificado atestando que estavam naturalizados alemães. Nessa época, Margarethe já era cidadã brasileira há 15 anos, tendo sido naturalizada em 1949, no mesmo ano em que Albert Feis solicitou o estatuto de "apátrida" às autoridades brasileiras, para não mais carregar, em sua carteira "modelo 19", o qualificativo de "alemão".

Nunca saberemos como Margarethe reagiu ao receber o certificado alemão de naturalização, nem se o havia solicitado. Em todo caso, ainda que o Brasil não aceitasse a dupla cidadania, ela a tinha. Isso enquanto ainda tentava, no processo que levou a cabo junto com o marido, arrancar do governo alemão ao menos parte da enorme dívida aberta quase três décadas antes. Se o processo de reparação de sua mãe havia terminado no ano anterior, o seu e o de Hugo estava em pleno andamento. As testemunhas que prestaram depoimento em seu favor, quanto às suas atividades profissionais no consultório hamburguês de Hugo, já tinham se manifestado. Mas outras, que refutaram suas declarações, ainda estavam por vir. E suas demandas de reparação por danos em sua saúde mental estavam correndo justamente naquela época. Ela não parecia estar de modo algum reconciliada com a Alemanha.

Talvez ainda fosse cedo demais. Peter Gay descreveu seu primeiro retorno a Berlim, em 1961, sob o signo da desconfiança e do desconforto. Ao atravessar a fronteira de carro, vindo da França, parou num quiosque para trocar dinheiro e viveu, segundo afirmou nas primeiras linhas de suas memórias, "a mais desconcertante exibição de antissemitismo" que sofrera desde sua saída da Alemanha "22 anos antes".[73]

Nem todos os judeus alemães tinham a mesma relação com a Alemanha, ainda que esta fosse quase sempre conflituosa. Muitos não viveram a experiência de Peter Gay simplesmente por recusarem-se a pisar novamente em solo alemão, como fora seu caso até então. Helena, irmã de Margarethe, viveu algo muito diferente. Não suportando o calor dos verões israelenses, onde tinha encontrado refúgio com o marido e os filhos, ainda antes da criação do Estado, na Palestina do mandato britânico, retornou anualmente a Hamburgo logo que a guerra acabou, para aproveitar o clima fresco do verão. Foi assim que Martin tratou pessoalmente das reparações de guerra que lhe tocavam, durante suas frequentes viagens à Alemanha no início dos anos 1950.

Não foi o caso de Margarethe, que, como muitos emigrados, só voltou à Alemanha pela primeira vez nos anos 1980, já viúva, graças a um convite do governo alemão, que oferecia curtas estadas no país àqueles que tinham saído caçados antes. Foi quando tocou a campainha do apartamento onde morara, ocupado por um consultório médico, e pediu para entrar e visitar o local. Visita que lhe custou muito, segundo me disse.[74] Grete Callmann também me contou como hesitou antes de voltar à Alemanha, também já viúva, com a filha e o genro. Este lhe explicou que o país mudara muito, convencendo-a. Suas impressões foram boas: "as pessoas não eram mais as mesmas." Nesta ocasião, aproveitou para procurar sua melhor amiga da época em que vivia em Essen, uma não judia, filha de seu antigo professor de piano.[75]

Com a exceção da entrada dolorida na antiga casa, Margarethe não manifestou qualquer incômodo em relação à estada em Hamburgo. Nos anos 1980, provavelmente, além do fato de as pessoas já serem outras, como observou Grete Callmann, o tempo tinha feito seu trabalho de apaziguamento e ela pôde andar pelas ruas de Hamburgo novamente, talvez sem as más sensações e a tensão que invadiram Peter Gay durante sua estada, ao caminhar pela Berlim de sua infância.

As relações de Margarethe com o Brasil foram menos conflituosas e menos custosas, sem as mesmas feridas. Ela não fazia parte dos alemães que "inflamavam" Peter Gay com sua nostalgia e seus elogios da cultura e da civilização alemãs. Desde 1946, tornou-se cidadã, enquanto muitos outros seguiam vivendo com suas carteiras "modelo 19" e seus passaportes alemães. Diferentemente deles também, Margarethe tinha, no Brasil, a amiga e protetora querida.

Nos anos 1980, quando deambulou por Hamburgo e chegou a buscar rastros da vida que levara ali, cinquenta anos antes, Hugo, seu maior e único amigo, como me disse, já não era mais desse mundo. Em 1977, dez anos após a perda por Aracy de seu marido, no Rio de Janeiro, Margarethe perdera o seu, em São Paulo. Ela tinha, então, 69 anos. Nos anos seguintes, um novo elo surgiu entre as duas amigas, sempre ligado ao momento-chave em que se conheceram, na urgência da busca de um porto seguro pelos Levy, quando a acolhida encontrada no consulado brasileiro de Hamburgo pela então chefe do setor de passaportes trouxe-lhes a solução.

Naqueles mesmos anos 1980, Margarethe tornou público seu reconhecimento por Aracy, num gesto que, no seu caso, vinha também carregado de afeto, de intimidades e de confidências compartilhados durante várias décadas.

JUSTIÇA

Numa carta datada de 22 de agosto de 1983, o Museu do Holocausto de Jerusalém, Yad Vashem, informou Aracy que ela recebera o título de "Justa entre as Nações". A decisão fora tomada no ano anterior. No dia 28 de abril de 1982, ela estava em São Paulo, e anotou em sua agenda que Bella Herson, de quem falarei mais à frente, veio visitá-la e "trouxe a medalha do Holocausto pra mim — fiquei comovida…". No dia 11 do mês seguinte, foi almoçar na casa dos amigos Pedro e Miriam Bloch e levou a medalha: "me abraçaram contentes." Essa homenagem israelense foi fruto da mobilização de um pequeno grupo de pessoas, a partir de uma ideia de Margarethe.

O título de "Justo entre as Nações" existe desde 1953, e é dado a não judeus que se arriscaram para salvar judeus durante o genocídio nazista.[76] O reconhecimento é feito graças à manifestação dos próprios judeus, que indicam aqueles a quem acreditam dever suas vidas. Nesse sentido, os sobreviventes em questão depõem diante do "Tribunal do bem"[77] de Yad Vashem em favor do reconhecimento do título aos seus protetores. Atualmente, outros povos homenageiam com o mesmo título, inspirando-se na iniciativa israelense. Isso acontece em relação ao genocídio dos armênios pelos turcos e, mais recentemente, ao dos tútsis, em Ruanda.[78]

O termo "Justo entre as Nações" é a tradução de uma expressão hebraica de origem rabínica referente aos não judeus que temiam a Deus e, por extensão, àqueles gentios que exprimiam uma atitude amigável em relação ao povo de Israel. Do ponto de vista etimológico, parte de uma visão da relação antagônica e hostil entre judeus e não judeus. Porém, a fórmula comporta, ao mesmo tempo, uma derrogação implícita quanto ao princípio de separação entre ambos.[79]

A utilização contemporânea do termo opõe-se diametralmente a essa origem, já que a prática de reconhecimento aos "Justos" por seus feitos — e a percepção que acompanha tal prática — permite nutrir, segundo um princípio de (re)conciliação, um ideal de concórdia e de convivência interétnica, que se encontra desse modo favorecido.

O termo apareceu pela primeira vez, preconizando a prática atual, em 1942, na então Palestina, quando o genocídio encontrava-se em curso. Antes da criação do Estado de Israel, o termo foi empregado num sentido diplomático, visando a beneficiar as relações exteriores da Palestina judaica. Essa mesma concepção vigorou no momento da institucionalização do título de "Justo" por uma lei votada pelo parlamento israelense em agosto de 1953.[80]

Votado, o texto de lei permaneceu letra morta até 1961. Foi somente com a realização do processo contra o ex-dirigente nazista Adolf Eichmann, naquele ano, em Jerusalém, que tomou realmente corpo o desejo de se homenagear pública e internacionalmente os "Justos entre as Nações". No final do processo, uma lista de "Justos" foi evocada, sublinhando a nacionalidade de cada um, num esforço para solidificar as relações diplomáticas israelenses, mostrando que Israel não tinha olhos somente para os criminosos nazistas, mas reconhecia também — e honrava — os cidadãos de cada país que tinham agido em favor dos judeus.

Após o processo, muitas solicitações de reconhecimento oficial dos "Justos" foram dirigidas a Israel e a Yad Vashem, sob o argumento central dos benefícios diplomáticos que isto traria. Foi assim que, no ano seguinte, Yad Vashem abriu um serviço administrativo especificamente voltado ao tema e encarregado de instituir os procedimentos envolvidos em tais homenagens. O formato escolhido para se homenagear os "Justos" foi o da plantação de árvores em seus nomes na "Avenida dos Justos",[81] em Jerusalém, além da atribuição de diplomas e medalhas. As árvores plantadas em solo israelense simbolizam a aproximação destes não judeus que, de protetores ou "amigos" dos judeus, passam a "amigos de Israel", enraizando-se no solo do Estado judeu.

A clara preocupação diplomática que envolvia o assunto manifestou-se, sobretudo, pela presença de representantes do Ministério das Relações Exteriores não somente dentre os responsáveis por tais decisões, como na comissão designada a seguir para examinar os nomes a serem reconhecidos. De fato, a polêmica em torno do reconhecimento do título de "Justo" a Oskar Schindler em 1962* provocou a nominação de uma comissão especialmente dedicada ao exame dos nomes e à escolha dos "Justos". Naquela época, a preocupação diplomática ainda prevalecia, contrariamente ao que acontece hoje.

---

*Naquele ano, uma árvore foi plantada em seu nome na Avenida dos Justos, mas o andamento de seu dossiê foi suspenso e retomado mais tarde, devido às acusações feitas quanto ao caráter supostamente não desinteressado de seus atos. Oskar e sua esposa Emilie receberam o título de "Justos" em 1993, no mesmo ano em que Steven Spielberg lançou o filme *A lista de Schindler*, baseado no romance homônimo de Thomas Keneally (1982). Cf. Sarah Gensburger, *Essai de sociologie de la mémoire. L'expression de souvenirs à travers le titre de "juste parmiles Nations" dans le cas français: entre cadre institucionel, politique publique et mémoire collective*, op. cit., p. 82-83 e 103. Sobre o caso Schindler, ver ainda Gabriele Nissim, *Le Jardin des Justes: de la liste de Schindler au tribunal du bien*, op. cit., particularmente caps. II, IV e V, p. 45-66, 85-113.

Entre meados dos anos 1970 e o início da década seguinte, operou-se uma guinada na percepção do título de "Justo" pelos responsáveis israelenses. Após a Guerra do Yom Kippur (1973), os "Justos" passaram progressivamente a ser vistos como indivíduos isolados em seus países, sendo estes hostis à causa dos judeus.[82]

A grande maioria dos "Justos" reconhecidos por Yad Vashem não vive em Israel, mas, sobretudo, nos países europeus ocupados pelos nazistas. Sendo reconhecidos, estes recebem homenagens locais, obedecendo a preocupações e contextos históricos e políticos que, além de divergirem do israelense, também sofreram suas próprias evoluções. Examinando o caso francês, que comparou ao belga, ao holandês e ao polonês,* Sarah Gensburger mostrou como problemáticas internas a cada país explicam mais e melhor a emergência das lembranças dos sobreviventes judeus em relação aos "Justos" que buscam honrar do que o contexto israelense de institucionalização do título, e suas transformações. A autora mostra claramente que os momentos de aumento do número de processos, e de atribuição do título, coincidem com uma conjuntura política interna favorável a isso em cada país.

Assim, com o passar do tempo, e após meados dos anos 1960, houve um deslizamento do sentido dado a essa comemoração memorialística entre a concepção diplomática original e a atual, na qual prevalecem as questões de política interna. O reconhecimento da ação destes "salvadores" não judeus exprime hoje um esforço em valorizar a coexistência entre judeus e não judeus dentro de um mesmo Estado, no qual os segundos socorreram os primeiros.[83] Essa acepção atual foi emprestada para honrar os "Justos" ruandeses, que favoreceram a convivência entre tútsis e hútus.

---

*A Polônia é, atualmente, o país com o maior número de "Justos" reconhecidos por Israel (6.135), seguida pela Holanda (4.947), pela França (2.991), pela Ucrânia (2.246) e pela Bélgica (1.512). Os demais países não ultrapassam a marca dos mil, começando pela Lituânia, com 761 "Justos" reconhecidos. Alguns países neutros, cuja travessia das fronteiras foi extremamente desejada, também tiveram seus "Justos" reconhecidos, como a Suíça, a Espanha e Portugal. O total, em 44 países, é de 22.765 (dados para janeiro de 2009). Cf. http://www1.yadvashem.org/righteous_new/statistics.html. Vale lembrar que nem todos aqueles que contribuíram para a sobrevivência de judeus durante o período nazista fazem parte desses números, mas somente aqueles reconhecidos pelo Instituto Yad Vashem a partir do testemunho dos sobreviventes.

FUSO

No caso de Aracy, "Justa" brasileira, a questão sofre um deslocamento a mais. Como vimos, no momento em que seu título foi atribuído por Yad Vashem, a concepção diplomática inicialmente em vigor em Israel, ainda que não tenha desaparecido completamente do horizonte dos responsáveis designados para julgar os candidatos ao título, estava sendo substituída por outra, mais centrada nos indivíduos do que em seus países de origem. Mas que incidência tais questões poderiam ter tido no Brasil?

De fato, fora do continente europeu, palco do genocídio, os "Justos" atualmente reconhecidos são extremamente minoritários. Ainda que outros possam ter existido, sem chegarem a ser reconhecidos, a diferença gritante de ordem de grandeza explica-se por uma dupla distância: física — em relação ao espaço onde ocorreram tanto as perseguições quanto a ajuda oferecida por aqueles que esconderam e protegeram adultos e crianças —, mas também histórica, já que a memória de tais atos incide muito menos, e de modo muito mais marginal, na construção da memória e da identidade, coletivas e nacionais.

No caso dos Estados Unidos, pelo peso de sua comunidade judaica e seu envolvimento mais profundo no conflito mundial e na luta contra o fascismo em comparação aos demais países do continente, a questão apresenta maiores repercussões do que no Brasil. Além dos três "Justos" americanos reconhecidos por Yad Vashem, outros, de outras nacionalidades, receberam e ainda recebem homenagens no país por sua atuação em solo europeu. Os estudos e relatos sobre a questão também são muito mais numerosos.

Mesmo assim, dos seis "Justos" reconhecidos para todo o continente americano, dois são brasileiros: Aracy de Carvalho e Luiz Martins de Souza Dantas — reconhecido em 2003. E os brasileiros são dois dos três não norte-americanos,* vale lembrar, tendo em vista que, em relação

---

*O último nome sendo o da chilena Maria Errazuriz. Alguns asiáticos também foram reconhecidos: o cônsul japonês servindo na Lituânia, Chiune Sempo Sugihara, e dois chineses, o cônsul em Viena, Feng Shan Ho, e Pan Jun Shun, que vivia na Ucrânia. Ver http://www1.yadvashem.org/righteous_new/statistics.html.

aos Estados Unidos, os demais países americanos contavam com uma representação bem mais modesta na Europa, tanto em termos quantitativos quanto de visibilidade. O perfil dos "Justos" norte-americanos reconhecidos espelha esta presença ao mesmo tempo significativa e variada, que ia além da representação diplomática. Varian Fry, primeiro "Justo" reconhecido no país, representava em Marselha o Comitê de Salvamento de Emergência (Emergency Rescue Committee), sediado em Nova York. Esteve ligado a um emaranhado de organizações de todos os tipos e tendências, entre associações cristãs e judaicas americanas, além de colaborar, nos Estados Unidos, com algumas instituições de ensino superior interessadas no resgate dos intelectuais judeus e com a Fundação Rockefeller.[84] O casal formado pelo reverendo Waitstill Sharp e sua esposa Martha, missionários protestantes unitaristas reconhecidos em 2005, também operou na França, junto ao americano Unitarian Service Committee.

Tendo em vista que a iniciativa da nominação recai sobre os judeus sobreviventes, que devem indicar seus "Justos", a existência de dois brasileiros reconhecidos revela, antes de mais nada, a mobilização dos judeus brasileiros. Promovendo homenagens para Aracy de Carvalho como fez, e ainda faz, em determinadas circunstâncias, a comunidade judaica local não comemora somente a presença viva em seu seio dos refugiados e de seus descendentes que conseguiram, graças à ação desta "Justa", escapar ao genocídio, imigrando. Seus membros comemoram também o sucesso da integração dos judeus à sociedade brasileira.

Roney Cytrynowicz mostrou o contraste entre a imagem construída, nos anos 1990, sobre a vida judaica brasileira durante o período varguista, retratando uma "comunidade aterrorizada", e o cotidiano das organizações judaicas da época, que driblaram com inteligência e com êxito as medidas repressivas e nacionalistas do Estado.

De um lado, estão as revelações tardias sobre o antissemitismo no Brasil daqueles anos, cuja força se deve, entre outros fatores, à "virulência da expressão do preconceito em importantes setores do núcleo político e ideológico do governo de Getúlio Vargas e entre diplomatas brasileiros no exterior" e ao contraste entre essas expressões e o mito bastante enraizado da democracia racial e do Brasil como país acolhedor para os imigrantes de todas as origens.[85]

De outro lado, há a vida das organizações judaicas locais, que prosseguiu sem maiores percalços durante toda a Era Vargas, graças a pequenas estratégias elaboradas no dia a dia dos controles eventuais; a outras, elaboradas diante da legislação nacionalista imposta a partir de 1938; e à tolerância demonstrada pelos diversos inspetores e policiais do governo encarregados de vigiar e reprimir o ensino em língua estrangeira (hebraico), as organizações ilegais (sionistas) ou as instituições que desrespeitassem as regras nacionalizantes em vigor.

Cytrynowicz vai mais longe ao afirmar que foram justamente os anos 1930-1940 que permitiram a afirmação pública de uma identidade judaica e brasileira pelos membros da comunidade judaica do país, além de terem dado as bases para "um verdadeiro *boom* de atividades institucionais, sociais, culturais e políticas iniciadas ainda em 1945". Esta afirmação identitária, que se acompanhou de um desenvolvimento expressivo das bases institucionais da comunidade, ocorreu sobre o pano de fundo do aumento das oportunidades econômicas e da ascensão social dos membros do grupo. Isso valeu também, de modo mais geral, para aqueles imigrantes que, vivendo nos grandes centros urbanos do país e, sobretudo, em São Paulo e no Rio de Janeiro, puderam beneficiar-se do processo intenso de urbanização, da industrialização e da expansão das atividades comerciais e dos serviços.[86]

No caso dos judeus, Cytrynowicz defende ainda a ideia de que, a partir dos anos 1990, a prevalência da memória de uma comunidade que teria vivido sob o temor conjugado do nazismo e do antissemitismo varguista, construindo *a posteriori* uma identidade vitimizante para seus membros, responderia a uma questão colocada pelo presente. A vitimização é transferida ao passado, a um momento inicial — os anos 1930 —, mas crucial, da organização do grupo e de sua integração à sociedade brasileira. O que libera o presente, marcado pela ascensão social de parcelas significativas desta comunidade, por uma "bem-sucedida inserção". A identidade judaica é assim preservada, num procedimento de idealização, mas não interfere nos processos contemporâneos de integração sociocultural às camadas médias favorecidas e às elites do país.[87]

No caso da consagração dos "Justos" brasileiros pela comunidade judaica local, podemos dizer que essa construção identitária encontra uma forma privilegiada pela qual pode não somente expressar-se, mas também renovar-se. Pois através das diversas homenagens feitas reafirma-se uma dupla realidade. Em primeiro lugar o fato de que, no contexto da política imigratória antissemita do governo Vargas, com suas circulares secretas, nem todos foram "injustos": houve ao menos dois "Justos". Desse ponto de vista, não só a discriminação mantém-se real, mas abre-se uma brecha. Brecha para quê? É o segundo aspecto dessa dupla realidade.

A brecha aberta também é dupla. Ela indica, por um lado, a "amizade" pelos judeus, vinda de membros da diplomacia e do governo brasileiro, responsáveis diretos pela aplicação da política antissemita. Pois os judeus que, assim, puderam ingressar no país não chegaram aqui somente *apesar* da política implantada e de seus responsáveis, mas também *graças* a alguns deles, não menos legítimos (brasileiros) que os demais. Além disso, essa entrada, menos ilegítima do que poderia ter parecido no início, já que descortina fissuras no seio do antissemitismo oficial, abre-se para uma possibilidade de expressão da identidade judaico-brasileira contemporânea na qual a integração à sociedade brasileira não precisa mais, obrigatoriamente, lembrar-se de um "porém", colocado no passado, de um início difícil, marcado pela discriminação étnica.

A comunidade judaica pode, então, assumir plenamente seu lugar no seio da sociedade brasileira, evocando e homenageando publicamente seus "Justos", brasileiros de visão, verdadeiros brasileiros. Pois trazendo à tona a ação destes indivíduos, minoritários, mas ativos, recuperam-se valores não menos brasileiros que teriam sido colocados na sombra pela política sombria do período. E encontra-se uma ponte nada desprezível com a sociedade englobante, já que o orgulho é certamente compartilhado em torno desses heróis internacionalmente consagrados por seu humanismo, por terem trabalhado em benefício de uma causa que, no contexto atual, aparece como meritória. Tanto Aracy quanto Souza Dantas aparecem em reportagens publicadas na imprensa, por exemplo, como nomes de destaque para o país todo, e não como atores sociais cuja ação restringe-se aos interesses da comunidade judaica local. O reconhecimento dos "Justos" é não somente um elo de reconciliação, mas também um eixo que permite a comemoração pública de uma integração coletiva bem-sucedida.

Mas antes que tais comemorações e homenagens tenham se tornado coletivas, como veremos adiante, o esforço para que Aracy fosse reconhecida como "Justa" deu-se numa escala mais restrita. A ideia partiu de Margarethe, ainda que não a tenha realizado sozinha, pois outra personagem entrou em cena nesse momento.

ALÇAR

No dia 2 de agosto de 1977, Bella Herson, que vivia em São Paulo, escreveu uma carta para Aracy, no Rio de Janeiro. Bella já conhecia Margarethe. Contou então a Aracy, que ainda não conhecia, que Margarethe desejava realizar uma vontade do marido, recentemente desaparecido: "fazer saber, especialmente em Israel, dos feitos de Aracy de Carvalho durante a guerra em Hamburgo." Hugo falecera no dia 3 de fevereiro daquele ano, seis meses antes. Bella dizia ainda em sua carta que gostaria de conversar com Aracy quando esta viesse a São Paulo.[88] No verso do envelope, aparecem dois endereços, o da própria remetente e o de Margarethe, dando um tom de parceria à iniciativa. Aracy acrescentou, como era seu hábito: "escrevi 16/11/77". Respondeu, então, a Bella — ou a Margarethe, ou a ambas —, mas não imediatamente: esperou três meses e meio antes de pegar a pena. Talvez tenha confabulado com Margarethe no meio-tempo.

Bella Herson recebeu-me em sua casa, em São Paulo.[89] Com 84 anos, acabara de sair de uma cirurgia e suas condições de saúde limitavam-na e incomodavam-na muito, como repetiu mais de uma vez. Dotada de grande lucidez e de uma inteligência viva e afiada, conversou generosamente comigo durante um longo momento. Contou-me que conheceu Margarethe em Guarujá, na casa de uma amiga comum, Cecília, de quem não conseguiu lembrar o sobrenome, que as convidara para tomar chá. Na ocasião, Margarethe teria lhes falado de Aracy. Segundo as lembranças de Bella, que diferem levemente do que dissera na carta citada, Margarethe teria se mostrado pesarosa, dizendo que Aracy não tinha sido suficientemente reconhecida pelo que fizera.

Com tais declarações, contou-me Bella, Margarethe a "inflamou": disse-lhe imediatamente que cuidaria do assunto em nome dos outros e pediu-lhe o endereço de Aracy, que desejava conhecer pessoalmente. Nisso suas lembranças foram precisas, pois realmente escreveu em seguida para Aracy e conheceu-a pouco tempo depois, numa de suas vindas a São Paulo.

Bella explicou-me que o que motivara sua emoção ao ouvir Margarethe, e sua iniciativa em relação a Aracy, foi que ela e o marido, ambos poloneses, tendo passado a guerra na Europa, tiveram grandes dificuldades em conseguir o visto para o Brasil em 1947. Ela mesma viveu num gueto, de onde foi deportada para Auschwitz. Depois da guerra, dirigiu-se com o marido para a França, de onde tentaram emigrar. A primeira tentativa de seu marido para conseguir vistos para o Brasil foi frustrada, no consulado de Lyon, segundo me disse, por serem judeus. Os vistos teriam sido concedidos numa segunda visita ao consulado, feita durante o horário de almoço, conforme lembrou, quando seu marido esperava (e realmente conseguiu) ser atendido por outra pessoa. Dispunha então, ainda conforme a narrativa de Bella, de falsos atestados de batismo dados por um papa ortodoxo grego. Com essa bagagem, Bella estava convencida de que uma brasileira como Aracy precisava ter seus atos conhecidos e reconhecidos.

Durante nossa entrevista, ela insistiu no fato de que daquela primeira carta enviada para Aracy nasceu uma verdadeira amizade, que muito prezava e da qual falou com muito orgulho. Aracy teria vindo várias vezes em sua casa e Bella teria feito o mesmo em relação a Sida, mãe de Aracy, que vivia ali perto, no mesmo bairro. Quando me recebeu, mostrou-me um espesso dossiê que compôs sobre Aracy, onde guardava algumas cartas que esta lhe escrevera, das quais escolheu uma para ler em voz alta. Tratava-se de uma carta muito calorosa, onde Aracy chamou-a de "Bella muito querida", referindo-se ainda à amizade que as ligava.

Durante nosso encontro, Bella esforçou-se em assinalar dois pontos centrais de sua visão sobre esta história. Em primeiro lugar, colocou Aracy em primeiro plano, insistindo no fato de que quem realmente ajudou os judeus de Hamburgo a obterem seus vistos para o Brasil foi ela, e não Guimarães Rosa.

Em segundo lugar, colocou-se a si mesma em primeiro plano, afirmando que quem realmente tratou do reconhecimento dos atos de Aracy até que esta obtivesse o título de "Justa" foi ela, contra a indiferença e o pouco caso dos próprios interessados. Margarethe, por exemplo, "não fez nada", a seu ver — ao menos se comparado com o que ela mesma fizera.

Essa manifestação de ciúmes em relação à justiça contida no ato de reconhecimento me parece ter sido compartilhada: Margarethe nunca fez qualquer referência à existência de Bella, não tendo pronunciado seu nome nenhuma vez durante nossos encontros. É verdade que eu jamais a interroguei diretamente sobre isso, pois só vim a conhecer Bella depois de minha última entrevista com Margarethe, quando esta não recebia mais ninguém. Mas quando perguntei, mais de uma vez, se ela não se lembrava de alguém que, da mesma forma que ela, recebera ajuda de Aracy, ela poderia ter se lembrado do processo que levou à atribuição do título de "Justa" à amiga, e do fato de que não esteve sozinha nesse projeto. Poderia ter me sugerido encontrá-la para obter mais informações sobre a questão. Não se lembrou de Bella, nem de nenhum outro nome, ou não quis contar nada a respeito.

Não tendo sido testemunha direta dos fatos, Bella não podia prestar depoimento em favor de Aracy junto a Yad Vashem, tendo em vista o procedimento estabelecido para a atribuição do título de "Justa". Assumiu então o papel de promotora do processo. Ouvindo-a falar, e constatando que o caso realmente a mobilizou, fica claro que para ela, que não recebeu auxílio de Aracy, e para quem toda e qualquer ajuda foi ou teria sido preciosa — e não somente no que diz respeito à concessão de vistos —, esse encontro foi extremamente importante. Ela não só se dedicou muito ao caso, como cultivou a amizade com Aracy enquanto o estado de saúde de sua "Justa" de eleição o permitiu. E o tratamento reservado a ela por Aracy mostra que existiu realmente afeto entre as duas durante os anos 1980, quando conviveram.

A presença de Bella torna toda a situação mais complexa. Para Sarah Gensburger, ao exprimirem suas lembranças visando à obtenção do título de "Justo" àqueles que os ajudaram, os judeus sobreviventes entrariam numa relação de dom e contradom com seus protetores.[90] Mas Bella não recebeu ajuda de Aracy. Não só passou pela experiência dos guetos e campos de extermínio nazistas, segundo contou-me, como teve dificuldades em obter um visto para o Brasil após o final da guerra. Assim, sua relação com Aracy e com o processo de reconhecimento de seus feitos em Hamburgo foi outra, diferente daquela de Margarethe: ela mobilizou-se justamente por saber valorizar aquilo de que, conforme sua narrativa, não dispôs. Nesse sentido, com ela, a situação se inverte. Elegendo-se a si própria agenciadora por excelência de uma retribuição coletiva a Aracy, e chegando mesmo a reivindicar, em nossa entrevista, o papel de única responsável por tal iniciativa, fez esse dom à "Justa" brasileira, cujo contradom teria sido a proximidade e a amizade de que passou realmente a desfrutar, e que muito valorizou, tanto enquanto durou, como depois, ao narrar essa história para mim. A ênfase foi dada com efeito no caráter privilegiado e até exclusivo da relação, já que afirmou ter agido no lugar daqueles que realmente deveriam tê-lo feito, mas que permaneceram, segundo ela, indiferentes, a começar por Margarethe, ciumentamente transformada em rival.

O fato é que, seja movida pelo desejo de honrar um voto não realizado de seu marido, seja pela impulsão de Bella, Margarethe exerceu de fato seu papel na atribuição do título de "Justa" à amiga de quatro décadas.

O procedimento adotado por Yad Vashem exigia, na época, ao menos dois depoimentos de pessoas que contaram com a ajuda direta do não judeu ou da não judia em questão. Foi o que aconteceu com Aracy. Margarethe e Günter Heilborn prestaram seus depoimentos à instituição israelense. Sabendo dessa exigência, Bella deve ter contatado Günter. Mas uma outra personagem aparece aqui, já que Günter enviou seu depoimento a uma certa Susi, cujo sobrenome não figura em sua carta. Ela solicitara sua intervenção em favor de Aracy e ele respondeu-lhe, anexando um texto com suas lembranças do contato estabelecido no consulado de Hamburgo. Susi era provavelmente uma conhecida comum. Quanto a Aracy, apesar de não ter começado, nem promovido o processo, ela deve ter sabido da iniciativa e acompanhado sua evolução.

Neste ponto, Aracy aproxima-se da imagem geralmente atribuída aos "Justos", de pessoas altruístas, que recusam ou aceitam com modéstia toda e qualquer homenagem, afirmando não terem feito nada além daquilo que lhes cabia. Muitos reagiram e reagem desse modo. As motivações e o comportamento "altruísta" dos "Justos" suscitaram uma série de estudos dedicados à questão do salvamento de judeus na Europa nazista, quer tais comportamentos se encontrem aí confirmados ou problematizados, em abordagens centradas na personalidade, nas motivações psíquicas e pessoais dos "Justos", ou no contexto e nas situações sociais envolvidas no contato entre judeus e seus possíveis protetores.[91] Retomando as afirmações feitas por Tzvetan Todorov, quando este afirma que os salvadores não apreciam ser elogiados ou tratados como heróis, tendo feito o que lhes parecia natural, Sarah Gensburger discorda do valor absoluto de tal percepção, afastando-se também, em seu trabalho, de uma leitura moral e psicológica do fenômeno. A autora evoca, nesse sentido, casos de "Justos" franceses que, após terem sido reconhecidos, mobilizaram-se em favor do reconhecimento de outros, familiares ou membros das mesmas redes de ação coletiva, no mais das vezes católicas. Aí, o aspecto humilde e altruísta apaga-se diante de um esforço de justiça e de reconstituição, através de uma memória comum, de grupos mais amplos de salvamento, aos quais outros tantos teriam pertencido, redesenhando uma realidade coletiva e reivindicada da qual tais atores fizeram parte conjuntamente.[92]

Não foi o caso de Aracy. Em primeiro lugar, ainda que possa e deva ter sabido do que as amigas estavam organizando, manteve-se discreta e fez afirmações públicas que a incluem perfeitamente na imagem dominante sobre o assunto. Em segundo lugar, nunca procurou tornar pública uma realidade coletiva da qual tenha participado, nem foi objeto de tal iniciativa da parte de outros. O que não quer dizer que tenha agido de modo totalmente isolado.

BEM ME QUER

Dois depoimentos de pessoas que receberam auxílio direto de Aracy estão no centro do dossiê montado em seu favor junto a Yad Vashem. Margarethe escreveu duas vezes à instituição, o que mostra que o título não foi atribuído imediatamente, como, aliás, parece ser a regra geral. Devem ter lhe pedido um complemento de informações ou maiores detalhes. Seu primeiro depoimento data de outubro de 1977. Foi escrito entre a carta citada de Bella a Aracy — enviada em agosto — e a resposta de Aracy, com data de novembro.

Margarethe escreveu um texto bem curto, com cerca de meia página, sem novidades para nós. Declarou, começando, que ela e o marido obtiveram seus vistos graças à "bondade e compreensão" de Aracy. Esta os teria fornecido ao casal "apesar das dificuldades que tinha de enfrentar no Consulado, pois o Cônsul Geral, da época, era anti-semita". Afirmou, ainda, que muitas outras pessoas também receberam seus vistos pelas mãos de Aracy, mas, "depois de 40 anos, infelizmente", não se lembrava de outros nomes, a não ser do de Albert Feis.

Selecionando os fatos que lhe pareceram mais significativos e convincentes, acrescentou também que Aracy levara seus objetos de valor e suas joias, que não tinha direito de trazer para o Brasil, até dentro da cabine do navio, tendo esperado sua partida no cais, para ter certeza de que o casal deixara mesmo a Alemanha, e em boas condições. Isso porque, segundo ela, "naquele tempo, judeus ficavam presos, tirados mesmo de navios" — ideia que também expressou durante nossas entrevistas. Na época, somente por razões financeiras os judeus corriam o risco de serem impedidos de emigrar, como já vimos; o projeto nazista era de pilhar seus bens e fazê-los partir. No caso de Hugo e Margarethe, o risco resumia-se aos objetos de valor escondidos que, se descobertos, podiam realmente retê-los no país e trazer-lhes dificuldades consideráveis. Enfim, e ainda quanto à questão das joias, Margarethe mencionou, nas últimas linhas de seu depoimento, o fato de que Aracy teria trazido com ela, quando voltou ao Brasil, joias de outros judeus, que guardara em confiança. Margarethe sabia por experiência própria o quanto os nazistas eram gananciosos em relação ao butim representado pelos bens dos judeus, não tendo salientado gratuitamente tal assunto.

Três anos se passaram entre esse depoimento sumário e o segundo, escrito em novembro de 1980. Dois critérios considerados fundamentais pela comissão que julga os dossiês e atribui os títulos de "Justo" não tinham sido abordados em seu primeiro texto, mas o foram no segundo, bem mais argumentado. Solicitações e conselhos neste sentido devem ter sido endereçados a ela no meio-tempo. O primeiro desses critérios é o do risco, conscientemente incorrido pela pessoa que salva quando decide agir. Em Yad Vashem, chegou-se a recusar o reconhecimento do título por ser considerado que, sem perigo para quem salva, não há salvamento de fato. O que não quer dizer que a leitura feita seja rígida, muitos salvados insistem e negociam a aceitação de seus argumentos, mesmo sem conseguirem provar que seus "Justos" correram realmente algum risco. Os responsáveis pelo exame dos dossiês utilizam uma acepção flexível do risco incorrido, que não se limita ao risco de vida, incluindo risco de encarceramento, de perda de estatuto social, ou mesmo de sanções regulamentares.[93]

O segundo critério diz respeito à gratuidade da ajuda, que deve ser absolutamente desinteressada: a busca de benefícios materiais pessoais é considerada um obstáculo à obtenção do título. Daí a polêmica à qual já me referi em torno do dossiê de Oskar Schindler, acusado de ter se aproveitado dos judeus que salvou, mantendo-os como mão de obra escrava em sua empresa.

Quanto ao risco incorrido por Aracy, Margarethe desenvolveu então o que só havia esboçado no primeiro texto, quando mencionara os problemas enfrentados pela amiga no consulado para fornecer os vistos, e notadamente junto ao cônsul-geral, "antissemita". Na segunda declaração, narrou o caso do seu depósito no Banco do Brasil, que já conhecemos, condição para a obtenção do visto permanente. Mencionou o fato de que o cônsul teria se tornado justamente "antissemita" naquele momento e não quisera mais recebê-la, dificultando a continuidade do processo. Até que Aracy interveio para resolver a questão. O texto de Margarethe corresponde exatamente, nesse ponto, ao que me contou pessoalmente:

Aracy teria enganado o cônsul, cobrindo uma menção que acrescentara por sua conta nos documentos dos Levy, segundo a qual seus vistos deveriam ser transformados em permanentes logo após a chegada no Brasil. De fato, como vimos, ela inscreveu nos dois passaportes uma referência que se desviava do padrão usual e das normas estabelecidas, incluindo a frase "Temporário para ser regularizado no Brasil", como descreveu Margarethe. Se realmente "enganou" o cônsul-geral, como sempre afirmou a amiga e protegida, pode efetivamente ter arriscado sanções.

Margarethe foi ainda mais longe em seu depoimento, acrescentando que o mesmo cônsul proibira Aracy de manter contatos pessoais com judeus, no que lhe teria desobedecido, passando assim a contar entre seus inimigos. E, pior, tais contatos amigáveis aconteciam dentro do consulado, onde foi testemunha do modo como os judeus que solicitavam vistos recebiam de Aracy todo tipo de conselhos práticos, sempre desinteressados. Terminou dizendo, nesse sentido, que ela, o marido e muitos outros teriam contado inclusive com a ajuda de Aracy para transferir dinheiro para o Brasil, manobra que conhecia bem, segundo Margarethe, por receber seu salário em moeda estrangeira.

Essa informação é nova e interessante. Margarethe não a mencionou em nenhum momento durante nossas entrevistas. Se Aracy dava esse tipo de conselho, num contexto em que os nazistas buscavam controlar e taxar ao máximo tais transações em relação aos judeus, talvez os estivesse ajudando a driblar os obstáculos impostos para que dispusessem (mais) livremente de seus patrimônios, economias e reservas financeiras. Isso no sentido de poderem tirar da Alemanha com maior facilidade as somas exigidas pelas autoridades brasileiras para a obtenção do visto "permanente" (previsto para a categoria de "capitalistas"). Nunca saberemos se realmente tocou nesse assunto nem, principalmente, em que consistiam realmente seus "conselhos" quanto a essa questão. Mas Margarethe não errou sobre a base da afirmação: Aracy realmente recebia seu salário em libras esterlinas, em sua conta bancária inglesa, conhecendo de fato os trâmites de transferência de dinheiro de um país a outro.

No caso de Margarethe, a única coisa que me contou nesse sentido, e que já mencionei antes, foi que Aracy prontificou-se a enviar ao seu cunhado, na Palestina, pelo correio diplomático, uma carta solicitando que transferisse o dinheiro exigido ao Banco do Brasil do Rio de Janeiro. Mas fica o mistério sobre a ampliação de tal tipo de auxílio a outras pessoas, e sobre seu alcance.

Quanto à proteção pessoal que os Levy teriam recebido, Margarethe mencionou os acontecimentos que se seguiram à "Noite de Cristal", com pequenas precisões a mais em relação ao que me descreveu quase vinte anos depois. Em primeiro lugar, confirmou que no dia 10 de novembro Hugo foi acolhido por Aracy no consulado, para evitar que corresse o risco de ser preso, como estava ocorrendo com tantos outros. Segundo Margarethe, Hugo teria ficado ali até o horário de fechamento e, em seguida, Aracy o levara para sua casa, onde permaneceu até que Margarethe encontrasse um esconderijo mais seguro.

Além disso, Margarethe referiu-se a um ponto problemático e já examinado da narrativa que fez para mim: afirmou que Aracy teria colocado o carro à sua disposição até o dia da partida, 24 de novembro, de modo que ela pôde em total segurança visitar o marido em seu esconderijo. Essa segurança devia-se, conforme escreveu, ao fato de o carro ter uma placa "CC" (Corpo Consular), como já me dissera, e uma bandeira do Brasil. Sabemos que se Margarethe teve acesso a esse carro protetor, do qual falou mais de uma vez, não se tratava do carro pessoal da amiga.

Margarethe estendeu-se também sobre a ajuda prática oferecida por Aracy à emigração do casal. Ciente de que suas primeiras declarações não tinham sido suficientes, ela deve ter decidido jogar todas as cartas no segundo documento, a fim de garantir de uma vez por todas que a amiga tivesse o reconhecimento merecido, fazendo valer sua convicção íntima. Afirmou, assim, que Aracy conseguiu negociar com a companhia de navegação que a trouxe ao Brasil para que ela e o marido pudessem transportar muitos bens para os quais não tinham as autorizações necessárias. As escotilhas do navio eram, ainda segundo seu depoimento, pequenas demais para que fossem instalados elevadores que alçassem seus bens. Foi, então, graças a mais essa intervenção da amiga e protetora, que uma solução foi dada ao problema e o casal conseguiu trazer ao Brasil o consultório dentário de Hugo e os móveis da casa. De fato, o *Cap Arcona* era um navio de passageiros, que não levava cargas. Os contêineres teriam que ser enviados separadamente, o que Margarethe não queria. Ainda que a solução não tenha sido dada obrigatoriamente por Aracy, o fato é que os Levy puderam trazer seus bens no mesmo navio em que fizeram a travessia. Já os Marcus, que também viajaram no *Cap Arcona*, conseguiram trazer somente o piano ali, tendo que despachar o resto num navio de carga.

Mesmo assim, não se tratava de um problema de autorizações: como vimos, tanto o consultório quanto os móveis foram detalhadamente listados e avaliados num documento que consta do dossiê entregue à Presidência Regional de Finanças, que aprovou a avaliação e, uma vez pagas as taxas exigidas, liberou a emigração do casal.

Vale dizer ainda que, tendo em vista o procedimento previsto para a atribuição do título de "Justo", existe um evidente enquadramento institucional da memória dos depoentes. Sua expressão deve responder a alguns critérios explicitados e a um modelo de deposição judiciária diante de um organismo que funciona como um tribunal. Por outro lado, tal enquadramento e tal modelo não permaneceram inalterados desde a criação do título e do procedimento estabelecido para sua atribuição, bem ao contrário. Este foi levado a evoluir no ritmo das alterações tanto da conjuntura política envolvendo a história de Israel quanto das relações do país e dos judeus da diáspora com a memória do Holocausto, obedecendo ainda às demandas advindas dos próprios sobreviventes. De fato, desejando ver seus "Justos" reconhecidos, estes muitas vezes não se adaptaram, nem se adaptam integramente ao quadro institucional previsto.[94]

O depoimento de Margarethe mostra assim um esforço de adaptação às expectativas institucionais, para garantir o sucesso da empreitada, ainda que ela não pareça suficientemente informada sobre o quadro vigente. Mas mostra também, a meu ver, a autonomia persistente que se reservou na composição de seu depoimento, no agenciamento memorialístico dos fatos, não se limitando a responder aos critérios ligados ao tipo ideal de "Justo" estabelecido, mas incluindo igualmente aquilo que considerava os pontos fortes da ajuda que recebeu da amiga. Assim, todo o trecho, bastante longo, referente ao transporte dos bens, não necessariamente central para seus interlocutores, foi determinante para ela e o marido no processo migratório e de reinserção social após a saída da Alemanha, pois eles não viveram no Brasil o rebaixamento social que tantos experimentaram. Ajuda primordial, que mesmo sem ter vindo toda ou diretamente de Aracy, Margarethe decidiu imputar à amiga, eleita verdadeira salvadora de sua vida, por ter sido a promotora por excelência de sua saída da Europa nazista, na qual viu perecer sua mãe.

Margarethe referiu-se também, completando as informações sobre a companhia de navegação, à questão de suas joias, que a amiga teria levado até dentro do navio. E concluiu dizendo que Aracy mandou-lhe mais tarde, com sua "tia brasileira", peças de roupa de cama, que provavelmente deixara na Alemanha.

Quanto à chegada em Santos, precisou, ainda, que Aracy deu-lhe duas cartas de recomendação. A primeira, dirigida ao fiscal aduaneiro, teria poupado o casal da quase totalidade das taxas sobre seus bens. A segunda, endereçada ao "delegado de polícia e escritor Dr. Soares Caiuby", serviu para que este transformasse seus vistos temporários em permanentes. Confirmam-se, assim, as razões da rapidez no andamento de seus dossiês de regularização que, como vimos, correram num ritmo recorde e muito diverso dos demais cujos processos examinei.

Enfim, completando essa declaração mais consistente a Yad Vashem, Margarethe referiu-se a outras famílias que teriam recebido vistos pelas mãos de Aracy. Citou então seu peleteiro berlinense, que já conhecemos, sem contudo mencionar o nome. E, num esforço maior em relação ao que conseguira dizer dois anos antes, nomeou, além de Albert Feis, outras três famílias, dentre as quais os Heilborn, com quem, naquela altura, já estava em contato.

A declaração de Günter foi feita cerca de um mês depois da primeira de Margarethe, em novembro de 1977. Trata-se de um texto curto, que difere dos de Margarethe num ponto fundamental: apesar de ter sido escrito claramente em favor de Aracy, Günter referiu-se ao casal formado por "Da. Aracy" e "Snr. Rosas" [sic].

Ele começou dizendo que chegara com a mulher em Hamburgo, em dezembro de 1938, provavelmente após ter sido liberado de Buchenwald. Em Hamburgo, disse Günter em seu depoimento, ouviram de uma pessoa conhecida que no consulado brasileiro uma senhora estaria dando vistos para o Brasil. Descreveu, em seguida, a paciência e os conselhos amigáveis que Aracy reservou aos cerca de 15 judeus que, segundo suas recordações, estavam no consulado no dia em que foi solicitar os vistos. Ela teria lhes explicado a lista de papéis exigidos e indicado o melhor modo de obtê-los. Afirmou ainda que, enquanto conversava e explicava, Aracy ia constantemente para dentro, consultar o "Snr. Rosas", discutindo com ele cada caso. Depois que cada dossiê estava preenchido, ela consultava novamente o cônsul adjunto, antes de fixar a data em que cada um deveria voltar para a entrega do passaporte visado. Recordou-se, enfim, que todas as pessoas com quem conversou naquele dia no consulado viajaram junto com ele e a esposa, no mesmo navio. Contudo, não mencionou nenhum nome em seu depoimento.

Na carta que escreveu a Susi, à qual anexou suas declarações, repetiu, num português que ainda trazia as marcas da imigração, a referência feita à paciência com que Aracy tratara a todos, salientando que tal qualidade era ainda mais louvável tendo em vista que

> Eramos todos um pouco difíceis, em parte por causa que acabamos de sair de K. Z. (campo de concentração), e precisávamos sair de país, para não voltar, e mais ainda, que não precisavamos pagar um tostão extra, fora das despesas consulares.

Nunca saberemos a qual coletivo ("éramos") Günter referia-se nesse trecho: todos aqueles que encontrou no consulado estavam na mesma situação que ele ou ele generalizou a partir de alguns casos, ou do seu próprio? Dentre os cerca de 15 judeus que afirmou ter encontrado ali, pode ser que estivessem Amalie e Herbert Katz, que obtiveram seus vistos no mesmo dia em que os Heilborn, 24 de janeiro. Podem também ter se conhecido mais tarde, ao irem retirar os passaportes visados, e ter se reencontrado no navio, pois as duas famílias realmente viajaram juntas no *Monte Sarmiento*, chegando a Santos no dia 18 de fevereiro.

Do mesmo modo, quando afirmou que Aracy ia e vinha entre o local onde os solicitantes eram atendidos e o local onde estava Guimarães Rosa, para aconselhar-se com ele, talvez Günter não estivesse se referindo a todos, mas somente a alguns, ou a si mesmo. Seu caso era, de fato, um pouco particular, como já vimos, pois ele e Inge não viviam em Hamburgo, não dependendo oficialmente daquele consulado. Aracy os teria aconselhado a obter passaportes em Hamburgo, para que pudesse lhes dar os vistos.

Uma coisa é certa: no dia em que o visto foi concedido, o cônsul adjunto João Guimarães Rosa estava trabalhando no lugar de seu superior, provavelmente por conta de férias naquele período do ano (janeiro). Somente em ausências desse tipo, das quais o Itamaraty estava informado, ele assumia as responsabilidades pelos trâmites consulares e assinava a documentação oficial. Foi o que fez naquele caso: tanto os vistos dos Heilborn quanto os dos Katz levaram a assinatura e o carimbo do cônsul adjunto. Mas talvez Guimarães Rosa já estivesse sozinho na direção do consulado no dia em que Günter foi solicitar os vistos. O que explicaria as idas e vindas de Aracy, que conhecia muito bem a prática a seguir, mas que ficaram na memória de seu protegido. Ela estaria resolvendo as coisas com maior intimidade do que com o cônsul-geral, confabulando com Guimarães Rosa sobre o obstáculo do local de residência, por exemplo, ou sobre prazos, na tentativa de agilizar o(s) processo(s).

Mostrando-se reconhecido no trecho citado, Günter reforçou a importância da ação de Aracy, explicitando a perseguição da qual fora vítima, e que experimentou, como tantos outros, antes de conseguir emigrar. Explicitou também um ponto-chave, que Margarethe tratou somente em seu segundo depoimento: a gratuidade da ajuda. Os vistos não teriam custado nada além das pequenas despesas consulares.

Contudo, a prova maior do reconhecimento de Günter é outra. No final de seu depoimento, ele contou que, em agradecimento à sua grande ajuda, ele e Inge deram a sua primeira filha, nascida no Brasil em 1940, o nome de Marion Aracy.

Em 1979, por alguma razão, Günter escreveu novamente uma curta declaração. Limitou-se então a dizer que Aracy "possibilitou" sua emigração e a de Inge. E repetiu que, em sua homenagem, sua primeira filha foi chamada "Aracy" — desta vez omitiu o primeiro nome, Marion.

Não sei se os Heilborn chegaram a procurar Aracy no Brasil, depois que ela voltou da Alemanha, nem se ela sabia, antes da declaração de Günter, da existência dessa filha, cujo nome fora dado em reconhecimento à ajuda que prestara. Nenhuma menção a eles existe em suas agendas até a de 1980, na qual ela incluiu, entre os poucos endereços anotados no final, o de Marion Aracy, então com 40 anos, com seus dois números de telefone. Deve ter tido prazer em conhecer a moça e rever aqueles que lhe estavam rendendo justiça.

Além de Margarethe e Günter Heilborn, Horst Brauer e Hans Hochfeld também deixaram por escrito, poucos anos depois dos fatos ocorridos em Hamburgo, um testemunho de seu reconhecimento em relação a Aracy. Logo que esta voltou ao Brasil, em 1942, eles o souberam e decidiram contatá-la juntos. Na época, Horst Brauer tinha cartões de visita impressos com seu nome e foi o que usaram, acrescentando o nome de Hans Hochfeld à mão. No verso, com a data de 15 de setembro de 1942, escreveram:

> Dna. Aracy de Carvalho,
>   Aproveitamos o ensejo de seu recente repatriamento para agradecer-lhe pello seu auxilio em Hamburgo que possibilitou a nossa vinda ao Brazil. Saudamos V.S. em seu bello paiz, ficando profundamente gratos e sempre ao seu inteiro dispor.[95]

Graças ao endereço que acrescentaram no canto inferior do cartão, Aracy pôde responder-lhes, tendo anotado, em diagonal, "Agradeci". Essa troca de correspondência não parece ter tido continuidade. Os dois amigos não foram solicitados mais tarde para testemunharem junto a Yad Vashem. E os descendentes de ambos nunca tinham ouvido falar de Aracy até serem contatados por mim: conheciam outras explicações para a imigração dos pais, que foram desmentidas pela clareza do cartão.[96]

Bella contou-me que, nos anos 1980, chegou a recolher oito assinaturas de pessoas que vieram ao Brasil graças à ajuda de Aracy — cujos nomes não foi capaz de lembrar.[97] Em 1985, trocou correspondência com uma antiga amiga carioca de Aracy, Susi Rubin Carvalho (seria a mesma Susi para quem Günter enviou seu depoimento?).

Aracy dissera a Bella que Susi tinha uma "conhecida ou parceira de bridge" cujos pais teriam vindo ao Brasil com sua ajuda. Bella escreveu-lhe então para saber mais sobre o assunto e pedir-lhe que escrevesse uma carta sobre o caso para o jornal *Resenha Judaica*. Na verdade, disse Susi, no início de 1984, enquanto passava férias num hotel de Teresópolis "muito freqüentado por israelitas alemãs", conversou com uma senhora "já bastante idosa", que tomava sol ao seu lado na beira da piscina. Em meio a uma conversa sobre as respectivas imigrações da Alemanha para o Brasil, e os obstáculos enfrentados, Susi ouviu de sua interlocutora, cujo nome não perguntou nem nunca soube, que graças à ajuda de Aracy tinha conseguido, em Hamburgo, um visto para seus pais. Isso, acrescentou ainda, sem saber da amizade que a ligava a Aracy.[98] Assim, na carta que Susi escreveu em seguida para o jornal, faltou o nome de sua companheira de férias, uma testemunha carioca direta, cuja identidade ficou perdida também para mim.

De fato, nunca consegui localizar nenhuma pessoa, fora de São Paulo, que tivesse vindo ao Brasil graças a Aracy, apesar de ter feito anúncios e seguido várias pistas, todas tentativas estéreis. Mas Aracy parece ter encontrado no Rio de Janeiro pessoas que ajudara. Em sua agenda de 1968, por exemplo, anotou, na data de 6 de novembro: "Depois do almoço, fui no cemitério dos Israelitas no Caju — a cerim[ônia] judia foi as 3 até quase 4 — falei com Suzy e Minni [a caligrafia é incerta para esse último nome]".

Numa reportagem publicada em outubro de 1983, seus amigos cariocas Miriam e Pedro Bloch declararam ter levado Aracy a uma sinagoga, alguns anos antes, onde se encontrara, "pela primeira vez, com algumas pessoas que salvou". A cena, disseram, foi "comovente".[99] O mesmo casal de amigos, que ela via com frequência, convidou-a para um almoço em sua casa, em outubro de 1988, sobre o qual ela anotou em sua agenda: "vão judeus por causa da minha ajuda etc." Voltando do almoço em questão, escreveu novamente: "Fui almoçar casa Miriam Pedro Bloch — às 3h vieram umas 14 senhoras judias agradecer a ajuda que dei há quarenta anos aos judeus em Hamburgo, para virem Brasil — foi comovente." Infelizmente, em nenhuma dessas notas ela mencionou qualquer nome.

COROAÇÃO

Na carta que recebeu de Yad Vashem, datada de 22 de agosto de 1983, Aracy foi informada de que a entrega de seu diploma seria feita pelo cônsul de Israel no Rio de Janeiro. A cerimônia aconteceu numa segunda-feira, 7 de novembro daquele ano, no auditório do Clube de Engenharia da cidade, na avenida Rio Branco. Outro diplomata foi homenageado na mesma ocasião, o sueco Lars Berg, que, junto com Raoul Wallenberg, salvou da deportação milhares de judeus húngaros.

Segundo Bella, "o sonho" de Aracy era conhecer Israel. De fato, ela declarou tal desejo à imprensa em 1984: "Eu ainda não conheço Israel, mas sonho e me emociono ao imaginar que um dia poderei estar lá".[100] Essa relação de simpatia dos "Justos", que dos judeus salvados estende-se a Israel, aparece com frequência. Algumas dezenas de "Justos" chegaram mesmo a instalar-se em Israel para viver. Oskar Schindler desejou ser enterrado ali. Tal ligação emerge também dos depoimentos dos sobreviventes que solicitam o reconhecimento de seus protetores, retratando-os como amigos de Israel.[101]

Aracy era realmente filo-semita, e já bem antes de "sonhar" com Israel. Em abril de 1950, quando vivia em Paris, onde Guimarães Rosa servia como secretário da embaixada, escreveu uma carta à mãe. Dentre os assuntos que abordou, referiu-se à dificuldade — ainda presente em sua vida — em se obter vistos para os judeus: a situação estava ruim de modo geral, mas pior para os judeus (o que confirma, justamente, as dificuldades enfrentadas por Bella e o marido em 1947). Ainda que não fosse mais responsável pelo setor de passaportes, nem detivesse qualquer função oficial na embaixada, seguia de perto o assunto. Relatou também na carta a visita que recebera de um estudante carioca, que Guimarães Rosa conhecera e trouxera em casa.

O rapaz era judeu, filho de pai polonês alfaiate de profissão, e ganhara uma bolsa de dois anos para estudar na Sorbonne. Vivia num hotel barato, passava fome e frio, mas acreditava que tais sacrifícios seriam recompensados, pois o mais importante era a experiência que estava vivendo ali, segundo declarou-lhe durante a visita. O rapaz teria lhe falado de seus cursos, dos professores, além dos amigos que, ela precisou, eram todos judeus. Expressando sua admiração pelo jovem, tão esforçado na busca de seus objetivos, Aracy generalizou tal qualidade como sendo própria aos judeus. E lamentou, por fim, não ter-se casado, ela mesma, com um judeu...[102]

Mas voltemos aos anos 1980. Depois do final feliz do processo, com o título de "Justa" atribuído e a cerimônia de entrega do diploma realizada, Bella mobilizou-se para que a homenagem fosse maior, incluindo a satisfação do desejo de conhecer Israel. Disse-me que na época sua filha estava estudando lá e que, indo visitá-la, foi até Yad Vashem, onde lhe explicaram que não havia fundos "no momento" para financiar tal viagem.

A solução seria fazer as homenagens partirem da comunidade judaica brasileira. Foi o que ela fez: procurou e mobilizou o interesse de Sérgio Rubinstein, um advogado e líder comunitário da época. Sérgio recebeu-me em seu escritório de advocacia e confirmou ter sido contatado por Bella e ter-se sentido sensibilizado pelo projeto da homenagem.[103] Promoveu então uma coleta de fundos na comunidade judaica visando à plantação de um bosque em Israel em nome de Aracy. Este, composto de 4 mil árvores, existe de fato, em Modi'in, uma localidade próxima a Jerusalém. Sérgio mostrou-me fotos do bosque, documentando o crescimento das árvores, ainda que, em sua lembrança, o número de árvores fosse maior (10 mil).

Além disso, realizaram seu "sonho": em abril de 1985, novo contra-dom, a comunidade judaica de São Paulo levou-a para conhecer Israel, onde permaneceu durante 15 dias. Sérgio e a esposa faziam parte do grupo, tendo acompanhado Aracy em parte de seu tour, que incluiu, conforme me disse, homenagens, encontros com autoridades, além da visita a Yad Vashem. Segundo as lembranças de Sérgio, Aracy teria estado duas vezes na instituição e respondido a uma longa entrevista, que a cansara muito e, traduzida aos poucos, teria sido gravada. Este documento em áudio não existe. Tive acesso, em vez disso, a um documento de quatro páginas escrito à mão por Aracy na ocasião de sua visita, sob a forma de um depoimento. Ali, ela narrou os fatos de que ainda conseguia se lembrar quanto à sua ação em benefício dos judeus alemães.

Curiosamente, tal depoimento foi produzido após a atribuição do título, mas manteve o formato de uma deposição. A solicitação desse tipo de documento por Yad Vashem, para enriquecer os dossiês antes da atribuição do título, generalizou-se a partir de meados dos anos 1990, sendo feita de forma irregular até então.[104]

O fato de essa demanda ter sido feita no caso de Aracy é uma sorte: o documento é precioso. Até então ela não havia narrado suas lembranças de modo mais extenso, limitando-se a responder a algumas entrevistas bastante sumárias publicadas na imprensa desde 1983. Nestas, os erros frequentes e evidentes nos obrigam a desconfiar não somente da exatidão de suas lembranças, mas também da transcrição das mesmas pelos entrevistadores. Isso também vale para os anos seguintes: em reportagens jornalísticas feitas por ocasião de homenagens ou de seus aniversários, suas lembranças aparecem filtradas do mesmo modo que antes, muitas vezes com declarações repetidas, simplesmente recicladas. E, pena maior, eu mesma não pude entrevistá-la, como fiz com Margarethe, tendo chegado até ela tarde demais.

Assim, o texto manuscrito que redigiu em Jerusalém, apesar de responder a um formato institucional, e de ter sido escrito num contexto e num local capazes de enquadrar a expressão das lembranças dos depoentes, é o único em que sua pena aparece diretamente e de modo mais extenso.

JUSTA ENTRE OS JUSTOS

Dos mais de 20 mil "Justos" atualmente reconhecidos por Yad Vashem, trinta eram diplomatas atuando na Europa nazista.* Destes trinta, dois são brasileiros e uma única é mulher, Aracy.

O outro "Justo" brasileiro é Luiz Martins de Souza Dantas (1876-1954), embaixador do Brasil em Paris. Com a invasão da França pelas tropas da Wehrmacht, Dantas deslocou-se com seus auxiliares para Vichy, transformada em sede do governo francês do marechal Philippe Pétain, na chamada "Zona Livre", onde os serviços diplomáticos brasileiros passaram a funcionar. Sobre ele, uma biografia já existe: desobedecendo às ordens do Itamaraty, salvou ao menos 473 pessoas.[105] Em cada um dos vistos fornecidos, figurava sua assinatura como embaixador, prova incontornável de sua ajuda.

O mesmo não acontece em relação aos vistos dados às pessoas que afirmaram terem imigrado para o Brasil graças à ajuda de Aracy de Carvalho, assim como a todas as outras que embarcaram com vistos do consulado de Hamburgo. Como saber qual o papel exato que exerceu, em quantos e em quais vistos interferiu, quantos e quais vistos não teriam sido concedidos sem sua presença?

Nunca poderemos responder de modo conclusivo a esta pergunta. E isso por duas razões principais. A primeira delas é de ordem arquivística: as fontes de que disponho são extremamente lacunares, Aracy tendo evocado algumas questões em sua correspondência, outras em suas agendas, mas sempre de modo fragmentário. E nas fontes mais eloquentes sobre o assunto, como passaportes e documentos consulares, sua assinatura nunca aparece, somente sua caligrafia. Do que decorre a segunda razão dessa impossibilidade: ao vermos a caligrafia marcando sua presença na

---

*A lista inclui não somente diplomatas acreditados, mas também representantes da Cruz Vermelha Internacional, pessoas trabalhando nas legações ou cônsules honorários. Destes trinta nomes, 14 atuaram no salvamento dos judeus húngaros, em 1944-1945. Os dois brasileiros são os únicos de países do continente americano. Agradeço a Irena Steinfeldt, diretora do Departamento dos "Justos entre as Nações" de Yad Vashem, que me forneceu esta lista.

rotina de trabalho do consulado, temos a demonstração de que ela agia na sombra, nos interstícios da hierarquia à qual pertencia, sem contudo poder saber exatamente como, quando ou quanto.

O termo "sombra" me parece ideal aqui. Pois carrega a dupla conotação de clandestinidade e de anonimato. A combinação entre ambos dá o retrato da posição de Aracy, da situação em que atuou e do modo como agiu. Sobre isso, vale a pena voltar ao depoimento prestado por Günter Heilborn examinado.

Günter, que não se tornara amigo de Aracy, não convivia com ela, nem voltara a encontrá-la, descreveu de modo quase fotográfico a cena que ficou registrada em suas lembranças, do dia em que esteve pela primeira vez no consulado e foi atendido por ela. Mencionou a atenção e a boa vontade que dedicou a cada um dos "15" candidatos ao visto ali presentes e como ia e vinha, confabulando com aquele que teria a autoridade final de conceder, a cada um, seu abre-te sésamo. Ele descreveu o que viu do modo de funcionamento da repartição, com seus funcionários (sua funcionária) trabalhando. As pistas dadas por Günter permitem perceber alguns aspectos interessantes de seu modo de agir. Ela ocupava um lugar muito preciso de intermediária na hierarquia consular: não tinha poder decisório, mas preparava sozinha os dossiês a serem assinados pelo cônsul. Sua margem de manobra permitiria, por exemplo, a simples recusa dos candidatos, baseando-se na desconfiança sugerida pelas circulares secretas, caminho que escolheu claramente não trilhar, nem por desconfiança, nem por indiferença, nem por preguiça, todas alternativas disponíveis.

Além disso, a descrição de Günter aponta para um detalhe interessante: Guimarães Rosa não estava ali, à vista dos candidatos a vistos, nem os via. Aracy ia e vinha, entre dois espaços distintos. Além dos dois depoimentos de Günter e de Margarethe, pude entrevistar Grete Callmann, que esteve no consulado e conheceu pessoalmente Aracy: seu contato foi unicamente com ela, não tendo-se referido a mais ninguém. A única que mencionou um encontro com o cônsul-geral foi Margarethe, para dizer que ele a recebeu uma vez, tendo-se recusado em seguida a revê-la. Günter mencionou "o Snr. Rosas", mas não o fato de tê-lo visto.

Essa exclusividade no contato interpessoal dava-lhe a possibilidade de manifestar sua "boa vontade", para empregar os termos usados por Günter. Esta acolhida favorável foi certamente bem recebida e comunicada para outros tantos candidatos. O que sem dúvida fez com que seu nome circulasse e mais gente viesse solicitar vistos. E mais vistos fossem dados. A porta estando aberta, contrariamente a tantas outras, mais gente entrou, e muitos dos que entraram, ao que tudo indica, foram atendidos. Essa exclusividade proporcionava-lhe também a autonomia de dedicar-se como quisesse a cada caso. O que fez de modo atento, como indicou Günter e como veremos mais à frente, graças a outros documentos e exemplos.

Vale dizer, então, que ocupava plenamente, sem desperdício, o espaço que lhe cabia no exercício de suas funções, empurrando as margens que se impunham, no sentido de alargá-lo o quanto pudesse. Quanto às manobras que executou, grandes ou pequenas, tenho alguns indícios, mas nenhum retrato global ou completo.

Assim, numa carta datada de 14 de fevereiro de 1939, seu amigo Américo Pimentel respondeu-lhe sobre seu pedido de ajuda, a fim de conseguir um visto para um certo Sr. Stern, seu amigo. Por alguma razão, ela mesma não foi capaz de resolver o problema no consulado e recorreu ao amigo. Este afirmou ter demorado um pouco em responder, pois "estive empenhado em uma verdadeira lucta afim de poder fazer alguma cousa pelo seu amigo Stern". Disse ter falado sobre o assunto pessoalmente com o ministro das Relações Exteriores, que "prometteu-me estudar um meio de se obter o visa para o passaporte". Porém, com os novos regulamentos em relação aos "israelitas", o ministro acabou respondendo "ser-lhe impossível pelas leis e pelos meios legais autorizar o visa do passaporte do Sr. Stern". Pimentel ainda teria mostrado a carta de Aracy, "confidencialmente", ao "Chefe de Polícia", pois, ao que tudo indica, Aracy abordara a hipótese de "visas clandestinos", o que este evidentemente desaconselhou. Pimentel desculpou-se por não poder ajudar, afirmando ter se empenhado ao máximo, inclusive dizendo ao ministro que muita gente estava entrando no Brasil por meios "tortuosos", enquanto num caso "justo e honesto" como este...[106]

O protegido de Aracy aparece na carta toda como Snr. Stern, sem o primeiro nome. Nas listas dos vistos concedidos pelo consulado de Hamburgo aparecem vários Stern, mas não tenho meios de saber se algum deles era o amigo de Aracy, inclusive porque não sei se chegou a obter seu visto. Também não tenho como saber por que ela se viu obrigada a recorrer ao amigo, nada menos do que subchefe da Casa Militar da Presidência, que lhe escrevia em papel timbrado da própria Presidência da República. Pimentel tinha muita influência e Aracy era uma amiga cara, tanto sua como de sua esposa Lili. Ele fizera-lhe outros tantos favores, mas desta vez, afirmou, "esbarrava na lei".

Infelizmente, não pude descobrir quem era este amigo Stern, que não foi mencionado em nenhuma outra carta. A não ser em um cartão-postal enviado a Aracy por Eva e Walter Stern e datado de 24 de março de 1937, ou seja, quase dois anos antes da carta de Pimentel. O casal escreveu em alemão, de uma estação de esquis tcheca. Desejaram-lhe boa Páscoa, pediram notícias de seu filho e de sua mãe e convidaram-na a ir visitá-los.[107] Mas não se trata necessariamente dos mesmos Stern.

Outros protegidos de Aracy, os Floersheim, deixaram mais pistas. Tratava-se aqui, realmente, de judeus hamburgueses. Vários casais e famílias com esse sobrenome emigraram naqueles anos para a Holanda, os Estados Unidos ou a Palestina. Como no caso anterior, em nenhum momento Aracy mencionou os primeiros nomes. Mas sobre uma das famílias Floersheim que emigrou existe, nos registros da comunidade judaica de Hamburgo, a dupla menção, de uma emigração para os Estados Unidos ou para o Brasil, em outubro de 1937. Trata-se de Adolf Floersheim, sua esposa Elisabeth (Kahn, de solteira) e seus filhos Heinz Albert e Hanns Werner.

MARINHEIRA DE PRIMEIRA VIAGEM

Por alguma razão, os Floersheim não foram para o Brasil. Seus vistos não constam das listas do consulado de Hamburgo, nem do Registro de Estrangeiros da Delegacia Especializada de Estrangeiros de São Paulo. Talvez por isso exista também uma menção aos Estados Unidos como destino migratório.

Mesmo assim, alguns meses antes de outubro de 1937, quando teriam emigrado, Aracy tratou com empenho do caso. Entre abril e maio, referiu-se ao assunto em duas cartas dirigidas conjuntamente à mãe e à tia Martha.[108]

A primeira data de 28 de abril. Tia Martha estava cuidando, junto com ela, de documentos que possibilitariam a imigração dos Floersheim. No dia anterior, ela recebera de São Paulo algo de importante, mandado pela tia: "Telefonaram imediatamente e vieram buscar no mesmo dia." Aracy, por seu lado, cuidara da preparação das "cartas de chamada", que já tinham sido "legalizadas" na Alemanha e enviadas, por ela, para Lehfeld. Jürgen Lehfeld era o advogado de Aracy em São Paulo, sócio do escritório Lehfeld e Coelho Advogados, na rua Libero Badaró, 30. Ele administrava os terrenos e propriedades de Aracy — e talvez da família toda —, tendo tratado desses bens numa carta que lhe escreveu, em alemão, em novembro de 1934.[109]

Em sua carta, Aracy pediu à tia que fosse buscar as "cartas de chamada" com Lehfeld e cuidasse do assunto ela mesma. Disse ainda que os "outros documentos vão chegar por correio aéreo daqui a oito ou dez dias".

Walther von Hütschler, que também estava ajudando os Floersheim a emigrar, escreveu para Lehfeld de Hamburgo no dia 5 de maio; para minha sorte, essa carta faz parte dos arquivos de Aracy.[110] Segundo afirmou, os Floersheim cuidavam "admiravelmente bem" dele na Alemanha e, por isso, faria o que pudesse no sentido de possibilitar que "fincassem raízes no Brasil". Ao que tudo indica, ele era de família de imigrantes alemães no Brasil: seu irmão vivia ali e era conhecido de Aracy.

Além de solicitar a Lehfeld que entregasse à Martha da Silva as "cartas de chamada" dos Floersheim, Von Hütschler mencionou os "outros documentos" que chegariam em poucos dias pelo correio: tratava-se das certidões de nascimento e casamento da família Floersheim, necessárias à obtenção das "cartas de chamada" — que, supõe-se, ainda precisavam passar por outras formalidades. Além disso, Von Hütschler pediu a Lehfeld que cuidasse rapidamente do "título de propriedade" de um terreno cuja tradução alemã já fora reconhecida no consulado, devendo passar ainda por um tabelião brasileiro. Desejava que este documento, também necessário à obtenção das "cartas de chamada", ficasse pronto antes da chegada dos demais. Solicitou, enfim, que caso o "título de propriedade" não fosse suficiente, Lehfeld transferisse a "notificação do terreno" para o cadastro brasileiro.

No mesmo dia 5 de maio, Aracy escreveu sua segunda carta sobre o assunto, sempre à mãe e à tia. Mencionou então os atestados de boa conduta e os "dois contos de réis", que a tia também deveria pegar com Lehfeld. Os demais documentos que Martha solicitara iriam "para a semana", novamente pelo correio aéreo. Disse, ainda, que seria bom incluir nas "cartas de chamada" os dizeres "isento de cheque", pois era "muito difícil achar cheque" ali.

Os Floersheim eram bons amigos de Aracy. No seu aniversário daquele ano, descrito na primeira das duas cartas citadas, ela reunira cerca de dez pessoas em sua casa para um chá, inclusive o cônsul-geral — e os convidou. Na carta de 5 de maio, quando agradeceu calorosamente a tia pela ajuda que estava dando ("o que eu faria sem você?"), acrescentou que seus protegidos já falavam na "tia Martha" dizendo que era seu "anjo da guarda" no Brasil. E acrescentou, dirigindo-se às duas: "vocês vão gostar deles como eu, são gente preciosa." E descreveu-os socialmente: vinham de uma família rica há várias gerações, os avós eram proprietários viticultores. Mas não eram "arrogantes", ao contrário: eram "pessoas extremamente amáveis" e "adora[va]m Edu, que mima[va]m cada vez mais". Infelizmente, tendo convivido pouco e há muito tempo com eles, Eduardo Tess não guardou qualquer recordação dos Floersheim, nem mesmo do nome.

Aracy multiplicou elogios sobre eles, repetindo o quanto eram "bons" para ela e descrevendo vários gestos de atenção, a seu ver totalmente desinteressados: as gentilezas precederam o momento em que lhes anunciou que tentaria ajudá-los — quando "até choraram". Sua iniciativa ocorreu depois que o irmão de Von Hütschler não lhes deu qualquer retorno e que Lehfeld não conseguiu mandar as "cartas de chamada". Ambos acreditavam que se Lehfeld não podia fazê-lo, ninguém mais poderia. Ela queria então, conforme afirmou, mostrar-lhes que podia.

Aracy explicou também, na segunda carta citada, por que precisavam passar pelos complexos trâmites das "cartas de chamada". A alternativa seria virem como "capitalistas", afirmou. Porém, não podiam "tirar tanto dinheiro" quanto era exigido pelo governo brasileiro para tal visto e "são sérios de mais para fazer como os outros"...

Em meados de 1937, a pressa em partir não era tanta como depois da "Noite de Cristal", quando passar por todos esses trâmites tornara-se impensável. O visto de "turistas", que nem foi evocado aqui, mas que estava isento das "cartas de chamada", passou, então, a representar a melhor solução, inclusive para quem tinha uma situação financeira privilegiada. As taxas cobradas pelos nazistas sobre os emigrantes judeus tinham aumentado de modo proibitivo no final de 1938 e os prazos, entre o envio do dinheiro e a prova de que tinha sido depositado, para que o visto fosse concedido, não eram mais viáveis.

As "cartas de chamada" tinham sido introduzidas pelo decreto nº 24.258, de 16 de maio de 1934. O mecanismo era previsto para que se pudesse importar mão de obra, sobretudo agrícola, segundo procedimentos limitados e controlados pelo Estado. Cabia aos interessados, empresas ou particulares, propor suas listas de eventuais empregados, respectivamente, à polícia ou ao Ministério do Trabalho, respeitando uma série de condições. Para introduzir agricultores, os particulares interessados precisavam provar residência de ao menos dois anos na localidade em questão, além de sua própria atividade ligada à agricultura. Para não agricultores, os interessados precisavam ser ascendentes ou descendentes daqueles que "chamavam", a não ser que estivessem contratando "técnicos", para os quais era necessário apresentar o contrato de trabalho, com prazo determinado.[111]

Em qual desses casos Aracy e sua tia tentaram encaixar os Floersheim? Nunca saberemos. Nem fica clara a razão de terem evocado o "título de propriedade" do terreno, sobre a qual não vale a pena conjeturar. Uma coisa é certa: a família não obteve visto para o Brasil, contrariamente ao que todos esperavam, e, no caso de tratar-se realmente de Adolf e Elisabeth, com seus dois filhos, conseguiram entrar nos Estados Unidos pouco depois — ou talvez tivessem obtido essa chance antes de verem concluídas as complexas manobras brasileiras. Em todo caso, Aracy nunca mais mencionou o assunto em suas cartas, nem esses amigos. Ao menos nas cartas que sobreviveram ao tempo e estão em seu arquivo. Além disso, ao que tudo indica, não tentou mais usar o mesmo procedimento.

O caso Floersheim mostra não somente seu empenho pessoal, como a pequena rede de relações envolvida numa tentativa de salvamento: tia Martha, Lehfeld, os dois irmãos Von Hütschler, além da própria Aracy.

DESFECHO

O texto que Aracy escreveu em Yad Vashem serve para questionarmos e problematizarmos o que foi dito e não dito em relação à sua ação, evocando ambiguidades e lacunas, além das poucas certezas. Podemos, assim, obter o quadro mais nítido possível daquilo que ocorreu.

É o que farei a seguir, examinando as informações que pôde ou quis incluir em seu depoimento, quase cinquenta anos após os fatos, confrontando-as com alguns outros documentos de que disponho: declarações suas publicadas pela imprensa, afirmações escritas e orais feitas por aqueles que receberam vistos de suas mãos e por outros entrevistados que a conheceram e ouviram dela, no passado, referências àquele período.

Aracy começou afirmando um ponto polêmico: enquanto ela era responsável pela expedição de passaportes e vistos, quem os assinava era seu marido. Não foi a única vez que valorizou o papel de João Guimarães Rosa no processo. Numa reportagem feita após sua viagem a Israel, ela é citada declarando que "o Guima tinha um papel fundamental [...]. Era ele que, na condição de vice-cônsul, assinava os passaportes".[112] Em outras entrevistas, entretanto, pareceu afirmar o contrário:

> Nunca tive medo, quem tinha medo era Joãozinho. Ele dizia que eu exagerava, que estava pondo em risco a mim e a toda a família, mas não se metia muito e me deixava ir fazendo.*

---

*O Globo, 23 de abril de 1995. Trata-se de uma versão diferente do que dissera 13 anos antes: "Cuidado que um dia você também vai sumir, lhe disse certa vez Guimarães Rosa" (*Jornal da Tarde*, 23 de agosto de 1983), ou, em outra formulação: "Um dia você desaparece, não cansava de repetir o cônsul" (*O Fluminense*, 5 de novembro de 1983; *O Estado de São Paulo*, 6 de novembro de 1983, e *O Dia*, 7 de novembro de 1983).

A ordem do gênero interfere aqui, no interior do casal. Além do fato de que o diplomata era ele, de que ela não ocupava posição decisória, Aracy é sistematicamente referenciada nas reportagens publicadas na imprensa como a viúva do escritor João Guimarães Rosa e, antes e/ ou depois do nome deste, os adjetivos estão sempre presentes, além de menções a títulos de sua obra. Algumas vezes, ainda que a reportagem seja dedicada a ela, a foto publicada é dele. Em outras, as homenagens feitas a ela são apresentadas como dirigidas ao casal, quando na verdade o título de "Justa", pessoal, foi atribuído somente a ela. Numa delas, os fatos foram totalmente confundidos e, na ocasião da inauguração de uma exposição dedicada ao escritor, fez-se uma homenagem póstuma a ele, em referência à ajuda que teria dado aos judeus durante a guerra. O artigo menciona a presença de Eduardo Tess na cerimônia, tomando-o por "filho do escritor". Margarethe Levy, também presente, e aparecendo na foto junto com Tess, é apresentada como tendo se salvado graças à ajuda do escritor.[113] Assim, ainda quando Aracy assumiu, em suas declarações, estar na origem do atendimento dado aos judeus, muitas vezes jogou nas mãos do marido o poder de decisão:

> O Joãozinho [...], é claro, atendia a todos os pedidos de boa vontade. Ele sempre dizia: "Se eu não lhes der o visto, essa gente vai acabar morrendo e aí vou ter um peso na minha consciência".*

Nesse trecho, até mesmo a condescendência de mau gosto parece aliviar, pois garante de todo modo, a ele, uma posição de poder, e, a ela, uma subalternidade mais apropriada à imagem social do casal. A situação delicada de ser esposa de um escritor desse porte transborda, assim, invadindo outras esferas, e inclusive esta, em que o papel central coube a Aracy. Pois colocar-se no centro da cena, sobretudo numa situação que viveu junto com o marido, e na qual ele podia mais do que ela, tem seu "quê" de ilegitimidade, e ela acaba assumindo... sem assumir.

---

*O Globo, 29 de abril de 1985. Nesta reportagem, publicada durante a viagem de Aracy a Israel, pelo correspondente do jornal em Tel Aviv, o título fala do casal ("Israel homenageia hoje com nome de bosque o casal Guimarães Rosa"), a foto é do escritor e o destaque dado no meio da página é para a citação da frase que Aracy imputa a ele, e que mencionei anteriormente.

Que Guimarães Rosa fosse, além do grande escritor que foi mais tarde, um homem pronto a arriscar-se em seu posto diplomático, como fez, por exemplo, o "Justo" Luiz Martins de Souza Dantas, parece estar de acordo com a ordem do mundo, ainda que não corresponda aos fatos. Ao menos mais de acordo com esta mesma ordem do que a ideia, um pouco excêntrica, e menos atraente aos diversos entrevistadores em busca de notícia, de que o grande escritor tivesse se apaixonado e casado com uma grande mulher — já grande antes de ser sua esposa, vale dizer. O mundo, posto assim, parece estar do avesso, e tem-se vontade de sorrir, com condescendência.

Percebendo esses nós, talvez inconscientemente, ou ao menos sem explicitar a questão, nem todos os testemunhos diretos estavam de acordo com o embaraço de Aracy. Margarethe, por exemplo, revoltava-se, como vimos, chegando a ficar "uma onça", conforme me disse Eduardo Tess.[114] E ele mesmo confirmou, mais de uma vez, a ideia de que Guimarães Rosa, "mais comedido", "nunca se opôs, e naquilo em que pudesse ajudar...", mas "quem foi mais militante nisso, foi [Aracy], não foi Guimarães Rosa": "a parte ativa dessa coisa era sempre [dela]".[115] Bella Herson era da mesma opinião, e insistiu em exprimir esse ponto de vista em nossa entrevista, sublinhando-o com uma atenção toda particular. Apesar de não ter conhecido o casal na época, de jamais ter visitado o consulado brasileiro de Hamburgo enquanto os dois trabalhavam ali e de não ter tido seu visto carimbado e assinado naquele consulado, afirmou, num eco certeiro ao pensamento de Margarethe, e após ter ouvido muito Aracy nos anos 1980, que

> Não era o Cônsul Guimarães Rosa que dava os vistos, era Aracy de Carvalho [...] tudo devemos a Aracy de Carvalho [...] QUEM AJUDOU, ERA ARACY DE CARVALHO, E NINGUÉM OUTRO [alça o tom]. [...] Posso dizer bem alto que não foi ele que salvou.[116]

Resta a questão de quem assinava os vistos, que já tratei parcialmente em relação às declarações de Günter Heilborn. Aracy não foi sempre clara quanto a isso, mas, oficialmente, Guimarães Rosa substituía o cônsul-geral somente em situações bem precisas, não podendo assinar um visto no horário de almoço deste, por exemplo. Se o fizesse, estaria pondo a carreira em risco, expondo-se a reprimendas e sanções que, no contexto da época, não teriam faltado. Estas não aconteceram.

Em outros momentos, porém, Aracy teria afirmado que o cônsul-geral assinava os vistos sem ler, em meio à papelada que ela acumulava sobre sua mesa. Foi esta a ideia que Bella reteve, de modo impreciso. Referindo-se às inúmeras conversas que teve com Aracy, durante a viagem para Israel, Sérgio Rubinstein lembrou-se das duas situações, não excludentes: na ausência do cônsul, Guimarães Rosa teria assinado os vistos em seu lugar; quando presente, ele mesmo os assinava, dentre outros papéis, sem ler.

A última hipótese não pode ser levada a sério, ao menos como estratégia recorrente. No contexto da época, com as circulares secretas em vigor, dificilmente Souza Ribeiro teria assinado rotineiramente vistos sem ler. Ele assinou, por exemplo, o visto dado a Margarethe e a Hugo Levy, com uma anotação de Aracy que não seguia as normas estabelecidas, como vimos. Assinou realmente sem ler? Nada mais incerto. Mesmo assim, se leu o documento, sua assinatura foi negociada por Aracy, autora da iniciativa, estando claramente implicada no assunto. Nos dois casos, seu mérito permanece válido.

Esse trabalho de bastidores que, adaptado à posição que ocupava, está na base da opacidade de suas intervenções, impedindo qualquer tentativa de quantificação. É impossível, de fato, precisar a quantidade de vistos conseguidos por Aracy. Mesmo se soubéssemos com certeza quantos judeus, ao todo, receberam vistos no consulado de Hamburgo, antes das listas terem sido separadas entre judeus e não judeus, em janeiro de 1939, não teríamos a resposta de quantos e quem, entre eles, devia seu visto à presença de Aracy. Essa incerteza explica a variação extremamente grande entre as estimativas que chegaram a ser feitas a respeito.

No documento que redigiu em Yad Vashem, Aracy declarou que os judeus que vinham ao consulado, "implorando desesperadamente" por um visto, tornaram-se mais numerosos "por volta de 1938". Esse momento de grande afluxo, disse ainda, cessou com o início da guerra, em setembro de 1939. Segundo suas recordações de 1985, durante aquele período intenso, ela teria "ajudado e encaminhado e obtido aproximadamente mil vistos, com bastante dificuldade", tendo em vista dois obstáculos centrais: as circulares secretas e o fato de "alguns colegas do consulado serem simpatizantes do nazismo". Na mesma declaração, mais à frente, escreveu também, talvez nuançando a afirmação precedente, que

> devido às condições políticas havia grande perigo pessoal da minha atividade, sendo que outros colegas do consulado, inclusive o Cônsul Titular se recusavam a colaborar, pois o mêdo daquela situação era muito grande.

Quanto aos números, direi somente que as estimativas publicadas pela imprensa também variam muito, indo desde os imprecisos "vários" e "inúmeras famílias"[117] até aqueles não menos imprecisos, mas já numéricos, "centenas"[118] e "algumas dezenas",[119] cujas fontes não são jamais citadas, e nem poderiam ser. Todas as estimativas existentes são absolutamente carentes de qualquer fundamento. Em nenhum desses casos, a estimativa feita aparece sob a forma de uma citação de alguém, e ainda menos de Aracy — que, por seu lado, nunca desmentiu nenhuma delas. E o número que ela mesma declarou, em Israel, não aparece em nenhum dos artigos aos quais tive acesso, que muitas vezes se repetem, baseando-se uns nos outros. Se não vale a pena insistir, pois não temos base alguma para precisar esse aspecto, ele merece ser evocado, com as referências que foram feitas a respeito, notadamente a da própria Aracy. Por qual razão e segundo qual cálculo ela teria avançado o total de mil vistos, nunca saberemos. Mas as próprias circunstâncias que marcaram sua intervenção na época, o tempo decorrido desde os fatos e o peso da emoção no momento em que fez tal declaração não podem ser dissociados daquilo que afirmou.

Quanto a mim, resta dizer, optei por uma abordagem qualitativa, seguindo o itinerário de um pequeno grupo, com algumas referências laterais a outras pessoas. Acredito que a dezena de casos que examinei em profundidade aqui não esgota quantitativamente a ação de Aracy, mas não procurei seguir essa pista, a meu ver estéril no seu caso. Esta fugia, de toda forma, aos objetivos deste livro, de tratar, num contexto preciso e para um dado grupo, de experiências históricas e práticas sociais ligadas ao fenômeno migratório.

Aracy afirmou também, no trecho citado, que seus colegas de trabalho, inclusive o cônsul-geral, tinham medo de cooperar com ela, devido ao contexto político, o que significava um obstáculo suplementar à sua ação. Dentre alguns de meus entrevistados, existe certa confusão, que aparece também nessa passagem de Aracy, quanto àquilo que realmente estava em risco. Pois como funcionária do Ministério das Relações Exteriores a serviço da diplomacia, Aracy agia entre dois mundos, entre dois Estados, entre dois contextos políticos e jurídicos. Assim, fornecer vistos aos judeus não implicava qualquer risco em relação ao regime em vigor na Alemanha, que, ao menos no período em que Aracy foi mais solicitada, desejava e apoiava a saída dos judeus. O risco, nesse caso, colocava-se em relação ao governo brasileiro, em relação à hierarquia profissional à qual pertenciam os funcionários do consulado, em todos os níveis, caso agissem contrariamente às regras restritivas em vigor. Riscos corridos por Luiz Martins de Souza Dantas, que foi submetido a uma comissão de inquérito, mas que, tendo em vista seu prestígio pessoal e suas relações, acabou não sofrendo sanções. Entretanto, outros diplomatas, de outros países, sofreram-nas, como o "Justo" português Aristides de Sousa Mendes (1885-1954),[120] cônsul em Bordeaux. Sancionado e aposentado precocemente por Salazar, morreu na miséria após ter contado com a assistência da comunidade judaica de Lisboa. E só foi reabilitado muito mais tarde em seu país. De todo modo, ao desobedecer, ninguém conhece exatamente e de antemão o alcance das consequências.

Assim, o contexto cotidiano em que viviam os colegas de Aracy impunha prudência em relação ao governo brasileiro. O que traz um ponto a mais contra a ideia, discutida anteriormente, segundo a qual o cônsul-geral poderia ter assinado vistos sem ler.

Entretanto, outras formas de ação, evocadas por Aracy no documento que estamos examinando, e que vieram à tona em outros depoimentos que ouvi e, sob formas variadas, em outras entrevistas que ela mesma deu, colocavam-na em confronto com as autoridades alemãs. Examinarei a seguir, uma a uma, todas essas formas de ação que mencionou.

Em primeiro lugar, afirmou ter beneficiado da amizade feita com um policial alemão, de nome Unger, que, antinazista, trabalhando no serviço de expedição de passaportes — ou conhecendo alguém ali —, "sempre" conseguia obter, para os judeus, "passaportes nos quais não havia a estrela de davi, o que facilitava a saída dos mesmos da Alemanha".

Essa história foi dita e redita de muitos modos, e me deu muito trabalho. A primeira versão que ouvi, bem diferente, ocorreu durante minha primeira entrevista com seu filho, Eduardo Tess, no início desta pesquisa. Este me contou então que a mãe tinha amizade com um policial civil da polícia municipal de Hamburgo de nome Hardner que, aposentado, tinha aberto uma autoescola, onde ela aprendera a guiar. Antinazista, ele teria conseguido para Aracy falsos atestados de residência para que pessoas que não viviam em Hamburgo e dependiam de outros consulados, onde os vistos não estavam sendo dados, pudessem consegui-los em Hamburgo.

A autoescola em questão, que ficava em Altona, uma periferia de Hamburgo, existia de fato, mas seu proprietário chamava-se Josef Heinz Bühn. A escola não existe mais, mas a filha de Bühn, Ingeborg Annemarie Mathilde Pommerenck, está viva e, tendo 13 anos de idade em 1937, quando Aracy tirou sua carteira de motorista, afirmou lembrar-se perfeitamente de Frau Carvalho. Afirmou também que na autoescola seus pais faziam tudo, não havia outro instrutor, e não se lembrava de nenhum aluno de nome Hardner. Ingeborg identificou as pessoas presentes na foto em que Aracy aparece diante da autoescola, graças à qual pude ver o sobrenome Bühn, inscrito numa placa, e seguir essa pista. Enfim, Bühn não era policial, nem mesmo aposentado.

Mais tarde, depois de ter seguido a pista de Hardner/Bühn, em contato com a documentação do arquivo de Aracy, com as reportagens que saíram sobre ela na imprensa e, sobretudo, com a declaração escrita em Israel, deparei-me com o nome de Unger e pequenas variações dessa história. Numa reportagem de 1984, Aracy referiu-se ao assunto, sem revelar o nome do policial em questão, que identificou como um "graduado oficial" a quem teria prometido "guardar segredo a vida toda" sobre sua identidade.[121] Mas mencionou-a em outras entrevistas, dentre as já citadas, publicadas em 1983 e 1985.

O sinal que identificava os judeus nos passaportes era um "J" estampado na capa, e não uma estrela de davi, que Aracy deve ter confundido, tantos anos depois, com aquela, amarela, que mais tarde precisaram costurar no peito. O "J" dos passaportes, introduzido na Alemanha em 1938, foi uma ideia e uma reivindicação suíça, visando a melhor identificar os judeus que tentavam atravessar a fronteira entre os dois países, e impedir-lhes o acesso.[122]

Wilhelm Unger existiu de fato, e Aracy tinha com ele relações amistosas. Mas se fosse um policial, de qualquer grado ou corporação, estava aposentado, como indicou Eduardo Tess, quando o apresentou com outro nome. Pois, na época, ele trabalhava, ainda que não numa autoescola. Durante os meses em que Aracy esteve detida em Baden-Baden com seus colegas, ele foi um de seus correspondentes: duas cartas dele para ela, já mencionadas, respondendo a outras suas, sobreviveram.

Unger trabalhava na companhia marítima Hamburg-Süd e tratou em suas cartas, entre outros assuntos mais ou menos pessoais, do café que Aracy e Guimarães Rosa tinham encomendado e que chegara, do preço a pagar, da forma de pagamento e de como este lhes seria entregue.[123] Assim, além de um eventual contato na polícia, como declarou Aracy, Unger poderia ter sido também um bom contato na Hamburg-Süd, participando de uma rede de relações nada desprezível na época. Teria sido ele o contato dos Marcus, que trocaram seu país de destino no último momento, entre o Uruguai e o Brasil, graças a uma proposta feita por funcionários da companhia marítima? Os vistos, nos quais a caligrafia de Aracy aparece, foram obtidos por Gretchen sem qualquer contato direto com o consulado.

Aracy escreveu em sua declaração, demonstrando dificuldade em lembrar-se exatamente de acontecimentos já bem antigos, que a pessoa que lhe fornecia os passaportes sem o "J" não era obrigatoriamente Unger, mas um conhecido deste ("ou conhecia alguém que fazia estes serviços"). Entretanto, não mencionou nenhum outro nome.

Não é impossível que sua afirmação seja verdadeira: ouvi mais de uma história de judeus alemães que foram "presenteados" com passaportes sem o "J". O que implicava para as pessoas envolvidas riscos reais e, para os beneficiados, vantagens não menos reais. Tais passaportes, não discriminantes, teriam facilitado a tarefa para Aracy, permitindo-lhe apresentar ao cônsul-geral dossiês de pedido de vistos que não entravam nos critérios de discriminação étnica impostos pelas circulares secretas. Não pude constatar nada disto, pois todos os passaportes que examinei, das pessoas cujos itinerários segui aqui, traziam o "J" estampado na capa.

Referindo-se a Hardner, Eduardo Tess mencionara, no lugar dos passaportes sem o "J", falsos atestados de residência para quem vinha de fora de Hamburgo, como foi o caso de Günter e Inge Heilborn. Sobre isso, Aracy declarou efetivamente, em Yad Vashem, que também fornecia vistos para judeus de outras cidades, já que os outros consulados não os davam, e que, em Hamburgo, graças à colaboração de seu marido, podia consegui-los. Mas não explicou como o fazia e em que o marido teria colaborado exatamente. Günter tinha aparentemente razão, então, ao mencionar a confabulação entre os dois quando esteve no consulado.

Os passaportes de Ivan Brager, peleteiro de Margarethe e conhecido de Aracy, e de sua esposa Cäcilie foram concedidos pela polícia alemã de Berlim, mas visados em Hamburgo, em janeiro de 1939, como já mencionei. Talvez isso também tenha ocorrido com a ajuda de Guimarães Rosa, enquanto substituía o cônsul-geral, como no caso dos Heilborn. Ao que tudo indica então, se não assinou vistos ao seu bel-prazer, e se não tomava a iniciativa no processo, como tantos afirmaram, Guimarães Rosa ofereceu sua ajuda em casos precisos, durante ao menos esse período de ausência do cônsul-geral, em que o substituiu oficialmente. Tratava-se de um período particularmente sensível, pouco depois da "Noite de Cristal", em novembro do ano anterior. No caso dos Brager, uma irregularidade clara existe: passaportes concedidos em Berlim deveriam ter sido visados ali. No caso dos Heilborn, uma solução foi dada ao problema: o casal apresentou passaportes de Hamburgo, onde não viviam de fato. Nunca saberemos com certeza se Aracy estava por trás da manobra. Em todo caso, não tive acesso a nenhum atestado de residência, nem verdadeiro, nem falso, infelizmente.

Aracy afirmou ainda, em Yad Vashem, que escondera judeus em seu apartamento e transportara vários deles em seu "automóvel de placa diplomática", retomando o assunto já tratado de seu carro. Numa das reportagens, porém, referiu-se ao fato de ter "usado clandestinamente o carro do serviço consular",[124] fornecendo uma pista mais adequada sobre o assunto: ainda que não obrigatoriamente de modo clandestino, pode ser que tivesse acesso a este carro, aí sim, certamente, com chapa "CC".

Quanto a ter escondido pessoas em casa, chegou a afirmar que isso lhe trouxe inimizades entre os vizinhos do imóvel onde morava, o que não é de se estranhar, no contexto da época. Sabemos que acolheu Hugo Levy por pouco tempo, até que Margarethe o levasse para a casa dos Plambeck. O assunto aparece visivelmente aumentado em algumas das reportagens citadas aqui: seu apartamento "ficava repleto de judeus procurados". Em outras, foi mencionado que ela escondia "judeus perseguidos" nas casas das "inúmeras famílias alemãs" com as quais tinha relações de amizade.[125] Pode bem ser que realmente tenha ajudado a esconder homens judeus nos dias que se seguiram à "Noite de Cristal", afinal, os candidatos a tal não faltaram.

Ainda quanto a seus contatos com judeus fora do consulado, afirmou ter distribuído "alimentos para muitos cidadãos judeus, que não tinham o direito de recebê-los durante o racionamento por serem judeus". Sobre isso, chegou a mencionar detalhes nas entrevistas que deu, contando aparentemente o mesmo fato, em diferentes versões. Cito a versão publicada numa reportagem feita em Israel por um correspondente da imprensa brasileira, numa data muito próxima do depoimento escrito em Yad Vashem:

> Certa ocasião fora visitar um casal de judeus em Breslau, quando foi interpelada na porta por elementos da Gestapo, que ao saberem de sua intenção a advertiram que era proibido visitar judeus.
> — Fiquei tão revoltada que lhes disse meia dúzia de desaforos. Depois terminei mostrando a placa diplomática do meu carro e lhes disse que poderiam me prender, mas se o fizessem teriam que se entender com meu Governo. Os homens da Gestapo acabaram fazendo uma cara feia e foram embora.[126]

Numa das entrevistas onde se referiu a esse fato, mencionou o nome da pessoa que vinha visitar, trazendo provisões: "Sra. Salomon".[127] Dar vistos a judeus não contrariava em nada os alemães, antes de outubro de 1941. Entretanto, manter amizades com famílias judias, visitá-las, recebê-las em sua casa (e esconder seus membros homens), dar-lhes assistência e distribuir-lhes provisões infringia não só as "Leis de Nuremberg" e o princípio da separação absoluta entre judeus e não judeus, mas as medidas e os regulamentos que visavam a isolá-los e impor-lhes privações cada vez maiores. Pode então ter realmente sido interpelada, e não necessariamente por agentes da Gestapo — aos quais talvez tivesse respondido com maior discrição —, mas inclusive por simples passantes.

Aparentemente, Aracy usava com coragem a imunidade que sua situação lhe garantia. O que pode ter provocado reações por parte de seus colegas. Segundo afirmou, por ter escondido judeus em sua casa, alguns deles disseram que tinha enlouquecido.[128] A ambiguidade entre o que ameaçava de fato, e medos irracionais, ditados por um contexto de violência extrema, se não era real entre seus colegas na época, aparece em seu discurso, em algumas reportagens da imprensa e nas narrativas de alguns de meus entrevistados. Contudo, ela não chegou a receber qualquer sanção da parte do governo brasileiro, nem teve problemas reais com os alemães, para além das situações um tanto anedóticas que mencionei. O que significa que estava com a razão ao decidir ajudar: era possível e valia a pena.

Este depoimento escrito deve ter sido o resultado da longa entrevista mencionada por Sérgio Rubinstein, que afirmou estar ao seu lado na ocasião. De fato, no final, após a assinatura de Aracy, ele acrescentou a seguinte menção, que talvez ela mesma tenha solicitado: "Eu, Sérgio Rubinstein, cidadão brasileiro, judeu, residente em São Paulo, Brasil, testemunho que o presente depoimento foi feito e assinado na minha presença, advogado, na cidade de Jerusalém, em 28 de abril de 1985." E assinou em seguida.

Tanto Margarethe quanto Bella mostraram-me um documento alemão, recebido por Aracy, do qual ambas tinham cópia, e que fez parte de seu dossiê de atribuição do título de "Justa". O documento é realmente uma preciosidade. Trata-se de uma carta dirigida a ela, no final de dezembro de 1941, por um responsável do Escritório de Consultoria de Hamburgo da Seção de Emigração da União de Judeus na Alemanha.* Na época, a organização estava suspendendo definitivamente suas atividades. Antes disso, seus responsáveis pensaram em enviar-lhe, por escrito, seus agradecimentos:

> Ao longo dos muitos anos em que desenvolvemos intensas relações comerciais com o Consulado geral, a senhora sempre nos aconselhou e defendeu os interesses de nossos protegidos do modo mais atencioso e significativo possível.
>
> A senhora socorreu incessantemente estas pessoas com simpatia e calor humano, pronta a ajudar quem lhe procurava. Com seus conselhos e sua vasta experiência de funcionária competente do consulado, engajou-se por cada um que se dirigiu à senhora e muitos dos candidatos à emigração que obtiveram êxito em sua intenção podem atribuí-lo ao seu apoio.
>
> O abaixo-assinado quer expressar um especial agradecimento à senhora, que de modo solícito e constante auxiliou em grande parte na representação dos interesses dos imigrantes.

E prosseguia, fazendo-lhe votos para o futuro, num momento em que o seu próprio anunciava-se dos mais negros:

> Esperamos que a senhora tenha sucesso e satisfação em cada um de seus empreendimentos por sua nobre e bem-sucedida atuação em todos os sentidos. Sempre nos lembraremos com gratidão de seu trabalho no interesse de nossa causa.

A assinatura da carta me pareceu ilegível. Mas Bella tinha feito uma tentativa de decifrá-la e me disse que se eu mostrasse o documento na Alemanha, "eles com certeza reconheceriam o nome". Ela tinha duplamente razão: dois historiadores reconheceram sem problema o nome

---

*Os judeus foram proibidos pelos nazistas de empregar a expressão "judeus alemães", o que explica o "na" Alemanha.

daquele que se dirigira a Aracy com tamanha dignidade, reservando-lhe palavras tão tocantes.[129] E o nome era exatamente aquele que ela havia anotado à mão no final da tradução que me propôs da carta.

Ludwig Israel Freudenthal (Israel por conta dos nazistas) nasceu em Gotha, na Turíngia, no dia 4 de abril de 1885. Tinha então 56 anos em dezembro de 1941 e trabalhava em prol dos judeus hamburgueses num momento em que a emigração não fazia mais parte da política nazista e as deportações já estavam acontecendo havia cerca de dois meses na cidade. Ele mesmo não deixou o país a tempo de evitá-las: no dia 19 de julho de 1942 foi deportado para Theresienstadt com sua esposa Else e, dali, no dia 16 de outubro de 1944, para Auschwitz, onde foi assassinado.

Sua carta traz vários elementos que nos interessam aqui. O primeiro, mais evidente, é que Aracy não era conhecida somente daqueles que se apresentavam individualmente no consulado à procura de um visto. Tinha uma interlocução mais estruturada com a comunidade judaica de Hamburgo, cujos membros e "protegidos" também recebia por intermédio do organismo dirigido por Freudenthal. A organização contava com seu apoio e encontrou nela uma resposta claramente positiva a suas expectativas. A receptividade demonstrada por Aracy, segundo as palavras expressas por mais esse judeu reconhecido, estava à altura daquilo que tanto Margarethe quanto Günter expressaram em seus depoimentos. Sem contar a amizade sem falhas dedicada por Margarethe ao longo do resto de sua vida, e a homenagem feita por Günter, na escolha do nome de sua primeira filha, homenagem feita sem saber se algum dia Aracy tomaria conhecimento do fato. Mas tanto Margarethe quanto Günter sobreviveram, contrariamente a Freudenthal.

O modo como Freudenthal traduziu a ajuda prestada por Aracy também coincide com as narrativas de Günter e Margarethe: ele concentrou-se em sua atitude compreensiva e calorosa e na atenção individualizada que teria dedicado a cada pessoa que atendeu. E, sem rodeios, afirmou que o sucesso da emigração daqueles que conseguiram concretizá-la deveu-se ao seu auxílio. Isso fica ainda mais claro no trecho em que mencionou as "intensas relações comerciais" desenvolvidas com o consulado geral — cujo teor exato nunca conheceremos e sobre o qual nem vale a pena conjeturar, as hipóteses podem ser extremamente numerosas, mas sem qualquer fundamento. De fato, ele desvelou nessa passagem que, para os membros de sua organização, o contato era mantido com o consulado, como instituição. Contudo, afirmou, quem ali se empenhava em resolver os problemas era ela (que "sempre nos aconselhou e defendeu os interesses de nossos protegidos do modo mais atencioso e significativo possível"). E a carta foi-lhe enviada a título pessoal.

Com toda a certeza, Freudenthal e seus colegas seguiam o desfecho de cada caso que enviavam ao consulado. Resta saber se Aracy o conheceu pessoalmente, se ele esteve no consulado, se ela frequentou sua organização, se tinha ali outros interlocutores. Nunca saberemos. Como nunca poderemos reconstituir a rede de pessoas que se envolveram, como Aracy, no processo de favorecer e facilitar a emigração dos judeus de Hamburgo para o Brasil, salvando-os da deportação e do extermínio, entre o consulado, Wilhelm Unger, o "conhecido" deste, na polícia local, os empregados da companhia Hamburg-Süd, as famílias alemãs amigas de Aracy que teriam escondido judeus em suas casas, a associação de ajuda mútua dirigida por Freudenthal...

Enfim, a carta de Freudenthal indica que sua organização via em Aracy uma aliada, alguém em quem puderam se apoiar para salvar seus "protegidos". Isso conforta o tom das declarações que ela mesma fez para Yad Vashem ou na imprensa brasileira, de modo mais sóbrio ou mais enfático, segundo as ocasiões, no sentido de mostrar que tinha escolhido claramente seu campo. Sem pretender uma suposta neutralidade, que imputou a seus colegas de trabalho, deixou claro, ao contrário, sua oposição ao nazismo. Deste, posso dizer com certeza, ela não gostava.

Um dos primeiros documentos aos quais tive acesso, no início desta pesquisa, foram suas agendas, que não apresentavam as restrições de leitura envolvendo sua correspondência, à qual tive acesso bem mais tarde. Na época, fiquei muito intrigada com uma anotação regular e repetitiva feita por Aracy, começando com a primeira agenda que consultei, de 1937: em intervalos regulares de cerca de um mês cada, ela desenhou na agenda, em um dia, dois, três ou quatro, suásticas. Algumas foram feitas com tinta vermelha e uma vez mesmo, em agosto de 1938, ao lado da suástica desenhou, também em vermelho, dois "SS" em linhas retas e angulosas, referindo-se claramente "à" SS. Imaginei que fossem encontros, visitas feitas a ela por nazistas, cujas datas anotava em suas agendas. Mas tendo em vista a regularidade e a frequência, inclusive com dias seguidos, que chegavam até quatro, isso parecia pesado e tenso. Que tipo de encontros poderiam ser estes? Com quem e por que razão? Por causa dos vistos, de sua ajuda aos judeus, da qual Margarethe dissera tantas coisas, e cujas referências escritas faltavam?

A questão ficou sem resposta até bem mais tarde, quando voltei a esse material e consultei as agendas posteriores ao período de Hamburgo, buscando mais dados sobre sua amizade com Margarethe, ou mesmo referências ao passado, pois usou as agendas mais recentes como diários. Percebi então que ela continuava a usar a mesma notação, das suásticas, do mesmo modo, com os mesmos intervalos regulares, num período em que não havia mais nazistas para encontrar, e ela nem vivia mais na Alemanha. Só que passou a incluir algumas palavras junto ao símbolo, que elucidaram o mistério. Foi assim que decidi fazer essa incursão em sua intimidade, e termino com ela este livro.

Em 1951, quando vivia em Paris, desenhou uma suástica na sexta-feira, dia 26 de janeiro, e acrescentou: "de manhã". No dia 28, ao lado do mesmo símbolo, escreveu "fim". Na quinta-feira, 22 de março, desenhando a suástica novamente, escreveu: "forte!" e, repetindo o desenho no dia seguinte: "regular". Mais à frente, em 23 de abril, sempre ao lado do mesmo desenho: "pouquinho" e, no dia seguinte, "acabou"; enfim, último exemplo, em 19 de maio, desenhou o símbolo nazista como sempre e anotou: "veio hoje". Para Aracy, nada melhor para representar o sangue (menstrual) que corre do que uma suástica. Quem mais viu, de perto, em sua vida, derramando tanto sangue?

Notas

1. Telegrama assinado pelo cônsul Joaquim Antônio de Souza Ribeiro, Hamburgo, 23 de agosto de 1939, 19h30.
2. Telegrama assinado pelo cônsul Joaquim Antônio de Souza Ribeiro, Hamburgo, 2 de fevereiro de 1940, 12h.

3. Telegrama de Joaquim Antônio de Souza Ribeiro, cônsul-geral do Brasil em Hamburgo, ao Ministério das Relações Exteriores, 11 de maio de 1941, 19h.
4. Carta de Aracy de Carvalho à mãe, Marquartstein, 15 de janeiro de 1941.
5. Carta de Aracy de Carvalho à tia Martha, Hamburgo, 11 de novembro de 1941.
6. Consulado Geral do Brasil em Hamburgo, 22 e 23 de dezembro de 1941. Listas de documentos incinerados por Aracy de Carvalho, Encarregada do Serviço de Passaportes, conferidas pelo cônsul-adjunto João Guimarães Rosa.
7. Carta de Wilhelm Unger a Aracy de Carvalho, Hamburgo, 3 de março de 1942.
8. Carta de Elfriede (Friedel) Stankowiak a Aracy de Carvalho, Hamburgo, 2 de fevereiro de 1942.
9. Informação n° 3, referente à partida para Baden-Baden, Berlim, 6 de fevereiro de 1942.
10. Carta de Elfriede (Friedel) Stankowiak a Aracy de Carvalho, Hamburgo, 3 de maio de 1942.
11. Carta de Elfriede (Friedel) Stankowiak a Aracy de Carvalho, Hamburgo, 15 de maio de 1942.
12. Carta de Lucie Luttmer, Harburg, 15 de maio de 1942.
13. Cartão-postal de Elfriede Stankowiak e Erwin Hartmann, Hamburgo, 23 de março de 1942.
14. Carta da firma Bernhagen & Riege a Aracy de Carvalho, Hamburgo, 14 de janeiro de 1942.
15. Carta de Aracy de Carvalho à mãe, Lisboa, 6 de julho de 1942.
16. Saul Friedländer, *L'Allemagne nazie et les juifs. 1. Les années de persécution (1933-1939)*, Paris, Seuil, 1997, p. 267; Michael R. Marrus, *Les exclus. Les réfugiés européens du XXe siècle*, Paris, Calmann Levy, 1986, p. 172; Emanuel Melzer, *No Way Out. The Politics of Polish Jewery, 1935-1939*, Cincinati, Hebrew Union College Press, 1997, p. 91; Szymon Rudnicki, "Anti-Jewish Legislation in Interwar Poland", *in* Robert Blobaum (org.), *Antisemitism and Its Opponents in Modern Poland*, Ithaca (NY), Cornell University Press, 2005, p. 164-165.
17. Saul Friedländer, *L'Allemagne nazie et les juifs. 1. Les Années de persécution (1933-1939)*, op. cit., p. 14 e 17.
18. Stephen Tyas, "Adolf Eichmann: nouvelles informations issues de l'espionnage des signaux par les Britanniques", *in* David Bankier e Gerhard L. Weinberg (orgs.), *Les services secrets et la Shoah*, Paris, Nouveau Monde, 2007, p. 287.
19. Idem, ibidem. Cf. também, sobre Minsk, *Encyclopédie de la Shoah*, United States Holocaust Memorial Museum. Disponível em: http://www.ushmm.org/wlc/article.php?lang=fr&ModuleId=44.
20. Cf. http://87.106.6.17/stolpersteine-hamburg.de/index.php?MAIN_ID=7&BIO_ID=1542.

21. Entrevista com Eduardo Carvalho Tess, 21 de agosto de 2008.
22. Idem.
23. Idem.
24. Idem.
25. Entrevista com Margarethe Levy, 17 de agosto de 2006.
26. Carta de Lili Pimentel a Aracy de Carvalho, Rio de Janeiro, 6 de outubro de 1942.
27. Entrevista com Eduardo Carvalho Tess, 21 de agosto de 2008.
28. Entrevista telefônica com Peggy Marlow, 24 de maio de 2009.
29. Entrevista com Margarethe Levy, 8 de agosto de 2005.
30. Termo empregado por Eduardo Carvalho Tess (entrevista, 21 de agosto de 2008).
31. Idem.
32. Entrevista com Margarethe Levy, 8 de agosto de 2005.
33. Entrevista telefônica com Peggy Marlow, 24 de maio de 2009.
34. Entrevista com Eduardo Carvalho Tess, 21 de agosto de 2008.
35. Saul Friedländer, *L'Allemagne nazie et les juifs. 1. Les Années de persécution (1933-1939)*, op. cit., p. 208.
36. Idem, p. 280.
37. Laura Oliveira Rodrigo Octávio, *Elos de uma corrente — seguidos de novos elos*, Rio de Janeiro, Civilização Brasileira, 1994, p. 149. Utilizei essa citação antes, em "As elites paulistas em ação: regionalismo, distinção e tradição", *Letterature d'America*, XXI, 87, 2001, p. 133-134.
38. Idem, p. 64.
39. Yolanda Penteado, *Tudo em cor-de-rosa*, Rio de Janeiro, Nova Fronteira, 1976, p. 70.
40. Entrevista com Eduardo Carvalho Tess, 21 de agosto de 2008.
41. Entre 1940 e 1945, os Comitês Brasileiros da França Livre, ligados ao general De Gaulle, recolheram cerca de 370 mil dólares que foram enviados a Londres e usados, em sua maior parte, para financiar os esforços de guerra. Essas informações, bem como as referências feitas ao presidente do comitê de São Paulo, vêm de Hugo Rogelio Suppo, *La politique culturelle française au Brésil entre les années 1920-1950*, tese de doutorado, Université Paris III — Sorbonne Nouvelle, 1999, p. 410-414.
42. Cartas para Aracy de Carvalho do presidente da Sociedade Francesa de Beneficência 14 de Julho, Maurice Demolein (14 de abril de 1944), do presidente de France Combattante — Comitê de São Paulo, Jacques Funke (18 de abril de 1944), do conde Emmanuel de Benningsen, do Subcomitê Russo em São Paulo de Socorro às Vítimas de Guerra (15 de junho de 1944), do Subcomitê Dinamarquês de Socorro às Vítimas de Guerra, com assinatura ilegível (21 de junho de 1944), e do Comitê Britânico de Socorro às Vítimas de Guerra (21 de janeiro de 1946).

43. Entrevista com Margarethe Levy, 17 de agosto de 2006.
44. Agradeço a Hilton Itri de Azevedo, do Memorial do Imigrante (São Paulo), por esta informação.
45. Entrevista com Eduardo Carvalho Tess, 21 de agosto de 2008.
46. Carta de Aracy de Carvalho à mãe, Hamburgo, 28 de abril de 1937.
47. Entrevista com Eduardo Carvalho Tess, 21 de agosto de 2008.
48. Entrevista com Margarethe Levy, 17 de agosto de 2006.
49. Salvo referência em contrário, as informações sobre o debate e a legislação referente às compensações e reparações de guerra da sequência seguinte foram tiradas de Raul Hilberg, *La destruction des Juifs d'Europe*, Paris, Fayard, 1988, p. 996-1022.
50. Sobre as posições de Adenauer quanto a essa questão, tanto em relação aos alemães quanto à Israel e às organizações judaicas internacionais, ou às democracias ocidentais, ver: Krista Buda, "'In the Name of the German People': The Political Language of Konrad Adenauer & German-Jewish Relations After World War II", Haverford College, 2006. Disponível em: http://www.swarthmore.edu/SocSci/Linguistics/Papers/2006/buda_krista.pdf.
51. A Alemanha Oriental nunca participou deste processo. Após a reunificação da Alemanha, os sobreviventes que passaram no Leste as décadas decorridas desde o final da guerra foram incluídos na legislação e nos programas já em curso.
52. Cf. Raul Hilberg, *La Destruction des Juifs d'Europe*, op. cit., p. 1012.
53. O termo "reparações" foi usado pelos alemães. Idem, p. 997, n. 2.
54. Todas as informações dadas a seguir foram tiradas dos dossiês individuais de reparação de guerra das pessoas retratadas. Uma ou outra informação que permite clarificar algum aspecto foi retomada dos dossiês anteriores (já apresentados), compostos no momento da emigração, pela Presidência Regional de Finanças. Na grande maioria dos casos, questões médicas fazem parte dos dossiês de reparação. Voluntariamente, não abordarei esse aspecto. Todos os dossiês examinados, com exceção dos de Grete e Max Callmann, estão no Arquivo de Hamburgo. Os dos Callmann estão no Arquivo de Düsseldorf.
55. Ana Claudia Caputo, *Desenvolvimento econômico brasileiro e o investimento direto estrangeiro: uma análise da Instrução 113 da SUMOC — 1955/1963*, dissertação de mestrado, UFF, 2007, p. 29.
56. Idem, p. 31.
57. Maurício Domingues Perez, *Estado da Guanabara: gestão e estrutura administrativa do governo Carlos Lacerda*, tese de doutorado, UFRJ, 2005, p. 114.
58. Raul Hilberg apresenta um resumo de todos os casos e categorias previstos pelas leis de reparação e compensação. (*La Destruction des Juifs d'Europe*, op. cit., p. 1006-1011.)
59. Entrevista com Maria Julia Hochfeld Baker, 8 de agosto de 2008.
60. Cf. Capítulo 2, p. 213.

61. Entrevista telefônica, 26 de agosto de 2009.
62. Margarete L. Myers, "Jewish Displaced Persons in the US Zone", *Leo Baeck Institute Year Book*, XLII, Londres, 1997, p. 307.
63. Idem, p. 307-311. Ver também Atina Grossmann, "Victims, Villains, and Survivors: Gendered Perceptions and Self-perceptions of Jewish Displaced Persons in Occupied Postwar Germany", *Journal of the History of Sexuality*, 11, 1/2, janeiro a abril de 2002, p. 302; Judith Tydor Baumel, "DPs, Mothers and Pionners: Women in the She'erit Hapleita", *Jewish History*, 11, 2, outono de 1997, p. 99-110.
64. Atina Grossmann, "Victims, Villains, and Survivors: Gendered Perceptions and Self-perceptions of Jewish Displaced Persons in Occupied Postwar Germany", op. cit., p. 304-305.
65. Atina Grossmann, *Jews, Germans, and Allies: Close Encounters in Occupied Germany*, Princeton/Oxford, Princeton University Press, 2007, p. 196 e 226.
66. Atina Grossmann, "Victims, Villains, and Survivors: Gendered Perceptions and Self-perceptions of Jewish Displaced Persons in Occupied Postwar Germany", op. cit., p. 309-310.
67. Atina Grossmann, *Jews, Germans, and Allies: Close Encounters in Occupied Germany*, op. cit., p. 256.
68. Peter Gay, *My German Question: Growing up in Nazi Berlin*, New Haven/Londres, Yale University Press, 1998, p. 199 e 202.
69. Idem, p. 175.
70. A declaração feita por Aracy de Carvalho faz parte de seu fundo pessoal no arquivo do Instituto de Estudos Brasileiros (IEB-USP).
71. Entrevista com Margarethe Levy, 17 de agosto de 2006.
72. Idem.
73. Peter Gay, *My German Question: Growing up in Nazi Berlin*, op. cit., p. 1.
74. Entrevista com Margarethe Levy, 15 de agosto de 2005.
75. Entrevista com Grete Callmann, 4 de julho de 2008.
76. As informações contidas nesta sequência foram retiradas de Sarah Gensburger, "De la mémoire du sauvetage à l'institution d'un titre de Juste parmi les Nations", *in* Jacques Sémelin et al. (orgs.), *La résistance aux génocides: de la pluralité des actes de sauvetage*, Paris, Presses de Sciences Po., 2008, p. 39-43.
77. A expressão é uma referência ao título do livro de Gabriele Nissim: *Le jardin des justes: de la liste de Schindler au tribunal du bien*, Paris, Payot, 2007.
78. Sobre o salvamento e a aplicação do título de "Justo" nestes dois casos, ver em Jacques Sémelin et al. (orgs.), *La résistance aux génocides: de la pluralité des actes de sauvetage*, op. cit., os seguintes artigos. Para o caso armênio: Fatma Müge Göçek, "A la recherche des Justes: le cas arménien", p. 53-69; Hasmik Tevosyan, "Les pratiques de sauvetage durant le génocide des arméniens", p. 185-204; Raymond Kévorkian, "L'opposition de fonctionnaires ottomans au génocide des

arméniens", p. 205-220; Ugur Ümit Üngör, "Conversion et sauvetage: stratégies de survie au cours du génocide des arméniens", p. 221-233; Hans-Lukas Kieser, "La missionnaire Beatrice Rohner face au génocide des arméniens", p. 383-398; Yves Ternon, "L'impossible sauvetage des arméniens de Mardin: le havre du Sindjar", p. 399-409. Para o caso dos Tutsis: Lee Ann Fujii, "Sauveteurs et sauveteurs-tueurs durant le génocide rwandais", p. 165-178; Scott Straus, "L'échec de l'opposition locale au génocide rwandais", p. 345-359; Charles Kabwete Mulinda, "Le sauvetage dans la zone frontière de Gishamvu et de Kigembe au Rwanda", p. 361-382; e Emmanuel Viret, "Les musulmans de Mabare pendant le génocide rwandais", p. 491-504.

79. Para uma descrição detalhada da evolução dessa expressão, ver: Sarah Gensburger, *Essai de sociologie de la mémoire. L'expression des souvenirs à travers le titre de "Juste parmi les Nations" dans le cas français: entre cadre institutionnel, politique publique et mémoire collective*, tese de doutorado, EHESS, 2006, p. 45-47.

80. Sobre o contexto da discussão do projeto de lei no parlamento israelense, ver idem, p. 54-60.

81. *Righteous avenue*. Em francês, o local é conhecido como "Alameda dos Justos" (*Allée des Justes*).

82. Sarah Gensburger, *Essai de sociologie de la mémoire. L'expression des souvenirs à travers le titre de "Juste parmi les Nations" dans le cas français: entre cadre institutionnel, politique publique et mémoire collective*, op. cit., p. 91-99.

83. Sarah Gensburger, "De la mémoire du sauvetage à l'institution d'un titre de Juste parmi les Nations", op. cit., p. 43.

84. Sobre a ação de Fry em Marselha, seus colaboradores e as redes de salvamento com as quais esteve ligado, americanas e francesas, ver: Emmanuelle Loyer, *Paris à New York: intellectuels et artistes français en exil 1940-1947*, Paris, Grasset, 2005, p. 45-60.

85. Roney Cytrynowicz, "Além do Estado e da ideologia: imigração judaica, Estado Novo e Segunda Guerra Mundial", *Revista Brasileira de História*, 22, 44, 2002, p. 398.

86. Cf. Idem, p. 398-416. Para a citação, p. 406.

87. Idem, p. 417-418.

88. Carta de Bella Herson a Aracy de Carvalho, 2 de agosto de 1977.

89. Entrevista, 31 de julho de 2008.

90. Sarah Gensburger, *Essai de sociologie de la mémoire. L'expression des souvenirs à travers le titre de "Juste parmi les Nations" dans le cas français: entre cadre institutionnel, politique publique et mémoire collective*, op. cit., p. 508-526.

91. Samuel P. Oliner e Pearl M. Oliner, *The Altruistic Personality: Rescuers of Jews in Nazi Europe*, Nova York, The Free Press, 1988; Nechama Tec, *When Light Pierced*

the Darkness: Christian Rescue of Jews in Nazi-occupied Poland, Oxford, Oxford University Press, 1986; Kristen R. Monroe, Michael C. Barton e Ute Klingmann, "Altruism and the Theory of Rational Action: Rescuers of Jews in Nazi Europe", *Ethics*, 101, 1, 1990, p. 103-122; Frederico Varese e Meir Yaish, "The Importance of Being Asked. The Rescue of Jews in Nazi Europe", *Rationality and Society*, 12, 3, 2000, p. 307-334; Jane A. Piliavin e Hong-Wen Charng, "Altruism: A Review of Recent Theory and Research", *Annual Review of Sociology*, 16, 1990, p. 27-65. Para uma discussão dessa literatura, ver: Marnix Croes, "Pour une approche quantitative de la survie et du sauvetage des Juifs", *in* Jacques Sémelin *et al.* (orgs.), *La résistance aux génocides: de la pluralité des actes de sauvetage*, op. cit., p. 83-97.

92. Sarah Gensburger, *Essai de sociologie de la mémoire. L'expression des souvenirs à travers le titre de "Juste parmi les Nations" dans le cas français: entre cadre institutionnel, politique publique et mémoire collective*, op. cit., p. 114-118. A autora cita o exemplo de um "Justo" que tomou a iniciativa de solicitar sua própria nominação (p. 122). A obra citada de Tzvetan Todorov é *Face à l'extrême*, Paris, Seuil, 1994, p. 256-257.

93. Idem, p. 481-484. Os critérios de atribuição do título estão sumariamente apresentados no site do Ministério das Relações Exteriores de Israel: http://www.mfa.gov.il/MFA/MFAArchive/2000_2009/2003/6/The+Righteous+Among+the+Nations.htm.

94. Sarah Gensburger, *Essai de sociologie de la mémoire. L'expression des souvenirs à travers le titre de "Juste parmi les Nations" dans le cas français: entre cadre institutionnel, politique publique et mémoire collective*, op. cit., p. 464-473.

95. Agradeço a Sérgio Rubinstein, que me comunicou esse precioso documento, parte do arquivo que reuniu sobre Aracy de Carvalho.

96. Pelo lado de Hans Hochfeld, esse desconhecimento familiar sobre sua vida na Alemanha era geral. Sua filha disse-me que quando ele começava a contar, logo chegava ao fato de nunca mais ter visto os pais, o que bloqueava a conversa para ele e, em seguida, também para ela. Entrevista com Maria Julia Hochfeld Baker, 8 de agosto de 2008.

97. Entrevista com Bella Herson, 31 de julho de 2008.

98. Carta de Susi Rubin Carvalho a Bella Herson, Rio de Janeiro, 8 de maio de 1985.

99. *Jornal da Tarde*, 23 de outubro de 1983.

100. "Aracy Guimarães Rosa: 'se pudesse, teria feito mais'", *Boletim de Informação Cultural da Associação Brasileira 'A Hebraica' de São Paulo*, 1, 8, fevereiro de 1984, p. 4. Todas as reportagens citadas a seguir, publicadas entre 1983 e 2000, pertencem à coleção Aracy de Carvalho Guimarães Rosa do Instituto de Estudos Brasileiros da USP (IEB-USP).

101. Sarah Gensburger, *Essai de sociologie de la mémoire. L'expression des souvenirs à travers le titre de "Juste parmi les Nations" dans le cas français: entre cadre institutionnel, politique publique et mémoire collective*, op. cit., p. 448-450.

102. Carta de Aracy de Carvalho à mãe, Paris, 23 de abril de 1950.
103. Entrevista com Sergio Rubinstein, 1º de agosto de 2008.
104. Sarah Gensburger, *Essai de sociologie de la mémoire. L'expression des souvenirs à travers le titre de "Juste parmi les Nations" dans le cas français: entre cadre institutionnel, politique publique et mémoire collective*, op. cit., p. 476-477.
105. Fábio Koifman, *Quixote nas trevas: o embaixador Souza Dantas e os refugiados do nazismo*, Rio de Janeiro/São Paulo, Record, 2002.
106. Carta de Américo Pimentel a Aracy de Carvalho, Rio de Janeiro, 14 de fevereiro de 1939.
107. Cartão-postal de Eva e Walter Stern a Aracy de Carvalho, 24 de março de 1937.
108. Cartas de Aracy de Carvalho à mãe e à tia, Hamburgo, 28 de abril e 5 de maio de 1937.
109. Carta de J. Lehfeld a Aracy de Carvalho, São Paulo, 10 de novembro de 1934.
110. Carta de Walther von Hütschler a J. Lehfeld, Hamburgo, 5 de maio de 1937.
111. Decreto nº 24.258, capítulo III ("Dos Processos de 'Cartas de Chamada'"), artigos 9 a 13, de 16 de maio de 1934.
112. *Fatos*, 10 de junho de 1985.
113. *Diário Popular*, 22 de agosto de 2000.
114. Entrevista com Eduardo Carvalho Tess, 8 de agosto de 2005.
115. Idem.
116. Entrevista com Bella Herson, 31 de julho de 2008.
117. Publicados respectivamente nos artigos citados do *Jornal da Tarde* e de *O Estado de S. Paulo*.
118. Publicado no artigo citado do *Boletim de Informação Cultural da Associação Brasileira "A Hebraica" de São Paulo*, p. 2.
119. Publicado no artigo citado do *Jornal do Brasil*.
120. Ver, sobre o assunto, José-Alain Fralon, *Aristides de Sousa Mendes, le Juste de Bordeaux*, Bordeaux, Mollat, 1998. (Edição portuguesa: *Aristides de Sousa Mendes: um herói português*, Lisboa, Presença, 1999).
121. *Boletim de Informação Cultural da Associação Brasileira "A Hebraica" de São Paulo*, p. 4.
122. Ruth Fivaz-Silbermann, "La Suisse face au génocide nazi: refus actif, secours passif", *in* Jacques Sémelin et al. (orgs.), *La résistance aux génocides: de la pluralité des actes de sauvetage*, op. cit., p. 254-255.
123. Cartas de Wilhelm Unger a Aracy de Carvalho, Hamburgo, 3 de março e 17 de abril de 1942.
124. *O Globo*, 23 de abril de 1995.

125. Cf. artigo citado de *O Estado de S. Paulo*. Ver também, quanto às mesmas ideias, os artigos citados do *Jornal da Tarde* e do *Boletim de Informação Cultural da Associação Brasileira "A Hebraica" de São Paulo* (p. 4).
126. *O Globo*, 29 de abril de 1985.
127. *Resenha Judaica*, 1ª quinzena de junho de 1988, p. 24.
128. *O Estado de S. Paulo*, 6 de novembro de 1983.
129. Agradeço a Beate Meyer e a Jürgen Sielemann por terem decifrado essa assinatura para mim e pelas informações que me transmitiram sobre Ludwig Freudenthal.

Sobre as fontes

As fontes desta pesquisa são ao mesmo tempo variadas e dispersas em várias instituições, entre o Brasil e a Alemanha.

No Instituto de Estudos Brasileiros da Universidade de São Paulo (IEB-USP) encontra-se a coleção Aracy de Carvalho Guimarães Rosa. Consultei, principalmente, sua correspondência dos anos hamburgueses, com algumas incursões no período posterior. Trata-se de uma correspondência passiva e, em alguns casos, também ativa, como na troca de cartas com a mãe, Sida, sua correspondente mais frequente. Examinei, ainda, suas agendas pessoais desde 1937 até o final dos anos 1980, para os anos em que existem, além de recortes de jornais e outros documentos isolados.

Das coleções do Arquivo Histórico do Itamaraty (RJ), pesquisei principalmente a documentação do consulado brasileiro de Hamburgo (1934-1942) no tocante à política migratória. Quanto à correspondência diplomática, ampliei a consulta para os demais consulados brasileiros na Alemanha e a embaixada em Berlim. Consultei, ainda, uma série de outros documentos ligados à aplicação da política imigratória brasileira em relação aos judeus europeus e à organização correspondente do trabalho consular.

No Arquivo Nacional (RJ), estão os prontuários nominativos de pedido da "carteira modelo 19" que consultei para os imigrantes cujos itinerários segui neste livro. Estes abrangem, de modo geral, dados cobrindo pouco menos de uma década da vida de seus titulares, a partir de sua chegada ao Brasil, no final dos anos 1930, até a regularização de sua permanência no país, no imediato pós-guerra. Para ter acesso aos prontuários do Arquivo Nacional, passei pelo registro de entrada de estrangeiros no Memorial do Imigrante (SP), onde consegui também algumas informações complementares.

No Arquivo Histórico Judaico Brasileiro (AHJB, SP) consultei a documentação da Congregação Israelita Paulista de São Paulo (1936-1942). Trata-se sobretudo das atas de reuniões das instâncias diretivas e de algumas comissões, indicativas do funcionamento da organização em seus primeiros anos, dos debates, das decisões e das ações em relação à chegada dos refugiados judeus, principalmente da Alemanha e da Áustria.

No Arquivo de Hamburgo (*Staatsarchiv Hamburg*), consultei dois tipos de dossiês nominativos referentes aos hamburgueses do grupo de pessoas tratadas aqui, quando estes existiam: aqueles constituídos antes da emigração, para a Presidência Regional de Finanças nazista (*Oberfinanzpräsident*) e os do pós-guerra, elaborados em resposta à legislação de reparações e compensações de guerra (*Amt für Wiedergutmachung*). Consultei ainda as fichas de membros da comunidade judaica de Hamburgo para cada um (*Jüdische Gemeinde — Kultussteuerkartei*), além de outros documentos complementares (antigas listas telefônicas, registros do comércio).

No Arquivo de Düsseldorf (*Landesarchiv Nordrhein-Westfalen*), localizei os dossiês de reparação de guerra constituídos por Grete e Max Callmann, e por Grete e seu irmão Walter Oppenheimer (todos de Essen).

Além do Arquivo de Hamburgo, eu e minha assistente consultamos outras instituições alemãs à procura de pistas sobre os Plambeck, Hardner e Zumkle: Arquivo de Oberhausen, WASt (Serviço alemão de informação aos parentes próximos dos soldados mortos da ex-Wehrmacht), Arquivo Federal (*Bundesarchiv*, Berlim), Centro Simon Wiesenthal (Nova York), Registro Civil de Hamburgo.

Diversos serviços de Yad Vashem mandaram-me documentos do dossiê de Aracy de Carvalho. Outros recebi de Margarethe Levy, Selma Carneiro Felippe e Bella Herson.

Tive acesso aos arquivos individuais daqueles que, entre meus entrevistados, guardaram seus próprios documentos, ou de seus ascendentes, de antes ou depois da imigração. Consultei, nesse sentido, documentos de Aracy de Carvalho, sobretudo fotos, que permaneceram com seu filho, Eduardo Carvalho Tess. Este comunicou-me também documentos preciosos de Margarethe e Hugo Levy. Maria Julia Hochfeld Baker, Franklin Brauer, Selma Carneiro Felippe, Gertraud Franken e Sonia Meyer guardaram vários documentos alemães de Hans Hochfeld, Horst Brauer, Inge e Günter Heilborn, Karl Franken, Gretchen e Franz Marcus. Bella Herson e Sérgio Rubinstein também abriram seus arquivos, com cartas, cartões, recortes de imprensa e fotos.

Enfim, trabalhei com fontes orais, na medida das disponibilidades demonstradas pelos testemunhos diretos ainda vivos e por seus descendentes. Essa maior ou menor disponibilidade, ligada às mais variadas questões, inclusive às atribulações da vida paulistana, explica também, em alguns casos, o fato de ter-me limitado a uma entrevista telefônica. Entrevistei, assim, dois testemunhos diretos que eram adultos na época da emigração (Margarethe Levy, por três vezes, e Grete Callmann, junto com sua filha Susanne) e dois que eram adolescentes e não conheceram Aracy (Egon Katz e Hannelore Meyer, por telefone). Quanto àqueles que já tinham falecido, entrevistei a viúva e o filho mais velho de Karl Franken (Gertraud e Arnaldo Franken), a filha e a neta de Hans Hochfeld (Maria Julia e Lilian Hochfeld Baker), o filho de Horst Brauer (Franklin Brauer), a filha de Inge e Günter Heilborn (Marion Aracy Heilborn, da Austrália, por telefone) e uma neta de Albert Feis (Claudia Hess von Gabriel, por telefone). Entrevistei ainda a sobrinha de Margarethe Levy (Peggy Marlow, dos Estados Unidos, por telefone) e conversei mais de uma vez com uma neta de Günter e Inge Heilborn, Selma Carneiro Felippe, por telefone e e-mail. Com alguns desses entrevistados, mantive diálogos complementares, também por telefone ou e-mail, focalizados em questões específicas, durante a redação do livro, segundo a disponibilidade demonstrada: Maria Julia Baker Hochfeld, Arnaldo Franken e Franklin Brauer. Thomas Caspery, enfim, trouxe informações adicionais à entrevista com sua sogra, Grete Callmann.

Por duas vezes, entrevistei o filho de Aracy de Carvalho, Eduardo Carvalho Tess, que respondeu a minhas perguntas em outras tantas ocasiões, por telefone ou por e-mail. Sua esposa Beatriz também aceitou receber-me para falar de sua sogra.

Fiz ainda algumas outras entrevistas, pessoalmente ou por telefone, com judeus alemães que não vieram de Hamburgo, mas imigraram no mesmo período e podiam falar-me tanto da situação da Alemanha em outras cidades, sobretudo Berlim, quanto dos primeiros anos de suas vidas em São Paulo, e da CIP. Ouvi, assim, os depoimentos de Henrique Cohen, Hans Hamburger, Anneliese Nachsin (Callmann, de solteira), Ellen Roth (Motulsky, de solteira), Trude Hahn (irmã de Karl Franken), além da hamburguesa Ulla Pawel (Durlacher, de solteira) e de Paulo Abrahamson, que me falou de seu pai.

Enfim, fiz sete entrevistas telefônicas com os descendentes que pude localizar de homens imigrantes alemães que, residindo no Brasil, foram buscar suas esposas em Hamburgo entre 1936 e 1937. Pude então compreender esses deslocamentos entre o Brasil e a Alemanha de não judeus, que ficaram registrados na documentação do consulado de Hamburgo (Arquivo Histórico do Itamaraty), onde casaram-se antes de regressar ao Brasil.

Referências bibliográficas

AA.VV. *Uma epopéia moderna: 80 anos da imigração japonesa no Brasil*. São Paulo: Hucitec/Sociedade Brasileira de Cultura Japonesa, 1992.

ALEXANDR, Frida. *Filipson: memórias da primeira colônia judaica no Rio Grande do Sul*. São Paulo: Fulgor, 1967.

ANDERSON, Olive. "Emigration and Marriage Break-up in Mid-Victorian England", *The Economic History Review*, 50, 1, fevereiro de 1997, p. 104-109.

ANDRADE, Mário de. *Poesias completas*. Ed. crítica de Diléa Zanotto Manfio. Belo Horizonte/São Paulo: Itatiaia/Edusp, 1987.

ANDRIEU, Claire. "Approche comparée de l'aide aus juifs et aux aviateurs allies". *In* SÉMÉLIN, Jacques *et al.* (orgs.). *La résistance aux génocides: de la pluralité des actes de sauvetage*. Paris: Presses de Sciences Po., 2008, p. 71-81.

ARAÚJO, Oscar Egídio. "Enquistamentos étnicos", *Revista do Arquivo Municipal*, São Paulo, VI, LXV, março de 1940, p. 227-246.

ARENDT, Hannah. *Rahel Varnhagen: judia alemã na época do Romantismo*. Rio de Janeiro: Relume-Dumará, 1994.

ASSEMBLEIA NACIONAL CONSTITUINTE. *Constituição da República dos Estados Unidos do Brasil*, "Título IV — Da Ordem Econômica e Social", art. 121, § 6°. Rio de Janeiro: Imprensa Nacional, 1934.

AUGUSTINE, Dolores L. "The Business Elites of Hamburg and Berlin", *Central European History*, 24, 2, 1991, p. 132-146.

ÁVILA, Flávia de. *Entrada de trabalhadores estrangeiros no Brasil: evolução legislativa e políticas subjacentes nos séculos XIX e XX*. Dissertação de mestrado em Direito. Florianópolis: Universidade Federal de Santa Catarina, 2003.

AYÇOBERRY, Pierre. *La Société allemande sous le IIIe Reich 1933-1945*. Paris: Seuil, 1998.

BAERWALD, Friedrich. "How Germany Reduced Unemployment", *The American Economic Review*, 24, 4, dezembro de 1934, p. 617-630.

BAJOHR, Frank. *"Aryanization" in Hamburg: the Economic Exclusion of Jews and the Confiscation of Their Property in Nazi Germany*. Nova York/Oxford: Berghahn Books, 2002.

BARBOSA, Renata Mazzeo. "Utopias de um refúgio". *In* CARNEIRO, Maria Luiza Tucci (org.). *São Paulo: metrópole das utopias.* São Paulo: Lazuli/Companhia Editora Nacional, 2009, p. 431-465.

BARTHES, Roland. *Fragments d'un discours amoureux.* In *Œuvres complètes,* V (1977-1980). Paris: Seuil, 2002. [Edição brasileira: *Fragmentos de um discurso amoroso.* Rio de Janeiro: Francisco Alves, 1986.]

BARTOV, Omer. "Defining Enemies, Making Victims: Germans, Jews, and the Holocaust", *The American Historical Review,* 103, 3, junho de 1998, p. 771-816.

BAUMEL, Judith Tydor. "DPs, Mothers and Pionners: Women in the She'erit Hapleita", *Jewish History,* 11, 2, outono de 1997, p. 99-110.

BESSEL, Richard (org.). *Life in the Third Reich.* Oxford/Nova York: Oxford University Press, 1987.

BIELENBERG, Christabel. *The Past is Myself.* Londres: Corgi Books, 1988.

BIONDI, Luigi. "'Le quartier que j'admire le plus, c'est Bom Retiro': l'archipel tropical urbain des Petites Italies de São Paolo (1880-1940)". *In* BLANC-CHALÉARD, Marie-Claude *et al.* (orgs.). *Les Petites Italies dans le monde.* Rennes: PUR, 2007, p. 105-119.

BLANC-CHALÉARD, Marie-Claude. *Les Italiens dons l'est parisien. Une histoire d'integration (années 1880-1960),* Roma: Ecole Française de Rome, 2000.

———. "L'Habitat immigré à Paris aux XIXe et XXe siècles: mondes à part?", *Le Mouvement social,* 182, janeiro a março de 1998, p. 29-50.

BOCK, Gisela. "Le Nazisme: politiques sexuées et vies des femmes en Allemagne". *In* THÉBAUD, Françoise (org.). *Histoire des femmes en Occident.* v. 5. Paris: Plon, 1992, p. 143-167.

BONOMO, Daniel Reizinger. "A Correspondência do fundo Aracy de Carvalho Guimarães Rosa", *Revista do IEB,* 48, março de 2009, p. 155-165.

BRASIL. Constituição (1937). *Constituição dos Estados Unidos do Brasil,* 10 de novembro de 1937. Disponível em: <http://www.planalto.gov.br/ccivil_03/Constituicao/Constitui%C3%A7ao37.htm>.

BRASIL. Constituição (1946). *Constituição dos Estados Unidos do Brasil,* 18 de setembro de 1946. Disponível em: <http://www.planalto.gov.br/ccivil_03/constituicao/Constitui%C3%A7ao46.htm>.

BRENER, Jayme (coord.). *Um judaísmo para os nossos dias: 70 anos da Congregação Israelita Paulista.* São Paulo: Ex-Libris Comunicação Integrada, 2007.

BRESCIANI, Maria Stella Martins. "Imagens de São Paulo: estética e cidadania". *In* FERREIRA, Antonio Celso; LUCA, Tania Regina de; IOKOI, Zilda Grícoli (orgs.). *Encontros com a história: percursos históricos e historiográficos de São Paulo.* São Paulo: Editora Unesp, 1999, p. 11-45.

———. "Melhoramentos entre intervenções e projetos estéticos: São Paulo (1850-1950)". *In* idem (org.). *Palavra da cidade.* Porto Alegre: Editora UFRGS, 2011, p. 343-366.

BRUM, Eliane. "A lista de Aracy", *Revista Época*, 14 de abril de 2008, p. 118-124.

BRUTTMANN, Tal. "La Lutte contre le sauvetage durant l'Action Brunner en France (1943-1944)". In SÉMELIN, Jacques et al. (orgs.). *La résistance aux génocides: de la pluralité des actes de sauvetage*. Paris: Presses de Sciences Po., 2008. p. 291-303.

BRY, Gehard. *Wages in Germany, 1871-1945*. Princeton: Princeton University Press, 1960.

BUDA, Krista. "'In the name of the German people': the political language of Konrad Adenauer & German-Jewish relations after World War II". Manuscrito. Haverford: Haverford College, 2006. Disponível em: <http://www.swarthmore.edu/SocSci/Linguistics/Papers/2006/buda_krista.pdf>.

CANER, Elisa. *Judeus-alemães no Brasil — um estudo dos depoimentos das vítimas do nazismo*. Dissertação de mestrado em Língua Hebraica, Literatura e Cultura Judaica. São Paulo: Universidade de São Paulo, 1996.

CAPUTO, Ana Claudia. *Desenvolvimento econômico brasileiro e o investimento direto estrangeiro: uma análise da Instrução 113 da SUMOC — 1955/1963*. Dissertação de mestrado em Economia. Niterói: Universidade Federal Fluminense, 2007.

CARNEIRO, Maria Luiza Tucci. *Brasil, um refúgio nos trópicos/Brasilien, fluchtpunkt in den tropen*. São Paulo: Estação Liberdade, 1996.

——. *Anti-Semitismo na era Vargas (1930-1945)*. São Paulo: Brasiliense, 1988.

CARPINTERO, Marisa Varanda Teixeira. "Tempo e história no Plano de Avenidas", *Urbana*, 2, 2, 2007, p. 6-9.

CHALK, Frank. "Le Service hongrois de la BBC et le sauvetage des juifs de Hongrie". In SÉMELIN, Jacques et al. (orgs.). *La Résistance aux génocides: de la pluralité des actes de sauvetage*. Paris: Presses de Sciences Po., 2008, p. 325-343.

CHARLE, Christophe (org.). *Histoire sociale, histoire globale?* Paris: Editions de la MSH, 1993.

CHARTIER, Roger (org.). *La Correspondance: les usages de la lettre au XIXe siècle*. Paris: Fayard, 1991.

CLINGAN, C. Edmund. "More Construction, More Crisis: The Housing Problem of Weimar Germany", *Journal of Urban History*, 26, 5, julho de 2000, p. 630-644.

CLOSMANN, Charles E. "Chaos and Contamination: Water Pollution and Economic Upheaval in Hamburg, 1919-1923", *Journal of Urban History*, 33, 5, julho de 2007, p. 828-847.

COHEN, Naomi W. *Encounter with Emancipation: the German Jews in the United States, 1830-1914*. Skokie: Varda Books, 2001.

——. "The Transatlantic Connection: The American Jewish Committee and the Joint Foreign Committee in Defense of German Jews, 1933-1937", *American Jewish History*, 90, 4, 2002, p. 353-384.

CONTE, Édouard; ESSNER, Cornelia. *La quête de la race: une anthropologie du nazisme*. Paris: Hachette, 1995.

CONZEN, Kathleen Neils et al. "The Invention of Ethnicity: A Perspective from the U.S.A.", *Journal of American Ethnic History*, 12, 1, outono de 1992, p. 3-41.

CORBIN, Alain. *Le monde retrouvé de Louis-François Pinagot: sur les traces d'un inconnu (1798-1876)*. Paris: Flammarion, 1998.

CORRÊA, Ana Cláudia Pinto. *Imigrantes judeus em São Paulo: a reinvenção do cotidiano no Bom Retiro (1930-2000)*. Tese de doutorado em História Social. São Paulo: Pontifícia Universidade Católica de São Paulo, 2007.

CORRÊA, Mariza. *Antropólogas & antropologia*. Belo Horizonte: Editora UFMG, 2003.

CORTI, Paola. "Sociétés sans hommes et intégrations des femmes à l'étranger. Le cas de l'Italie", *Revue Européenne des migrations internationales*, 9, 2, 1993, p. 113-128.

——. "Donne che vanno, donne che restano. Emigrazione e comportamenti femminili", *Annali dell'Istituto Alcide Cervi*, 12, 1990, p. 213-236.

COSER, Lewis A. *Refugee Scholars in America: Their Impact and Their Experiences*. New Haven: Yale University Press, 1984.

COSTA, Ana Luiza Martins. "Memória Seletiva — Veredas de *Viator*". *In* "João Guimarães Rosa", *Cadernos de Literatura Brasileira*, 20-21, dezembro de 2006, p. 10-58.

CROES, Marnix. "Pour une approche quantitative de la survie et du sauvetage des Juifs". *In* SÉMELIN, Jacques et al. (orgs.). *La Résistance aux génocides: de la pluralité des actes de sauvetage*. Paris: Presses de Sciences Po., 2008, p. 83-97.

CYTRYNOWICZ, Roney. *Guerra sem guerra: a mobilização e o cotidiano em São Paulo durante a Segunda Guerra Mundial*. São Paulo: Geração Editorial/Edusp, 2000.

—— (coord.). *A "Congregação Israelita dos Pequenos": História do Lar das Crianças da Congregação Israelita Paulista — 65 anos*. São Paulo: Narrativa Um, 2003.

——. "Instituições de assistência social e imigração judaica", *História, Ciências e Saúde — Manguinhos*, 12, 1, janeiro a abril de 2005, p. 169-184.

——. "Cotidiano, imigração e preconceito: a comunidade judaica nos anos 1930 e 1940". *In* GRINBERG, Keila (org.). *Os judeus no Brasil: inquisição, integração e identidade*. Rio de Janeiro: Civilização Brasileira, 2005, p. 287-314.

——. "Além do Estado e da ideologia: imigração judaica, Estado Novo e Segunda Guerra Mundial", *Revista Brasileira de História*, 22, 44, 2002, p. 393-423.

—— e MUSATTI, Monica. *Unibes 85 anos: uma história do trabalho social da comunidade judaica de São Paulo, 1915-2000*. São Paulo: Narrativa Um, 2000.

D'ALESSANDRO, Stéphanie et al. *Lasar Segall: nouvaux mondes*. Paris: Musée d'Art et d'Histoire du Judaisme, 2000.

——. "L'Appropriation du spectaculaire et de l'inédit: le Brésil dans l'œuvre de Lasar Segall". *In* idem. *Lasar Segall: nouveaux mondes*. Paris: Musée d'Art et d'Histoire du Judaïsme, 2000, p. 110-160.

REFERÊNCIAS BIBLIOGRÁFICAS

DAUPHIN, Cécile; LEBRUN-PEZERAT, Pierrette; POUBLAN, Danièle. *Ces Bonnes lettres: une correspondance familiale au XIXe siècle*. Paris: Albin Michel, 1995.

DAVID, Henry P.; FLEISCHHACKER, Jochen; HOHN, Charlotte. "Abortion and Eugenics in Nazi Germany", *Population and Development Review*, 14, 1, março de 1988, p. 81-112.

DEBIAGGI, Sylvia Dantas. "Famílias brasileiras em um novo contexto cultural". *In* MARTES, Ana Cristina Braga e FLEISCHER, Soraya. *Fronteiras cruzadas: etnicidade, gênero e redes sociais*. Rio de Janeiro: Paz & Terra, 2003, p. 175-197.

DECOL, René Daniel. *Imigrações urbanas para o Brasil: o caso dos judeus*. Tese de doutorado, Campinas: Unicamp, 1999.

——. "Judeus no Brasil: explorando os dados censitários", *Revista Brasileira de Ciências Sociais*, 16, 46, junho de 2001.

DEVOTO, Fernando. "Les 'petites Italies' de Buenos Aires: entre quotidienneté et représentation (1885-1904)". *In* BLANC-CHALÉARD, Marie-Claude *et al.* (orgs.). *Les petites Italies dans le monde*. Rennes: PUR, 2007, p. 89-104.

DEZEM, Rogério. *Shindô-Renmei: terrorismo e repressão, — Módulo III — Japoneses*. São Paulo: Arquivo do Estado/Imprensa Oficial, 2000.

——. "Nuances du 'jaune': éléments formateurs de l'imaginaire sur le Japonais au Brésil". *In* SCHPUN, Mônica Raisa (org.). *1908-2008. Le centenaire de l'immigration japonaise au Brésil: L'heure des bilans. Cahiers du Brésil Contemporain*. Paris: MSH/CRBC-EHESS/IHEAL, 71/72, 2008, p. 57-83.

DUFOIX, Stéphane e FOUCHER, Valérie. "Les petites Italies (et les autres...): éléments de réflexion sur la notion d'ethnoterritoire". *In* BLANC-CHALÉARD, Marie-Claude *et al.* (orgs.). *Les petites Italies dans le monde*. Rennes: PUR, 2007, p. 423-436.

ELIAS, Norbert. *Norbert Elias par lui-même*. Paris: Fayard, 1991.

——. SCOTSON, John L. *Logiques de l'exclusion. Enquête sociologique au cœur des problèmes d'une communauté*. Paris: Fayard, 1997.

ELON, Amos. *The Pity of It All: a Portrait of the German-Jewish Epoch, 1743-1933*. Nova York: Picador, 2002.

EWEN, Elizabeth. *Immigrant Women in the Land of Dollars. Life and Culture on the Lower East Side, 1890-1925*. Nova York: Wayne Monthly Review Press, 1985.

FAHRMEIR, Andreas. "Facteurs économiques et facteurs ethniques: réflexions sur le contrôle de l'émigration em Allemagne de 1800 à 2000". *In* GREEN, Nancy L. e WEIL, François (orgs.). *Citoyenneté et émigration: les politiques du depart*. Paris: Editions de l'EHESS, 2006, p. 201-215.

FALBEL, Nachman. *Estudos sobre a comunidade judaica no Brasil*. São Paulo: Fiesp, 1984.

FAUSTO, Boris. *O crime do restaurante chinês: carnaval, futebol e justiça na São Paulo dos anos 30*. São Paulo: Companhia das Letras, 2009.

———. *Negócios e ócios: história da imigração*. São Paulo: Companhia das Letras, 1997.
———. *Historiografia da imigração para São Paulo*. São Paulo: Sumaré, 1991.
———; TRUZZI, Oswaldo; GRÜN, Roberto; SAKURAI, Célia. *Imigração e política em São Paulo*. São Paulo: Sumaré, 1995.
FERRANTE, Lucia; PALAZZI, Maura; POMATA, Gianna (orgs.). *Ragnatele di rapporti: patronage e reti di relazione nella storia delle donne*. Turim: Rosenberg & Sellier, 1988.
FIVAZ-SILBERMANN, Ruth. "La Suisse face au génocide nazi: refus actif, secours passif". *In* SÉMELIN, Jacques *et al.* (orgs.). *La résistance aux génocides: de la pluralité des actes de sauvetage*. Paris: Presses de Sciences Po., 2008, p. 247-258.
FRALON, José-Alain. *Aristides de Sousa Mendes, le Juste de Bordeaux*. Bordeaux: Mollat, 1998.
FRANZINA, Emilio. "Le Americhe tra immaginario e realtà: cultura operaia e immigrazione". *In* BLENGINO, Vanni; FRANZINA, Emilio; PEPE, Adolfo (orgs.). *La riscoperta delle Americhe: Lavoratori e sindacato nell'emigrazione italiana in America Latina, 1870-1970*. Milão: Teti, 1993, p. 475-506.
FREIDENSON, Marilia e BECKER, Gaby (orgs.). *Passagem para a América: relatos da imigração judaica em São Paulo*. São Paulo: Arquivo do Estado/Imprensa Oficial do Estado de São Paulo, 2003.
FRIDMAN, Fania. *Paisagem estrangeira: memórias de um bairro judeu no Rio de Janeiro*. Rio de Janeiro: Casa da Palavra, 2007.
FRIEDLÄNDER, Saul. *L'Allemagne nazie et les juifs. 1. Les années de persécution, 1933-1939*. Paris: Seuil, 1997.
———. *L'Allemagne nazie et les juifs. 2. Les années d'extermination, 1939-1945*. Paris: Seuil, 2008.
FROTSCHER, Méri; RINKE, Stefan; SCHULZE, Frederik (orgs.). "Espaço plural. Dossiê Brasil/Alemanha: cultura e identidades", CEPEDAL-UNIOESTE, IX, 19, 2° semestre de 2008.
GABACCIA, Donna (org.). *Seeking Common Ground: Multidisciplinary Studies of Immigrant Women in the United States*. Westport: Praeger, 1992.
———. "L'invention de la 'Petite Italie' de New York". *In* BLANC-CHALEARD, Marie-Claude *et al.* (orgs.). *Les petites Italies dans le monde*. Rennes: PUR, 2007, p. 25-43.
——— e RUIZ, Vicki L. "Migrations and destinations: reflections on the histories of U.S. immigrant women", *Journal of American ethnic history*, 26, 1, outono de 2006, p. 3-19.
——— e IACOVETTA, Franca. "Women, Work and Protest in the Italian Diaspora: Gendering Global Migration, Rethinking Family Economies, Nationalisms and Laboractivism", *Labour/Le Travail*, 42, outono de 1998, p. 161-181.

REFERÊNCIAS BIBLIOGRÁFICAS

GAMA, Lúcia Helena. *Nos bares da vida: produção cultural e sociabilidade em São Paulo — 1940-1950*. São Paulo: Senac, 1998.

GAY, Peter. *My German Question: Growing up in Nazi Berlin*. New Haven/Londres: Yale University Press, 1998.

GAY, Ruth. *The Jews of Germany: A Historical Portrait*. New Haven/Londres: Yale University Press, 1992.

GENSBURGER, Sarah. *Essai de sociologie de la mémoire. L'expression des souvenirs à travers le titre de "Juste parmi les Nations" dans le cas français: entre cadre institutionnel, politique publique et mémoire collective*. Tese de doutorado em Sociologia. Paris: Ecole des Hautes Etudes en Sciences Sociales, 2006.

———. "De la mémoire du sauvetage à l'institution d'um titre de Juste parmi les Nations". *In* SÉMELIN, Jacques *et al*. *La Résistance aux génocides: de la pluralité des actes de sauvetage*. Paris: Presses de Sciences Po., 2008, p. 39-52.

GERALDO, Endrica. *O "perigo alienígena": política imigratória e pensamento racial no governo Vargas (1930-1945)*. Tese de doutorado em História Social. Campinas: Unicamp, 2007.

GILBERT, Martin. *9 novembre 1938: la notte dei cristalli*. Milão: Cobaccio, 2008.

GILES, Geoffrey J. *University Governement in Nazi Germany: The Example of Hamburg*. New Haven: Yale University, 1976. Disponível em: <http://www.eric.ed.gov/ERICWebPortal/custom/portlets/recordDetails/detailmini.jsp?_nfpb=true_&ERICExtSearch_SearchValue_0=ED144488&ERICExtSearch_SearchType_0=no&accno=ED144488>.

GINZBURG, Carlo. *Occhiacci di legno: nove riflessioni sulla distanza*. Milão: Feltrinelli, 1998.

———. *Le juge et l'historien: considérations en marge du procès Sofri*. Lagrasse: Verdier, 1997.

———. *Mythes, emblèmes, traces: morphologie et histoire*. Paris: Flammarion, 1989.

GLENN, Susan A. *Daughters of the Shtetl: life and labor in the immigrant generation*. Ithaca/Nova York: Cornell University Press, 1990.

GLICK-SCHILLER, Nina; BASCH, Linda; BLANC-SZANTON, Cristina. "Towards a definition of transnationalism: introductory remarks and research questions" e "Transnationalism: a new analytic framework for understanding migration". *In* idem. (orgs.). *Towards a Transnational Perspective on Migration: Race, Class, Ethnicity, and Nationalism Reconsidered*, Annals of the New York Academy of Sciences, vol. 645, 1992, pp. IX-XIV e 1-24.

GOMES, Angela Maria de Castro. "A política brasileira em busca da modernidade: na fronteira entre o público e o privado". *In* SCHWARCZ, Lilia Moritz (org.). *História da vida privada no Brasil: contrastes da intimidade contemporânea*. vol. 4. São Paulo: Companhia das Letras, 1998, p. 489-558.

———; LOBO, Lúcia Lahmeyer; COELHO, Rodrigo Bellingrodt Marques. "Revolução e restauração: a experiência paulista no período da constitucionalização". In GOMES, Angela Maria de Castro et al. *Regionalismo e centralização política: partidos e Constituinte nos anos 30*. Rio de Janeiro: Nova Fronteira, 1980, p. 237-337.

GREEN, Nancy L. *Repenser les migrations*. Paris: PUF, 2002.

———. *Du Sentier à la 7e Avenue: la confection et les immigrés. Paris-New York, 1880-1980*. Paris: Seuil, 1998.

———. "Le quartier ethnique en formation et transformation: histoires, historiographies". In AA. VV. *Lucette Valensi à l'œuvre: une histoire anthropologique de l'Islam méditerranéen*. Paris: Bouchene, 2002, p. 175-193.

———. "The Comparative Method and Poststructural Structuralism: New Perspectives for Migration Studies". In LUCASSEN, Jan e LUCASSEN, Leo (orgs.). *Migration, Migration History, History. Old Paradigms and New Perspectives*. Berlim: Peter Lang, 1997, p. 57-72.

———. "La femme juive: formation et transformations". In FRAISSE, Geneviève e PERROT, Michelle (orgs.). *Histoire des femmes en Occident*. Vol. 4. Le XIXe siècle. Paris: Plon, 1991, p. 215-229.

———. "L'Histoire comparative et le champ des études migratoires", *Annales. Histoire, Sciences Sociales*, 6, 1990, p. 1335-1350.

———. "L'émigration comme émancipation: les femmes juives d'Europe de l'Est à Paris, 1881-1914", *Pluriel*, 27, 1981, p. 51-59.

GRIMBERT, Philippe. *Un Secret*. Paris: Grasset, 2004.

GRIN, Monica e VIEIRA, Nelson H. *Experiência cultural judaica no Brasil: recepção, inclusão e ambivalência*. Rio de Janeiro: Topbooks, 2004.

GRIN, Monica. "Modernidade, identidade e suicídio: o 'judeu' Stefan Zweig e o 'mulato' Eduardo de Oliveira e Oliveira". In GRIN, Monica e VIEIRA, Nelson H. (orgs.). *Experiência cultural judaica no Brasil: recepção, inclusão e ambivalência*. Rio de Janeiro: Topbooks, 2004, p. 213-233.

———. "Etnicidade e cultura política no Brasil: o caso dos imigrantes judeus do Leste europeu", *Revista brasileira de Ciências Sociais*, 10, 28, 1995, p. 139-156.

GRINBERG, Keila (org.). *Os judeus no Brasil: inquisição, integração e identidade*. Rio de Janeiro: Civilização Brasileira, 2005.

GRINSPAN, Ida e POIROT-DELPECH, Bertrand. *J'ai pas pleuré*. Paris: Robert Laffont, 2002.

GROSSMANN, Atina. *Jews, Germans, and Allies: Close Encounters in Occupied Germany*. Princeton/Oxford: Princeton University Press, 2007.

———. "Victims, Villains, and Survivors: Gendered Perceptions and Self-Perceptions of Jewish Displaced Persons in Occupied Postwar Germany", *Journal of the history of sexuality*, 11, 1/2, janeiro a abril de 2002, p. 291-318.

REFERÊNCIAS BIBLIOGRÁFICAS

GRUMAN, Marcelo."A prostituição judaica no início do século XX: desafio à construção de uma identidade étnica positiva no Brasil", *Campos*, 7, 1, 2006, p. 83-99.

GRÜN, Roberto. "Becoming White: Jews and Armenians in the Brazilian Ethnic Mosaic", *Anthropological Journal on European Cultures*, 7, 1999, p. 131-154.

——. "Construindo um lugar ao sol: os judeus no Brasil". *In* FAUSTO, Boris (org.). *Fazer a América: a imigração em massa para a América Latina*. São Paulo: Edusp, 1999, p. 353-381.

——. "Identidade e representação: os judeus na esfera política e a imagem na comunidade", *Revista Brasileira de Ciências Sociais*, 26, 9, outubro de 1994. Disponível em: <http://www.anpocs.org.br/portal/publicacoes/rbcs_00_26/rbcs26_09.htm>.

GUPTA, Charu. "Politics of Gender: Women in Nazi Germany", *Economic and Political Weekly*, 26, 17, 27 de abril de 1991, p. WS40-WS48.

HALL, Michael. *The Origins of Mass Immigration in Brazil, 1871-1914*. Tese de doutorado. Nova York: Columbia University, 1969.

HEBRARD, Jean M. e SCOTT, Rebecca J. "Les papiers de la liberté: une mère africaine et ses enfants à l'époque de la révolution Haïtienne", *Genèses*, 66, março de 2007, p. 4-29.

——. "Servitude, liberté et citoyenneté dans le monde atlantique des XVIIIe et XIXe siècles", *Revue de la société haïtienne d'histoire et de géographie*, 234, julho a agosto de 2008, p. 1-52.

HECHT, Jacqueline. "Bibliographie critique: Jean-Louis Duchesne — La politique de population de l'Allemagne nazie", *Population*, 40, 6, 1985, p. 999-1000.

HILBERG, Raul. *La Destruction des juifs d'Europe*. Paris: Fayard, 1997.

HILL, Leonidas E. "The Wilhelmstrasse in the Nazi Era", *Political Science Quarterly*, 82, 4, dezembro de 1967, p. 546-570.

HIRSCHBERG, Alice Irene. *Desafio e resposta: a história da Congregação Israelita Paulista desde a sua fundação*. São Paulo: CIP, 1976.

HOERDER, David A. "Segmented Macrosystems and Networking Individuals: The Balancing Functions of Migration Process". *In* LUCASSEN, Jan e LUCASSEN, Leo (orgs.). *Migration, Migration History, History. Old Paradigms and New Perspectives*. Berlim: Peter Lang, 1997, p. 73-84.

HOLLOWAY, Thomas. *Imigrantes para o café*. Rio de Janeiro: Paz & Terra, 1984.

HOMEM, Maria Cecília Naclério. *O prédio Martinelli: a ascensão do imigrante e a verticalização de São Paulo*. São Paulo: Projeto, 1984.

IMBERT, Claude. "Le cadastre des savoirs. Figures de connaissance et prises de réel". *In* PASSERON, Jean-Claude e REVEL, Jacques (orgs.). *Penser par cas*. Paris: Éditions de l'EHESS, 2005, p. 255-279.

———. "Les itinéraires urbains de Claude Lévi-Strauss", *Les Temps modernes*, 59, 628, agosto a outubro de 2004, p. 24-36.

IZARD, Michel. "Du Capitaine-Paul-Lemerle à l'Ecole libre des hautes études". *In* IZARD, Michel (org.). *Claude Lévi-Strauss*. Paris: Éditions de l'Herne, 2004, p. 113-115.

JACOBSEN, Adriana e VILELA, Soraia. "Guimarães Rosa na Alemanha". *In* INSTITUTO MOREIRA SALLES. "João Guimarães Rosa", *Cadernos de Literatura Brasileira*, 20-21, dezembro de 2006, p. 1-8.

JERSCH-WENZEL, Stefi *et al*. *Quellen zur Geschichte der Juden in den Archiven der neuen Bundeslaender*. Vol. 4. Munique: K. G. Saur Verlag, 1999.

JOHNSON, Eric A. e REUBAND, Karl-Heinz. *La Germania sapeva. Terrore, genocidio, vita quotidiana: una storia orale*. Milão: Mondadori, 2008.

JOHNSON, Val Marie. "Protection, Virtue, and the 'power to detain': the Moral Citizenship of Jewish Women in New York City, 1890-1920", *Journal of urban history*, 31, 5, julho de 2005, p. 655-684.

JÜTTE, Robert. *Contraception: A History*. Cambridge: Polity, 2008.

KAMPHOEFNER, Walter D. "The Volume and Composition of German-American Return Migration". *In* VECOLI, Rudolph J. e SINKE, Suzanne M. (orgs.). *A Century of European Migrations, 1830-1930*. Urbana/Chicago: University of Illinois Press, 1991, p. 293-311.

KAPLAN, Marion A. *Dominican Haven: the Jewish Refugee Settlement in Sosúa, 1940-1945*. Nova York: Museum of Jewish Heritage, 2008.

———. *Between Dignity and Despair: Jewish Life in Nazi Germany*. Nova York/Oxford: Oxford University Press, 1998.

——— (org.). *Jewish Daily Life in Germany, 1618-1945*. Nova York: Oxford University Press, 2005.

———. "Gender and Race in Nazy Germany". Manuscrito inédito, 2009.

KERSHAW, Ian. *Qu'est-ce que le nazisme? Problèmes et perspectives d'interprétation*. Paris: Gallimard, 1997.

KESSNER, Thomas. *The Golden Door, Italian and Jewish Immigrant Mobility in NYC, 1880-1915*. Nova York: Oxford University Press, 1977.

KESTLER, Izabela Maria Furtado. "Herbert Moritz Caro: exílio e vida no Brasil", *Revista Contingentia*, 2, maio de 2007, p. 6-14. Disponível em: <www.revistacontingencia.com>.

KIMURA, Rosangela. "Shindô Renmei. Défaite de 1945 et conflits intra-communautaires chez les Japonais du Brésil". *In* SCHPUN, Mônica Raisa (org.). *1908-2008. Le centenaire de l'immigration japonaise au Brésil: l'heure des bilans. Cahiers du Brésil Contemporain*. Paris: MSH/CRBC-EHESS/IHEAL, 71/72, 2008, p. 123-150.

REFERÊNCIAS BIBLIOGRÁFICAS

KLEIN, Misha. "'Afro-asquenazim' e outras experiências com identidade". *In* GRIN, Mônica e VIEIRA, Nelson H (orgs.). *Experiência cultural judaica no Brasil: recepção, inclusão e ambivalência*. Rio de Janeiro: Topbooks, 2004, p. 249-271.

KLICH, Ignacio e TOLCACHIER, Fabiana. "Panorama da imigração judia para a Argentina". *In* FAUSTO, Boris (org.). *Fazer a América: a imigração em massa para a América Latina*. São Paulo: Edusp, 2000, p. 153-176.

KOFES, Suely. *Uma trajetória, em narrativas*. Campinas: Mercado de Letras, 2001.

KOIFMAN, Fabio. *Quixote nas trevas: o embaixador Souza Dantas e os refugiados do nazismo*. Rio de Janeiro: Record, 2002.

KONIG, Wolfgang. "Adolf Hitler vs. Henry Ford: The Volkswagen, the Role of America as a Model, and the Failure of a Nazi Consumer Society", *German Studies Review*, 27, 2, maio de 2004, p. 249-268.

KOONZ, Claudia. *Mothers in the Fatherland: Women, the family and Nazi Politics*. Nova York: St. Martin's Press, 1987.

KREN, George M. "The Holocaust as History". *In* MYERS, George; ROSENBERG, Alan (orgs.). *Echoes from the Holocaust: Philosophical Reflection on a Dark Time*. Philadelphia: Temple University Press, 1988, p. 3-50.

KUSHNIR, Beatriz. *Baile de máscaras: mulheres judias e prostituição — as polacas e suas Associações de Ajuda Mútua*. Rio de Janeiro: Imago, 1996.

LAQUEUR, Walter. *Generation Exodus: The Fate of Young Jewish Refugees from Nazi Germany*. Hanover: Bradeis University Press, 2001.

LAZARE, Lucien. *Le livre des Justes: histoire du sauvetage des juifs par des non-juifs en France, 1940-1944*. Paris: Lattès, 1993.

LEMAY, Michael C. e BARKAN, Elliott R. (orgs.). *U.S. Immigration and Naturalization Laws and Issues: A Documentary History*. Westport (Connecticut)/Londres: Greenwood Press, 1999.

LEMOS, Carlos A. C. "Arquitetura contemporânea". *In* ZANINI, Walter (coord.). *História geral da arte no Brasil*. Vol. II. São Paulo: Instituto Walther Moreira Salles/Fundação Djalma Guimarães, 1983, p. 823-865.

LEPETIT, Bernard (org.). *Les formes de l'expérience: une autre histoire sociale*. Paris: Albin Michel, 1995.

LESSER, Jeffrey. *A negociação da identidade nacional: imigrantes, minorias e a luta pela etnicidade no Brasil*. São Paulo: Unesp, 2001.

——. *O Brasil e a questão judaica: imigração, diplomacia, e preconceito*. Rio de Janeiro: Imago, 1995.

——. "Como os judeus se tornaram japoneses e outras histórias sobre nação e etnia". *In* GRIN, Monica e VIEIRA, Nelson H. (orgs.). *Experiência cultural judaica no Brasil: recepção, inclusão e ambivalência*. Rio de Janeiro: Topbooks, 2004, p. 235-248.

———. "Jewish Refugee Academics and the Brazilian State, 1935-1945". *In* SAIDEL, Rochelle e PLONSKI, Guilherme Ary. "How Scientists Fleeing Nazi Europe Contributed to Brazil's New Universities in 1933-1945", Ibero-Amerikanisches Archiv, 21, 1/2, 1995, p. 223-240.

———. "Images of Jews and Refugee Admissions in Brazil, 1939-42". *In* KLICH, Ignacio e LESSER, Jeffrey (orgs.). "Cárdenas, Vargas, Perón and the Jews". *Canadian Journal of Latin American and Caribbean Studies/Revue Canadienne des Etudes Latinoaméricaines et Caraïbes*, 20, 39/40, 1995, p. 65-90.

———. "Continuity and Change Within an Immigrant Community: The Jews of São Paulo, 1924-1945", *Luso-Brazilian Review*, 25, 2, inverno de 1988, p. 45-58.

LÉVI-STRAUSS, Claude. *Tristes tropiques*. Paris: Plon, 1984 (1955). [Edição brasileira: *Tristes trópicos*. São Paulo: Companhia das Letras, 1996.]

———. *Saudades de São Paulo*. São Paulo: Instituto Moreira Salles/Companhia das Letras, 1996.

LEVIN, Eliezer. *Bom Retiro*. São Paulo: Martins, 1972.

LEWENDEL, Isaac. *Un hiver en Provence*. La Tour d'Aigues: Éditions de l'Aube, 1996.

LIVET, Pierre. "Les diverses formes de raisonnement par cas". *In* PASSERON, Jean-Claude e REVEL, Jacques (orgs.). *Penser par cas*. Paris: Éditions de l'EHESS, 2005, p. 229-253.

LOPES, Daniel Henrique. *As experiências femininas na AIB, 1932-1938. Revendo o Passado. Gênero e Representações*. Dissertação de mestrado em Ciências Sociais. Marília: Universidade Estadual de São Paulo, 2007.

LÖWY, Michael. "La culture juive allemande entre assimilation et catastrophe", *Plurielles*, 9, s/d, p. 36-43. Disponível em: <http://www.ajhl.org/plurielles/PL9.PDF>.

LOYER, Emmanuelle. *Paris à New York: intellectuels et artistes français en exil 1940-1947*. Paris: Grasset, 2005.

LUCASSEN, Jan e LUCASSEN, Leo. "Migration, Migration History, History. Old Paradigms and New Perspectives". *In* idem (orgs.). *Migration, Migration History, History. Old Paradigms and New Perspectives*. Berlim: Peter Lang, 1997, p. 9-38.

LUIZETTO, Flávio Venâncio. *Os constituintes em face da imigração. Estudo sobre o preconceito e a discriminação racial e étnica na Constituinte de 1934*. Dissertação de mestrado em História. São Paulo: Universidade de São Paulo, 1975.

MACHADO, Cassiano Elek. "Diário arquivado", *Piauí*, dezembro de 2006. Disponível em: <http://www.revistapiaui.com.br/interna_print.aspx?id=322&nEdicao=3>.

MACHADO JR., Rubens Luis Ribeiro. *São Paulo em movimento: a representação cinematográfica da metrópole nos anos 20*. Dissertação de mestrado em Cinema, TV e Rádio. São Paulo, Universidade de São Paulo, 1989.

MAGALHÃES, Marionilde Dias Brepohl de. "A Alemanha no Brasil durante a Segunda Guerra". *In* COGGIOLA, Osvaldo (org.). *Segunda Guerra Mundial: um balanço histórico*. São Paulo: Xamã/FFLCH-História USP, 1995, p. 251-266.

MAIO, Marcos Chor e CALAÇA, Carlos Eduardo. "Um balanço da bibliografia sobre o anti-semitismo no Brasil". *In* GRINBERG, Keila (org.). *Os judeus no Brasil: inquisição, integração e identidade*. Rio de Janeiro: Civilização Brasileira, 2005, p. 423-469.

——. "New Christians and Jews in Brazil: Migrations and Antisemitism", *Shofar*, 19, 3, 2001, p. 73-85.

MARRUS, Michael R. *Les exclus. Les réfugiés européens du XXe siècle*. Paris: Calmann Levy, 1986.

MARTINS, José de Souza. "A Pensão Maria Teresa", *O Estado de S.Paulo*, 17 de dezembro de 2005, p. C-8.

MASON, Tim. "Women in Germany, 1925-1940: Family, Welfare and Work. Part II (Conclusion)", *History Workshop*, 2, outono de 1976, p. 5-32.

MATTOS, Claudia Valladão de. *Lasar Segall: expressionismo e judaísmo*. São Paulo: Perspectiva/FAPESP, 2000.

——. *Lasar Segall*. São Paulo: Edusp, 1997.

MAURER, Trude. "From Everyday Life to a State of Emergency: Jews in Weimar and Nazi Germany". *In* KAPLAN, Marion A. (org.). *Jewish Daily Life in Germany, 1618-1945*. Nova York: Oxford University Press, 2005, p. 271-373.

MAUSS, Marcel. "Essai sur le don. Forme et raison de l'échange dans les sociétés archaïques". Edição original: *L'Année sociologique*, 2ᵉ série, t. I, 1923-24. Disponível em: < http://classiques.uqac.ca/classiques/mauss_marcel/socio_et_anthropo/2_essai_sur_le_don/essai_sur_le_don.pdf>.

MCELLIGOTT, Anthony. "Street Politics in Hamburg, 1932-3", *History Workshop*, 16, outono de 1983, p. 83-90.

MEHLMAN, Jeffrey. *Émigré New York: French Intellectuals in Wartime Manhattan, 1940-1944*. Baltimore: Johns Hopkins University Press, 2000.

MELO, Luís Correia de. *Dicionário de autores paulistas*. São Paulo: Comissão do IV Centenário da Cidade de São Paulo, 1954.

MELZER, Emanuel. *No Way Out. The Politics of Polish Jewery, 1935-1939*. Cincinati: Hebrew Union College Press, 1997.

MÉNAGER, Camille. "Rafles, sauvetage et réseaux sociaux à Paris (1940-1944)". *In* SÉMELIN, Jacques *et al.* (orgs.). *La résistance aux génocides: de la pluralité des actes de sauvetage*. Paris: Presses de Sciences Po., 2008, p. 425-444.

MENDELSOHN, Daniel. *Les disparus*. Paris: Flammarion, 2007.

MENDONÇA, Ana Rita. *Carmen Miranda foi a Washington*. Rio de Janeiro/São Paulo: Record, 1999.

MEYER, Beate. "As Bad as Elsewhere? The Persecution of Jews in Hamburg, 1933-1945". Manuscrito inédito.

MEYER, Michael A. (org.). *German Jewish History in Modern Times*. v. 4. Nova York: Columbia University Press, 1998.

MINCZELES, Henri. "Le concept d'extraterritorialité des Juifs en Europe médiane au XXe siècle", *Plurielles*, 9, s/d, p. 63-71. Disponível em: <http://www.ajhl.org/plurielles/PL9.PDF>.

MOORE, Bob. "Le Contexte du sauvetage dans l'Europe de l'ouest occupée". *In* SÉMELIN, Jacques *et al.* (orgs.). *La résistance aux génocides: de la pluralité des actes de sauvetage*. Paris: Presses de Sciences Po., 2008, p. 277-280.

MORRIS, Katherine (org.). *Odyssey of Exile: Jewish Women Flee the Nazis for Brazil*. Detroit: Wayne State University Press, 1996.

MORSE, Richard M. *Formação histórica de São Paulo (de comunidade a metrópole)*. São Paulo: Difusão Europeia do Livro, 1970.

MOURA, Gerson. *Sucessos e ilusões: relações internacionais do Brasil durante e após a Segunda Guerra Mundial*. Rio de Janeiro: Fundação Getúlio Vargas, 1991.

———. *Tio Sam chega ao Brasil: a penetração cultural americana*. Rio de Janeiro: Brasiliense, 1985.

———. *Autonomia na dependência: a política externa brasileira de 1935 a 1942*. Rio de Janeiro: Nova Fronteira, 1980.

MOUTON, Michelle. *From Nurturing the Nation to Purifying the Volk: Weimar and the Nazi family policy, 1918-1945*. Cambridge/Nova York: Cambridge University Press, 2007.

MYERS, Margarete L. "Jewish Displaced Persons in the US Zone", *Leo Baeck Institute Year Book*, XLII, Londres, 1997, p. 303-324.

NISSIM, Gabriele. *Le Jardin des Justes: de la liste de Schindler au tribunal du bien*. Paris: Payot, 2007.

NOGUEIRA, A. R. *A imigração japonesa para a lavoura cafeeira paulista (1908-1922)*. São Paulo: IEB-USP, 1973.

NOIRIEL, Gérard. "Nations, nationalités et nationalismes: pour une socio-histoire comparée". *In* idem. *État, nation et immigration: vers une histoire du pouvoir*. Paris: Belin, 2001, p. 87-144.

NUGENT, Walter. *Crossings: The Great Transatlantic Migrations, 1870-1914*. Bloomington: Indiana University Press, 1992.

OCTAVIO, Laura Oliveira Rodrigo. *Elos de uma corrente — seguidos de novos elos*. Rio de Janeiro: Civilização Brasileira, 1994.

PARRY, Renée-Marie Croose. "Ostracism and Exile". *In* MORRIS, Katherine (org.). *Odyssey of Exile: Jewish Women Flee the Nazis for Brazil*. Detroit: Wayne State University Press, 1996, p. 179-235.

REFERÊNCIAS BIBLIOGRÁFICAS

PASSERINI, Luisa (org.). *Memory & Totalitarianism. Vol. I — International Yearbook of Oral History and Life Stories*. Oxford: Oxford University Press, 1992.

PASSERON, Jean-Claude e REVEL, Jacques (orgs.). *Penser par cas*. Paris: Éditions de l'EHESS, 2005.

——. "Penser par cas. Raisonner à partir de singularités". *In* PASSERON, Jean-Claude e REVEL, Jacques (orgs.). *Penser par cas*. Paris: Éditions de l'EHESS, 2005, p. 9-44.

PATTERSON, Orlando. *Slavery and Social Death: a Comparative Study*. Cambridge/ Londres: Harvard University Press, 1982.

PENTEADO, Yolanda. *Tudo em cor-de-rosa*. Rio de Janeiro: Nova Fronteira, 1976.

PERAZZO, Priscila Ferreira. "O brilho da suástica na capital paulista". *In* CARNEIRO, Maria Luiza Tucci (org.). *São Paulo: metrópole das utopias*. São Paulo: Lazuli/ Companhia Editora Nacional, 2009, p. 231-251.

PEREZ, Maurício Domingues. *Estado da Guanabara: gestão e estrutura administrativa do governo Carlos Lacerda*. Tese de doutorado em História Social. Rio de Janeiro: Universidade Federal do Rio de Janeiro, 2005.

POVOA, Carlos Alberto. *A territorialização dos judeus na cidade de São Paulo — SP: a migração do Bom Retiro ao Morumbi*. Tese de doutorado em Geografia Humana. São Paulo: Universidade de São Paulo, 2007.

RAMOS, Jair de Souza. "Afinal, o que é preciso para ser 'brasileiro'? Leitura de um texto que fala sobre as lutas por esta e outras identidades", *História, Ciências, Saúde-Manguinhos*, 7, 1, 2000. Disponível em: <http://www.scielo.br/scielo.php?script=sci_arttext&pid=S0104-59702000000200012&lng=pt&nrm=iso>.

RATTNER, Henrique. *Tradição e mudança (a comunidade judaica de São Paulo)*. São Paulo: Ática, 1977.

REEDER, Linda. "Conflict Across the Atlantic: Women, Family and Mass Male Migration in Sicily, 1880-1920", *International Review of Social History*, 46, 3, dezembro de 2001, p. 371-391.

REINHARZ, Jehuda e SCHATZBERG, Walter (orgs.). *The Jewish Response to German Culture: from the Enlightenment to the Second World War*. Hannover/Londres: University Press of New England, 1985.

REVEL, Jacques (org.). *Jeux d'échelles: la micro-analyse à l'expérience*. Paris: Hautes Etudes/Gallimard/Seuil, 1996.

Revista Bravo. "João Guimarães Rosa", 126, fevereiro de 2008.

RIAUD, Xavier. *L'éthique médicale sous un régime totalitaire: les dentistes allemands sous le IIIème Reich"*. Comunicação apresentada durante o Congresso da Sociedade Internacional de História da Medicina, 2006. Manuscrito.

RIBEIRO, Mariana Cardoso dos Santos. "Utopias estilhaçadas: o mito da nocividade do estrangeiro". *In* CARNEIRO, Maria Luiza Tucci (org.). *São Paulo: metrópole das utopias*. São Paulo: Lazuli/Companhia Editora Nacional, 2009, p. 385-402.

RIBHEGGE, Wilhelm. "City and Nation in Germany from the Middle Ages to the Present: The Origins of the Modern Civil Society in the Urban Tradition", *Journal of Urban History*, 30, 1, novembro de 2003, p. 21-36.

RICHARZ, Monika (org.). *Jewish Life in Germany Memoirs from Three Centuries*. Bloomington: Indiana University Press, 1991.

ROCHA, Luiz Otávio Savassi. "Luigi Bogliolo". Disponível em: <http://www.medicina.ufmg.br/cememor/arquivos/bogliolo.pdf>.

ROTH, Joseph. *Une heure avant la fin du monde*. Paris: Liana Levi, 2003.

RUDNICKI, Szymon. "Anti-Jewish Legislation in interwar Poland". *In* BLOBAUM, Robert (org.). *Antisemitism and Its Opponents in Modern Poland*. Ithaca: Cornell University Press, 2005, p. 148-170.

RUPP, Leila J. "Mother of the 'Volk': The Image of Women in Nazi Ideology", *Signs*, 3, 2, inverno de 1977, p. 362-379.

RYGIEL, Philippe. "Indésirables et migrants désirés. Notes sur les pratiques de sélection des migrants dans quelques grands pays d'immigration (1850-1939)". *In* idem (org.) *Le bon grain et l'ivraie: l'État-Nation et les populations immigrées (fin XIXe — début XXe siècle). Sélection des migrants et régulation des stocks de populations étrangères*. Paris: Editions Rue d'Ulm/Presses de l'Ecole Normale Supérieure, 2004, p. 12-21.

SÁ, Sandra Pereira de. *Baiana internacional: o Brasil de Carmen Miranda e as lentes de Hollywood*. Tese de doutorado em Comunicação. Rio de Janeiro: Universidade Federal do Rio de Janeiro, 1997.

SAIDEL, Rochelle G. e PLONSKI, Guilherme Ary. "How Scientists Fleeing Nazi Europe Contributed to Brazil's New Universities in 1933-1945", *Ibero-Amerikanisches Archiv*, 21, 1/2, 1995, p. 169-190.

SAKURAI, Célia. *Imigração tutelada. Os japoneses no Brasil*. Tese de doutorado em Ciências Sociais. Campinas: Unicamp, 2000.

SALDERN, Adelheid von. "City, Museums for the People, and New Media (1900-1933/1934)", *Journal of Urban History*, 32, 1, novembro de 2005, p. 61-81.

SANDERS, Ronald. *Shores of Refuge: a Hundred Years of Jewish Emigration*. Nova York: Schocken Books, 1988.

SANTOS, Sales Augusto dos. "Historical Roots of the 'Whitening' of Brazil", *Latin American Perspectives. Brazil: The Hegemonic Process in Political and Cultural Formation*, 29, 1, 2002, p. 61-82.

SARNA, Jonathan. "The Myth of no Return: Jewish Return Migration to Eastern Europe, 1891-1914", *American Jewish History*, 71, 1981, p. 256-269.

SCHNIEDEWIND, Karen. "Migrants Returning to Bremen: Social Structure and Motivations, 1850 to 1914", *Journal of American Ethnic History*, 12, inverno de 1993, p. 35-55.

REFERÊNCIAS BIBLIOGRÁFICAS

SCHOLEM, Gershom. *De Berlin à Jésusalem: souvenirs de jeunesse*. Paris: Albin Michel, 1984.

SCHPUN, Mônica Raisa. *Beleza em jogo: cultura física e comportamento em São Paulo nos anos vinte*. São Paulo: senac/Boitempo, 1999.

——. *Les années folles à São Paulo: hommes et femmes au temps de l'explosion urbaine (1920-1929)*. Paris: l'Harmattan/IHEAL, 1997.

—— (org.). *Masculinidades: múltiplas perspectivas para um objeto plural*. São Paulo: Boitempo, 2004.

—— (org.). *Élites brésiliennes: approches plurielles. Cahiers du Brésil Contemporain*. Paris: CRBC (EHESS)/MSH, 47/48, 2002. Disponível em: <http://www.revues.msh-paris.fr/modele2/nospebook2.asp?id_nospe=99&id_perio=56>.

——. "L'universel et l'exotique chez Lasar Segall: les avatars d'un peintre voyageur". *In* DULPHY, Anne; LEONARD, Yves; MATARD-BONUCCI, Marie-Anne (orgs.). *Intellectuels, artistes et militants. Le voyage comme expérience de l'étranger*. Bruxelas: Peter Lang, 2009, p. 215-230.

——. "L'historienne et le désir de mémoire: l'Histoire orale dans la biographie de Carlota Pereira de Queiroz (1892-1982)". *In* DERMENJIAN, Geneviève e THÉBAUD, Françoise (orgs.). *Quand les femmes témoignent: Histoire orale, histoire des femmes, mémoire des femmes*. Paris: Publisud, 2009, p. 189-203.

——. "Carmen Miranda, uma *star* migrante", *Revista de Antropologia*, 51, 2, 2008, p. 451-471.

——. "Imigração japonesa no Brasil: cinco gerações em um século", *Studi emigrazione*, XLV, 170, abril a junho de 2008, p. 265-286.

——. "Aracy de Carvalho e Margarethe Levy, ou a história de um *happy end* transatlântico sob domínio nazista". *In* SCARZANELLA, Eugenia e SCHPUN, Mônica Raisa (orgs.). *Sin fronteras: dialogos de mujeres y hombres entre America latina y Europa (Siglos XIX y XX)*. Madri/Frankfurt am Main: Iberoamericana/Vervuert, 2008, p. 223-241. [Edição brasileira: WOLFF, Cristina Scheibe; FAVERI, Marlene de; RAMOS, Tânia Regina Oliveira (org.). *Leituras em rede: gênero e preconceito*. Ilha de Santa Catarina: Editora Mulheres, 2007, p. 351-370.]

——. "História de uma invenção identitária: a estética nipo-brasileira dos descendentes de imigrantes (temporalidade migratória, etnia e gênero)", *Nuevo Mundo, Mundos Nuevos*, 7, 2007. Disponível em: <http://nuevomundo.revues.org/document3685.html>.

——. "Italiens et italiennes à São Paulo au début du XXe siècle: expériences d'immigrés, pratiques urbaines et codes sexués". In BLANC-CHALÉARD, Marie-Claude *et al.* (orgs.). *Les petites italies dans le monde*. Rennes: PUR, 2007, p. 323-335. [Edição brasileira: "Italianos e italianas em São Paulo no início do século XX. Experiências de imigrantes, práticas urbanas e códigos sexuados", *ArtCultura*, Dossiê "Relações de gênero e arte", 14, 2007, p. 71-81.]

——. "Les descendants d'immigrés japonais au Brésil et les chirurgies d'occidentalisation des yeux". *In* LILLO, Natacha e RYGIEL, Philippe (orgs.). *Images et représentations du genre en migration (mondes atlantiques XIXᵉ-XXᵉ siècles). Actes de l'Histoire de l'Immigration*, 7, 2007, p. 105-122.

——. "Aracy de Carvalho et Margarethe Levy: une amitié née dans l'urgence (Hambourg, 1938)", *Nuevo Mundo, Mundos Nuevos*, 6, 2006. Disponível em: <http://nuevomundo.revues.org/document2021.html>.

——. "L'Histoire des femmes et du genre au Brésil: enquête sur trois générations", *Clio — histoire, femmes et sociétés*, 19, 2004, p. 193-207. Disponível em: <http://clio.revues.org/document656.html>.

——. "Luzes e sombras da cidade (São Paulo na obra de Mário de Andrade)", *Revista Brasileira de História — Experiências urbanas*, 23, 46, 2004, p. 11-36.

——. "Carlota Pereira de Queiroz e Lourdes Maria Cambra: duas personagens, uma biografia, tantos enigmas". *In* COVA, Anne; RAMOS, Natália; JOAQUIM, Teresa (orgs.). *Desafios da comparação: família, mulheres e gênero em Portugal e no Brasil*. Oeiras (Portugal): Celta, 2004, p. 97-108.

——. "De canhão a cartola: meandros de um itinerário emblemático (Carlota Pereira de Queiroz, 1892-1982)". *In* idem (org.). *Masculinidades: múltiplas perspectivas para um objeto plural*. São Paulo: Boitempo, 2004, p. 203-235.

——. "Impossível intimidade: Carlota Pereira de Queiroz e Maria de Lourdes Cambra", *Sigila*, 12, outono-inverno de 2003, p. 105-113.

——. "Le sexe de la ville (urbanisation et codes sexués à São Paulo dans les années 1920)". *In* CAPDEVILA, Luc *et al.* (orgs.). *Le genre face aux mutations: masculin et féminin, du Moyen Âge à nos jours*. Rennes: Presses Universitaires de Rennes, 2003, p. 349-360.

——. "Décorative ou active? L'Action politique de Carlota Pereira de Queiroz (1933-1937)". *In* idem (org.). *Élites brésiliennes: approches plurielles. Cahiers du Brésil Contemporain*. Paris: CRBC (EHESS)/MSH, 47/48, 2002, p. 157-180. Disponível em: <http://www.revues.msh-paris.fr/vernumpub/07-Schpun.pdf>.

——. "Regionalistas e cosmopolitas: as amigas Olivia Guedes Penteado e Carlota Pereira de Queiroz". *In* MATTAR, Denise (org.). *No tempo dos modernistas: D. Olivia Penteado, a senhora das artes*. São Paulo: MAB-FAAP, 2002, p. 41-77.

——. "¿Fronteras móviles o movedizas? La acción política de Carlota Pereira de Queiroz (1933-1937)". *In* POTTHAST, Barbara e SCARZANELLA, Eugenia (orgs.). *Mujeres y naciones en América Latina: problemas de inclusión y exclusión*. Madri/Frankfurt am Main: Iberoamericana/Vervuert, 2001, p. 223-251.

——. "As elites paulistas em ação: regionalismo, distinção e tradição", *Letterature d'America*, XXI, 87, 2001, p. 105-143.

———. "Radici del Brasile: il passato che scopre il presente". *In Ripensando le radici brasiliane*, 1. Roma: Centro de Estudos Brasileiros/Embaixada do Brasil em Roma, "Saggi monografie", 2001, p. 43-74.

———. "Com licença, vou à rua. Espaço urbano e relações de gênero em São Paulo nos anos 20", *Revista de Cultura Vozes*, 89, 2, maio-junho de 1995, p. 16-29.

——— e WITTNER, Laurette. "Centralité et intégration. Essai de comparaison entre la Croix Rousse, à Lyon, et la Liberdade, à São Paulo", *Hommes & Migrations*, 1281, setembro a outubro de 2009, p. 76-83.

SCHWATZMAN, Simon; BOMENY, Helena Maria Bousquet; COSTA, Vanda Maria Ribeiro. *Tempos de Capanema*. Rio de Janeiro/São Paulo: Paz & Terra/Edusp, 1984.

SCOTT, Joan W. "Fantasy Echo: History and the Construction of Identity", *Critical Inquiry*, 27, 2, inverno de 2001, p. 284-304.

SÉMELIN, Jacques *et al.* (org.). *La résistance aux génocides: de la pluralité des actes ede saubetage*. Paris: Presses de Sciences Po., 2008.

SENKMAN, Leonardo. "Vargas, Perón y la cuestión de los refugiados judíos: Una comparación preliminar", *Reflejos*, 5, dezembro de 1996, p. 86-100.

SEVCENKO, Nicolau. *Orfeu extático na metrópole: São Paulo, sociedade e cultura nos frementes anos 20*. São Paulo: Companhia das Letras, 1992.

SEYFERT, Giralda. "Identidade étnica, assimilação e cidadania: a imigração alemã e o Estado brasileiro", *Revista Brasileira de Ciências Sociais*, 9, 26, 1994, p. 103-122.

SIMON, Hermann. "'It felt as if the entire nation was ashamed of itself.' The 1938 november pogrom, seen through the eyes of diplomats reporting from Berlin". *In* NACHAMA, Andreas; NEUMÄRKER, Uwe; SIMON, Hermann (orgs.). *Fire! Anti-Jewish Terror on 'Kristallnacht' in November 1938*. Berlim: Stiftung Topographie des Terrors, 2008, p. 118-126.

SIMON, Patrick. "L'invention de l'authenticité: Belleville, quartier juif tunisien", *Revue Européenne des Migrations Internationales*, 16, 2, 2000, p. 9-41. Disponível em: <http://www.persee.fr/web/revues/home/prescript/article/remi_0765-0752_2000_num_16_2_1725>.

SMOLENSKY, Eleonora Maria. "El exilio de científicos y académicos italianos judíos y los orígenes de la colectividad judía italiana de Argentina (1938-1948). Un proceso de resignificación social", *Ibero-Amerikanisches Archiv*, 21, 1/2, 1995, p. 191-221.

SORJ, Bernardo. "Diáspora, judaísmo e teoria social". *In* GRIN, Monica e VIEIRA, Nelson H. (orgs.). *Experiência cultural judaica no Brasil: recepção, inclusão e ambivalência*. Rio de Janeiro: Topbooks, 2004, p. 53-79.

———. "Sociabilidade brasileira e identidade judaica". *In* SORJ, Bila (org.). *Identidades judaicas no Brasil contemporâneo*. Rio de Janeiro: Imago, 1997, p. 9-31.

SORJ, Bila (org.). *Identidades judaicas no Brasil contemporâneo*. Rio de Janeiro: Imago, 1997.

———. "'Normalizando' o povo judeu: a experiência da Jewish Colonization Association no Brasil". *In* SORJ, Bila (org.). *Identidades judaicas no Brasil contemporâneo*. Rio de Janeiro: Imago, 1997, p. 87-102.

SPIRE, Alexis. *Étrangers à la carte. L'administration de l'immigration en France (1945-1975)*. Paris: Grasset, 2005.

———. "Histoire et ethnographie d'un sens pratique: le travail bureaucratique des agents du contrôle de l'immigration". *In* FOURNIER, Pierre *et al*. (orgs.). *Recherches. Observer le travail: histoire, ethnographie, approches combinées*. Paris: La Découverte, 2008, p. 61-76.

SUPPO, Hugo Rogelio. *La politique culturelle française au Brésil entre les années 1920-1950*. 2 vols. Tese de doutorado em História. Paris: Université Paris III — Sorbonne Nouvelle, 1999.

TAKEUSHI, Marcia Yumi. "Os japoneses e as árvores dos frutos de ouro". *In* CARNEIRO, Maria Luiza Tucci (org.). *São Paulo: metrópole das utopias*. São Paulo: Lazuli/ Companhia Editora Nacional, 2009, p. 253-277.

TOPP, Michael Miller. "The Lawrence Strike: The Possibilities and Limitations of Italian American Syndicalist Transnationalism". *In* GABACCIA, Donna R. e OTTANELLI, Fraser M. (orgs.). *Italian Workers of the World: Labor Migration and the Formation of Multiethnic States*. Chicago: University of Illinois Press, 2001, p. 139-159.

TOTA, Antonio Pedro. *O imperialismo sedutor: a americanização do Brasil na época da Segunda Guerra*. São Paulo: Companhia das Letras, 2000.

TRAVERSO, Enzo. "Cosmopolitismo et transferts culturels. La cas des juifs allemands", *Revue de Synthèse*, 5ª série, 2002, p. 65-84.

TRENTO, Angelo. *Do outro lado do Atlântico: um século de imigração italiana no Brasil*. São Paulo: Nobel, 1988.

TRUZZI, Oswaldo. *Sírios e libaneses: narrativas de história e cultura*. São Paulo: Companhia Editora Nacional, 2005.

TYAS, Stephen. "Adolf Eichmann: nouvelles informations issues de l'espionnage des signaux par les Britanniques". *In* BANKIER, David e WEINBERG, Gerhard L. (orgs.). *Les services secrets et la Shoah*. Paris: Nouveau Monde, 2007, p. 279-317.

VAN RIEL, Arthur e SCHRAM, Arthur. "Weimar Economic Decline, Nazi Economic Recovery, and the Stabilization of Political Dictatorship", *The Journal of Economic History*, 53, 1, março de 1993, p. 71-105.

VELTMAN, Henrique. *A história dos judeus em São Paulo*. Rio de Janeiro: Expressão e Cultura, 1996.

VERNY, Françoise. *Serons-nous vivantes le 2 janvier 1950?* Paris: Grasset, 2005.

VEZZOSI, Elisabetta. "The Dilemma of the Ethnic Community: The Italian-Immigrant Woman between 'Preservation' and 'Americanization' in America of the Early Twentieth Century". *In* TROPEA, Joseph L.; MILLER, James E.; BEATTIE-REPET-

TI, Cheryl (orgs.). *Support and Struggle. Italians and Italian Americans in a Comparative Perspective*. Nova York: The American Italian Historical Association, 1986, p. 83-91.

VIANNA, Francisco de Oliveira. *Raça e assimilação*. Rio de Janeiro: José Olympio, 1959 [1934].

VOGEL, Carole Garbuny (org.). *We shall not forget! Memories of the Holocaust*. Lexington (MA): Temple Isaiah of Lexington, 1994.

WAHL, Alfred. *L'Allemagne de 1918 à 1945*. Paris: Armand Colin, 1993.

WEINBERG, Sydney Stahl. "The Treatment of Women in Immigration History: A Call For Change". *Journal of American Ethnic History*, 11, 4, verão de 1992, p. 25-46. Seguido dos comentários de GABACCIA, Donna (p. 47-53); DINER, Hasia R. (p. 54-59); SELLER, Maxine Schwartz (p. 60-67) e da resposta da autora (p. 68-69).

WERNER, Michael e ZIMMERMANN, Bénédicte (orgs.). *De la comparaison à l'histoire croisée*. Paris: Seuil, 2004.

WIAZOVSKI, Taciana. "Elos de solidariedade e resistência: utopias da comunidade judaica paulista". *In* CARNEIRO, Maria Luiza Tucci (org.). *São Paulo: metrópole das utopias*. São Paulo: Lazuli/Companhia Editora Nacional, 2009, p. 431-465.

WISCHNITZER, Mark. "Jewish Emigration from Germany 1933-1938", *Jewish Social Studies*, 2, 1, janeiro de 1940, p. 23-44.

WYMAN, Michael. *Round-Trip to America: The Immigrants Return to Europe 1880-1930*. Nova York: Cornell University Press, 1996.

YAGIL, Limore. *Chrétiens et juifs sous Vichy (1940-1944): Sauvetage et désobéissance civile*. Paris: Cerf, 2005.

ZECKER, Robert. "'Where Everyone Goes to Meet Everyone Else': The Translocal Creation of a Slovak Immigrant Community", *Journal of Social History*, 38, 2, inverno de 2004, p. 423-453.

ZIMMERMANN, Patricia. "The Immigration of German Jews in America in the First Half of the 19th Century", Universität Heidelberg, novembro de 2002. Disponível em: <http://www.grin.com> (documento nº V13737).

Websites consultados

American Experience. America and the Holocaust
http://www.pbs.org/wgbh/amex/holocaust/filmmore/reference/primary/barmemo.html
http://www.pbs.org/wgbh/amex/holocaust/filmmore/reference/primary/barletter.html

Buildings Integral to the Former Life and/or Persecution of Jews in Hamburg — Rotherbaum II/Harvestehude
http://www1.uni-hamburg.de/rz3a035//edmundsiemersallee.html

Centro de Pesquisa e Documentação de História Contemporânea do Brasil (CPDOC)
http://cpdoc.fgv.br/

Cia City
http://www.ciacity.com.br/

Historical Dollar-to-Marks Currency Conversion Page
http://www.history.ucsb.edu/faculty/marcuse/projects/currency.htm

Israel Ministry of Foreign Affairs/ The "Righteous Among the Nations"
http://www.mfa.gov.il/MFA/MFAArchive/2000_2009/2003/6/The+Righteous+Among+the+Nations.htm

Itaú Cultural
http://www.itaucultural.org.br/

Jewis Virtual Library
http://www.jewishvirtuallibrary.org

JusBrasil. Dicionário Jurídico.Verbete "Título precário".
http://www.jusbrasil.com.br/topicos/296952/titulo-precario

Memorial de la SHOAH — Musée, centre de documentation juive contenporaine
http://www.memorialdelashoah.org/

Perspectivas Demográficas do Brasil no Próximo Milênio
http://www.portalmedico.org.br/revista/bio2v4/perspect.html

Portal Legislação
http://www6.senado.gov.br/sicon/

Relatório oficial dos Jogos Olímpicos de Berlim, 1936
http://www.la84foundation.org/6oic/OfficialReports/1936/1936spart2.pdf

Stolpersteine in Hamburg — Stumbling Stones
http://87.106.6.17/stolpersteine-hamburg.de/index.php?MAIN_ID=7&BIO_ID=661

The Holocaust Martyr's and Heroe's Remembrance Authority/The Righteous Among the Nations
http://www1.yadvashem.org/righteous_new/statistics.html

The Home of Jewish Genealogy
http://www.jewishgen.org

United States Holocaust Memorial Museum
http://www.ushmm.org

Sobre a autora

Mônica Raisa Schpun é doutora em História pela Universidade de Paris VII (1994), com pós-doutorado na Universidade de Milão (1998-2000). Pesquisadora do Centre de Recherches sur le Brésil Contemporain (CRBC) da École des Hautes Études en Sciences Sociales (EHESS), Paris, leciona História das migrações internacionais nessa instituição, onde é diretora editorial da revista *Brésil(s). Sciences humaines et sociales*. É autora de *Les Années folles à São Paulo: hommes et femmes au temps de l'explosion urbaine (1920-1929)*, Paris, l'Harmattan/IHEAL (1997); *Beleza em jogo: cultura física e comportamento em São Paulo nos anos vinte*, São Paulo, SENAC/Boitempo (1999); *Brasile-Italia: cosa abbiamo in comune?*, Embaixada do Brasil em Roma (2001). Organizou também as seguintes coletâneas: *Gênero sem fronteiras: oito olhares sobre mulheres e relações de gênero*, Florianópolis, Ed. Mulheres (1997); *Elites brésiliennes: approches plurielles. Cahiers du Brésil Contemporain*, Paris, CRBC (EHESS)/MSH, 47/48 (2002), disponível em: <http://www.revues.msh-paris.fr/modele2/nospebook2.asp?id_nospe=99&id_perio=56>; *Masculinidades: múltiplas perspectivas para um objeto plural*, São Paulo/Santa Cruz do Sul, Boitempo/Edunisc (2004); *Sin fronteras: dialogos de mujeres y hombres entre America latina y Europa (Siglos XIX y XX)*, Iberoamericana/Vervuert, Madri/Frankfurt am Main (2008, em colaboração com Eugenia Scarzanella); *1908-2008. Le centenaire de l'immigration japonaise au Brésil: l'heure des bilans. Cahiers du Brésil Contemporain*, Paris, CRBC (EHESS)/MSH, 71/72 (2009). Suas pesquisas concentram-se no século XX e voltam-se para a história das migrações internacionais — sobretudo judaicas (no Brasil e na França) e japonesas (no Brasil) —, a história urbana e das elites, e as questões de gênero.

E-mail para contato: justa.aracy@gmail.com.

Índice onomástico

Abrahamson, Paulo, 13, 498
Abreu Filho, Julio de, 262
Accioly, Hildebrando, 90, 91, 94-97, 128
Acker, Rosa, 370
Adenauer, Konrad, 394-396, 406, 408, 417, 425
Alexandre II, 91
Alexandre III, 284
Ali, Ingeborg, 13
Alves, Domingos de Oliveira, 34, 53, 71, 89, 119, 122
Amaral, Tarsila do, 29, 30
Amorim, Rone, 311
Andrade, Mário de, 272, 273, 293
Andrade, Oswald de, 29, 30
Angelo, 141, 142
Apenburg, Erich, 310, 344
Aranha, Oswaldo, 79, 80, 101, 304
Auerbach, Philipp, 425
Azevedo, Hilton Itri de, 12, 389

Bajohr, Frank, 106, 129
Baker, Lilian Hochfeld, 13, 497
Baker, Maria Julia Hochfeld, 13, 237, 299, 497

Barão de Hirsch, *ver* Maurice de Hirsch
Barros, Adhemar de, 275
Barthes, Roland, 61
Barylka, Ethel, 14
Batista, Raimunda de Brito, 14
Benningsen, Emmanuel de, 388, 487
Berg, Lars, 461
Bertel, Helena, *ver* Helena Krebs
Bertel, Josef, 135, 138
Bertel, Poldi, 200
Bertel, Rosa 12, 135-137, 139, 157, 167, 367-375, 377, 393, 434, 435, 436
Berthier, Liesel, 12
Beyer, Erich E., 417, 420
Bismarck, Otto von, 27
Bloch, Inge, *ver* Inge Vera Heilborn
Bloch, Miriam, 438, 460, 461
Bloch, Pedro, 392, 460, 461
Blumenthal, Eric, 418
Bollmann, Elsa, 229
Bonafé, Maria, 12
Bonder, Nilton, 13
Brager, Cäcilie, 170
Brager, Ivan, 168, 170, 389, 479
Brandão, Francisco de M., 97, 128

Brandão, Mario de Pimentel, 55, 58, 89, 96, 119
Brauer, Arthur Geduldig, 237
Brauer, Clara Nanny, 237, 238, 375, 376, 377, 404
Brauer, Franklin, 13, 244, 247, 248, 497
Brauer, Hella, 278, 279, 298, 299
Brauer, Horst, 12, 204, 232, 237-240, 247, 277-280, 298, 299, 316-320, 322, 323, 338, 339, 345, 346, 375, 376, 403-405, 459, 497
Bresciani, Maria Stella Martins, 14
Brisson, Mario, 71, 75
Brito, Daphne Minot de, 14
Brum, Eliane, 11, 245, 246
Bühn, Josef Heinz, 477

Caiuby, Armando Franco Soares, 32, 33, 204, 205, 251
Callmann, Grete, 12, 13, 171, 212, 213, 224, 225, 227, 228, 245, 246, 270, 271, 319-321, 332-336, 346, 354, 377, 406-410, 412, 413, 415-417, 437, 465, 488, 489, 496, 497
Callmann, Margareta, 407
Callmann, Max, 12, 212, 213, 224, 227, 228, 319-321, 332-336, 346, 347, 406, 407, 415-417, 496
Callmann, Susanne, *ver* Susanne Caspary
Callmann, Walter, 42
Camargo, Frederico Antonio, 12
Campos, Francisco, 320, 322
Carvalho, Amadeu Anselmo de, 25, 26
Carvalho, Aracy de, ver Aracy de Carvalho Moebius Tess

Carvalho, Flávio de, 262, 266, 391
Carvalho, Sida Moebius de, 25, 32, 33, 35, 44, 182, 328, 363, 381, 447, 495
Carvalho, Susi Rubin, 449, 457, 460
Carvalho, Wellington Vieira de, 11
Caspary, Susanne, 13, 334, 497
Catarina II, 284
Cavalcante, Neuma, 14
Caymmi, Dorival, 257
Chansky, Myriam, 12
Chaves, Elias, 386
Chermont, Lucia, 12
Choquet, Dominique, 12, 14
Cohen, Bruno, 207
Cohen, Edith, 207, 210, 268, 313
Cohen, Henrique, 12, 13, 498
Cohn, Hella, *ver* Hella Brauer
Conceição, Sara Pinto, 386
Costa, Eleonides Borges, 277
Costa, Isolina Pereira da, 276, 277, 279, 333, 337, 375
Cottias, Miriam, 14
Crespi, Ermano, *ver* Herman Krebs
Croose Parry, Renée-Marie, 86
Cytrynowicz, Roney, 12, 102, 444, 443

Dantas, Luiz Martins de Souza, 442, 464, 473, 476,
Debert, Guita Grin, 14
Demolein, Maurice, 388
Dirrigl, Wilhem, 368, 435
Dr. Bürger-Prinz, 430, 431
Dr. Burke, 429
Dr. Wolff, 225
Durlacher, Ulla, *ver* Ulla Pawel

ÍNDICE ONOMÁSTICO

Eggert, Björn, 13, 244
Eichmann, Adolf, 439
Eichmeyer, Heinrich, 206,
Einstein, Carl, 253
Ellenbogen, Marianne, 411
Elvert, Carl, 139
Eugewies, Geneta, 345, 422

Falbel, Anat, 12, 14
Falcão, Waldemar, 80
Feis, Albert, 228-230, 247, 266, 269, 271, 279, 306, 307, 312, 316, 321, 344, 345, 373, 421, 436, 451, 456, 497
Feis, Ellen Ruth, 228, 422
Feis, Ilka Alice, 228-232, 267, 344, 373, 375, 423
Feis, Marion, 228, 422, 423
Feldberg, Alexander (Alejandro), 206, 211, 398
Feldberg, Clara, 206
Feldberg, Emil, 206
Feldberg, Sally, 206
Felippe, Selma Carneiro, 13, 496, 497
Feuereisen, Hans, 403
Figuti, Midori Kimura, 12
Fischer, 432
Floersheim, Adolf, 467-470
Floersheim, Elisabeth, 467-470
Floersheim, Hanns Werner, 467-470
Floersheim, Heinz Albert, 467-470
Forst, Agnès, 12
Franken, Arnaldo, 13, 14, 245, 497
Franken, Auguste, 207
Franken, Claudio, 269
Franken, Edith, *ver* Edith Cohen

Franken, Gertraud, 13, 268, 269, 245, 297, 497
Franken, Karl, 206, 211-213, 215, 216, 218, 219, 221, 229, 231, 232, 237, 238, 240, 268, 269, 279, 297, 311, 312, 314, 316, 321, 333, 339, 341, 345, 397, 399, 401, 497, 498
Franken, Roberto, 269
Franken, Trude, *ver* Trude Hahn
Frankenstein, Herbert, 253
Frankfurter, David, 114
Frau Buldig, 430
Freidenson, Antonio, 315, 316
Freudenthal, Ludwig Israel, 483, 484
Friedel, Arthur, 197
Friedländer, Saul, 374
Fröhlich, Moritz, 334
Fry, Varian, 443
Fuchs, Gertraud, *ver* Gertraud Franken
Funke, Jacques, 388
Fürstner, Wolfgang, 41, 42

Gabriel, Claudia Hess von, 13, 247, 423, 497
Gauguin, Paul, 253
Gay, Peter, 334, 335, 426, 437, 438
Gensburger, Sarah, 441, 449, 450
Geraldo, Endrica, 68
Goldmann, Hermann, 206, 207
Goldmann, Nahum, 395
Göring, Hermann, 112
Green, Nancy, 14
Grossmann, Atina, 424, 425
Grynszpan, Bertha, 113

Grynszpan, Herschel, 113
Gürtner, Franz, 147
Gustloff, Wilhelm, 114

Haas, Edgar Israel, 370-373
Hahn, Kurt, 268, 269
Hahn, Trude, 13, 210, 215, 245, 268, 269, 313, 498
Hamburger, Hans, 13, 498
Hammacher, Wilhelm, 411
Hardner, 477, 479, 496
Hartmann, Erwin, 364
Hausenstein, Renée-Marie, *ver* Renée-Marie Croose Parry
Hautenberg, 413-415
Hébrard, Jean, 174
Heigenhauser, Estevão Maria, 33, 56
Heilborn, Günter, 225-227, 269, 321, 322, 330-332, 347, 377, 449, 456-460, 465, 466, 473, 479, 483, 497
Heilborn, Inge Vera, 12, 225-227, 269, 321-323, 330-332, 347, 377, 456-459, 479, 497
Heilborn, Marion Aracy, 13, 497
Heilborn, Miguel, 269
Heilborn, Paulo, 13
Heilborn, Ruth, 269
Heilborn, Sara Inge Vera, *ver* Inge Heilborn
Helmlinger, Nicolau, 338
Helmut, 86
Hersberg, Hans, 302
Herson, Bella, 438, 446, 473, 496, 497
Hess, Ilka Alice, *ver* Ilka Alice Feis

Hess, Julius, 229-230
Heydrich, Reinhard, 376
Hilberg, Raul, 77, 396
Hirsch, Maurice de, 91, 92
Hirschfeld, Daniela, *ver* Daniela Oddenheimer
Hirschmann, Karl, 278
Hitler, Adolf, 36-38, 40, 48, 51, 109-111, 147, 148, 180, 190, 192, 222, 230, 295, 314, 334, 360
Hochbein, 312
Hochfeld, Alfred, 375, 401
Hochfeld, Emil, 375
Hochfeld, Hans, 232-240, 247, 271, 276, 277-280, 298-300, 314-316, 318, 319, 322, 323, 333, 336, 337, 339, 345, 375, 401-403, 410, 417, 422, 459, 491, 497
Hochfeld, Julie, 232, 237, 375, 401
Hochfeld, Julius, 236, 375, 403
Hochfeld, Kurt, 375
Hochfeld, Maria Julia, *ver* Maria Julia Hochfeld Baker
Hochfeld, Martha, 375, 389
Hochfeld, Matthias, 375
Hochfeld, Rosa, 403
Holzmann, Willy, 108
Horn, Cilli, 232
Hütschler, Walther von, 468

Isay, 414

Jacob, Fritz, 343
Jacobsen, Adriana, 14
Jacobsen, Jens, 139

ÍNDICE ONOMÁSTICO

Janakowski, Maciej, 13
Joana, Pedro, 14
Jones, Margaret E., 67
Jorge, Lígia, 12

Kahn, Elisabeth, *ver* Elisabeth Floersheim
Kaplan, Marion, 14
Katz, Amalie, 215-218, 224, 323, 401, 457
Katz, Egon, 13, 215, 216, 220, 245, 246, 323, 324, 343, 344, 399, 401, 402, 422, 497
Katz, Herbert, 215-219, 221, 245, 323, 399- 401, 418, 419, 457
Katz, Miriam, 13
Katz, Thomas, 13
Kaufmann, Ernst Israel, 370
Kiener, Rupert, 231, 344
Kirchhoff, Walter, 310, 344
Klabin, Luba, 252
Koenisberger, Fritz, 89
Kohlhof, Wilhelm, 235
Koifman, Fabio, 14
Kölln, Elisabeth, 371
Koschlig, Barbara, 12
Köster, Else, 142, 165, 381, 428-430
Kraemer, Berta, *ver* Berta Lowe
Krebs, Benedetto, 135
Krebs, Harry, 135, 160, 241
Krebs, Helena, 135-137, 139, 143, 156, 159, 160, 163, 371, 373, 374, 434, 437
Krebs, Herman, 159
Krebs, Ignazio, 368
Krebs, Martin, 135, 159, 160, 368, 369, 371, 435, 437,

Krebs, Peggy, *ver* Peggy Marlow
Krogmann, Carl V., 104
Krug, Else, 410

Landé, Peter, 13
Lanna, Ana Lucia Duarte, 12
Leão, Mariza, 11
Lehfeld, Jürgen, 468, 469, 471
Leitchic, Marc, 94
Leite, Miriam Lifchitz Moreira, 14
Lemos, Carlos, 262
Lesser, Franziska Sara, 188
Lesser, Jeffrey, 99-101, 259
Lévi-Strauss, Claude, 264-266
Levy, Céline, 298
Levy, Hugo, 12, 17, 137-142, 157, 160-167, 168, 176, 177-179, 183-185, 190, 191, 194-203, 206, 207, 212, 223, 241, 242, 251, 253, 261, 263, 266, 267, 298, 304, 305, 309, 313, 326-329, 330-332, 335, 345, 347, 366, 369, 381-383, 385, 386, 390, 391, 427-432, 434, 436, 438, 446, 451, 454, 474, 480, 497
Levy, Johanna, 190, 191
Levy, Margarethe, 13-20, 135-224, 251-253, 258-263, 266, 267, 298, 304-306, 309, 310, 326-335, 366-378, 380-394, 426-439, 446-465, 472-474, 479-485, 496, 497
Levy, Maria Margarethe Bertel, *ver* Margarethe Levy
Levy, Otto, 142, 160, 185, 186
Lewin, Helena, 13
Linz, Julie, *ver* Julie Hochfeld
Long, Breckinridge, 66, 96

Lorch, Luís, 297, 340
Lorch, Luiza, 295
Lowe, Berta, 427
Löwenberg, Geraldo, 14
Lustig, Roger, 13
Luttmer, Dietrich, 28
Luttmer, Lucy, 28-31, 144, 360, 364

Machado, Dulphe Pinheiro, 94, 310, 316, 319, 320
Maia, Francisco Prestes, 275
Marcus, Franz, 218-221, 223, 224, 246, 301, 323, 344, 417-421, 497
Marcus, Gretchen, 219-222, 224, 246, 267, 323, 420, 478, 497
Marcus, Hannelore Inge, *ver* Hannelore Inge Meyer
Maria, Estevão, padre, *ver* Estevão Maria Heigenhauser
Marlow, Peggy, 13, 135, 143, 156, 159, 160, 202-204, 373, 381, 497
Martinelli, Giuseppe, 274
Martinelli, Ociola, 319, 320
Mayer, Florentine, 218
Mayer, Fritz, 218
Mayer, Ricardo, 343
Mayer, Theo, 218
Meinhardt, Carola, 14
Mendes, Aristides de Sousa, 476
Meyer, Beate, 12, 104, 106, 129, 493
Meyer, Hannelore Inge, 13, 219, 220, 246, 280, 323, 422, 497
Meyer, Manfred, 289
Meyer, Paul, 280, 324,
Meyer, Sonia, 13, 497

Miranda, Carmen, 257, 258, 348
Miranda, José Luiz Barros de, 12
Mott, Maria Lúcia de Barros, 14
Moura, Amilkar, 12
Muniz, João Carlos, 79
Münke, Annika, 12

Nachsin, Anneliese, 13, 498
Nachum, Gretchen, *ver* Gretchen Marcus
Nunes, Sátiro Ferreira, 12

Ocougne, Miguel, 307
Octávio, Laura Oliveira Rodrigo, 386, 387
Oddenheimer, Daniela, 278
Oliveira, Albertininha Prado, 386
Oliveira, Armando de Salles, 258
Oliveira, Franklin de, 392
Oliveira, José Antonio de, 310
Oppenheimer, Abraham, 213, 224, 377, 406, 409-412, 414, 415, 417
Oppenheimer, Grete, *ver* Grete Callmann
Oppenheimer, Pauline, 227, 377, 406, 409-412
Oppenheimer, Walter, 224, 227, 406-417, 496
Orfinger, Jakub, 372
Orfinger, Rosa, *ver* Rosa Bertel

Paraná, Denise, 14
Parker, Barry, 279
Pawel, Ulla, 13, 498
Penteado, Antonieta, 386

Penteado, Eglantina, 386
Penteado, Stella, 386
Pereira, Verônica Sales, 14
Pétain, Philippe, 464
Petersen, Rudolf, 104, 105
Petersen, Theodor, 206
Picchia, Menotti del, 30
Pimentel, Américo, 54, 57, 58, 392, 393, 466
Pimentel, Lili, 54, 55, 57-59, 380, 392, 393, 467, 497
Pinkuss, Fritz, 297
Pinto, Candinha, 386
Plambeck, Ernst Johannes Adolph, 178, 179
Plambeck, Hans Harring Nicolaus, 178
Plambeck, Theodor Nikolaus August, 178-179
Plaut, Max, 104, 106
Pommerenck, Ingeborg Annemarie Mathilde, 13, 477
Pontes, Julita, 60
Pontes, Mauro, 53, 60, 392,
Prado, Lucilla Chaves, 386
Prates, Guilherme, 386
Prinz, Joachim, 143
Pripas, Marli, 12
Prof. Teerkheim, 427

Queiroz, Carlota Pereira de, 386

Ramos, B. de Barros, 434
Rath, Ernst vom, 113
Rego, Onzimbo de Almeida, 311
Reineke, 239

Reis, Ernani, 317
Ribeiro, Joaquim Antônio de Souza, 58-60, 120, 121, 213, 238, 240, 359, 360, 474
Riefenstahl, Leni, 41
Ritter, Karl, 102
Roosevelt, Franklin, 114
Rosa, João Guimarães, 61, 62, 104, 158, 170, 171, 183, 241, 360-362, 365, 378-380, 382-384, 391-393, 431, 432, 448, 458, 461, 462, 465, 471-474, 478, 479
Rosenblatt, Meier, 368
Rosenthal, Erich, 338
Rossi, Aldo, 281
Roth, Ellen, 13, 498
Rubinstein, Sérgio, 462, 474, 481, 497

Salazar, António de Oliveira, 476
Samson, Herbert Israel, 369
Santos Dumont, Alberto, 386
Scarzanella, Eugenia, 14, 521
Schapiro, Betti, 185, 433
Schauff, Joannes, 89-90
Schindler, Oskar, 440, 452, 461
Schrader, Hermann, 221, 222
Schrader, Nikolaus, 13
Schultz, Ellen, 178, 179, 184
Scott, Rebecca, 174
Segall, Lasar, 204, 252
Segall, Luba, ver Luba Klabin
Sharett, Moshé, 395
Sharp, Martha, 443
Sharp, Waitstill, 443
Sielemann, Jürgen, 11
Silva, Elaine, 11

Silva, Martha Moebius da, 55, 56, 468, 469, 471,
Soares, José Carlos de Macedo, 32, 33, 55, 56, 58, 71, 79
Sorj, Bernardo, 99
Sorj, Bila, 13, 92
Speyer, Anita, 90, 299
Speyer, Wilhelm, 89, 90, 299
Spielmann, Fritz, 185, 433
Spinardi, Angelo, 307
Sr. Fehrendt, 362
Sr. Stern, 466, 467
Sra. Salomon, 481
Stankowiak, Elfriede, 34, 35, 360, 363, 364, 392
Stankowiak, Franz J., 35
Stankowiak, Wolfgang, 35
Steinfeldt, Irena, 12, 464
Stern, Eva, 467
Stern, Walter, 467

Tess, Aracy de Carvalho Moebius, 15, 25, 241, 251-253, 258, 268, 270, 345, 347, 357, 359, 360-366, 377-384, 387-394, 427, 430-432, 438, 442, 443, 445-481, 483-485, 491, 495-497
Tess, Beatriz Carvalho, 13, 181, 497
Tess, Eduardo Carvalho, 11, 25, 170, 241, 243, 497
Tess, Hugo Johannes Eduard, 26
Tess, Johann Eduard Ludwig (Johannes), 25, 26, 30
Thusnelda, Ida Charlotte, 269
Tinchant, Edouard, 174, 175
Tinchant, Marie José, 174
Todorov, Tzvetan, 450
Traumann, Ernest, 89

Unger, Wilhelm, 362, 477, 478, 484

Valladão, Sylvia, 386
Valle, Cyro de Freitas, 79, 101, 127, 244, 319
Vargas, Getúlio, 56, 392, 443
Vasconcelos, Sandra Guardini Teixeira, 11
Vetter, August, 410, 411
Viggiani, Humberto, 311,
Vilela, Soraia, 14
Vincent, Rosalie, 175

Wainstock, Mauro, 13
Wallenberg, Raoul, 461
Warchavchik, Gregori, 262
Weritz Jr., Heinrich, 415, 417,
Werner, Fritz, 427
Wissel, Gustav, 428, 430
Wittner, Laurette, 14
Wolff, Martin Erich, 89
Wolfgang [Stankowiak], 35
Wolfsberg, Helene, 303
Wolfsberg, Karl Hermann, 303

Yanaê, Jussara, 12

Z., Hans, 182, 244
Zararewich, Danuta Engiusia, 372
Zumkle (Zumkley ou Zumklei), 190-195, 496

*O texto deste livro foi composto em Sabon,
desenho tipográfico de Jan Tschichold de 1964
baseado nos estudos de Claude Garamond e
Jacques Sabon no século XVI, em corpo 11/15.
Para títulos e destaques, foi utilizada a tipografia
Frutiger, desenhada por Adrian Frutiger em 1975.*

*A impressão se deu sobre papel off-white 80g/m²
pelo Sistema Cameron da Divisão Gráfica
da Distribuidora Record.*